Heiko Boumann
Diagnose: »Störung des Sozialverhaltens«

Forschung Psychosozial

Heiko Boumann

Diagnose: »Störung des Sozialverhaltens«

Kinder- und Jugendpsychiatrie unter veränderten gesellschaftlichen Bedingungen

Psychosozial-Verlag

Bibliografische Information der Deutschen Nationalbibliothek
Die Deutsche Nationalbibliothek verzeichnet diese Publikation in der Deutschen
Nationalbibliografie; detaillierte bibliografische Daten sind im Internet über
<http://dnb.d-nb.de> abrufbar.

Originalausgabe
© 2008 Psychosozial-Verlag
E-Mail: info@psychosozial-verlag.de
www.psychosozial-verlag.de
Alle Rechte vorbehalten. Kein Teil des Werkes darf in irgendeiner Form (durch
Fotografie, Mikrofilm oder andere Verfahren) ohne schriftliche Genehmigung des
Verlages reproduziert oder unter Verwendung elektronischer Systeme verarbeitet,
vervielfältigt oder verbreitet werden.
Umschlagabbildung: Frank Kunert: »Kinder!« © Frank Kunert.
Umschlaggestaltung nach Entwürfen des Ateliers Warminski, Büdingen.
Satz: Tanovski & Partners Verlagsdienstleistungen, Leipzig
Printed in Germany
ISBN 978-3-8980-6850-5

Inhaltsverzeichnis

1	Einleitung	7
2	Beschreibung, Ätiologie und Therapie der Störung des Sozialverhaltens (SSV)	11
2.1	Darstellung der Diagnosegruppe nach ICD-10, DSM-IV und MAS	11
2.1.1	Störungen des Sozialverhaltens nach ICD-10	12
2.1.2	Störungen des Sozialverhaltens nach DSM-IV	18
2.2	Differentialdiagnostische Abgrenzung	19
2.3	Komorbidität	23
2.4	Prävalenz, Epidemiologie, Verlauf und Typologien	28
2.5	Ätiologie	36
2.5.1	Pathognostische Faktoren (Risikofaktoren)	36
2.5.2	Protektive Faktoren	43
2.5.3	Exkurs: Soziale Kompetenz	45
2.5.4	Prominente Erklärungsmodelle zur Störung des Sozialverhaltens	49
2.6	Behandlungs- und Hilfeformen	56
2.6.1	Patientenbezogene Behandlungsformen	57
2.6.2	Elternbezogene Behandlungsformen	58
2.6.3	Familienbezogene Behandlungsformen	59
2.6.4	Behandlung in einer kinder- und jugendpsychiatrischen Klinik	60
2.6.5	Hilfeformen im Kindergarten und in der Schule	62
2.6.6	Hilfeformen der Jugendhilfe	63
2.6.7	Hilfen zur beruflichen Eingliederung	67
2.6.8	Ratgeberliteratur	70
2.6.9	Formen der Selbsthilfe	71
2.7	Fallbeispiel	73
2.7.1	Falldarstellung eines 14-jährigen Jungen aus dem stationären kinder- und jugendpsychiatrischen Bereich	73
2.7.2	Interpretation	85
2.8	Diskussion	91
3	Die Störung des Sozialverhaltens als »social sickness« – psychische Störung als Ausdruck spezifischer gesellschaftlicher Bedingungen von Kindern und Jugendlichen	115
3.1	Lebenslagen, Risikolagen und psychosoziale Befindlichkeit	116
3.1.1	Das ökonomische Kapital – Sozioökonomische Lebenslagen von Kindern und Jugendlichen	125

	3.1.2	Das soziale Kapital von Kindern und Jugendlichen – soziale Netzwerke und soziale Unterstützung 139
	3.1.3	Das kulturelle Kapital – Schulbildung und Berufseinstieg 158
	3.1.4	Das symbolische Kapital – Lebensstile und Lifestyle 171
	3.1.5	Das gesundheitliche Kapital – Das körperliche und seelische Wohlbefinden 214
3.2	Diskussion 232	
3.3	Konsequenzen für die sozialpädagogische Praxis in der Kinder- und Jugendpsychiatrie 250	
3.4	Seelische Krankheit und Gesellschaft – soziologische Überlegungen zum psychiatrischen Diskurs 257	

4 Resümee   307

Literatur   319

1 Einleitung

In meiner Arbeit als Klinischer Sozialarbeiter und analytischer Familientherapeut in einer Klinik für Kinder- und Jugendpsychiatrie habe ich in letzter Zeit die Beobachtung gemacht, dass sich unsere dissozialen Patienten gerne gegenseitig mit »Du Opfer!« titulieren.* Dabei bleibt unklar, ob sie das als abwertende Herabsetzung des anderen meinen, um sich die vermeintlich überlegene Rolle des Täters zuzuschreiben oder, ob sie es wie Rotwelsch als heimliches Erkennungszeichen untereinander und als Verständigung über ihren gemeinsamen randständigen sozialen Status verwenden. Wie dem auch sei: vorläufig will ich festhalten, dass sie damit ihr gemeinsames Lebensthema benennen, welches zugleich ihr soziobiografisches Dilemma beschreibt, nämlich unter verschärften Milieubedingungen zu leben, deren stummer Zwang ihnen offenbar nur die Wahl zwischen Täter oder Opfer lässt. Das Thema dissozialer Kinder und Jugendlicher erscheint nur hin und wieder an der gesellschaftlichen Oberfläche. Üblicherweise dann, wenn es darum geht, Ressentiments und irrationale Ängste zu aktivieren, um die daraus erwachsenden kollektiven Strafbedürfnisse in einem Aufwasch gleich mitzubefriedigen, so wie es unlängst Roland Koch und die CDU im hessischen Landtagswahlkampf Anfang 2008 versucht hatten. Das herrschaftsstrategische Kalkül solcher und ähnlicher Kampagnen ist es stets, störende soziale Symptome und die sie verursachenden gesellschaftlichen Bedingungen medial voneinander zu trennen, um ihren kausalen Zusammenhang zu verschleiern. Insofern handelt es sich immer um eine schlichte Ablenkungsstrategie, die den bekannten Romanautor Philip Roth einmal zu der klugen Bemerkung veranlasste: »Die Ursache kommt ungestraft davon, die Wirkung muss ins Gefängnis«.

Der Autor dieses Buches hat in seinen beruflichen Tätigkeiten, also in der Kinder- und Jugendpsychiatrie sowie zuvor im Arbeitsfeld der Jugend-, Drogen- und Suchthilfe, viele Jahre praktische Erfahrung in der Arbeit mit dissozialen Jugendlichen und Kindern gesammelt. In der Kinder- und Jugendpsychiatrie machen Patienten mit der sogenannten Störung des Sozialverhaltens (SSV) auf das Jahr gerechnet mehr als ein Drittel aller stationär behandelten Fälle

---

* Das Buch ist ein Versuch des Verfassers, eine sozialwissenschaftlich untermauerte und zeitgemäße Analyse zum Thema der Dissozialität von Kindern und Jugendlichen zu entwickeln und gibt nicht die Auffassung der Institution (noch ihrer übergeordneten Stellen) wieder, in der er beschäftigt ist.

aus. Unter diagnostischem Gesichtspunkt bilden sie damit die weitaus größte Patientengruppe. Bedenkenswert ist weiterhin, dass fast jeder Zweite von ihnen als Notfall aufgenommen wird. Dem gegenüber erscheint es merkwürdig, dass dieses Störungsbild in der Öffentlichkeit so gut wie nicht diskutiert wird. Andere kinder- und jugendpsychiatrische Diagnosen wie das Hyperkinetische Syndrom (ADHS), juvenile Essstörungen, kindlicher Autismus, allenfalls noch Drogenabhängigkeit bei Jugendlichen stehen im Zentrum der Aufmerksamkeit, obwohl sie für sich genommen den kleineren Teil der klinischen Arbeit ausmachen.[1]

Neben der eigentümlichen Verortung der Diagnose in der Grauzone zwischen psychiatrischer Störung und soziologischem Tatbestand ist es dieser Kontrast von klinischer Faktizität und öffentlich hergestellter Geltung, der mein thematisches Interesse geweckt hat. Daran schlossen sich weitere Fragen an. Sie betreffen zunächst die genaue Beschreibung und Abgrenzung dieser Diagnose ebenso wie Fragen nach ihren Ursachen und den unterschiedlichen Behandlungsmöglichkeiten. Nicht nur Letztere stellen sich auf den ersten Blick als recht uneinheitlich dar. Im Weiteren geht es auch um die Frage nach einer möglichen sozialen Prädisposition für dieses Störungsbild in der für Kinder und Jugendliche spezifischen Gemengelage *sozialer Tatsachen*, wie man in der Tradition des französischen Soziologen Emile Durkheim formulieren könnte. Diese soziale Tatsachenbeschreibung ist sehr weit gefasst und fußt in erster Linie auf empirischem Tatsachenmaterial, das sekundäranalytisch bearbeitet wird. Es führt am Ende in ein soziologisches Terrain, das mit den Mitteln der quantitativen Empirie nur noch schwer zugänglich ist, weil es Fragen nach den herrschenden gesellschaftlichen Diskursen und der symbolischen Ordnung aufwirft. Dabei geht es im engeren Sinne um medizinsoziologische Überlegungen zum Verhältnis von seelischer Erkrankung und gesellschaftlichen Veränderungen unter Rekurs auf soziales Verhalten und dessen Störung. In einem weiteren Sinne betrifft dies aber auch die Frage, ob und wie es unter den radikalisierten marktgesellschaftlichen Bedingungen überhaupt noch möglich ist von einer *Störung* des Sozialverhaltens zu sprechen.

Die Gliederung der Arbeit orientiert sich an der Abfolge dieser Fragen, indem sie diese zu Fragekomplexen bündelt und abschnittsweise abhandelt.

---

1 Dies ist auch der ein Grund dafür, dass die »Hyperkinetische Störung des Sozialverhaltens« (HKS; ICD-10, F 90.1) im Rahmen dieser Arbeit nicht behandelt wird. Es existieren inzwischen ausreichend viele Untersuchungen hierzu, der ich nicht noch eine Weitere hinzufügen möchte. Das Anliegen dieser Arbeit ist es gerade die Aufmerksamkeit auf die weniger beachtete, aber empirisch häufigere originäre Störung des Sozialverhaltens zu lenken. Zudem gehe ich – bestärkt durch an späterer Stelle angeführte entsprechende Studien – davon aus, dass es sich bei der HKS um eine eigenständige nosologische Einheit handelt, die für die Störung des Sozialverhaltens als Komorbidität zu werten ist. Nicht zuletzt würde die Integration dieser Thematik den Rahmen der Arbeit sprengen.

Daraus ergibt sich ein erstes, deskriptives Kapitel zu Symptomatik, Ätiologie und Therapie der Störung des Sozialverhaltens, das durch ein praktisches Fallbeispiel aus meiner klinischen Arbeit ergänzt wird. Nach einer Diskussion der Ergebnisse folgt das zweite Kapitel, das soziologisch begründet und an empirischen Daten orientiert ausgeführt wird. Seine inhaltliche Struktur wird durch eine Theoriekombination des Lebenslagen-Konzepts mit der Kapitaltheorie von Pierre Bourdieu sowie der Resilienzforschung vorgegeben. Die Erkenntnisse werden wiederum diskutiert und in einem eigenen Abschnitt in ihrer Relevanz für die praktische sozialpädagogische Arbeit in der Kinder- und Jugendpsychiatrie hin untersucht. Die Ergebnisse dieses Kapitels bilden die empirische Grundlage für das anschließende dritte Kapitel, das recht theoretisch gehalten ist und die Störung des Sozialverhaltens als diskursives Resultat eines neuen Modernisierungsschubes in Richtung einer Wissensökonomie analysiert. In der Art der Fragestellung lasse ich mich ein wenig von der Diskurstheorie Michel Foucaults leiten. Das bedeutet, dass ich im ersten Aspekt eher die Genealogie des Diskurses skizziere und im zweiten Aspekt mehr die Kritik des Diskurses zum gestörten Sozialverhalten betone.[2] Den Abschluss der Arbeit bildet ein zusammenfassendes Resümee, in dem die Ergebnisse nochmals kritisch gewürdigt werden.

---

2 Vgl. hierzu M. Foucault, Die Ordnung des Diskurses, Frankfurt a. M./Berlin/Wien, 1977, 41 ff.

2 Beschreibung, Ätiologie und Therapie der Störung des Sozialverhaltens (SSV)

2.1 Darstellung der Diagnosegruppe nach ICD-10, DSM-IV und MAS

Die ICD-10 (International Classification of Diseases, 10. Revision) geht auf die Bemühungen der WHO seit den sechziger Jahren zurück, die Diagnostik und Klassifikation von Erkrankungen weltweit zu vereinheitlichen. Für den Bereich der psychischen Störungen und Verhaltensstörungen (einschließlich Störungen der psychischen Entwicklung) ist die Abteilung für psychische Gesundheit der WHO zuständig. Sie fasst die Störungsbilder jenseits der unterschiedlichen Auffassungen der verschiedenen psychiatrischen und psychotherapeutischen Schulen in nummerierter Folge im Kapitel V der ICD-10 unter dem Ordnungsbuchstaben F zusammen.[1] Inzwischen gibt es mehrere Revisionen. So erschien 1980 die 9. Revision (ICD-9) und wurde 1990 durch die 10. Revision abgelöst, womit auch eine noch stärkere nichtkausale und damit deskriptivere Darstellung verbunden war. Die ICD-10 wurde hierzulande 1992 offiziell eingeführt und bildet seitdem die grundlegende Nomenklatur der psychologischen und psychiatrischen Diagnostik. Die Darstellung nach ICD-10 wird gegebenenfalls ergänzt durch weiterführende diagnostische Kriterien des Multiaxialen Klassifiktionsschemas (MAS), das psychische Störungen bei Kindern und Jugendlichen seit 1977 auf sechs Diagnoseachsen abbildet, deren erste das klinisch-psychiatrische Syndrom entsprechend der Klassifikation nach ICD-10 ist.[2]

---

[1] WHO, Internationale Klassifikation psychischer Störungen, ICD-10, Kapitel V (F), Hg. H. Dilling, W. Mombour, M. H. Schmidt, Bern/Göttingen/Toronto, 1991. Im Weiteren als ICD-10 bezeichnet.

[2] Multiaxiales Klassifikationsschema für psychische Störungen des Kindes- und Jugendalters nach ICD-10 der WHO, Hg. H. Remschmidt, M. Schmidt, F. Poustka, Bern 2001. Im Weiteren als MAS bezeichnet. Die Achse 2 des MAS enthält die umschriebenen Entwicklungsstörungen (Sprech- und Sprachstörungen, Lese- und Rechtschreibstörung u. a.), die Achse 3 das Intelligenzniveau, die Achse 4 die körperliche Symptomatik, die Achse 5 die assoziierten aktuellen abnormen psychosozialen Umstände und die Achse 6 eine Globalbeurteilung des psychosozialen Funktionsniveaus (siehe MAS, 12ff.).

Demgegenüber entwickelte die American Psychiatric Association (APA) parallel dazu das DSM (Diagnostic and Statistical Manual of Mental Disorders), was seit 1994 in der 4. Fassung als DSM-IV vorliegt.[3] Es wird hauptsächlich in den USA verwendet, bildet psychische Störungen auf verschiedenen Achsen ab, beschreibt diese nach Symptomklassen und enthält weniger stark aufgeschlüsselte Diagnosen. So kennt das DSM-IV in der Diagnosegruppe des gestörten Sozialverhaltens nur zwei Diagnosen im Gegensatz zu sieben Diagnosen im ICD-10. Da das ICD-10 das in Deutschland und in Europa verbindliche diagnostische Standardwerk ist, bezieht sich diese Arbeit primär auf es. Nur der Vollständigkeit halber soll eine Synopse mit dem DSM-IV erfolgen und die inhaltlichen Implikationen kurz beleuchtet werden.

2.1.1 Störungen des Sozialverhaltens nach ICD-10

Die ICD-10 klassifiziert die SSV unter den Diagnoseschlüsseln F91 und F92, wobei letzterer die Kombination eines gestörten Sozialverhaltens bei gleichzeitig gestörten Emotionen meint.

2.1.1.1 ALLGEMEINE SYMPTOMATIK

Zur allgemeinen Symptomatik zählt ein wiederkehrendes und anhaltendes Muster dissozialen, aggressiven und aufsässigen Verhaltens. Im Extrem umfasst es die massive Verletzung altersentsprechender sozialer Erwartungen und soll über gewöhnlichen kindlichen Unfug oder jugendliches oppositionelles Verhalten hinausgehen. Einzelne dissoziale oder kriminelle Handlungen rechtfertigen die Diagnose nicht. Sollte eine andere Störung zugrunde liegen, in deren Verlauf das gestörte Sozialverhalten auftritt (z. B. bei atypischem Autismus), so ist diese und nicht die SSV zu kodieren. Oft sind SSV mit erschwerten psychosozialen Umständen wie z. B. erhebliche Schulschwierigkeiten verbunden. Bei der Diagnosestellung ist das Entwicklungsniveau des Kindes zu berücksichtigen. So sind Wutausbrüche bei einem Dreijährigen normal, während sie für einen 14-jährigen Jugendlichen nicht mehr entwicklungsadäquat sind. Umgekehrt verfügen Dreijährige noch nicht über entfaltete Möglichkeiten, die persönlichen Rechte anderer Menschen schwer zu verletzen, sodass dieses Symptom nicht notwendig über alle Altersstufen hinweg für die Diagnosestellung vorhanden sein muss. Die Diagnose soll gestellt werden, wenn das Verhalten sechs Monate oder länger anhält. In Fortführung beispielhafter Verhaltensweisen für gestörtes Sozialverhalten katalogisiert das MAS die möglichen Symptome wie folgt:

---

[3] American Psychiatric Association, Diagnostic and Statistical Manual of Mental Disorders, Fourth Edition, Hg. American Psychiatric Association, Washington, DC, 1994. Im Weiteren als DSM-IV bezeichnet.

1. für das Entwicklungsalter ungewöhnlich häufige und schwere Wutausbrüche;
2. häufiges Streiten mit Erwachsenen;
3. häufige aktive Ablehnung und Zurückweisung von Wünschen und Vorschriften Erwachsener;
4. häufiges, offensichtlich wohl überlegtes Ärgern anderer;
5. häufiges Verantwortlichmachen anderer für die eigenen Fehler oder für eigenes Fehlverhalten;
6. häufige Empfindlichkeit oder Sichbelästigtfühlen durch andere;
7. häufiger Ärger oder Groll;
8. häufige Gehässigkeit oder Rachsucht;
9. häufiges Lügen oder Brechen von Versprechen, um materielle Vorteile und Begünstigungen zu erhalten oder um Verpflichtungen zu vermeiden;
10. häufiges Beginnen von körperlichen Auseinandersetzungen (außer Geschwisterkonflikte);
11. Gebrauch von gefährlichen Waffen;
12. häufiges Draußenbleiben in der Dunkelheit entgegen dem Verbot der Eltern (beginnend vor dem 13. Lebensjahr);
13. körperliche Grausamkeit gegenüber anderen Menschen;
14. Tierquälerei;
15. absichtliche Destruktivität gegenüber dem Eigentum anderer (außer Brandstiftung);
16. absichtliches Feuerlegen mit dem Risiko oder der Absicht, ernsthaften Schaden anzurichten;
17. Stehlen von Wertgegenständen ohne Konfrontation mit dem Opfer, entweder Zuhause oder außerhalb;
18. häufiges Schuleschwänzen, beginnend vor dem 13. Lebensjahr;
19. Weglaufen von den Eltern oder elterlichen Ersatzpersonen, mindestens zweimal oder einmal länger als eine Nacht (außer dies geschieht zur Vermeidung körperlicher oder sexueller Misshandlung);
20. jede kriminelle Handlung, bei der ein Opfer direkt geschädigt wird;
21. Zwingen einer anderen Person zu sexuellen Aktivitäten;
22. häufiges Tyrannisieren anderer (z. B. absichtliches Zufügen von Schmerzen oder Verletzungen, einschließlich andauernder Einschüchterung, Quälen oder Belästigung);
23. Einbruch in Häuser, Gebäude oder Autos.

Laut MAS sollen für die Diagnosestellung »einige«[4] der o. g. Symptome gegeben sein, allerdings reichen die Symptome unter 11., 13., 15., 16., 20., 21., 23. auch

---

4 MAS, 38.

allein. Sodann kann der Störungsbeginn näher gekennzeichnet werden, indem unterschieden wird, ob eines der Symptome bereits in der Kindheit, d. h. vor dem 10. Lebensjahr, oder danach in der Adoleszenz aufgetreten ist. Es wird vorgeschlagen, den Schweregrad der SSV anhand der Kriterien *Anzahl der Symptome* und *Schaden für andere* in *leicht*, *mittel* und *schwer* zu differenzieren. Für alle der folgenden spezifischen Diagnosen gilt, dass die hier genannten allgemeinen Kriterien erfüllt sein müssen und dass nicht nur oppositionell-trotziges Verhalten vorliegt.

2.1.1.2 Auf den familiären Rahmen beschränkte Störung des Sozialverhaltens (F91.0)

Hierunter fällt jenes dissozial-aggressive Verhalten, das sich völlig oder fast völlig auf den häuslichen Rahmen oder auf die Interaktion mit den Mitgliedern der Kernfamilie bzw. der unmittelbaren Lebensgemeinschaft beschränkt. Schwere Interaktionsstörungen zwischen Eltern und Kind allein reichen zur Diagnosestellung nicht aus. Häusliche Diebstähle, bewusst destruktives Verhalten gegenüber zumeist bestimmten Familienmitgliedern (z. B. Zerstören von Spielzeug von Geschwistern oder wertvoller Gegenstände eines Stiefelternteils), Gewaltanwendung gegen Familienmitglieder und Zündeln in der Wohnung können dazu gehören. Das MAS ergänzt, dass mindestens drei der unter F91 genannten Symptome, davon mindestens drei von 9. bis 23., vorliegen müssen, oder es muss mindestens ein Symptom von 9. bis 23. mindestens sechs Monate lang bestanden haben.

2.1.1.3 Störung des Sozialverhaltens bei fehlenden sozialen Bindungen (F91.1)

Diese Diagnose soll gestellt werden, wenn das Kind dissozial-aggressives Verhalten zeigt und nicht wirksam in eine Gleichaltrigengruppe eingebunden ist. Das wird deutlich, wenn es sich selber isoliert, von anderen Kindern zurückgewiesen wird, bei ihnen allgemein unbeliebt ist und wechselhaft einfühlende, dauerhafte Freundschaften fehlen. Die Beziehungen zu Erwachsenen sind oft von Feindseligkeit, Verärgerung und Unstimmigkeiten gekennzeichnet. Gute Beziehungen zu Erwachsenen, die dabei allerdings auch wenig vertrauensvoll wirken, schließen die Diagnose nicht aus. Häufig zeigen sich begleitende emotionale Störungen, die aber nicht so stark sein dürfen, dass sie schon die Kriterien für eine gemischte Störung (F92) erfüllen. Die dissozial-aggressiven Übergriffe werden i. d. R. allein begangen. Typisch sind hier Tyrannisieren, exzessives Streiten, Erpressung und Gewalttätigkeit (bei älteren Kindern), extremer Ungehorsam, Grobheit, mangelnde Kooperationsbereitschaft und Widerstand gegen Autorität, ausgeprägte Wut und Zornesausbrüche, Vandalismus, Zündeln und Grausamkeit gegen Gleichaltrige und Tiere. Da einige dieser Kinder trotz ihrer sozialen Isolation manchmal in Gruppenvergehen verwickelt werden, soll weniger die Tat als solche, sondern die Qualität der persönlichen Beziehungen beachtet werden. Vorwiegend zeigt sich die Störung in der Schule am deutlichsten, doch hat sie generell einen situationsübergreifenden Charakter. Ist sie jedoch außerhalb der Familie auf bestimmte Situationen beschränkt, so spricht das nicht gegen eine Kodierung. Das MAS ergänzt, dass mindestens drei der unter F91 genannten Symptome, davon mindestens drei von 9. bis 23., vorliegen müssen, oder es muss mindestens ein Symptom von 9. bis 23. mindestens sechs Monate lang bestanden haben.

2.1.1.4 STÖRUNG DES SOZIALVERHALTENS BEI VORHANDENEN SOZIALEN BINDUNGEN (F91.2)

Für diese Diagnose muss das betreffende Kind/der betreffende Jugendliche über angemessene dauerhafte Freundschaften gut in seine Altersgruppe integriert sein. Die Bezugsgruppe besteht oft aus ähnlich dissozialen, im Weiteren aber auch delinquenten Kindern und Jugendlichen, die eine eigene normative Subkultur bilden. Mit der Diagnose ist es vereinbar, wenn das Kind einer nicht-delinquenten Gruppe angehört und seine dissozialen Verhaltensweisen außerhalb dieser zeigt. Beinhaltet das Verhalten auch Tyrannisieren, können gestörte Beziehungen zu den Opfern oder zu anderen Kindern bestehen. Es sollten nur irgendwelche Freundschaften oder Gruppenloyalitäten erkennbar sein. Beziehungen zu Autoritätspersonen sind zumeist negativ getönt, was vereinzelte gute Beziehungen zu Erwachsenen nicht ausschließt. Emotionale Begleitstörungen sind schwach ausgeprägt. Sollte das Verhalten auf die Familie beschränkt sein, so schließt das die Diagnose aus. In der Schule zeigt es sich dagegen am deutlichsten. Ausgeschlossen ist eine Bandenmitgliedschaft ohne manifeste psychiatrische Störung. Auch hier ergänzt das MAS, dass mindestens drei der unter F91 genannten Symptome, davon mindestens drei von 9. bis 23., vorliegen müssen, oder es muss mindestens ein Symptom von 9. bis 23. mindestens sechs Monate lang bestanden haben.

2.1.1.5 STÖRUNG DES SOZIALVERHALTENS MIT OPPOSITIONELLEM, AUFSÄSSIGEM VERHALTEN (F91.3)

Diese Kategorie ist Kindern unter neun oder zehn Jahren vorbehalten, bei denen deutlich aufsässiges, ungehorsames und trotziges Verhalten ohne die dissozial-aggressive Komponente, d. h. die ernsthafte Verletzung persönlicher Rechte anderer (Körperverletzung, Diebstahl u. Ä.) auftritt. »Deutlich mutwilliges oder ungezogenes Verhalten«[5] allein reicht jedoch nicht aus. Im Wesentlichen müssen anhaltende Symptome wie Negativismus, Feindseligkeit, Aufsässigkeit, Provokation und Trotz vorliegen, die für ein gleichaltriges Kind im gleichen soziokulturellen Kontext abnormal erscheinen. Anforderungen Erwachsener und soziale Regeln werden aktiv missachtet. Andere Menschen werden vorsätzlich geärgert. Diese Kinder sind oft zornig, übelnehmerisch und verärgert über andere und schreiben diesen die Verantwortung für ihre Schwierigkeiten zu. Sie haben eine sehr niedrige Frustrationsschwelle und werden schnell wütend. Ihr Trotz mischt sich mit Provokation, sodass schnell Konflikte entstehen. Gegenüber Autoritäten sind sie in erheblicher Weise grob, unkooperativ und widerständig. Das problematische Verhalten zeigt sich v. a. in Interaktion mit Erwachsenen oder Gleichaltrigen, die das Kind gut kennt. Sollten massive Verletzungen der persönlichen Rechte andere erkennbar sein, dann scheidet diese Diagnose aus. Bei älteren Kindern sollte sie mit Vorsicht gestellt werden. Das MAS gibt vor, dass mindestens vier der unter F91 genannten Symptome, jedoch nicht mehr als zwei der Symptome 9.–23. vorliegen müssen. Zudem müssen sie für das Entwicklungsalter des Kindes unangemessen sein.

2.1.1.6 Sonstige (F91.8) und nicht näher bezeichnete (F91.9) Störung des Sozialverhaltens

Für die sonstige SSV ist kein spezielles Kriterium definiert. Die nicht näher bezeichnete SSV ist eine (nicht empfohlene) Restkategorie (Residualkategorie) für Fälle, die die allgemeinen Kriterien nach F91 aufweisen, aber die die spezifischen Kriterien der o. g. Diagnosen nicht erfüllen oder diesen Diagnosen einfach nicht zugeordnet wurden.

2.1.1.7 Kombinierte Störung des Sozialverhaltens und der Emotionen (F92)

Hier liegt eine Kombination des oppositionellen, dissozial-aggressiven Verhaltens mit deutlichen Symptomen von Depression, Angst oder sonstigen emotionalen Störungen vor. Um diese Diagnose zu stellen, sollen die Kriterien nach F91 gegeben sein und zusätzlich eine altersspezifische emotionale Störung des Kindesalters (F93) bzw. eine erwachsenentypische neurotische Störung (F40–49) oder eine affektive Störung (F30–39) vorliegen.[6]

---

5 MAS, 44.
6 Die Diagnosegruppe F93 umfasst kindliche Angststörungen. Die Diagnosegruppe F40–49 umfasst im Wesentlichen Phobien, Angststörungen, Zwangsstörungen, Belastungs- und Anpassungsstörungen, dissoziative Störungen, somatoforme Störungen. Die Diagnosegruppe F30–39 umfasst

2.1 Darstellung der Diagnosegruppe nach ICD-10, DSM-IV und MAS

- *Störung des Sozialverhaltens mit depressiver Störung (F92.0)*
  Zusätzlich zum gestörten Sozialverhalten müssen anhaltende und deutliche depressive Symptome wie ausgeprägte Traurigkeit, Interessenverlust, Freudlosigkeit, Schuldgefühle und Hoffnungslosigkeit vorliegen. Hinzukommen können Schlaflosigkeit und Appetitverlust. Es können auch andere Kriterien einer affektiven Störung erfüllt sein.
- *Sonstige kombinierte Störung des Sozialverhaltens und der Emotionen (F92.8)*
  Hier liegen neben dem gestörten Sozialverhalten anhaltende und deutliche Symptome von Angst, Furcht, Zwangsgedanken oder -handlungen, Depersonalisations- bzw. Derealisationsphänomenen, Phobien oder Hypochondrie vor. Insgesamt sollen Kriterien der neurotischen, Belastungs- und somatoformen Diagnosegruppe erfüllt sein.
- *Nicht näher bezeichnete kombinierte Störung des Sozialverhaltens und der Emotionen (F92.9)*
  Für diese Diagnose ist kein spezielles Kriterium definiert.

2.1.1.8 Kurze Synopse mit dem ICD-9

In der ICD-9 wurde die Diagnose der SSV (Kode 312.0 bis 312.9) noch nicht auf Kinder und Jugendliche beschränkt, sondern galt für Personen jeglichen Alters. Nach dem ICD-10 werden aggressiv-dissoziale Symptome von Erwachsenen nun vorwiegend unter Persönlichkeits- und Verhaltensstörungen (F6) kodiert. In der ICD-9 wurde unterschieden nach *SSV mit oder ohne Sozialisation*, d. h. Dissozialität in einer Gruppe oder einzeln (heute vorhandene oder fehlende soziale Bindungen). Weiter gab es die Diagnose der *SSV mit Zwangscharakter*, worunter die Kombination mit Kleptomanie und Pyromanie verstanden wurde (heute als pathologisches Brandstiften oder Stehlen unter F63.1 bzw. F63.1). Die Kombination mit emotionalen Störungen hieß *SSV mit emotionaler Problematik* und umfasste im Wesentlichen die Symptome der heutigen ICD-10-Diagnose F92. Die Symptome der Diagnosen F91.0, F91.3 und F91.8 wurden im ICD-9 unter *andere Störungen des Sozialverhaltens* zusammengefasst. Die ICD-10-Restkategorie F91.9 lautete auch im ICD-9 *nicht näher bezeichnete SSV*.

---

alle affektiven Störungen, v. a. manische Episoden, verschiedene depressive Störungen, bipolare Störungen.

2.1.2 Störungen des Sozialverhaltens nach DSM-IV[7]

Das DSM-IV differenziert gestörtes Sozialverhalten in die beiden Diagnosen *Störung des Sozialverhaltens* und der weniger gravierenden *Störung mit Oppositionellem Trotzverhalten*.

2.1.2.1 Störung des Sozialverhaltens (312.8)

Hier unterscheidet das DSM-IV folgende vier Symptomklassen:
1. Aggressives Verhalten gegenüber Menschen und Tieren
2. Hierzu zählen häufige Bedrohungen oder Einschüchterungen anderer, häufige Schlägereien, die Benutzung von Waffen mit schweren körperlichen Folgeschäden für andere, körperliche Grausamkeit gegen Menschen, Tierquälerei, Bestehlung von gegenwärtigen Personen (Überfall, Taschendiebstahl u. Ä.), Zwingen von anderen zu sexuellen Handlungen.
3. Zerstörung von Eigentum
4. Hierunter fallen vorsätzliche Brandstiftung, mit der Absicht schweren Schaden zu verursachen und Vandalismus.
5. Betrug oder Diebstahl
6. Diese Symptomklasse meint Einbrüche in fremde Wohnungen, Autos, Gebäude sowie häufiges Lügen, um sich Güter, Vorteile zu verschaffen oder Verpflichtungen zu vermeiden. Hinzu kommen erhebliche Diebstähle und Fälschungen.
7. Schwere Regelverstöße
8. Die Regelverstöße sind häufiges Wegbleiben über Nacht trotz elterlichen Verbots vor dem 13. Lebensjahr, mindestens zweimaliges Weglaufen von zuhause über Nacht (oder nur einmal mit Rückkehr erst nach längerer Zeit), Schulschwänzen schon vor dem 13. Lebensjahr.

2.1.2.2 Störung mit Oppositionellem Trotzverhalten (313.81)

Für diese Diagnose wird folgende Symptomliste angegeben:
- wird schnell ärgerlich;
- streitet sich häufig mit Erwachsenen;
- widersetzt sich häufig aktiv den Anweisungen oder Regeln von Erwachsenen oder weigert sich, diese zu befolgen;
- verärgert andere häufig absichtlich;
- schiebt häufig die Schuld für eigene Fehler oder eignes Fehlverhalten auf andere;

---

7 Nach F. Petermann/M. Döpfner/M. H. Schmidt, Aggressiv-dissoziale Störungen, Göttingen/Bern/Toronto/Seattle, 2001, 4f.

– ist häufig empfindlich oder lässt sich von anderen leicht verärgern;
– ist häufig wütend und beleidigt;
– ist häufig boshaft und nachtragend.

Es wird deutlich, dass das DSM-IV in der Hauptsache die schwerere aggressiv-dissoziale Form von der leichteren oppositionell-trotzigen Form der SSV abgrenzt. Gleichzeitig lässt sich der Beginn der Störung (vor oder nach dem 10. Lebensjahr) und der Intensitätsgrad kodieren (gering, moderat, hoch).

2.2 Differentialdiagnostische Abgrenzung

Symptome eines gestörtes Sozialverhaltens von Kindern und Jugendlichen können auch bei anderen psychischen Störungsbildern erscheinen. So bei bestimmten Persönlichkeitsstörungen (insbesondere die dissoziale Persönlichkeitsstörung), der hyperkinetischen Störung, der Bindungsstörung, der Anpassungsstörung, der emotionalen Störungen im Kindesalter, im Grenzbereich zum Autismus, bei Substanzmissbrauch, bei Zwängen, bei der Bulimia nervosa, bei der Manie und bei manchen organischen Schädigungen mit psychischer Begleitsymptomatik. Gegenüber diesen Störungsbildern muss die Diagnose einer SSV abgegrenzt werden.[8]

Zur *Dissozialen Persönlichkeitsstörung* (F60.2) ist eine diagnostische Abgrenzung der SSV inhaltlich kaum möglich, weil sie im Kern dieselben Leitsymptome enthält, nämlich ein beständiges und situationsübergreifendes Muster der bewussten Verletzung persönlicher Rechte und Grenzen anderer sowie der sozialen Normen. Während aber das DSM-IV die klare Empfehlung ausspricht, diese Diagnose erst ab dem 18. Lebensjahr zu vergeben (soweit diese auch vor dem 15.Lebensjahr vorlag), fehlt im ICD-10 eine solche Altersgrenze. Dafür verschiebt sich der symptomatische Schwerpunkt dort von den dissozial-kriminellen Handlungen wie sie noch für die SSV benannt werden in Richtung eines dissozialen Habitus mit Gefühlskälte, Anempathie, Bindungs- und Beziehungsschwäche, mangelnde Gewissensbildung und dysphorische Reizbarkeit, was insgesamt auch mehr einer nicht kindlich-agierenden, sondern eher einer erwachsen-habituierten Ausdrucksform psychischer Störung entspricht. Insgesamt empfiehlt es sich aus entwicklungspsychologischen Gründen und wegen des Stigmatisierungsrisikos generell nicht, bei Kindern und Jugendlichen eine so schwerwiegende Diagnose wie die Persönlichkeitsstörung zu stellen. Erst

---

8 Nach MAS; Petermann u. a., 2001, 6f.; Leitlinien zu Diagnostik und Therapie von psychischen Störungen im Säuglings-, Kindes- und Jugendalter, Köln 2000, 241f. Diagnoseschlüssel werden – wenn nicht anders benannt – bis zum Ende der Arbeit nach ICD-10 angegeben.

recht nicht, wenn es wie beim gestörten Sozialverhalten eine kinder- und jugendpsychiatrische Alternative gibt. In der Praxis wird daher vielfach nur vorsichtig von Persönlichkeitsentwicklungsstörungen gesprochen. Auch die eindeutig dissozialen Anteile bei der *Emotional instabilen Persönlichkeitsstörung* (F 60.3), insbesondere die Tendenz zu aggressiv-streitsüchtigem Verhalten, rechtfertigen eine Diagnose der SSV nicht, da sie Ausdruck einer frühgestörten psychischen Entwicklung mit hochgradiger emotionaler Instabilität sind.

Das Bild einer *Hyperkinetischen Störung* (F90) vereint die drei Symptomkomplexe Unaufmerksamkeit (mit Flüchtigkeit im Arbeiten, Übergehen von verbalen Vorgaben, Vermeidung kognitiver Anforderung u. a.), Überaktivität (erhebliche und kaum eingrenzbare motorische Unruhe in unpassenden Situationen durch Herumlaufen und ständiges Bewegen der Gliedmaßen) und Impulsivität (Nicht-Warten-Können, häufiges Unterbrechen und Stören anderer, exzessives Reden ohne Rücksicht auf Eingrenzung). Das daraus folgende störende Verhalten beeinträchtigt zwar die sozialen Beziehungen der Kinder erheblich, doch geschieht dies nicht mit Vorsatz und gezielt wie bei der SSV. Einige der unter den drei genannten Symptomkomplexen aufgeführten Verhaltensweisen können auch bei einer SSV beobachtet werden, doch sind sie oft weniger intensiv, bestehen nicht situationsübergreifend (oft nur in Gruppensituationen) und haben eine andere Bedeutung: Unaufmerksames Verhalten entspringt hier einer oppositionell-trotzigen Haltung, Überaktivität erreicht selten das motorische Aktivitätsniveau hyperaktiver Kinder und hat auch einen deutlich penetranten Charakter, die Impulsivität ist aggressiv-zornig aufgeladen und richtet sich gezielt gegen andere Menschen oder Gegenstände.[9] Der bei den hyperaktiven Kindern gut spürbare Leidensdruck fehlt außerdem. Nicht zuletzt muss die Störung bereits vor dem siebten Lebensjahr begonnen haben, was bei

---

9 Der expansive und störende Charakter beider Störungsbilder führt in der Öffentlichkeit oft dazu sie gleichzusetzen oder sie zu verwechseln, zumal auch das Mischbild der Hyperkinetischen Störung des Sozialverhaltens besteht. So schrieb z. B. die FR am 18. 08. 2007 (191/12f.) über das gemeinsame Präventionsprojekt »Zappelphilipp« der Mannheimer Polizei und dort ansässigen Zentralinstitut für Seelische Gesundheit: »Bei 60 % der Intensivtäter in Mannheim liegt eine hyperkinetische Störung des Sozialverhaltens, auch bekannt als Aufmerksamkeitsdefizit-Hyperaktivitätsstörung (ADHS) vor.« Das Institut selber spricht in seiner Pressemitteilung zutreffend ausschließlich von der Hyperkinetischen Störung des Sozialverhaltens (vgl. Pressemitteilung 14. 11. 2006, http://www.zi-mannheim.de). Lay u. a. (1996) konnten zeigen, dass in der Diagnostik der Einfachen Aktivitäts- und Aufmerksamkeitsstörung die direkte Verhaltensbeobachtung aus unterschiedlichen Perspektiven in Kombination mit klinischen Daten einer Exploration mit Schätzskalen und Fragebögen überlegen ist. Insbesondere die situationsübergreifende Hyperaktivität scheint ein valides Differentialdiagnostikum gegenüber der SSV zu sein. Vgl. Lay u. a. (1996), zit. n. F. Häßler und O. Reis, Früherfassung von hyperkinetischen bzw. Aufmerksamkeitsdefizit-/Hyperaktivitätsstörungen, in: W. v. Suchodoletz (Hg.) Früherkennung von Entwicklungsstörungen, Göttingen, 2005, (91–118), 108.

der Diagnose einer SSV keine Voraussetzung ist. Sollten sich die Symptome eines gestörten Sozialverhaltens allerdings mit denen einer hyperkinetischen Störung kombinieren, dann spricht man von einer *Hyperkinetischen Störung des Sozialverhaltens* (F90.1). Ansonsten handelt es sich um eine *Einfache Aktivitäts- und Aufmerksamkeitsstörung* (F90.0).

Wenn Kinder unter fünf Jahren ein abnormes Beziehungsmuster zu Betreuungspersonen und mangelnde Fähigkeit zu sozialer Anpassung zeigen, dieses durch sehr ambivalentes, vermeidendes oder unsicheres Kontaktaufnahmeverhalten (v. a. in Situationen des Abschieds oder der Wiederbegegnung mit den Eltern gut zu beobachten) begleitet wird, soziales Spielen durch negative emotionale Reaktionen behindert wird und emotionale Anzeichen von Unglücklichsein, Rückzug, Aggressivität und furchtsame Übervorsichtigkeit vorliegen, dann ist dies keine SSV, sondern weist auf eine *Bindungsstörung* (F94.1, F94.2) hin. Es wird allerdings davon ausgegangen, dass die Ursachen der Bindungsstörung, nämlich massive elterliche Vernachlässigung bis hin zur Verwahrlosung, ständiger Wechsel der Bezugspersonen v. a. im ersten Lebensjahr, Missbrauch und/oder schwere Misshandlung, auch als Ursache für eine spätere SSV in Frage kommen, sodass diese sich in spezifischer Weise aus einer Bindungsstörung heraus entwickeln kann (»Battered-Child-Syndrom«).[10] Dann ist eine diagnostische Abgrenzung schwierig. Jenseits dieser Problematik gehören aber oppositionell-aggressive Symptome nicht zu den Kernsymptomen der Bindungsstörung.

Bei einer Anpassungsstörung handelt es sich grundsätzlich um eine Reaktion auf ein außergewöhnlich belastendes Lebensereignis, wie z. B. Krankheit, Tod, Trennung oder kritische Entwicklungsschritte wie Einschulung oder Pubertätsbeginn. Hieraus entsteht v. a. Angst, das Leben nicht weiter bewältigen zu können, gepaart mit einer depressiven Grundstimmung und der Beeinträchtigung alltäglicher Routinen (z. B. Schulbesuch). Besonders bei Kindern und Jugendlichen brechen sich solche perspektivlos-ohnmächtigen Gefühlslagen manchmal in einem gestörten Sozialverhalten Bahn. Dann handelt es sich diagnostisch um eine *Anpassungsstörung mit vorwiegender Störung des Sozialverhaltens* (F43.24) oder bei zusätzlicher emotionaler Beeinträchtigung durch manifeste Ängste, Zwänge o. Ä. um eine *Anpassungsstörung mit gemischter Störung von Gefühlen und Sozialverhalten* (F43.25). Im Gegensatz zur SSV lässt sich aber immer ein umgrenztes störungsauslösendes Ereignis identifizieren. Auch soll die gestörte Reaktion nicht länger als sechs Monate anhalten, um die

---

10 Schätzungsweise 25 % aller abgelehnten und/oder misshandelten Kinder entwickeln eine SSV. Dabei haben abnorme Erziehungsbedingungen mit den Hauptfaktoren »Mangel an Wärme« und »mangelnde Aufsicht/Steuerung« den größten negativen Einfluss. F. Poustka, Impulsive Gewalt- und Aggressionsbereitschaft bei Kindern und Jugendlichen, http://www.jugend-psychiatrie.de 2/2000, 2f.

Diagnose zu stellen, während bei einer SSV die Symptome mindestens sechs Monate anhalten müssen.

Wenn ein oppositionelles Verhalten, das durchaus aggressive Züge trägt, mit emotionalen Symptomen wie regressives Verhalten (z. B. Rückfall in die Babysprache), Wutausbrüchen, Verstimmungen u. Ä. verbunden ist, dieses ggf. auch von Schlafstörungen begleitet wird, es sich zeitlich in Verbindung mit der Geburt oder der Adoption eines Geschwisters bringen lässt (innerhalb sechs Monate nach Geburt/Adoption) und sich dieses Verhalten länger als vier Wochen gegen das Geschwister oder die Eltern(teile) richtet, dann liegt eine *Emotionale Störung mit Geschwisterrivalität* (F93.3) und kein SSV vor.

Insbesondere im Grenzbereich zur Gruppe der autistischen Störungen (*Tiefgreifende Entwicklungsstörungen*; F84), wie ihn das *Asperger Syndrom* (F84.5) darstellt, ist eine Abgrenzung zum SSV manchmal schwierig. Kinder mit Asperger Syndrom zeigen eine qualitative Beeinträchtigung der gegenseitigen sozialen Interaktion, die für den Autismus allgemein typisch ist. Sie können nonverbale Signale durch Mimik, Gestik usw. nicht deuten; sie sind unfähig, enge empathische Beziehungen zu Gleichaltrigen aufzunehmen; sie weisen einen Mangel an sozio-emotionaler Gegenseitigkeit auf und zeigen dadurch abweichendes Verhalten auf die Emotionen anderer bzw. können ihr soziales Verhalten nicht situationsspezifisch modulieren. Der Mangel, spontan Gefühle mit anderen zu teilen wird von anderen Kindern als Abweisung oder gar Provokation interpretiert. Ihre Neigung zu sehr spezialisierten, stereotypen Interessen erscheint Gleichaltrigen als arrogant und erwachsen. Ihre motorische Ungeschicklichkeit erschwert eine Integration zusätzlich (z. B. über Sport). Allerdings existieren keine schweren Entwicklungsverzögerungen (Sprache, Kognition) wie beim Autismus im engeren Sinn. Durch die ständige Fehlinterpretation der sozialen Signale anderer Kinder und das (Fehl-)Handeln danach verwickeln sie sich immer wieder in Konflikte. Unabsichtliche Provokationen und verzweifelte Impulskontrollverluste sind nicht selten. Differenzialdiagnostisch erschwerend kommt hinzu, dass etwa im Gegensatz zur hyperkinetischen Störung ein subjektiver Leidensdruck kaum spürbar ist. Alle diese Verhaltensweisen wirken auf die Gruppe der Gleichaltrigen (und beim nicht-professionellen Beobachter, wie z. B. Lehrer) provozierend, dissozial und erzeugen einen Etikettierungsprozess der sozialen Ausgrenzung, der beim betroffenen Kind jedoch gewissermaßen ins Leere läuft.

Dissoziale Symptome im Kontext von *Psychischen und Verhaltensstörungen durch psychotrope Substanzen* (F1) sind üblich und werden als Beschaffungskriminalität bezeichnet. Im Gegensatz zum SSV sind sie aber eine Sekundärerscheinung, erklären sich aus den unterschiedlichen klinischen Bildern (v. a. schädlicher Gebrauch, Abhängigkeitssyndrom, Entzugssyndrom, psychotische Störung) und lassen nicht auf ein primär gestörtes Sozialverhalten schließen.

Es gibt allerdings auch Komorbiditäten, wo der Substanzmissbrauch integraler Bestandteil des gestörten Sozialverhaltens ist. Solange der Substanzmissbrauch in solchen Fällen anhält ist eine Differenzialdiagnose daher praktisch nicht möglich.

Ist eine oppositionell-trotzige Symptomatik auf die Familie beschränkt und führt zu chronischer Disharmonie mit den Eltern und anderen Familienmitgliedern, kann es sich auch um einen (auf Dauer erfolglosen) Dissimulationsversuch von Zwangsritualen handeln (z. B. andauernd wiederholtes Händewaschen, ständige Kontrollen, ob Türen auch verschlossen sind, verzögerte Handlungsabläufe usw.). Hier müsste eine *Zwangsstörung mit vorwiegenden Zwangshandlungen* (F42.1) oder ... *mit Zwangsgedanken und -handlungen, gemischt* (F42.2) diagnostiziert werden.

Im Rahmen einer *Bulimia nervosa* (F 50.2) kommt es nicht selten zum Stehlen (und Horten) von Nahrungsmitteln, zu Alkohol-, Tabletten- und Drogenmissbrauch und zu unkontrolliertem Geldausgeben. Diese Verhaltensweisen sind aber als emotionale Störung im Sinne einer Störung der Impulskontrolle zu werten und nicht als Symptome einer SSV.

Im Verlauf *Manischer Episoden* (F30) zeigen sich ebenso oft aggressive Symptome i. S. völlig situationsinadäquater unkontrollierbarer Erregung. Diese sind aber Folge der insgesamt starken Überaktivität und des Verlustes üblicher sozialer Hemmungen.

Auch gegenüber aggressiven und dissozialen Handlungen aufgrund *Organischer Störungen* (F0), zumeist einer Hirnschädigung, muss die Diagnose der SSV abgegrenzt werden. So gehört es z. B. zum Störungsbild einer *Organischen Persönlichkeitsstörung* (F07.0), dass die betreffende Person vitalen Bedürfnissen, Impulsen und Emotionen ohne Rücksicht auf die sozialen Konventionen nachgibt, Reizbarkeit und Wutausbrüche zeigt. Dies ist aber Folge oder Begleiterscheinung der Hirnschädigung und war vor der Schädigung bei der Person nicht zu beobachten.

2.3 Komorbidität

Durch verschiedene Forschungsstudien zur Frage der Komorbidität ist bekannt, dass bestimmte psychische Störungen überzufällig häufig mit bestimmten anderen psychischen oder körperlichen Störungen bzw. Begleitsymptomen verbunden sind. Das trifft auch auf die SSV zu.[11]

Hier ist in erster Linie die *Einfache Aktivitäts- und Aufmerksamkeitsstörung* (F90.0) zu nennen, die Studien zufolge bei jüngeren Kindern in bis

---

11 Wenn nicht anders angegeben, im Folgenden nach Petermann u. a., 2001, 12f.

zu 50 % der Fälle gleichzeitig mit einer SSV auftritt. Dies bedeutet aber nicht, wie manche Autoren schließen[12], dass ein hyperkinetisches Syndrom (Hyperaktivität, Aufmerksamkeitsstörung, Impulsivität) keine selbstständige nosologische Einheit bildet. In vielen empirischen Studien konnten Hyperkinetisches Syndrom und SSV faktorenanalytisch als getrennte Einheiten nachgewiesen werden.[13] Oft geht die Aktivitäts- und Aufmerksamkeitsstörung allerdings der SSV entwicklungsgeschichtlich voran. Differenzierte Studien zeigen, dass es sich bei früher Komorbidität von SSV und Hyperaktivitätsstörung (Vorschulalter) in der Regel um die leichtere, kindliche Ausdrucksform der SSV, also um das oppositionell-aufsässige Verhalten (F91.3) handelt. Aus dem oppositionell-aufsässigen Verhalten im Vorschulalter entwickelt sich im Jugendalter häufig eine der anderen, schwereren Formen des gestörten Sozialverhaltens. Dies ist jedoch nicht zwangsläufig so, da dissoziales Verhalten auch erst im Jugendalter beginnen kann. Doch auch hier sollen 40–60 % der Jugendlichen mit einer Hyperaktivitätsstörung zugleich eine Störung des Sozialverhaltens aufweisen.[14] Hinshaw u. a. (1987) kamen aufgrund einer umfangreichen faktorenanalytischen Sekundärstudie zu dem Resultat, dass eine Abgrenzung zwischen hyperaktiven und aggressiven Verhaltensauffälligkeiten nicht möglich ist, da keine Belege für ein unterschiedliches ätiologisches Muster gefunden wurden.[15] In die gleiche Richtung gehen neurobiologische Studien, die ein ähnlich hohe Responderrate auf Methylphenidat und Risperdal bei beiden Störungsformen fanden.[16] Allerdings ist übermäßige Aggressivität in früher Kindheit nur schwach mit der Ausbildung einer SSV im fortgeschritteneren Alter assoziiert, wenn der Einfluss von Drittvariablen ausgeschaltet wird. Das Gleiche gilt übrigens auch für Aufmerksamkeitsprobleme, die

---

12 z. B. K. Langscheidt, Informationen für Schulpsychologinnen und Schulpsychologen des Landesinstituts für Schule und Weiterbildung, Soest, 44/1998, 8.
13 W. Hirschberg, Kognitive Charakteristika von Kindern und Jugendlichen mit Störungen des Sozialverhaltens – eine Übersicht, Praxis Kinderpsychol. Kinderpsychiat., Bd. 43, H.2, 1994, 36–45.
14 http://www.hks-ads.de. Eine Studie von Steward u. a. geht von 2/3 aller Fälle aus (Steward, M. A., Cummings, C., Singer, S., & Dedlois, C. S. (1981). The overlap between hyperactive and unsocialized aggressive children. Journal of Child Psychology and Psychiatry, 22, 35–45); zit. n. Langscheidt, 1998, 8.
15 Hinshaw, S. P. Han, S. Erhardt D., & Huber, A. (1992). Internalizing and externalizing behavior Problems in preschool children: Correspondence among parent and teacher ratings and behavior observations. Journal of Clinical Child Psychology, 21(2), 143–150; zit. n. Langscheidt 1998, 11.
16 J. K. Buitelaar, Biologische Grundlage und medikamentöse Behandlung von Aggressivität bei Jugendlichen, Vortrag ISAP-Kongress »Adoleszenz – Bindung – Destruktivität«, 14.–16. Juni 2003, Göttingen (http://www.antigoneneu.de).

ebenfalls nicht unabhängig die Ausbildung einer SSV vorhersagen.[17] Das weist aller methodologischen Erfahrung nach auf eine erhebliche Varianz im Erklärungsgrad der abhängigen Variable hin und lässt viele Fragen offen.

Ungefähr 20 % der Kinder mit aggressiv-dissozialem Verhalten entwickeln als Jugendliche eine Depression. Die Bremer Jugendstudie zeigt, dass 40 % der Jugendlichen mit SSV zusätzlich an *Depressiven Störungen* leiden.[18] Sehr bemerkenswert sind in diesem Zusammenhang aber auch Studien zur Interdependenz von depressiven Störungen bei Müttern und dissozialen Verhaltensstörungen bei deren Kindern.[19] Hier ergibt sich auch eine – oben bereits angedeutete – entwicklungspathologische Brücke zum Substanzmissbrauch. Kinder und Jugendliche, die in ihrem Sozialverhalten gestört sind, bilden eine der Risikogruppen für jegliche Art von Substanzmissbrauch, v. a. Alkohol und Cannabis.[20] Insbesondere in der späten Adoleszenz zeigt sich eine Wechselwirkung zwischen Depression und Substanzmissbrauch. Der Mischkonsum von Cannabis, Designerdrogen und Alkohol im Sinne eines Selbstheilungsversuchs gestörter Identitätsentwicklung gewinnt hier eine immer größere Bedeutung.[21] Psychosoziale Folgewirkungen wie Schulschwierigkeiten, eine erhöhte Suizidgefährdung und die Anfälligkeit für weitere psychische Störungen sind hier ebenso zu nennen.

Gut belegt ist auch der Übergang einer SSV im Jugendalter zu einer *Dissozialen Persönlichkeitsstörung* im frühen Erwachsenenalter. Bis zu 40 % der Kinder und Jugendlichen mit einer SSV sind hiervon betroffen.[22] Das stützt nach Auffassung einiger Autoren die These, dass eine SSV immer von einer frühen narzisstischen Pathologie begleitet wird, hervorgerufen durch frühe Traumatisierung(en) oder durch missbräuchlich manipulative Beziehungen seitens der Bezugspersonen im Sinne narzisstischer Selbstobjektbeziehungen.

---

17 F. C. Verhulst, Die 14-Jahres-Vorhersage dissozialen Verhaltens. Eine prospektive Längsschnittstudie. http://www.antigoneu.de. Ders., Kann dissoziales Verhalten vorhergesagt werden? Eine Untersuchung an Kindern, Jugendlichen und Erwachsenen über einen Zeitraum von 14 Jahren, in: A. Streeck-Fischer (Hg.), Adoleszenz, Bindung, Destruktivität, Stuttgart, 2004, 208–223.
18 Vgl. F. Petermann u. a., 1999, 52.
19 »Vieles spricht dafür, dass mütterliche Depressivität eine Ursache für dieses Phänomen ist. In der Tat zeigte sich, dass Mütter verhaltensgestörter Kinder eine höhere Neigung zu depressiver Verstimmung aufweisen als Mütter unbelasteter Kinder. Dabei ist der Zusammenhang zwischen mütterlicher Depressivität und kindlicher Auffälligkeit wahrscheinlich reziproker Natur (Forgatch, Patterson & Ray, 1996).« Langscheidt, 1998, 5.
20 H. Remschmidt, Alkoholabhängigkeit bei jungen Menschen, Dtsch Ärztebl 2002; 99: A 787–792 (Heft 12). Laut Bremer Jugendstudie zeigen 24,5 % der Jugendlichen mit SSV Störungen durch Alkoholkonsum, 30,6 % Störungen durch Cannabiskonsum (vgl. F. Petermann u. a., 1999, 52).
21 H. Gerhard, Zwischen Lifestyle und Sucht, Gießen 2003, 91ff.
22 E. Branik, Störungen des Sozialverhaltens – Therapeutische Möglichkeiten und Grenzen in der stationären Kinder- und Jugendpsychiatrie, Praxis Kinderpsychol. Kinderpsychiat., 7/2002, 539.

Dies stimmt mit anderen Forschungsergebnissen zu sogenannten *Risikokindern* überein. Die »Mannheimer Risikokinderstudie«[23] konnte feststellen, dass die Folgen einer schwierigen Schwangerschaft oder Geburt durch organische bzw. psychosoziale Belastungen auch noch bei Schuleintritt der Kinder nachweisbar waren. Dabei wirkten organische Belastungen eher in die Richtung der Beeinträchtigung motorisch-kognitiver Fähigkeiten, während psychosoziale Belastungen negativ auf die kognitive und psychische Entwicklung wirkten. Namentlich ein in der Kindheitsentwicklung aufgetretenes gestörtes Sozialverhalten ließ sich besser als alle anderen gefundenen psychischen Störungen (Ängste, Depressionen, Kontaktstörungen) durch familiäre Faktoren (psychische Störung bei Mutter und/oder Vater, Delinquenz des Vaters, ständige Familienkonflikte u. a.) erklären. Doch auch in dieser Studie zeigte sich eine ganz erhebliche Varianz, d. h., dass unter gleichen schlechten Voraussetzungen die Spanne der Entwicklungsqualität der Kinder von schlecht bis günstig reicht.

Wie schon unter den differentialdiagnostischen Überlegungen angeführt, kann es auch zu einer SSV in Form einer verschleppten Bindungsstörung kommen, wo sich Symptome beider Störungsbilder vermischen. So kann z. B. das ständige Weglaufen eines 13-jährigen Mädchens, das auch andere Symptome eines gestörten Sozialverhaltens zeigt, mit wahllosen Beziehungsaufnahmen verbunden sein (indem es sich immer wieder von Männern ansprechen lässt oder diese selber anspricht). Dieses nicht-selektive Bindungsverhalten ist u. U. ein Hinweis auf eine zugrunde liegende *Bindungsstörung des Kindesalters mit Enthemmung* (F94.2).

Mit Eintritt in den Kindergarten, spätestens mit der Einschulung werden bei Kindern mit einer SSV oftmals erhebliche kognitive, psycho- und visumotorische Defizite deutlich. Diese haben entweder ihre Ursache in einer *Intelligenzminderung* (Lernbehinderung oder Geistige Behinderung; F70 – 79) oder äußern sich in klar *Umschriebenen Entwicklungsstörungen* (F80–83), wie z. B. Sprachentwicklungsstörungen im Vorschulalter und Lese-Rechtschreib- oder Rechenschwäche im Grundschulalter. Die daraus entstehende chronische Überforderung wird oftmals aggressiv-verweigernd abgewehrt. Es gibt aber auch Hinweise, dass sich Schulleistungsprobleme von Schülern mit Hyperaktivität und/oder gestörtem Sozialverhalten eher durch ihre Hyperaktivität bzw. die SSV erklären lassen als umgekehrt, sodass das abwehrend-aggressive Verhalten gegenüber schulischen Anforderungen ein (zusätzlich belastendes) Sekundärphänomen wäre und nicht eine bloße Reaktion auf ein Versagen in

---

23 M. Laucht, G. Esser, M. H. Schmidt, Mannheimer Risikokinderstudie, http://www.uni-potsdam.de.

Leistungssituationen.[24] So kommen einige Studien zu dem Schluss, dass z. B. zwischen Lesestörung und Sozialverhaltensstörung keine kausale Beziehung besteht, sondern beide über die hyperkinetische Symptomatik miteinander verbunden sind. Dazu passen die Resultate neuerer Studien, wonach Aufmerksamkeitsstörungen v. a. mit Teilleistungsstörungen und Hyperaktivität mit SSV einhergeht.[25]

Neben diesen umschriebenen psychopathologischen Komorbiditäten existieren eine Vielzahl weiterer psychosozialer Begleitphänomene, die an dieser Stelle ebenfalls genannt werden sollen. So werden die gerade angesprochenen Schulleistungsprobleme häufig durch weitere Schulschwierigkeiten begleitet, wie Klassenwiederholungen, Ausgrenzung aus der Klassengemeinschaft, Schulausschlüsse und Schulabbrüche. Doch in erster Linie handelt es sich natürlich um die Straffälligkeit der betroffenen Jugendlichen. Dem Autor sind jedoch keine repräsentativen und differenzierten Untersuchungen darüber bekannt, wie viel Prozent der Kinder und Jugendlichen mit SSV tatsächlich straffällig werden.[26] Gleichwohl bestätigen viele empirische Untersuchungen einen engen Zusammenhang zwischen dem Vorhandensein einer SSV und gegenwärtiger bzw. späterer Straffälligkeit.[27] Eine Ursache für dieses bemerkenswerte Desiderat mag in dem grundsätzlichen Problem bestehen, die realitätskonstruierenden Wirkungen sozialer Labelingprozesse bei der repräsentativen empirischen Erfassung dieses Aspekts angemessen zu berücksichtigen. Doch dazu an anderer Stelle mehr. Ferner wird bei den betreffenden Kindern und Jugendlichen eine ausgeprägte Tendenz zum Risikoverhalten, die über die altersüblichen Mutproben hinausgehen und eine Unfallneigung beobachtet, was mit basalen Temperamentsfaktoren wie dem hohen Neugierverhalten, die mangelnde Aversion gegen unangenehme Reize, die höhere Resistenz gegenüber Belohnung

---

24 S. Asghar, Der Zusammenhang zwischen individuellen Unterschieden in der Lese- und Rechtschreibentwicklung und der Entwicklung des Sozialverhaltens bei Kindern – Eine Längsschnittuntersuchung von der Vorschulzeit bis zum Ende der 1. Klasse Volksschule, Diss. Uni Wien, 2001.
25 Hirschberg, 1994, 38.
26 Einen Ansatz in diese Richtung unternimmt der »Legalprognosetest für dissoziale Jugendliche« von Hartmann und Eberhard 1972. Hier wurde an einer nicht-repräsentativen Stichprobe von 399 dissozialen männlichen Jugendlichen und jungen Erwachsenen mit einer Heimkarriere, die zwischen 1962–64 untersucht wurden, festgestellt, dass 55,1 % innerhalb von drei Jahren nach Heimentlassung straffällig wurden (vgl. K. Hartmann, Lebenswege nach Heimerziehung, Freiburg 1996, 40ff.). Die Bremer Jugendstudie beziffert für ihre Stichprobe von 12–17-jährigen Jugendlichen den Anteil von (selbstberichtetem) delinquentem Verhalten unter den Jugendlichen mit SSV mit 36,4 %. Im Vergleich dazu weisen 10 % der Jugendlichen ohne SSV (selbstberichtete) Delinquenz auf (vgl. F. Petermann, 1999, 55).
27 Vgl. hierzu die entsprechende Liste einschlägiger, internationaler Studien bei H. Fend, Entwicklungspsychologie des Jugendalters, Opladen 2001, 440f.

und Strafe, fehlende Initialscheu und ausbleibende ängstliche Anspannung bei aufregenden Situationen zu tun haben mag.[28] Fend (2001) erwähnt zudem somatisierendes Verhalten, was dem Autor in der klinischen Praxis zumeist als Vermeidungsverhalten bei sozialen Anforderungen begegnet. Allerdings sind Kinder und Jugendliche mit SSV auch grundsätzlich in einem schlechteren körperlichen Allgemeinzustand, was als Teilaspekt allgemeiner Vernachlässigung gelten kann.[29] Ebenso berichtet derselbe über frühe sexuelle Aktivitäten mit promisken Zügen, was ebenfalls durch eigene klinische Erfahrungen bestätigt werden kann. Durch die aus all den genannten Faktoren resultierende multiple Belastung von Kindern und Jugendlichen mit SSV kommt es schließlich auch zu z. T. erheblichen Entwicklungsverzögerungen. Sie werden vorzugsweise dort deutlich, wo sich der Jugendliche nach mehrjähriger dissozialer Karriere und entsprechenden Frustrationserfahrungen gewissermaßen in einer Sackgasse sieht, keine fremde Hilfe annehmen will oder kann und das Aushalten der Situation nur noch über täglichen Drogenkonsum, oft Cannabis, möglich erscheint.[30]

2.4 Prävalenz, Epidemiologie, Verlauf und Typologien

Für Deutschland lagen bis 2006 keine epidemiologischen Studien vor, welche die Häufigkeit der SSV-Diagnose in der Allgemeinbevölkerung unter 18 Jahren belegen konnten.[31] Erst mit der KiGGS-Studie (2007) liegen belastbare Zahlen vor. Danach zeigen 7,9 % der Jungen und 7,2 % der Mädchen im Alter zwischen 7 und 17 Jahren Anzeichen einer Störung des Sozialverhaltens, im Gesamtdurchschnitt sind es 7,6 %.[32] Die Bremer Jugendstudie errechnete zuvor

---

28 Vgl. Poustka, 2000, 3f.
29 Vgl. Hirschberg, 1994, 41.
30 Vielen Drogenberatungsstellen ist dieser Typus des jugendlichen Dauerkonsumenten gut bekannt. »Kiffen bremst die Entwicklungsbereitschaft aus«, sagt beispielsweise Rainer Thomasius von der Drogenambulanz des Universitätsklinikums Hamburg-Eppendorf. »Man sieht 22-Jährige, die nach sieben Jahren Konsum immer noch auf dem Stand von 15-Jährigen sind.«. FR 16.03.2004, Nr.64, 23.
31 Wenn nicht anders angeben, im Weiteren nach Petermann u. a., 2001, 8ff.
32 Studie zur Gesundheit von Kindern und Jugendlichen in Deutschland. Ergebnisse des Kinder- und Jugendsurveys, Hg.: Robert-Koch-Institut u. a., in: Bundesgesundheitsblatt, Gesundheitsforschung, Gesundheitsschutz, Band 50, Heft 5/6, (Mai/Juni), Berlin 2007, 875. KiGGS untersuchte zwischen Mai 2003 und Mai 2006 eine repräsentative Stichprobe von 17 641 Jungen und Mädchen im Alter zwischen 0 bzw. 3 und 17 Jahren. Im Weiteren wird die Studie als KiGGS 2007 zitiert.

eine Prävalenz von 7,2 % in der Altersgruppe der 12- bis 17-Jährigen.[33] In einer Repräsentativbefragung bundesdeutscher Eltern und deren 4- bis 18-jährigen Kindern geben die Eltern für 3 % der Mädchen und 6 % der Jungen ausgeprägte aggressive Verhaltensweisen an. Die Kinder und Jugendlichen selber schätzen sich häufiger aggressiv ein: 6 % der Mädchen und 7 % der Jungen. Deutliche Formen dissozialen Verhaltens zeigen sich laut Eltern bei 1,5 % der Mädchen und 3 % der Jungen – allerdings im Alter zwischen 11 und 18 Jahren. Auch hier liegen die Raten im Selbsturteil mit 3 % bei den Mädchen und 5 % bei den Jungen höher. Werning (1996) berichtet von einer umfangreichen Synopse empirischer Untersuchungen zur Prävalenz sozial auffälligen Verhaltens bei Kindern und Jugendlichen, deren Ergebnis in einer Varianz zwischen 2 % und 50 % bestand, wobei sich die meisten Untersuchungen irgendwo zwischen 20 % und 30 % einpendeln.[34] Laut Remschmidt und Walter (1990) bewegt sich die Prävalenzrate international zwischen 8 % und 23 % (Hessen: 12,7 %).[35] Remschmidt (2000) zufolge hat die Prävalenz in den letzten zehn Jahren erheblich zugenommen. Störungen des Sozialverhaltens machen 30 % bis 50 % aller Zuweisungen in die Kinder- und Jugendpsychiatrie aus.[36] Branik (2002) gibt je nach Untersuchung eine Zahl zwischen 12 und 35 % an.[37] Langscheidt (1998) schätzt den Prozentsatz an sozial verhaltensauffälligen Kindern und Jugendlichen in Beratungseinrichtungen auf ca. 60 %.[38] Meine eigenen Berechnungen haben ergeben, dass im Jahr 2000 ca. 12 % bzw. 13 % (10 427 Fälle) aller jungen Menschen, die aus einer vollstationären Krankenhausbehandlung entlassen wurden, die Diagnose *Störung des Sozialverhaltens* (F91) oder *Kombinierte Störung des Sozialverhaltens* (F92) erhielten. Die ebenfalls interessante Diagnose der *Hyperkinetischen Störung des Sozialverhaltens* (F90.1) ließ sich wegen fehlender Spezifizierung nicht gesondert hinzu addieren. Wenn aber die ganze Gruppe der Hyperkinetischen Störungen (F90.0, F90.1, F90.8, F90.9) mit einbezogen wird, dann steigt der Prozentsatz auf maximal ca. 16 % bzw. 18 % (14 075). Es lässt sich also feststellen, dass der Anteil der entlassenen SSV-Patienten im KJP-

---

33 Die Stichprobe ist jedoch nicht geeicht und legt die Kriterien des DSM-IV an. Danach erfüllen 4,7 % der erfassten Jugendlichen die Kriterien für die Störung des Sozialverhaltens und 2,5 % die für die Störung mit Oppositionellem Trotzverhalten. Vgl. F. Petermann u. a., Komorbidität, Risikofaktoren und Verlauf aggressiven Verhaltens: Ergebnisse der Bremer Jugendstudie, Kindheit und Entwicklung, 8 (1), 1999, 49–58.
34 R. Werning, Sozial auffälliges Verhalten von Kindern und Jugendlichen, Vierteljahreszeitschrift für Heilpädagogik und ihre Nachbargebiete, Bd. 65, 1996, H. 1, 49.
35 H. Remschmidt, R. Walter (Hg.), Psychische Auffälligkeiten bei Schulkindern. Eine epidemiologische Untersuchung, Stuttgart, 1990, 64.
36 H. Remschmidt (Hg.), Kinder- und Jugendpsychiatrie. Eine praktische Einführung, Stuttgart, 2000, 279.
37 vgl. Branik, 2002, 534.
38 vgl. Langscheidt, 1998, 3.

Bereich im Jahr 2000 zwischen 12 % und 18 % liegt.[39] Um die epidemiologisch interessante Frage nach der Entwicklung der Prävalenz in den letzten Jahren jedenfalls ansatzweise beantworten zu können, habe ich aufgrund der Basisdaten der Krankenhausdiagnosestatistik zwischen 1993 und 2003 folgende Grafiken[40] erstellt. Die absoluten Zahlen zeigen mehr als eine Verdoppelung der SSV-Diagnosen innerhalb der Dekade (+123,8 %).[41]

---

39 Die Angaben beziehen sich auf unter 1- bis 20-jährige Menschen in der BRD, bei denen die Hauptdiagnose bei Entlassung aus vollstationärer Krankenhausbehandlung im Jahr 2000 auf F91 oder F92 (bzw. F90.1) lautete. Nebendiagnosen konnten nicht berücksichtigt werden. Die doppelte Angabe erklärt sich aus dem Ausschluss (erste Prozentangabe) oder dem Einbezug (zweite Prozentangabe) der erheblichen Zahl von F10-Diagnosen (Psychische und Verhaltensstörungen durch Alkohol), um jedenfalls annäherungsweise das Klientel von kinder- und jugendpsychiatrischen Krankenhäusern und Abteilungen statistisch abzubilden. Begründung: Junge Patienten mit Alkohol-Diagnosen (v. a. Alkoholvergiftung) werden erfahrungsgemäß in Allgemeinkrankenhäusern behandelt und kaum im Bereich der stationären Kinder- und Jugendpsychiatrie. Bei der Berechnung blieben auch die Patienten mit der Diagnose einer Dissozialen Persönlichkeitsstörung (F60.2) unberücksichtigt, die im kinder- und jugendpsychiatrischen Bereich eher selten gestellt wird. Würde man sie mit einberechnen, dann ergäbe sich maximal ein Anstieg im Zehntelprozent-Bereich. Die Berechnungen erfolgten auf Grundlage der Krankenhausdiagnosestatistik 2000, Hg. Statistisches Bundesamt, Tabelle »Aus dem Krankenhaus entlassene vollstationäre Patienten (einschl. Stunden- und Sterbefälle) 2000, Nach Diagnosen und Altersgruppen; B. Insgesamt, Anzahl«, S. 24f.
40 Um eine Vergleichbarkeit herzustellen, wurde der Altersbereich zwischen 0 und 25 Jahren gewählt, weil vor der Umstellung von ICD-9 auf ICD-10 ab 2000 nur in die Altersstufen 0–1, 1–5, 5–15 und 15–25 unterteilt wurde (ab 2000 dann 15–20). Trotzdem ist davon auszugehen, dass bis zum Altersbereich bis zu 25 Jahren die Patienten der KJP annähernd zutreffend erfasst werden, weil die Daten aus dem Jahr 2000 zeigen, dass die F91- und F92-Diagnosen in der Altersgruppe von 20–25 Jahre kaum gestellt wurden (117 Fälle). Nebenbei: Werden auch für den Altersbereich bis 25 Jahre die F90-Diagnosen (Hyperkinetische Störungen) berücksichtigt (auch in den Varianten mit und ohne F10: Störungen durch Alkohol), dann verändern sich die Prozentsätze nur unwesentlich: sie schwanken etwa zwischen 7 % und 7,5 %.
41 Die Alterskohorte der 0–25-jährigen Bevölkerung in der BRD (Ost und West) nahm in diesem Zeitraum von 18 294 000 Mio. um 3 490 000 Mio. auf 21 784 000 Mio. zu. Das entspricht nur einem Anstieg von 19 %, so dass auch dieser positive basale Bevölkerungseffekt die sprunghafte Zunahme der SSV-Diagnosen nicht erklären kann (eigene Berechnungen nach Statistisches Bundesamt, www.destatis.de, Bevölkerung insgesamt, B15 und A1).

2.4 Prävalenz, Epidemiologie, Verlauf und Typologien

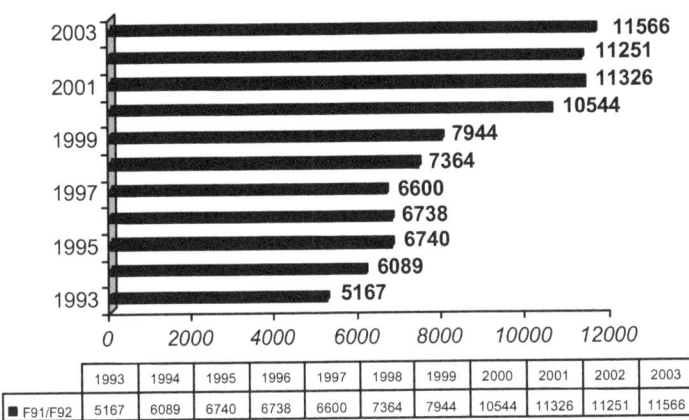

Abb. 1: SSV-Diagnosen 1993–2003. Alter: bis 25 Jahren; Nicht einbezogen wurde die Hyperkinetische Störung des Sozialverhaltens (F90.1)

Zum Vergleich die Entwicklung aller psychiatrischen Entlassungsdiagnosen; sie weisen einen kontinuierlicheren aber geringeren Anstieg um 74,6 % auf.

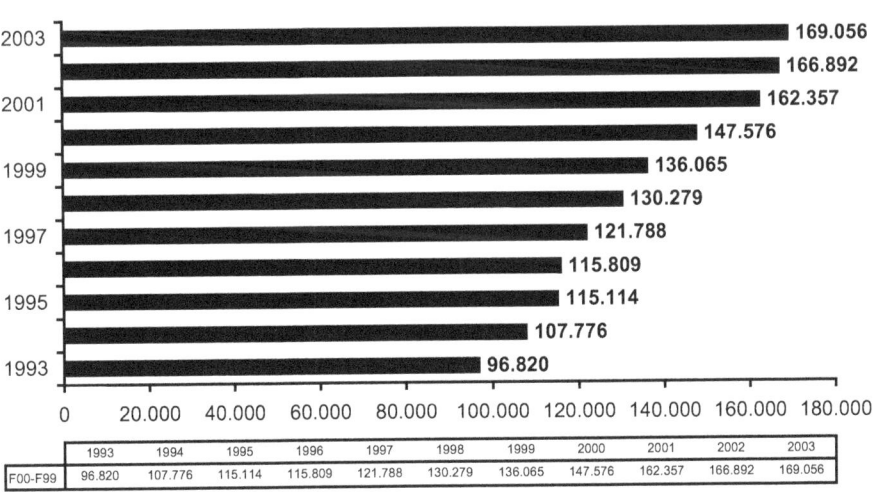

Abb. 2: Psychiatrische Diagnosen 1993–2003. Erfasst wurden bis 1999 Entlassungsdiagnosen nach ICD-9, ab dem Jahr 2000 nach ICD-10 (bis zum Alter von 25 Jahren)

2 Beschreibung, Ätiologie und Therapie der Störung des Sozialverhaltens (SSV)

Zur weiteren Veranschaulichung noch ein Blick auf die jährlichen Wachstumsraten der SSV-Diagnosen und auf ihren entsprechenden Anteil an allen psychiatrischen Entlassungsdiagnosen bei jungen Patienten. Die Wachstumsraten sind recht schwankend, doch gibt es kein Jahr mit nennenswertem Rückgang. In der Regel sind Zuwächse zu beobachten. Ein außerordentlicher Anstieg erfolgte mit der Umstellung von der ICD-9 auf ICD-10, der sich aber dadurch allein nicht erklären lässt. Danach sinken die Zuwachsraten wieder. Auch der Anteil der SSV an allen psychiatrischen Entlassungsdiagnosen ist während der Dekade um ca. 2 % gewachsen – und das trotz des erwähnten positiven Basiseffektes einer insgesamt gewachsenen Grundgesamtheit aller psychiatrischen Entlassungsdiagnosen.

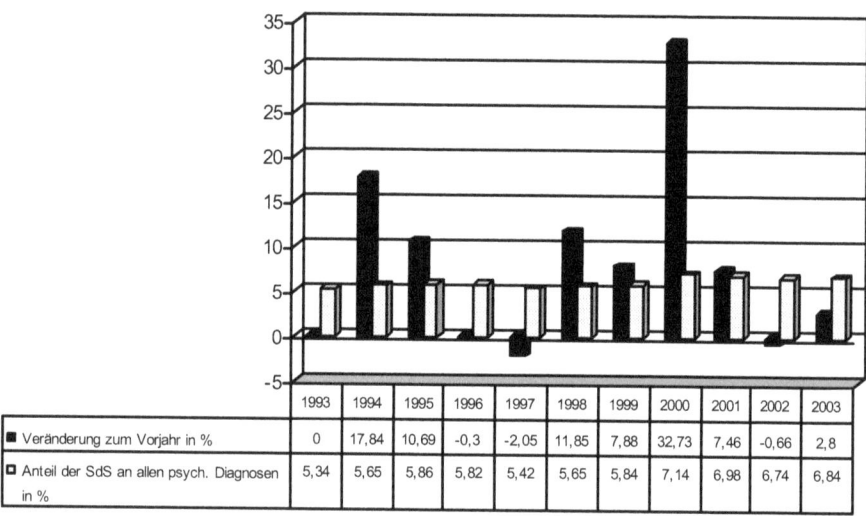

Abb. 3: Veränderungen zum Vorjahr und Anteile an den psych. Diagnosen. Alter: bis 25 Jahre. Im Jahr 2000 wurde die Zählweise der Entlassungsdiagnosen verändert. Der sprunghafte Anstieg der SSV-Diagnosen ist dadurch aber nicht gänzlich erklärbar

Zusammenfassend ist festzuhalten, dass die Anzahl der SSV-Diagnosen im Vergleich zur Häufigkeit aller psychiatrischen Diagnosen bei jungen Menschen zwischen 1993 und dem Jahr 2003 weit überproportional angestiegen ist. Natürlich sagt die Häufigkeit einer Krankenhausdiagnose wenig über die Anzahl der tatsächlich vorkommenden dissozialen Störungen in der Gesamtkohorte der 0- bis 25-jährigen Bevölkerung der BRD aus. Es wäre deshalb auch möglich, dass der Prozentsatz dissozialer Kinder, Jugendlicher und Heranwachsender in der

Gesamtalterskohorte über die Jahre stabil blieb und nur die Neigung gewachsen ist sie in eine Kinder- und Jugendpsychiatrie einzuweisen, in der sie das Etikett *Störung des Sozialverhaltens* bekamen. Dass zudem die anderweitig errechneten Prävalenzraten je nach der Version des zu Grunde gelegten diagnostischen Manuals erheblich schwanken (z. T. um mehr als den Faktor zehn), zeigen Petermann u. a. (1999) am Beispiel des DSM.[42]

In der weiteren epidemiologischen Betrachtung ergeben sich je nach Geschlecht, Alter, Beobachterstandpunkt und Verlauf spezifische Unterschiede. Jungen werden im Vergleich zu Mädchen aggressiver und dissozialer eingeschätzt. So finden sie sich z. B. in der schon erwähnten Bremer Jugendstudie auch signifikant häufiger als Mädchen im Bereich der Störung des Sozialverhaltens wieder und weniger bei der nicht-aggressiven Variante des oppositionellen Trotzverhaltens.[43] Jüngere Kinder werden von den Eltern häufiger als aggressiv beurteilt als ältere Kinder und Jugendliche. Dafür werden Letztere wiederum stärker als dissozial bewertet. Werden die Jugendlichen selber befragt, zeigen sich keine eindeutigen Alters- und Geschlechtsunterschiede. Im internationalen Vergleich von Elternbefragungen ergeben sich ebenfalls keine nennenswerten Unterschiede in den Prävalenzraten. Eine internationale Übereinstimmung der Forschung besteht darin, dass die Delinquenzrate mit dem Alter der Jugendlichen rapide steigt (etwa ab 15 Jahre), im späten Jugendalter den Höhepunkt erreicht, um im jungen Erwachsenenalter ab etwa 21 Jahren wieder abzufallen. Das wird primär auf die entwicklungstypische, passagere Delinquenz von Jugendlichen im Sinne eines »aging-out-Effektes«[44] zurückgeführt.

Bei Jungen gibt es drei typische Verlaufsmuster. Das Erste beginnt mit oppositionellem, manchmal auch hyperkinetischem Verhalten im Kindesalter über offen aggressive Formen zu delinquenten und gewalttätigen Verhaltensweisen im weiteren Entwicklungsverlauf. Das zweite Muster ist entweder auf die Grundschulzeit oder auf eine kurze Zeit während des Jugendalters episodenhaft begrenzt. Die dritte Verlaufsform beginnt erst im jungen Erwachsenenalter. Bei Mädchen beobachtet man einen anderen Verlauf. Sie werden – im Gegensatz zum Selbsturteil – von den Eltern als deutlich weniger aggressiv eingeschätzt.

---

42 Vgl. F. Petermann u. a., 1999, 56.
43 Vgl. F. Petermann u. a., 1999, 52.
44 Erster periodischer Sicherheitsbericht (PSB), Hg. Bundesministerium des Innern, Berlin 2001, 479. In der Devianzforschung ist dieses Phänomen auch als Insistenz-Desistenz-Vorgang bekannt, also dem Hinein- und Herauswachsen aus einem Problemverhalten. Farrington (1995, 119) gibt die Desistenzrate mit jeweils 50 % von der Kindheit ins Jugendalter und vom Jugendalter ins Erwachsenenalter an (Fend, 2001, 444). Das heißt, »in jeder Altersphase arbeitet sich also etwa die Hälfte der vorher Belasteten aus Problemen heraus.« (ebd.) Umgekehrt erhält die Gruppe der dissozialen Minderjährigen einen Zustrom von ca. 50 % neuer Gleichaltriger, die vorher nicht problematisch waren.

Im Jugendalter nimmt das aggressive Verhalten dann aber massiv zu, was in Verbindung mit heftigen Ablösungskonflikten mit der Mutter stehen könnte. Die Entwicklungsprognose aggressiv-dissozialer Mädchen ist bis ins Erwachsenenalter besonders negativ und wird oft von psychischen Erkrankungen, Suizidalität, Schulproblemen, Sucht, Frühschwangerschaften, Gefängnisaufenthalten und weiteren Lebenskrisen (Trennungen, Arbeitsplatzverluste etc.) begleitet. Die spätere Manifestation der Störung wird zudem oft mit einer geringeren Vulnerabilität der Mädchen im Vergleich zu Jungen erklärt. Für beide Geschlechter gilt aber, dass der Störungsverlauf um so stabiler ist, je früher er beginnt, je intensiver er ist (Anzahl und Schwere der Symptome), je mehr Verhaltens- und Lebensbereiche betroffen sind und je länger er besteht. Der Störungsverlauf differenziert sich, weitere (komorbide) Störungen treten hinzu und die Prognose, als Erwachsener eine Dissoziale Persönlichkeitsstörung zu entwickeln, wird wahrscheinlicher.

In Orientierung an Loeber (1990) stellt Steinhausen[45] ein Entwicklungsmodell der SSV vor, das bereits im Säuglingsalter in Form eines schwierigen Temperaments erste Anzeichen aufweist. Vom Vorschulalter über das Jugendalter mit den Symptomstufen der Hyperaktivität, des offen aggressiven und oppositionell-aufsässigen Verhaltens, defizitärer Sozialbeziehungen, Lernstörungen, verdeckten Störungen des Sozialverhaltens und der Aufnahme in eine Gruppe dissozialer Jugendlicher führt der Entwicklungsverlauf weiter in das frühe Erwachsenenalter mit der Ausbildung einer antisozialen Persönlichkeit aufgrund verfestigter Delinquenz. Dabei unterscheidet er zwei Entwicklungstypen. Beim aggressiv-impulsiven Typ existiert eine lange zeitliche Entwicklung, in der sich das aggressive Verhalten oft mit hyperkinetischen Anteilen seit dem Vorschulalter verbindet. Dieser Typus hat erhebliche Leistungs- und Beziehungsstörungen sowie eine hohe Symptomrate und -intensität über verschiedene Lebensbereiche hinweg. Zumeist sind es Jungen; die Remissionsrate ist niedrig. Der nicht-aggressive Typ manifestiert sich erst in der späten Kindheit bis zur mittleren Adoleszenz, zeigt kaum hyperkinetische Anteile, ist in seinen sozialen Beziehungen stabil und die im Vergleich zum ersten Typus weniger häufig begangenen Straftaten werden mit einer delinquenten Gruppe begangen. Dabei handelt es sich zumeist um verdeckte und nicht-aggressive Taten wie Eigentumsdelikte, Lügen, Streunen und/oder Drogenmissbrauch. Mädchen sind hier relativ häufiger zu finden. Die Bremer Jugendstudie weist für den chronifizierten Typus ein Verlaufsmuster nach, das im Alter von ungefähr 7 Jahren mit der Manifestation

---

45 R. Loeber, D. P. Farrington, Young children who commit crime: epidemiology, developmental origins, risk factors, early interventions, and policy implications. Dev. Psychopathol., 12, 2000, 737–762, zit. n. H.-C. Steinhausen, Psychische Störungen bei Kindern und Jugendlichen, München/Jena 2002, 212f.

von Angststörungen beginnt, mit ca. 11 Jahren Symptome der Aufmerksamkeits- und Hyperaktivitätsstörung zeigt, bei ungefähr 12 Jahren in eine Störung mit oppositionellem Trotzverhalten bzw. Sozialverhaltens übergeht, bei 13 Jahren erste delinquente Verhaltensweisen aufweist (zunächst offen aggressive, später dann verdeckte Formen, wie z. B. Stehlen), sich ein halbes Jahr später zusätzlich depressive Symptome entwickeln und dann bei ca. 14½ Jahren Störungen durch Substanzkonsum (v. a. Cannabis) einsetzen.[46]

Insgesamt wird von einer hohen Stabilität der Störung bis ins Erwachsenenalter ausgegangen, was eine ungünstige Prognose impliziert. Die in der Fachliteratur genannten groben Stabilitätsmaße liegen bei 40 % bis 50 %.[47] Petermann u. a. zitieren Zahlen aus einer differenzierteren Studie von Robins (1991) zum Risiko für die Entwicklung einer Antisozialen Persönlichkeitsstörung im Erwachsenenalter aufgrund einer SSV-Diagnose im Kindes- oder Jugendalter.[48] Robins errechnete Häufigkeiten der Erwachsenendiagnose in Abhängigkeit vom Schweregrad der SSV (nach Anzahl der Symptome gering, mittel, hoch) und dem Alter bei Beginn (unter 6 Lj., 6–12 Lj., über 12 Lj.) zwischen 0,9 und 71 %. Dabei gilt: Je schwerer die SSV-Diagnose und je früher ihr Beginn, desto häufiger folgt daraus der Übergang in eine Antisoziale Persönlichkeitsstörung im Erwachsenenalter. Fend (2001) zitiert Korrelationen zwischen aggressivem Verhalten in der Kindheit und aggressivem bzw. delinquentem Verhalten im Erwachsenenalter zwischen $r = 0,25$ und $r = 0,50$, je nach gemessenem Zeitintervall und nach Geschlecht.[49] Die Korrelationen waren für Jungen erheblich höher als für Mädchen. Außerdem wuchs der Zusammenhang mit der Kürze des gemessenen Zeitintervalls, d. h. die Prognose war über ein Jahr sicherer zu stellen als über viele Jahre. Langscheidt (1998) führt eine Untersuchung an, die auf einen Stabilitätskoeffizienten von sogar $r = 0,92$ zwischen dem 4. und 8. Lebensjahr kommt.[50]

---

46 Vgl. F. Petermann u. a., 1999, 54.
47 Poustka erwähnt, dass 40 % aller impulsiv-aggressiven Kinder und Jugendlichen ihre Symptomatik bis zum Erwachsenenalter behalten (Poustka, 2000, 1); Branik nennt eine Zahl von bis zu 40 % (Branik, 2002, 539); Steinhausen gibt an, dass 60 % der Erwachsenen mit dissozialer Persönlichkeitsentwicklung auch als Kinder schon ausgeprägt dissozial waren, während andererseits mehr als 50 % aller schwer antisozialen Kinder keine antisozialen Erwachsenen werden (Steinhausen, 2002, 218); umgekehrt beträgt der Behandlungserfolg (im Therapeutenurteil) nur 36 %, womit die SSV unter allen psychischen Störungen des Kindes- und Jugendalters das zweitschlechteste Resultat nach dem Autismus erreicht (Remschmidt/Walter, 1990, 65).
48 Vgl. Petermann u. a., 2001, 10.
49 Vgl. Fend, 2001, 441.
50 »Capaldi und Patterson (1989) erhielten einen Stabilitätskoeffizienten von .92 für Maße des antisozialen Traits erhoben im 4. und 6. und im 6. und 8. Jahrgang.« (Langscheidt, 1998, 3).

2.5 Ätiologie

In der Literatur werden eine ganze Reihe verschiedener Faktoren genannt, die am Entstehungsprozess der Störung beteiligt sind. Diese Faktoren sollen zunächst unabhängig dargestellt werden. Im Anschluss werden dann einige prominente Erklärungsmodelle vorgestellt.[51]

2.5.1 Pathognostische Faktoren (Risikofaktoren)

2.5.1.1 Biologische Faktoren

Bei den biologischen Faktoren werden genetische, geschlechtliche, neurobiologische, prä-, peri- und postpartale Faktoren genannt.

Aus genetischer Sicht konstatieren Plomin u. a. (1999)[52] grundsätzlich einen geringen Zusammenhang zwischen genetischen Faktoren und einer SSV. Bei Zwillingsstudien mit männlichen Jugendlichen wurde jedoch ein starker genetischer Einfluss auf das kombinierte Bild einer ADHS[53] und einer SSV gefunden. Nahezu keine signifikanten Einflüsse ergaben sich dabei für eine reine SSV. Als relativ größer werden genetische Effekte bei dissozialem Verhalten eingeschätzt, das schon in früher Kindheit einsetzt, von Hyperaktivität begleitet wird und in eine Dissoziale Persönlichkeitsstörung im Erwachsenenalter ausläuft.

Es werden oft Unterschiede im biologischen Geschlecht für eine Disposition zur SSV benannt, doch die Untersuchungen hierzu fallen uneinheitlich und z. T. widersprüchlich aus. Petermann führt eine Reihe von Säuglings- und Kleinkindstudien an,[54] wonach Jungen weniger stressresistent sind, emotional labiler reagieren und häufiger negative Affekte zeigen als Mädchen. Oft korreliert diese höhere psychophysiologische Irritierbarkeit jedoch nicht mit dem beobachtbaren Verhalten. Ebenso werden Jungen von ihren Eltern im Kleinkindalter tendenziell negativer im Verhalten beurteilt als Mädchen. Hierfür werden aber auch Selektionseffekte aufgrund unterschiedlicher Haltungen, Erwartungen und Wahrnehmungen der Eltern gegenüber Jungen und Mädchen verantwortlich gemacht. Verlässlichere Unterschiede im Verhalten von Mädchen und Jungen werden erst ab Vorschul- und Schulalter beobachtet. Hier wurde vielfach festgestellt, dass Jungen mehr aggressives Verhalten als Mädchen zeigen und letztere wiederum über eine bessere Spannungs- und Emotionsregulation verfügen.

---

51 Auch dieser Punkt weitgehend nach Petermann, 2001 (15ff.), wenn nicht anders angegeben.
52 R. Plomin, J. C. DeFries, G. E. McClearn, M. Rutter, Gene, Umwelt und Verhalten. Einführung in die Verhaltensgenetik, Bern 1999, 167ff.
53 Aufmerksamkeitsdefizit-Hyperaktivitätsstörung nach DSM-IV 314.00 und 314.01 (entspricht der ICD-10 Klassifikation einer einfachen Aktivitäts- und Aufmerksamkeitsstörung F90.0).
54 Vgl. Petermann 2001, 16f.

Betrachtet man geschlechtsspezifische Altersgruppen, so fällt allerdings auf, dass Mädchen im Alter von Zwölf bis Dreizehn ebenfalls erhebliche körperliche Aggressivität zeigen, wohl auch, weil sie den Jungen in dieser Entwicklungsphase körperlich überlegen sind. Außerdem ergibt sich ein differenzierteres Bild über die genauere Analyse der Aggressionsformen. Bei den indirekten verbalen Aggressionen und den aggressiv-manipulativen Beziehungsstrategien (»Dissen«) sind die Mädchen weit häufiger vertreten als die Jungen.[55]

Steinhausen zählt folgende biologische Faktoren auf: ein niedriger Funktionsstand des serotonergen Systems, uneinheitliche Befunde im noradrenergen System, widersprüchliche Befunde beim Cortisol- und Testosteronspiegel, eine erniedrigte Aktivierung und Reaktivität bei verschiedenen psychophysiologischen Parametern.[56] Diese Fehlregulationen von Nervenüberträgerstoffen im Gehirn wirken primär auf das Erregungsniveau. So steht das Fehlen von Serotonin in Beziehung zu einer Zunahme von Ärger, Aggressivität, Feindseligkeit und depressiven Symptomen. Sind die Dopaminrezeptoren in ihrer Sensitivität herabgesetzt, dann korreliert dies gleichfalls mit erhöhter Aggressivität.[57] Ein niedriger Cortisolwert soll mit aggressivem Verhalten bei Jungen in Verbindung stehen. Als weiterer pathognostischer Faktor wird ein niedriges Aktivitätsniveau in Form einer verminderten Herzfrequenzrate gesehen, die bei aggressiven Kindern nachgewiesen wurde. Namentlich ein niedriges autonomes Arousal, also die verminderte Reagibilität auf emotional bedeutsame Außenreize (*Hypo-Arousal*), soll ein valider und spezifischer biologischer Parameter für das Vorliegen einer SSV bei Kindern und Jugendlichen sein.[58]

Petermann u. a. benennen zudem prä-, peri- und postpartalen Faktoren wie spezifische Belastungen in der Schwangerschaft (Infektionen, intrauterine Mangelernährung, Unfälle, Schockerlebnisse), Konsum von legalen und illegalen Drogen und Medikamenten in der Schwangerschaft, Geburtskomplikationen und ein niedriges Geburtsgewicht.[59] Die Autoren erwähnen eine umfangreiche Übersichtsarbeit, die das Rauchen der Mutter während der Schwangerschaft mit einer SSV im Kindesalter und den Konsum von Alkohol und Drogen mit einer solchen im Jugend- und Erwachsenenalter assoziiert sieht.[60] Die Form der Assoziation ist allerdings nicht bekannt, sodass neben hirnneurologischen Schädigungen auch psychosoziale Faktoren in Betracht kommen können, wenn

---

55 Vgl. Fend, 2001, 439.
56 Vgl. Steinhausen, 2002, 214.
57 N. Poustka, 2000, 4.
58 Vgl. Raine (2002), zit. n. T. D. Vloet und B. Herpertz-Dahlmann, Langzeitverlauf kinder- und jugendpsychiatrischer Erkrankungen – Risiko der Entwicklung von Persönlichkeitsstörungen, in: psychosozial 30.Jg. (2007), Heft II (Nr.108), (61–72), 68.
59 Vgl. Petermann u. a., 2001, 16.
60 Scheithauer u. a., 2000, 69, zit. n. ebd., 18.

z. B. die Mutter während der Schwangerschaft vermehrt raucht oder trinkt, weil sie selber sehr belastet ist und infolge der Belastung Verhaltensprobleme beim Kind entstehen. Bei hyperkinetischen Störungen scheinen die Zusammenhänge mit dem Rauchen jedoch gesicherter. Deutlicher ist auch der Zusammenhang zwischen präpartalem Alkoholkonsum und kognitiven Störungen des Kindes. Charakteristische Verhaltensstörungen treten im Rahmen des Fetalen-Alkohol-Syndroms (FAS) auf, wobei dieses nur indirekt und v. a. mit einer hyperkinetischen Störung, weniger mit SSV assoziiert scheint. Aber auch hier bleibt die Frage nach den biologischen und/oder psychosozialen Faktoren offen. Weitere Schädigungen können durch Komplikationen in der Schwangerschaft und bei der Geburt entstehen. Hier werden neuropsychologische Funktionsstörungen des kindlichen Nervensystems, Frontalhirnschäden und qualitative Beeinträchtigungen der neuronalen Entwicklung genannt, die sich in unterschiedlich negativer Weise auf die Reizwahrnehmung und -verarbeitung des Kindes auswirken können. Daraus wiederum könnten sich Lernprobleme auch im sozialen Lernen entwickeln. Die schon angeführte »Mannheimer Risikokinderstudie«, die Kinder von der Geburt bis in das achte Lebensjahr begleitete, erbrachte einen auffälligen Zusammenhang zwischen einer organisch und/oder psychosozial belasteten Geburt und einem beeinträchtigten sozialen Verhalten während der Schulzeit.

2.5.1.2 INDIVIDUALPSYCHOLOGISCHE FAKTOREN

Ein *schwieriges Temperament* wird von vielen Autoren als ein Risikofaktor für eine spätere SSV ins Feld geführt. Darunter werden die »individuellen Besonderheiten in emotionalen Aspekten des Verhaltens (unter Ausschluss von Intelligenz und Pathologie), die schon sehr früh in der Entwicklung zu beobachten sind, eine relativ hohe zeitliche Stabilität und eine enge Beziehung zu physiologischen Mechanismen aufweisen«[61], verstanden. Frühe psychologische Arbeiten zur Delinquenz gehen von einer generellen Bindungs-Belastungsschwäche (Labilität) dissozialer Jugendlicher aus.[62] Spätere Arbeiten haben diese Perspektive dann entsprechend der entwicklungspsychologischen Phasen differenziert. So wurde für das Säuglingsalter ein unregelmäßiger Schlaf-Wach-Rhythmus, motorische Unruhe, niedrige Reizschwelle, sehr häufiges Schreien u. Ä. gefunden, was sich im Kindesalter als generelle Irritierbarkeit fortsetzen und im Jugendalter als risikosuchendes Verhalten erscheinen kann. Für das Jugendalter zählt Poustka eine ganze Reihe von weiteren Merkmalen auf, wie Umstellungsschwierigkeiten

---

61 Zentner, 2000, 260, zit. n. Petermann u. a., 2001, 19.
62 Vgl. S. Glueck/E. Glueck, Unraveling juvenile delinquency, Cambridge (Massachusetts), 1957.

auf neue Personen/Situationen, wenig Anteilnahme an anderen, wenig Initiative beim Mitgestalten der eigenen Situation, fehlende Initialscheu in fremder Umgebung, ausbleibende ängstliche Anspannung in aufregenden Situationen, wenig Beeinflussung durch Strafe/Belohnung.[63] Allerdings wirkt ein schwieriges Temperament nicht an sich als Risikofaktor, weil es auch darauf ankommt, wie die Eltern damit umgehen.

Auch niedrige Intelligenz wird als individueller Risikofaktor angeführt, doch beziehen sich die bisherigen Untersuchungen hierzu meistens auf delinquente männliche Jugendliche, die wenig repräsentativ für Kinder und Jugendliche mit SSV allgemein sind.[64] Eine verzerrte sozial-kognitive Informationsverarbeitung wurde verschiedentlich festgestellt. Kinder mit aggressivem Verhalten fokussieren provozierende Reize, berücksichtigen weniger Kontextinformationen und gehen bei ihrem Gegenüber grundsätzlich von dessen Feindseligkeit aus. Mit Werning lässt sich daher von einer feindselig verzerrten Wahrnehmung sprechen[65], bei der laut Petermann Dominanz und Kontrolle die zentralen Ziele der Interaktion sind. Interessanterweise wird diese hohe externale kognitive Kontrollfunktion von mangelnder internaler kognitiver Kontrolle begleitet, die sich in einer Störung der eigenen kognitiv-exekutiven Funktionen, wie Planen, Regulieren und Kontrollieren ausdrückt.[66] Ihre Versuche Probleme zu lösen wirken sich häufig ineffektiv oder konfliktverschärfend aus. Hinzu treten nicht selten Entwicklungsstörungen des Sprechens und der Sprache.[67] Eine mangelnde Impulskontrolle und Emotionsregulation zeigt sich gleichfalls in einigen Studien als Risikofaktor. Dabei geht es vor allem um die Unfähigkeit, den Ausdruck sozial negativ bewertete Emotionen und Impulse zu kontrollieren, um die Beziehung zu anderen (v. a. Gleichaltriger) nicht zu gefährden. Auch wurde bei verhaltensgestörten Kindern ein eher unempathischer emotionaler Stil gefunden, der dazu beträgt, sich nicht in andere einfühlen zu können, diese zu instrumentalisieren und die Konsequenzen der eigenen Handlungen nicht abschätzen zu können. Andere Autoren sehen die Frage der emotionalen Regulation weniger unter dem acting-out-Aspekt, sondern stärker unter der Verarbeitungskompetenz äußerer und innerer Affekte und Emotionen. So postuliert Kernberg für aggressiv-dissoziales Verhalten den grundlegenden Modus einer zu geringen Fähigkeit zur »Angst- und Spannungstoleranz«[68], sodass jedes zusätzliche Quantum an Angst

---

63 Poustka, 2000, 3f.
64 Vgl. Hirschberg, 1994, 37f.
65 Vgl. Werning, 1996, 42.
66 H. Neukäter, Verhaltensstörungen, http://www.aaonline.dkf.de/bb/p395.htm, 2 (2003).
67 Hirschberg, 1994, 41.
68 O. F. Kernberg, Borderline-Störungen und pathologischer Narzissmus, Frankfurt a. M., 1979.

zur Ich-Regression mit wahrscheinlichen Panikreaktionen und Impulsdurchbrüchen führt. Überhaupt verfolgen psychoanalytisch orientierte Autoren die These einer grundlegenden schweren narzisstischen Pathologie bei gestörtem Sozialverhalten.[69] Im Vergleich mit Gleichaltrigen oder anderen Dritten wie Lehrern oder Eltern haben aggressive Kinder die Tendenz ihre Kompetenzen und ihre soziale Akzeptanz zu überschätzen. Diese Neigung wird nach eigenen Beobachtungen des Autors aber oftmals von einem sehr schwach entwickelten Selbstwertgefühl und Selbstbewusstsein begleitet.

2.5.1.3 Familiäre Faktoren

Zunächst scheint es in diesem Bereich grobe Effekte hinsichtlich Familiengröße/-dichte und Geburtenfolge zu geben. Eine Familiengröße über vier Personen und nicht ausreichende Wohnraumverhältnisse erhöhen für Kinder die Wahrscheinlichkeit für eine dissoziale Entwicklung.[70] Sodann existieren eine ganze Reihe von Forschungsstudien zu spezifischen Wirkfaktoren innerhalb der Eltern-Kind-Interaktion. Dies beginnt mit Charakteristiken der Eltern und der familiären Stressbelastung. Psychisch und/oder körperlich erkrankte Eltern oder Elternteile stellen offenbar ein erhebliches Risiko dar. Hier wurde insbesondere der Zusammenhang zwischen einer depressiven Störung der Mutter und dem aggressiven Verhalten ihrer Kinder untersucht. Dabei wurde ein positiver Zusammenhang gefunden. Solche Phänomene stehen aber stark mit anderen erklärenden Variablen in Verbindung, wie die damit oft einhergehende mangelnde erzieherische Unterstützung durch den Vater, massiven und anhaltenden ehelichen Konflikten und rigide eheliche Rollenverteilung sowie chronisch belastenden Lebensereignissen für Eltern und Kinder. Zu letzterem zählen insbesondere Trennungen und Scheidung der Eltern.[71] Diese Risikofaktoren entfalten offenbar eine stärkere Wirkung auf jüngere Kinder (unter sechs Jahren).

In engem Kontext zu diesen Stressfaktoren sind jene Aspekte zu sehen, die die Bindungsqualität zwischen Eltern und Kindern ausmachen. So zeigen verschiedene Untersuchungen, dass die Negativität der Mutter und/oder des Vaters gegenüber dem Kind, also ablehnende Reaktionen der Eltern, aggressives Verhalten begünstigt oder aufrecht erhält.[72] Körperliche und/oder psychische

---

69 Vgl. z. B. Offer u. a. 1979, Bleiberg 1995, zit. n. Branik, 2002, 538.
70 Vgl. Steinhausen, 2002, 214.
71 In der Bremer Jugendstudie berichteten zwischen einem Drittel und der Hälfte der Jugendlichen mit gestörtem Sozialverhalten über Eheprobleme der Eltern und einer daraus folgender Scheidung. Vgl. F. Petermann u. a., 1999, 71.
72 Vgl. Fend, 2001, 441; vgl. als neuere Einzelstudien z. B. F. Petermann u. a., 1999, 53 und M. Polowczyk u. a., Auffällige Mutter-Kind-Interaktion im Vorschulalter bei Kindern mit hyperkinetischen und Sozialverhaltensauffälligkeiten, Zeitschr. für Klinische Psychologie und Psychotherapie, 2000/4.

Misshandlungen sowie andere negative Erziehungspraktiken liegen hierbei sehr nahe und haben eine ähnlich negative Wirkung auf die kindliche Entwicklung. Aber auch eine unzureichende Unterstützung und Akzeptanz des Kindes, namentlich eine dauernd konflikthafte Beziehung zwischen Mutter und Kind, verstärken das Verhalten des Kindes in eine aggressive Richtung – auch gegen die Eltern.[73] Entsprechend der von der WHO (1988) vorgegebenen Kriterien, die abnorme Erziehungsbedingungen erfassen, ist denn auch vor allem der Faktor »Mangel an Wärme« mit 47 % Häufigkeit der quantitativ Stärkste, der bei (behandelten) aggressiven Kindern zu beobachten ist.[74] Poustka zitiert eine Schätzung, wonach ca. 25 % aller abgelehnten und/oder misshandelten Kinder später eine SSV entwickeln. Cicchetti u. a. (1995) sehen drei Wege, auf denen eine unsichere Mutter-Kind-Bindung zu dissozialem Verhalten führen kann: 1. Das aggressive Verhalten des Kindes steigert sich, wenn sich über die unsichere Bindung Beziehungsmuster herstellen, die von Zorn, Misstrauen und Chaos geprägt sind, 2. das aggressive Verhalten des Kindes dient dazu, die Aufmerksamkeit der Bezugsperson aufrecht zu erhalten, 3. aus einer unsicheren Bindung entsteht kein pro-soziales Beziehungsverhalten.

Branik berichtet, dass sich in Familien mit Kindern mit SSV gehäuft narzisstische Selbstobjektbeziehungen nach dem Muster missbräuchlich manipulativer Beziehungen finden. Aus gleicher psychoanalytischer Perspektive führt Rauchfleisch die Theorie des *Sehnsucht-Angst-Dilemmas* an, die von einer frühen kindlichen materiellen und/oder psychischen Unterversorgung ausgeht. Auch Winnicott geht von einer negativ sozialisierenden Wirkung früher Deprivationserfahrungen aus und leitet daraus seine Theorie der antisozialen Tendenz ab.[75] Hierauf wird an späterer Stelle näher eingegangen, da diese sich – wie eigentlich alle psychoanalytischen Ansätze – nicht faktoriell begrenzen lässt. Als eigenständiger Risikofaktor hat sich eine unzureichende Erziehungskompetenz der Eltern erwiesen. Diese äußert sich nicht nur in einer unzureichenden elterlichen Aufsicht und Steuerung[76], sondern auch in der Vernachlässigung der Regelkonsistenz und -konsequenz. Nicht selten geben Eltern selber Modelle für aggressives Verhalten ab, dass von den Kindern übernommen wird. Umgekehrt wird das aggressive Verhalten des Kindes oftmals ungewollt verstärkt, wenn es geduldet oder gar belohnt wird. Auch eine negative Verstärkung i. S. der schon

---

73 Kinder mit aggressiv-impulsivem Verhalten attackieren (unprovoziert) drei Mal häufiger ihre Familienangehörigen als diesbezüglich unauffällige Kinder. Vgl. Poustka, 2000, 2.
74 Vgl. Poustka, 2000, 3.
75 Umfassend dargestellt in D. W. Winnicott, Aggression, Versagen der Umwelt und antisoziale Tendenz, Stuttgart 2003.
76 Gemessen anhand der schon zitierten WHO-Kriterien ist »Mangelnde Aufsicht« mit 39 % der zweithäufigste Faktor, der sich bei (behandelten) aggressiven Kindern im Bereich der abnormen Erziehungsbedingungen finden lässt. Vgl. Poustka, 2000, 3.

oben besprochenen negativistischen Ablehnung und bloßen Sanktionierung ist dabei relevant. Bei diesem Faktorenbündel spielt sicherlich auch die in der Praxis immer wieder zu beobachtende Scheu mancher Eltern, eine konstruktive Auseinandersetzung oder einen Konflikt mit ihren Kindern aufzunehmen, eine nennenswerte Rolle.[77]

2.5.1.4 Ausserfamiliäre soziale Faktoren

Die weiteren sozialen Risikofaktoren für eine SSV sind psychologisch weniger untersucht. So liegen nur vereinzelte Studien zum Einfluss der Gleichaltrigengruppe und der Schule vor. Danach werden Kinder und Jugendliche immer früher und stärker durch die Peergroup beeinflusst bei gleichzeitig abnehmender Prägung durch die Familie. Aber nach wie vor ist der Einfluss durch die Familie noch relativ größer. Betrachtet man die spezifischen Verlaufsformen der SSV – grob unterteilt in den kindlich-chronifizierten Typ und den adoleszent-passageren Typ – dann besteht der stärkere Einfluss der Gleichaltrigen offenbar beim zweiten Typus. Bei der Frage nach dem Einfluss von Gleichaltrigen und der Familie auf das aggressiv-dissoziale Verhalten und den Drogenkonsum von Jugendlichen wurde gefunden, dass ein negatives Familienklima und eine starke Integration in eine dissoziale Gleichaltrigengruppe sich negativ ergänzen. Je weniger die Eltern ihr Kind akzeptieren und auch kontrollieren, desto eher werden sich diese Jugendlichen einer drogenkonsumierenden Peergroup anschließen.

Oft stoßen aggressive Kinder auf die soziale Ablehnung durch Gleichaltrige, etwa in ihrer Schulklasse. Das führt gehäuft dazu, dass sie sich dann anderen aggressiven Kindern zuwenden und sich daraus eine Gruppe entwickelt, die sich gegenseitig im Problemverhalten stabilisiert. In diesem Sinne stabilisierend oder gar verstärkend wirken sich auch weitere Aspekte negativer Schulerfahrungen aus, z. B. Leistungsversagen.[78] Umgekehrt gibt es empirische Hinweise darauf, dass schwache Schüler weniger prosoziales Verhalten zeigen als stärkere Schüler und weniger in die Klassengemeinschaft integriert sind. Zudem sind sie nach Einschätzung von Mitschülern und Lehrern (nicht nach eigener) sowohl als

---

77 Hier beziehe ich mich auf eigene Erfahrungen. Auch niedergelassene Psychotherapeuten machen die Erfahrung, dass viele Eltern die Notwendigkeit der Auseinandersetzung vermeiden und lieber »Freund« ihrer Kinder sein wollen (vgl. hierzu z. B. das Interview mit dem Arzt und Psychotherapeuten Dr. W. Singer, in: Konturen – Fachzeitschrift zu Sucht und sozialen Fragen, 1999, H.3, 9f.). Für den Bereich der Schule siehe auch D. Krowatschek (Schulpsychologe, Marburg), der aufgrund einer repräsentativen Schülerbefragung an einer Gesamtschule im Bezirk Marburg mitteilt, dass 40 % der Schüler von 10–12 Jahren angaben, dass die Lehrkräfte bei gewalttätigen Übergriffen auf dem Pausenhof nicht eingreifen, diese Konflikte auch nicht in der Klasse besprochen und bearbeitet werden (ders., Gewaltprävention in der Schule, in: Konturen – Fachzeitschrift zu Sucht und sozialen Fragen, 1999, H.3, 6).
78 Vgl. Fend, 2001, 441; F. Petermann, 1999, 55.

Täter als auch Opfer häufiger in aggressive Auseinandersetzungen verwickelt als ihre Mitschüler. Die Betroffenen selber erleben sich jedoch psychisch stärker belastet als andere Schüler. Eine Auffassung, die von ihren Mitschülern und Lehrern geteilt wird.[79]

Manche Autoren weisen in allgemeiner Form auf schwierige sozioökonomische Bedingungen hin, unter denen Kinder mit einem gestörten Sozialverhalten leben.[80] Andere führen einzelne Risikofaktoren, wie anonymes Wohnmilieu mit hoher Wohndichte und schlechter Wohnqualität, Mangel an sozialen Diensten, soziale Desintegration, schlechte Bildungsangebote, hohe Kriminalitätsbelastung, Drogen, Arbeitslosigkeit, Perspektivlosigkeit u. Ä. an.[81] Selten finden sich hierzu jedoch empirische Hinweise. Die Bremer Jugendstudie weist z. B. nach, dass sich Jugendliche mit SSV signifikant häufiger in verschiedenen Lebensbereichen belastet fühlen und unter negativeren Bedingungen leben als solche ohne SSV.[82] Die einzelnen Belastungsfaktoren und Bedingungen werden jedoch nicht näher spezifiziert, oder die genannten Hinweise erklären den Zusammenhang dieser Variablen mit manifester Delinquenz und nicht mit aggressivem Verhalten, geschweige denn mit der komplexeren Diagnose einer SSV.[83] Fend zitiert immerhin eine Studie von Engel und Hurrelmann (1989), wonach deprivierte männliche Jugendliche, die viele Konsumgüter entbehren, aggressiver sind als materiell besser gestellte.[84]

2.5.2 Protektive Faktoren

Nach Steinhausen lassen sich vielfältige, empirisch ermittelte protektive Faktoren auf vier verschiedenen Ebenen identifizieren.[85]

Auf der Ebene des Individuums
- Autonomie
- Soziale Kompetenz
- Problemlösungsfertigkeiten

---

79 Vgl. B. Gasteiger Klicpera und c. Klicpera, Der Zusammenhang zwischen Schulleistungen, dem sozialen Status in der Klasse und dem Sozialverhalten, Heilpädagogische Forschung, 1, 2001.
80 Vgl. z. B. Poustka, 2000, 1.
81 Vgl. Steinhausen, 2002, 214; aber auch wieder Poustka, ebd., 2.
82 Die Belastungen bzw. Bedingungen wurden für die Bereiche Schule/Ausbildung, Eltern/Familie, soziale Kontakte/Freizeitaktivitäten, Liebes-/Partnerbeziehung, Todesfälle, Wohnort, Gesetz und Gesundheit/Krankheit erfasst. Vgl. F. Petermann u. a., 1999, 52f.
83 Vgl. J. Zinnecker/R. K. Silbereisen, Kindheit in Deutschland. Aktueller Survey über Kinder und ihre Eltern, Weinheim/München, 1998, 383ff.
84 Vgl. Fend, 2001, 447f.
85 Nach Steinhausen, 2002, 214.

- Reflexivität/Impulskontrolle
- Anpassungsfähigkeit
- Selbstwert
- Intelligenz
- Sensibilität/Empathie
- Altruismus
- Höheres Bildungsniveau

Auf der Ebene der Familie
- Stabile Partnerschaft
- Fürsorge und Unterstützung
- Emotionale Zuwendung und Disziplin
- Belastbarkeit und positive Kommunikation
- Hohe Erwartungen
- Stabile finanzielle Verhältnisse
- Familiengröße unter 4 Personen
- Genügend Wohnraum

Auf der Ebene der sozialen Umwelt
- Versorgung und Unterstützung
- Dichtes Netz sozialer Dienste und Angebote
- Soziale Integration/Bürgerbeteiligung
- Hohe Erwartungen
- Niedrige Kriminalitätsbelastung und fehlender Drogenhandel

Auf der Ebene der Gesellschaft
- Versorgung und Unterstützung
- Ökonomische Sicherheit
- Soziale Integration/Bürgerbeteiligung
- Wirksame Sozialpolitik
- Strikte Gesetzesanwendung
- Vermittlung von Gewaltlosigkeit (Medien)

Ebenfalls als ein protektiver Faktor erwies sich in einer Längsschnittstudie von Pinquart (2001) die positiv geteilte Zeit zwischen Eltern und Kindern, etwa in Form gemeinsamer Freizeitaktivitäten.[86] Hartmann hebt aufgrund seiner Langzeituntersuchung ehemaliger Berliner Heimkinder das Vorhandensein einer besonderen musischen oder intellektuellen Begabung und das Eingehen einer

---

86 Vgl. Petermann u. a., 2001, 24.

stabilen Partnerschaft hervor.[87] In der schon zitierten Studie von Zinnecker und Silbereisen (1998) erwiesen sich unter bestimmten Umständen eine hohe elterliche Aufsicht und Kontrolle sowie eine hohe Selbstwirksamkeitsüberzeugung des Jugendlichen als in bestimmten Bereichen delinquenzmindernd.[88]

2.5.3 Exkurs: Soziale Kompetenz

Da soziale Kompetenz nicht nur semantisch den Gegenbegriff zu einem gestörten Sozialverhalten darstellt, sondern auch im psychologischen Diskurs als protektiver Faktor (s. o.), häufiger aber im pädagogischen Diskurs als wesentliches Antidot gegen Dissozialität genannt wird[89], folgt an dieser Stelle ein Exkurs zum besseren Verständnis des Begriffs.[90]

Der Begriff diente bis in die fünfziger Jahre dazu, neben dem weiteren Kriterium des Intelligenzquotienten, über das Vorliegen einer geistigen Behinderung zu entscheiden. Sehr allgemein definierte Rampus (1947) soziale Kompetenz als ein »Maß für die Fähigkeit, sich in einem gegebenen sozialen Feld angemessen zu bewegen.«[91]. 1952 entwickelte Tajfel sein »need-drive-Konzept«, bei dem innere subjektive Antriebe gegen äußere soziale Normen stehen. Als sozial inkompetent gilt jemand, der seine subjektiven »drives« ohne Korrektur durch die äußeren sozialen »needs« durchsetzt. Dieses Verhalten kann gleichwohl akzeptiert werden, wenn dabei am Ende für Person und Gesellschaft ein zufrieden stellender Zustand entsteht. Schon früh warnte beispielsweise Hellmann (1963) vor dem Begriff der sozialen Kompetenz als Eigenschaftszuschreibung an Kinder im Sinne einer Traitvariable, da hierbei der soziale Kontext vollkommen verloren gehe. Mit einem Höhepunkt in den 70er Jahren orientierte sich die Bedeutung des Begriffes, v. a. in der Literatur zu Behinderten, sodann ausschließlich am Sozialverhalten von Kindern. Soziale Kompetenz galt als Fähigkeit zur Rollen- und Perspektivübernahme sowie zur Entwicklung adäquater Problemlösestrategien. In einer anschließenden Phase wurde diese dann mehr über das Erreichen von sozialen Zielen entsprechend dem kognitiv-verhaltenstheoretischen Grundmodell von »Kognition-

---

87 Vgl. K. Hartmann, Nachuntersuchungen zur »Berliner Studie über dissoziales Verhalten bei Jugendlichen«, http://www.agsp.de, 14 (2003).
88 Vgl. Zinnecker/Silbereisen, 1998, 391.
89 Vgl. dazu z.B. die auch im Folgenden erwähnte Arbeit von W. Schwartz, Developing Social Competence in Children. Teachers College, Columbia University, http://www.iume.tc.colombia.edu/choices/briefs/choices03.html (2003).
90 Wenn nicht anders angegeben im Folgenden nach W. Stangl, Der Begriff der sozialen Kompetenz in der psychologischen Literatur, http://paedpsych.jk.uni-linz.ac.at/PAEDPSYCH/SOZIALEKOMPETENZ/ (2003).
91 Zit. n. Stangl, 3.

Emotion-Verhalten« definiert. Sozial kompetentes Verhalten wird hierbei an der Endbilanz der Verhaltenskonsequenzen gemessen. Positive und negative Konsequenzen sollten für das Individuum langfristig in einem günstigen Verhältnis stehen (Hinsch und Pfingsten 1985). Andere Autoren bestimmten, dass diese für das Individuum positiv und für die Gesellschaft mindestens nicht negativ sein sollten. Mit dieser Definition kommt erstmals explizit das Problem der sozialen Bewertung des Verhaltens hinein, sodass Modelle entwickelt wurden, die das Spannungsverhältnis zwischen individuellen Ansprüchen und sozialen Normen abbilden. So beschreibt Zimmer (1978) soziale Kompetenz als »gelungenen Kompromiss zwischen Selbstverwirklichung und sozialer Anpassung«[92] und eben nicht als soziale Anpassung allein. Aufgrund der Kontextabhängigkeit könne es auch keine Festlegung sozial kompetenter Verhaltensweisen geben. Auch Ford (1985) bezieht sich auf diese grundlegende Spannung und sagt, soziale Kompetenz sei das Ausbalancieren von Selbstbehauptung und Integration durch das Individuum. Er differenziert aber weiter in drei unterschiedliche Funktionen, anhand derer dies geschieht, nämlich über das Erhalten/Entwickeln von Identität, die Kontrolle der eigenen Lebensbedingungen und durch das selbst- und fremdressourcengestützte Ziehen von sozialen Vergleichsprozessen.

In den 90er Jahren werden noch stärker differenzierte und übergreifende Modelle ausgearbeitet. Bei Greenspan und Gransfield (1992) ist soziale Kompetenz neben der *instrumentellen Kompetenz* Teil der *generellen Kompetenz* eines Menschen. Während Letztere seine adaptiven Fähigkeiten bezeichnet drückt die instrumentelle Kompetenz seine intellektuellen Fähigkeiten aus. Die soziale Kompetenz zergliedert sich wiederum in intellektuelle Aspekte (soziale und praktische Intelligenz) und nicht-intellektuelle Aspekte (Temperament und Charakter). Insgesamt verfügt der Mensch über drei Intelligenzarten, der schon genannten sozialen und (alltags-)praktischen Intelligenz sowie der wissenschaftlich-analytischen *konzeptuellen Intelligenz*. Die *soziale Intelligenz* enthält kognitive Fähigkeiten wie Personwahrnehmung, Urteilskraft, Rollenübernahme und interaktive Fähigkeiten wie bezogene Kommunikation und interpersonale Taktiken.

Holz stellt 1994 sein Stufenmodell aufsteigender sozialer (Teil-)Kompetenzen vor. Es umfasst acht Schwierigkeitsgrade, beginnend vom Einfachen her gesehen mit dem *Ausdruck* (kann sich verständlich machen) und führt über *Empfang* (kann zuhören und Gruppenprozessen folgen), *Offenheit* (ist bereit, sich mit anderen auseinander zu setzen), *Kooperation* (kann eigene Verantwortung übernehmen und stellt sich auf andere ein), *Gestaltung* (kann gruppendynamische Prozesse aktiv gestalten) bis hin zu *Identifikation* (ist konfliktfähig,

---

92 Zit. n. Stangl, 5.

behält Balance zwischen Engagement und Abgrenzung, kennt eigene Grenzen und Möglichkeiten). Dieses Modell beinhaltet eine entwicklungspsychologische Komponente, da es soziale Kompetenz entsprechend dem Alter eines Kindes definiert. Im Rahmen eines sehr umfassenden, dimensional angelegten Modells zur Beschreibung von Intelligenz allgemein entwirft Gardner (1991) auch die *Dimension des sozial intelligenten Verhaltens*. Darauf unterscheidet er intrapersonale (Selbstreflexion) und interpersonale Intelligenz (Empathie) sowie spirituell-existenzielles Vermögen (Sensibilität für philosophische Fragen). Petermann und Petermann (1989, 1992) sehen in ihren Arbeiten zunächst drei Motiv- bzw. Handlungsvoraussetzungen für die Entwicklung sozialer Kompetenz, und zwar die Freiheit von sozialer Angst (Motiv) sowie das Verfügen über soziale Fertigkeiten und Interaktionsfähigkeit (Handlung). Erst hieraus kann sich soziale Kompetenz entfalten. So erlaubt erst die Abwesenheit von sozialer Angst den Kontakt mit fremden Personen, aus dem sich dann ein positives Selbstkonzept, Selbstvertrauen und Selbstsicherheit entwickeln kann. Soziale Fertigkeiten leiten sich aus physisch-kognitiven Wahrnehmungsfähigkeiten ab, die zur Rollen- und Perspektivübernahme befähigen. Interaktionsfähigkeit meint, dass die Person die Konsequenzen des eigenen Handelns beim Gegenüber abschätzen kann. Dazu muss sie aber die Perspektive des Interaktionspartners übernehmen können und sich im Zweifel auch gegen ihn behaupten können (sich abgrenzen, Forderungen stellen). Die Motiv- und Handlungsvoraussetzungen bedingen sich gegenseitig und können sich in ihrer Entwicklung fördern oder bremsen.

Einen Versuch, soziale Teilkompetenzen zu operationalisieren, machen Bastians und Kluge (1998). Dabei setzen sie voraus, dass das Konstrukt mehrdimensional ist und v. a. die Möglichkeit eines Individuums bezeichnet, seinen Interaktionspartner (irgendwie) zu beeinflussen. Dabei unterscheiden sie acht Teilkompetenzen: 1. soziale Wahrnehmungskompetenz, 2. eigenes Selbst- und Stimmungsmanagement, 3. aktive Rollenübernahme, 4. Kommunikationsfähigkeit, 5. Konflikt- und Kritikfähigkeit, 6. Beziehungsmanagement, 7. Teamkompetenzen und 8. Führungskompetenzen. Um den Problemen der Kontextabhängigkeit und mangelnder Diskriminanz bei der begrifflichen Konstruktion sozialer Kompetenz zu entgehen, machten Hubbard und Coie (1995) schließlich den Vorschlag, ganz einfach solche Kinder als sozial kompetent zu bezeichnen, die von Gleichaltrigen gemocht werden. Denn insgesamt blieben Versuche, soziale Kompetenz zu messen aufgrund der allgemein akzeptierten Kontextabhängigkeit des Konstruktes unbefriedigend. Auch situativ-experimentelle Verfahren erwiesen sich in der Quantifizierung als nicht zufrieden stellend und recht aufwändig. Hieraus erklärt sich der weitgehende Verzicht auf das Konstrukt in der wissenschaftlichen Psychologie.

Anders verhält es sich im pädagogischen Diskurs. Hier erlebt der Begriff der sozialen Kompetenz zum einen durch die Diskussion des Aggressionsproblems, zum anderen durch die Problematisierung des Bildungsniveaus in den Schulen erheblichen Auftrieb. Der erste Aspekt rückt umso weiter in die öffentliche Diskussion, je mehr Schule als »soziales Netzwerk«[93] verstanden wird und Stichworte wie *Prosoziales Verhalten*[94] und *Soziales Lernen*[95] – auch international – an Bedeutung gewinnen. So zählt z. B. Schwartz (1999) im Rahmen ihrer Untersuchung zur Vermeidung aggressiven Verhaltens von Schülern acht Merkmale sozialer Kompetenz auf: 1. Verstehen und Erkennen eigener und fremder Gefühle, 2. angemessenes Wahrnehmen, Interpretieren und Antworten auf soziale Signale, 3. Verstehen und Vorhersage von persönlichen Handlungskonsequenzen (v. a. solche, die Aggression einschließen), 4. Fähigkeit ruhig zu bleiben, um vor dem Handeln überlegen zu können, Stress und Traurigkeit zu reduzieren, Aggression durch positives Verhalten zu ersetzen und Ärger zu kontrollieren, 5. Soziales Problemlösen, kooperatives Verhalten, Verstehen und Anwendung von Gruppenprozessen sowie die Entwicklung und Erhaltung von Gleichaltrigen-Beziehungen, 6. Empathie bei anderen im Allgemeinen und insbesondere bei denen, die als anders wahrgenommen werden, 7. Gleichaltrigen-, Vermittlungs- und Konfliktlösungsfähigkeit, 8. Auswahl positiver Rollenmodelle und unterstützender Mentoren. In der weiteren pädagogischen Literatur werden soziale Kompetenzen im Rahmen des *dialogorientierten Lehrgesprächs* auch als »Handlungskompetenzen definiert, die ein sozial-kommunikatives Handeln über unterschiedliche Inhalte in spezifischen Situationen ermöglichen«.[96] Dieser an Habermasens Theorie des kommunikativen Handelns orientierte Ansatz von Bauer-Klebl u. a. (1998) enthält vier Kernelemente. Zunächst werden soziale Kompetenzen als personale Voraussetzung zur Gestaltung von Kommunikationsprozessen in sozialen Beziehungen aufgefasst. Dazu gehört die Fähigkeit sich verbal und nonverbal auf den verschiedenen Kommunikationsebenen zu äußern (Beziehungs-, Sach-, Selbstkundgabe- und Absichtsebene). So dann wird davon ausgegangen, dass sich soziale Kommunikation grundsätzlich unter dem Risiko des Scheiterns vollzieht. Hieraus ergibt sich, drittens, die notwendige Fähigkeit der Kommunikationspartner zur Metakommunikation. Da Kommunikationsfähigkeiten immer situativ erworben werden, folgt daraus

---

93 K. Hurrelmann, Die Rolle der Schule im sozialen Unterstützungsnetzwerk Jugendlicher, in: Die deutsche Schule, 1990, H.4, 426ff.
94 Vgl. Bierhoff, Prosoziales Verhalten in der Schule, In: Rost, Handwörterbuch Pädagogische Psychologie, 1998, 410–414, zit. n. D. Varbelow, Aggressionen im Kindes- und Jugendalter, Marburg 2000, 198.
95 Vgl. Petillon, Das Sozialleben des Schulanfängers, 1993, zit. n. Varbelow, 2000, 202.
96 Zit. n. Stangl, 11.

als viertes Element die notwendige Fähigkeit zum Transfer der Kompetenzen auf andere Situationstypen.

Der zweite Aspekt des Bildungsniveaus wurde in der Fachöffentlichkeit schon früh vor dem Hintergrund einer sich rapide ändernder Berufs- und Arbeitswelt thematisiert, die durch eine immer kürzere Halbwertzeit des einmal erworbenen fachliches Spezialwissen gekennzeichnet ist. Schul- und Berufsabschlüsse allein bieten unter solchen dynamischen Veränderungsprozessen keine Garantie mehr für den Zugang zu einem Arbeitsplatz und für dessen Erhalt. So brachte Mertens 1974 den Begriff der *Schlüsselqualifikationen* zunächst für den Bereich der Berufsausbildung und Erwachsenenbildung ins Spiel,[97] der in der Folge aber auch in die Schulen als deren bildungssozialisatorischer Vorinstanz diffundierte.[98] Auf dem selben Weg wanderte der in Personalentwicklungs- und Managementtheorien aufgegriffene und zur sozialen Schlüsselqualifikation bzw. Kompetenz ummodellierte Begriff in die Bildungseinrichtungen ein. Inzwischen ist sowohl die Forderung der Unternehmen nach der sozialen Kompetenz eines Bewerbers obligat als auch ihr Lamento darüber, dass Schulen und Hochschulen hier nicht genug Qualifikation vermitteln.[99] Den so aufgebauten Legitimationsdruck beantworten die Bildungsinstitutionen und –administrationen sowie die einschlägigen Berufsverbände häufig mit einem Umbau ihrer pädagogischen Konzepte zugunsten der »Erziehung zur sozialen Kompetenz«.[100]

2.5.4 Prominente Erklärungsmodelle zur Störung des Sozialverhaltens

Nach den soeben abgehandelten ätiologischen Einzelfaktoren werden im folgenden Abschnitt prominente, theoretisch fundierte Modelle vorgestellt, die den Anspruch erheben, kausale Beziehungsmuster oder hermeneutische Deutungskonstrukte zur Erklärung der SSV zu bieten.

---

97 Statt fachlicher Qualifizierung »sollten besonders solche Fähigkeiten gefördert werden, welche die Grundlage zur Bewältigung verschiedener beruflicher Aufgaben bilden und ein weiteres Lernen im Laufe des Berufsweges erleichtern können. Schlüsselqualifikationen können sowohl berufsspezifischer als auch berufsübergreifender (extrafunktionaler) Art sein. Ihnen ist gemeinsam, dass sie ihren Inhaber befähigen, nicht nur einen besonderen Sachverhalt zu verstehen und zu bewältigen, sondern vielfältig verwendbar sind.« D. Mertens, Schlüsselqualifikationen. Thesen zur Schulung einer modernen Gesellschaft, in: Mitteilungen aus der Arbeitsmarkt- und Berufsforschung, Nürnberg 1974, 7.Jg., zit. n. Stangl, 11.
98 Vgl. dazu H. Tietgens, Von der Schlüsselqualifikation zur Erschließungskompetenz, in: H.-J. Petsch/H. Tietgens, Allgemeinbildung und Computer, Bad Heilbrunn, 1989.
99 Vgl. E. Fahl, Soziale Kompetenz und ihre Vermittlung an den Fachbereichen Wirtschaft der Fachhochschulen. Ein Zwischenbericht zur Studie »Integration sozialer Schlüsselqualifikationen in der wirtschaftswissenschaftlichen Fachhochschulausbildung«, 1996, zit. n. Stangl, 9.
100 »Das alte Erziehungsziel – Erziehung zur Persönlichkeit – ist unter Berücksichtigung der Erkenntnisse neuerer soziologischer und psychologischer Untersuchungen neu zu fassen als

2 Beschreibung, Ätiologie und Therapie der Störung des Sozialverhaltens (SSV)

Die getrennte Darstellung von Risikofaktoren einerseits und dem bio-psycho-sozialen Modell in diesem Abschnitt andererseits erfolgt, weil z. T. dieselben Faktoren von den Protagonisten der verschiedenen Theorien in unterschiedlicher Weise interpretiert und in ihr Erklärungsmodell integriert werden.

2.5.4.1 Das bio-psycho-soziale Modell

Der Begriff selber wurde von Engel (1977)[101] aus dem biomedizinischen Forschungskontext heraus formuliert.[102] Als theoretisches Modell rekurriert er auf die Stressbelastungs-Bewältigungs-Theorien (Coping), die seit den fünfziger Jahren ausgehend von den USA entwickelt wurden. Ein namhafter Vertreter dieses Ansatzes in Deutschland ist Klaus Hurrelmann, der Krankheit als »ein Versagen der Anpassung von Regulationsmechanismen auf physiologischer, psychischer und sozialer Ebene und Gesundheit entsprechend als gelingende Anpassung eines Menschen an körperliche, seelische und soziale Bedingungen und Belastungen auffasst«[103]. Grundsätzlich geht das bio-psycho-soziale Modell davon aus, dass das Individuum nicht nur passiv auf eine Belastung reagiert, sondern sie als Lebensereignis im Rahmen seiner biologischen, psychischen und sozialen Möglichkeiten auch aktiv beeinflusst. Daraus entsteht ein vielschichtiger, interaktiver Bewältigungsprozess, in dem sich die einzelnen Faktoren im Sinne von Risiko- und Schutzwirkungen wechselseitig beeinflussen und darüber beständig negative und/oder positive bio-psycho-soziale Folgen produziert, die wieder zirkulär auf das Geschehen zurück wirken. Auch die hier häufig zitierten Autoren Petermann u. a. (2000), Steinhausen (2002) sowie (mit Einschränkungen) Fend (2001) orientieren sich bei ihrer Erklärung der Diagnose der SSV am bio-psycho-sozialen Modell, indem sie biologische, psychische und soziale Einflüsse summarisch aufzählen.[104] Da ihre Darstellung Grundlage des vorangegangenen Abschnitts zur Ätiologie der SSV war, werden diese hier nicht

---

Erziehung zur sozialen Kompetenz, die den Einzelnen dazu befähigt, im privaten, beruflichen und gesamtgesellschaftlichen Kontext selbstständig, umsichtig und nutzbringend zu handeln.« B. Werner in einer Studie für die Bundes-AG der jungen Philologen unter dem Titel ›Schlüsselqualifikation Soziale Kompetenz. Ein bildungspolitisches Schlagwort auf dem Prüfstand‹, www.philologenverband.de (2003), zit. n. Stangl, 12.

101 G. L. Engel, Die Notwendigkeit eines neuen medizinischen Modells. Eine Herausforderung der Biomedizin, in: H. Keupp (Hg.), Fortschritte der klinischen Psychologie. Normalität und Abweichung, München 1979, 63–86 (Orig.: The need for a new medical modell: a chance for biomedicine, Science, 1977, H.196, 129–136).

102 Im Weiteren orientiere ich mich an R. Höfer, Jugend, Gesundheit und Identität. Studien zum Kohärenzgefühl, Opladen 2000, 57ff.

103 K. Hurrelmann, Familienstreß, Schulstreß, Freizeitstreß. Gesundheitsförderung für Kinder und Jugendliche, Weinheim/Basel, 1990, 67, zit. n. Höfer, 2000, 63.

104 Vgl. Petermann u. a., 2001, 15ff. und 27.

mehr im einzelnen aufgeführt. Es soll aber in der Diskussion überprüft werden, in wie weit sie dem Komplexitätsanspruch des Modells gerecht werden.

2.5.4.2 Das Coercion-Modell

Coercion bedeutet, wenn man es aus dem Englischen wörtlich übersetzt, *Zwang* und *Gewalt* bzw. mit politischem Bezug auch soviel wie *Zwangsherrschaft*. Das Modell wurde von Patterson und Banks erstmals 1982[105] vorgestellt und dann weiterentwickelt (1989[106], 1992[107]). Es stellt die Interaktion zwischen Eltern und Kind in den Mittelpunkt, genauer gesagt die Nichtbeachtung elterlicher Auf- und Anforderungen durch das Kind. Dabei geht es davon aus, dass es keine eindeutige Wirkrichtung gibt, etwa in dem Sinne, dass die Nichtbeachtung eine Folge des gestörten Sozialverhaltens ist oder umgekehrt. Am Anfang stehen zwei initiale Faktoren, nämlich ein schwieriges und lebhaftes Temperament des Kindes und ein inadäquates elterliches Erziehungsverhalten, das oft zwischen übermäßiger Strenge und Nachgiebigkeit schwankt (»coercive parenting«). Das Temperament des Kindes stellt zugleich eine besondere Herausforderung an die Erziehungskompetenz der Eltern dar. Es bildet keinen notwendigen Faktor für die Herausbildung aggressiv-oppositionellen Verhaltens, doch erhöht es die Wahrscheinlichkeit, dass die Eltern aufgrund des impulsiv-aggressiven Verhaltens des Kindes in Konflikten unterliegen und dadurch die trotzig-aggressiven Verhaltensweisen des Kindes verstärkt werden. Das Ergebnis dieses Interaktionsprozesses besteht letztlich darin, dass das Kind von Anfang an systematisch lernt, sich Anforderungen zu widersetzen und seine Eltern (und Geschwister) durch seinen impulsiv-aggressiven Verhaltensstil zu kontrollieren. Hieraus entsteht eine sich negativ verstärkende Entwicklungsdynamik, die mit der Einschulung in der mittleren Kindheit zu schulischem Versagen und zur Zurückweisung durch Gleichaltrige führt. Das Kind ist in der Schule und im sozialen Umfeld isoliert. Schulversagen und soziale Isolation bilden ein zweifaches Misserfolgserlebnis. In der späten Kindheit und Adoleszenz sucht sich das Kind daher Gleichaltrige, die ihn als Person mit seinem Verhalten akzeptieren. Es findet Anschluss an eine deviante Gruppe, die zur einzigen Quelle der Stärkung seines defizitären Selbstwertes wird. Es reduziert demzufolge seine Kontakte mit nicht-devianten Kindern/Jugendlichen und verstärkt die Kontakte mit der devianten Gruppe. Gleichzeitig orientiert es sich an aggressiven Modellen (auch in elektronischen

---

105 G. R. Patterson, A social learning approach, volume III: Coercive family process. Eugene (Oregon), 1982, zit. n. Langscheidt, 1998.
106 G. R. Patterson, Depression and aggression in family interaction, Eugene (Oregon), 1989, zit. n. Langscheidt, 1998.
107 G. R. Patterson u. a., A social learning approach, volume IV: Antisocial Boys. Eugene (Oregon), 1992, zit. n. Langsscheidt, 1998.

Medien) und wird in seinen Ansätzen zu adäquatem Sozialverhalten außerhalb der devianten Gruppe von seinem Umfeld zu wenig verstärkt. Elterliche Aufsicht und Steuerung reduzieren sich weiter, weil die Eltern keinen Erfolg beim Kind sehen. Aus der devianten Gruppe heraus erfolgen erste delinquente Handlungen. Andere Autoren haben sich mit ähnlichen Konzepten an dieses Modell angelehnt, wie z. B. Kusch und Petermann (1993) mit ihrem Modell der erpresserisch-eskalierenden Bindung.[108]

2.5.4.3 Psychoanalytische Modelle

Innerhalb der Psychoanalyse haben nur wenige Autoren an der Erklärung dissozialen Verhaltens bei Kindern und Jugendlichen gearbeitet.[109] Aichhorn (1925), Anna Freud (1949, 1950) sowie Zulliger (1953) entwarfen als erste dezidiert psychoanalytische Theorieansätze zu *verwahrlosten Jugendlichen*. Sie alle beschäftigten sich allerdings primär mit dem Problem der Delinquenz und erklärten diese aus einem Ich- und Über-Ich-strukturellen Störungsgeschehen heraus.[110] Winnicott (1956) befasste sich dann gezielt mit der *antisozialen Tendenz* bei Kindern und Jugendlichen.[111]

Einen weiteren Aspekt beleuchtet, wie schon im Abschnitt zu den Risikofaktoren erwähnt, Branik (2002).[112] Er berichtet, dass sich in Familien mit Kindern mit SSV gehäuft narzisstische Selbstobjektbeziehungen nach dem Muster missbräuchlich manipulativer Beziehungen finden lassen. In solchen Beziehungsmustern werden eigene unrealistische Größenfantasien und Idealisierungen des Gegenübers schnell von Enttäuschungen, Entwertungen und Hass abgelöst. Grundsätzlich zeigen Patienten mit SSV eine destruktive Beziehungsdynamik, die aus dem sehr niedrigen und störbaren Selbstwertgefühl resultiert. Ihr dissoziales Verhalten stellt ein verzweifeltes Bemühen dar, ein »zumindest kurzzeitiges, wenn auch unechtes Gefühl der Unverletzlichkeit zu erlangen«[113]. Insofern ist davon auszugehen, dass hier immer eine grundlegende, schwere narzisstische Pathologie vorliegt. Branik schlägt daher vor, die SSV entsprechend dieser narzisstischen Grundstörung und nicht wie im ICD-10 zu klassifizieren. Ähnlich wie bei den Persönlichkeitsstörungen unterscheidet er die depressive

---

108 Vgl. Petermann u. a., 2001, 22.
109 Wenn nicht anders angegeben im Folgenden nach U. Rauchfleisch, 2002, 137ff.
110 Moser hat 1987 eine Arbeit zur Jugendkriminalität vorgelegt, die sich im Grenzbereich zwischen Soziologie und Psychoanalyse bewegt und in ihren psychoanalytischen Teilen ebenfalls auf diesem Aspekt aufbaut. Seiner Arbeit gingen Veröffentlichungen zum Thema seit 1970 voraus. Vgl. T. Moser, Jugendkriminalität und Gesellschaftsstruktur, Frankfurt a. M. 1987.
111 Winnicott wird von Rauchfleisch nicht erwähnt, hat sich aber schon seit 1939 mit dem Phänomen der kindlichen Aggression beschäftigt. Umfassend dargestellt in Winnicott, 2003.
112 Vgl. Branik, 2002, 533ff.
113 Ebd., 538.

SSV, die Borderline-SSV, die impulsive SSV und die narzisstische SSV. Aus gleicher psychoanalytischer Perspektive führt Rauchfleisch die Theorie des »Sehnsucht-Angst-Dilemmas«[114] ein, die von einer frühen kindlichen materiellen und/oder psychischen Unterversorgung ausgeht. Diese erhebliche Mangelerfahrung induziert ein überhohes Maß an Zuwendungsbedürftigkeit, Versorgung und Unterstützung, Nähe und narzisstischer Bestätigung. Demgegenüber stehen aber auch große Ängste vor jeder verbindlichen Nähe, sodass es zu einem Spannungsverhältnis und einem schweren inneren Konflikt zwischen Sehnsucht und gleichzeitiger Angst vor Nähe kommt. Die ambivalente Bindungserfahrung stört die weitere Autonomieentwicklung, weil keine konstruktiven Formen der Abgrenzung erlernt wurden. Das hohe Verlangen nach Zuwendung führt in extremer Ausprägung als »oral-aggressiver Kernkonflikt«[115] zur suchtartigen Einverleibung verschiedener Objekte/Substanzen (materielle Güter, Drogen, Medien). Andere Menschen werden unter demselben Aspekt der Ausfüllung des narzisstischen Defizits wahrgenommen und funktionalisiert, sodass Beziehungen vornehmlich instrumentell-utilitaristisch angeknüpft, erlebt und bewertet werden. Kann eine Beziehung die hohe orale Bedürftigkeit nicht stillen, entsteht abrupte Enttäuschung, die oft mit Abwertung und Hass einhergeht. Eine weitere Folge solcher gestörten Entwicklungswege ist zudem eine aggressive Aufladung der Selbst- und Objektbilder, wodurch in diesen Menschen ein erhebliches Gewaltpotential entsteht. Die Ich-Strukturen sind brüchig, was zu aller erst bedeutet, dass die inneren Abwehr- und die äußeren Anpassungsmechanismen nicht angemessen entwickelt sind. Deshalb ergeben sich Störungen in der Wahrnehmung und Steuerung der eigenen Gefühle und in der Fähigkeit, sich mit anderen auseinander zu setzen. Die innere und äußere Realität werden durch die Ängste stark verzerrt wahrgenommen. Die schwache bzw. einseitige Abwehr (primär durch Spaltung, Projektion, projektive Identifizierung) beeinträchtigt zudem die Fähigkeit zur »Angst- und Spannungstoleranz« (Kernberg 1979), sodass jedes übermäßige Quantum Angst Panik und Ich-Regression auslöst, die sich in Impulskontrollverlust und/oder delinquentem Verhalten Bahn brechen. Im Gegensatz zu herkömmlichen Auffassungen eines zu schwach entwickelten Über-Ichs muss vielmehr davon ausgegangen werden, dass dissoziale Personen ein zu rigide strukturiertes Über-Ich mit einem sadistischen Kern und grausam-entwertenden Stimmen haben, welches sich aus den frühen Deprivationserfahrungen herleitet. Solche entwertend-selbstquälerischen Impulse werden oft auf das Gegenüber projiziert, wo sie als äußere Feinde bekämpft werden

---

114 Burnham, 1969; vgl. U. Rauchfleisch, Dissozialität, Delinquenz, in: W. Mertens/B. Waldvogel (Hg.), Handbuch psychoanalytischer Grundbegriffe, 2002, 137.
115 Rauchfleisch, 2002, 137.

können.[116] Selbstunwert- und Ohnmachtsgefühle stehen unvermittelt neben einem irrealen, pathologischen Größenselbst, das die erstgenannten Gefühle kompensieren soll. Erhöhte Kränkbarkeit und geringe Frustrationstoleranz sind die Folge und äußern sich in einer typischen Vermeidungstendenz gegenüber unangenehm-fordernden Situationen. Rauchfleisch resümiert, dass bei vielen dissozialen Personen eine Borderline-Organisation der Persönlichkeit im Sinne Kernbergs (1979, 1989) vorliegt, die ihre spezifische Prägung erst durch die gravierenden sozialen Folgeprobleme erhält.

Auch Winnicott legt seiner Theorie der antisozialen Tendenz frühe Deprivationserfahrungen zugrunde, die in der weiteren Kindheitsentwicklung eine negativ sozialisierende Wirkung entfalten.[117] Zentrale Elemente der Deprivation sind die fehlende Erfahrung ausreichender Sicherheit, Geborgenheit und positiver Abhängigkeit, die dem Kind die Integration in eine hinreichend gute Umwelt erlauben. Die daraus entstehenden Primärerfahrungen einer traumatischen Angst vor Objektverlust und Desorganisation sowie der extremen Überforderung, Belastungen zu ertragen, verhindern Wachstum und Reifung. An ihre Stelle tritt die antisoziale Tendenz als eine Reaktion auf die gestörte Entwicklung. Diese antisoziale Störungsreaktion quittiert den erlittenen Verlust guter innerer Objekte und drückt sich in der anhaltenden Tendenz aus, die traumatisierende Situation unter omnipotente Kontrolle zu bekommen. Darunter gehen Schuldgefühle und die innere Option zur Wiedergutmachung verloren. Antisoziale Taten – namentlich Stehlen und zerstörerisches Verhalten – begleiten stattdessen diese Tendenz als eine Mischung aus libidinösen und aggressiven Zwängen. Im Stehlen sieht Winnicott die Suche nach dem verlorenen guten Objekt (Mutter), in der Zerstörung die Suche nach einer Umwelt, die in ihrer Zuverlässigkeit, eindeutigen Konsequenz und Stärke seines impulsiven Verhalten gewachsen ist. Provokante Objektsuche (Stehlen) und aggressive Haltsuche (Zerstörung) vereinen sich nach Winnicott im Sinne eines Selbstheilungsversuches zu einem stabilen Verhaltensmuster, sind als solche aber ein »Hinweis auf Hoffnung«[118]. Das Kind zwingt die Umwelt Stellung zu beziehen und hofft, mit seinem Verhalten hinter den Zeitpunkt der Deprivation zurücktreten und das dort in seiner Fantasie noch vorhandene gute Objekt und die gute Umwelt wieder entdecken zu können. Paradoxerweise folgt daraus: »In Phasen von Hoffnung

---

116 In der klinischen Praxis beobachte ich ergänzend, dass diese masochistischen Impulse auch den umgekehrten Weg einer Identifikation mit dem Aggressor gehen können und nach außen als unablässige (Re-) Inszenierung der Opferrolle erscheinen.
117 D. W. Winnicott, Die antisoziale Tendenz (Referat vor der British Psycho-Analytical Society, 20. 06. 1956), in: ders., 2003, 157ff.
118 Ebd., 161.

jedoch handelt das Kind antisozial.«[119] Im Übrigen will Winnicott die antisoziale Tendenz nicht als Diagnose missverstanden wissen, da sie auch bei Menschen beobachtet werden kann, die unter keinerlei klassifizierbarer psychischer Störung leiden.

Trempler (1998) schließt an das Modell Winnicotts an und kombiniert es mit Überlegungen in Richtung eines gestörten Symbolbildungsprozesses, bei denen er sich an Bion (1962, 1963, 1970) und Klein (1935, 1946) orientiert.[120] Das bedeutet, dass er das dissoziale Verhalten nicht unter dem Aspekt der Objektbeziehungsdynamik oder der Triebdynamik betrachtet, sondern das antisoziale Agieren als Handlungssprache deutet, die aber keine Symbolbedeutung hat, weil der zugrunde liegende Symbolbildungsprozess selbst gestört ist. Am Ausgangspunkt seiner Argumentation steht wie bei Winnicott die Beobachtung, dass dissoziale Kinder penetrant einen stützend-haltenden Rahmen herausfordern. Er glaubt, dass sie das tun um die in ihnen wirksamen überwältigenden Affektzustände (psychisch) überleben zu können. Dabei fällt ihm auf, dass Melanie Klein eine ähnliche Funktion ursprünglich bei der Mutter gegenüber ihrem Säugling sieht. Klein zufolge nimmt die Mutter den Säugling anfangs noch überfordernde Affekte in sich auf, um sie ihm in verträglicherer Form wieder zurückzugeben (*Containing-Funktion*). Diesen Vorgang begreift er im Sinne Bions als symbolischen Transformationsprozess – als eine *Reverie* (»Träumerei«). Der Begriff bezeichnet die Fähigkeit der Mutter rohe Affektzustände des Säuglings, die für diesen bedrohlich sind, weil er sie nicht deuten kann, aufzunehmen und für ihn durch eine »Träumerei« ihrerseits mit psychischer Bedeutung auszustatten und an ihn zurück zu geben. So werden bei dem Kind aus rohen, nicht-symbolisierten Affektzuständen (*Beta-Elemente*) in Symbole gebannte Affektzustände (*Alpha-Elemente*), die erträglich sind. Wenn es gut läuft, können Kinder mit voranschreitender Entwicklung ihre Symbolisierungsfähigkeiten immer besser entfalten und zunehmend ihre rohen Affekte in eine symbolische innere Ordnung umwandeln. Damit steigt der Grad ihrer »Psychisiertheit«.[121] Trempler differenziert diese grob in drei Stufen. Auf der ersten Stufe existieren nur die rohen Affekte der körperlichen Funktionen, keine psychischen Repräsentanzen von Objekten, des Selbst oder der Beziehungen. Auf der zweiten Stufe hat sich durch Orientierung an der Außenwelt eine Art Gruppenpsyche mit Wir-Gefühl herausgebildet, die sozial normierte Funktionen quasi-automatisch erfüllt. Es gibt nur eine äußere Welt und die

---

119 Ebd.
120 V. Trempler, Zur Wechselwirkung von Rahmen und Inhalt bei der Behandlung dissozialer Kinder und Jugendlicher. Eine psychoanalytische Untersuchung gestörter Symbolbildungsprozesse, in: Praxis Kinderpsychol. Kinderpsychiat., 1998, H.47, 387–405.
121 Ebd., 391.

Auffassung davon ist konkretistisch, d. h. es gibt keinen Unterschied zwischen bezeichnetem Ding und bezeichnendem Symbol. Auf der dritten Stufe steht eine entwickelte individuelle Psyche mit differenzierter Symbolbildung. Symbol und Symbolisiertes können unterschieden werden.

Belastete Mütter können die Containing- und Alpha-Funktion nur bedingt ausfüllen. Der Säugling erlebt anstatt eines Containers eine Oberfläche. Das Kind gelangt nicht zur vollen Symbolisierungsfähigkeit. Dissoziale Kinder (er)leben weitgehend auf der ersten und zweiten Stufe der Psychisiertheit, auf die sie v. a. durch zwei sehr ambivalente Primärerfahrungen festgehalten werden. Die erste Erfahrung lautet: »Erwachsene sind schwach, unzuverlässig, böswillig. Ich kann mich nur auf mich verlassen!« Die zweite Erfahrung lautet: »Ich muss meine Hoffnung auf Liebe, Geborgenheit und Sicherheit ganz tief in mir vergraben. Ich komm' doch weg!«. In der Folge wollen sie der Umwelt wie in einem Wiederholungszwang immer wieder beweisen, dass sie autonom sind und niemand sie festhalten kann. Dabei fungiert der Wiederholungszwang als »erinnerte Gegenwart« (Edelmann 1994, Modell 1995), indem sie aktiv wiederholen, was ihnen passiv angetan wurde. Nur so glauben sie, einen Rest an Kontrolle über die Situation behalten zu können. Allzu leicht geraten Erwachsene dann in die dazu passenden Gegenübertragungsrollen als Verfolger, Polizist, Missbraucher oder Verführer. Der Schmerz ihrer Deprivation ist ihnen entsprechend ihres konkretistischen Vorstellungsvermögens jedoch nur als körperlicher Schmerz verständlich und damit nur als ebensolcher zugänglich. Ihre aggressiven und autoaggressiven Akte lassen sich so gesehen als Angriff auf die Möglichkeit zum Erleben eines psychischen Schmerzes verstehen, dem sie sich aufgrund ihrer unzureichenden symbolischen Verarbeitungsfähigkeit nicht gewachsen fühlen. Das zugrunde liegende Motto lautet: »Gibt es kein psychisches Inneres, gibt es auch keine Schmerzen.«[122] Diese Handlungssprache entspricht einer symbolischen Regression bzw. der Umkehrung der Alpha-Funktion, da Psychisches wieder in Körperliches umgewandelt wird.

2.6 Behandlungs- und Hilfeformen

Langscheidt (1998) zufolge gibt es derzeit ca. 230 Behandlungstechniken zur SSV.[123] Diese können im Rahmen dieser Arbeit natürlich nicht alle beschrieben werden. Deshalb werden die Behandlungs- und Hilfeformen auf den verschiedenen Interventions- und Zugangsebenen in kursorischer Weise dargestellt. Mit der Ebene der Intervention ist der Patient selber, dessen Eltern oder seine Familie

---

122 Ebd., 403.
123 Er stützt sich dabei auf eine Studie von Kazdin (1993). Langscheidt, 1998, 4.

gemeint. Unabhängig davon existieren aber auch unterschiedliche institutionelle Zugänge. So erfolgen in der Regel Hilfen über die Schule, das Jugendamt oder über eine kinder- und jugendpsychiatrische Behandlung. Bei Letzterem konzentriere ich mich auf den stationären Bereich, da eine ambulante Behandlung bei einem niedergelassenen Kinder- und Jugendlichenpsychotherapeuten weitgehend der patientenbezogenen Intervention entspricht.

2.6.1 Patientenbezogene Behandlungsformen

Hier lassen sich die klientenzentrierten und tiefenpsychologischen Therapieformen von der kognitiv-behavioralen Verhaltenstherapie abgrenzen.[124] Erstere beschäftigen sich schwerpunktmäßig mit dem Zusammenhang zwischen der dissozialen Symptomatik des Patienten und dessen entwicklungs- und beziehungsdynamischen Problemen. Es geht darum, mit dem Patienten ein gemeinsames Grundverständnis der vorliegenden Symptomatik herzustellen, um dann Wege zu finden, die Entwicklungs- und Beziehungsdefizite zu kompensieren. Das schließt die Suche nach vorhandenen Ressourcen und deren Stärkung mit ein. Je nach Entwicklungsalter werden hier Spieltherapie, Gesprächstherapie oder eine Kombination von beidem eingesetzt. Erfahrungsgemäß beschäftigen sich Kinder und Jugendliche dabei mit für sie zentralen Themen, wie die zuverlässige Befriedigung körperlicher Bedürfnisse, dem Wunsch nach Sicherheit, eigenen Möglichkeiten der Angst- und Spannungsregulation, dem Aufbau prosozialer Kontakte und Freundschaftsbeziehungen, der Fähigkeit zur Abgrenzung von Gleichaltrigen sowie Möglichkeiten Konflikte zu lösen. Dem gegenüber arbeiten verhaltenstherapeutische Interventionen symptomorientierter. Es geht vor allem um die Verbesserung der sozial-kognitiven Informationsverarbeitung und dem Abbau des Symptomverhaltens. Dazu werden stark strukturierte kognitive Problemlösetrainings und soziale Kompetenztrainings eingesetzt.[125] Hauptziele sind dabei die Stärkung bzw. der Erwerb einer Reihe von vordefinierten Kompetenzen, wie der Fähigkeit sich zu entspannen, den Ärger zu kontrollieren, angemessen zu kommunizieren, sich selbst zu belohnen, sich prosozial zu verhalten, sich zu behaupten und soziale Probleme angemessen wahrzunehmen und zu lösen.

Die klassische individuelle Intervention in Form einer Pharmakotherapie ist bei SSV-Patienten kein obligatorisches Behandlungsverfahren, sondern wird wegen der oft hohen Nebenwirkungsrisiken erst nach besonderer Indikation im

---

124 Im Folgenden weitgehend nach S. Schmidtchen, Allgemeine Psychotherapie für Kinder, Jugendliche und Familien. Ein Lehrbuch, Stuttgart 2001, 214f.
125 Vgl. hierzu v. a. Petermann u. a., 2001, 31 und 122ff.

Einzelfall angewendet.[126] Bei Kombination mit hyperkinetischen Symptomen können Stimulanzien (Methylphenidat) oder niederpotente Neuroleptika eingesetzt werden. Hier werden auch (kurzzeitige) positive Effekte bei aggressiver Symptomatik berichtet. Antidepressiva, namentlich Serotoninwiederaufnahme-Hemmer (SSRI), können gegeben werden, wenn eine begleitende depressive Störung vorliegt. Das Antiepileptikum Carbamazepin hat eine gute anti-aggressive Wirkung, ist aber weniger anti-impulsiv. Auch Lithium wird zu diesem Zweck verordnet. Gleichfalls werden Lithiumverbindungen zur Affektstabilisierung bei SSV mit erheblicher emotionaler Begleitsymptomatik genutzt. Beides geschieht jedoch wegen der schlechten Wirkungs-/Nebenwirkungsbilanz von Lithium selten. Beta-Blocker sind für die Reduktion der vegetativen Begleiterscheinungen bei Impulsausbrüchen indiziert. Viel versprechend ist inzwischen eine Wirkstoffkombination, die recht gut gegen das aggressiv-impulsive Verhalten wirkt, so vor allem das atypische Neuroleptikum Risperidon, das relativ arm an Nebenwirkungen ist.[127]

2.6.2 Elternbezogene Behandlungsformen

Für diese Interventionsebene liegen v. a. verhaltenstherapeutische Behandlungsmodelle in Form von spezifischen Elterntrainings vor.[128] Das Primärziel besteht in der Verbesserung des elterlichen Erziehungsverhaltens. Dazu werden die Eltern angeleitet, ihr Kind und dessen problematisches Verhalten genauer wahrzunehmen und zu benennen. Insbesondere werden die Auslöser des Problemverhaltens sowie die Bedingungen, die es aufrecht erhalten, gemeinsam herausgearbeitet. So dann werden die Eltern darin unterstützt, positives Verhalten beim Kind zu fördern und negatives Verhalten zu ignorieren oder angemessen zu bestrafen. Die Interaktion mit dem Kind soll dabei klar und eindeutig sowie konsequent und für das Kind berechenbar werden. In diesem Zusammenhang werden den Eltern bestimmte Techniken beigebracht, wie z. B. der Einsatz von Belohnerplänen oder Time-Out-Maßnahmen. Es kommen

---

126 Zu diesem Aspekt nach ›Leitlinien zu Diagnostik und Therapie von psychischen Störungen im Säuglings-, Kindes- und Jugendalter‹, Köln 2001, 244; Petermann u. a., 2001, 36ff.
127 Vgl. J. K. Buitelaar, Biologische Grundlagen und medizinische Behandlung bei aggressiven Jugendlichen, http://www.antigoneu.de/Abstracthtmlword/ISAPabstractbuitelaarrevweb.htm (2003). Als einziges Atypikum zur Behandlung von Impulskontrollstörungen für Kinder ab fünf Jahren ist inzwischen Risperdal zugelassen. In seiner Werbung empfiehlt der Hersteller es ausdrücklich für die diagnoseübergreifende Symptomatik der SSV nach ICD-10 – Kriterien (F 91. – Störungen des Sozialverhaltens, F 91.3 Störungen des Sozialverhaltens mit oppositionellem, aufsässigem Verhalten, F 91.9 Störung des Sozialverhaltens, nicht näher bezeichnet), erwähnt aber nicht die dafür notwendige Kombination mit einer Sozial- und Psychotherapie.
128 Nach Petermann u. a., 2001, 32ff.

unterschiedliche Trainingsinstrumente wie Rollenspiele, Video-Home-Training u. Ä. zum Einsatz.

2.6.3 Familienbezogene Behandlungsformen

Auch hier kann wieder nach verschiedenen Therapierichtungen unterschieden werden. Klientenzentrierte, systemische und tiefenpsychologische Familientherapien beschäftigen sich mit der Verbesserung der elterlichen Fürsorge gegenüber dem Kind und der Reflexion des kindlichen Problemverhaltens vor dem Hintergrund eigener Beziehungserfahrungen (aus der Ursprungsfamilie). Für den ersten Teil werden die besonderen kindlichen Entwicklungs- und Beziehungsbedürfnisse eruiert, in Beziehung zu denen der Eltern und der weiteren Geschwister gebracht und individuelle Belastungen und Ressourcen kenntlich gemacht. Hierüber wird eine Sensibilisierung und positive Stärkung des Familienklimas erreicht, sodass die Beziehungsdynamik in der Familie mit den entsprechenden Veränderungswünschen bearbeitet werden kann. Zwar gibt es bei diesen Therapierichtungen keine spezielle Familientherapie für dissoziale Störungen und dem Verfasser liegen auch keine entsprechenden empirischen Studien vor, doch kann aus eigener Erfahrung gesagt werden, dass es bei dissozialen Störungen häufig zunächst um die Schaffung einer funktionierenden und wertschätzenden Kommunikationsstruktur in der Familie geht, aus der heraus die typischerweise bestehenden Abgrenzungs- und Autonomiekonflikte bearbeitet werden können. Das ist auch die Voraussetzung für den zweiten Teil der Betrachtung eigener Beziehungsmuster der Eltern im Hinblick auf ihre – oft konträren – Erwartungen an ihr gemeinsames Kind. Diese Erwartungen kreuzen sich im Kind als widersprüchliche elterliche Delegationen, die es nicht in Einklang zu bringen vermag. Durch sein gestörtes Sozialverhalten drückt es stellvertretend für die Familie die gestörte Beziehungsdynamik aus. Das Kind hat für sie die Funktion eines Symptomträgers, das den Akteuren der gestörten Beziehungsmuster erlaubt ihren Widerstand gegen eigene Veränderungen aufrecht zu erhalten. Der therapeutische Prozess zielt auf eine gemeinsame Analyse und ein gemeinsames Verstehen der Beziehungsdynamik und soll diese Funktion als sinnhaftes (und nicht »böses«) Verhalten kenntlich machen, um darüber bewusste Veränderungsprozesse mit der Familie einleiten zu können. Die verhaltenstherapeutische Familientherapie stellt dem gegenüber mehr die Verbesserung des elterlichen Erziehungsverhaltens und den Abbau der Störungssymptomatik in den Mittelpunkt. Auch hier wird die Familie als System betrachtet, dass zur Aufrechterhaltung der Symptomatik des Kindes beiträgt. Diese Bedingungen werden identifiziert, zu konkreten Problemstellungen ausdefiniert und systematisch bearbeitet. Über Rollenspiele, Vermittlung psychoedukativer Elemente,

Selbstkontrollübungen und gemeinsam zu erledigende Hausaufgaben soll die Familie in die Lage versetzt werden, den typischen Teufelskreis dysfunktionaleskalierender Interaktion zu durchbrechen und durch prosoziales Interagieren zu ersetzen.

2.6.4 Behandlung in einer kinder- und jugendpsychiatrischen Klinik

Eine Indikation zur stationären (ggf. auch teilstationären) Behandlung ergibt sich aus verschiedenen Faktoren. Grundsätzlich ist eine (teil-)stationäre Behandlung immer dann zu empfehlen, wenn die Störung schon chronifiziert ist, viele Symptome in schwerer Ausprägung vorhanden sind, komorbide (z. B. Entwicklungsstörungen, Drogenmissbrauch) oder kombinierte emotionale Störungen vorliegen (Depressivität, Zwang, Angst) und die Ressourcen des Patienten, der Familie oder des sozialen Umfeldes (v. a. Schule, Jugendhilfe) erschöpft sind. Ein besonderes Problem stellt aller Erfahrung nach aber weniger die Indikation, sondern die Behandlungsbereitschaft und -fähigkeit des Patienten dar. Diese ist im Regelfall recht schwach, manchmal gar nicht vorhanden. Dazu kontrastiert eine oft überhohe Fremdmotivation aus dem sozialen Umfeld des Patienten (Eltern, Jugendhilfe, Schule etc.) aufgrund des massiven sozialen Problemsdrucks. Eine regelgerechte Behandlung kann jedoch erst dann erfolgen, wenn sowohl Indikation und (ausreichende) Eigenmotivation sowie Behandlungsfähigkeit vorhanden sind. Die Implikationen aus diesem Behandlungsdilemma werden später diskutiert.

Kinder und Jugendliche mit der Diagnose einer SSV machen den relativ größten Anteil der Patienten im stationären kinder- und jugendpsychiatrischen Bereich (Fachkrankenhäuser und Fachabteilungen in Krankenhäusern) aus. Im Jahr 2003 wurden insgesamt 11 457 Patienten im Alter bis 20 Jahre mit der Diagnose einer Störung des Sozialverhaltens aus einer vollstationären Behandlung entlassen, was rund 12 % aller Hauptdiagnosen dieser Altersgruppe entspricht. Die meisten davon waren zwischen 10 und 15 Jahre alt.[129] Gleichwohl gibt es zumeist keine spezifischen Therapienformen oder auf SSV spezialisierte Abteilun-

---

[129] 4180 Patienten erhielten die Diagnose einer einfachen Störung des Sozialverhaltens aus der F91.-Klassifikation, 7277 Patienten die Diagnose einer Kombinierten Störung des Sozialverhaltens und der Emotionen mit der F92.-Klassifikation. Bezieht man die 5149 Patienten mit der Diagnose einer Hyperkinetischen Störung (des Sozialverhaltens; F90.) ein, so steigt der Anteil an den Hauptdiagnosen nach 17 % (eigene Berechnungen nach: Statistisches Bundesamt, Krankenhausdiagnosestatistik 2003). Wie viele SSV-Patienten in 2003 insgesamt behandelt (und nicht nur entlassen) wurden, ließ sich anhand der Statistik nicht ermitteln. Im Unterschied zu den Diagrammen in Abschnitt 2.4 (Prävalenz) beziehen sich diese Angaben nur auf die Altersgruppe der unter 1- bis 20-Jährigen und nicht bis 25-Jährigen, die wegen der besseren Vergleichbarkeit mit

gen.¹³⁰ Diese Feststellung ist nicht gleichbedeutend mit unzureichenden Behandlungsmöglichkeiten, da sich in der Praxis ein multimodaler Therapieansatz als am ehesten erfolgreich erwiesen hat. Das beinhaltet verbale Therapieformen im Gruppen- und Einzelsetting ebenso wie die ganze Bandbreite der Kreativtherapien (Arbeits- und Beschäftigungstherapien, Kunsttherapien, Musiktherapie u. a.), körperorientierte Verfahren (Sport- und Bewegungstherapien, Reittherapie, Entspannungsverfahren u. a.) und Spieltherapie. Für Patienten mit einer SSV zeigt sich daneben immer wieder die positive basale Wirkung der verschiedenen Sozialtherapien (z. B. Jungengruppe, Projektgruppen, etc.) und der Milieutherapie. Letztere ist ein dauerndes soziales Training in der Kompetenz des alltäglichen Zusammenlebens, da kinder- und jugendpsychiatrische Stationen familienähnlich organisiert sind. Das beinhaltet die geregelten, gemeinsamen Mahlzeiten ebenso wie soziale Pflichten (etwa Gruppendienste), Einübung in sinnvolle Freizeitgestaltung und Beschäftigungen, die besondere Bezugsbetreuung durch einen Mitarbeiter/in des Pflege- und Erziehungsdienstes und einen gezielten pädagogischen Umgang in den besonderen Situationen des Alltags (ggf. anhand individueller Verhaltenspläne). Der Kern dieses Alltagslebens ist im jeweiligen Stationsreglement schriftlich festgelegt und wird mit dem einzelnen Patienten bei Aufnahme besprochen. Nicht zuletzt zählt zu den notwendigen Behandlungsmodulen der regelmäßige Schulbesuch in einer kliniknahen oder internen Spezialschule für psychisch kranke Kinder und Jugendliche sowie der Einbezug der Familie oder anderer Bezugspersonen des Patienten. Die Kooperation mit der Familie basiert zu aller Erst auf den vielfältigen Alltagskontakten zwischen der Familie, dem Pflege- und Erziehungsteam und dem Patienten, aber auch auf den regelmäßigen Familien- und fallweisen Krisengesprächen (etwa bei selbst- oder fremdgefährdenden Vorfällen). In besonderen Fällen erfolgt auch eine psychopharmakologische Therapie, die mit dem Patienten und den Eltern abgestimmt wird. Die verschiedenen Maßnahmen werden entsprechend der individuellen Problematik des Patienten und seines Umfeldes kombiniert. Vereinfacht lässt sich sagen, dass der Behandlungsschwerpunkt dabei mehr auf einer handlungsorientierten Vorgehensweise mittels Kreativ- und Körpertherapien sowie sozial- und gruppentherapeutischen Verfahren liegt als auf verbal orientierten Verfahren. Das bedeutet nicht, dass etwa ein einzeltherapeutisches Setting grundsätzlich

---

den Vorjahresstatistiken die Basiskohorte der Diagramme im Abschnitt 2.4 bildeten. Die erhebliche Diskrepanz im Prozent-Anteil an den Hauptdiagnosen erklärt sich damit, dass bei den über 20-Jährigen einerseits die Häufigkeit einer SSV-Diagnose fast gegen Null ging und andererseits andere Hauptdiagnosen massiv zunahmen.
130 Eine Ausnahme bildet z. B. die KJP Klingenmünster mit ihrer geschlossenen Station speziell für SSV-Patienten. Vgl. hierzu H. Hirschberg, Stationäre Sozialtherapie bei Jugendlichen mit Störung des Sozialverhaltens, in: Praxis für Kinderpsychol. und Kinderpsychiat. 1996, H.45, 374–382.

ausgeblendet werden sollte. Im Gegenteil: Viele SSV-Patienten profitieren in besonderer Weise von einer Einzelzuwendung, weil sie erst hier von ihren Konkurrenz- und Versagensängsten entlastet sind, unter diesen relativ angstfreien Bedingungen zugänglicher werden und erste Erfolgserlebnisse haben.

2.6.5 Hilfeformen im Kindergarten und in der Schule

Interventionsmodelle für die Schule (weniger für den Kindergarten u. ä. Einrichtungen) werden in der Fachliteratur dem Eindruck nach stärker als alle anderen Hilfeformen diskutiert und entwickelt. Das mag einerseits an einem entsprechenden Problemdruck in manchen Schulen liegen. Andererseits bieten Kindergarten und Schule für Forschungs- und Interventionsmaßnahmen ideale empirische Bedingungen, da sie ökologische Studien in einem relativ gut kontrolliertem Feld erlauben. Zur näheren Beschreibung lassen sich universelle Interventionen von speziellen Interventionen unterscheiden.[131] Die universellen Maßnahmen beziehen sich auf das Klima der Schule und beinhalten in der Regel folgende Maßnahmen:
- Schaffung eines gesamtschulischen Ordnungsrahmens bis hinunter auf Klassen- und Gruppenebene (schafft Klarheit und Berechenbarkeit),
- direkte Unterweisung der Schüler in adaptives, prosoziales Verhalten (durch positive Formulierungen und Modelle),
- Gegensteuern gegen antisoziales Verhalten auf dem Schulhof (wg. der unstrukturierten Situation fallen antisoziale Schüler hier besonders auf),
- Einbeziehung der Eltern der betroffenen Kinder,
- Aufklärung von Schülern, Lehrern, Eltern bis hin zu zielgruppenorientierten Trainingsprogrammen,
- Einsetzen von Schülern als Mediatoren, Streitschlichter.

Spezielle Interventionen sind zumeist:
- Beratung der betroffenen Schüler, deren Eltern und Lehrer bei bestehenden Problemen (z. B. durch den Schulpsychologischen Dienst),
- begleitende, psychoedukative Unterstützung betroffener Schüler,
- Maßnahmen zum Täter/Opfer-Ausgleich,
- sonderpädagogische Hilfen (Integrationshilfe, Erziehungshilfe- und/oder Lernhilfebeschulung),
- schulsozialpädagogische und schulsozialarbeiterische Hilfen,
- Anwendung von festgelegten Belohner- und Sanktionssystemen.

---

131 Im Folgenden nach Langscheidt, 1998, 23ff.; Petermann u. a., 2001, 115ff.; Fend, 2001, 452ff.; Poustka, 2000, 2.

Langscheidt (1998) sieht die größte Wirksamkeit dort, wo universelle und spezielle Interventionen sinnvoll kombiniert werden. Allerdings warnt er davor, die Erwartungen an die Effektivität der Maßnahmen zu hoch zu spannen, denn es gibt aller Erfahrung nach keine kurzfristig installierbaren und lang anhaltend wirksamen schulischen Maßnahmen. Zudem erreichen die genannten Interventionen den harten Kern dissozialer Schüler (v. a. die Älteren) nur schwer. Schließlich wird ihre Reichweite schon durch den Umstand begrenzt, dass die Ursachen für deren Verhalten zu einem großen Teil in der Familie und nicht in der Schule liegen. Die Interventionen wirken daher eher bei Schülern mit milderen Auffälligkeiten, bei der größeren Gruppe der Mitläufer sowie als Schutz der anderen Schüler (und ggf. Lehrer). Petermann u. a. entwickelten neben schulischen Interventionsformen auch Leitlinien für die Intervention in der (devianten) Gleichaltrigengruppe, mit dem Ziel der Reduktion des deviant-aggressiven Verhaltens oder der Herauslösung des Jugendlichen aus dieser Gruppe.[132]

2.6.6 Hilfeformen der Jugendhilfe

Diese Hilfeformen sind gesetzlich im Kinder- und Jugendhilfegesetz (KJHG) in §28 bis §35a als »Hilfen zur Erziehung« geregelt und beinhalten keine spezifischen Maßnahmen für dissoziale Kinder und Jugendliche. Da das KJHG Teil des Sozialgesetzbuches ist, (SGB VIII) wird jede Hilfe als Einzelfallhilfe gewährt, d. h. es muss eine individuelle Bedarfsprüfung mit entsprechender Hilfeplanung stattfinden (§27, Abs. 2). Das bedeutet, dass prinzipiell alle der unten beschriebenen Hilfeformen für dissoziale Kinder und Jugendliche in Frage kommen. Allerdings sind diese – bis auf eine, an späterer Stelle noch auszuführende Ausnahme – nicht selber anspruchsberechtigt. Anspruchsberechtigt ist der Personensorgeberechtigte, also im Regelfall die Eltern. Hilfe wird gewährt, »wenn eine dem Wohl des Kindes oder des Jugendlichen entsprechende Erziehung nicht gewährleistet ist und die Hilfe für seine Entwicklung geeignet und notwendig ist« (§27, Abs. 1). Das bedeutet aber nicht, dass sich Kinder und Jugendliche nicht auch selber an das Jugendamt wenden können (§8, Abs. 2). Außerdem schreibt das Gesetz vor, dass sie an den Entscheidungen entsprechend ihres Entwicklungsstandes zu beteiligen sind (§8, Abs. 1).

In §28 ist das Recht auf Erziehungsberatung festgeschrieben. Das schließt andere Beratungsformen wie z. B. Drogen- und Suchtberatung mit ein. Sowohl die Kinder als auch die Eltern und andere Erziehungsberechtigte können dieses Recht in Anspruch nehmen. Für ältere Kinder und Jugendliche wird nach §29

---

132 Vgl. Petermann u. a., 2001, 119ff.

Soziale Gruppenarbeit als Hilfe angeboten. Hier sollen unter gruppenpädagogischer Anleitung die sozialen Fähigkeiten solcher Jugendlichen gestärkt werden, die Entwicklungsschwierigkeiten und Verhaltensprobleme haben. Die soziale Gruppenarbeit hat oft Projektcharakter (z. B. ein Sportprojekt zur sinnvollen Freizeitgestaltung oder eine Gruppe für Scheidungskinder). Ein *Erziehungsbeistand* oder *Betreuungshelfer* soll nach §30 dem Kind oder Jugendlichen bei der Bewältigung von Entwicklungsproblemen unterstützen. Diese Hilfe dient der Förderung der Verselbstständigung, soll dabei aber möglichst das soziale Umfeld einbeziehen und den Lebensbezug zur Familie aufrecht erhalten. Sie kommt eher für ältere Kinder und Jugendliche in Frage und bietet sich v. a. in Fällen an, wo Jugendliche in Ablösungskonflikten keinen guten Draht mehr zu ihren Eltern oder bei Alleinerziehenden dem Elternteil haben und ein neutraler Dritter gebraucht wird. Demgegenüber ist die *Sozialpädagogische Familienhilfe* (SPFH; §31) eine umfassendere und intensivere Hilfeform. Sie soll die ganze Familie einbeziehen und diese bei der Bewältigung ihrer Alltagsprobleme, in Erziehungsaufgaben, in Krisen- und Konfliktsituationen und bei Kontakten mit Ämtern und Behörden unterstützen sowie sie zur Selbsthilfe anregen. Die Zielgruppe dieser Hilfeform ist die klassische Multiproblemfamilie mit langfristigem Hilfebedarf. In §32 ist sodann die *Erziehung in einer Tagesgruppe* geregelt. Wie bei der sozialen Gruppenarbeit steht hier das soziale Lernen im Vordergrund, doch bezieht sich die Indikation auch auf die Förderung der schulischen Fähigkeiten und Unterstützung der Elternarbeit. Im besten Falle arbeitet eine Tagesgruppe also eng und regelmäßig mit der Schule und den Eltern zusammen. Sinn der Maßnahme ist es, den Verbleib des Kindes in seiner Familie zu sichern. Viele Tagesgruppen decken nur den Altersbereich bis maximal 14 Jahre ab, darüber fehlt es häufig an Angeboten. §33 befasst sich mit der *Vollzeitpflege*, d. h. der zeitlich befristeten oder auf Dauer angelegten Unterbringung des Kindes bei Pflegeeltern. Die zeitliche Befristung hält die Möglichkeit der Verbesserung der Erziehungsbedingungen in der Herkunftsfamilie und Rückkehr des Kindes ausdrücklich offen. Etwa, wenn eine alleinerziehende und suchtmittelabhängige Mutter eine Langzeitentwöhnungsmaßnahme macht, um nach erfolgreicher Beendigung ihr Kind wieder zu sich zu nehmen. Für besonders entwicklungsbeeinträchtigte Kinder sollen geeignete Formen der Familienpflege bereit gehalten werden (heilpäd. Pflegestellen). Die klassische *Heimerziehung* und andere *betreute Wohnformen* sind Inhalt des §34. Entscheidende Kriterien sind dabei, dass die Hilfe in einer Einrichtung über Tag und Nacht erfolgt, eine Verbindung zwischen dem Alltagsleben und vorgehaltenen pädagogisch-therapeutischen Angeboten besteht, sowie die Hilfe in einer dem Alter und dem Entwicklungsstand des Kindes angemessenen Form erbracht wird. Grundsätzlich soll sie der Verbesserung der Erziehungsbedingungen in der Herkunftsfamilie dienen. Im Gesetz werden explizit drei Zielperspektiven, unter denen eine Heimunterbringung stattfinden kann, benannt. Als Erstes das Ziel einer Rückkehr in die Familie, als Zweites das Ziel der Vorbereitung einer Erziehung in einer anderen Familie und als Drittes die Vorbereitung auf ein selbstständiges Leben. In Deutschland gibt es ein breit gestreutes Angebot von Heimen und betreuten Wohnformen in öffentlicher, halböffentlicher (Wohlfahrtsverbände) und privater Trägerschaft, die von den Jugendämtern belegt werden. Viele Träger haben Schwerpunkte ausgebildet (z. B. Mädchenwohngruppen) bzw. staffeln ihre Angebote entsprechend der notwendigen Betreuungsintensität. Eine therapeutische Wohngruppe mit seelisch gestörten Jugendlichen braucht natürlich einen wesentlich höheren Betreuungsschlüssel als eine pädagogisch führbare Verselbstständigungsgruppe. §35 betrifft die *Intensive sozialpädagogische Einzelbetreuung*. Sie ist in erster Linie für Jugendliche vorgesehen, die bei ihrer sozialen Integration und eigenverantwortlichen Lebensführung eine intensive Hilfe brauchen.

Jenseits der Hilfen zur Erziehung und in Anlehnung an die §39 und §40 des früheren Bundessozialhilfegesetzes (Eingliederungshilfe für Behinderte) entstand der §35a des KJHG. Er schreibt den Anspruch von seelisch behinderten (oder von seelischer Behinderung bedrohten) Kindern und Jugendlichen auf *Eingliederungshilfe* fest. Diese kann je nach Bedarf in unterschiedlicher Form erfolgen, nämlich ambulant (z. B. Betreuer), in teilstationären Einrichtungen (z. B. Tagesgruppe), durch Pflegepersonen oder Heimen bzw. Betreutes Wohnen. Seelische Behinderung ist dabei definiert als »seelische Funktionsstörung«, die kausal die »gesellschaftliche Teilhabe« beeinträchtigt oder gefährdet (letztere bemisst sich im Einzelfall nach den für dieses Alter typischen sozialen Integrationsanforderungen, z. B. Schulbesuch). Dabei muss eine medizinische Akutversorgung ungeeignet sein und der Zustand muss in den letzten 6-Monaten bestanden haben.[133]

Eine weitere Jugendhilfemaßnahme, die nicht als Hilfe zur Erziehung gedacht ist, sondern dem Schutz des Kindes oder Jugendlichen gilt, ist die in §42 geregelte *Inobhutnahme*. Da sie auch bei dissozialen Jugendlichen von praktischer Relevanz ist, soll sie an dieser Stelle nicht unerwähnt bleiben. Das Jugendamt ist laut Abs. 3 des §42 verpflichtet, ein Kind oder Jugendlichen

---

133 Vgl. P. Mrozynski: Rechtsfragen der Behinderung zwischen Jugendhilfe und Rehabilitation, in: Sachverständigenkommission 11. Kinder- und Jugendbericht (Hg.), Bd. 4, Gesundheit und Behinderung im Leben von Kindern und Jugendlichen, München, 2002, 395–559. Nach dem neuen Gesetz zur Weiterentwicklung der Kinder- und Jugendhilfe von 2005 (Kinder- und Jugendhilfeweiterentwicklungsgesetz – KICK) ist hinsichtlich der Abweichung der seelischen Gesundheit eine fachliche Stellungnahme eines Facharztes für Kinder- und Jugendpsychiatrie und –psychotherapie, eines Kinder- und Jugendpsychotherapeuten oder eines Arztes oder psychologischen Psychotherapeuten mit besonderer Erfahrung auf dem Gebiet der seelischen Störungen bei Kindern und Jugendlichen auf Grundlage des ICD-10 erforderlich (§35a, Abs. 1a).

in seine Obhut zu nehmen, »wenn eine dringende Gefahr für das Wohl des Kindes oder des Jugendlichen die Inobhutnahme erfordert.« In Fällen von Gefahr für Leib und Leben des Betroffenen selber oder Dritter sind auch freiheitsentziehende Maßnahmen zulässig. Diese Maßnahmen erfordern keine vormundschaftsgerichtliche Entscheidung, wenn sie spätestens mit Ablauf des Tages (also 24.00 Uhr) nach ihrem Beginn beendet wird und der Erziehungsberechtigte der Maßnahme nicht widersprochen hat, nachdem er unverzüglich unterrichtet wurde. Ansonsten muss das Kind dem Erziehungsberechtigten übergeben werden, oder es muss das Vormundschaftsgericht eingeschaltet werden. Wenn zur Inobhutnahme unmittelbarer Zwang erforderlich ist, dann muss das Jugendamt die dazu befugten Stellen hinzuziehen.[134] Kinder und Jugendliche können aber auch selbst das Jugendamt um Inobhutnahme bitten. Das heißt sie sind gewissermaßen selber anspruchsberechtigt, was die oben erwähnte Ausnahme von der Regel, dass nur der Personensorgeberechtigte anspruchsberechtigt ist, darstellt. Der Ort der Inobhutnahme kann bei einer geeigneten Person, in einer Einrichtung oder in einer sonstigen betreuten Wohnform sein. In der Regel verfügen die Jugendämter über spezielle Inobhutnahme-Einrichtungen oder halten Inobhutnahme-Plätze in Jugendhilfeeinrichtungen ihres Zuständigkeitsgebietes vor.

Zum Ende dieses Abschnitts noch ein paar Zahlen.[135] Im Jahr 2001 wurden 282 057 (beendete) Fälle in den Erziehungsberatungsstellen gezählt. 1991 waren es noch 154 483 Fälle.[136] Ebenfalls 2001 gab es 23 163 (bestehende) Betreuungen oder Erziehungsbeistandschaften (1991: 16 125) und 21 380 Sozialpädagogische Familienhilfen (1991: 9089). Im Jahr 2000[137] nahmen 15 934 Kinder und Jugendliche an einer Tagesgruppe teil (1991: 6049), 48 993 lebten in einer Vollzeitpflegefamilie (1991: 47 696), 69 723 waren in einem Heim oder im Betreuten Wohnen untergebracht (1991: 67 710) und 2692 erhielten eine intensivpädagogische Einzelbetreuung (1991: 794). Im Jahr 2001 erfolgten 31 438 Inobhutmaßnahmen (1994: 23 432; 1998: 31 300).[138] Der durchgängige Anstieg

---

134 Diese Bestimmung ergibt sich ebenfalls aus dem neuen Gesetz zur Weiterentwicklung der Kinder- und Jugendhilfe von 2005 (KICK) nach Abs. 6 des neuen §42.
135 http://www.destatis.de/basis/d/solei/soleiq33.htm
136 Bundesministerium für Familie, Senioren, Frauen und Jugend (Hg.), 9. Jugendbericht, Bonn 1994, 544/604.
137 Zahlen für 2001 nicht verfügbar.
138 Zahlen für 1991 liegen nicht vor, aber aus dem Verlauf zwischen 1998 und 2002 lässt sich ablesen, dass die Zahlen für die letzten Jahre um ca. 30.000 schwanken. 2002 gab es einen größeren Rückgang auf 28 700 Fälle (minus 8 % im Vergleich zu 2001). Bei ungefähr einem Drittel der Fälle erfolgt die Inobhutnahme auf Wunsch der Kinder und Jugendlichen. http://www.destatis.de/presse/deutsch/pm2000 (bis pm2003). 1994: Bundesministerium für Familie, Senioren, Frauen und Jugend (Hg.), 10. Kinder- und Jugendbericht, Berlin, 1998, 273.

bei allen Jugendhilfemaßnahmen zwischen 1991 und 2000 bzw. 2001 lässt sich nicht mit einem Kohorteneffekt erklären, da die Kohortenstärke der Kerngruppe der potentiellen Hilfeempfänger, nämlich die Bevölkerung bis 18 Jahre, nahezu konstant blieb.[139] Zum Teil hat sich die Zahl der Maßnahmen verdoppelt oder verdreifacht, insbesondere bei den ambulanten und teilstationären Hilfen, wie der Sozialpädagogischen Familienhilfe, der intensivpädagogischen Einzelbetreuung und den Tagesgruppen. Das bedeutet, dass es innerhalb dieser Dekade einen erheblichen Anstieg der Zahl von Kindern und Jugendlichen zu verzeichnen gibt, die in Maßnahmen der Jugendhilfe eingebunden waren.[140] Das schließt den möglichen Effekt mit ein, dass die Hilfen intensiver geworden sein könnten, indem verschiedene Maßnahmen miteinander kombiniert wurden, beispielsweise SPFH und Einzelbetreuung. Leistungen nach dem KJHG werden wie die Sozialhilfe durch die Kommunen bezahlt und stellen viele Kommunen inzwischen vor erhebliche Finanzierungsprobleme. Der Deutsche Städte- und Gemeindebund beklagt 2007: »In Folge der außerordentlich hohen Ausgabendynamik der Kinder- und Jugendhilfe vor allem in der zweiten Hälfte der 90er Jahre konnten die Kommunen vielerorts ihre vordringlichen Aufgaben der Jugendhilfe sowie ihre sonstigen sozialen Aufgaben nicht mehr im notwendigen Maße erfüllen und werden von den Ausgaben für soziale Leistungen in ihrer Leistungsfähigkeit für andere kommunale Politikfelder nahezu erdrückt.«[141]

2.6.7 Hilfen zur beruflichen Eingliederung

Die beruflichen Eingliederungsmaßnahmen müssen wohl als der Hilfebereich betrachtet werden, der aufgrund der fragmentierten sozialgesetzlichen Bestimmungen zwischen SGB III, SGB V, SGB VIII, SGB XI und SGB XII institutionell am schlechtesten mit den übrigen Hilfeformen vernetzt ist. Das

---

[139] 1991: 16 356 728; 2000: 16 442 222; 2001: 16 303 645. Selbsterstellte Tabelle der Bevölkerung in Deutschland nach Altersjahren zu den Stichtagen 31.12. 1991, 31.12.2000 und 31.12.2001. http://www-genesis.destatis.de/genesis/online/html.

[140] Für die Jahre 1991 bis 1999 weist der 11. Kinder- und Jugendbericht einen Anstieg aller Hilfen zur Erziehung von 343 587 auf 540 970 Fälle aus. Bezogen auf die unter 21-jährige Bevölkerung bedeutet dies, dass 1991 1,9 % und 1999 2,9 % dieser Altersgruppe Hilfen zur Erziehung erhielt. Vgl. Bundesministerium für Familie, Senioren, Frauen, Jugend (Hg.), 11. Kinder- und Jugendbericht, Berlin, 2002, 342.

[141] Aus: Familienfreundlichkeit ist der Standortfaktor der Zukunft, http://www.dstgb.de (28.09.2007). Zwischen 1992 (Inkrafttreten KJHG) und 2001 stiegen die Ausgaben der Städte und Gemeinden für die Kinder- und Jugendhilfe von 14,3 auf 19,2 Mrd. Euro (DStGB-Dokumentation No.32, ebd.). Der Anteil der reinen KJHG-Leistungen an den gesamten sozialen Leistungen betrug 2005 16 % (ohne Kindertagesstätten, Beratungseinrichtungen, Jugend- und Schülerwohnheime, Einrichtung für Familienförderung und werdende Mütter). Datenreport Kommunalfinanzen 2005, DStGB No.48, ebd., S.24ff.

ist umso schwerer nachzuvollziehen, als gerade vorbereitende und berufliche Eingliederungsmaßnahmen bei Jugendlichen mit einer SSV ein wesentliches und prognostisch günstiges Behandlungsinstrument in der Sozialtherapie darstellen. Zwar ist es strittig, ob es sich bei einer SSV um eine Form der seelischen Behinderung handelt oder nicht, doch kann dessen ungeachtet ein Jugendlicher aufgrund dieser Verhaltensstörung bei seiner beruflichen Eingliederung spezifisch gefördert werden.[142] Hierfür kommen entweder die berufliche Rehabilitation (grundlegend nach SGB IX §§2, 14, 17ff.; SGB III §§19, 97–115;) oder die Förderung für Benachteiligte in Frage (SGB III, §§235, 240–246). Bei festgestellter oder drohender seelischer Behinderung, die nicht nur vorübergehend ist und Hilfe erforderlich macht (SGB III, §19), besteht ein Anspruch auf eine berufliche Rehabilitation, die von der Arbeitsagentur am Wohnort getragen wird. Sie umfasst Maßnahmen wie berufsvorbereitende Bildungsmaßnahmen (z. B. Förderlehrgänge), Berufsausbildung in Betrieben, in Reha-Einrichtungen (z. B. Berufsbildungswerk) und in außerbetrieblichen Einrichtungen. Die Ausbildung kann nach regulären oder besonderen Ausbildungsordnungen für Behinderte erfolgen. Es können ausbildungsbegleitende Hilfen in Anspruch genommen werden. Nach der Berufsausbildung können Leistungen zur Eingliederung in den Arbeitsmarkt erfolgen, und zwar in Form einer nachgehenden Betreuung, einer begleitenden Betreuung durch psychosoziale Dienste, von Zuschüssen zur Einarbeitung und Probebeschäftigung und durch begleitende Hilfen nach dem Schwerbehindertengesetz.

Jugendliche mit SSV können auch zum Personenkreis benachteiligter Auszubildender gehören (SGB III, §235). Dies sind lernbeeinträchtigte oder sozial benachteiligte Auszubildende, die wegen in ihrer Person liegenden Gründen ohne eine Förderung eine Ausbildung nicht beginnen, fortsetzen oder erfolgreich beenden können. Dazu zählen auch Ausbildungsabbrecher, die ansonsten keine weitere Ausbildung beginnen können und solche Ausbildungsabsolventen, die ansonsten keinen Arbeitsplatz bekommen oder halten können. In einer Durchführungsanweisung wurde der Personenkreis konkretisiert. Danach werden unter sozial benachteiligten Auszubildenden ausdrücklich auch verhaltensgestörte Jugendliche verstanden. Aber auch Jugendliche, die Hilfen nach dem KJHG

---

142 Zu diesem Abschnitt vgl. H. Neukäter, http://www.aaonline.dkf.de/bb/p395.html, 2003. Grundsätzlich kann Behinderung als gesellschaftliche Desintegration in der Folge von Krankheit definiert werden. Vgl. zum Aspekt der schwierigen Kooperation zwischen den verschiedenen Hilfeträgern Evangelischer Erziehungsverband e. V. (EREV) (Hg.), Integrativ denken – kooperativ handeln. Jugendhilfe – Sozialpsychiatrie – Kinder- und Jugendpsychiatrie – Eingliederungshilfe, Tagungsdokumentation und Fazit der verbandsübergreifenden Projektgruppe des BeB und EREV, in: EREV-Schriftenreihe, 48.Jg., 02/2007. Darin zum rechtlichen Aspekt: F. Gerlach, Kooperation: Jugendhilfe – Jugendpsychiatrie – Sozialpsychiatrie. Die rechtlichen Schnittstellen von SGB V, SGB VIII und SGB XII und ihre Bedeutung für die Versorgungssysteme, ebd., 52-68.

erhalten (haben), Legastheniker, ehemals drogenabhängige und strafentlassene Jugendliche, junge Strafgefangene im Strafvollzug, Straffällige/Strafgefangene (bei denen eine Ausbildung strafmindernd oder bewährend wirkt), junge Spätaussiedler mit Sprachschwierigkeiten und ausländische Jugendliche (die wegen Sprachdefiziten oder sozialer Eingewöhnungsprobleme besonderer Hilfe bedürfen) werden aufgeführt. Lernbeeinträchtigte Auszubildende sind in erster Linie Jugendliche ohne Hauptschulabschluss oder Sonderschüler (ob mit Abschluss oder nicht). Schulabgänger mit Hauptschulabschluss zählen nur dazu, wenn bei ihnen beruflich schwerwiegende Bildungsdefizite bestehen und ein erfolgreicher Berufsausbildungsabschluss ohne Hilfe nicht zu erwarten ist. Lernbehinderte und sozial benachteiligte Auszubildende können ausbildungsbegleitende Hilfen (Stützunterricht, begleitende sozialpädagogische Betreuung) erhalten oder in eine Ausbildung einer außerbetrieblichen Einrichtung vermittelt werden. Insbesondere Jugendliche mit Verhaltensstörungen können anerkannte Ausbildungsberufe in besonderen Einrichtungen erlernen (Heime mit ausgebauten Werkstattbereichen, Berufsbildungswerke). Es kommen aber auch Übergangshilfen außerhalb einer betrieblichen oder außerbetrieblichen Ausbildung für max. 6 Monate in Frage. Träger der Maßnahmen ist wiederum die Arbeitsagentur des Wohnortes. Über die Hilfeleistung entscheidet die Berufsberatung. Das Kriterium für die Hilfeleistung ist die individuelle Situation des Antragstellers, nicht allein die formale Zugehörigkeit zum genannten Personenkreis. Die Voraussetzung der Förderung ist die Eignung des Auszubildenden für die Maßnahme. Ein Berufsvorbereitungsjahr oder ein Freiwilliges Soziales Jahr wird anerkannt. Bei ausbildungsbegleitenden Hilfen kann auf die Teilnahme an einer berufsvorbereitenden Maßnahme verzichtet werden. Es muss jedoch kritisch vermerkt werden, dass die Unterstützungsangebote ausgerechnet für den Personenkreis der benachteiligten Jugendlichen in den letzen Jahren reduziert wurden. So wurden im Jahr 2004 die Förderlehrgänge für die Absolventen von Schulen für Lernbehinderte bzw. Lernhilfe abgeschafft. Die Betroffenen werden seit dem in die schlechter ausgestatteten (und billigeren) berufsvorbereiteten Maßnahmen integriert. 2006 wurden die gemeinnützigen und privaten Bildungsträger, bei denen die Arbeitsagenturen ihre beruflichen Eingliederungsmaßnahmen einkaufen, nach dem Vorbild von Autoindustrie und Zulieferbetriebe gezwungen, ihre »Zulieferungen« billiger zu verkaufen. Das kostete nicht nur viele Arbeitsplätze bei den Bildungsträgern, sondern verschlechterte auch die Qualität ihrer Angebote erheblich.[143]

---

143 Vgl. B. Schumann, »Ich schäme mich ja so!« Die Sonderschule für Lernbehinderte als »Schonraumfalle«, Bad Heilbrunn 2007, 34.

2.6.8 Ratgeberliteratur

Die Zahl der Erziehungsratgeber in Buch- oder anderer Form ist unüberschaubar und hat eine lange historische Tradition.[144] Sie stellt für viele Eltern eine erste Form der (Selbst-)Hilfe lange vor jeder professionellen Hilfe dar und darf daher in einer Beschreibung der Hilfeformen nicht fehlen. Die Ratgeber richten sich zwar in erster Linie an Eltern, im Weiteren aber auch an Menschen, die beruflich mit Kindern und Jugendlichen zu tun haben. Von Anfang an beschäftigten sie sich auch mit der Frage *ungezogener* Kinder. Inzwischen gibt es auch Ratgeberliteratur, die sich speziell an Eltern von Kindern mit dissozialem Verhalten wendet. So stellt Martin Herbert in seinem Erziehungsratgeber »Kinder, die sich schlecht benehmen«[145] ein an der kognitiven Verhaltenstheorie orientiertes Trainingsprogramm für Eltern zum richtigen Umgang mit ihren sozial auffälligen Kindern vor: »Eltern haben die Aufgabe, hilflose, asoziale und egozentrische Kleinkinder zu umgänglichen, sich beherrschenden Mädchen und Jungen und schließlich zu reifen, verantwortungsbewussten Mitgliedern unserer Gesellschaft zu erziehen.« Das Programm bietet in Form der Theorie sozialen Lernens ein Erklärungsmuster, zeigt Formen und Fallbeispiele des Fehlverhaltens auf, leitet zur Identifizierung des Problemverhaltens im Alltag an, beschreibt Erziehungsstrategien zu dessen Eingrenzung und bietet im Anhang eine Reihe von Plänen und Fragebögen zur Kontrolle für Eltern und Kind.

Ratgeber für Betroffene sind dem Verfasser zwar nicht bekannt, doch existieren durchaus (und inzwischen wohl auch wieder vermehrt) allgemeine Verhaltensratgeber für Kinder und Jugendliche. Als Beispiel sei »Der Knigge für die junge Generation« von Peter D. Winterhoff (Trainer für Verkaufschulungen und Etikettenseminare) und Margit Reindl (Leiterin der Kolping-Akademie, München) genannt.[146] Es stellt den »guten Umgang mit sich selbst« sowie den »Umgang mit anderen« als erste Kapitel einer Reihe von weiteren voran, die sich alle mit sozialen Alltagssituationen befassen, vom Verhalten in der Öffentlichkeit (Kino, ÖPNV, Arzt, Einkaufen usw.) und unter Freunden über Ausdrucksweise und Smalltalk, Umgang mit modernen Kommunikationsmitteln bis hin zum Benehmen bei Tisch. Ein Abschnitt beschäftigt sich mit der Frage »Warum ist es so schwer, miteinander gut auszukommen?«. Entlang des Grundsatzes »Deine Freiheit hört da auf, wo die Freiheit anderer beeinträchtigt wird« wird den Jugendlichen zum Nett-Sein (»Bitte« und »Danke« sagen), zur gegenseitigen

---

144 Eine Internetsuche (»Google«) mit dem Stichwort »Erziehungsratgeber« im April 2008 ergab ungefähr 74 400 Treffer.
145 M. Herbert, Kinder, die sich schlecht benehmen: Was Eltern dagegen tun können, Bern 1999, 9.
146 P. D. Winterhoff, M. Reindl, Der Knigge für die junge Generation, München 2002.

Toleranz und Übernahme von Aufgaben in der Familie geraten: »Helfe nach dem Essen, den Tisch abzuräumen, greife einmal in der Woche zum Staubsauger und bring das Wohnzimmer in Ordnung. Siehst du Zeitschriften und Zeitungen rumliegen, räume sie einfach in den Zeitschriftenständer. Wechsle dich mit deinen Eltern ab und kehre alle zwei Wochen die Straße, mähe gelegentlich den Rasen oder zupfe Unkraut aus. Damit zeigst du, dass du Verantwortung übernehmen kannst [...] Denn dadurch schaffst du dir auch Freiräume.«[147]

2.6.9 Formen der Selbsthilfe

Circa 50 % der Kinder und Jugendlichen gelten als desistent, arbeiten sich also entweder im Verlaufe der Adoleszenz oder im Übergang zum Erwachsenenalter wieder aus ihrer Störung heraus. Die Desistenzfaktoren und -verläufe liegen allerdings weitgehend im Dunkeln, da sie bislang so gut wie nicht erforscht wurden. Als relativ gesichert darf gelten, dass viele aus der Gruppe der Späteinsteiger zu ihnen zählen, im Sinne des von Steinhausen (2002) charakterisierten nicht-aggressiven Typs.[148] Doch auch hier fehlen Angaben über die besonderen Bedingungen und Entwicklungswege der Desistenz. Gleichwohl wäre es aus ressourcenorientierter Perspektive unzulässig bei der Hälfte aller Kinder und Jugendlichen mit einem gestörten Sozialverhalten so zu tun, als hätte keine Hilfe stattgefunden. Schließlich wissen wir aus der Forschung zu sozialen Netzwerken und zur sozialen Unterstützung, dass gerade Jugendliche »[...] offenbar eher Unterstützung innerhalb ihres sozialen Netzes als bei Fachleuten suchen (z. B. Offer 1991 u. a.)[...]; dies gilt gerade für ausgeprägt problembelastete Jugendliche, deren Beziehung zu ihren Eltern schwer gestört sind; sie scheuen sich besonders über ihre Probleme zu sprechen (Seiffge-Krenke 1989)«[149]. Es ist also davon auszugehen, dass es Hilfeformen außerhalb der professionellen Fremdhilfe gibt und diese Jugendlichen ihr soziales Netzwerk und ihre eigenen Ressourcen zur Selbsthilfe nutzen. Da keine systematischen Erkenntnisse hierzu vorliegen möchte ich nur kurz eine Form der Selbsthilfe in exemplarischer Weise illustrieren, die ich für relevant halte. Dazu ein Zitat aus einem Interview[150] mit dem ehemaligen Boxweltmeister im Mittelgewicht, Sven Ottke:

---

147 Ebd., 43.
148 Steinhausen nennt folgende Charakteristika: Beginn in der späten Kindheit oder frühen bis mittleren Adoleszenz, vornehmlich nicht-aggressive dissoziale Probleme, keine deutliche Hyperaktivität, Sozialfertigkeiten sind verfügbar, Verbindung mit devianten Gleichaltrigen, niedrige Rate neuer dissozialer Handlungen, relativ hoher Anteil von Mädchen. Vgl. Steinhausen, 2002, 213.
149 C. Höger, Wer geht in Behandlung? Einflussgrößen auf das Inanspruchnahmeverhalten bei psychischen Problemen von Kindern und Jugendlichen, in: Praxis Kinderpsychol. und Kinderpsychiat., H.44, 1995, 4.
150 Magazin der Frankfurter Rundschau, 12. 07. 2003, 4.

Frage: »*Sind Sie so vorsichtig im Ring, weil Sie in Ihrer Jugend so viel wegstecken mussten?*«
Antwort: »*Ich war als Jugendlicher ziemlich frech und habe manchmal auch bei den falschen Leuten eine große Klappe riskiert. Aber in der Regel habe ich nicht viel abbekommen. Eigentlich war ich eher der Dominante, der Aggressor. Zwei, drei mal habe ich den Kürzeren gezogen. Aber nicht oft.*«
[...]
Frage: »*Herr Ottke, als Kind waren Sie verhaltensauffällig, hyperaktiv würde man heute sagen. Erst nachdem Sie mit dem Boxen anfingen, wurden Sie ruhiger. Sind Sie durchs Boxen ein besserer Mensch geworden?*«
Antwort: »*Definitiv, es hat mir geholfen, meine überschüssige Energie in die richtigen Bahnen zu lenken. Vorher konnte ich mich nicht richtig konzentrieren, konnte nicht still sitzen. In der Grundschule hatte ich die Erlaubnis, mich während des Unterrichts zu bewegen. Nachdem ich mit dem Boxen angefangen hatte, wurden auch meine Schulnoten besser. Auf einmal habe ich auch Hausaufgaben gemacht, vorher war mir das völlig egal. Mein Paradesatz hieß damals: ›Warum soll ich Englisch lernen, sollen die anderen doch Deutsch sprechen.‹ Heute sehe ich das natürlich anders.*«
Frage: »*Sie sind als Kind zu Hause auch geschlagen worden ...*«
Antwort: »*Ich glaube, ich habe als Kind jeden einzelnen Schlag verdient. Ich habe soviel Mist gebaut.*«
[...]
Frage: »*Für Schriftsteller wie Hemmingway oder Bukowski war das Boxen mehr als ein Sport, sie sahen darin ein archaisches Urbild für den männlichen Überlebenskampf.*«
Antwort: »*Es ist auf jeden Fall mehr als nur ein Faustkampf. Boxen schult den Menschen, gibt Dir Charakterstärke, hilft Dir, Dich durchzubeißen. Wenn Du ein Schlägertyp bist, dann in einen Boxklub gehst, hast Du nachher keine Probleme mehr. Dann kommst Du nicht mehr auf die Idee, irgendeinen Gegner auf der Straße wegzuhauen.*«

Wäre Ottke seinerzeit in einer Kinder- und Jugendpsychiatrie vorgestellt worden, hätte er wahrscheinlich die Diagnose »Hyperkinetische Störung des Sozialverhaltens« (F90.1) bekommen. Diese trifft zwar nicht ganz exakt den Gegenstand dieser Arbeit, doch ist der Unterschied für meinen Argumentationsgang nicht bedeutsam. Mir kommt es auch nicht darauf an, die sich aufdrängende Kausalbeziehung zwischen geschlagenem Kind und schlagendem Jugendlichen zu untersuchen oder den Implikationen archaischer Männerfantasien nachzugehen. Entscheidend ist für mich das Moment des Selbsterlebens in Ottkes Beschreibungen. Sie zeigen, dass ein sozial verhaltensauffälliger und aggressiver Jugendlicher früh genug einen Weg für sich gefunden hat, mit seinen aus Angst gespeisten aggressiven Impulsen und dem feindseligen Verhaltensstil in selbstverträglicher Weise umzugehen und ihnen eine sozial akzeptierte Form zu geben. Über eine hoch ritualisierte und disziplinierende Kampfsportart gelang es ihm, seinen inneren psychischen Kriegszustand wenn nicht zu beenden so doch zumindest einzuhegen. Darin drückt sich m. E. nicht nur ein Aspekt von (Selbst-)Zivilisierung, sondern auch von Selbstheilung aus.

2.7 Fallbeispiel

2.7.1 Falldarstellung eines 14-jährigen Jungen aus dem stationären kinder- und jugendpsychiatrischen Bereich

Alexander Weber, geboren am 14. 03. 1989, wohnhaft in Dillenburg.[151]
Alexander Weber befand sich insgesamt dreimal zur vollstationären Behandlung in der kinder- und jugendpsychiatrischen Klinik. Im ersten Fall erfolgte vom 31. 03. bis zum 14. 04. 2003 eine Krisenintervention, im zweiten Fall vom 02. 06. bis zum 15. 08. 2003 eine geplante Regelbehandlung nach einer Wartephase. Eine weitere ungeplante, kurze Krisenintervention fand vom 18. 11. 2003 bis zum 28. 11. 2003 statt und wird daher separat dargestellt.

Diagnose:
Suiziddrohung vor dem Hintergrund einer sonstigen kombinierten Störung des Sozialverhaltens und der Emotionen (F92.8).

Aufnahmeanlässe:
Bei der ersten Aufnahme handelte es sich um eine Notaufnahme nach freiwilligem Modus. Im Aufnahmegespräch berichtete die Mutter, dass Alexander am Morgen die Schule verweigert habe. Da die Mutter ihn nicht entschuldigen wollte, sei es zu einem heftigen Streit gekommen. Er habe gedroht, vom Balkon zu springen (sechster Stock). Er habe seine Mutter auch geschubst. Später habe er gedroht, aus der Küche ein Messer zu holen. Alexander bestätigte die Darstellung seiner Mutter, merkte aber an, er habe nicht die Absicht gehabt, tatsächlich vom Balkon zu springen und ein Messer zu holen. Seine Mutter habe ihn auch geohrfeigt. Er habe nur an seiner Mutter vorbei wollen, um weglaufen zu können. Nach Benachrichtigung der Polizei durch die Mutter habe es mit dieser ein deeskalierendes Gespräch gegeben. Alexander wurde dann in die Schule gebracht, wo ein Gespräch mit Klassenlehrerin und Direktor

---

151 Die Darstellung erfolgt mit Einverständnis des Patienten und seiner Eltern unter Anonymisierung sämtlicher personenbezogener Daten.

stattfand. Alexander wurde nach dem Unterricht von seinem Vater abgeholt und gemeinsam mit der Mutter direkt zu uns in die Klinik gefahren.

Nach der Krisenintervention wurde in einem ambulanten Nachgespräch am 12. 05. 2003 mit Eltern und Sohn eine Wiederaufnahme zur regulären Behandlung vereinbart. Es stellte sich heraus, dass sich an der grundsätzlichen familiären und außerfamiliären Problematik nichts geändert hatte. Alexander habe weiterhin in der Familie noch seine »Ausraster«, es gebe ständig große Konflikte mit der Mutter, im Weiteren aber auch mit dem Vater. Er lasse sich nichts sagen und versuche, seinen Willen gegen die Eltern durchzusetzen. Andererseits neige er dazu, sich in Anspannungssituationen zum Abbau seiner Spannung in gefährliche Situationen zu bringen. So fahre er oft ungeschützt auf seinem Fahrrad einen bestimmten Berg hinunter, bei dem er Geschwindigkeiten von fast 80 km/h erreiche. Allerdings habe es zwischenzeitlich keine weiteren Suiziddrohungen oder fremd gefährdende Drohungen gegeben. Übereinstimmend berichten Eltern und Alexander, dass es in der Familie unmöglich ist, Probleme miteinander in Ruhe zu klären. Alle wünschten sich, dass dieses durch die Behandlung verbessert wird. Außerdem wünschten sich alle, dass Alexander lernt, besser mit seiner Wut umzugehen und Frustrationen zu ertragen.

Eigenanamnese:
Zweite Schwangerschaft der 38-jährigen Mutter (Apgar 9/10/10), 16 Tage übertragen und mit postpartalen Komplikationen (Nabelschnur um den Hals, Infektion mit vierwöchiger intensivstationärer Behandlung im Brutkasten). Nach der Geburt habe Alexander verschiedene Allergien entwickelt (allergisches Asthma, Lebensmittelallergien), habe nach dem Krankenhausaufenthalt keine Flaschennahrung zu sich nehmen können und erbrach sie. Bis in das sechste Lebensjahr hinein habe er ebenfalls erbrochen, wenn er elterliche Anforderungen nicht erfüllen wollte oder konnte. Von Anfang an sei er leicht irritierbar gewesen, oft unruhig. Wegen seiner frühen sprachlichen Entwicklung wurde er von der Mutter als »Wunderkind« bezeichnet. Mit vier Jahren kam er in den Kindergarten. Hier sei er im Alter von fünf Jahren einmal unter einem Kegel eingesperrt gewesen, habe Atemnot und Angstzustände bekommen. Mit sechs Jahren Einschulung. Im dritten Schuljahr sei er durch einen Schüler ca. ein Vierteljahr lang erpresst worden. Übergang in die fünfte Klasse einer Gesamtschule. Ab Februar 2002 begannen die Eltern professionelle Hilfe zu suchen, da es zu Hause und in der Schule zu oppositionell-aggressiven Verhaltensauffälligkeiten gekommen sei (ständige Konflikte mit Mitschülern und Lehrern). Im Juni 2002 kam es zu einer sexuellen Belästigung durch einen drei Jahre älteren Mitschüler in der Schule. Danach bis ca. Ende 2002 Beratungsgespräche Alexanders in einer Erziehungsberatungsstelle. In der Schule habe Alexander viele Schlägereien,

sei auch schon mehrfach ernsthaft verletzt und stationär behandelt worden. Auch zu Hause habe es mehrfache »Ausraster«, mit bis zu zwei Stunden Länge, gegeben. Ein Antrag auf sonderpädagogischen Förderbedarf wurde Anfang 2002 abgelehnt. In der Schule sei Alexander nach Darstellung der Eltern und ihm selbst seit ca. drei Jahren dem Mobbing seitens seiner Mitschüler ausgesetzt (Drohbriefe, Erpressung, Zusammenschlagen). Dabei fühlen sich Eltern und Alexander von den Lehrern alleingelassen. Alexander besucht derzeit die Klasse Acht der Gesamtschule Dillenburg (ganztags). Eine CT-Untersuchung im Januar 2003 erbrachte einen Hinweis auf eine Hirnanomalie (Dandy-Walker-Malformation[152]), ohne wahrscheinlichen Zusammenhang mit der Verhaltenssymptomatik. Alexander gibt an, seit ca. einem halben Jahr, immer im Zusammenhang mit seinen »Ausrastern«, Suizidgedanken zu haben (ca. drei Mal/Woche). Im Februar 2003 sei er von seiner Mutter vom Balkongeländer der Wohnung heruntergeholt worden. Es sei jedoch kein Suizidversuch gewesen. Er fühle sich nur ständig unter Druck (in der Schule, auch durch den Vater). Außerhalb der Schule habe er einige wenige Spielkameraden, mit denen er sich aber auch öfter streite. Einen »besten Freund« habe er nicht. Die Mutter erlebe Alexander zu Hause oft lethargisch und ohne Initiative, weil er viel Zeit mit Computer-Spielen alleine in seinem Zimmer verbringe.

Familienanamnese:
Die heutigen Eheleute Christine Weber (geboren am 30. 04. 1951, Hauptschulabschluss, Kaufmannsgehilfin, derzeit Hausfrau mit gelegentlichen Minijobs) und Gerhard Weber (geboren am 22. 05. 1959, Hauptschulabschluss, Kaufmann, technischer Angestellter, Vollzeit berufstätig) lernten sich am 15. 03. 1984 kennen und heirateten am 15. 05. 1986. Außer Alexander hat das Ehepaar keine weiteren gemeinsamen Kinder. Die heutige Frau Weber sei in erster Ehe von 1972 bis 1980 mit Herrn Harald N. verheiratet gewesen. Aus dieser Ehe ging am 20. 09. 1973 der gemeinsame Sohn Matthias hervor. Die Ehe sei geschieden worden, weil Herr N. gegenüber dem Sohn gewalttätig gewesen sei. Herr Weber sei in erster Ehe von 1980 bis 1982 verheiratet gewesen (kinderlos). Matthias habe bis vor fünf Jahren in der neuen Familie Weber gelebt, verselbstständigte sich dann und sei heute als selbstständiger Werkdesigner und Großhandelskaufmann bei Haiger tätig. Zwischen ihm und Alexander bestehe loser Kontakt. Alexander beschreibt ihn als sein Vorbild. Frau Weber sei nur kurz in ihrem Beruf tätig gewesen. Sie habe ihn aufgegeben, um über fünf Jahre ihren pflegebedürftigen Vater zu versorgen.

---

152 Hierbei handelt es sich nicht um den Hydrocephalus occlusus (»Wasserkopf«), der aufgrund einer Zyste entsteht, sondern um eine weniger bekannte Variante ohne Krankheitswert. Vgl. K. Poeck, Neurologie, Berlin/Heidelberg/New York, 1996, 509.

Psychopathologische Aufnahmebefunde:
Bei der Notaufnahme ist Alexander bewusstseinsklar und zu allen Qualitäten orientiert. Im Verhalten ist er freundlich und kooperativ. Seine Stimmungslage leicht euphorisch bei vollständig erhaltener affektiver Schwingungsfähigkeit. Affektverhalten situationsadäquat. Im Antrieb leicht gesteigert. Kein Hinweis auf formale oder inhaltliche Denkstörungen. Glaubhafte Distanzierung von akuter Suizidalität, aber hohe Unsicherheit in Bezug auf die eigene Einschätzung für die nächste Zukunft.

Bei der Regelaufnahme ist Alexander ebenfalls bewusstseinsklar und zu allen Qualitäten orientiert. Im Verhalten ist er teils freundlich-kooperativ, teils unfreundlich-ablehnend. Seine Stimmungslage schwankt zwischen leichter Euphorie und angespannter Gereiztheit bei vollständig erhaltener affektiver Schwingungsfähigkeit. Affektverhalten inadäquat i. S. eines raschen Wechsels zwischen freundlich-gehobener und drohend-aggressiver Stimmung, mit latenter Gekränktheit. Im Antrieb unauffällig. Kein Hinweis auf formale oder inhaltliche Denkstörungen. Kein Hinweis auf akute Suizidalität.

Somatische Befunde:
Den Befund der untersuchenden Ärztin fasse ich folgt zusammen: Vierzehnjähriger Junge, der mit 151 cm eher kleingewachsen ist (Körpergewicht 49,5 kg). Die Pubertätsentwicklung entspricht etwa P1G0 nach Tanner. Anamnestisch war eine Dandy-Walker-Malformation bekannt. Neurologisch zeigte sich ein beidseitiges Augenzittern (horizontal) sowie eine durch eine Brille korrigierte Kurzsichtigkeit. Motorik, Sensibilität und Koordination waren unauffällig. Bei der weiteren neurologischen Untersuchung ergaben sich keine Auffälligkeiten. Das EEG und die labordiagnostischen Befunde waren ebenfalls unauffällig.

Psychologische Befunde:
Im Folgenden berichte ich über den Eindruck, den Alexander in der psychodiagnostischen Untersuchung beim Psychologen hinterlassen hatte. Der Psychologe führte verschiedene Testverfahren durch. Zur Testung der Grundintelligenz diente der (sprachunabhängige) CFT-20. Um die visuell-motorische Koordination zu erfassen wurde der Göttinger Formreproduktions-Test (GFT) eingesetzt. Als projektive Verfahren kamen der Thematische Apperzeptions-Test (TAT), der Satzergänzungstest, der Test »Familie in Tieren«, der Baum-Test und der Sceno-Test zur Anwendung. Bei den Untersuchungen wirkte Alexander bereitwillig, motiviert und ausdauernd mit. Den CFT-20 erledigte er in angemessenem Tempo. Bei den projektiven Verfahren fiel seine etwas langsame und umständliche Arbeitsweise auf, die einen recht kontrollierenden Stil vermuten lässt. Im Kontakt war er freundlich und zugewandt, zeigte aber

die Tendenz, den Untersucher sehr für sich vereinnahmen zu wollen und wirkte insgesamt etwas überheblich.

Zu den Ergebnissen: Alexander erreichte im CFT-20 einen Gesamt-IQ von 115, was einer Intelligenz an der oberen Grenze des Durchschnitts entspricht. Im GFT erzielte Alexander einen unauffälligen Wert.

Die Exploration von Sozialverhalten und Persönlichkeit sowie die projektiven Tests ergaben folgendes Bild zu seinem inneren Erleben.

Alexander
Alexander fühlt sich oft überfordert und traurig. Er hat Angst vor dem, was in seinem Leben noch vor ihm liegt. Diesen Ängsten begegnet er mit narzisstischen Größenfantasien und einem strengen Über-Ich, welches ihn aber auch straft und entwertet.

Die Mutter
Die Mutter ist für Alexander die engste Bezugsperson und wird von ihm fast schon bedrohlich nahe erlebt. Jedoch ist sie für ihn zugleich auch wenig greifbar, und sie erscheint ihm ängstlich. Dabei hat er nicht wirklich das Gefühl, von ihr verstanden zu werden. In dieser ambivalenten Bezogenheit auf die Mutter passt er sich ihr einerseits an, ja idealisiert sie zum Teil auch. Störende eigene Autonomiebedürfnisse und aggressive Gefühle ihr gegenüber verleugnet er, um die Beziehung zu ihr nicht zu gefährden. Andererseits hat er das Gefühl die mütterlichen Erwartungen nicht erfüllen zu können und fürchtet als Strafe dafür die Ablehnung der Mutter. Neben allen positiven Aspekten, die eine so enge Beziehung für ihn auch bietet, scheint sich Alexander in einer regelrechten Beziehungs-Zwickmühle zu befinden, in der er sich auf der einen Seite durch zu große Nähe und auf der anderen Seite durch die Gefahr der Zurückweisung seitens der Mutter bedroht fühlt.

Der Vater
Den Vater erfährt Alexander nicht als vermittelnden Ausgleich seiner ambivalenten Beziehung zur Mutter. Auch ihn erlebt er als tendenziell ängstlich und überfordert. Zwar fordert der Vater viel von ihm als Sohn, doch ist er in der Beziehung zugleich wenig präsent. Alexander hat nicht das Gefühl vom Vater als eigene Person mit eigenen Wünschen und Bedürfnissen gesehen zu werden, was die Grenzen zwischen ihm und dem Vater unklar werden lässt. Demgegenüber sehnt er sich nach einem starken Vater, der ihn versteht, ernst nimmt und ihm Aufgehobenheit gibt.

Die Familie
Alexander fühlt sich in seiner Familie nicht geborgen. Zwar strengen sich aus seiner Sicht alle Familienmitglieder an, jedenfalls den Eindruck von Harmonie

und Geborgenheit herzustellen. Doch fühlt sich die Familie im Grunde schutzlos, allein gelassen, von außen bedroht und dadurch sehr selbstunsicher. Wenn der einzelne als solcher überhaupt wahrgenommen wird, dann werden dessen Autonomiebestrebungen weniger als Bereicherung, sondern mehr als Bedrohung des mühsam aufrechterhaltenen Harmoniebildes erlebt. Das Familienklima ist depressiv getönt und Alexander hat Angst darin zu versinken. In seiner Vorstellung beinhaltet das am Ende die Gefahr des vollständigen Beziehungsverlustes, der ihn einsam und depressiv zurücklässt. Gegen diese Bedrohung kämpft er in der Familie seit frühester Kindheit an, sodass seine Wutausbrüche auch als Ausdruck früher Verlassenheitsgefühle aufgefasst werden können, die sich im Rahmen seiner pubertären Ablösungsbewegungen wiederholen und verstärken. Möglicherweise bilden die Geburtskomplikationen Alexanders eine primäre psychische Schädigung sowie den Ausgangspunkt seiner aggressiven Impulsivität und seiner Versuche über eine narzisstische Abwehr einen rudimentären Selbstschutz herzustellen. Dieser soll ihn vor weiteren Verletzungen und den damit verbundenen Gefühlen von Ohnmacht, Einsamkeit und Traurigkeit bewahren.

Behandlungsverlauf:
Alexander nahm an den obligaten milieutherapeutischen Aktivitäten teil (gemeinsame Mahlzeiten, Dienste, Gruppengespräche, Stationsversammlungen, Freizeit- und Beschäftigungsangebote) und wurde durchgängig bezugspflegerisch begleitet. Im stationären Rahmen beteiligte er sich an verschiedenen indikativen Gruppenangeboten (Jungengruppe, Sportgruppe, Kegelgruppe). An der stationsbezogenen wöchentlichen Gruppentherapiesitzung nahm er regelmäßig teil. Im überstationären Rahmen besuchte Alexander regelmäßig eine hochfrequente Ergotherapie sowie eine wöchentlich stattfindende Kunsttherapie. Die Behandlung wurde von regelmäßig stattfindenden Familiengesprächen begleitet. Bis zum Sommerferienbeginn am 21.07.2003 wurde Alexander in der klinikinternen Rehberg-Schule (Schule für Kranke) nach den Rahmenplänen der Klasse Acht für Hauptschulen täglich in einer intensivpädagogischen Kleingruppe unterrichtet.

In der ersten Behandlungsphase der Krisenintervention trat für Alexander als auch für die Eltern relativ schnell eine Entlastung von der angespannten Situation ein. Alexander konnte sich recht bald sicher von suizidalen Gedanken distanzieren. Es kam allerdings oft zu Sanktionen, da er mit seinem provokanten und regelverletzenden Verhalten schnell an die Grenzen des gesetzten pädagogischen Rahmens der Station stieß. Mit der dann gezeigten pädagogischen Konsequenz hatte er große Schwierigkeiten. Dem entsprechend drängte er einerseits nach Hause, konnte den milieutherapeutischen Rahmen andererseits aber auch als Halt und Orientierung gebend erleben. Unser Angebot eines nahtlosen Überganges in eine stationäre Regelbehandlung konnte er aufgrund dieses Ambivalenzkonfliktes jedoch nicht annehmen, was die Eltern auch akzeptierten. Erst bei einem ambulanten Nachgespräch konnte mit allen Familienmitgliedern die Vereinbarung zu einer stationären Regelbehandlung getroffen werden, weil die zwischenzeitlichen Erfahrungen zu Hause für alle unverändert negativ waren.

Der Verlauf der zweiten Behandlung lässt sich in drei Phasen zusammen fassen. In der ersten Phase erlebten wir Alexander als sehr unsicher, provokant-aggressiv, vehement auf Rückkehr nach Hause drängend (»Heimweh«). Gleichzeitig wurde deutlich, wie schwer er sich aufgrund seiner ausgeprägten Täter-Opfer-Haltung in die Gruppe integrieren ließ. Mit der Erfüllung von Alexanders Wunsch einen verlässlichen Entlassungstermin festzulegen, begann er sich in einer zweiten Phase sehr anzustrengen und sich vor allem in seiner sozialen Anpassung zu verbessern. Hierüber kam er auch zunehmend besser in die Gruppe hinein und erhielt von dieser Anerkennung und Akzeptanz. Vorher wurde er oft ausgeschlossen. Das bestärkte ihn auf seinem Weg weiter zu gehen und es begann eine dritte Phase der Konsolidierung und Stabilisierung seines Verhaltens. Dies ermöglichte es ihm, sich mit den alltäglichen Problemen und Konflikten in angemessener Weise als vorher auseinander zu setzen, ohne diese als existentielle Bedrohung abwehren zu müssen. Die Gruppenakzeptanz wuchs weiter und er war in der Lage engere Beziehungen zu Mitpatienten zuzulassen. Hierbei fiel allerdings auf, dass er sich sehr auf diadische Beziehungen konzentrierte und bei Hinzutreten von Dritten deutliche Konkurrenz- und Eifersuchtstendenzen zeigte. Daneben fand er in dieser Phase auch in den begleitenden überstationären Einzeltherapien (Ergotherapie und Kunsttherapie) geschützte Räume, in denen er Ruhe und mehr zu sich selber fand sowie sich kreativ entfalten konnte. Namentlich in der Kunsttherapie gelang es Alexander in beeindruckender Weise, sich mit seiner Rolle in der milieutherapeutischen Gruppe auseinander zu setzen.

Die Rehberg-Schule beschrieb Alexander als intelligenten und sehr lebhaften Schüler. In vielen Verhaltensweisen wirkte er noch sehr kindlich, verspielt und drängte sich gerne in den Vordergrund. Seine Suche nach Freunden und Anerkennung unterminierte er oft selber durch die geringe Fähigkeit sich vorhandene Sympathien zu erhalten. Gegenüber Mitschülern und Lehrern wirkte er oft provokativ und ertrug es kaum zurückgewiesen zu werden. Gegenüber Jugendlichen, die hilfsbedürftig wirkten, verhielt sich Alexander sehr rücksichtsvoll und hilfsbereit. Die Mitarbeit im Unterricht litt sehr unter dem beschriebenen Verhalten. Alexander schaffte es nicht, über einen längeren Zeitraum still zu sitzen. Seine Stärken liegen in Aufgaben mit hohem Praxisanteil. Wenn es ihm erlaubt ist, in Bewegung zu sein, seinen Arbeitsrhythmus selbst einzuteilen, ging es besser. Allerdings bestand hier schnell die Gefahr, dass er die Situation ausnutzte.

In den begleitenden Familiengesprächen wurde die familiäre Interaktionsstörung gerade zu Beginn der Behandlung sehr deutlich. Zwischen den Familienmitgliedern gab es systematische Missverständnisse, Fehldeutungen und kaum die Bereitschaft einander zuzuhören. Insbesondere fehlte ein gemeinsames Verständnis der Problematik, sodass eher gegeneinander als miteinander gesprochen und gehandelt wurde. Dies konnte sich im weiteren Verlauf bessern, sodass das gegenseitige Verstehen wuchs und hieraus ein geteiltes Verständnis für das gemeinsame Problem entstehen konnte. Alexander fühlte sich dadurch entlastet, dass er nicht alleine für die notwendige Verbesserung der Situation verantwortlich gemacht wurde bzw. »Schuld« an ihrer Entstehung trug. Ebenso erging es auch der Mutter, die sich vom Ehemann in der Erziehungsarbeit vom Vater oft allein gelassen fühlte und Vorwürfe bekam. Herr Weber profitierte sehr von der Möglichkeit, seinen massiven Konflikt zwischen seinen Schuldgefühlen als wenig präsenter Vater und der erheblichen Arbeitsbelastung durch seinen beruflichen Aufstieg (Weiterbildungen, Wochenend-Dienste) besprechen zu können. Hinzu kam, dass er im Gegensatz zu seiner Frau aus seiner ersten Ehe keine Erziehungserfahrung mitbrachte, in seiner Männer- bzw. Vaterrolle sehr verunsichert war und Alexander gegenüber zu hilflosen Überreaktionen neigte. Diese brachten ihn in Konflikt mit der Erziehungslinie der Mutter, die eine eher nachgiebigere Haltung gegenüber Alexander einnahm, um den alltäglichen Streit mit ihm zu vermeiden. Alexander wiederum hatte dadurch gelernt die uneinigen Eltern gegenseitig auszuspielen.

In der Folge stellte sich ein Familienklima her, das von abwechselnden diadischen Bündnissen geprägt war. Für die gegebene Dreierkonstellation der kleinen Familie bedeutete das zwangsläufig, dass sich immer zwei gegen einen verbündeten, der dann als Sündenbock da stand. Mal agierten Mutter und Sohn gegen den Vater, dann Sohn und Vater gegen die Mutter und auch Vater und Mutter gegen den Sohn. Das Motiv war dabei, die »Schuld« für den schlechten Zustand an den Sündenbock abzugeben, weil die Aufgabe der positiven Veränderung der Familiensituation für sich allein als völlige Überforderung begriffen wurde – bei schon bestehenden hohen Alltagsanforderungen in Schule, Familie und Beruf. Diese gleichartigen individuellen Vorstellungen beruhen natürlich auf einer unrealistischen Größenfantasie, doch das damit verbundene individuelle Überforderungsgefühl entsprach der alltäglichen Realität. Das Ergebnis bestand in einer Kette von individuellen Erlebnissen des Scheiterns, Versagens und Enttäuscht-Seins, sodass keines der Familienmitglieder mehr einen Ausweg für sich sah. Die Familie verfiel in ein für sie typisches Interaktionsmuster, dessen Grundthema der basale Konflikt zwischen Autonomie und Abhängigkeit ist. Dieser Konflikt wurde in geradezu strategischer Weise als Machtkampf inszeniert. Er entzündete sich jeweils an einem beliebigen Alltagsproblem zwischen zwei Gegnern (z. B. oft zwischen Mutter und Sohn daran, wie lange Alexander an seinem Computer spielen darf). Die Frage war, wer sich gegen den anderen durchsetzt. Beide Gegner setzten dazu die ihnen zur Verfügung stehenden Machtmittel ein. Die Mutter drohte mit Ausgangssperre oder verhängte sie, Alexander bedrohte sie verbal oder entwich und brachte sich in Gefahr, um die Mutter an der offenen Flanke ihrer mütterlichen Ängste zum Rückzug zu zwingen. Die Mutter mobilisierte am Abend den Ehemann als Alliierten, der ohne rechte Kenntnis der voran gegangenen Scharmützel einen robusten Einsatz startete (er stauchte Alexander gewaltig zusammen, ging auch manchmal körperlich gegen ihn vor), sodass Alexander wieder in der Opferposition war und die Mutter das Gefühl bekam ihn verteidigen zu müssen. Darüber vollzog sich ein rascher Bündniswechsel und plötzlich stand der Vater allein da und sah sich in der Defensive. Der Vater suchte nun das Bündnis mit dem Sohn, indem er diesen z. B. in seinem Wunsch, die Wohnung verlassen zu können, unterstützte. Alexander nutzte regelmäßig diese günstige Gelegenheit und stellte sich mit dem Vater gegen die Mutter. An dieser Stelle konnte der Machtkampf in beliebiger Weise ad infinitum fortgesetzt werden, sodass sich die Familie in einem ständigen Kriegszustand befand, der in den Beteiligten systematisch die Erfahrung verfestigte, im Zweifel allein dazustehen. Andererseits bestand bei allen eine große Angst, wirklich miteinander in Kontakt zu kommen und den Halt und die Verantwortung verbindlicher Nähe zu spüren. Ein weiteres Resultat dieser beliebigen Bündnisse bestand darin, dass sich die Grenzen zwischen den Generationen verwischten und Alexander teilweise in eine Erwachsenenposition kam. Diese konnte er zwar genießen, doch sie überforderte ihn auch. Vor diesem Hintergrund war die Schulsituation Alexanders nichts anderes als die Übertragung der Familiendynamik auf die Schule. Auch hier begab er sich in die ihm bekannte Position des Täter-Opfers und stellte das familiäre Interaktionsmuster des narzisstischen Machtkampfes wieder her. Das stieß jedoch zunehmend an die Systemgrenzen der Schule, zumal die Eltern diesen entsprechend ihres konvergenten Interaktionsmusters unbewusst stützten (wechselnde Bündnisse).

Empfehlungen:
In einem abschließenden gemeinsamen Helfergespräch mit der Familie und der zuständigen Mitarbeiterin des Jugendamtes empfahlen wir für Alexander eine sozialpädagogische Gruppenarbeit sowie eine ambulante Kreativtherapie im Einzelsetting (bzw. auch in einem pädagogischen Rahmen, falls kein therapeutisches Angebot erreichbar ist). Wir empfehlen ebenso den Wechsel in eine Schule,

die die Möglichkeit hat, Alexander eng zu führen und zu begleiten, sodass er in Einzelgesprächen immer wieder auf seine Verhaltensmuster hingewiesen wird und Tipps bekommt, wie er diese verbessern kann. Dabei sollte es ihm aber möglich bleiben, vor der Klasse sein Gesicht zu wahren, um ihm nicht das Gefühl des Außenseiters zu geben. Der Familie empfahlen wir eine familienunterstützende Maßnahme für den Alltag durch das Jugendamt.

Drei Monate später: erneute Notaufnahme
Der zuständige AvD der Klinik erhielt am 18.11.2003 einen Anruf von der Polizei, dass Alexander versucht habe, sich vom Balkon der elterlichen Wohnung im 6. Stock zu stürzen. Es wurde um Notaufnahme gebeten. Alexander kam so dann durch Rettungswagen und in Begleitung der Polizei erneut zur Notaufnahme.

Im Aufnahmegespräch mit Alexander und seiner Mutter sagte Alexander, er sei nach Hause gekommen und von der Mutter mit einer unangenehmen Situation aus der neuen Schule, in die er kürzlich gewechselt sei, konfrontiert worden. Laut Mitteilung der Schule sollte er dort in eine Prügelei verwickelt gewesen sein. Dies habe sie zuvor auch den Betreuern seiner Tagesgruppe telefonisch mitgeteilt, es dabei aber zu seinen Lasten falsch dargestellt haben. Die für ihn zuständige Betreuerin, Frau Haas, die ihn von der Schule zur Tagesgruppe abgeholt habe, hätte ihm aufgrund dieser Information der Mutter schwere Vorwürfe gemacht. Alexander habe nach Rückkehr aus der Tagesgruppe zu Hause das Gefühl gehabt, den Vorfall mit der Mutter nicht klären zu können und sei – weil er keine andere Möglichkeit mehr gesehen habe, seine Mutter »zu erreichen« – auf den Balkon gelaufen. Er sei dann über die Brüstung geklettert und die Mutter habe versucht ihn zurückzuziehen. Frau Weber berichtete dagegen, dass sie eigentlich etwas ganz anderes mit den Betreuern habe telefonisch besprechen wollen und Alexander gar nicht beschuldigt habe sich in eine Prügelei verwickelt zu haben. Alexander sei aber schon mit schlechter Laune nach Hause gekommen und habe nicht auf das reagiert, was sie gesagt habe. Dann sei er auf den Balkon gerannt und habe versucht, über die Brüstung zu klettern. »Mit letzter Kraft« habe sie ihn dann zurückgezogen und mit einer Hand das Telefon geschnappt, ihn zu Boden gedrückt und die Polizei gerufen. Es seien dann »sechs Beamte« gekommen und der Notarzt. Frau Weber selbst und Alexander hätten beruhigt werden müssen, man sei überein gekommen Alexander in die Klinik zu bringen. Trotzdem sind Alexander und seine Mutter der Meinung, es müsse bei einer kurzen Krisenintervention bleiben. Dies, weil Alexander gerade erst in eine neue Schule umgeschult worden sei und eine Maßnahme des Jugendamtes (Tagesgruppe) erst am 11. November begonnen habe. Zum neuen Tagesablauf Alexanders erfahren wir, dass er oft durch einen langen Tag, der bereits um 5 Uhr morgens beginne, überanstrengt sei. Er habe einen 21 km langen Schulweg, könne teilweise erst am späten Nachmittag in die Tagesgruppe.

Psychopathologischer Aufnahmebefund:
Alexander ist wach und voll orientiert. Das Denken ist geordnet und strukturiert, inhaltlich keine Auffälligkeiten im engeren Sinne. Alexander steht noch deutlich unter dem Schock des Ereignisses, offenbar ist er selber überrascht und überrumpelt davon, wie die Situation eskalierte. Er erscheint verzweifelt, erreicht auch jetzt keinen wirklichen Kontakt zu seiner Mutter, um den zurückliegenden Konflikt zu klären. Keine produktiv psychotischen Symptome. Keine weitere manifeste Suizidalität, Alexander distanziert sich glaubhaft.

Behandlungsverlauf:
Alexander wurde erneut in die milieutherapeutische Gruppe integriert, nahm an den obligaten milieutherapeutischen Maßnahmen teil (inkl. wöchentliche Gruppenpsychotherapie-Sitzung) und wurde wieder durch einen Bezugpfleger begleitet. Es fanden ein Familiengespräch sowie ein abschließendes Helfergespräch mit der für Alexander zuständigen Mitarbeiterin der Tagesgruppe statt. Zudem wurden mit Alexander verschiedene Einzelgespräche geführt.

Schon innerhalb der ersten Tage nach Notaufnahme zeigte er keine Anzeichen von Suizidalität mehr. Er war rasch mitten im Geschehen der Gruppe, musste dabei in seinem Sozialverhalten des Öfteren eingegrenzt und korrigiert werden. Er verwickelte sich auch jetzt häufig in verschiedene Streitereien mit Mitpatienten, die dann jeweils mit den Betroffenen geklärt werden mussten. Hierauf konnte Alexander sich aber gut einlassen und manövrierte sich nicht in eine Außenseiterposition. Im Weiteren fiel auf, dass Alexander sich in seinem Verhalten häufig an den Mitpatienten orientiert und dieses zum Teil auch kopierte. Er wirkte umtriebig mit einer Neigung zur Impulsivität. In seiner Stimmung bewegte er sich zwischen Phasen der Ausgelassenheit und solchen mit euphorischer Überdrehtheit. Im Kontakt war er in der Regel freundlich und offen mit einer Tendenz zur Überheblichkeit und Provokation.

In den Einzelgesprächen konnte er sich explizit von Suizidabsichten und -gedanken distanzieren. Er beschrieb seinen erneuten Suizidversuch als Impulshandlung innerhalb eines eskalierenden Machtkampfes mit seiner Mutter, in dem ihm das Mittel der Suiziddrohung als ultima ratio erschien, seine Not im Zusammenhang mit den Vorgängen in der Tagesgruppe gegenüber der Mutter auszudrücken und sie so zum Handeln zu zwingen.

In dem Familien- bzw. dem abschließenden Helfergespräch unter Beteiligung von Frau Haas wurden die einzelnen Faktoren, die zum Suizidversuch Alexanders geführt hatten, intensiv besprochen. Die Mutter glaubte sich völlig richtig zu verhalten, als sie Informationen der Schule unmittelbar mit der Tagesgruppe austauschte. Schließlich sei bei Beginn der Maßnahmen eine enge und offene Zusammenarbeit zwischen Eltern, Schule und Tagesgruppe vereinbart worden, um keinen Raum für Missverständnisse zu lassen. Entscheidend schien nun zu sein, dass Alexander mit dem konfrontativen Umgangsstil der Tageseinrichtung noch große Schwierigkeiten hat. Das pädagogische Konzept beinhaltet insbesondere den gegenseitig offenen Umgang mit den Erwartungen, Wünschen und Gefühlen, die aus der Beziehung zwischen Jugendlichen und Mitarbeitern entstehen. Als Frau Haas Alexander von der Schule abholte, kam ihre direkte Nachfrage, ob er in eine Prügelei verwickelt gewesen sei, allerdings als Schuldvorwurf und tiefe Kränkung bei diesem an. Er verstand nur, dass er (wieder einmal) versagt hatte. Auf der anderen Seite war Alexander für die Mitarbeiterin in seiner narzisstisch getönten Empfindlichkeit noch nicht einschätzbar, da sie ihn erst wenige Tage kannte. Sie glaubte, das offene Ansprechen des Vorfalles sei hilfreich. Alexander seinerseits konnte sich im weiteren Tagesverlauf nicht vorstellen, seinen nun entstandenen Ärger und seine Wut gegenüber Frau Haas in angemessener Weise ebenso offen auszudrücken. Diese erwartete das jedoch von ihm. Nach seinem üblichen Verhaltensmuster behielt er Ärger und Wut für sich, akkumulierte diese Gefühle über den Tag hin, um sie dann abends mit der Mutter auszutragen.

Empfehlungen:
Wir entwickelten mit der Familie und Frau Haas verschiedene alternative Verhaltensmöglichkeiten für akute Konfliktsituationen. Unter anderem bot sich der Vater an, für Alexander an seinem Arbeitsplatz telefonisch kurzfristig erreichbar zu sein. Alexander und Frau Haas kamen überein, sich nach Entlassung Alexanders aus der Klinik nochmals zu weiteren Gesprächen zwecks intensiveren kennen Lernens und Suche nach verträglicheren Reaktionsformen zusammen zu setzen. Zudem wurde mit Alexander vereinbart, dass er sich mit seinen Eltern, im Weiteren aber auch mit Frau Haas, mit der Frage auseinander setzt, wie er mit der Tatsache seines erneuten Psychiatrieaufenthaltes gegenüber der neuen Schule umgehen möchte. Alexander hatte massive Ängste vor einer erneute Etikettierung (»Klappsenkind«) mit folgendem Mobbing in der Schule. Alle Beteiligten verstanden seine Ängste gut, konnten ihm aber auch die Vorteile eines offenen Umgangs damit verdeutlichen und boten ihm Hilfen dafür an. Es wurden verschiedene Umgangsweisen überlegt, die mit Alexander weiter besprochen werden sollten, bis er sich für eine bestimmte entscheiden könnte.

Zusammenfassung:
Bei Alexander handelt es sich um einen 14-jährigen, leicht überdurchschnittlich intelligenten Jugendlichen, der vor dem Hintergrund einer postpartalen Komplikation in Verbindung mit einer lang anhaltenden familiären Interaktionsstörung

eine nur recht schwache Impulskontrolle entwickelt hat. Impulskontrollverluste imponieren primär als Ausdruck für Verlassenheitsgefühle, die durch altersadäquate Konflikte um Autonomie und Abgrenzung noch verstärkt werden. Verlassenheitsängste, Gefühle von Einsamkeit und Traurigkeit sowie Angst vor Grenzverletzungen wehrt Alexander narzisstisch ab.

2.7.2 Interpretation

Betrachtet man den Fall Alexanders unter der bio-psycho-sozialen Perspektive, dann fällt schnell auf, dass sich bei ihm verschiedene SSV-Risikofaktoren häufen. Er trägt individuelle Risiken wie ein männliches Geschlecht, eine neurologisch diagnostizierte Hirnanomalie, peri- und postpartale Komplikationen (Infektionen und intensivmedizinische Behandlung), frühkindliche chronische körperliche Erkrankungen (allergisches Asthma, Lebensmittelallergien), ein schwieriges Temperament, Impulsivität, eine feindselig verzerrte Wahrnehmung, wenig Konfliktlösungsfähigkeiten, verschiedene belastende Lebensereignisse (sexueller Missbrauch, Mobbing und Gewalt in der Schule) sowie ein Hang zum Einzelgängertum mit exzessivem Konsum von Computer-Spielen. Auf der Ebene der Familie zeigen sich Risikofaktoren wie Disharmonie zwischen den Eltern, eine dysfunktionale Erziehung, eine inadäquate und gestörte intrafamiliäre Kommunikation, wenig soziale Kontakte, eine Mischung aus Überfürsorge und mangelnder elterlichen Steuerung, z. T. körperliche Misshandlung, die Zuweisung einer Sündenbockrolle. In seiner sozialen Umwelt finden sich weitere Risikofaktoren. Hierzu zählen die Ablehnung durch die Mitschüler, keine stabilen Freundschaften, Schulleistungsprobleme durch Konzentrations- und Aufmerksamkeitsdefizite und anhaltende Bedrohung/Gewalt in der Schule. Die Eltern verfügen über ein knapp durchschnittliches Bildungs- und Ausbildungsniveau. Die allgemeinen gesellschaftlichen Risikofaktoren bestehen in ökonomischen Strukturveränderungen mit Arbeitslosigkeit und reduzierten Sozialhaushalten, in der kulturellen Begünstigung von gewaltförmigen Konfliktlösungen (in Medien, in der Peergroup) sowie in der Überforderung von Sozialisationsagenturen wie v. a. Kindergarten und Schule mit der Integration und Nachsozialisation von verhaltensauffälligen Kindern und Jugendlichen. Daneben gibt es aber auch einige Schutzfaktoren. Alexanders Intelligenz bewegt sich im oberen Durchschnittsbereich, er ist verbal sehr geschickt, hat praktische Stärken, zeigt sich kreativ und reflexionsfähig, kann sehr von Einzelzuwendung profitieren, hat auch eine rücksichtsvolle und hilfsbereite Seite, verfügt über eine überdurchschnittliche Selbstständigkeit, ist nicht delinquent und betreibt keinen Drogenmissbrauch. Auf familiärer Ebene erfährt er viel Unterstützung und die Familie ist materiell relativ gesichert. Es gibt genügend Wohnraum und die Familiengröße liegt unter vier Personen. Die soziale Umwelt Alexanders bietet ein hinreichendes Netz sozialer Unterstützungsdienste, er wohnt in einer Siedlung, die kein sozial randständiges Getto mit hoher Kriminalitätsbelastung ist und er hat keine Kontakte zu delinquenten Gruppen (inkl. illegale Drogen). Zudem lebt er in einer Gesellschaft in der noch eine hinreichend stabile soziale Sicherheit und Integration gewährleistet sind, Gesetze strikt angewendet und existenzielle Bedürfnisse abgedeckt werden.

Wechselt man zu einer psychodynamischen Betrachtungsweise, dann ist das auffälligste Merkmal in der Falldarstellung zunächst der eskalierende Machtkampf, in dem Alexander jeweils versucht, seine Mutter zu beherrschen. Es handelt sich auf dieser Ebene um die für Kinder mit gestörtem Sozialverhalten typische, von Patterson und Banks beschriebene destruktive *Coercion*-Interaktion. Alexander ist aufgrund seiner lebensbedrohlichen Geburtsumstände ganz offensichtlich von Anfang an ein Kind mit schwierigem Temperament gewesen und stellte insofern eine besondere Herausforderung für die Erziehungskompetenz der Eltern dar. Diese standen seinen massiven Drohgebärden zumeist hilflos gegenüber. Deutlich erkennbar wird eine mögliche Variante des Coercion-Modells, wonach sich das inkonsequente Erziehungsverhalten mit seinen Schwankungen zwischen Nachgiebigkeit und großer Strenge nicht nur in den einzelnen Elternteilen wiederfindet, sondern sich zusätzlich arbeitsteilig auf (nachgiebige) Mutter und (strengen) Vater verteilt. Das führt dazu, dass Alexander die Eltern perfekt gegeneinander ausspielen kann – eine Möglichkeit, die in dem Modell von Paterson und Banks nicht erscheint.

Eine weitere Abweichung vom theoretischen Modell besteht darin, dass Alexander nicht nur externalisierende, fremdgefährdende Machtmittel einsetzt, um sich durchzusetzen. Seine schärfste Waffe ist im Gegenteil die Selbstgefährdung in Form eines massiven Risikoverhaltens (das selbstgefährdende Radfahren) und der ultimativen Suiziddrohung (sich vom Balkon herunterstürzen). Auch schließt sich Alexander keiner devianten Gruppe Gleichgesinnter an, wie Patterson und Banks postulieren. Zwar wird er durch die konformen Gleichaltrigen im Sinne ihrer Theorie abgelehnt, doch hat er große Schwierigkeiten überhaupt Anschluss an irgendeine Gruppe zu finden. Seine oft altkluge und arrogante Art, also die deutlich narzisstische Persönlichkeitskomponente, verhindert das. Alexander ist im Grunde ein Einzelgänger, verbringt daher seine freie Zeit zumeist allein mit Computer-Spielen. Computer-Spiele – v. a. solche, in denen es um Macht und Gewalt geht – machen bekanntermaßen drei zentrale Triebbefriedigungs-Angebote: sie versetzen den Spieler in eine allmächtige, gottgleiche Kontrollposition, sie geben ihm zugleich den Status totaler Unverletzlichkeit und erlauben ihm den Bruch von bedeutsamen Regeln.[153] Dieser narzisstische Aspekt macht im Verbund mit den suizidalen Tendenzen auch die emotional gestörte Komponente der Diagnose aus (kombinierte Störung des Sozialverhaltens und der *Emotionen*). Dabei füllen die Computer-Spiele den grundlegenden narzisstischen Mangel Alexanders quasi wie eine Plombe den hohlen Zahn. Hierüber ergibt sich die Bestätigung der These Braniks, dass bei SSV grundsätzlich narzisstisch gestörte Anteile vorhanden sind. Darüber hinaus zeigt sich eine narzisstisch getönte Delegation der Eltern an Alexander (»Wunderkind«). Während die Mutter Alexander emotional hoch besetzt, ihn vor dem Hintergrund des beruflich immens eingespannten Ehemannes in die Position eines Ersatzpartners rückt, verstärkt das väterliche Modell eines ehrgeizigen beruflichen und sozialen Aufstiegs seinen Narzissmus zusätzlich. Alexander internalisierte die ambitionierten Erwartungen der Eltern in Form hoher Erfolgsansprüche an sich selbst, deren Kehrseite eine erhebliche Versagensangst ist. Hieraus folgt im Gegensatz zu anderen SSV-Patienten eine besonders ausgeprägte narzisstische Komponente, sodass man im Sinne der Einteilung von Branik auch von einer narzisstischen SSV sprechen kann.

Eine wichtige Erweiterung erfährt das Coercion-Modell dadurch, dass die Anteile der Eltern in besonders relevanter Weise deutlich werden. Sie bieten mit ihrer beziehungsdynamischen Arbeitsteilung (Mutter zu dicht, Vater zu fern) und durch ihr Mitagieren im Wiederholungszirkel der Konflikte Alexander die Bühne, auf der er seine Grundstörung (die frühe Deprivation) immer wieder reinszenieren kann. Die entscheidenden elterlichen Anteile dabei sind die Schuldgefühle der Mutter, gerade in den ersten Lebenswochen nicht genügend für Alexander da gewesen zu sein. Das gilt natürlich auch für den Vater, wenn auch aufgrund der besonderen Bedeutung der frühen Mutter-Kind-Symbiose in abgeschwächter Form. Man kann aber davon ausgehen, dass seine Schuldgefühle später durch seine reale, berufsbedingte Abwesenheit weiter verstärkt wurden. Dadurch, dass die Mutter sich bei der schwierigen Erziehungsarbeit vom Vater allein gelassen fühlte, fanden diese Schuldgefühle zudem Eingang in die Paarbeziehung und belasteten diese durch die Entfremdung voneinander schwer. Im Sinne Winnicotts kann Alexander aber nicht nur seinen Konflikt mit Hilfe der Eltern reinszenieren – er muss dieses auch tun, weil er damit unbewusst

---

153 Vgl. zu diesem Aspekt die Reflexionen eines jugendlichen Insiders: P. Sparenborg, Just a game!? The influence of video games on children and teenager, Final year project (Sek. II, English), Marburg 2003. Die vollkommene Erfüllung seiner Triebwünsche erhält aber nur derjenige im virtuellen Spiel, der sog. »cheats« benutzt. Das sind Techniken, die das Spiel überlisten, indem sie die Gesetzmäßigkeit des Spiels (Erlangung der totalen Kontrolle) in einem reflexiven Akt auf dieses selber anwendet und dessen künstliche Begrenzungen (Regeln) ausschalten (vgl. ebd., 27). Vorher handelt es sich um Annäherungsformen an die totale Kontrolle.

die Hoffnung auf die Rückkehr vor den kindheitsgeschichtlichen Moment der Traumatisierung verbindet. So gesehen lässt sich das durch Schuldgefühle geleitete inkonsequente Erziehungsverhalten der Eltern, das ja in erster Linie in der großen Verunsicherung über das angemessene Grenzen ziehen bestand, parallel zur unbewussten Hoffnung Alexanders als unbewusster Wiedergutmachungs-Wunsch für die frühe Deprivation interpretieren. Alexanders antisoziale Tendenz beschränkt sich dabei scheinbar auf den Aspekt der aggressiven Haltsuche (Zerstörung) und klammert den Aspekt der provokanten Objektsuche (Stehlen) aus. Betrachtet man sein diadisches Beziehungsmuster mit den deutlichen Tendenzen zu Eifersucht und Rivalität, dann zeigt sich indes, dass er zwar nicht selber stiehlt, aber sich grundsätzlich (um das exklusive Objekt) bestohlen fühlt. Aus diesem Problem Alexanders entwickelten sich in der Gruppe immer wieder Konflikte, bei denen er sofort in die Opferposition ging und erst bei näherem Hinsehen seine eigenen Konfliktbeiträge sichtbar wurden. Deshalb wurde er in der Falldarstellung auch als »Täter-Opfer« charakterisiert. An dieser Stelle entsteht nun die Frage, ob sich das Verhaltensmuster der antisozialen Tendenz auf Alexander allein beschränken lässt. Schließlich ist auch der unbewusste Wunsch der Eltern nach Wiedergutmachung von der Hoffnung angetrieben, vor den Moment der Traumatisierung zurück treten zu können und ihn ungeschehen zu machen. Eine vorläufige Antwort auf diese Frage lässt sich sicherlich geben, wenn gesagt wird, dass die antisoziale Tendenz der Eltern darin bestanden hat, dass sie die aufrechterhaltenen Bedingungen für Alexanders dissoziale Symptomatik geliefert haben, z. B. indem sie ihr Interaktionsmuster auf die Schule übertrugen. So hat Alexander als »Mobbingopfer« seine Eltern immer wieder zu einem Bündnis mit ihm gegen die Schule, ihre Lehrer und bestimmte Schüler genötigt. Nicht selten haben sich die Eltern auf einen destruktiven Machtkampf mit der Schule eingelassen, der sie aus Sicht der Institution zu Außenseitern machte.

Unter einer familiendynamischen Perspektive haben Alexander und seine Eltern nie die Phase der Normalisierung der Beziehungen untereinander erreicht. Üblicherweise entsteht um die Phase der Geburt herum zwischen Eltern und Kind ein emotional und affektiv hoch aufgeladener Resonanzraum, der von starken gegenseitigen exklusiven Idealisierungen und primärnarzisstischen Projektionen getragen wird und dazu dient das Kind ankommen zu lassen und die turbulenten ersten Wochen gemeinsam gut zu überstehen. Schülein spricht in diesem Zusammenhang von der »Geburt der Eltern«[154], die sich in der ersten Zeit mit dem Baby wie »Flitterwochen« zu dritt anfühlen. Hier ist nichts

---

154 J. A. Schülein, Die Geburt der Eltern. Über die Entstehung der modernen Elternposition und den Prozeß ihrer Aneignung und Vermittlung, Opladen 1990.

normal und alles wird zunächst als gegeben akzeptiert. Durch das gegenseitige Kennenlernen entwickeln sich aber zunehmend Routinen (z. B. der Schlaf-Wach-Rhythmus des Babys, Stillzeiten usw.). Ein entsprechendes Attunement, ein gegenseitiges Einstellen auf die individuellen Verschiedenheiten, wächst mehr und mehr zu einer verlässlichen Struktur heran, die den Tagesablauf einrahmt. Normalisierung in diesem Sinne heißt dann, »dass nicht nur die kindlichen Lebensäußerungen konsistenter und deutlicher geworden sind, sondern auch die Reaktionen der Eltern. Sie können nunmehr eher unterscheiden, was ›normal‹ und was ›gefährlich‹ ist, wissen, was die Eigenheiten ihres Kindes sind und haben auch geklärt, wie sie damit umgehen (wollen).«[155] Die Normalisierung verläuft dabei nicht einseitig von den Eltern in Richtung Kind, sondern ist ein interdependenter Prozess: je mehr das Kind an Struktur anbietet, desto strukturierter können die Eltern reagieren und umgekehrt.

Alexanders Geburt war nun aber ein Prozess, der von hoher Angst und Sorge begleitet wurde. Die ersten Wochen seines Lebens musste er im Brutkasten verbringen, immer nur kurz von der Mutter versorgt. Danach entwickelte er Asthma und viele Allergien, er vertrug die Nahrung nicht und erbrach oft. Mutter und Kind, Vater und Mutter befanden sich in einem ständigen Alarmzustand. Jede Lebensäußerung Alexanders wurde angstvoll mit Fragen begleitet, wie »Ist er (wieder) krank?«, »Ist das gefährlich?«, »Ist es vielleicht sogar lebensgefährlich?«. Nichts war selbstverständlich, nichts war normal. Die wichtige Unterscheidung zwischen »normal« und »gefährlich« gelang nicht. Alexander bot von sich aus wenig Struktur an und die Eltern reagierten chronisch unsicher und besorgt, sodass auch von ihnen zu wenig Struktur zurück floss. Wirkliche Nähe war immer zugleich bedrohlich und prekär, denn wie weit können Eltern ein Kind an sich heran lassen, dass ebenso gut bald sterben könnte? Je mehr Nähe entstünde, desto größer würde der Schmerz beim Verlust. Also schützten sich alle vor zuviel Nähe, da diese potentiell großen Schmerz bedeutete. So fand die Familie nie richtig in die Phase der Normalisierung, schwankte in ihren Gefühlen zwischen Sehnsucht nach Nähe und gleichzeitiger Angst davor. Das ambivalente Bindungsmuster der Familie, ihr »Sehnsucht-Angst-Dilemma« (Rauchfleisch) prägte auch die Objektbesetzungen. In ihren Übertragungen bewegten sie sich in den Extremen von Idealisierung und starker Abwertung. So war Alexander einerseits das »Wunderkind« und andererseits der Sündenbock, was er als Täter-Opfer-Schema in seinen Beziehungen beständig reproduzierte. Dazwischen blieb wenig Raum, ihn anders zu erleben, was sich auch in der ängstlich-aggressiv aufgeladenen Interaktion der Familienmitglieder miteinander manifestierte, in der kein Raum für Differenzierungen und Grauzonen bleiben

---

155 Ebd., 159.

durfte, weil sonst die mühsam abgewehrte (Verlust-)Angst spürbar geworden wäre. So blieb die Familie praktisch in der gemeinsamen Geburt stecken, mit all ihren frühen primärnarzisstischen und symbiotischen Übertragungsmustern, die von Anfang an allerdings mit Lebensgefahr assoziiert waren. Die gemeinsame Traumatisierung verursachte eine familiäre Retardierung mit Endlosschleifen aus aggressiv-narzisstisch abgewehrter Angst und Schuld. Das Familienklima glich einem Kriegsschauplatz, alle waren Täter und Opfer zugleich, alle waren traumatisiert und gerieten wie Freud es für die Kriegsneurosen beschrieben hat unter den Zwang das traumatisierende Ereignis beständig zu wiederholen. Folge dieses Beziehungsgeschehens war dann auch, dass die – gerade für einen Jungen wie Alexander so wichtige – Herauslösung aus der mütterlichen Symbiose durch den Vater (Triangulierung) nie richtig gelang und das diadische Beziehungsmuster für die ganze Familie bestimmend blieb. So übertrug die Familie ihr besonderes Interaktionsmuster auch auf weitere Sozialisationsagenturen wie Kindergarten, Schule und schließlich auch auf die Klinik und die Tagesgruppe, mit deren Hilfe sie jedoch den Kreislauf immer besser bremsen und durchbrechen konnten.

Nachbemerkung:
In einem Telefonat mit der Mutter Alexanders im März 2004 berichtete sie über eine grundsätzlich positive Entwicklung Alexanders in der Familie, der Schule und der Tagesgruppe. Das bedeutete jedoch nicht, dass es keine eskalierenden Konflikte mehr gegeben hatte. Im Gegenteil: Einmal habe die Wahrscheinlichkeit einer Notaufnahme sogar bei »99,9 Prozent« gelegen. Doch im Unterschied zu früher seien nun alle Beteiligten in der Lage gewesen, den Konflikt in den Griff zu bekommen und eine Notaufnahme zu vermeiden. Dabei habe ihnen v. a. ein größerer Abstand zur Situation und mehr Gelassenheit geholfen. Anlässlich eines zweiten Telefonats mit der Mutter im Mai 2007 berichtete diese von einer erneuten Krise. Die Eltern hatten sich im Juli 2006 getrennt, der Vater zog zu einer anderen Frau, Alexander verblieb im Haushalt der Mutter. Bis zu diesem Ereignis sei der Verlauf Alexanders jedoch unauffällig gewesen, die Tagesgruppe habe er bis zum 18. Lebensjahr besucht. Doch die Trennung seiner Eltern habe ihn emotional sehr belastet. Im Vorfeld und danach gab es laut Mutter wiederum verbale und tätliche Auseinandersetzungen, vor allem mit dem Vater, weniger mit ihr. Ihrer Einschätzung nach besteht die Nähe/Distanz – Problematik zwischen ihr und Alexander im Grunde weiter, doch konnte sie anlässlich der Ehekrise, die ja auch eine familiäre Krise war, angemessener damit umgehen. zwölf Tage vor seinem 18. Geburtstag warf sie Alexander wegen seines zunehmenden Problemverhaltens aus der Wohnung. Er wurde zwecks Herstellung eines Abstandes für eine kurze Zeit vom zuständigen Jugendamt in Obhut genommen, danach kehrte er wieder in den Haushalt der Mutter zurück.

Als weitere Konsequenz besuchte er vom Februar bis zum Mai 2007 ein Anti-Aggressions-Training. Zum Zeitpunkt des Telefonats wurde darüber hinaus eine ambulante psychotherapeutische Maßnahme (inkl. Psychopharmakotherapie) geplant. Als sehr positiv bewertete die Mutter, dass Alexander seit einiger Zeit ohne große Probleme eine Berufsfachschule für Technik besucht.

2.8 Diskussion

Im Folgenden sollen einige Aspekte des zweiten, eher deskriptiven Kapitels kritisch diskutiert werden. Ich beschäftige mich dabei v. a. mit der psychiatrisch-diagnostischen Definition der SSV und den ätiologischen Erklärungsversuchen. Hierbei gehe ich kurz auf das Problem der Abgrenzung der Störung des Sozialverhaltens von der Delinquenz bzw. der Devianz ein. Größeren Raum nimmt das Thema der Hilfe- und Behandlungsformen ein. Dabei konzentriere ich mich auf die Kooperationsprobleme und Konfliktlinien zwischen den verschiedenen Helfersystemen und reichere diese Überlegungen mit eigenen praktischen Erfahrungen an.

Vergleicht man die Definitionen nach ICD-10 und DSM IV, dann fällt auf, dass nur die ICD den Bindungsaspekt betont. Danach ist v. a. entscheidend, ob die Bindung zur Familie (noch) stärker ist oder bereits die zur Peergroup bzw. ob es sich um einen Einzelgänger handelt. Hierin liegt nicht nur ein klinisch-diagnostischer Vorteil. In der Praxis entscheidet die Bindungsstärke oder Bindungsschwäche eines Kindes/Jugendlichen auch über seine therapeutische Erreichbarkeit und somit über die Prognose mit. Der Erfahrung nach sind bei den zurückgezogenen, kontaktgestörten Patienten nur sehr geringe Behandlungserfolge zu erzielen. Im Kriterium der Bindung sehe ich außerdem einen wichtigen Verweis auf die ätiologische Bedeutung von Bindungserfahrungen bei der Entstehung eines gestörten Sozialverhaltens. Diese Bedeutung wurde in verschiedenen empirischen Studien nachgewiesen und kann nicht ausgeklammert werden. Die darin zum Ausdruck kommende Negation des psychodynamischen Moments im DSM IV verhindert so die diagnostische Möglichkeit der Kombination von emotionaler und sozialer Störung, wie sie die ICD-10 mit dem Kode F92 bietet. Auch beschreibt die ICD die Störung differenzierter: es zählt mehr Einzelsymptome auf und bietet mehr Unterdiagnosen. Das kann andererseits in der Praxis zu Schwierigkeiten in der Diagnosestellung führen, da die kinder- und jugendspezifische »bunte Mischung« der Symptomentwicklung eine solche Trennschärfe zwischen den Unterdiagnosen nicht immer zulässt. Wie das Fallbeispiel deutlich gemacht hat, besteht selbst bei einer eher familiär zentrierten Symptomatik immer die Tendenz, diese mit der Einschulung auf die Schule zu übertragen, sie darüber sogar sozial zu verstärken. Unter diesem Aspekt erscheint die Diagnose »Auf den familiären Rahmen beschränkte Störung des Sozialverhaltens« (F91.0) zwar ätiologisch angebracht, doch der Entwicklung der Störung nicht mehr angemessen. In diese Widersprüchlichkeiten gerät man mit dem DSM IV nicht, weil es primär zwischen einer blanden, eher kindlichen sowie einer gravierenden, eher juvenilen Form des gestörten Sozialverhaltens unterscheidet.

Bei beiden Diagnosemanualen ist kritisch anzumerken, dass bestimmte einzelne Symptome, die in der Praxis beim gestörten Sozialverhalten regelmäßig eine große Rolle spielen, nicht vorkommen. Hierzu zählt in erster Linie der Konsum bzw. der Missbrauch legaler und illegaler Drogen. Schon der Erwerb und der öffentliche Konsum von Zigaretten und Alkohol ist bei Jugendlichen unter 16 Jahren ein Verstoß gegen das Gesetz zum Schutz der Jugend in der Öffentlichkeit (JÖSchG §9 und §4). Erst recht stellt der Besitz von und der Handel mit illegalen Drogen (v. a. Cannabis, XTC, Speed) einen Verstoß gegen geltende soziale Normen dar und wird sogar strafrechtlich verfolgt. Das Argument, diese Form des Verhaltens kann nach den ICD-10-Diagnosekriterien im Abschnitt F1 klassifiziert werden (Psychische und Verhaltensstörungen durch psychotrope Substanzen) verfängt nicht, da hier nur akute Störungen durch den Konsum erfasst werden können (von der unkomplizierten Intoxikation über den schädlichen Gebrauch und das Abhängigkeitssyndrom bis hin zur psychotischen Störung). Nicht erfasst werden kann die anhaltende massive Verletzung altersentsprechender sozialer Erwartungen und Normen, wie das allgemeine Kriterium für die Störungen des Sozialverhaltens sinngemäß lautet und es deshalb auch nur hier zu kodieren wäre.[156] Im Weiteren fehlen Symptome, die auf Gund meiner Erfahrung für SSV-Patienten ebenso typisch sind. So der Hang zur *instant gratification*, gepaart mit einer passiven Konsumhaltung und wenig Initiative. Oft sind mangelnde Empathie und Intoleranz, sozial induzierte Entwicklungsrückstände, Vermeidung von altersangemessener (Selbst-) Verantwortungsübernahme, erhöhte Tendenz zur Selbst- und Fremdabwertung, ein hohes Kontrollbedürfnis, Konfliktunfähigkeit sowie ein eingeschränkter Interaktions- und Kommunikationsstil zu beobachten. Ferner fehlt z. B. das

---

[156] Die empirische Studie von Marcus Rautenberg hat gezeigt, »daß Sucht und Delinquenz, Drogenkarriere und kriminelle Karriere nach dem augenblicklichen Stand der Forschung nicht in einem erkennbaren kausalen Zusammenhang stehen. Es scheint vielmehr so zu sein, dass aus einem insgesamt als deviant zu charakterisierenden, von den anerkannten sozialen Normen und Verhaltensweisen abweichenden Lebensstil kriminelle Handlungen oder auch Drogenmissbrauch oder Sucht erwachsen. Sozio-ökonomische Variablen und das direkte Umfeld (Familie und Peergroup) erscheinen dabei als wesentliche Bedingungsfaktoren für beide Formen abweichenden Verhaltens.« M. Rautenberg, Zusammenhänge zwischen Devianzbereitschaft, kriminellem Verhalten und Drogenmissbrauch, Schriftenreihe des Bundesministeriums für Gesundheit, Bd.103, Baden-Baden 1998, 92.

gerade bei Jugendlichen so beliebte Schwarzfahren, Sprayen und Tacken. Man sieht, die Symptomliste ließe sich lange fortsetzen. Grundsätzlich erscheint es folglich fragwürdig, einen abgeschlossenen Katalog pathologischer Einzelsymptome aufzustellen, schon weil der gesellschaftliche Wandel bestimmte Symptome abschafft, andere dagegen neu einführt (z. B. Internet-Devianz, wie Virenproduktion, illegales Downloaden und CD-Brennen, schwere Verstöße gegen die »Netikette«). Auch differentialdiagnostisch sind die Grenzen, wie gezeigt, oft schwer zu ziehen. In der diagnostischen Fachliteratur bisher undiskutiert ist jedoch die manchmal ebenfalls schwierige Abgrenzung der SSV gegen die Sozialphobie (F 40.1), insbesondere bei Kindern im Alter zwischen acht und zwölf Jahren, wenn sie kognitiv in die Lage kommen sich mit anderen zu vergleichen. Nicht nur meine eigenen praktische Erfahrungen, sondern auch erste Forschungsannahmen weisen darauf hin, dass auch externalisierende, oppositionell-aggressive Symptome zu diesem Störungsbild gehören.[157] Die genannten Desiderate sollen dazu dienen, die Frage der Grenzziehung in der Deskription sozial gestörten Verhaltens aufzuwerfen. Sie scheint mir unter verschiedenen Perspektiven zentral zu sein. Hierzu zählt neben der gezeigten deskriptiven Perspektive zur Konstruktion der Diagnose auch die der sozialen Beobachtung und Bewertung des pathologisierten Sozialverhaltens.

Wie schon erwähnt ist das Resultat der Beobachtung eines Verhaltens wesentlich vom Standpunkt und der Person des Beobachters abhängig. Jungen werden dissozialer eingeschätzt als Mädchen und jüngere Kinder werden von den Eltern häufiger als aggressiver beurteilt als ältere Kinder. Jugendliche werden

---

[157] Laut ICD-10 beginnen soziale Phobien »oft in der Jugend, zentrieren sich um die Furcht vor prüfender Betrachtung durch andere Menschen in verhältnismäßig kleinen Gruppen (nicht dagegen in Menschenmengen) und führen schließlich dazu, daß soziale Situationen vermieden werden.« (ICD-10, 2005, 157f.). Laut Martina Kühnemund und Siebke Stieler-Melfsen, wissenschaftliche Psychologinnen der Universität Frankfurt a. M. und Leiterinnen einer Therapiestudie zum Thema »Soziale Angst bei Kindern«, können »erste Anzeichen für psychische Angststörungen (...) die allseits bekannte Hyperaktivität und Aggressivität sein.« (Frankfurter Rundschau, 20. 09. 2005, Nr. 219, S.27). Am Ende der Entwicklung steht wie bei vielen Dissozialen auch die Schulverweigerung. Die Studien von Schreiber-Kittl/Schröpfer (2002) legen nahe, die Schulverweigerer zuletzt in die beiden großen Gruppen der Dissozialen und Sozialphobiker einzuteilen, obwohl auch sie zeigen, dass sich beide auf der symptomatischen Ebene mischen. Sie beziehen sich auf Resultate ihrer Experteninterviews (Lehrkräfte etc.): »Schulverweigerung im Sinne von Fernbleiben von der Schule über einen längeren Zeitraum werde häufig durch massive Ängste (Leistungsangst, Angst zu versagen, Angst vor Eltern, Lehrkräften und/oder Mitschülern) ausgelöst. Auffallend sei auch ein gewachsenes Aggressionspotential unter den Schülerinnen und Schülern, das immer (auch) dann hervorbricht, ›wenn sie nicht mehr weiter wissen und sich mit ihrem oder dem Verhalten anderer auseinander setzen sollen‹. Fehlende Konfliktbereitschaft oder Selbstkritik einerseits und mangelnde Fähigkeiten, sich verbal auseinander zu setzen andererseits würden oftmals zu gewalttätigen Aktionen führen, die letztlich Ausdruck ihrer Hilflosigkeit seien.« M. Schreiber-Kittl/H. Schröpfer, Abgeschrieben? Ergebnisse einer empirischen Untersuchung über Schulverweigerer, Opladen, 2002, 150f.

von den Eltern als dissozialer wahr genommen. Die Kinder und Jugendlichen selber sehen keine besonderen Unterschiede in ihrem Verhalten bezogen auf dissoziale Muster. Zu Recht weist Werning (1996) darauf hin, dass das Abfragen sozial auffälliger Verhaltensweisen weder objektiv noch intersubjektiv eindeutige Merkmale darstellt. Er illustriert das anhand einer Studie von Lambert u. a. (1978), der Eltern, Lehrer und Ärzte zum Verhalten von Schülern und Schülerinnen befragte. 13 % wurden zwar von jeder Gruppe als verhaltensgestört bezeichnet, doch gab es nur bei 1,3 % der Schüler eine übereinstimmende Einschätzung durch alle drei Gruppen.[158] Dieses Beispiel zeigt deutlich das Problem der Interraterreliabilität bei der Beurteilung dissozialer Verhaltensweisen, zumal dann, wenn es sich nicht um klinische, sondern um ökologische Studien handelt. Grundsätzlich liegt die Reliabilität der diagnostischen Kategorien für Störungen in der Kindheit und Jugend unter der für Erwachsenenstörungen. Bender (1995) gibt die Gesamtreliabilität mit nur .65 an. Sie weist ebenfalls auf die kräftig differierenden Ergebnisse für unterschiedliche Beobachter hin, die gerade dann erheblich abfallen, wenn die Beobachter unterschiedliche Rollen gegenüber dem Kind einnehmen (z. B. nicht Mutter/Vater, sondern Mutter/ neutraler Beobachter). Am niedrigsten ist die Übereinstimmung zwischen Selbst- und Fremdbeurteilung mit .22.[159] Im Bereich der kinder- und jugendpsychiatrischen Diagnostik ist daher immer die Kombination unterschiedlicher Beobachterquellen erforderlich. Auch die Validität des Syndromkonstrukts ist nicht unproblematisch. Selbst unter hochkontrollierten Laborbedingungen ist eine Beobachter-Validität der einzelnen SSV-Symptome nach ICD-10 und DSM-IV zwar grundsätzlich möglich, doch letztlich nur durch Ausschluss einiger der aufgeführten Symptome. Andere Merkmale wiederum mussten präzisiert und konkretisiert werden.[160] Bereits Erwähnung fand der Umstand, dass statistisch errechnete Prävalenzraten erheblich schwanken, je nach dem, welche diagnostischen Kriterien angelegt werden.

Kommen wir nun zu den ätiologischen Erklärungsansätzen. Der wohl Prominenteste ist derzeit das bio-psycho-soziale Modell, bei dem die biografische Kumulation einzelner Risikofaktoren und – nach salutogen erweiterter Variante – auch der Schutzfaktoren im Zentrum der Erklärung steht. Auf einige der genannten Faktoren möchte ich zunächst kritisch eingehen, um danach das Modell allgemein zu bewerten. Als erheblicher Risikofaktor wird oft das männliche

---

158 R. Werning, 1996, 49.
159 D. Bender, Psychische Widerstandsfähigkeit im Jugendalter: Eine Längsschnittstudie im Multiproblem-Milieu, Diss. Uni Erlangen-Nürnberg 1995, 12.
160 Volker Strunz, Erstellung und Überprüfung einer systematischen Verhaltensbeobachtung zur Diagnose »Störung des Sozialverhaltens«, Diss. Uni Wien 2002, http://www.arcs.ac.at/dissdb/rn037160 (2003).

Geschlecht genannt, da Jungen bei der SSV überrepräsentiert sind. Die entwicklungspsychologische Perspektive zeigt allerdings eine erhöhte psychosoziale Vulnerabilität der Jungen bereits im Kindesalter während Mädchen diese erst im Jugendalter aufweisen.[161] Das hängt wahrscheinlich damit zusammen, dass sich Jungen in diesem Alter über den ödipalen Konflikt von ihrer Mutter lösen und eine entgegen gesetzte, eigene Geschlechtsidentität entwickeln müssen. Um diese Ablösung zu bewältigen, ist jedoch eine gute Portion gesunder Aggression notwendig, die als Trennungsenergie wirkt.[162] Wenn dann die Mütter, wie in der bürgerlichen Kernfamilie üblich, die exklusive Versorgungsperson für den Jungen darstellt und er vom Kindergarten bis zum Ende der Grundschule, d. h. mindestens bis zu seinem zehnten Lebensjahr fast ausschließlich von weiblichen Bezugspersonen umringt ist, dann braucht er entsprechend mehr *aggredi* um sich zu lösen. So erklärt sich auch die höhere Aggressivität der Jungen über alle Altersbereiche im Vergleich zu den Mädchen. Erst zum Zeitpunkt ihrer eigenen stärkeren Ablösung von der Mutter, also in der Pubertät, kommen sie den Jungen in diesem Punkt sehr nahe. Mit dem ödipalen Triebkonflikt geht nach Erikson der psychosoziale Ambivalenzkonflikt zwischen Initiative und Schuldgefühl einher, in der es um die Internalisierung erster sozialer Normen durch die Ausbildung einer Gewissensinstanz geht. Auch nach Kohlberg wird frühestens in diesem Alter die erste Stufe der heteronomen Moralität erreicht, d. h. vier- bis fünfjährige Kinder können bzw. müssen sich hier erstmals mit einfachen sozialmoralischen Urteilen und der Befolgung sozialer Normen bewusst auseinander setzen. Das bedeutet, dass bei Jungen eine erste Identitätsentwicklungskrise mit der Entwicklungsaufgabe der bewussten Internalisierung sozialer Normen zusammenfällt und das Thema der sozialen Anpassung in fragiler Weise fixiert wird. Tritt zu diesen entwicklungspsychologischen Bedingungen die reale oder emotionale Abwesenheit des Vaters hinzu, kann keine Triangulierung stattfinden. Dadurch werden die kindlich-illusionären Omnipotenzfantasien männlicher Größe in der Realität nicht eingehegt, führen zu massiven narzisstischen Störungen, die sich wiederum aggressiv-externalisierend entfalten.[163] Die Diagnose des gestörten Sozialverhaltens beinhaltet daher bereits eine jungenspezifische Entwicklungsthematik und klassifiziert eine Symptomatik, in die (v. a. jüngere) Mädchen gar nicht hinein passen. Das deckt sich mit Beobachtungen vom

---

161 Bender, 1995, 42.
162 Aggression leitet sich bekanntermaßen aus dem lateinischen ›aggredi‹ (heran schreiten) ab. Bereits etymologisch zeigt sich also, dass die Ablösung des Sohnes von der Mutter nicht als passive Trennung funktioniert, sondern ein aktiver, heran schreitender Prozess ist, den die Mutter (im weiteren auch der Vater) nicht primär unterbinden, sondern dem sie standhalten muss. Erst wenn das misslingt, kann der Prozess destruktiv entgleiten.
163 Vgl. hierzu H. Hopf, Aggressionen in der analytischen Therapie mit Kindern und Jugendlichen, Göttingen 1998, 29ff.

früheren Eintritt der Jungen in den Störungsverlauf, der damit natürlich wieder ein höheres Risiko der Chronifizierung enthält.

Keine der zitierten Studien und Autoren bringt überdies das Phänomen der Überrepräsentation von Jungen beim gestörten Sozialverhalten mit der männlichen psychosexuellen Entwicklung in Verbindung. Abweichendes Sexualverhalten (Deviation) und gestörtes Sexualverhalten (Perversion) weisen eine ähnliche feindselige Psychodynamik auf wie abweichendes oder gestörtes Sozialverhalten und es tritt weit überwiegend beim männlichen Geschlecht auf. Stoller (1998) beschreibt dieses psychodynamische Grundmuster für die sexuelle Deviation bzw. Perversion. Ihm zufolge geht es dem Protagonisten in seiner sexuellen Inszenierung darum, eine Zwangsherrschaft über die Person bzw. Situation herzustellen. Der damit verbundene Wiederholungszwang gründet sich auf den dahinterliegenden Wunsch, vor den Zeitpunkt einer traumatischen Verletzung zurückzutreten, um unverletzbar zu sein und sich von Schuldgefühlen zu entlasten.[164] Damit kommt er den hier vorgestellten psychodynamischen Erklärungsansätzen zur SSV sehr nahe. Sowohl das Modell von Winnicott zur antisozialen Tendenz als auch die Thesen von Edelmann[165] und Branik[166] gehen in dieselbe Richtung des Ungeschehen-machens einer traumatischen Urszene, deren Reinszenierung in der Gegenwart jene zwanghaften und zwangsherrschaftlichen Züge trägt, wie sie Patterson in seinem *Coercion-Modell* beschrieben hat. Hier wird eine entwicklungspsychologische Parallele zwischen der psychosozialen und der psychosexuellen Reifung bei Jungen sichtbar. In der Kriminologie hat sich für das hier gemeinte Phänomen das Konzept der *Dissexualität* etabliert. Dieser von Baier (1995) vorgeschlagene Begriff soll ein »sich im Sexuellen ausdrückendes Sozialversagen« bezeichnen, »welches verstanden wird als Verfehlen der (zeit- und soziokulturell bedingten) durchschnittlich erwartbaren Partnerinteressen«[167].

---

164 Vgl. Robert J. Stoller, Perversion. Die erotische Form von Haß, Gießen 1998, 28ff. Der Autor geht diesem Zusammenhang nicht nach, doch er wirft u. a. die These auf, dass delinquentes Verhalten auch unbewusste sexuelle Handlungen sein können (aber nicht sein müssen; vgl. das Kapitel ›Verbrechen als sexuelle Handlung‹, 207ff.).
165 Dissoziales Verhalten als »erinnerte Gegenwart« (zit. n. Trempler, 1998, 389).
166 ...um ein »zumindest kurzzeitiges, wenn auch unechtes Gefühl der Unverletzlichkeit zu erlangen.«, Branik, 2002, 538.
167 K. M. Baier, Dissexualität im Lebenslängsschnitt. Theoretische und empirische Untersuchungen zu Phänomenologie und Prognose begutachteter Sexualstraftäter, Berlin 1995, zit. n. K. M. Baier, Verlaufsformen bei Dissexualität, in: H.-L. Kröber/K.-P. Dahle (Hg.), Sexualstraftaten und Gewaltdelinquenz. Verlauf-Behandlung-Opferschutz, Heidelberg 1998, (71–86), 72. In diesem Artikel definiert Baier den Begriff genauer: Danach sind »gerade diejenigen Handlungen gemeint, welche durch den sexuellen Übergriff auf einen anderen Menschen dessen Integrität und Individualität direkt betreffen (verletzen) – Handlungen überdies, für die keine Zustimmung des

2.8 Diskussion

Auch niedrige Intelligenz soll mit SSV korrelieren. Da die Daten aber häufig an straffälligen bzw. gerichtlich verurteilten Jugendlichen gewonnen wurden, ist mit ihnen ein erheblicher Selektionseffekt verbunden. Hirschberg (1994) bilanziert verschiedene Studien zu diesem Thema. Er belegt einen klaren Selektionseffekt, doch dieser allein könne die überproportionale soziale Auffälligkeit bei unterdurchschnittlich intelligenten Jugendlichen nicht erklären. Intelligentere dissoziale Jugendlichen würden erst im jungen Erwachsenenalter strafrechtlich auffällig, weil sie »aufgrund ihrer vorteilhaften sozialen bzw. persönlichen Charakteristika zunächst unbehelligt blieben«[168]. Neukäter betrachtet aus sonderpädagogischer Sicht die Verbindung eher auf der Ebene der schlechten Lernleistungen, insbesondere solchen, die exekutive Funktionen erfordern. Defizite in der Planung, Regulation und Kontrolle der eigenen kognitiven Vorgänge führen zu Aufmerksamkeitsschwächen und Impulsivität.[169] In der schulischen (nicht-selektierten) Praxis scheinen sich die Intelligenz- und Leistungseffekte endgültig zu verlieren, denn eine regional zentrierte Studie zeigt, dass eher die durchschnittlich leistungsfähigen Schüler die Mehrheit der aggressiv Verhaltensauffälligen stellen und nicht jene mit Leistungsversagen.[170]

Gegen die biologischen Risiken spricht die bereits zitierte Mannheimer Risikokinderstudie. Demnach wirken biologische Entwicklungsschäden durch Risikogeburten als spätere Beeinträchtigung eher im motorisch-kognitiven Bereich, während psychosoziale Belastungen von Schwangerschaft und Geburt einen kausalen Zusammenhang mit späteren kognitiven und sozial-emotionalen Funktionen zeigen, wozu das Sozialverhalten gehört.[171]

Die universale Schutzfunktion hoher elterlicher Aufsicht wird durch den Einbezug des sozialen Kontextes relativiert. Das heißt hohe elterliche Aufsicht wirkt nur dort devianzmindernd, wo der soziale Kontext objektiv gefährdend ist. In einem wenig objektiv gefährdenden Kontext führt eine restriktive Erziehung eher zu einer Einschränkung der explorativen und kognitiven Entwicklungsmöglichkeiten der Kinder. Zinnecker und Silbereisen fanden heraus, dass eine vermehrte Aufsicht und Informiertheit der Eltern vor allem bei Jugendlichen schützend wirkt, die durch kritische Lebensereignisse belastet sind und die unter sozial gefährdenden Bedingungen leben. Der Aufsichtseffekt war weit weniger bei Jugendlichen zu beobachten, die hier unbelastet sind. Auch das Tempera-

---

Betroffenen vom Täter vorausgesetzt werden können, weshalb sie (und das ist die soziale Bedeutung) ein Verfehlen der kollektiven Partnererwartungen zum Ausdruck bringen.« (ebd., 73).
168 Hirschberg, 1994, 37.
169 Neukäter, http://www.aaonline.dkf.de/bb/p395.htm, 2 (2003).
170 D. Krowatschek, 1999, 7.
171 M. Laucht, G. Esser, M. H. Schmidt, Mannheimer Risikokinderstudie, http://www.uni-potsdam.de (2003).

ment wirkte in dieser Untersuchung nicht als signifikanter Risikofaktor auf die Delinquenz.[172] Die gleichen Risikofaktoren werden von unterschiedlichen Autoren zudem anders gedeutet. So führt Hirschberg den bei SSV-Patienten durchgängig zu beobachtenden feindselig verzerrten Wahrnehmungsstil auf kognitive Ursachen zurück[173], während Winnicott emotionale Ursachen hierfür annimmt (Deprivation und Angst). Dass eine Trennung dieser Dimensionen allenfalls analytischen Wert hat, zeigt Hirschbergs Darstellung jedoch selbst. Er erwähnt empirische Ergebnisse über den signifikanten Zusammenhang zwischen einem ablehnend-feindlichen Erziehungsverhalten der Eltern (aufgrund eigener Sozialstörung) und dem Auftreten von SSV (mit und ohne Hyperaktivität) bei deren Kindern. Doch er kommt nicht auf die Idee, die sich hier aufdrängende emotionale Dimension der Bindungsqualität zwischen Eltern und Kind zu beachten. Diesen Nachweis führt die mehrfach zitierte Bremer Jugendstudie. Ihr zufolge haben Jugendliche mit SSV eine geringere Bindung zu ihren Eltern als Gleichaltrige ohne SSV. Das bedeutet, »ihre Beziehung zu den Eltern war weniger von Vertrauen und Kommunikation geprägt, und sie fühlten sich von ihren Eltern in stärkerem Maße entfremdet«[174].

Kommen wir zu den sozialen Faktoren. Wie dargestellt, werden diese im bio-psycho-sozialen Modell nur sehr allgemein berücksichtigt. Bezeichnenderweise lassen sich hierzu kaum Studien finden. Das hängt offensichtlich damit zusammen, das wir uns bereits an der Grenze zwischen zwei Wissenschaftsdisziplinen befinden, nämlich der Psychologie und der Soziologie. Hieraus ergibt sich eine Forschungslücke beim Zusammenhang zwischen einem gestörten Sozialverhalten i. S. der Diagnose einer SSV und sozialen, außerfamiliären Risikofaktoren. Eine interdisziplinäre Integration der Anstrengungen bei der Theoriebildung und bei der empirischen Forschung, die der Komplexität des Gegenstandes eines gestörten Sozialverhaltens gerecht wird, scheint bislang nicht in Sicht zu sein. Infolge dessen machen sich die Nachteile der wissenschaftlichen Arbeitsteilung deutlich bemerkbar. Die typischen soziologischen Theorie- und Forschungsschwerpunkte beginnen erst bei der manifesten Delinquenz, also dort, wo gegen kodifizierte soziale Normen (v. a. Strafgesetze) verstoßen wird. Ein zweiter größerer soziologischer Gegenstandbereich befasst sich mit der Devianz, dem sozial abweichenden Verhalten. Deviantes Verhalten ist nicht in jedem Falle Delinquenz, denn es gibt abweichendes Verhalten, dass nicht strafbar ist, wie z. B. Verstöße gegen Höflichkeitsregeln. Andererseits gibt es delinquentes Verhalten, dass keine Devianz darstellt, weil es dem sozialen Kontext des Handelnden und den sozialen Erwartungen an ihn entspricht,

---

172 Zinnecker/Silbereisen, 1998, 383 und 393f.
173 Hirschberg, 1994, 42.
174 F. Petermann u. a., 1999, 53.

wie z. B. Schwarzmarktgeschäfte in Notzeiten oder Vandalismus in einer delinquenten Jugendbande. Die Diagnose einer SSV deckt sich weder mit der soziologischen Definition von Delinquenz noch mit der soziologischen Definition von Devianz. Während deviantes Verhalten durchaus sozialen Normen und Erwartungen entsprechen kann, soll die Diagnose einer SSV gerade anhand von eindeutigen Kriterien erfüllt werden, bei denen »die Grundrechte anderer oder die wichtigsten altersentsprechenden sozialen Normen oder Gesetze verletzt werden«. Hierzu werden insgesamt 23 Symptome aufgezählt, die dieses allgemeine Kriterium erfüllen sollen.[175] Davon sind acht Symptome (Nrn. 13–17 und 20–22) eindeutig strafbar (z. B. Diebstähle). Bestraft wird aber nur, wenn der Täter strafmündig, also mindestens 14 Jahre alt ist. Fünf Symptome (Nrn. 10–12, 18 und 19) liegen in einer Grauzone zur Strafbarkeit, d. h. je nach näheren Umständen ist das spezifische Verhalten strafwürdig oder nicht. Zum Beispiel könnte der Gebrauch einer gefährlichen Waffe in einer Notwehrsituation nicht bestraft werden, erst recht nicht, wenn es sich um einen Stock handelt, der juristisch nicht als gefährliche Waffe gilt. Oder sie verstoßen gegen sonstige kodifizierte Normen. So stellt z. B. das Schulschwänzen ein Vergehen dar, dass nicht in den Geltungsbereich des Strafrechts fällt, aber durch die Schulbehörde sanktioniert werden kann. Die restlichen neun Symptome (Nrn. 1–9) sind weder Straftaten noch verstoßen sie gegen sonstige kodifizierte Normen. Damit wären sie außerhalb des Bereiches der Delinquenz einzuordnen. Ob sie damit dem Bereich der Devianz zuzuordnen sind, ist ebenso zweifelhaft, da dies die Möglichkeit eines sozial angepassten Verhaltens beinhaltet. Das wird durch die psychodiagnostischen Kriterien zur SSV aber ausdrücklich ausgeschlossen. Es ergibt sich also keine definitorische Übereinstimmung zwischen der juristisch kodifizierten Norm und dem diagnostischen Kriterium.

Zu den im bio-psycho-sozialen Modell genannten Schutzfaktoren lassen sich wichtige Einschränkungen machen. Zum einen sind es Faktoren, die nicht spezifisch gegen die Entwicklung eines gestörten Sozialverhaltens, sondern generell in verschiedenen Kontexten gegen unterschiedliche Belastungen und Entwicklungsrisiken wirken. Abgesehen davon, dass Petermann u. a. (als prominenteste Vertreter) kaum protektive Faktoren nennen, kommen sie dem Kernanliegen des bio-psycho-sozialen Modells, nämlich der Darstellung des interaktiven Bewältigungsprozesses, nicht sehr nahe. Indirekt räumen sie das auch selbst ein.[176] Es fehlen derzeit noch komplexe Studien zu Wechselwirkun-

---

175 MAS, 38f.
176 »Vermutlich kann man zurzeit nur Entwicklungsmodelle aggressiven Verhaltens für bestimmte Risikokonstellationen (z. B. den Übergang von der hyperkinetischen Störung zur Störung des Oppositionellen Trotzverhaltens oder von Aggression zur Delinquenz; vgl. Lahey & Loeber, 1997) erstellen.« Ebd., 26.

gen und Entwicklungslinien beteiligter Faktoren i. S. dieses Erklärungsmodells. Die Mehrzahl der vorliegenden Studien greift hingegen einen oder wenige Faktoren aus dem entwicklungspsychopathologischen Prozess heraus, sind in ihrer Anlage schlecht vergleichbar und daher in ihren Resultaten oft disparat. Zum anderen sind Schutzfaktoren nicht einfach als Kehrseite der Risikofaktoren zu sehen. Das ist z. B. im Modell von Laucht u. a. (1997) gut zu erkennen, der ein positives Sozialverhalten als personale Ressource gegen eine Störung des Sozialverhaltens aufführt.[177] Die daran erkennbare Tautologie kennzeichnet das Kardinalproblem im bio-psycho-sozialen Modell. Es zeigt zumeist nur einen korrelativen Zusammenhang zwischen den einzelnen Faktoren auf, sagt aber nichts zu ihrer kausalen Wirkrichtung. So bleibt beispielsweise ungeklärt, ob der Risikofaktor einer feindselig verzerrten Wahrnehmung Ursache oder Wirkung der SSV ist. In Kenntnis dieses Forschungsdesiderats entwickelten andere Autoren Methoden, um diese empirische Lücke auszufüllen. So stellt die schon zitierte Untersuchung von Zinnecker und Silbereisen (1998) ein Modell zur Erklärung von Delinquenz von Jugendlichen unter Einbezug einer begrenzten Anzahl von personalen und kontextuellen Einflussfaktoren vor. Sie versuchen, deren gegenseitige Verstärkung oder Abschwächung in einem »proximalen Prozess« statistisch abzubilden.[178] Sie gehen davon aus, dass sich die unabhängigen Variablen danach unterscheiden lassen, wie »nahe« (proximal) oder »fern« (distal) sie der abhängigen Variablen stehen. So ist z. B. mangelnde Schulleistung durch die unabhängige Variable »Aufsicht der Eltern« proximal mitbedingt, während andere unabhängige (soziodemografische) Variablen wie Alter, Geschlecht u. a. distal sind. Proximale Merkmale haben aufgrund ihrer Nähe zur abhängigen Variable die »Fähigkeit«, ansonsten negativ wirkende Kontextbedingungen (z. B. soziale Belastungen, die auf die Familie wirken) zu moderieren, d. h. im positiven Sinne abzubremsen oder im negativen Sinne zu verstärken. So kann z. B. die Variable »Art der Interaktion der Eltern mit dem Kind« (mangelnde Aufsicht, wenig Akzeptanz des Kindes) bei sonst gleich belasteten sozialen Verhältnissen Verhaltensauffälligkeiten eines Kindes verstärken oder durch positive Interaktion mindern. Zinnecker und Silbereisen demonstrieren damit, dass sich die Varianzen allenfalls i. S. eines proximalen Prozesses als Interaktion von Person- und Kontextvariable erklären lassen. Auch deshalb ist es grundsätzlich problematisch, Risiko- oder Schutzfaktoren einzeln herauszugreifen und zu testen, da sie in einer dynamischen Interaktion miteinander stehen und sich gegenseitig stärken, schwächen oder neutralisieren können, denn: »Problems of aggression come in packages, not as single variables.«[179]

---

177 Zit. n. Steinhausen, 2002, 34f.
178 Zinnecker/Silbereisen, 1998, 384.
179 Cairns und Cairns, 1994, 89, zit. n. Fend, 2001, 447.

Eine weitere Komplikation entsteht durch die Schwierigkeit, einzelne Lebensereignisse unabhängig vom Kontext eindeutig als Schutzfaktor oder Risikofaktor zu definieren. Die Resilienzforschung, die über den objektivistischen bio-psycho-sozialen Ansatz hinaus geht, um auch die Dimension des subjektiven Sinnverstehens mit einzubeziehen, legt in ihren ersten Ergebnissen den Schluss nahe, dass es keine universalen, quasi-anthropologischen Risiko- oder Schutzfaktoren gibt. Denn: Risikofaktoren sind Schutzfaktoren und Schutzfaktoren sind zugleich Risikofaktoren – je nach sozialem Kontext, psychologischem Entwicklungsabschnitt, Störungsgrad, anderen Personvariablen (Temperament etc.). Sie haben quasi einen dual-use-Charakter wie bei technischen Geräten, die sowohl zivil als auch militärisch nutzbar sind.[180] Verschiedene Studien aus diesem Forschungsfeld zeigen, dass Resilienzprozesse kontextabhängig sind.[181] Obwohl viele der Risiken untersucht wurden, ist es bisher kaum gelungen, valide Risikofaktoren zu bestimmen, die zugleich hoch sensitiv (die wahren Positiven) und hoch spezifisch (die wahren Negativen) sind. Erst dann wäre es möglich, diejenigen, die mit dem Risikofaktor eine Störung entwickeln, von denen gut zu trennen, die ohne Risikofaktor diese Störung nicht entwickeln. Der Grund hierfür ist, dass zwischen ihnen zu viele Feedbackprozesse ablaufen.[182] Meine praktische Erfahrung zeigt ferner, dass Risikofaktoren auch Bewältigungsstrategien, Abwehrmechanismen oder Selbstheilungsversuche sein können (z. B. Kiffen), die Schlimmeres verhüten sollen (z. B. das Abgleiten in eine Depression oder Psychose) und eine statistische Diskrimination der verschiedenen Bedeutungen der Faktoren aufgrund ihrer Ambiguität per se nicht möglich ist.

Als Diskussionsergebnis lässt sich festhalten, dass das bio-psycho-soziale Modell zwar neue Erkenntnisse über die Beteiligung verschiedener Faktoren erbracht hat, doch deren spezifische Dynamik und Wirkungsweise im Dunkeln bleibt. Dem gegenüber akzentuieren die psychoanalytischen Theorien sehr die Psychodynamik der dissozialen Symptomatik aus einer verstehensorientierten Perspektive heraus. Soweit sie nicht beziehungsdynamische Aspekte mit einbeziehen, bleiben sie allerdings sehr individualisierend. Aus dieser kritischen Perspektive heraus erscheint es mir gerechtfertigt, den zu Grunde gelegten

---

180 Vgl. Bender, 1995, 215f.
181 Ebd., 216.
182 »In der Konzeption von Resilienz als einem Interaktionsprozess zwischen personalen und sozialen Faktoren müssen vielfältige Feedbackprozesse angenommen werden. Wie in anderen Feldern der Psychopathologie auch ist fast alles mit allem verknüpft, ohne dass klare Kausalrichtungen bestehen.« (Coyne und Downey, 1991, zit. n. Bender, 1995, 209). Problem ist dabei oft die Basisrate. Wenn es z. B. viele Scheidungen gibt, aber wenig Depressionen und man Scheidung als Risikofaktor für Depression annimmt, dann kommt es statistisch zu einer hohen Rate von falsch Positiven, weil die Basisrate hoch ist und die Störungsrate niedrig. Vgl. ebd., 15f.

Kernkonflikt der dissozialen Störung, also den zwischen Autonomie und Abhängigkeit, soziologisch zu erweitern. Die Überbetonung der autonomen Strebungen und die Bekämpfung von (realer oder fantasierter) Abhängigkeit vom Bezugsobjekt (Mutter, Vater, Ersatzpersonen) hat, wie das Fallbeispiel zeigt, immer auch eine soziale Dimension, weil es um einen Ambivalenzkonflikt zwischen dem Zulassen bzw. der Abwehr von sozialer Bindung und Nähe geht. Dissoziale Jugendliche erleben Nähe und Bindung nicht als Stärkung oder Ergänzung ihrer Autonomie, sondern ausschließlich als Verletzlichkeit und Schwächung, daher als »Schwäche«. Gleichzeitig wollen sie sich aber wie jeder andere Mensch sozial zugehörig fühlen, also Anerkennung durch die Gruppe erhalten. Gruppen funktionieren jedoch nur durch soziale Regeln, die unabhängig von Personen und Situationen überdauern und eingehalten werden wollen, was die hohen Autonomiebedürfnisse dieser Jugendlichen sehr einschränkt. Auf diese Weise geraten die Betroffenen unmittelbar in den Konflikt zwischen ihren massiven Autonomiebestrebungen einerseits und ihrem existenziellen Bedürfnis nach Zugehörigkeit. Die übliche Lösung dieses inneren Konflikts besteht in dessen Übertragung nach außen, indem sich der Jugendliche einer dissozialdevianten Peergroup anschliesst. Deren interne Gruppenregeln akzeptiert er fraglos, während er weiterhin die sozialen Außennormen bekämpfen kann. Entscheidend ist, dass die deviante Gruppe ihre soziale Kohäsion gerade aus dem kollektiv geteilten Bewusstsein der Abweichung von den externen sozialen Normen bezieht.[183] So wird der soziale Raum parallel zum inneren Konflikt in Innen/Außen, Gut/Böse usw. dichotomisiert, was dem bei ihnen vorherrschenden Abwehrmechanismus der Spaltung entspricht. Es nützt folglich wenig, wenn pädagogische oder therapeutische Interventionen ausschließlich und konfrontativ auf die Herstellung von sozialer Anpassung über Regelkonformität zielen. Es kommt vielmehr darauf an, die Autonomiebestrebungen ebenso ernst zu nehmen wie die dissozial abgewehrte Angst vor Abhängigkeit und Verletzung, indem man sich mit ihnen verbündet, um gemeinsam die dissoziale Symptomatik zu bekämpfen. Wie unlängst eine Studie von Fiedler (2004) ergab, ist für die erfolgreiche Behandlung von dissozialen Personen ein gewisser Therapieoptimismus im eben beschriebenen Sinne existenziell notwendig. Optimistische Behandler versuchen nicht primär die Betroffenen zu verändern, i. S. einer Einsicht in ihre eigene Unzulänglichkeit: »Sie versuchen vielmehr – trotz der z. T. brutalen Kriminalität der Betroffenen – so etwas wie eine Haltefunktion hinzubekommen.

---

[183] Vgl. hierzu die verschiedenen soziologischen Theorieansätze zum abweichenden Verhalten im Anschluss an die Anomietheorie von Robert K. Merton, insbesondere aber die Theorie delinquenter Banden von R. A. Cloward/L. E. Ohlin (Delinquency and Opportunity. A Theory of Delinquent Gangs, New York 1960), dargestellt in S. Lamnek, Theorien abweichenden Verhaltens, München 1999, 203.

Dies versuchen sie dadurch zu erreichen, dass sie die Kriminellen motivieren, mit ihnen zusammen auf einer Seite zusammenzuarbeiten – und das heißt: gemeinsam gegen widrige Lebensumstände, gemeinsam gegen zwischenmenschliche Krisen [...] gemeinsam mit den Kriminellen gegen kriminelle Handlungen vorzugehen – was etwas anderes ist, als gegen die Person des Straftäters zu arbeiten [...] Nicht Einsicht der Straftäter in die eigenen Unzulänglichkeiten ist das Ziel, sondern die konstruktive Entwicklung neuer Lebensperspektiven und Handlungsmuster, die dann systematisch eingeübt werden, weil sie hoffen lassen, dass kriminelle Handlungen zukünftig überflüssig werden.«[184]

Nun noch einige Bemerkungen zum Abschnitt über die Behandlungs- und Hilfeformen. Das Fallbeispiel hat deutlich gezeigt, wie wichtig es ist, dass die Kinder- und Jugendpsychiatrie mit dem Jugendamt sowie im Weiteren mit der Jugendhilfeeinrichtung kooperiert, um die als notwendig erachtete nachklinische Unterstützung individuell zuzuschneiden und zeitnah zu installieren. Im Falle Alexanders hat dieses gut funktioniert. Die Empfehlung einer jugendhilferechtlichen Maßnahme im Anschluss an die Behandlung wurde frühzeitig thematisiert und die Eltern sowie Alexander konnten sich damit schon während des stationären Aufenthaltes auseinandersetzen. Dabei – soviel soll an dieser Stelle nachgetragen werden – konnte die Familie ihre Scham und Kränkung, die die Inanspruchnahme des Jugendamtes für sie zunächst bedeutete, ausdrücken. Ihre Vorbehalte wurden darüber Teil des familientherapeutischen Prozesses, noch weit bevor das Jugendamt in Person der zuständigen Mitarbeiterin real in Erscheinung trat. Die bestehenden Schwellenängste konnten bearbeitet und schließlich soweit relativiert werden, dass ein gemeinsames Helfergespräch arrangiert wurde. Die respektvolle und empathische Haltung der Mitarbeiterin gegenüber der Familie und ihren besonderen Vorbehalten half dieser, ihre latente Kränkungsbereitschaft zugunsten eines vorläufigen Arbeitsbündnisses zurückzustellen. Durch die weitere Festigung des Arbeitsbündnisses nach seiner Entlassung entwickelte Alexander die Bereitschaft, sich die Tagesgruppe anzuschauen und dort auch teilzunehmen. Die Eltern ließen sich darüber hinaus von der Notwendigkeit einer engen Zusammenarbeit zwischen ihnen, der Tagesgruppe und der neuen Schule Alexanders überzeugen. Auch die Tagesgruppe selber und die neue Schule zeigten sich sehr kooperativ, sodass die Erwachsenen für Alexander einen zugleich strukturierten, transparenten und haltenden Rahmen schaffen konnten. Der Autor als fallverantwortlicher Behandler der Klinik musste dabei akzeptieren, dass die Familie eine eigentlich von ihm anvisierte familiennähere Hilfe in Form einer SPFH-Maßnahme ablehnte, weil sie diese

---

184 P. Fiedler, Ressourcenorientierte Psychotherapie bei Persönlichkeitsstörungen, Psychotherapeutenjournal, 1/2004, 5.

aufsuchende Hilfeform als ein zu starkes Eindringen in ihre Privatsphäre und eine zu große Kränkung verstand.

Andere Fälle aus meiner klinischen Praxis, aber auch Berichte in entsprechenden Veröffentlichungen zeigen jedoch, dass es zu z. T. erheblichen Schwierigkeiten in der Kooperation der Träger der verschiedenen Hilfeformen kommt, die geradezu typisch zu nennen sind. Sie beginnen lange vor der Interventionsphase, d. h. noch bevor ein Helfer von der Familie eingeschaltet wird. Lehmkuhl u. a. (1998) zeigen auf, dass nur etwa 10 % aller Eltern von Kindern mit SSV ihre Familie für hilfsbedürftig halten. Und nur ein Viertel dieser Familien befindet sich wiederum tatsächlich in einer Behandlung.[185] Von den Jugendlichen der Bremer Jugendstudie, die ein gestörtes Sozialverhalten aufweisen, nahmen nur 12 % eine (ambulante) Form professioneller Hilfe in Anspruch. Noch einmal 12 % wurde zu professioneller Hilfe geraten, nur weitere knappe 3 % hielten sich selbst für hilfebedürftig.[186] Die geringe Bereitschaft sich Hilfe zu holen kann dann nicht überraschen, wenn man sie nicht als Ignoranz o. Ä. abqualifiziert, sondern als Teil der störungsspezifischen Dynamik betrachtet. Wie gezeigt, zeichnet sich jede Form der SSV durch eine grundsätzlich destruktive Beziehungsdynamik aus, die auf einem narzisstisch gestörten Selbsterleben, einer hohen Kränkbarkeit und einem leicht irritierbaren Selbstwertgefühl fußt. Die Wahrnehmung ist feindselig eingefärbt, die psychische Abwehr wird über eine kompakte Außenattribuierung aufrecht erhalten, um ein »zumindest kurzzeitiges, wenn auch unechtes Gefühl der Unverletzlichkeit zu erlangen«[187]. Wie das Beispiel Alexanders illustriert, bleibt die gestörte Beziehungsdynamik nicht auf den Patienten beschränkt. Er übernimmt als Symptomträger vielmehr bestimmte, familiär prädisponierte Interaktionsmuster und entfaltet sie in elterlicher Delegation. Die destruktive Beziehungsdynamik der Familie hat die Tendenz zu expandieren, indem sie sich beispielsweise auf die Schule überträgt. Diese wird zum (gemeinsamen) Außenfeind gemacht und stützt darüber die interpersonale Abwehr der Familie, sodass die Symptomatik aufrecht erhalten wird. Jede intervenierende Institution steht damit automatisch in der Gefahr, zum Außenfeind zu werden und darüber die narzisstische Abwehr des Patienten und der Familie zu stützen. Die Gefahr wird dann besonders akut, wenn die Eltern zu erkennen beginnen, dass sie die »Schuld« für die Dauerkonflikte in- und außerhalb der Familie nicht mehr allein dem Kind zuschieben können, weil sie eigene Anteile daran bemerken. Der entstehende Ambivalenzkonflikt kann entschärft werden, wenn sich das Familiensystem einigt, dass eben »der schlechte Lehrer«, »die blöde Schule«, »das Scheiß-Jugendamt«, »die verdammte

---

185 Zit. n. Branik, 2002, 536.
186 F. Petermann u. a., 1999, 53.
187 Branik, 2002, 538.

2.8 Diskussion

Klinik« usw. »Schuld« sind. Nicht selten werden die beteiligten Helfersysteme zum bevorzugten Übertragungsobjekt der Familien, reagieren in ihrer Gegenübertragung ebenso gekränkt und mit der Abwehr der »Schuld«, indem sie sie an andere Helfer weiter reichen. Anstatt ein gemeinsames Verständnis der Problematik zu entwickeln, werden die Helfersysteme entlang ihrer institutionellen Sollbruchstellen gespalten. In der Folge beginnt zwischen ihnen ein *Schwarzer-Peter-Spiel* ohne Ende. Einige dieser Sollbruchstellen bei der Klinik, dem Jugendamt und den Jugendhilfeeinrichtungen, als den Hauptprotagonisten in diesem Spiel, wollen wir uns kurz ansehen.[188]

Es geht zunächst zwischen Jugendamt/Jugendhilfeeinrichtung und Klinik um Fachkompetenzen und Definitionshoheiten. Während die Klinik primär medizinisch-psychiatrische und psychologische Kompetenzen in sich vereint, stehen auf Seiten der Jugendhilfe sozialpädagogische, sozialarbeiterische, verwaltungsjuristische und erzieherische Kompetenzen. Zwar gibt es in Kinder- und Jugendpsychiatrien auch Sozialpädagogen und -arbeiter, doch deren Rolle und Status ist institutionell und berufspolitisch völlig ungeregelt und unterscheidet sich von Klinik zu Klink. Ihr tatsächliches Aufgabenfeld reicht von der Arbeit im Pflege- und Erziehungsteam, über gruppenpädagogische Arbeit und sozialdienstliche Tätigkeiten (v. a. die Vermittlung von Patienten in Jugendhilfeeinrichtungen) bis hin zur überstationären therapeutischen Einzelfallarbeit und zur konkreten Fallverantwortung und Behandlungsführung für Patienten. Auch Erzieher arbeiten in der KJP, doch sind sie in der Minderzahl und unterscheiden sich in ihren Aufgabengebieten kaum vom Krankenpflegepersonal. Die Kinder- und Jugendpsychiatrie ist als Krankenhaus eine von Ärzten und ärztlichem Hilfspersonal dominierte medizinische Institution. Insbesondere Erzieher und Sozialpädagogen/-arbeiter, also die beiden Berufsgruppen, die aufgrund ihrer Ausbildung und Berufsidentität am ehesten in der Lage wären, die Schnittstellenarbeit mit Jugendämtern und Jugendhilfeeinrichtungen zu leisten und für eine hierarchiearme Kommunikation zu sorgen, führen in der Klinik eher ein Randgruppendasein. Dazu sind sie gezwungen, sich dem psychiatrischen Jargon mit seinem medizinischen Binärcode von »krank/gesund« anzupassen, um akzeptiert zu werden. Dem gegenüber steht das Credo der Jugendhilfe vom Kindeswohl und der sozialen Integration, an dem sich alle ihre Maßnahmen zu orientieren haben. So steht eine klinisch-diagnostische Tendenz zur Pathologisierung dem jugendhilferechtlichen Paradigma der Entstigmatisierung und Integration gegenüber. Doch das Kindeswohl muss gleichzeitig in einen sozialgesetzlichen »Hilfebedarf« umdefiniert werden können, was sich immer öfter

---

[188] Ich orientiere mich in diesem Abschnitt an eigenen Erfahrungen und an Charlotte Köttgens, Wenn alle Stricke reißen. Kinder und Jugendliche zwischen Erziehung, Therapie und Strafe, Bonn 1998, 235ff.

an den Sparmaßnahmen der Kommunen im Kinder- und Jugendhilfebereich bricht. Zielkonflikte zwischen pädagogisch-fachlichen Notwendigkeiten und ökonomischen Möglichkeiten sind vorprogrammiert, bis hin zur offen vertretenen Entscheidungshoheit der wirtschaftlichen Jugendhilfe über alle fachlichen Ansprüche. Eine weitere Sollbruchstelle liegt in der Krankenhausorganisation selbst, die als »totale Institution« (Goffman 1973) nur bedingt dazu geeignet ist, individuell zugeschnittene Hilfeformen zu realisieren und per se ein versorgend-regressives Milieu darstellt, dass über wenig Möglichkeiten der Alltagserprobung verfügt. Demgegenüber werden die Jugendhilfen grundsätzlich an der Lebenswelt des Jugendlichen ausgerichtet, sodass der Ansatz der Entinstitutionalisierung gegen die klinische Gefahr der Hospitalisierung steht. Damit in Zusammenhang ist der ressourcenorientierte Akzent der Jugendhilfe zu sehen, während im Krankenhaus eher defizitorientiert und kompensatorisch gearbeitet wird. Auch ist es für die Jugendhilfe durch ihre Wohnortnähe leichter, die Familie und weitere Bezugspersonen und -systeme (z. B. Schule) mit in die Betreuung einzubeziehen. Die noch sehr zentralisierte Kinder- und Jugendpsychiatrie kann das nur bedingt leisten. Des Weiteren hat das Jugendamt bzw. haben die Träger ihrer Maßnahmen im Vergleich zur Psychiatrie kaum Möglichkeiten, unmittelbar freiheitsentziehende Maßnahmen anzuwenden (geschlossene Unterbringung, geschlossene Time-out-Maßnahme, Fixierung, Zwangsmedikation), noch können sie unmittelbar Medikamente verordnen. Pädagogische Methoden haben bei ihnen notwendigerweise den Vorrang, während in der Klinik unmittelbarer Zwang Teil des methodischen Instrumentariums ist und primär bei Krisenintervention zum Einsatz kommt.[189] Nicht zuletzt gibt es kulturelle und soziale Unterschiede zwischen den beiden Institutionen. In der Klinik wird anders gesprochen und anders miteinander umgegangen als im Jugendamt oder in einer Jugendhilfeeinrichtung. Der klinische Jargon weist eine große Distanz zur Alltagssprache auf und ist mit medizinisch-psychiatrischen Fachausdrücken durchsetzt. Der soziale Verkehr untereinander ist aufgrund der humanistisch-wissenschaftlichen Berufsbiografien der ärztlich-psychologischen Leitungsschicht distinguierter und transportiert eine psychotherapeutisch reflektierte Grundhaltung, die dem handlungs- und entscheidungsorientierten Alltagsverständnis nicht immer zugänglich ist und zuweilen als abgehoben erlebt wird. Dagegen muss sich die niedrigschwellige Jugendhilfearbeit stärker auf die Sprache ihrer Klienten einlassen, um von ihnen verstanden und akzeptiert zu werden. Soziale Distinktionsgewinne lassen sich hier weit eher über Gehaltsgruppe und Verantwortungsbereiche als über traditionelle bürgerliche

---

[189] Die Unterbringung mit Freiheitsentziehung bei Minderjährigen erfolgt nach PsychKG der Bundesländer, nach §70 FGG oder §§ 1631b bzw. 1666 BGB. Im Rahmen des (weiter entwickelten) KJHG nur kurzfristig als Inobhutmaßnahme nach §42, Abs. 5 und 6 möglich.

Kulturprivilegien oder über das weißere Weiß des (inzwischen oft unsichtbar gewordenen) Arztkittels realisieren. Der Umgang untereinander ist nicht akademisch distanziert, sondern von weniger bildungsbedingten Statusunterschieden geprägt. Das findet seinen Ausdruck in einem wesentlich höheren Einkommen der Klinikärzte verglichen mit Sozialarbeitern und Erziehern sowie in einem höheren Sozialprestige des Arztberufes. Zudem sind Jugendamt und Jugendhilfeeinrichtungen für viele Menschen immer noch mit dem alten Stigma der staatlich-interventionistischen Kontrollinstanz behaftet. Jugendamt bedeutet Einmischung in die inneren Angelegenheiten der Familie, stationäre Jugendhilfe heißt für das Kind Bestrafung (»Du kommst ins Heim!«) und für die Eltern Versagen auf der ganzen Linie. Klinik bedeutet dagegen zunächst Versorgung und Heilen, erst in zweiter Linie erscheinen auch die negativen Konnotationen der Psychiatrie, wie »Klapse«, »Verrücktsein«, »Zwangsjacken« usw. Interessanterweise spaltet sich diese Ambivalenz in der Praxis oft zwischen Eltern und Kindern auf. Die Eltern hoffen auf Hilfe, für die Kinder und Jugendlichen ist es zutiefst beschämend ein »Klapsenkind« zu sein. Oft haben sie Angst vor einer Stigmatisierung in der Gleichaltrigengruppe und dem Verlust ihrer Freunde. Viele verschweigen daher »draußen« ihren Aufenthalt.[190]

Was bedeuten diese Sollbruchstellen nun in der konkreten Praxis? Hier zeigt sich zunächst, dass problematische Kinder und Jugendliche, die die Jugendhilfe als stationär behandlungsbedürftig einschätzt, von der kinder- und jugendpsychiatrischen Klinik noch lange nicht als »krank« oder »psychiatrisch gestört« diagnostiziert werden. Eine Aufnahme ist also kein Automatismus. Erst recht dann nicht, wenn es neben den Fragen der Indikation um solche der Motivation geht. So kann bei einem 17-jährigen cannabisabhängigen dissozialen Jugendlichen durchaus die Indikation für eine stationäre Therapie in der KJP gesehen werden, doch wird er in der Regel nicht aufgenommen, wenn er keinerlei Therapiemotivation mitbringt. Über diese Definitionsmacht ärgern sich regelmäßig Vertreter der Jugendhilfe und oft auch Eltern. Sie erleben die Ablehnung der Behandlung durch die Klinik bestenfalls als eine willkürliche Restriktion, schlimmstenfalls als eine Form der unterlassenen Hilfeleistung. Manchmal wird dann von Seiten der Jugendhilfe oder der Eltern versucht, die Klinik über das Instrument der geschlossenen Unterbringung zur (Not-)Aufnahme zu zwingen, um den gefährdeten Jugendlichen zwangsweise einer Behandlung zuzuführen. Unter bestimmten Voraussetzungen ist das zwar juristisch möglich, doch aus klinischer Sicht ist das die denkbar schlechteste Behandlungsvoraussetzung für die nachfolgende Beziehungsarbeit mit dem Jugendlichen und seinen Sorgebe-

---

190 Vgl. hierzu einige Beiträge aus dem Buch »Wenn die Seele überläuft. Kinder und Jugendliche erleben die Psychiatrie« hrsg. von M.-L. Knopp und K. Napp, Bonn 2000.

rechtigten. Oft ist das gleichbedeutend mit einer schlechten Prognose und wird deshalb nach Möglichkeit vermieden.[191] An dieser Stelle fühlt sich die Klinik als Straflager oder Parkhaus für schwierige Jugendliche missbraucht, die die überforderte Jugendhilfe abschieben will.

Viele Kliniken achten daher schon bei der Aufnahme darauf, den Lebensort festzulegen, wohin der Patient entlassen werden kann. Das gilt insbesondere für Jugendliche aus Jugendhilfeeinrichtungen, weil es vorkommt, dass Jugendhilfeeinrichtungen den betreffenden Jugendlichen nicht wieder aufnehmen. In der Folge geht das Problem an das Jugendamt über, das für eine Unterbringung gemäß KJHG zu sorgen hat. Nicht selten entstehen dabei zeitliche Karenzen. Da die Klinik ihrem Kostenträger aber berichtspflichtig ist (Zwischenberichte an die Krankenkasse nach Anforderung), kommt sie unter Rechtfertigungsdruck. Diesen wird sie an das Jugendamt weiter geben und beim zuständigen Mitarbeiter darauf drängen, endlich einen Ort zu finden, wohin der Patient entlassen werden kann. Der Fallverantwortliche wird auf den Abschluss der Diagnostik und der vereinbarten Regelbehandlung hinweisen. Hier kann er sein ganzes Fachwissen und Sozialprestige in die Waagschale werfen. Der Jugendamtsmitarbeiter versucht nun, die in Frage kommenden Jugendhilfeeinrichtungen von einer Aufnahme zu überzeugen. Das ist umso schwieriger, je chronifizierter und gravierender die Problematik des Jugendlichen ist (Heimkarriere, Kriminalität, Gewaltbereitschaft, Suchtproblematik, sexuelle Auffälligkeiten), sodass die Zahl der möglichen Einrichtungen schon unter fachlichen Gesichtspunkten schrumpft (hoher Betreuungsschlüssel, besondere pädagogisch-therapeutische Rahmenbedingungen). Und nicht jede formal geeignete Einrichtung hat sofort einen freien Platz. Möglicherweise traut sich eine geeignete Einrichtung die Betreuung auch nicht zu, weil sie schon zu viele schwere Fälle hat und die Gefahr besteht, dass das Milieu kippt und mehr Schaden als Nutzen entsteht. All das sind fachlich-sozialpädagogische Argumente des Jugendamtes, gegen die der Fallverantwortliche der Klinik wenig sagen kann. Er kann aber darauf drängen, dass der Jugendliche in eine Inobhutnahmestelle (ION) entlassen werden muss, da keine behandlungsbedürftige psychiatrische Störung oder Krise mehr vorliegt, ein Klinikaufenthalt medizinisch nicht mehr zu rechtfertigen ist und es sich nun

---

191 Bei der Unterbringung mit Freiheitsentziehung von Minderjährigen ist deshalb zu beachten, dass sich die Auswahl der Unterbringungsform nach dem Einzelfall richtet, da mit den verschiedenen rechtlichen Instrumentarien auch unterschiedliche psychodynamische Auswirkungen auf den Minderjährigen und die Sorgeberechtigten verbunden sind. Eine falsche Entscheidung kann den weiteren Verlauf der Störung negativ beeinflussen. In der Fachliteratur wird daher empfohlen, nach dem Grundsatz des »Vorranges der besseren Unterbringungsform« vorzugehen. Vgl. hierzu: P. Hummel u. a., Die Unterbringung mit Freiheitsentziehung von Minderjährigen in Kliniken für Kinder- und Jugendpsychiatrie – Ärztliche Entscheidungen ohne Berücksichtigung psychodynamischer Folgen?, in: Praxis der Kinderpsychologie und Kinderpsychiatrie, 52, 2003, 719–735.

2.8 Diskussion

primär um ein Verhaltensproblem handelt, das mit pädagogischen Mitteln gelöst werden muss. Dafür wäre die Klinik dann der falsche Ort, also »nicht zuständig«. Auch kann er ankündigen, dass nach Ablauf der Kostenzusage durch die Krankenversicherung die Rechnung für den weiteren Aufenthalt an das zuständige Jugendamt geht. Da die Tagessätze einer Kinder- und Jugendpsychiatrie weit über denen einer ION liegen, nimmt der vielschichtige Konflikt nun die Eindimensionalität einer simplen Rechenaufgabe an. Nur in seltenen Fällen machen Jugendämter von ihrer rechtlichen Möglichkeit Gebrauch, den Jugendlichen als §35a-Fall (KJHG) prüfen zu lassen und auf dieser Basis die Behandlungskosten zu übernehmen. Manchmal ziehen Jugendämter und Jugendhilfeeinrichtungen aber auch die »Suizid-Bremse«, um die Klinik wieder als einzig zuständige Institution ins Spiel zurück zu bringen. Hatte der dissoziale Jugendliche nicht vor gerade mal drei Wochen damit gedroht, von einer Brücke zu springen? Kann die Klinik verantworten einen suizidalen Patienten zu entlassen? Jetzt muss sich der Fallverantwortliche psychiatrisch-fachlich und medizinethisch rechtfertigen. Außerdem spürt er den Druck durch seine Vorgesetzten und durch mögliche medial inszenierte Skandalisierungen in der Öffentlichkeit, sollte es doch wider Erwarten so sein, dass sich der Patient nach der Entlassung suizidiert. So denn Eltern beteiligt sind, erleben sie die sich auf der Station erneut entfaltende dissoziale Störung ihres Kindes als reine Eskalation und reagieren in gewohnter Weise mit Schuldvorwürfen, insbesondere gegenüber dem Kind. Daneben schleichen sich die Schuld- und Versagensgefühle in die Interaktion mit der Klinik ein. Oft entstehen bei Eltern folgende Gedanken: »Haben wir die richtige Entscheidung getroffen, unser Kind in die Klinik zu geben? Es wird doch schlechter und nicht besser. Und nun lernt unser Kind auch noch von anderen Patienten schlimmere Dinge, die es bei uns zu Hause nie gemacht hat (z. B. Ritzen, Drogenkonsum). Sind die Behandler überhaupt kompetent? Oder geht es ihnen nur darum, möglichst wenig Arbeit zu haben? Warum bringen sie alles, was unser Kind tut, mit uns in Zusammenhang? Sind *wir* jetzt die Patienten? Unser Kind soll sich doch ändern und nicht wir. Wenn nicht einmal die »Profis« unser Kind hinkriegen, dann versteht doch sicher jeder, dass wir keine Schuld an seiner problematischen Entwicklung haben. Und außerdem: Wir halten das alles nicht mehr aus! Wir sind schon krank vor Sorge! Wir können uns nicht 24 Stunden am Tag immer nur um Alexander kümmern. Auch seine Geschwister brauchen uns. In den letzten Jahren hat sich alles immer nur um ihn gedreht. Einmal muss Schluss damit sein, sonst gehen wir auch noch vor die Hunde! Soll er doch machen was er will, wir kümmern uns nicht mehr darum!« Spätestens an dieser Stelle ist das Behandlungsbündnis mit den Eltern gefährdet. Während dessen steigt auch der Druck im Helfersystem immens an, die offenen und versteckten Schuldzuweisungen, Inkompetenzvorwürfe, Drohungen fliegen hin und her. Nervosität, Ärger, Wut, Frustration und Resignation machen sich bei allen Beteiligten breit – nicht zuletzt im Behandlungsteam der kinder- und jugendpsychiatrischen Station. Es stellt zu Recht die Frage, was der Patient noch auf der Station soll, wo doch die Behandlungsziele erreicht sind und der Patient mehr als unmotiviert ist. Die Wahrnehmungen trüben sich feindselig ein, es geht nur noch um die Frage, wer wofür »zuständig« ist, die Fähigkeit der Rollendistanz und -übernahme schwindet, die Kommunikation wird verknappt und die Bereitschaft einander zuzuhören ebenfalls. Der Endpunkt sind dann seitenlange Aktennotizen, die jeder Helfer für sich anfertigt bzw. auf Geheiß des Vorgesetzten anfertigen muss, um im Falle des Falles nachzuweisen, dass die eigene Institution formal korrekt gehandelt hat und nach außen sauber da steht. Die Bedürfnisse des 17-jährigen dissozialen Jugendlichen geraten völlig aus dem Blick. Stattdessen rücken die Legitimationsinteressen und kollektiven Identitätsbedürfnisse der Helferinstitutionen ins Zentrum.

Man darf sich aber nicht vormachen, dass der Streit der Helfer dem Jugendlichen verborgen bleibt. Im Gegenteil: Er kennt sich bestens damit aus und ist darin jedem Helfer überlegen. Wie unempathisch dissoziale Jugendliche gegenüber den Folgen ihres Tuns bei anderen auch immer sind, so überempfindlich reagieren sie auf Verletzungen, die man ihnen antut oder antun könnte.[192] Diesbezüglich verfügen sie über ein außerordentlich feines Sensorium für die atmosphärischen Schwingungen zwischen den Erwachsenen. Seit frühester Kindheit prägt sie die Erfahrung, dass ihr psychisches Überleben davon abhängt, wie weit sie deren Stimmungen auffangen, ja antizipieren können, um sich rechtzeitig davor in Sicherheit zu bringen. Die frühzeitige Wahrnehmung von Streit ist die wichtigste soziale Kompetenz von dissozialen Kindern und Jugendlichen. Die Fähigkeit, eine Vorwarnzeit vor dem Angriff auszubilden, hat bei ihnen beinahe die reflexhaft-biologische Qualität eines Instinkts angenommen – ungefähr so, wie der Gefahreninstinkt eines Tieres, das einen Feind wittert, lange bevor es ihn sieht, um zu fliehen oder anzugreifen. Diesem Überlebensinstinkt müssen sich alle anderen Fähigkeiten unterordnen, sodass sich vordergründig der Eindruck einer Entwicklungsretardierung aufdrängt.[193] Gleichwohl mischen sich im Erleben des dissozialen Jugendlichen natürlich lebensgeschichtlich erworbene

---

[192] »Ihre erhöhte Sensitivität für Einflüsse der sozialen Umwelt auf ihre eigene Person steht in krassem Gegensatz zu ihrer mangelnden Sensibilität hinsichtlich der Effekte ihres eigenen Verhaltens auf andere.« Langscheidt, 1998, 39.

[193] Im Gegensatz zum neurotischen Modus der Regression auf ein schon mal erreichtes Entwicklungsniveau betonen manche Autoren in kritischer Distanz zur herrschenden deskriptiven Nosologie des ICD-10 und DSM-IV diesen Aspekt der Retardierung, weil sie in der SSV eine primäre Persönlichkeitsstörung und keine sekundäre neurotische Störung oder Verhaltensstörung erkennen (vgl. K. Hartmann, Lebenswege nach Heimerziehung, Biographien sozialer Retardierung, Freiburg 1996, 73). Das Problem, keine Persönlichkeitsstörungs-Diagnosen für in der Entwicklung

»worst-case-Szenarien« als fantasierte Bedrohungen mit in die Wahrnehmung der Realität hinein. Die zerstrittenen Helfer dürfen sich daher nicht darüber wundern, dass ihr Verhalten beim Jugendlichen einen inneren Film in Bewegung setzt, der sich nicht vollständig mit der Realität deckt, der aber sein reales Handeln bestimmt. Das für dissoziale Jugendliche typische *Agieren* ist deshalb ein ideoreales Handeln auf der Basis seines gestörten Wirklichkeitssinnes. Dabei ist häufig schwer zu unterscheiden, ob sein Agieren progressiv »im Dienste des Ich« steht oder regressiv im Sinne eines Verschmelzungswunsches mit dem Objekt geschieht.[194] Findet sich z. B. endlich eine geeignete Einrichtung, die einen Platz frei hat und deren Team bereit ist, mit dem Jugendlichen zu arbeiten, kann die ideoreale Erlebensweise im Dienste des Ich durchaus dazu führen, dass er den Platz aktiv oder passiv (z. B. durch Weglaufen oder Verweigern) ablehnt, weil er sich erneut abgeschoben fühlt. Schon geht der Streit der Erwachsenen weiter und es wächst die Gefahr, den Jugendlichen als »hoffnungslosen Fall« allenfalls noch zu verwalten oder gar aufzugeben. Oder er äußert nun tatsächlich Suizidabsichten, weil er glaubt, die zerstrittenen Erwachsenen damit auf eine gemeinsame Handlungslinie zwingen zu können, nach dem Motto »Nun geht es um Leben oder Tod. Unser Streit ist jetzt zweitrangig«. Das funktioniert in der Praxis gut, weil es Eindeutigkeit herstellt. Doch ist dem nur ein kurzfristiger Erfolg beschieden, denn der Streit ist nur aufgeschoben, nicht aufgehoben.

Diese Ausführungen sollen verdeutlichen, dass sich die dissoziale Problematik eines Jugendlichen nicht vom sozialen Handeln der Helfer trennen lässt. Zwischen ihnen laufen vielfältige Übertragungs- und Gegenübertragungsprozesse, die im schlechtesten Falle das erworbene dissoziale Interaktionsmuster

---

befindliche Kinder und Jugendliche zu stellen, würde entfallen, »wenn die soziale Inkompetenz des Kindesalters (der intellektuellen Retardierung analog) auch als Retardierungen, nämlich als ›soziale Retardierungen‹ interpretiert werden.« K. Hartmann, Nachuntersuchungen zur »Berliner Studie über dissoziales Verhalten bei Jugendlichen« (1998), http://www.agsp.de/UB Veroffentlichungen/Aufsatze/Aufsatz 22/haupteil aufsatz 2003, (S.10).

194 »Wir wissen, dass immer dann, wenn die Eltern durch Wort oder Tat die Realität bedeutungsvoller Ereignisse verfälschen oder verzerren, das Kind in seinem Wirklichkeitssinn gestört wird. Die Folge davon ist oft ein kritischer Entwicklungsstillstand, der in der Adoleszenz auftritt. Bei dem Versuch, den Wirklichkeitssinn wiederherzustellen, beobachten wir Agieren verschiedenster Schattierungen, oft jedoch von asozialer oder antisozialer Natur. Solche Fälle sind oft für das Aufdecken der unverzerrten Vergangenheit sehr empfänglich. Ich bin daher geneigt, dieser Tatsache eine gewichtige Bedeutung beizumessen, indem ich sage, dass das Agieren im Dienste einer wiederherzustellenden historischen Ichkontinuität oder, kurz gesagt, im Dienste des Ich von denjenigen Fällen des Agierens unterschieden werden muß, bei denen ein triebhaftes Streben herrscht. Im letzteren Fall wird durch die magische Kontrolle der Außenwelt das Einssein mit dem ersehnten Objekt wiederherzustellen versucht. Eine solche Neigung führt schließlich zu einer impulsiven und narzisstischen Persönlichkeit, während das Agieren im Dienste des Ich dahin tendiert, eine Zwangssymptomatik hervorzurufen.« P. Blos, Agieren im Adoleszenzprozeß, in: W. Bohleber (Hg.), Adoleszenz und Identität, Stuttgart, 1996, 110f.

des Jugendlichen reproduzieren, anstatt es zu therapieren. Dieses Mitagieren der Helfer bedient sich dann gewissermaßen der in den jeweiligen Institutionen und Berufsrollen, aber auch der persönlichen Identitäten, bereit liegenden Konfliktpotentiale, die ich eingangs als Sollbruchstellen bezeichnet habe. Sie sind aber nicht die Ursache der entglittenen Interaktion, sondern nur ihr Material. Entscheidend ist die Art der Beziehung zwischen der szenischen Reproduktion der dissozialen Störung im sozialen Feld der Helfer, des Patienten und seiner Angehörigen und dem szenischen Material. Je bewusster diese gestaltet werden kann, desto weniger müssen sich die sedimentierten dissozialen Interaktionsmuster hinter dem Rücken der Akteure entfalten und um so größer sind die inneren und äußeren Räume für das Erproben und Zulassen neuer konstruktiver Erfahrungen. Nur so kann sich sein gestörter Wirklichkeitssinn wiederherstellen und die dissozialisierten Spaltprodukte, d. h. die lebensgeschichtlich nicht mitsozialisierten Persönlichkeitsanteile des Jugendlichen im Medium eines sozialen Therapieprozesses *resozialisiert* werden. Das kann aber nur dann funktionieren, wenn die beteiligten Helfer (inkl. Eltern) es schaffen, sich vor und/oder während des Behandlungsprozesses auf einige Modalitäten der Kooperation zu einigen[195]:

- Kinder und Jugendliche sind nach Möglichkeit schon bei der Vorbereitung in den Prozess einer beabsichtigten KJP-Behandlung aktiv einzubeziehen.
- Die jeweiligen (Fach-)Kompetenzen müssen anerkannt werden (auch die der Eltern und des Patienten).
- Die Kinder- und Jugendpsychiatrie ist keine Reparaturwerkstatt für kaputte Kinder und Jugendliche, die nach der Behandlung intakt abgeholt werden können.
- Kindern und Jugendlichen sollte nicht mit der Psychiatrie als Strafe gedroht werden.
- Kindern und Jugendlichen darf nicht das Gefühl vermittelt werden, sie würden in die Psychiatrie abgeschoben. Daher muss möglichst schon bei Aufnahme klar sein, wohin sie entlassen werden.
- Der Kontakt zum Kind wird gehalten, nicht ohne Absprache verdünnt oder gar abgebrochen (z. B. zur Bestrafung). Das Gleiche gilt auch zwischen Klinik und Jugendhilfe, v. a. bei wichtigen Entscheidungen/Interventionen die Behandlung betreffend.
- Bei wiederholten Eskalationen (zuhause, in einer Einrichtung) sollten sich die Bezugspersonen frühzeitig an die KJP wenden, um z. B. eine Notaufnahme durch eine geplante Aufnahme zu verhindern.
- Im Jugendamt, den Jugendhilfeeinrichtungen und der Klinik gibt es klar

---

[195] In diesem Teil orientiere ich mich an D. Stolle, Dissoziale Jugendliche zwischen Straße, Hilfe und Justiz, Salzhausen 2003, 124ff. und an eigenen Praxiserfahrungen.

geregelte Zuständigkeiten und erreichbare Ansprechpartner, um notfalls schnell gemeinsam handeln zu können (z. B. für disziplinarische Abstandsbeurlaubungen von der Klinik).
- Die Klinik stellt Transparenz über ihre Entscheidungen her, insbesondere was Behandlungsindikation, Therapieprozess und Behandlungsdauer betrifft.
- In Krisensituationen muss die KJP eine möglichst schnelle Aufnahme gewährleisten.
- Kinder- und jugendpsychiatrische Empfehlungen sollten als solche formuliert werden, und nicht als Vorschriften oder als ex cathedra-Sätze.
- Ambulante und stationäre Helfer arbeiten fallbezogen kooperativ.

Sollte das – wie im dargestellten Fallbeispiel – gelingen, dann haben dissoziale Jugendliche einen notwendig festen und gleichzeitig hinreichend elastischen Rahmen, um ihre Störung von den Erwachsenen ungestört entfalten zu können und um erstmals zu erleben, dass sie angenommen und ausgehalten werden. Allerdings, soviel sollte inzwischen deutlich geworden sein, übersteigt die Komplexität einer SSV die Möglichkeiten einer rein stationären Behandlung. Es empfiehlt sich deshalb, stationäre Therapiemaßnahmen primär als Krisenintervention zur diagnostischen Abklärung (Komorbidität) oder als Kurzzeitbehandlung von sechs bis acht Wochen durchzuführen, da die oft hochgesteckten Therapieerwartungen in der Kinder- und Jugendpsychiatrie kaum zu realisieren sind und für alle Beteiligten (Patienten, Eltern, Jugendhilfe usw.) nur zu erneuten Misserfolgserlebnissen führen.[196] Diese Zeit sollte genutzt werden, um anhand der Kriterien von Behandlungsindikation, -motivation und -fähigkeit jene Patienten zu erkennen, die von einer längeren oder intervallartig angelegten stationären Therapiephase profitieren könnten. Dabei dürfen die Angehörigen und die beteiligten Helfer nicht außer Acht gelassen werden.[197] Von zentraler indikativer Bedeutung ist das Vorliegen einer zusätzlichen emotionalen Störung (Depression, Zwang, Angst, narzisstische Störung) oder einer komorbiden Störung wie z. B. Suchtmittelabhängigkeit. Die Behandlungsdauer beträgt dann mindestens 20 Wochen in einem gut strukturierten Setting.[198] Aber auch dann ergibt sich die Notwendigkeit einer gut vorbereiteten ambulanten

---

196 Vgl. hierzu Branik, 2002, 542.
197 A. Wagner u. a. fanden heraus, dass v. a. die Mitarbeit des Kindes und der Eltern der beste Prädiktor für den Behandlungserfolg bei SSV darstellt. A. Wagner u. a., Wie effektiv sind Interventionen bei Kindern mit Störungen des Sozialverhaltens? – eine Inanspruchnahmestudie, Zeitschrift für Kinder- und Jugendpsychiatrie, 1, 2004, 5–16.
198 W. Hirschberg, Sozialtherapie bei Jugendlichen mit Störungen des Sozialverhalten – Ergebnisse und Katamnesen, Praxis der Kinderpsychologie und Kinderpsychiatrie, 4, 1999, 254.

oder (teil)stationären Anschlussmaßnahme durch die Jugendhilfe, um der Gefahr einer Transferblockade zu begegnen. Es ist bekannt, dass viele SSV-Patienten, die von den hochstrukturierten stationären Bedingungen profitieren mit dem weniger strukturierten nachklinischen Alltagsmilieu überfordert sind. Das Dilemma besteht mithin in der therapeutisch notwenigen Außenstrukturierung, die der ebenso wichtigen Verselbstständigung entgegen arbeitet.[199] Daher sollten ambulante Anschlussmaßnahmen unbedingt aufsuchenden und familienorientierten Charakter haben. Eine Verhaltenstherapie des Kindes inklusive Elternberatung reicht beispielsweise nicht aus.[200]

---

199 Vgl. ebd., 258f.
200 Vgl. Wagner u. a., 2004, 14.

3 Die Störung des Sozialverhaltens als »social sickness« – psychische Störung als Ausdruck spezifischer gesellschaftlicher Bedingungen von Kindern und Jugendlichen

Die jeweils herrschenden gesellschaftlichen Bedingungen stellen für Kinder und Jugendliche die Voraussetzungen ihrer Sozialisation dar. Sie wirken mittelbar und unmittelbar auf ihre physiologische, psychische, kognitive, soziale und kulturelle Entwicklung ein. Umgekehrt agieren Kinder und Jugendliche mit, bzw. reagieren auf, die sozialen Bedingungen ihres Aufwachsens. Psychische Störungen bei Kindern und Jugendlichen sind daher nicht von ihren Sozialisationsbedingungen zu trennen, beide stehen miteinander in Wechselwirkung. Darin kommt der Familie »als dem ›sozialen Nahraum‹ [...] eine Schlüsselrolle zu. Die Ressourcen, die ein Kind oder Jugendlicher zur Verfügung hat (Bewältigungsrepertoire) entscheiden mit darüber, wie gesellschaftliche Deprivation, seelische Vernachlässigung und Entwicklungsprobleme gemeistert werden«[1].

Dieses Kapitel beschäftigt sich mit der Frage der Wechselwirkung zwischen dem hierzulande bestehenden sozialisatorischen Umfeld und der Störung des Sozialverhaltens. Es unterscheidet sich von den im zweiten Kapitel kritisch dargestellten Erklärungsmodellen, indem es den umgekehrten Weg geht. Zunächst werden die sozialisatorischen Bedingungen untersucht, um daraus dann Hinweise auf die Entstehung der Störung abzuleiten. Dieses soziologische, deduktive Vorgehen scheint mir gerechtfertigt, weil es mir darum geht, das gesellschaftlich Allgemeine am psychischen Besonderen kenntlich zu machen. Meine Überlegungen bewegen sich dabei auf zwei Ebenen. Zuerst auf der Ebene konkreter Lebenslagen, Risikolagen und der psychosozialen Befindlichkeit heutiger Kindheit und Jugend. Dabei orientiere ich mich in den soziologischen Kategorien an Pierre Bourdieus Theorie des ökonomischen, kulturellen und so-

---

1 B. Seifert, Gesundheit und Wohlbefinden von Kindern und Jugendlichen und Auswirkungen sozialer Benachteiligung. Ein Literaturbericht, in: Sachverständigenkommission 11. Kinder- und Jugendbericht (Hg.), 2002, 155.

zialen Kapitals² – erweitert um den Begriff des gesundheitlichen Kapitals, das die psychophysiologischen Ressourcen abbilden soll. So dann auf der abstrakteren Ebene einiger medizinsoziologischen Ausführungen zu seelischer Krankheit und Gesellschaft, die sich methodisch und theoretisch an poststrukturalistischen Theorien orientieren. Die zentrale Frage dreht sich dabei nicht mehr um das »Wie?« oder »Warum?« der Diagnose, sondern um den Versuch, eine bestimmte Ordnung im psychiatrischen und gesellschaftlichen Diskurs über die Diagnose der Störung des Sozialverhaltens zu erkennen. Daran schließt sich die Frage nach der Relevanz der gewonnenen Erkenntnisse für die sozialpädagogische Arbeit in der Kinder- und Jugendpsychiatrie an. Zum Ende erfolgt eine Diskussion der Darlegungen.

3.1 Lebenslagen, Risikolagen und psychosoziale Befindlichkeit

Bevor die in der Überschrift genannten drei Aspekte dargestellt und untersucht werden, soll der durch Bourdieus Modell der drei Kapitalarten zugrundegelegte theoretische und methodische Rahmen skizziert werden. Er wurde gewählt, weil er mir am ehesten in der Lage scheint, den Prozess der Herstellung der sozialen Wirklichkeit durch die sozialen Akteure innerhalb der jeweils historisch bestehenden sozialen Strukturen in kritischer Weise zu erfassen. Grundsätzlich favorisiert Bourdieu gegenüber der sozialen Wirklichkeit ein »relationales Denken«, d. h. ein Denken, dass Reales nicht als Substanz im Sinne positiver Fakten, sondern als ein Ensemble unsichtbarer Beziehungen zwischen den unterschiedlichen Positionen der Akteure im sozialen Raum begreift. Er vermeidet die Reduktion der sozialen Wirklichkeit auf ihre objektiv-strukturellen oder auf ihre subjektiv-interaktionellen Aspekte gleichermaßen indem er strukturalistische und interaktionistische soziologische Annahmen dialektisch miteinander verknüpft.³ Dementsprechend geht er in seiner konstruktivistischen Theorie von drei soziologischen Axiomen aus. Erstens: Die Konstruktion der

---

2 Vgl. P. Bourdieu, Ökonomisches Kapital – Kulturelles Kapital – Soziales Kapital, in: ders., Die verborgenen Mechanismen der Macht, Hamburg, 1992a, 49–80.

3 »Auf der einen Seite bilden die objektiven Strukturen, die der Soziologe in objektivistischer Manier, unter Ausschaltung der subjektiven Vorstellungen der Akteure, konstruiert, die Grundlage der subjektiven Vorstellungen, konstituieren sie die strukturellen Zwänge, die auf den Interaktionen lasten; auf der anderen Seite aber müssen diese Vorstellungen festgehalten werden, will man die individuell wie kollektiv geführten Alltagskämpfe veranschaulichen, deren Ziel die Veränderung oder der Erhalt dieser Strukturen ist. Das bedeutet, daß beide Momente, das objektivistische und das subjektivistische, in einer dialektischen Beziehung zueinander stehen [...]«.P. Bourdieu, Sozialer Raum und symbolische Macht, in: Rede und Antwort, Frankfurt a. M. 1992b, 138.

sozialen Wirklichkeit vollzieht sich nicht in einem luftleeren Raum, sondern unterliegt strukturellen Zwängen. Zweitens: die strukturierenden Zwänge, wozu er auch die kognitiven Strukturen zählt, sind ihrerseits sozial strukturiert, da sie eine soziale Entstehungsgeschichte haben. Drittens: Die Konstruktion sozialer Wirklichkeit ist nicht nur eine individuelle Arbeit, sie kann auch eine kollektive Angelegenheit werden.[4]

In seiner Arbeit zu den Kapitalarten betrachtet Bourdieu den wirtschaftswissenschaftlichen Kapitalbegriff als Spezialfall verschiedener Formen des sozialen Austausches in einer kapitalistischen Gesellschaft. Er postuliert:

> »Eine allgemeine ökonomische Praxiswissenschaft muß sich deshalb bemühen, das Kapital und den Profit in allen ihren Erscheinungsformen zu erfassen und die Gesetze zu bestimmen, nach denen die verschiedenen Arten von Kapital (oder, was auf dasselbe herauskommt, die verschiedenen Arten von Macht) gegenseitig ineinander transformiert werden«[5].

Dabei unterscheidet er drei grundlegende Arten von Kapital: das ökonomische Kapital, das kulturelle Kapital und das soziale Kapital. Das ökonomische Kapital in seinen verschiedenen Ausprägungen ist Geld oder sind unmittelbar in Geld konvertierbare materielle Werte. Beim kulturellen Kapital handelt es sich um Wissen im weitesten Sinne. Ein Weg zur Aneignung von Wissen ist der persönliche Erwerb in Form von Bildung durch die Akteure selber. Da Bildung quasi körpergebunden ist, nennt er sie auch verinnerlichtes oder »inkorporiertes Kulturkapital«[6]. Man erwirbt dieses Kapital mit Zeit und Triebaufschub (Konsumverzicht), und es wird Teil des Habitus, der Identität einer Person. Seine Übertragung ist eng an entsprechend günstige Sozialisationsbedingungen v. a. in der Familie geknüpft und vollzieht sich hier nach dem (verdeckten) Modus der sozialen Vererbung. Je verdeckter dieser ist, d. h. je mehr die Übertragung als nicht-ökonomisch und »uneigennützig« bedingt erscheint, desto eher wird das verinnerlichte kulturelle Kapital sozial anerkannt. Damit steigt auch seine symbolische Wirksamkeit. Wenn es sich nicht um verinnerlichtes, sondern um äußerliches, in Materie geronnenes Wissen handelt (z. B. Informationsträger, Maschinen), dann spricht Bourdieu von »objektiviertem Kulturkapital«[7]. Um sich dieses anzueignen bedarf es wiederum eines speziellen verinnerlichten kulturellen Kapitals oder eines ökonomischen Kapitals (z. B. die Arbeitskraft von Arbeitern zur Bedienung von Maschinen). Eine Zwischenform von ver-

---

4 Vgl. ebd., 144.
5 Bourdieu, 1992a, 52.
6 Ebd., 45.
7 Ebd., 59.

innerlichtem und objektiviertem Kulturkapital stellt die Objektivierung von verinnerlichtem Kulturkapital in Form von Titeln dar, die formell unabhängig vom Träger gelten. Das ist in etwa der Unterschied zwischen dem Autodidakten, der sein Wissen jeweils situativ unter Beweis stellen muss und dem Hochschulabsolventen. Er nennt das »institutionalisiertes Kulturkapital«[8], weil dieses kulturelle Kapital durch eine Bildungsinstitution qua Titel sanktioniert und rechtlich garantiert ist. Der Erwerb und der Einsatz des Titels ist wiederum an ökonomisches Kapital gebunden und rentiert sich dann, wenn die Kosten seiner Herstellung unter dem am Markt realisierten Gegenwert liegen.

Das soziale Kapital definiert Bourdieu als Gesamtheit aller Ressourcen, die einem mehr oder weniger institutionalisierten Beziehungsnetzwerk entspringen und durch Zugehörigkeit zu einer oder mehrerer Gruppen charakterisiert ist. Das Beziehungsnetz wird durch kontinuierliche materielle wie symbolische Austauschprozesse aufrecht erhalten. Das bedeutet:

> »Der Austausch macht die ausgetauschten Dinge zu Zeichen der Anerkennung. Mit der gegenseitigen Anerkennung und der damit implizierten Anerkennung der Gruppenzugehörigkeit wird so die Gruppe reproduziert; gleichzeitig werden ihre Grenzen bestätigt, d. h. die Grenzen, jenseits derer die für die Gruppe konstitutiven Austauschbeziehungen (Handel, Kommensalität, Heirat) nicht stattfinden können.«[9]

Zum sozialen Kapital gehört auch die soziale Kompetenz des Einzelnen, die sich in »Beziehungsarbeit«[10] veräußert. Im Gegensatz zum verinnerlichten Kulturkapital ist das soziale Kapital jedoch delegierbar (wenn z. B. eine Person von einer Gruppe beauftragt wird, in ihrem Namen zu sprechen).

Mit Hilfe ökonomischen Kapitals können grundsätzlich alle restlichen Kapitalarten erworben werden. Allerdings ist das jeweils mit einer mehr oder weniger aufwändigen »Transformationsarbeit«[11] verbunden. Sie besteht darin, die im ökonomischen Kapital gebundene Macht im gleichen Maße auch im jeweils anderen Markt (dem für kulturelles oder soziales Kapital) zu realisieren. An bestimmte Güter oder Dienstleistungen kommt man beispielsweise nur unter Einsatz von sozialem Kapital heran. Dieses Faktum zeigt an, dass das Kultur- und Sozialkapital nicht vollständig im ökonomischen Kapital aufgeht. Es bleibt immer ein nicht reduzierbarer Rest, oder – andersherum betrachtet – es entsteht ein gewisser Schwund bei der Umwandlung. Ursache hierfür sind auch die auf dem kulturellen und sozialem Markt eher üblichen nicht-

---

8 Ebd., 61.
9 Ebd., 66.
10 Ebd., 67.
11 Ebd., 70.

vertraglichen Tauschbeziehungen im Gegensatz zur relativ höheren rechtlichen Absicherung ökonomischer Risiken (z. B. gegen Insolvenzen, Unfälle etc.). Bei kulturellen und sozialen Austauschprozessen kann die Verpflichtung durch das Gegenüber (die Anerkennung) auch einfach verweigert werden, z. B. die Verpflichtung durch ein Geschenk. Zudem können beide Formen ihre spezifische kulturelle oder soziale Wirksamkeit nur entfalten, wenn sie sich gerade nicht auf reines ökonomisches Kapital reduzieren lassen. Um ihre Wirkung zur Geltung zu bringen müssen sie ihre ökonomische Grundlage geradezu verbergen.[12] Auch das verursacht Kosten, nämlich die für den Aufwand der Verschleierung. Insgesamt entstehen so bei der Umwandlung von einer Kapitalform in eine andere Kapitalumwandlungskosten (Schwund- und Verschleierungskosten). Die Akteure verfolgen deshalb die Strategie diese Kosten zu minimieren. Allerdings gelingt dies nie gleichzeitig, denn alles »was zur Verschleierung des Ökonomischen beiträgt, trägt auch zur Erhöhung des Schwundrisikos bei, insbesondere bei der Kapitalübertragung zwischen den Generationen«[13].

An anderer Stelle führt Bourdieu noch den Begriff des symbolischen Kapitals ein. Zum symbolischen Kapital werden das ökonomische, kulturelle und soziale Kapital immer dann, wenn »sie als legitime erkannt und anerkannt werden«[14], also öffentliche Geltung bekommen. Auch hierbei entstehen Transformationskosten. Angemerkt sei, dass das soziale Kapital in Anteilen per se symbolisches Kapital ist, weil es in besonderer Weise auf die soziale Anerkennung angewiesen ist und deshalb neben seinem materiellen immer

---

12 »Man muß somit von der *doppelten* Annahme ausgehen, daß das ökonomische Kapital einerseits allen anderen Kapitalarten zugrunde liegt, daß aber andererseits die transformierten und travestierten Erscheinungsformen des ökonomischen Kapitals niemals ganz auf dieses zurückzuführen sind, weil sie ihre spezifischsten Wirkungen überhaupt nur in dem Maße hervorbringen können, wie sie verbergen (und zwar zu allererst vor ihrem eigenen Inhaber), daß das ökonomische Kapital ihnen zugrunde liegt und insofern, wenn auch nur in letzter Instanz, ihre Wirkungen bestimmt.« Ebd., 71 (Hervorheb. im Orig.). Als Beispiel dafür, was passiert, wenn sich die ökonomische Grundlage eines kulturellen Kapitals nicht mehr verbergen lässt, sei die Entwicklung der neuzeitlichen olympischen Spiele genannt. 1894 von dem französischen Adeligen und Pädagogen Pierre de Coubertin wiederentdeckt, 1896 erstmals in Athen ausgetragen, sollte der Olympismus »eine Religion mit Kirche, Dogmen, Kultus« sein. Als »Athletenreligion« sollte er um die Zeit der zweiten industriellen Revolution mit ihren massiven sozialen Verwerfungen gegen den Verlust von traditionellen Werten und Bindungen wirken: »Und dennoch hat gerade die Kommerzialisierung den pompösen Anspruch des Gründers Coubertins, eine Religion gestiftet zu haben, relativiert. Der ökonomische Zweck entheiligt die Spiele. Im schrillen Zirkus der Werbeeinblendungen und gesponserten TV-Gewinnspiele wird das gravitätisch Weihevolle ironisch gebrochen.« (chrismon, Das evangelische Magazin, 08/2004, 30 und 32).
13 Ebd., 73.
14 Bourdieu, 1992b, 140.

3 Die Störung des Sozialverhaltens als »social sickness«

auch einen symbolischen Teil beinhaltet.[15] Doch es macht auch im Kontext dieser Analyse Sinn, die Unterscheidung beizubehalten. Hierfür gibt es drei Gründe. Erstens: nicht jedes soziale Kapital ist a priori symbolisches Kapital, denn nicht alle sozialen Beziehungen sind ohne Weiteres als gesellschaftlich legitime anerkannt. Zweitens: auch das ökonomische und kulturelle Kapital sind auf soziale Anerkennung angewiesen, um ihre objektive Macht auf der Ebene der symbolischen Machtbeziehungen reproduzieren zu können.[16] Und drittens: Es existiert im fortgeschrittenen Kapitalismus inzwischen ein regelrechter kulturindustrieller Komplex, der sich ausschließlich mit der Herstellung von symbolischem Kapital befasst. Auf diesem Markt, der alle anderen Märkte zunehmend mit seinen Gesetzmäßigkeiten durchdringt, geht es nicht primär um die Herstellung und den Verkauf von Produkten und Dienstleistungen als Waren oder als Warensortimente, sondern um die profitable Erzeugung eines symbolischen Mehrwertes in der Form sozialer Wiedererkennung und Anerkennung als *Marke*. Bourdieu definiert das symbolische Kapital in seinem Wesen auch als »Kredit«, genauer als »Vertrauenskredit«, »Kredit an Ehrbarkeit« oder »Ehrenkapital«.[17] Er sagt:

> »Wenn man weiß, daß symbolisches Kapital *Kredit* ist, und dies im weitesten Sinne des Worts, d. h. eine Art Vorschuß, Diskont, Akkreditiv, allein vom *Glauben* der Gruppe jenen eingeräumt, die die meisten materiellen und symbolischen *Garantien* bieten, wird ersichtlich, daß die (ökonomisch stets sehr aufwendige) Zurschaustellung des symbolischen Kapitals einer der Mechanismen ist, die (sicher überall) dafür sorgen, daß Kapital zu Kapital kommt.«[18]

In den avanciertesten Bereichen der Markenmanagement-Industrie wird *Marke* heute genauso definiert. Peter Zernisch, ein »Altmeister der Markenstrategie« (so der Klappentext seines Buches) und geschäftsführender Gesellschafter von Zernisch Consultans sowie Sprecher der Gutachtergemeinschaft Brandsboard, führt in seinem Buch *Markenglauben managen* aus:

> »Jeder große oder kleine Fürst dieser Welt bekommt seine Marke von seinem *Volk*, sonst wäre er nicht sein Fürst, sein *First*, der erste seines Volkes. Jeder Fürst ist es durch das Vertrauen seiner Anhängerschaft in seine Marke, jeder lebt vom gläubigen Vertrauen, dem Kredit, dem Credo seiner Anhänger, ihrem Glauben an seine Mar-

---

15 »Bei den Austauschbeziehungen, auf denen das Sozialkapital beruht, sind materielle und symbolische Aspekte untrennbar verknüpft.« Bourdieu, 1992a, 76.
16 »Die objektiven Machtbeziehungen reproduzieren sich ihrer Tendenz nach in symbolischen Machtbeziehungen.« Bourdieu 1992b, 149.
17 P. Bourdieu, Sozialer Sinn. Kritik der theoretischen Vernunft, Frankfurt a. M. 1993, 218ff.
18 Bourdieu, 1993, 218 (kursiv im Orig., H. B.).

ke [...] Kredit ist mehr wert als Geld. Der Kredit ist die Quelle des Geldes [...] Das Wort Marke ist de facto ein Synonym für öffentlicher Kredit.«[19]

Die Aneignung bzw. Verwandlung von bzw. in symbolisches Kapital ist für das ökonomische Kapital immer dort wichtig, wo es aufgrund seines »nackten Interesses« und seiner »egoistischen Berechnung«, wie Bourdieu sagt, als ökonomisches Kapital eo ipso nicht anerkannt wird. Nebenbei verweist er auf eine seiner früheren Untersuchungen, die dem religiösen Kapital eine gleiche Funktion zuweist. Ein Zusammenhang, der auch den Markenmanagern aufgefallen ist und für eigene Zwecke genutzt wird. Ob der »Markenpapst« und Vorstandsvorsitzender der Beiersdorf-AG, Rolf Kunisch, in einem Interview mit einer christlichen Zeitschrift das christliche Kreuz »als Logo für die in unserem Kulturkreis anerkannt beste Marke«[20] bezeichnet oder Zernisch den Nationalsozialismus mit der »Markenbildung Hitler« und Joseph Goebbels als »sein Markenmanager« als Vergleich heran zieht,[21] das Markenmanagement zielt auf die Durchtränkung der Konsumenten durch den jeweiligen Markenstil (z. B. der »Hitler-Stil«[22]) mit einem »Markenglauben«. Vertrauenswürdigkeit und Glaubwürdigkeit der Marke sollen das Produkt jeder Kritik- und Urteilsfähigkeit entziehen. Zernisch: »Glauben wirkt transzendent. Seine Wirkung umfasst die Faszination, die Unterwerfung und die Opferbereitschaft der Gläubigen [...] der Glaubenswert einer Marke wirkt als Autorität, die bis zur kultischen Verehrung der Marke führen kann.«[23] Die »Markenautorität«[24] unterwirft die Lebensführung des Einzelnen der Marke und verbindet ihn zugleich mit anderen: »Die Marke wirkt grundsätzlich interindividuell, also individuell und sozial zugleich. Sie schlägt Brücken, bestätigt gemeinsame Interessen und stiftet gemeinschaftliche Orientierungs- und Handlungsziele.«[25] Hieraus erwachsen interindividuelle Lebensstile, die (scheinbar) jenseits horizontaler Schichtunterschiede von spezifischen Konsummustern geprägt sind und zweierlei bieten: auf der Ebene der Individualität verschaffen sie soziale Distinktion, auf der Ebene der Sozialität stiften sie öffentliche Geltung. Die Konsumgüterbranche kreierte hierfür den Begriff *Lifestyle*. Lifestyle liegt mit den entsprechenden Lifestyle-Artikeln und -Dienstleistungen bzw. den Lifestyle-Marken quer zu den o. g. üb-

---

19 P. Zernisch, Markenglauben managen. Eine Markenstrategie für Unternehmer, Weinheim 2003, 27f. (kursiv im Orig., H. B.).
20 chrismon. Das evangelische Magazin, 03/2005, 22.
21 Zernisch, 2003, 202.
22 Zernisch, 2003, 249.
23 Wie die Zitate von Zernisch zeigen gehen die Markenmanager diesbezüglich mit »gutem Beispiel« voran und verhalten sich ihrem Gegenstand und ihrer Arbeit gegenüber völlig moralfrei.
24 Zernisch, 2003, 207ff.
25 Zernisch, 2003, 203.

rigen Kapitalsorten. Lifestyle wird hier nicht wie sonst üblich als Luxussegment der Konsumgüterbranche aufgefasst, sondern im Sinne Bourdieus als habitueller Lebensstil, der sich unter postindustriellen marktwirtschaftlichen Bedingungen bei jedem Menschen primär über die Konsumsphäre bildet, frei nach Paul Watzlawiks Diktum: »Man kann nicht nicht konsumieren.« Dies trifft insbesondere auf Heranwachsende zu, deren Identitätsentwicklung quasi automatisch mit den Stilangeboten des symbolischen Kapitalmarktes verkoppelt ist und als Konsum- und Lebensstil den wohl wichtigsten Teil ihres symbolischen Kapitals ausmacht, da sich ihre Autonomie zum großen Teil als Konsumautonomie herstellt.

An dieser Stelle scheint mir eine theoretische Anmerkung angezeigt, um eventuelle Missverständnisse zu vermeiden. Die vorgestellte Lesart der Theorie Bourdieus stellt sie nur scheinbar auf den Kopf. Richtig ist, dass Bourdieu für vorkapitalistische Gesellschaften die völlige Ungeschiedenheit von ökonomischem Interesse/Kapital und seiner symbolischen Reproduktion postuliert. Auf dieser Stufe der vormodernen Vergesellschaftung konnten es sich die Herrschenden ihm zufolge einfach nicht erlauben, »das von ihnen beherrschte System laufen zu lassen, um ihre Herrschaft auf Dauer auszuüben; sie müssen täglich und persönlich daran arbeiten, die stets unsichere Herrschaftslage zu produzieren und zu reproduzieren«.[26] Da sie auf die kruden Grundformen der Herrschaftsausübung angewiesen waren (im Extrem die Leibeigenschaft, Sklavenhaltung) konnten sie auf die soziale Anerkennung der Beherrschten nicht hoffen. Um sich weiterhin ihre Gewinne aneignen zu können musste ihre Herrschaft gesichert werden. Dazu bedurfte es einer Einschreibung der Herrschaftsverhältnisse in die Beherrschten selbst, denn

> »sie können sich die Arbeit, die Dienste, die Güter, die Ehrerweise, die Achtung der anderen nicht aneignen, ohne diese für sich persönlich zu ›gewinnen‹, ohne sie an sich zu binden, kurz, nicht ohne ein persönliches Band von Mensch zu Mensch zu knüpfen. [Diese Operation,] deren Paradigma der Gabentausch ist, erfordert die Umwandlung irgendeiner Art Kapital in symbolisches Kapital, also in legitimen Besitz, der im Charakter seines Besitzers begründet ist [...] um die Anerkennung der Verteilung in Gestalt von Erkenntlichkeit des Empfangenen gegenüber dem zu erreichen, der in der Verteilung bessergestellt ist und daher geben kann, also ein Schuldanerkenntnis, das außerdem Anerkennung des Ranges ist.«[27]

Auf diese Weise wurde für das Entstehen eines »konformen Habitus« gesorgt. In einer Gesellschaft des »selbstgesteuerten Marktes« jedoch sei diese Camouflagearbeit in der ökonomischen Sphäre selber nicht mehr notwendig:

---

26 Bourdieu, 1993, 236f.
27 Ebd.

3.1 Lebenslagen, Risikolagen und psychosoziale Befindlichkeit

»Die Verneinung von Ökonomie und ökonomischem Eigennutz, die sich in den vorkapitalistischen Gesellschaften zunächst noch genau auf dem Boden der ›ökonomischen‹ Geschäfte abspielte und dort ausquartiert werden mußte, damit die ›Ökonomie‹ als solche entstehen konnte, findet so ihre bevorzugte Zuflucht auf dem Gebiet von Kunst und ›Kultur‹ als einem Ort der reinen Konsumption, von Geld natürlich, aber auch von Zeit, einem geheiligtem Inselchen, das sich ostentativ von der profanen und alltäglichen Welt der Produktion distanziert, einem Hort der Unentgeltlichkeit und Uneigennützigkeit, der wie früher die Theologie eine imaginäre Anthropologie verbreitet, entstanden aus der Verneinung aller Negationen, die die ›Ökonomie‹ real zustande bringt.«[28]

Dies ist für Bourdieu dann der soziale Ort der »feinen Unterschiede«[29], wo es primär um die symbolische Dimension sozialer Ungleichheiten in Form eines habituellen Lebensstiles geht. Dessen soziale Funktion besteht in der symbolischen Reproduktion der Herrschaftsverhältnisse ohne sie dabei sichtbar werden zu lassen. Als konkrete soziale Praxis vollzieht sie sich in der tonangebenden bürgerlichen Distinktionskultur, die für den Rest der Gesellschaft Möglichkeiten und Grenzen der sozialen Sinnerzeugung markiert.

Meine Behauptung ist nun, dass sich über die Totalisierung des Marktes mit seiner massenkonsumförmigen Symbolproduktion (»Neue Medien« usw.) »die traditionelle kulturelle Elite durch die ungeheure Waren- und Symbolfülle demontiert wird«.[30] Wie die Zitate zum Markenmanagement zeigen, emanzipiert sich im Gefolge dieses Prozesses die Erzeugung und Verbreitung des sozialen Sinns von seinem sozialen Ort – dem Bürgertum – und wird zum ubiquitären Anhängsel jeder Ware. Ihr neuer sozialer Ort ist die Konsumsphäre, in der sie als »symbolischer Mehrwert«[31] nach den Gesetzen des Marktes zirkuliert. In der fortgeschrittenen kapitalistischen Gesellschaft kehrt der symbolische Transfer nicht-ökonomischer Vertrauensgüter somit in das (zur Ware gewordene) Produkt selbst zurück, das »geheiligte Inselchen der reinen Konsumption« entpuppt sich nach der umfassenden marktwirtschaftlichen Trockenlegung lediglich als höchster Punkt des Festlandes. Kein Symbol ist nun mehr heilig, alles kann zur Marke werden. Deshalb empfehlen Markenmanager[32] ihren Adepten die hemmungslose Selbstbedienung im symbolischen Vorrat der Menschheitsgeschichte:

---

28 Bourdieu, 1993, 245.
29 P. Bourdieu, Die feinen Unterschiede. Kritik der gesellschaftlichen Urteilskraft, Frankfurt a. M. 1982.
30 K. Kraemer, Soziale Grammatik des Habitus, in: G. Kneer u. a. (Hg.), Soziologie. Zugänge zur Gesellschaft, Münster/Hamburg 1994, (169–189), 186.
31 Bourdieu, 1993, 224.
32 Im Folgenden zit. n.: Zernisch, 2003, 244f.

3 Die Störung des Sozialverhaltens als »social sickness«

»Symbole aus archaischer Menschheitsgeschichte kommunizieren die ältesten, uns fast animalisch anmutenden Sinngehalte unserer Marke. Symbole historischer Epochen der Mythenbildung kommunizieren alte mythologische Deutungen ihres Sinnes. Symbole jüngerer, raumzeitlich begrenzter Kommunikation kommunizieren ihre kulturellen Bedeutungsinhalte. Neue zeitgenössische Symbole aktualisieren ihre Bedeutung und verlängern eine Mythenbildung, die niemals ein Ende finden muss.«

Jede Marke muss daher zu einem *Markenstil* verdichtet werden, denn sie ist »keine chaotische Anhäufung von Zeichen, sondern ein anthropologisch organisiertes, autopoietisches Symbolsystem.« Der Stil, Bourdieu würde Habitus sagen, ist allen rationalen Argumenten überlegen, denn er fordert nicht zum Zweifel heraus: »Der natürliche Widerspruchsgeist des Menschen ist nur durch Stil zu überwinden. Nur Stil kommuniziert die Autorität des Faktischen und nur der Autorität des Faktischen fügt sich der Mensch. Gegen das Faktum helfen kein Argumentieren und kein Widerspruchsgeist.« Wie Bourdieu schon konstatierte: »Am zuverlässigsten sind die ideologischen Wirkungen, zu deren Entfaltung es keine Worte, sondern nur der Duldung und des stillschweigenden Einvernehmens bedarf.«[33]

Doch nun zurück zur Ausgangsfrage des Unterschieds zwischen sozialem und symbolischem Kapital. Für die praktische Anwendung dieser Begriffe im Rahmen dieser Arbeit bedeuten die getroffenen theoretischen Vorüberlegungen, dass unter dem Sozialkapital das Netzwerk sozialer Unterstützung mit den verschiedenen Möglichkeiten informeller Hilfe verstanden wird, während beim Symbolkapital der Aspekt der sozialen Sinnerzeugung über Lebens- und Konsumstile im Vordergrund steht.

Im Weiteren wird nun anhand der vorgestellten Begriffe eine grobe Beschreibung der aktuellen Sozialisationsbedingungen von Kindern und Jugendlichen vorgenommen, die in mehrfacher Hinsicht die Grundlage der Entwicklung ihres Sozialverhaltens und dessen Störbarkeit bilden. Die Beschreibung führt vom ökonomischen Kapital über das soziale und kulturelle zum symbolischen Kapital. Wie schon erwähnt, wird sie durch eine Dimension ergänzt, in der ich das psychische (Entwicklungs-)Kapital von Kindern und Jugendlichen zu erfassen versuche.[34] Dabei werde ich auch eine Definition dieser Kapitalform vorstellen und auf dessen Zusammenhang mit dem sozialen Kapital eingehen.

---

33 Bourdieu, 1993, 244.
34 Damit ähnelt meine Darstellung auf der Ebene der Deskription dem vierdimensionalen Ansatz der ISS-Studie (Institut für Sozialarbeit und Sozialpädagogik e. V.). Sie bildet die Lebenslage von Minderjährigen auf den Dimensionen der materiellen Versorgung, der kulturellen Versorgung, der Situation im sozialen Bereich und der psychisch-physischen Lage ab. Bei den empirischen Daten dazu werde ich mich primär an ihr orientieren (vgl. B. Hock u. a., Arm dran?! Lebenslagen und Lebenschancen von Kindern und Jugendlichen. Erste Ergebnisse einer Studie im Auftrag des

3.1 Lebenslagen, Risikolagen und psychosoziale Befindlichkeit

In einem zweiten Schritt werde ich der Frage nach dem empirischen Zusammenhang von deprivierten sozialen Lebenslagen (i. S. des gerade beschriebenen multidimensionalen Konzeptes) und Sozialverhaltensstörungen nachgehen.

3.1.1 Das ökonomische Kapital – Sozioökonomische Lebenslagen von Kindern und Jugendlichen

Um die sozioökonomische Lebenslage von Kindern und Jugendlichen zu beschreiben werde ich mich in erster Linie auf die Merkmale Einkommen, Vermögen, Schulden, Kaufkraft und Wohnsituation konzentrieren. Ein besonderes Augenmerk liegt dabei auf Familien und Minderjährigen mit niedrigem sozioökonomischen Status, weil dieser sich – wie im ersten Kapitel gezeigt – als relevanter Prädiktor für die Entstehung einer SSV erwiesen hat.[35] Dieser Zusammenhang soll anhand entsprechender empirischer Ergebnisse für die BRD näher untersucht werden.

Das durchschnittliche Nettoeinkommen eines privaten Haushaltes in der BRD lag im Jahr 2000 bei monatlich 2583 €.[36] Demgegenüber betrug das entsprechende Einkommen von Paaren mit Kindern unter 18 Jahren 3499 € und das von Alleinerziehenden nur 1777 €.[37] Ein Paar ohne Kinder hatte 2.887 € zur Verfügung. Grundsätzlich haben ostdeutsche Familien ein geringeres Einkommen als westdeutsche Familien. Der Abstand beträgt bei Paaren mit minderjährigen Kindern 18 %, bei Alleinerziehenden 22 %. Verteilt man das Familieneinkommen auf die einzelnen Familienmitglieder (bedarfsgewichtetes

---

Bundesverbandes der Arbeiterwohlfahrt, Frankfurt a. M. 1998, 32f.; B. Hock u. a., Gute Kindheit – Schlechte Kindheit? Armut und Zukunftschancen von Kindern und Jugendlichen in Deutschland. Abschlussbericht zur Studie im Auftrag des Bundesverbandes der Arbeiterwohlfahrt, Frankfurt a. M. 2000, IX f.). Bei dem theoretischen Konzept und teilweise auch bei empirischen Daten zum psychischen Kapital folge ich weitgehend Höfer, 2000.

35 Vgl. speziell hierzu auch R. Loeber u. a., Which boys will fare worse? Early predictors of the onset of conduct disorder in a six-year longitudinal study, in: Journal of the American Academy of Child and Adolescent Psychiatry 34, 1995, H.4, 499–509. Ähnlich zeigten für die BRD H. Remschmidt u. a. (1990), dass einer der Risikofaktoren für aggressives Verhalten bei Kindern die soziale Randständigkeit ihrer Familie ist (H. Remschmidt u. a., Ursachen und Prävention von Gewalt. Zeitschrift für Kinder- und Jugendpsychiatrie 18, 1990, 99–106). Beide Quellen zit. n. E. Möller-Nehring u. a., Zum Bedingungsgefüge der Störung des Sozialverhaltens bei Kindern und Jugendlichen einer Inanspruchnahmepopulation, in: Praxis Kinderpsychol.Kinderpsychiat. 47: 36–47.

36 Wenn nicht anders angegeben erfolgen die statistischen Angaben nach H. Engstler/S.Menning, Die Familie im Spiegel der amtlichen Statistik. Erstellt im Auftrag des BmFSFJ (Hg.) in Zusammenarbeit mit dem Statistischen Bundesamt, Berlin 2003, 148ff.

37 Interessanterweise wurden in die zugrunde liegende Erhebung (Statistik über die laufende Wirtschaftrechnung – LWR) Selbstständige (inkl. Landwirte) und Spitzenverdiener (Haushalte mit einem Monatseinkommen von mehr als 17 895€) nicht mit einbezogen.

Pro-Kopf-Einkommen), so lässt sich dieses sog. Äquivalenzeinkommen gut über alle Haushaltstypen vergleichen, egal ob es sich um Ein- oder Mehrpersonenhaushalte handelt (Durchschnitt: 1708 € = 100 %). Hier zeigt sich, dass das Äquivalenzeinkommen mit der Anzahl der Kinder sinkt. Den Schlusspunkt markieren Familien alleinerziehender Frauen, in denen je nach Anzahl der Kinder die einzelnen nur zwischen 65 % und 68 % des durchschnittlichen Äquivalenzeinkommens erreichen. Es folgen Familien von Paaren mit mehr als vier Kindern. Pro Kopf stehen hier nur 71 % (bzw. 88 %) des Durchschnitts zur Verfügung.[38] Am günstigsten sieht es für Kinder aus, die mit einem Elternpaar und maximal zwei Geschwistern zusammenleben. Mit 95–96 % reichen sie dicht an den Durchschnitt heran. Auch das Einzelkind eines alleinerziehenden Mannes steht mit immerhin 91 % noch relativ gut da. In relativer Armut lebten im Jahr 2000 9,1 % der Bevölkerung. Dabei waren Kinder und Jugendliche (bzw. junge Erwachsene) deutlich überproportional betroffen. Grundsätzlich gilt: Je jünger die Menschen sind, desto häufiger sind sie von Armut betroffen. Am seltensten findet sich Armut in der Gruppe der über 71-Jährigen (4,8 %). Bei der jüngsten Gruppe der Kinder bis 10 Jahren betrug der Anteil 15,6 %, bei den 11- bis 20-Jährigen liegt er mit 16,4 % etwas höher.[39] Das heißt, dass im Jahr 2000 ca. jeder sechste bis siebte Minderjährige in Einkommensarmut lebte.

Wird die historische Entwicklung der Armut in der BRD in den Blick genommen, so zeigt sich ein U-förmiger Verlauf der Einkommensarmut in der Gesamtbevölkerung.[40] Zunächst sank die Armutsquote von 10,6 % Anfang der sechziger bis in die 70er Jahre kontinuierlich bis auf 6,5 % ab, um in den 80ern ebenso kontinuierlich wieder anzusteigen (1983: 7,7 %; 1988: 8,8 %) und schließlich ab den 90ern über das Ausgangsniveau hinaus zu wachsen (1993: 11,2 %; 1995: 11,9 %).[41] In der Folge sank die Quote bis zum Jahr 2000 auf 9,1 %. Ab dem Jahr 2001 wird wieder ein ausgeprägter Anstieg verzeichnet (2001: 9,4 %; 2002: 11,1 %; 2003: 12 %).[42] Eine zeitdynamische (zeitliche/Längsschnitt-) Betrachtung der Armut lässt erkennen, dass gegenwärtig 4 % der

---

38 Je nach alter oder neuer Gewichtungsmethode der OECD berechnet. Nach der alten Methode (OECD 1) werden für Kinder und weitere Haushaltsmitglieder höhere Kosten angenommen, was das Äquivalenzeinkommen aller Haushaltsmitglieder reduziert, Einkommensarmut rechnerisch also eher entsteht. Nach der neuen Methode (OECD 2) werden geringere Kosten angenommen, so dass sich Einkommensarmut rechnerisch seltener ergibt. Beide Methoden gehen von Einkommensarmut aus, wenn weniger als 50 % des Äquivalenzeinkommens zur Verfügung steht.
39 Vgl. Engstler/Menning, 2003, 155.
40 Seit der ersten Erhebung 1962/63 und mit dem Vorbehalt unterschiedlicher Berechnungsverfahren.
41 Vgl. Hock u. a., 1999, 47.
42 Vgl. Frankfurter Rundschau, »Armut und soziale Schieflage wachsen«, 24. 08. 2004, Nr. 196, 1.

3.1 Lebenslagen, Risikolagen und psychosoziale Befindlichkeit

Bevölkerung als dauerhaft arm und 15,4 % als zeitweise arm einzuschätzen sind (1998 zeitweise: 12,9 %).[43] 7 % bewegen sich ständig kurz über- oder unterhalb der Armutsgrenze. 2/3 konnten sich nach drei Jahren aus der Armut befreien. Kinder und Jugendliche waren überproportional von dieser Entwicklung betroffen. Ihre Armutsquoten lagen im letzten Jahrzehnt durchgehend wesentlich höher, 1998 mit 18,9 % im Westen und 10,5 % im Osten beinahe doppelt so hoch.[44] Parallel dazu zeigte sich ein überproportionaler Anstieg von Minderjährigen, die Sozialhilfe beziehen. Waren 1980 noch 2,1 % der unter 18-Jährigen im Sozialhilfebezug (Bevölkerung insg.: 1,4 %) so wuchs ihr Anteil bis ins Jahr 1997 auf 6,8 % an (insg.: 3,5 %).[45] In absoluten Zahlen bedeutet dies ein Anwachsen von 300 000 minderjährigen Sozialhilfebeziehern auf 1,077 Mio. Laut den offiziellen Statistiken setzt sich dieser Trend fort. So lebten im Jahr 2000 8,2 % der unter Siebenjährigen von Sozialhilfe, 6,3 % der Sieben- bis Elfjährigen, 5,3 % der 11- bis 15-Jährigen und 4,4 % der 15- bis 18-Jährigen.[46] Im Jahr 2004 lebten insgesamt 1,45 Mio. Kinder und Jugendliche von Arbeitslosen- oder Sozialhilfe.[47] 60 % der Sozialhilfeempfänger mit Kindern hatten schon 1994 zudem keinen sicheren Arbeitsplatz, 50 % verfügten über keine Altersvorsorge.[48] Wird der Sozialhilfebezug als Armutsindikator herangezogen, so ist zu berücksichtigen, dass es neben dieser Form der offenen Armut immer auch eine verdeckte Armut gibt, weil viele Haushalte ihren Anspruch auf Sozialhilfe nicht geltend machen. Entsprechende Untersuchungen gehen von einer noch einmal so hohen Anzahl Betroffener aus[49], sodass für das Jahr 2004 annähernd 2 bis 2,5 Mio. Minderjährige angenommen werden müssen, die in Einkommensarmut leben. Hinzu kommt eine Verschärfung durch die seit Beginn 2005 geltenden Bestimmungen der sog. »Hartz IV-Reform« (Zusammenlegung von Arbeitslosen- und Sozialhilfe zum Arbeitslosengeld II), von denen nach Berechnungen des Deutschen Paritätischen Wohlfahrtsverbandes (DPWV) erneut Kinder und Jugendliche besonders betroffen wurden. Der DPW schätzte die Zahl der Kinder und Jugendlichen, die durch »Hartz IV« zusätzlich

---

43 Vgl. Entwurf des 2. Armuts- und Reichtumsberichtes der Bundesregierung, zit. n. W. Rügemer, Mehr Armut, mehr Reichtum, in: ver.di publik, Febr. 2005, 13.
44 A. Klocke/K. Hurrelmann, Kinder und Jugendliche in Armut, Wiesbaden 2001, 13f. Laut dem 2. Armutsbericht der Bundesregierung stieg die Zahl der einkommensarmen Kindern bis 15 Jahren von 13,8 % (1998) auf 15 % (2003). Vgl. Lebenslagen in Deutschland, Der 2. Armuts- und Reichtumsbericht der Bundesregierung, Berlin, 2005, 21 (errechnet auf Basis 60 % OECD 2-Skala).
45 Vgl. H.-J. Andreß, G. Lipsmeister, Kosten von Kindern – Auswirkung auf die Einkommensposition und den Lebensstandard der betroffenen Haushalte, in: Klocke/Hurrelmann, 2001, 66.
46 Vgl. Engstler/Menning, 2003, 155. Unverständliche Zitation
47 Frankfurter Rundschau, »Kinder am stärksten von Armut betroffen«, 11. 12. 2004, Nr. 290, 5.
48 Vgl. Hock/Holz, 1998, 51.
49 Vgl. Hock u. a., 2000, 40. Dieser Zusammenhang wird sich allerdings mit der Zusammenlegung von Arbeitslosen- und Sozialhilfe durch die sog. »Hartz-IV-Reform« relativiert haben.

in die Sozialhilfe gehen mussten, zunächst auf ca. 350 000. Er rechnete mit einem Anstieg trotz des Kinderzuschlags von max. monatlich 140 € (für höchsten drei Jahre).[50] Im Juli 2005 betrug die Zahl der Kinder und Jugendlichen unter 15 Jahren mit Sozialgeld-Bezug dann ca. 1,6 Mio. (13,4 %), was bedeutete, dass bundesweit jedes siebte Kind betroffen war. Dabei zeigte sich ein starkes Ost/West- und Nord/Süd-Gefälle. Im Osten leben 24,4 % (jedes vierte Kind), im Westen 11,3 % (jedes neunte Kind) von Sozialgeld. In Bundesländern wie Berlin und Bremen beträgt die Quote ca. 30 %, während sie in Bayern und Baden-Württemberg bei ca. 7 % liegt. Zusätzlich rechnete der DPWV mit einer Dunkelziffer von weiteren 225 000 Kindern, sodass sich der Anteil der auf Sozialhilfe-Niveau lebenden unter 15-Jährigen auf bundesweit 1,73 Mio. oder 14,2 % erhöht hätte (Ost: 23,7 %; West: 12,4 %).[51] Der Bundesdurchschnitt lag zu dieser Zeit bei 9,1 %, was die überproportionale Betroffenheit von Kindern durch Armut widerspiegelte. Es kam aber schlimmer. Das Bremer Institut für Arbeitsmarktforschung und Jugendberufshilfe errechnete im Jahr 2007, dass im März des Jahres rund 1,93 Mio. Kinder bis 15 Jahre in Hartz IV-Haushalten lebten (17 %). Unter Einbezug der 16- und 17-Jährigen ergibt sich für 2007 eine Zahl von rund 2,6 Mio. Minderjährigen, die auf Sozialhilfe-Niveau leben.[52] Auf Basis der gültigen Einkommensarmuts-Formel müsste man sogar sagen, dass die absolute Zahl einkommensarmer Minderjähriger die drei Millionen-Grenze inzwischen überstiegen hatte.[53] Im Spätsommer und Herbst 2007 nahmen dann auch die

---

50 Vgl. Frankfurter Rundschau, »Kinder rutschen in die Armut«, 01. 08. 2003, Nr. 177, 1. Erste Berechnungen schätzten, dass von »Hartz IV« 1,75 Mio. Minderjährige bis 15 Jahre betroffen sein werden (vgl. Frankfurter Rundschau, 04. 01. 2005, Nr. 2, S. 1). Grund: Die Regelsätze des neuen Alg. II wurden 2005 von SPD/Grüne/CDU/CSU/FDP im Vergleich zu den vorher geltenden Sozialhilfesätzen ohne Begründung für Kinder zwischen 7 und 14 Jahren um 7,7 %, für Jugendliche ab 15 Jahren um 11 % gekürzt (ver.di publik, Febr. 2005, 13). Statt 65 % des Eckregelsatzes für Erwachsene erhalten die Jüngeren nur noch 60 %, die Älteren nur noch 80 % statt 90 %. Grundsätzlich wird mit Einführung von Hartz IV der höhere Wachstumsbedarf von Kindern und Jugendlichen nicht mehr anerkannt (vgl. Rainer Roth, Zur Senkung der Regelsätze für Schulkinder mit Einführung von Harzt IV, http://www.tacheles-sozialhilfe.de, 01. 09. 07).

51 Bei den 16- bis 24-Jährigen betrug die entsprechende Quote 19,1 %. Vgl. Paritätischer Wohlfahrtsverband – Gesamtverband e. V. (Hg.), »Zu wenig für zu viele«. Kinder und Hartz IV: Eine erste Bilanz der Auswirkungen des SGB II (Grundsicherung für Arbeitsuchende), Berlin, 2005, 8, 10, 18, 23. Anmerkung: Kinder in Einrichtungen wurden nicht berücksichtigt.

52 Vgl. http://www.spiegel.de (16. 08. 2007), http://www.focus.de (27.08.07).

53 Das gilt unter Zugrundelegung der 50 %-Grenze. Klocke/Hurrelmann berechneten den Prozentanteil der einkommensarmen Minderjährigen schon 1998 im Westen auf 18,9 %, im Osten auf 10,3 % (rund 2,7 Mio.). Anmerkung: Das von ihnen gewählte übliche Armutskriterium des 50 %-Durchschnitts-Äquivalenzeinkommens (OECD 2-Skala) liegt etwas über dem Sozialhilfe-Niveau. Offenbar gehen sie auch von einer größeren Dunkelziffer aus. Daraus erklärt sich die Abweichung zur absoluten Anzahl der Minderjährigen auf Sozialhilfe-Niveau. Vgl. Klocke/Hurrelmann (Hg.), 2001, 10 und 14.

regierenden Politiker die von ihnen ausgelöste Entwicklung zur Kenntnis. Doch während zur selben Zeit und innerhalb weniger Tage hunderte von Milliarden Euro zur Stützung von Banken, die sich mit maroden Immobilienkrediten verspekuliert hatten, ins internationale Finanzkapitalsystem gepumpt werden konnten, wurde von den politisch Verantwortlichen mit Verweis auf eventuell steigende Kinderzuschläge, auf das eingeführte Elterngeld, auf die beabsichtigte Verbesserung der Kinderbetreuung und eine eventuelle Erhöhung des Kindergeldes für Mehrkindfamilien (Bundesfamilienministerin von der Leyen) entweder abgewiegelt oder allenfalls ein »Prüfauftrag« formuliert, ob denn die Regelsätze tatsächlich die Preissteigerungen abbilden oder nicht (Bundesarbeitsminister Müntefering). Auf Länderebene wurde mancherorts »Diskussions- und Handlungsbedarf« gesehen und eine »Expertenkommission« zur Kinderarmut eingerichtet (NRW-Sozialminister Laumann). In der Folge wurde der Kinderzuschlag zwar nicht erhöht, aber das Antragsverfahren vereinfacht, der Kreis der Anspruchberechtigten etwas erweitert und die dreijährige Befristung nach oben korrigiert. Die Bundesregierung begann, über Lohnzuschüsse für Geringverdiener nachzudenken. Kinderschutzbund und Wohlfahrtsverbände kritisierten allerdings zu Recht, dass diese kleinen Veränderungen am strukturellen Problem der Kinderarmut nichts ändern würden.[54]

Auch bei der Vermögensverteilung lässt sich eine gleichsinnige Tendenz ablesen. Die amtliche Statistik zur Vermögensverteilung stellt fest, dass sich Vermögen »in erheblichem Umfang auf die höchsten Einkommensgruppen (konzentriert).«[55] So hat sich z. B. das Geldvermögen des ärmsten Viertels der (west-)deutschen Haushalte zwischen 1993 und 2003 mehr als halbiert, während es sich beim wohlhabendsten Viertel um rund 25 % vermehrt hat.[56] Laut dem 2. Armuts- und Reichtumsbericht der Bundesregierung, der nach eigener Aussage die Reichtumssituation nur unzureichend erfasst, hat sich die Zahl der Haushalte mit mehr als 511 000 € Nettovermögen (1 Mio. DM) von 1998 bis 2003 um beinahe 50 % erhöht, nämlich von 1,1 Mio. auf 1,6 Mio.[57] Betrachtet man Familien mit Kindern unter 18 Jahren ergibt sich bei der Vermögensverteilung folgendes Bild. 1998 hatten in den alten Bundesländern 42,4 % der Familien mit einem Kind Haus- und Grundbesitz (durchschnittlicher Verkehrswert 225 000 €), mit zwei Kindern waren es 63,2 % (durch. Verkehrswert 245 300 €),

---

54 FR 17. 08. 2007, 190/6, FR 18. 08. 2007, 191/6, FR 17. 09. 2007, 216/6, FR 20. 09. 2007, 219/5.
55 Dabei entsteht wiederum eine Verzerrung, weil Privathaushalte mit einem monatlichen Haushaltsnettoeinkommen von über 17 895 € nicht einbezogen wurden. Engstler/Menning, 2003, 159.
56 Angaben nach Stat.Bundesamt 2003, in: verdi.publik, August/September 2004, 10.
57 Vgl. W. Rügemer, Mehr Armut, mehr Reichtum, in: ver.di publik, Febr. 2005, 13. Und: Zwischen 1990 und 2004 wuchs das private Geldvermögen in Deutschland von 2000 Mrd. € auf 4.100 Mrd. €. Vgl. Timm Schieder, Die Reichtumsuhr tickt, in: verdi.publik, Mai 2005, 13.

mit drei und mehr Kindern 67,5 % (durch. Verkehrswert 272 000 €). Für die neuen Bundesländer lauten die Vergleichszahlen 42,4 % (ein Kind; 133 800 €), 51,3 % (zwei Kinder; 150 300 €) und 52 % (drei und mehr Kinder; 153 800 €). Das Immobilienvermögen steigt bei Paaren also mit der Anzahl der Kinder. Alleinerziehende im Westen besitzen dagegen nur zu 21,3 % (Verkehrswert 194 500 €), im Osten zu 13,7 % (Verkehrswert 97 200 €) Immobilienvermögen. Um die reale Vermögenssituation zu erfassen müssen jedoch die Schulden der Familienhaushalte (aus Haus- und Grundbesitz) gegen gerechnet werden. Im Westen steigt auch hier mit der Anzahl der Kinder die Höhe der Schulden und der Anteil der verschuldeten Familienhaushalte. Circa 80 % sind verschuldet und tragen Belastungen zwischen 86 600 € und 99 300 €. Im Osten sinkt die Schuldenhöhe und der Verschuldungsgrad der Familienhaushalte mit der Kinderanzahl. Zudem ist das Schuldenniveau deutlich geringer. Hier sind ca. 70 % der Familienhaushalte mit Beträgen zwischen 74 200 € und 60 000 € verschuldet. Alleinerziehende im Westen mit Immobilienvermögen sind zu 72,6 % und mit durchschnittlich 71 800 €, im Osten zu 60,5 % mit 48 500 € verschuldet.[58] Die überwiegende Mehrheit der Familienhaushalte mit Immobilieneigentum ist also relativ hoch verschuldet, wobei der Saldo grundsätzlich positiv ist, aber bei den Alleinerziehenden am ungünstigsten ausfällt.

Beim Geldvermögen schneiden die Alleinerziehenden ebenfalls schlechter als die Paarhaushalte mit Kindern ab. Ihr Nettogeldvermögen[59] belief sich 1998 auf durchschnittlich ca. 9000 €, während Paare mit einem Kind ca. 27 000 € und Paare mit mehreren Kindern rund 32 000 € »auf der hohen Kante hatten« (ohne Kinder: ca. 41 500 €). Während rund ein Fünftel der Alleinerziehenden ohne jegliche Ersparnisse waren, betraf dies nur 4,1 % der Paarhaushalte mit Kindern (ohne Kinder: 3,7 %). Auch Minderjährige selber verfügen über eigenes Geldvermögen in Form von Ersparnissen. Circa 2/3 aller Jugendlichen zwischen 12 und 20 Jahren besitzt Geld auf Sparkonten. Im Durchschnitt sparen sie 18 % ihres Einkommens, was nur unwesentlich über der Sparquote der Gesamtbevölkerung liegt. Zwischen 1986 und 1990 stieg die Sparsumme dieser Altergruppe von 6,2 Mrd. DM auf 14,9 Mrd. DM.[60] Zahlen zur sozialen Verteilung des Sparvermögens liegen leider nicht vor. Werden im Kontrast zum Vermögen die Konsumentenkreditschulden betrachtet, dann zeigt sich, dass 1998 jede vierte Familie mit minderjährigen Kindern hiermit verschuldet

---

58 Leider gibt die Statistik keinen Aufschluss über Immobilienvermögen und -schulden der Alleinerziehenden nach deren Kinderzahl.
59 Geldvermögen (einschl. Versicherungsguthaben) unter Abzug vorhandener Konsumentenkreditschulden.
60 Angaben nach A. Diekhof, Jugendliche als Zielgruppe. Bedeutung jugendlicher Kunden für das Marketing, Wiesbaden 1999, 59.

war. Elternpaare hatten dabei durchschnittlich 2169 €, Alleinerziehende 1193 € Schulden. Kinderlose Paare waren nur zu ca. 15 % und auch geringer verschuldet (1183 €). Dementsprechend waren Alleinerziehende (und unverheiratete Paare mit Kindern) auch überproportional häufig überschuldet.[61] Ihr Anteil an den Klienten der Schuldnerberatungsstellen lag im Jahr 2000 bei 13 %, während sie 3,5 % der Erwachsenbevölkerung stellten. Bei den unverheirateten Paaren mit Kindern lauten die entsprechenden Zahlen 7 % Klientenanteil zu 1,9 %. Verheiratete Paare mit Kindern stellen zwar den relativ größten Teil der überschuldeten Privathaushalte (23 %), doch sind sie bei 30 % Bevölkerungsanteil leicht unterrepräsentiert. Erheblich unterrepräsentiert sind wiederum kinderlose Paare. Dem 1. Armuts- und Reichtumsbericht der Bundesregierung lässt sich entnehmen, dass im Jahr 1999 17 % der überschuldeten Haushalte überwiegend von Sozialhilfe lebte, 15 % von Arbeitslosenhilfe und weitere 15 % von Arbeitslosengeld. 10 % bezogen Unterhalts- und Transferzahlungen, ebenfalls 10 % Rente. Der Rest von 43 % lebte zumeist von Lohn- bzw. Gehaltszahlungen.[62] Die »Hitliste« der Überschuldungsursachen wird von Arbeitslosigkeit angeführt, gefolgt von Trennung/Scheidung und Unerfahrenheit in Kreditangelegenheiten. Auch die Elternschaft selber (Geburt eines Kindes) führte in manchen Fällen zur Überschuldung.[63] Die Überschuldungszahlen sind von Bedeutung, weil überschuldete Familien nicht nur ökonomisch, sondern auch psychosozial destabilisiert werden. Auch die Jugendlichen selber haben (zunehmend) Schulden. Bei einer Befragung 1996 gaben 17 % der 15- bis 20-Jährigen an, Schulden zu haben.[64] Circa 5 % aller Jugendlichen können als überschuldet gelten. Hierunter sind männliche Jugendliche in der Mehrzahl.[65]

Die sozioökonomische Lebenslage der Kinder und Jugendlichen wird nicht nur maßgeblich durch das verfügbare Einkommen der Eltern, sondern auch durch das eigene verfügbare Einkommen bestimmt. Hierzu zählen v. a. bei den Jüngeren das Taschengeld (inkl. Geldgeschenke seitens der Eltern, Verwandten), mit höherem Alter aber auch eigenes Einkommen (Schülerjobs, staatliche Transferleistungen, ungelernte Arbeitsverhältnisse, Ausbildungsvergütungen). Zur Taschengeldlage gibt es nur wenige Untersuchungen mit oft nicht vergleichbaren

---

61 Überschuldung bedeutet, dass nach Abzug der notwendigen Lebenshaltungskosten das Einkommen nicht mehr ausreicht die Schulden zu bezahlen.
62 Lebenslagen in Deutschland. Daten und Fakten. Materialband zum 1. Armuts- und Reichtumsbericht der Bundesregierung, o. J., 114.
63 In 6 % aller Fälle (bei Mehrfachnennungen).
64 Vgl. E. Lange, Jugendkonsum im Wandel – Konsummuster, Freizeitverhalten, soziale Milieus und Kaufsucht 1990 und 1996, Opladen, 1997, 59, nach: A. Diekhof, 1999, 58.
65 Vgl. E. Stallmann, »Mobil in die Pleite«. Jugend und Schulden, in: Religion heute, 37, 1999 (10–13), 10, zit. n. 11. Kinder- und Jugendbericht, 2002, 146.

und z. T. auch widersprüchlichen Resultaten.⁶⁶ Laut einer Studie des Instituts für Jugendforschung in München (IJF) aus dem Jahr 2000 erhalten 71 % der 6- bis 14-Jährigen ein festes monatliches Taschengeld von durchschnittlich 35 DM. 9 % erhalten Taschengeld nach Bedarf (34 DM/Monat) und 16 % kein Taschengeld, aber hin und wieder Geldgeschenke (22 DM/Monat). 62 % der untersuchten Altersgruppe mit festem Taschengeld bekommt weitere zusätzliche Geldzuwendungen (West: 24 DM; Ost: 19 DM). Bei jenen mit unregelmäßigen Zuwendungen sind es 58 % (West: 37; Ost: 24 DM). Immerhin 7 % der 6- bis 14-Jährigen erhält überhaupt kein Geld zum persönlichen Bedarf. Das betrifft v. a. die Sechs- bis Achtjährigen, die allein 72 % dieser Gruppe ausmachen. Der Taschengeldbezug steigt mit zunehmendem Alter an. Die sechs bis acht-Jährigen erhalten durchschnittlich 17 DM, die neun bis elf-Jährigen 27 DM und die 12- bis 14-Jährigen 52 DM pro Monat. Ebenso steigt die Zahl der (regelmäßigen und unregelmäßigen) Taschengeldempfänger mit dem Alter von ca. 50 % in der unteren auf etwas über 90 % in der mittleren Altersgruppe (12–14 Jahre). Nach dem 14. Lebensjahr fällt diese Zahl wieder ab (15–16 Jahre: 82 %; 17 Jahre: 58 %), weil für viele ein eigenes Einkommen an Bedeutung gewinnt. 31 % der 15- bis 16-Jährigen haben einen Nebenjob (17 Jahre: 44 %) und 16 % beziehen schon ein eigenes Arbeitseinkommen (17 Jahre: 33 %).⁶⁷ Nach anderen Angaben liegt die Nebenjob-Quote (ebenfalls für 15- und 16-Jährige) im Westen mit über 50 % wesentlich höher als im Osten (30–37 %).⁶⁸ Insgesamt werden die Taschengeldzahlungen mit steigendem Alter regelmäßiger, höher und stärker durch Zusatzzuwendungen aufgestockt. 15- bis 16-Jährige erhalten durchschnittlich 85 DM Taschengeld (plus 25 DM extra), 17-Jährige 91 DM (plus 36 DM extra). Die Taschengeldzuwendungen weisen aber erhebliche Schwankungsbreiten auf. Die mittlere Bandbreite (Varianz im Bereich der größten Häufigkeit) beträgt je nach Alter ungefähr 50 %, bei den 17-Jährigen sogar 66 %, d. h. die Mehrheit der 16- bis 17-Jährigen erhält einen Durchschnittsbetrag von 73 DM, der um 47 DM nach oben oder unten abweicht. Neueren Erhebungen zufolge liegen die kompletten monatlichen Geldbezüge (Taschengeld, Geldgeschenke, eigenes Einkommen etc.) der 6- bis 17-Jährigen zwischen 10,23 € und 153,39 € mit

---

66 Diesbezüglich nach C. Feil, Kinder, Geld, Konsum. Die Kommerzialisierung der Kindheit, Weinheim/München 2003, 40ff. Zu den Abweichungen vgl. ebd., 42f. Die Angaben erfolgen wegen der Erhebungszeitpunkte vor Euroeinführung in DM.
67 Angaben nach einer Studie von Iconkids & Youth, München 2000, in: Feil, 2003, 45. Historisch gesehen nimmt die Erwerbsquote der Jugendlichen und jungen Erwachsenen aufgrund verlängerter Ausbildungszeiten und der strukturellen Jugendarbeitslosigkeit jedoch ab. Waren 1960 2/3 der 15- bis 20-Jährigen erwerbstätig, so traf dies 1989 nur noch auf 2/5 zu (vgl. J. Mansel/K.Hurrelmann, Alltagsstreß bei Jugendlichen, Weinheim/München 1994, 28).
68 11. Kinder- und Jugendbericht, 2002, 145.

einer Kaufkraft von insgesamt 9,2 Mrd. €.[69] Wird ausschließlich die Gruppe der Kinder betrachtet (6 bis 13 Jahre), so beträgt ihr durchschnittliche Taschengeld laut der letzten KidsVerbraucherAnalyse (2007) 22,11 € im Monat plus 169 € Geldgeschenke im Jahr.[70] Insgesamt verfügten sie über eine Kaufkraft von 2,5 Mrd. € im Jahr. Hinzu kommen noch ca. vier Milliarden € Ersparnisse. Alle Zahlen weisen im Vergleich zum Vorjahr Wachstumsraten aus, vor allem die Sparrate mit 12,5 %. Vermutlich gewinnt der private Vorsorgecharakter hier eine immer größere Bedeutung.

Feil zufolge lassen sich die Abweichungen jedoch zunächst nicht durch den sozialen Status der Eltern erklären. Im Gegenteil: Bis zum Alter von zwölf Jahren bekommen Kinder mit niedrigerem Sozialstatus mehr Taschengeld als solche mit höherem Sozialstatus. Ab dem Alter von 13 Jahren verwischen sich die Unterschiede wieder. Erst mit noch höherem Alter – und mit höherem durchschnittlichem Taschengeldniveau – geraten die Jugendlichen aus einkommensarmen Familien ins Hintertreffen. Sie bekommen mit 44 DM nur die Hälfte des durchschnittlichen Taschengeldes ihrer Altersgenossen.[71] Offenbar wollen viele einkommensarme Eltern ihren Kindern soziale Ausgrenzungserfahrungen ersparen und sponsern sie in den Altersabschnitten mit relativ geringerem Taschengeldniveau eher mehr als weniger, während Eltern aus höheren Einkommensklassen eine gewisse »Knappheitsstrategie« verfolgen. Mit steigendem Alter und Durchschnittsniveau des Taschengeldes sowie steigenden Konsumansprüchen der Jugendlichen geht den einkommensarmen Eltern gewissermaßen die finanzielle Puste aus, und sie können nicht mehr mithalten:

> »Gerade in dem Alter, in dem die Konsumbedürfnisse der Kinder wachsen und sie den eigenverantwortlichen Umgang mit Geld lernen sollten, konnten einkommensarme Familien nur wenig Taschengeld zahlen. Jede(r) vierte Jugendliche aus den befragten einkommensarmen Familien erhielt sogar kein regelmäßiges Taschengeld.«[72]

Umgekehrt stellen Kinder aus einkommensarmen Familien verschiedenen Studien zufolge die übergroße Mehrheit derer, die entweder nur unregelmäßig oder gar kein Taschengeld bekommen. Rosendorfer und Waldherr (1999) zufolge gehören 91 % der Zehn- bis Zwölfjährigen mit unregelmäßigem Taschengeldbezug Familien der unteren Einkommensgruppe an.[73] Brake und Büchner (1996) füh-

---

69 11. Kinder- und Jugendbericht, 2002, 144.
70 KidsVerbraucherAnalyse, Berlin 2007.
71 Angaben nach Hradil/Müller, Landesarmutsbericht Schleswig-Holstein 1999, in: 11. Kinder- und Jugendbericht, 2002, 51f.
72 Dies., 1999, 70, zit. n. Feil, 2003, 51.
73 R. Decker, Die Bedeutung von Geld und Konsum im Prozeß des Aufwachsens von Kindern. Diplomarbeit Uni München, 1998, n. ebd., 51.

ren in ihrer empirischen Studie zur Lebenslage von Kindern und Jugendlichen in Ost- und Westdeutschland zum Zusammenhang von Taschengeldlosigkeit und Sozialstatus aus: »Am ehesten ließ sich die Gruppe der Kinder ohne eigenes Taschengeld über den sozialen Status der Herkunftsfamilie identifizieren: 72 % gehören einer Familie mit niedrigem oder mittlerem Sozialstatus an.«[74] Viele Kinder und Jugendliche beziehen ihre einzigen oder zusätzlichen Geldzuwendungen durch die Eltern darüber hinaus durch bezahlte Mitarbeit im Haushalt. Je nach untersuchter Altersgruppe schwankt dieser Teil zwischen einem Drittel und der Hälfte aller Minderjährigen. Es gibt empirische Hinweise, dass v. a. Kinder, die kein oder zu wenig Taschengeld bekommen davon betroffen sind. Sicher ist, dass mit höherer sozialer Position der Eltern die Mithilfe der Kinder im Haushalt abnimmt.[75]

Die erwähnte Arbeitstätigkeit von Jugendlichen in Nebenjobs, Ausbildungsverhältnissen oder un- und angelernten Arbeitsverhältnissen erzeugt den größten Teil des Einkommens von (älteren) Jugendlichen. Einer Repräsentativuntersuchung von Mansel und Hurrelmann von 1991 folgend,[76] lässt sich der Anteil der ausbildungs- und berufstätigen Jugendlichen zwischen 16 und 18 Jahren mit etwa 55 % angeben (Azubis: ca. 50 %, Jungarbeiter: ca. 5 %). Der Rest besucht verschiedene Schulformen: ca. 30 % das Gymnasium, 10 % eine Berufsfachschule und 2 % das Berufsgrundbildungsjahr (BGJ) bzw. das Berufsvorbereitungsjahr (BVJ). Wie zu erwarten verfügen die Azubis mit durchschnittlich 767 DM über das höchste Einkommen, gefolgt von den Jungarbeitern/Arbeitslosen[77] mit 726 DM, den Jugendlichen in BGJ/BVJ mit 354 DM, den Berufsfachschülern mit 316 DM und den Gymnasiasten mit 286 DM. Nur 43 % aller Befragten können frei über ihr Einkommen verfügen. Mit rund 2/3 sind hier die Gymnasiasten führend, während nur 23 % der Auszubildenden dies kann. Vor ihnen kommen die Schüler von BGJ/BVJ (45 %), dann die Jungarbeiter/Arbeitslosen (50 %) und

---

74 A. Brake/P.Büchner, Kindsein in Ost- und Westdeutschland, in: Büchner/Fuhs/Krüger (Hg.), Vom Teddybär zum ersten Kuß. Wege aus der Kindheit in Ost- und Westdeutschland, Opladen 1996, zit. n. ebd., 50.
75 Vgl. ebd., 198ff. Dies bei einer insgesamt sinkenden Rate der Mithilfe der Minderjährigen im Haushalt: »Halfen 1991 noch 42 % der 12- bis 15-jährigen Jungen mit, so taten dies 2001 nur noch 27 % (Mädchen 1991: 56 %, 2001: 39 %). Besonders auffällig ist der Rückgang bei den weiblichen 15- bis 20-Jährigen: 1991 halfen 63 % für durchschnittlich 23 Minuten pro Tag mit, zehn Jahre später halfen nur noch 42 %, und dies auch nur noch 16 Minuten.« Studie der Deutschen Gesellschaft für Ernährung 2005, zit. n. chrismon, 03/2005, 6.
76 Vgl. Mansel/Hurrelmann, 1994, 63.
77 Die Studie fasste Arbeitslose und Jungarbeiter entsprechend ihrer forschungsleitenden Ausgangsfrage zu Belastungen bei den Statusübergängen I (Schule-Ausbildung; Sek.1; 16 Jahre) und II (Ausbildung-Beruf; Sek.II; 18 Jahre) zusammen. Als »Arbeitslos« wurden Jugendliche mit Berufsausbildung gewertet, die nach der Ausbildung keinen Arbeitsplatz gefunden hatten. Ihr Anteil an den 18-jährigen betrug 1991 in NRW 3,7 % (Grundgesamtheit der realisierten Stichprobe).

3.1 Lebenslagen, Risikolagen und psychosoziale Befindlichkeit

die Berufsfachschüler (56 %). Das frei zur Verfügung stehende Einkommen sinkt demnach mit dem Ausbildungs- bzw. Schulstatus. Zwar unterscheidet sich das verfügbare Einkommen nicht nach der Soziallage der Jugendlichen, doch was die Jugendlichen aus der unteren Soziallage selbstständig verdienen, bekommen die Jugendlichen aus der höheren Soziallage durch Nebenjobs und Zuwendungen der Eltern. Denn je höher die Soziallage der Jugendlichen ist, desto eher verrichten sie Nebenjobs. 5 % der Nebenerwerbstätigen gibt allerdings an hiermit u. a. einen Beitrag zum Lebensunterhalt der Familie zu leisten. In dieser Gruppe sind wiederum ärmere Jugendliche (Jungarbeiter/Arbeitslose) mit 25 % massiv überrepräsentiert, Gymnasiasten mit 1 % weit unterrepräsentiert. Die eigenen Einkünfte der Jugendlichen erklären auch den nur geringen Einfluss der sozialen Schicht ihrer Familie auf ihr individuelles Einkommen.[78] Im nur scheinbaren Widerspruch dazu steht der erheblich verstärkte Trend einer zunehmenden ökonomischen Abhängigkeit der Kinder von ihren Eltern. Bezogen 1990 noch 62 % der Westjugendlichen elterliche finanzielle Unterstützung, so waren es 2002 schon 91 % (Ost: von 78 % auf 89 %). Diese Entwicklung hängt primär mit den längeren Schul- und Ausbildungszeiten für immer mehr Jugendliche, aber auch mit der steigenden strukturellen Jugendarbeitslosigkeit zusammen. In Deutschland hat sich der Prozentsatz arbeitsloser junger Menschen zwischen 15 und 25 Jahren von 1990 bis 1997 kontinuierlich von 4,4 % auf 10,2 % mehr als verdoppelt.[79] Hinzu kommen zehntausende Jugendliche in den vorberuflichen Warteschleifen.[80] Es bedeutet einerseits eine zunehmende erhebliche finanzielle Belastung der Eltern, wenn ihre Kinder länger ausgebildet werden, bzw. länger von ihnen ökonomisch abhängig bleiben, andererseits einen steigenden Druck auf die Jugendlichen zu eigenem (Neben-)Verdienst, v. a. dort, wo das

---

78 Lange/Choi geben den Einfluss mit BETA=-.03 bei 15- bis 24-jährigen an. Vgl. E. Lange, Jugendkonsum im 21.Jahrhundert, Eine Untersuchung der Einkommens-, Konsum- und Verschuldungsmuster der Jugendlichen in Deutschland. Unter Mitarbeit von Sunjong Choi, Wiesbaden 2004, 70.

79 Vgl. S. Krone/J.Muth, Wissenschaftliche Begleitung des Förderprogramms »Bekämpfung der Jugendarbeitslosigkeit« der Alfried Krupp von Bohlen und Halbach – Stiftung, Projektbericht des Instituts für Arbeit und Technik, 2004-01, 12. Auch 2004 wuchs die Jugendarbeitslosigkeit (trotz ca. 15 000 per Saldo neu geschaffenen Ausbildungsplätzen) weiter. Im September 2004 waren 33 % mehr Jugendliche (= 30 000) ohne Ausbildungsplatz als ein Jahr zuvor (vgl. Frankfurter Rundschau 05. 02. 2005, Nr. 30, S. 3 und S. 5). Prekärer wird neben dem Statusübergang I (von der Schule in die Berufsausbildung) ebenso der Statusübergang II (von der Ausbildung in den Beruf). Die Januarstatistik 2005 der Bundesagentur für Arbeit weist für Jugendliche unter 20 Jahren einen massiven Anstieg der Arbeitslosenzahl von 68 982 auf 112 101 aus. Mit diesem Plus von 62,5 % ist diese Gruppe damit am härtesten vom jüngsten Anstieg der Arbeitslosigkeit betroffen, v. a. weil viele Auszubildende nicht vom Arbeitgeber übernommen wurden (vgl. Frankfurter Rundschau 01. 03. 2005, Nr. 50, 2).

80 Laut dem Berufsbildungsbericht 2005 (Bundesministerium für Bildung und Forschung) stieg die Zahl der Jugendlichen in Ausbildungs- und Berufsvorbereitungsmaßnahmen der Bundesagentur

Haushalteinkommen nicht reicht.[81] Über einen größeren Zeitraum betrachtet (1990 bis 2002) sind die monatlichen Durchschnittseinkommen der Jugendlichen im Westen inflationsbereinigt zurückgegangen. Im Osten sind sie zwar über diesen Zeitraum leicht gestiegen, zeigen aber seit 1996 ebenfalls eine (deutlich) sinkende Tendenz. Entsprechend sank das reale, aggregierte Kaufkraftvolumen der Jugendlichen (trotz gestiegener Jahrgangsstärken im Westen) weit unter das Niveau von 1990. Damit spiegeln die Einkünfte der Jugendlichen die negative Entwicklung der realen Haushaltseinkommen in Deutschland insgesamt wieder.[82]

Nun zur Wohnsituation der Kinder und Jugendlichen, die maßgeblich zu ihrer sozioökonomischen Lebenslage und zur Höhe ihres ökonomischen Kapitals beiträgt. Die ISS-Studie von 1998 stellt eine grundsätzlich zufrieden stellende Versorgung der Kinder und Jugendlichen in Deutschland mit Wohnraum fest.[83] Das häusliche Platzangebot in Deutschland schwankt pro Person zwischen 32 qm (Mieterhaushalt Ost) und 53 qm (Eigentümerhaushalt West). Doch in Mieterhaushalten mit mehr als fünf Personen sind es nur noch 20 qm (West) bzw. 16 qm (Ost). Bei Familien in Mietwohnungen[84] variiert der Wert zwischen 24,5 qm und 33,6 qm (West) bzw. 20 qm und 27,5 qm (Ost). Elternpaare mit Kindern unter 16 Jahren haben am wenigsten Platz pro Person. Ein Drittel (West) bzw. die Hälfte (Ost) hat weniger als einen Raum pro Person zur Verfügung. Davon sind insbesondere Haushalte mit niedrigem Einkommen betroffen. Selbst bei gleicher Wohnraumgröße haben Kinder mit steigendem Bildungsgrad der Eltern mehr Platz für sich (mehr Spielfläche, weniger Möbel). Kinder der unteren sozialen Schicht dürfen seltener in der Wohnung spielen oder Freunde zu sich einladen. Viele arme Kinder und Jugendliche leben in unsanierten, innerstädtischen Altbauquartieren (v. a. ausländische Minderjährige), in denen weder öffentliche oder private Grünanlagen noch Sport- oder Spielplätze zur Verfügung stehen. Meistens sind dies soziale Brennpunkte. Zwischen 5000 bis 50 000 Kinder und Jugendliche sind dauernd oder vorübergehend wohnungslos und

---

für Arbeit zwischen 1998 und 2004 von 78 000 auf 116 000 an. Im Osten beträgt diese ›Staatsquote‹ 27 %, im Westen 5 % aller Ausbildungsverhältnisse. Hinzu kommen jene, die schulische Maßnahmen der Kommunen durchlaufen und solche, die wegen fehlender Ausbildungsperspektive eine weiterführende Schule (z. B. Berufsfachschulen) besuchen. Ihre Zahl wurde im Berufsbildungsbericht nicht erfasst.

81 Vgl. Lange, 2004, 78.
82 Vgl. Lange, 2004, 73.
83 Vgl. Hock/Holz, 1999, 35. Diesbzgl. Angaben im Weiteren ebenfalls nach ebd., 35ff.
84 Die meisten Familien leben zur Miete, da die Bildung von Wohneigentum i. d. R. erst nach der Familienphase stattfindet. Das trifft v. a. auf junge Familien zu: 92 % der unter 30-Jährigen (gemessen an der Haushaltsbezugsperson) leben in einer Mietwohnung (Engstler/Menning, 2003, 171f.).

leben auf der Straße. Demgegenüber leben zwischen 15 % und 20 % der 15- bis 17-Jährigen in einer eigenen Wohnung, oft in Partnerschaft (ein Viertel bis die Hälfte) und – im Osten überwiegend (65 % bis 75 %) – mit eigenen Kindern (West: 3 % bis 10 %).[85]

Die soziale Struktur der neuen Kinder- und Jugendarmut stellt sich wie folgt dar. Arme Kinder kommen überproportional häufig aus Ein-Eltern-Familien. Von allen Alleinerziehenden im Westen lebten 1993 ca. ein Fünftel unter der Armutsgrenze, 1995 waren es schon ein knappes Drittel (Ost 1993: 30 %; 1995: 27,2 %). Für Deutschland insgesamt betrug ihr Anteil 1998 ca. zwei Fünftel.[86] Besonders betroffen sind weiter Kinder aus Migrantenfamilien, aus Familien mit mehr als drei Kindern, von Müttern oder Vätern ohne Schulabschluss oder ohne Berufsausbildung und nicht zuletzt Kinder von Arbeitslosen. Minderjährige sind dabei deutlich länger von Armut betroffen als Erwachsene.[87]

Zwischenfazit: Die soziale Verteilung von Einkommen und Vermögen hat sich in Deutschland stark polarisiert. Seit zwei Dekaden zeichnet sich ein deutlicher Trend zu mehr Einkommensarmut in der Gesamtbevölkerung ab. Hiervon sind gerade Kinder und Jugendliche überproportional betroffen. Dadurch hat sich das Gesicht der Einkommensarmut radikal verändert: Aus der »Altersarmut« der früheren Jahre wurde die »Neue Armut« von Kindern und Jugendlichen. Dieser Trend hat sich in den letzten Jahren beschleunigt und beginnt sich mit den seit 2005 in Kraft getretenen »Reformgesetzen« (Hartz IV, Steuerreform etc.) sogar weiter zu verschärfen, was aufgrund verfestigter Armut in naher Zukunft letztlich wieder eine »Neue Altersarmut« hervorbringen wird (Armutsrenten).[88]

---

85 Vgl. Lange, 2004, 60.
86 Angaben für 1993 und 1995 nach Hock/Holz 1999, 47; 1998 nach Engstler/Menning, 2003, 152.
87 Vgl. Hock u. a., 2000, 44.
88 Nach Angabe der Gewerkschaft ver.di entlastete die Steuerreform 2005 die Bezieher hoher und höchster Einkommen durch Senkung des Spitzensteuersatzes auf 42 % um insgesamt 10 Milliarden Euro. Untere Einkommen wurden nur leicht entlastet, mittlere Einkommen sogar stärker belastet. Und: »Lägen die Einnahmen aus den Gewinn- und Vermögenssteuern noch auf demselben Niveau wie in den 70er-Jahren, wären die Steuereinnahmen jedes Jahr um 70 Milliarden Euro höher.« (ver.di publik, Februar 2005, 3). Zugleich sank die Lohnquote, d. h. der Anteil der Arbeitnehmer am Volkseinkommen schmilzt (1993: 72,9 %, 2003: 72,1 %, 2004: 70,1 %, 2006: 64,6 %), während der Anteil aus Unternehmens- und Vermögenseinkommen entsprechend stieg (1993: 27,1 %, 2003: 27,9 %, 2004: 29,9 %, 2006: 35,4 %). Zwischen 1996 und 2006 nahmen die (inflationsbereinigten) Realbruttolöhne von 802 Mrd. auf 790 Mrd. Euro ab, während die realen Gewinne und Vermögenseinkommen von 460 Mrd. auf 557 Mrd. Euro zunahmen. Noch im Jahr 2005 wurden die um durchschnittlich 10 % gestiegenen Unternehmensgewinne das vierte Jahr in Folge nicht reinvestiert, sondern flossen auf anderen Wegen ab. Bei einem mäßigen Anstieg des Bruttoinlandsprodukts und weiterer Zunahme der Arbeitslosigkeit konnte bis 2005 allenfalls von einem »jobless growth« gesprochen werden. Selbst mit dem sog. Aufschwung seit 2006 setzt sich die Umverteilung von unten nach

3 Die Störung des Sozialverhaltens als »social sickness«

Mitentscheidend für mögliche psychosoziale Folgen durch Armut ist auch die Frage, wie arm sich ein Kind oder ein Jugendlicher fühlt, d. h. wie er seine materielle Situation selber wahrnimmt und bewertet. Der »erlebte finanzielle Streß«[89] moderiert als subjektiv erlebte Armut in gewisser Weise die Belastungsfolgen der objektiven Armut. Empirisch wird subjektive Armut erfasst, indem man die Minderjährigen auf einer fünfstufigen Skala einschätzen lässt, ob sich die Familie (bzw. sie persönlich) im Vergleich zu anderen mehr oder weniger leisten kann oder ob sie mehr oder weniger Geld als andere haben. Entsprechende Untersuchungen lassen erkennen, dass die ärmeren Kinder und Jugendlichen die objektive ökonomische Lage ihrer Familie zwar tendenziell richtig einschätzen, doch mit einer deutlichen Aufwärtstendenz versehen. In der Untersuchung von Hölscher (2003) beispielsweise geben 60 % der armen Jugendlichen an, dass ihre Familie weniger Geld als andere hat, aber immerhin fast ein Drittel beurteilt die familiäre finanzielle Lage als genauso gut wie die der anderen Familien. Circa 8 % glauben sogar mehr Geld zu haben. Vor allem Jungen neigen zur Beschönigung ihrer Armutslage. Auch solche Jugendliche, deren Familien nicht objektiv arm sind, aber sich in der Nähe zur Armutsschwelle befinden, nehmen die familiäre Finanzlage stark verzerrt wahr.[90] In der Studie von Elkeles u. a. (1998) zeigt sich diese Tendenz der armen Jugendlichen zur Beschönigung ihrer finanziellen Lage ebenfalls. Nach seinen Ergebnissen ist sie bei Jüngeren zudem stärker als bei Älteren. Nur bei etwas mehr als einem Drittel der jüngeren (12–17 Jahre) aber der Hälfte der älteren (18–24 Jahre) objektiv Armen koinzidiert dieser Status auch mit der subjektiven Selbsteinschätzung.[91] Als Ursache werden einerseits

---

oben fort. Die Haushaltsmaßahmen der Großen Koalition (Mehrwertsteuererhöhung, Kürzung bei Pendlerpauschale etc.) treffen laut Berechnung verschiedener Wirtschaftsforschungsinstitute überdurchschnittlich die unteren Einkommensgruppen (vgl. Frankfurter Rundschau 25. 11. 2005, 275/9). Der voraussichtlich 2008/09 zu Ende gehende konjunkturelle Zyklus vermag die Langzeitarbeitslosigkeit nicht nachhaltig zu reduzieren, denn es wurden zu wenig neue sozialversicherungspflichtige Beschäftigungsverhältnisse geschaffen (2003: 26,8 Mio., 2007: 26,9 Mio.). Viele neue Beschäftigungsverhältnisse sind außerdem Zeit- und Leiharbeitsverhältnisse (1996: 180 000, 2007: 800 000) oder bewegen sich im Niedriglohnbereich (2007: über 7 Mio.). Das durchschnittliche Nettorealeinkommen der Beschäftigten sinkt trotz des »Aufschwungs« weiter (vgl. ver.di publik, Aug./Sept. 2007, 15 und FB 3, 3 und Freitag, 21. 03. 2008, 12/10).

89 V. C. Mc Loyd u. a., Unemployment and Work Interruption Among African-American Single Mothers: Effects on Parenting and Adolescent Socioemotional Functioning, in: Child Development, 1994 (65 Jg.), 562–589, zit. n. Hölscher, 2003, 247.

90 Hier sehen sich gar ca. 2/3 der Befragten auf Augenhöhe mit dem Durchschnitt, fast 1/4 glaubt mehr als andere zu haben (vgl. P. Hölscher, »Immer musst Du hingehen und praktisch betteln«. Wie Jugendliche Armut erleben, Frankfurt a. M., 2003, 123 und 114).

91 Bei einem objektiven Armutsanteil von 10,1 % in der Stichprobe (12- bis 24-Jährige) schätzen sich nur 4 % der 12- bis 17-Jährigen bzw. 5 % der 18- bis 24-Jährigen als arm ein (Elkeles u. a., Armut und Gesundheit bei Jugendlichen und jungen Erwachsenen, in: Mansel/Brinkhoff, 1998, 160f.).

Schamgefühle, andererseits auch die persönliche materielle Ausstattung der Minderjährigen vermutet. Viele Eltern in armen Haushalten sind oftmals bereit, sich selber zugunsten ihrer Kinder einzuschränken, gerade weil sie um den Stigmatisierungseffekt von Armut in der Schule und in der Peergroup wissen.[92] Nicht zuletzt sorgen arme Jugendliche wie schon berichtet durch eigene Initiative (Nebenjobs) für eine Aufbesserung ihrer finanziellen Mittel. Doch ändert auch eine ähnlich gute materielle Ausstattung nichts daran, dass ein Gefühl des Mangels und der Unzufriedenheit bleibt. Mansel/Hurrelmann (1994) wiesen nach, dass die subjektive Unzufriedenheit mit dem persönlichen Besitzstand bei Jugendlichen mit sinkender Soziallage auch dann ansteigt, wenn sie über einen ähnlichen Besitzstand verfügen wie ihre Altersgenossen aus den höheren Soziallagen.[93] Unabhängig von diesen moderierenden Effekten fühlen sich Jugendliche aus sozial schwachen Familien doppelt so häufig subjektiv arm wie Jugendliche aus der Durchschnittspopulation. Bei Arbeitslosen/Jungarbeitern ist dies sogar dreimal mehr der Fall.[94] Laut dem Bericht der Sachverständigenkommission zum 11. Kinder- und Jugendbericht schätzten sich im Jahr 1994 9 % der 16- bis 29-Jährigen als subjektiv arm ein.[95] Die aktuelle World-Vision-Kinderstudie (2007) beziffert den Anteil der subjektiv armen Kinder im Alter zwischen acht und elf Jahren auf 13 %. Besonders betroffen sind Kinder von arbeitslosen bzw. nicht erwerbstätigen Eltern (44 % bzw. 45 %), von Alleinerziehenden (34 %), von Migranten (21 %) und von Eltern in den östlichen Bundesländern (19 %).[96]

3.1.2 Das soziale Kapital von Kindern und Jugendlichen – soziale Netzwerke und soziale Unterstützung

In diesem Abschnitt über das soziale Kapital werden im einzelnen die familiäre Einbindung der Kinder und ihre Unterstützung durch die Eltern[97], ihre Integration in die Peergroup, in die Schule sowie in Vereine und ähnliche soziale Institutionen beschrieben. Grundsätzlich ist aus der (noch sehr jungen und

---

92 So erleben die meisten betroffenen Jugendlichen den Bezug von Sozialhilfe als erniedrigend (vgl. Hölscher, 2003, 250).
93 Vgl. Mansel/Hurrelmann, 1994, 168.
94 Vgl. Mansel/Brinkhoff, 1998, 146.
95 Vgl. H. Hackauf, Gesundheit und soziale Lage von Kindern und Jugendlichen, in: Sachverständigenkommission 11. Kinder- und Jugendbericht (Hg.), 2002 (9–86), 70.
96 K. Hurrelmann/S. Andresen, World Vision Deutschland e. V. (Hg.), Kinder in Deutschland. 1.World Vision Kinderstudie, Frankfurt a. M. 2007, 18.
97 Im Gegensatz zum Mainstream der Netzwerkforschung scheint es mir bei Fragestellungen zu Kindern und Jugendlichen legitim, Eltern und Familie ausdrücklich als Teil ihres sozialen Netzwerkes zu betrachten.

uneinheitlichen) Forschung zu sozialen Netzwerken bekannt, dass die soziale Einbettung von Individuen einen maßgeblichen Einfluss auf ihr psychosoziales Wohlbefinden hat. Kahn und Antonucci (1980) prägten für die tragende Funktion der sozialen Unterstützung für eine individuelle Biografie das Bild des »Convoys«.[98] Ihnen zufolge wird das Individuum während seiner Entwicklungsreise durch die verschiedenen Lebensstadien »durch diesen ›Begleitschutz‹ mit sozialen Beziehungen unterschiedlicher Intimitätsgrade wie in einer mehrfach geschichteten Schale geschützt«[99]. Als sicher kann gelten, dass soziale Netzwerke Kindern und Jugendlichen bei der Bewältigung von Entwicklungsaufgaben helfen, indem sie die damit verbundenen Stressoren abfedern. Dabei bleibt das frühkindlich erworbene Bindungsverhalten für die spätere Entwicklung und Nutzung von sozialen Netzwerken prägend. Gemeinsam mit Faktoren wie personellen Eigenschaften und situativen Gegebenheiten bestimmt der erworbene Bindungstypus Qualität und Quantität der im Leben bevorzugten sozialen Unterstützung und die dafür notwendigen Formen der Beziehungspflege. Die vorliegenden empirischen Daten sind allerdings nicht so umfassend wie jene zum ökonomischen Kapital. Viele Untersuchungen greifen nur einzelne Aspekte heraus oder beschränken sich auf bestimmte Altersgruppen. Eine umfassende und repräsentative Studie zu sozialen Netzwerken von Minderjährigen steht noch aus. Gleichwohl liefern die existierenden Untersuchungen ausreichend Hinweise für eine realitätsnahe Einschätzung ihrer sozialen Beziehungen.

Das Netzwerk der Familie
Zu Beginn wird die herrschende Eltern- und Familiensituation der Kinder analysiert.[100] Die Mehrzahl wächst nach wie vor mit zwei Elternteilen auf, wenn auch manchmal nur phasenweise und nicht kontinuierlich mit den gleichen Elternteilen. Ebenso haben die meisten von ihnen Geschwister, sind also keine Einzelkinder. Nur ein Fünftel aller Kinder wächst heute als Einzelkind und damit ohne Geschwistergeselligkeit auf.[101] Aber: Im Jahr 2000 hatte die Hälfte aller Haushalte mit minderjährigen Kindern nur ein Kind im Haushalt, weil die älteren Kinder den Haushalt bereits verlassen hatten oder geplante Geschwister noch nicht geboren wurden. Eine hohe Kinderzahl ist heute nachweislich ein hohes Armutsrisiko. Arme Kinder kommen überproportional häufig aus Familien mit drei und mehr Kindern. Die Geburt eines oder mehrerer (weiterer) Kinder erhöht die Wahrscheinlichkeit, unter die Sozialhilfegrenze zu rutschen

---

98 R. L. Kahn/T. C. Antonucci, Convoys of social support: A life course approach. In: I. B. Kiesler et al. (Eds.), Aging (pp. 383–405). New York, 1980, zit. n.: B. Röhrle, Sozialer Netzwerke und soziale Unterstützung, Weinheim 1994, 46.
99 Röhrle, 1994, 46.
100 Wenn nicht anders angegeben im Weiteren nach Hock/Holz 1999, 13ff.
101 Vgl. 11. Kinder- und Jugendbericht, 2002, 124.

um das Drei- bis Vierfache.[102] Bei der Familienform der Eltern-Familie mit mehr als drei Kindern haben die ausländischen Großfamilien das größte Gewicht. Eine Studie an Sechsjährigen gibt den Anteil armer ausländischer Kinder mit 43 % an (deutsche Kinder: 20 %).[103] Das Scheidungsrisiko ist seit den sechziger Jahren sprunghaft gestiegen: je nach Eheschließungsjahrgang und Ehedauer zum Scheidungszeitpunkt um den Faktor 2 bis 3. Im Jahr 2000 wurden 194 000 Ehen geschieden.[104] Das waren rund 1 % aller im betreffenden Jahr bestehenden Ehen. In 47,1 % der Fälle waren minderjährige Kinder betroffen. Gegenwärtig wird innerhalb von 15 Jahren ein Viertel der Ehen geschieden. Aufgrund der Zunahme kinderloser Ehepaare ist von den Scheidungen aber ein kleiner werdender Prozentsatz von Paaren mit Kindern betroffen. Waren 1960 im Westen noch in 57,8 % der geschiedenen Ehen minderjährige Kinder betroffen, so waren es im Jahr 2000 wie erwähnt 47,1 %. Im Osten stellt sich die Entwicklung der Quote uneinheitlich dar, sinkt seit 1995 aber auch kontinuierlich ab (1995: 70,7 %; 2000: 58,3 %). Von den geschiedenen Ehen des Heiratsjahrganges 1980 waren 16 % aller Minderjährigen betroffen. Generell steigt die Wahrscheinlichkeit, dass ein Kind bis zum 20. Lebensjahr die Scheidung seiner Eltern erlebt an. Es wird geschätzt, dass ca. 20 % der in den 90er Jahren geborenen Kinder von Ehepaaren in diesem Zeitraum davon betroffen sein wird. Mit den Scheidungen steigt die Anzahl von Alleinerziehenden und Stieffamilien (»Patchwork-Familien«). Die Zahl der Alleinerziehenden wuchs zwischen 1970 und 1998 im Westen von 656 000 auf 1,3 Mio. (Ost 1991: 490 000; 1998: 562 000). Damit machten Alleinerziehende im Westen im Jahr 1998 einen Anteil von 17,4 % aller Familien aus (Ost: 29,8 %).[105] Die Mehrzahl der Ein-Eltern-Familien entsteht inzwischen durch Trennungen und Scheidungen (1970: 44 %; 1995: 60 %). Von den 12,5 Mio. Minderjährigen (West) im Jahr 1996 lebten 14 % in einer Ein-Eltern-Familie (Ost: 25 % von 3,1 Mio.).[106] Betrachtet man nur die Gruppe der acht- bis elfjährigen Kinder, dann leben aktuell 17 % in einer Ein-Eltern-Familie.[107] Generell sind Kinder aus Ein-Eltern-Familien überdurchschnittlich häufig von Armut betroffen. Für diesen Familientypus ist die Kombination

---

102 Rosendorfer u. a., Lebensbedingungen von Familien – Chancen und Risiken von Phasen der Familienentwicklung, 1996, 51, in: W. Bien (Hg.), Familie an der Schwelle zum neuen Jahrtausend: Wandel und Entwicklung familialer Lebensformen, Opladen, 1996, 113–190, zit. n.: Hölscher, 2003, 36.
103 Vgl. B. Hock u. a., 2000, 48.
104 Vgl. Engstler/Menning, 2003, 81ff.
105 Vgl. R. Peuckert, Familienformen im sozialen Wandel, Opladen 1999, 163. Peuckert weist darauf hin, dass die amtliche Statistik die Realität in diesem Aspekt nur näherungsweise abbildet.
106 Vgl. Grünheid/Mammey 1997, zit. n. Peuckert, 1999, 164.
107 Vgl. Hurrelmann/Andresen, 2007, 18.

alleinerziehende deutsche Mutter mit ein bis zwei Kindern‹ charakteristisch.[108] Die zitierte Studie von Hock u. a. an Sechsjährigen ergab, dass 40 % der armen Kinder in Ein-Eltern-Familien leben im Vergleich zu 20 % der Nicht-Armen. Die Armutsquote der »Mutter-Familie« wird mit 25 % fast dreimal so hoch wie beim Durchschnitt aller Familien (9 %) gemessen. Im Jahr 2000 bezogen 24 % der Alleinerziehenden Sozialhilfe, wobei der Prozentsatz des Sozialhilfebezugs mit der Anzahl der Kinder anstieg.[109]

Aus datenschutzrechtlichen und methodischen Gründen wird die Zahl der Stieffamilien in der amtlichen Statistik nicht erfasst. Schätzungen aufgrund von Mikrozensusdaten gehen aber davon aus, dass z. B. 13 % des Geburtsjahrganges 1977 im Westen bis zum 16. Lebensjahr Stiefkinder geworden sind (Ost: 18 %). Das bedeutet gegenüber dem Geburtsjahrgang von 1958 eine Zunahme von 6 %. Nach Schwarz (1993–94) werden im Westen 43 %, im Osten 52 % der Scheidungskinder durch eine Wiederheirat zu Stiefkindern und erhalten in 80 % der Fälle einen Stiefvater, weil sie bei der Kindesmutter leben. Hinzuzurechnen ist eine unbekannte Anzahl von Kindern von Alleinerziehenden, die einer sekundären Stieffamilie angehören (der getrennt lebende Elternteil hat eine neue Familie gegründet) sowie 150 000 nichteheliche Stieffamilien (Stand: 1995).[110] Laut der World Vision-Kinderstudie leben im Jahr 2007 allein in der Altersgruppe der Kinder zwischen 8 bis 11 Jahren 6 % mit einem Stiefelternteil zusammen.[111] Ebenso wird seit langem ein Anstieg der nichtehelichen Lebensgemeinschaften mit minderjährigen Kindern verzeichnet. Ihre Zahl hat sich im Westen zwischen 1972 und 1998 von 25 000 auf 327 000 erhöht (Ost 1991: 180 000; 1998: 230 000).[112] Im Jahr 2000 lag der Anteil von Ehepaaren mit minderjährigen Kindern bezogen auf alle Familientypen bei 78,4 %, der von nichtehelichen Lebensgemeinschaften bei 6,2 % und der der Alleinerziehenden bei 15,4 %. 1999 gab es schätzungsweise 850 000 Stiefkinder, was 5,5 % aller in Familien lebender Minderjährigen entsprach. Repräsentative empirische Daten zur Frage der ökonomischen Deprivation von Stieffamilien liegen nicht vor. Eine nicht-repräsentative Untersuchung (Hölscher 2003) bei Jugendlichen zwischen 12 und 16 Jahren zeigte eine annähernde Gleichverteilung der Stieffamilien über die verschiedenen so-

---

108 1997 waren im Westen 83 % der Alleinerziehenden Frauen, im Osten 87 %. Vgl. E. Grünheid/M.Mammey, Bericht 1997 über die demographische Lage in Deutschland, in: Z. f. Bevölkerungswissenschaft 22, 1997, 377–480, zit. n.: Peuckert, 1999, 164.
109 Engstler/Menning, 2003, 156.
110 Alle Angaben zu Stieffamilien aus: K. Schwarz, In welchen Familien wachsen die Kinder und Jugendlichen in Deutschland auf?, in: Zeitschr. f. Bevölkerungswissenschaft 20, 1995, 271–292, zit. n. Peuckert, 1999, 189.
111 Vgl. Hurrelmann/Andresen 2007, 18.
112 Peuckert, 1999, 71. Die Zahlen beruhen auf den wenig reliablen Angaben im staatlichen Mikrozensus. Andere Erhebungen kommen auf 50 % bis 100 % höhere Häufigkeiten (vgl. ebd., 72f.).

zialen Schichten. Die Autorin weist jedoch ein deutlich höheres psychosoziales Belastungsniveau für Jugendliche aus armen Stieffamilien nach. Insbesondere Jungen berichten im Gegensatz zu ihren Geschlechtsgenossen aus den übrigen – ebenfalls ökonomisch deprivierten – Familienformen für alle Lebensbereiche über ein fast durchgängig höheres Belastungsniveau.[113] Mithin ist bekannt, dass insbesondere alleinerziehende Mütter aufgrund ihrer geringen sozioökonomischer Ressourcen einen besonders hohen Wiederverheiratungsdruck haben, weil sie hiermit die soziale Lage für ihre Kinder und sich unmittelbar verbessern können, während sich Männer mit niedrigem sozialem Status eine Wiederheirat ökonomisch oft nicht leisten können (Unterhaltszahlungen usw.).[114]

Die Einbindung der Kinder in die Familie wird in erster Linie durch das Familienklima bestimmt, welches als Kombination aus dem vorherrschenden Bindungstyp (sicher, vermeidend, ambivalent, desorganisiert) und dem elterlichen Erziehungsstil aufgefasst werden kann.[115] Die empirischen Untersuchungen der Bindungsforschung weisen in die Richtung, dass die Hälfte bis zwei Drittel aller ein- bis zweijährigen Kinder eine sichere Bindung zu ihrer primären Bezugsperson (meistens die Mutter) aufbauen können.[116] Es existiert also eine erhebliche Anzahl von Kleinkindern, die in irgendeiner Weise unsicher gebunden sind. Diese unsichere Bindung kann sich im Laufe der kindlichen und adoleszenten Entwicklung zwar noch ändern (z. B. durch kompensatorische Bezugspersonen). Auch führt das Lernen einer unsicheren Bindung nicht automatisch zu einer Bindungsstörung im klinischen Sinne. Aber es gibt ausreichend empirische Hinweise auf die Ausbildung eines lebenslang bevorzugten Bindungsstiles, der entsprechend der Primärbindung in der frühen Kindheit angelegt wird und aus dem bestimmte psychosoziale Vulnerabilitäten entstehen.[117] Untersuchungen bei 10- bis 13-Jährigen Kindern hierzulande haben gezeigt, dass etwa ein Viertel von ihnen die Bindung zu den Eltern in einer Weise beschreibt,

---

113 Vgl. Hölscher, 2003, 120 und 250f.
114 Vgl. Peuckert, 1999, 185.
115 Vollständiger wäre das Familienklima allerdings mit der Hinzunahme des familialen Interaktionsklimas erfasst. Nur sind mir hierzu keine repräsentativen Angaben bekannt. Mansel und Hurrelmann (1994) z. B. berücksichtigen diese Variable zwar (definiert als niedrige bis hohe Konfliktdichte in der Familie), machen aber keine Angaben zur prozentualen Häufigkeit in ihrer repräsentativen Stichprobe zu 17- und 21-Jährigen. Sie sagen nur, dass die Berufsstatusgruppe der jungen Arbeitslosen und Jungarbeiter am relativ häufigsten Konflikte in der Familie angibt. Vgl. Mansel/Hurrelmann, 1994, 153.
116 Vgl. van Ijzendoorn/Kronenberg, Cross-cultural patterns of attachment, in: Child Development, 59, 1988, 147–156 sowie Grossmann u. a., Die Bindungstheorie: Modell und entwicklungspsychologische Forschung, in: Keller, H. (Hg.), Handbuch der Kleinkindforschung, Berlin 1993, 31–55, zit. n. 10. Kinder- und Jugendbericht, 1998, 28.
117 Vgl. K. E. Grossmann, Geschichte der Bindungsforschung, in: G. J. Suess u. a. (Hg.), Bindungstheorie und Familiendynamik, Gießen 2001, 44ff. sowie P. McKinsey Crittenden, Klinische

die auf ernsthafte Konflikte und Kommunikationsprobleme schließen lässt.[118] In einer Studie zu älteren Jugendlichen (17 Jahre) und jungen Erwachsen (21 Jahre) lag der Anteil derjenigen, die die Beziehung zu ihren Eltern als weniger gut oder schlecht bezeichnet bei einem Sechstel bis einem Viertel. Dabei verschlechterte sich die Beziehung mit zunehmendem Alter, und das Verhältnis zum Vater wurde durchgängig schlechter bewertet als das zur Mutter.[119] Es gibt empirische Hinweise, dass insbesondere Kinder von Alleinerziehenden und Stiefkinder eine weniger vertrauensvolle Beziehung zum (nicht mehr in der Familie lebenden) Vater bzw. Stiefvater haben.[120] Umgekehrt belegen Bien und Marbach (1991), dass Kinder für Alleinerziehende wesentlich häufiger als in anderen Familienformen die Rolle des Gesprächspartners übernehmen und der emotionale Bezug zum Kind ein größeres Gewicht hat.[121] Wenn man dazu weiß, dass fast die Hälfte aller ledigen alleinerziehenden Mütter während der Schwangerschaft von ihrem Partner verlassen wurden, dann wird diese extrem asymmetrische Elternbeziehung dieser Kinder verständlich.[122] Zwar lassen sich nur wenige Studien aus der Bindungsforschung finden, die explizit den Zusammenhang zwischen Bindungsqualität und sozioökonomischem Status (mit)untersucht haben. Doch in allen erwies sich eine familiäre ökonomische Deprivation als einer der wesentlichen Risikofaktoren für die Entstehung einer Bindungsstörung. Umgekehrt hat sich die Abwesenheit von Armut, genauer gesagt ein hoher sozioökonomischer Status, als protektiver Faktor herausgestellt.[123] Werden arme Jugendliche nach ihrer Beziehungsqualität zu ihren Eltern befragt, dann bewerten sie diese signifikant schlechter im Vergleich zu nicht-armen Jugendlichen. Sie berichten ebenso häufiger von familiären Konflikten.[124] Dieser Effekt verstärkt sich, wenn die Jugendlichen sich auch subjektiv als ökonomisch benachteiligt

---

Anwendung der Bindungstheorie bei Kindern mit Risiko für psychopathologische Auffälligkeiten oder Verhaltensstörungen, in: ebd., 86–106 sowie M. Dornes, Die Entstehung seelischer Erkrankungen: Risiko- und Schutzfaktoren, in: G. J. Suess/W.-K. P. Pfeifer (Hg.), Frühe Hilfen, Gießen 2003, 25–64.
    118 Vgl. J. Zinnecker u. a., Beziehungen zwischen Eltern und Kindern aus Kindersicht, in: Zinnecker/Silbereisen, 1998, 213–227.
    119 Mansel/Hurrelmann, 1994, 152.
    120 Vgl. Hölscher, 2003, 129.
    121 W. Bien/J. Marbach, Haushalt–Verwandtschaft–Beziehungen. Familienleben als Netzwerk, 39, in: H. Bertram, Die Familie in Westdeutschland, Opladen 1991, 3–44.
    122 Das Familieninstitut in Bamberg ermittelte für diese Gruppe eine Rate von 47 %. Die Studie wird zitiert in dem Artikel »Die Später-Vielleicht-Männer« von Meike Dinklage in der Zeitschrift Brigitte, 7/2005, 119.
    123 Eine Übersicht der Studien gibt M. Dornes, in: Suess/Pfeifer, 2003, 25–64.
    124 Ein Zusammenhang, der erneut durch die World Vision-Kinderstudie bestätigt wird: »Je niedriger die Schicht, desto größer das Streitpotential.« Hurrelmann/Andresen 2007, 21.

3.1 Lebenslagen, Risikolagen und psychosoziale Befindlichkeit

erleben.[125] Insbesondere scheint bei ihnen die Bindung zum Vater belasteter als im Durchschnitt, da sie ihn seltener als Vertrauensperson nennen.[126] Auch scheint die Bereitschaft, die Eltern durch Gespräche am eigenen Leben teilhaben zu lassen mit sinkendem sozialen Status abzunehmen. Die Qualität der Beziehungen zu den Geschwistern ist dagegen vom sozialen Status unabhängig.[127] Ob Gespräche mit den bei armen Jugendlichen öfter vorhandenen Geschwistern das Defizit auf der Elternebene ausgleichen können, erscheint allerdings fraglich.[128]

Wie nachhaltig Kinder und Jugendliche soziale Unterstützung erfahren, zeigt sich u. a. am zeitlichen Ausmaß ihrer Betreuung durch Erwachsene. Ungefähr zwei Drittel aller Schulkinder werden nachmittags von den Eltern oder Verwandten betreut. Beinahe 10 % werden institutionell betreut, wobei diese Zahl im Osten ca. dreimal höher als im Westen ist (West: 5,9 %; Ost: 17,8 %). Im Westen werden 9 %, im Osten 15 % überhaupt nicht betreut. Ältere Schulkinder aus einkommensniedrigen Familien werden im Vergleich zu solchen aus einkommensstarken Familien häufiger fremdbetreut, d. h. von Bekannten (21 % zu 10 %) oder im Hort (6 % zu 3 %). Auch sind sie nach der Schule häufiger unbetreut zuhause (11 % zu 8 %). In Jugendzentren u. Ä. halten sie sich praktisch gar nicht auf (0 % zu 11 %).[129]

Auch die Zeit, die Eltern mit ihrem Kind persönlich verbringen bzw. für das Kind aufwenden ist ein Stück seines sozialen Kapitals. Zeitbudgetstudien zeigen zunächst die triviale Erkenntnis, dass sich der Zeitaufwand mit höherem Alter des Kindes und der kleineren Zahl der Kinder reduziert sowie, dass Frauen mehr Zeit als Männer für die Kinderbetreuung aufwenden (etwas mehr als doppelt soviel). Aber die aktive Betreuungszeit reduziert sich auch durch die Erwerbstätigkeit beider Eltern sowie dann, wenn das Kind bei einem alleinerziehenden Elternteil lebt. Die Abweichungen sind jedoch nicht gravierend. So wendeten 1991/92 Ehepaare mit einem Kind gemeinsam 1,53 Std., Ehepaare mit zwei und mehr Kindern 2,04 Std. und Alleinerziehende 1,51 Std. für die hauptaktive Kinderbetreuung auf.[130] Es ist nur wenig darüber bekannt, ob Eltern in armen

---

125 Vgl. J. Mansel, Wohlbefinden von sozial benachteiligten Jugendlichen, 152, in: J. Mansel/K.-P. Brinkhoff (Hg.), Armut im Jugendalter, Weinheim/München 1998, 141–157.
126 Vgl. T. Elkeles u. a., Armut und Gesundheit bei Jugendlichen und jungen Erwachsenen, in: ebd., 164ff. Erst unlängst stellte eine Repräsentativumfrage des »Kinderbüros« Frankfurt a. M. (»Erfahrungsbericht zur Lebenssituation Frankfurter Kinder«) bei Kindern zwischen 9 und 14 Jahren erneut fest, dass sich Armut »spürbar auf das Wohlbefinden in der Familie (auswirkt). Kinder aus ärmeren Familien halten ihre Väter für weniger zuverlässig.« Frankfurter Rundschau, 01. 08. 2005, Nr. 176, S. 15.
127 Vgl. Hölscher, 2003, 130.
128 Vgl. ebd., 132.
129 Vgl. Hock/Holz 1999, 19.
130 Vgl. Engstler/Menning, 2003, 136. Bei den Alleinerziehenden wurde nicht nach Anzahl der Kinder unterschieden.

Familien mehr oder weniger Zeit mit ihren Kindern verbringen. Hölscher berichtet z. B., dass in Familien mit geringem sozialen Status die Eltern nur selten gemeinsam mit ihren Kindern Sport treiben.[131] Auch sagen quantitative Angaben über die Betreuungszeit nichts über die Qualität der Betreuung aus. Zu dieser subjektiven Seite der Medaille gibt die World Vision-Kinderstudie (2007) interessante Hinweise, auch wenn nur die Altersgruppe der Acht- bis Elfjährigen untersucht wurde. Die Autoren kommen zunächst zu dem Ergebnis, dass kein Zusammenhang zwischen dem Ausmaß der Erwerbtätigkeit der Eltern und der Zufriedenheit der Kinder mit der elterlichen Zuwendung besteht. Geregelte Erwerbstätigkeit der Eltern scheint die Zufriedenheit eher zu erhöhen, weil sie das Familienklima stabilisiert. Die 13 % der Kinder, die über ein Zuwendungdefizit der Eltern klagen, sind dagegen überwiegend solche, deren Eltern arbeitslos bzw. sonst wie nicht erwerbtätig sind (28 %) oder es sind Kinder von erwerbtätigen Alleinerziehenden (35 %).[132] Es liegt nahe, hierin den Effekt eines niedrigeren Sozialstatus zu sehen. Die ISS-Studie[133] belegt diese Vermutung. Hier wurde die hohe Bedeutung des Ausmaßes elterlicher Zuwendung zum Kind – die sog. Kindzentriertheit[134] – als eigenständiger Faktor, der der Entwicklung von kindlichen Verhaltensauffälligkeiten entgegenwirkt, nachgewiesen. Beim Vergleich von armen mit nicht-armen Familien, die eine gleichermaßen geringe Kindzentriertheit aufwiesen, stellte sich heraus, dass die Kinder der armen Familien deutlich mehr Auffälligkeiten zeigten als die der nicht-armen Familien. Selbst mit einer hohen Kindzentriertheit konnte eine arme Familie nur knapp den Durchschnittswert für Auffälligkeiten erreichen. Frühere Untersuchungen aus den USA beschreiben diesen Effekt ebenfalls.[135] Zwar werden in der ISS-Studie keine Angaben über die Häufigkeitsverteilung des kindzentrierten Familienklimas in Abhängigkeit vom Sozialstatus der Familie gemacht. Doch gibt die Studie von Bien und Marbach (1991) einen Hinweis in diese Richtung. Sie bestätigt, dass die Bedeutung der emotionalen Zuwendung mit der Höhe des Bildungsabschlusses der Eltern und damit – soviel darf vermutet werden – auch mit ihrem sozialen

---

131 Vgl. B. Fuhs, Das außerschulische Kinderleben in Ost- und Westdeutschland, in: P.Büchner, B.Fuhs, H.-H. Krüger (Hg.), Vom Teddybär zum ersten Kuß. Wege aus der Kindheit in Ost- und Westdeutschland, Opladen 1996, 129–158, zit. n. Hölscher, 2003, 56.
132 Vgl. Hurrelmann/Andresen 2007, 20f.
133 Hock u. a., 2000, 53.
134 Gemessen als Ausmaß gemeinsamer familiärer Aktivitäten in den Ausprägungen »Gering« und »Hoch«. Auch in den Experteninterviews der ISS-Studie wurde eine geringe elterliche emotionale Zuwendung und Unterstützung am häufigsten als Armutsindikator benannt. Vgl. ebd., 84.
135 R. C. Rockwell/G. H. Elder, Economic deprivation and problem behavior: Childhood and adolescence in the Great depression, in: Human Development, 1982 (25), 57–64, zit. n. Röhrle, 1994, 200f.

Status ansteigt.[136] Eltern von armen Familien geben zudem doppelt so häufig wie nicht-arme Eltern an, Probleme mit den eigenen Kindern zu haben.[137] Die Armutslage einer Familie ist daher auch ein wesentlicher Erklärungsfaktor für die Inanspruchnahme familienersetzender Erziehungshilfen der Jugendämter, da die subsistenten Ressourcen bei armen Familien eben sehr begrenzt sind.[138] Im besonderen Fall ökonomisch deprivierter Familien mit höherem Bildungsgrad zeigt sich, dass der dort zu beobachtende stärkere Rückzug aus außerfamiliären Kontakten mit einer Intensivierung der Zuwendung zum Kind einhergeht. Gleichzeitig wird hier aber auch noch öfter über Probleme mit den Kindern berichtet als bei armen Familien mit geringem Bildungsgrad. Ob die Kinder problematischer werden, weil die Eltern genauer hinsehen oder sie umgekehrt genauer hinsehen müssen, weil sie auffälliger werden, soll dahin gestellt bleiben.[139] Entscheidend ist, dass dies als Beleg für die außerordentlichen psychosozialen Belastungen gelten kann, die mit dem Prozess eines sozialen Abstiegs verbunden sind. Im Sinne der Anomietheorie Mertons (1995) zeigt sich gerade hier ein (erhöhtes) Dissonanzerlebnis zwischen einem internalisierten kulturellen Ziel (sozialer Aufstieg durch hohen Bildungsgrad) und dem tatsächlichen sozialen Status (geringe Verfügung über ökonomische Mittel), der die Realisierung des Anspruchs nicht (mehr) erlaubt. Merton zufolge erwächst aus diesem sozialstrukturell bedingten Widerspruch ein erheblicher Anomiedruck.[140] Offenbar wirkt sich dieser auch negativ auf die Familiendynamik aus.[141]

Auch der Erziehungsstil bestimmt Ausmaß und Qualität familiärer Unterstützung. Insgesamt kann man in der BRD eine Entwicklung weg vom autoritären Erziehungsstil, der in den fünfziger Jahren noch stark vertreten war, hin zu einem partnerschaftlichen Stil feststellen. Damit war der Übergang vom »Befehlshaushalt« zum »Verhandlungshaushalt« verbunden.[142] Zwei Drittel

---

136 Bien/Marbach, 1991, 3–44.
137 S. Walper, Finanzielle Belastungen und soziale Beziehungen, in: Bertram, 1991 (351–386), 369.
138 Der Korrelationsquotient zwischen Armut (gemessen als ALG II-Quote) und Inanspruchnahmequote familienersetzender Hilfen (Heimerziehung, Vollzeitpflege) beträgt r=.633. Es wird vermutet, dass ein ähnlich enger Zusammenhang auch für die restlichen Erziehungshilfemaßnahmen nach KJHG gilt. Die Berechnungen fußen auf der Basis aller Kommunen und sind bundesweit repräsentativ (vgl. KomDat Jugendhilfe, 10.Jg., H.3, 2007, 5). Ich gehe davon aus, dass die Korrelation sich noch stärker ausprägt, wenn die Berechnungen auf der (direkten) Basis von Familien(einkommen) durchgeführt würden.
139 Ebd.
140 R. K. Merton, Sozialstruktur und Anomie, in: ders., Soziologische Theorie und soziale Struktur, Berlin/New York 1995, 127–185.
141 Bestätigt auch durch die mehrfach zitierte Studie von Hölscher (2003, 248f.).
142 M. Bois-Reymond u. a. (Hg.), Kinderleben. Modernisierungen von Kindheit im internationalen Vergleich, Opladen 1994, zit. n. Peuckert, 1999, 139.

der 10- bis 15-Jährigen wachsen heutzutage in einem Verhandlungshaushalt auf. Das sagt allerdings noch wenig über die erzieherische Kompetenz der Eltern aus, denn ein reifer Erziehungsstil zeichnet sich durch eine gelungene Verbindung zwischen der emotionalen Unterstützung des Kindes und den normativen Anforderungen an das Kind aus. Nur so werden soziale Kompetenz und Selbstwert des Kindes nachweislich gefördert. Nach eigenen Angaben erfahren nur 32 % der Minderjährigen im Westen und 41 % im Osten diese reife Form der elterlichen Erziehung. Es überwiegt dagegen der naive Erziehungsstil, der zwar emotionalen Rückhalt bietet, jedoch wenig normative Anforderungen stellt. Im Westen werden so 49 % und im Osten 43 % der Kinder erzogen. Rückläufig sind der gleichgültige (weder emotionale Stützung noch Anforderungen) und der paradoxe (Forderungen ohne emotionalen Rückhalt) Erziehungsstil. Im Westen sind vom erstgenannten Stil noch 15 % betroffen (Ost: 11 %), vom zweitgenannten 4 % der Kinder und Jugendlichen (Ost: 5 %).[143] Der »Verhandlungshaushalt« findet sich in den unteren Soziallagen weniger als in den oberen.[144] Entsprechend nehmen gerade arme Kinder und Jugendliche das Erziehungsverhalten ihrer Eltern als deutlich restriktiver wahr als Nicht-Arme.[145] Der Kinder- und Elternsurvey 1996 (Zinnecker/Silbereisen 1998)[146] bestätigt die hier beschriebene Tendenz. Dort wurden die Angaben von 10- bis 13-Jährigen über das Beziehungsklima in ihren Familien analysiert. Dabei konnten vier unterschiedliche Typen des Familienklimas (»Familienumwelten«) identifiziert werden. Der erste Typ zeichnet sich durch angespannte, wenig unterstützende und konfliktreiche Beziehungen aus. Diesem Typ konnten 28 % der Befragten zugeordnet werden. In dieser Gruppe fanden sich überproportional viele Kinder von alleinerziehenden oder geschiedenen Eltern und v. a. von Vätern mit niedrigem Bildungsabschluss, die in aller Regel über ein unterdurchschnittliches Einkommen verfügen.[147] Der Gegentyp ist von ausgeprägtem Zusammenhalt, gegenseitiger Unterstützung, Zuwendung und einem überdurchschnittlichen Maß an gemeinsamen Aktivi-

---

143 Angaben nach einer Studie von G. Schmidtchen, Emotionale Unterstützung und normative Anforderungen, in: Jugend und Gesellschaft 2/1997, 20–21, zit. n.: Peuckert, 1999, 140f.
144 Peuckert, 1999, 140.
145 Vgl. Mansel/Hurrelmann, 1994, 155f.
146 Vgl. Zinnecker/Silbereisen, 1998, 213–227. Eine Replikationsstudie an einer altersmäßig breiter angelegten Stichprobe (Köln-Siegen-Survey 1998, 12–16 Jahre) konnte die beiden Antagonisten »Partnerfamilie« und »Konfliktfamilie« bestätigen (vgl. Eickhoff, C./Zinnecker, J., Schutz oder Risiko? Familienumwelten im Spiegel der Kommunikation zwischen Kindern und ihren Eltern, Bundeszentrale für gesundheitliche Aufklärung (Hg.), Reihe Forschung und Praxis der Gesundheitsförderung, Bd.11, 2000, 31).
147 Zugleich wird aber nur ein geringfügiger Zusammenhang von »Konfliktfamilie« und Sozialstatus gefunden. Dies mag damit zu erklären sein, dass in der Studie nur die »subjektive Schichtzugehörigkeit« nach »Oben«, »Mitte« und »Unten« erfasst wurde, also weder objektive noch differenzierte Armutsindikatoren benutzt wurden. Vgl. Zinnecker/Silbereisen, 1998, 224f. und 403.

täten geprägt. Dieses Familienklima fand sich bei 18 % aller befragten Kinder. Einen dritten Typus bildet die Kontrollfamilie, der 31,2 % zuzurechnen sind. Hier werden die Eltern von ihren Kindern zwar als empathisch, doch sehr kontrollierend wahrgenommen (v. a. in Schulangelegenheiten). Den Erziehungsstil erleben sie als konsequent, das Verhältnis zwischen Kind und Vater ist oft angespannt. Dem gegenüber steht die Familie mit den »lockeren Eltern«, die wenig Kontrolle ausüben, in der Erziehung wenig konsequent sind und viel gemeinsam unternehmen (v. a. die Väter mit den Kindern). Diese Form der Familienumwelt war in 23 % aller untersuchten Fälle anzutreffen.

Grundsätzlich ist ein Zusammenhang zwischen sozialer Schicht und Erziehungsverhalten bzw. Familienklima empirisch belegt. Ein anregungsarmes und psychisch belastungsreiches Familienklima findet sich gehäuft in den unteren sozialen Schichten.[148] Hier äußern die Kinder auch vermehrt, dass sie sich mit ihren Bedürfnissen und Meinungen nicht ernst genommen fühlen. Das betrifft nicht nur die Familie, sondern auch das weitere soziale Umfeld wie Schule und Freizeit.[149] Kinder aus dem Armutsmilieu fühlen sich in ihrer Familie insgesamt weniger wohl als andere.[150] Dem entspricht, dass erzieherische Extremsituationen wie Kindesvernachlässigung und -verwahrlosung in Form von mangelnder Grundversorgung, Missachtung sozioemotionaler Grundbedürfnisse und dem Fehlen von Entwicklungsanreizen fast ausschließlich in armen Familien mit entsprechenden psychosozialen Belastungen anzutreffen sind. Esser (1994) schätzt auf Basis ihrer Follow-Up-Studie, die seit 1985 Kinder bis zum Alter von acht Jahren systematisch begleitet hat, dass »in Deutschland 5–10 % aller Kinder klinisch relevant durch ihre Eltern abgelehnt oder vernachlässigt werden«[151]. Schätzungen gehen davon aus, dass ca. 90 % dieser Kinder in armen Familien leben.[152] Zudem findet sich ein signifikanter Zusammenhang zwischen innerfamiliärer physischer Gewalt und dem sozialen Status der Familie. Aufgrund der – an späterer Stelle noch auszuführenden – besonderen Relevanz dieses Aspektes sollen hierzu einige Erkenntnisse mitgeteilt werden. Ersten Studien zufolge scheint zunächst der Übergang vom Kleinkind zum Schulkind eine kritische Schwelle bei der Ausübung elterlicher körperlicher Gewalt zu bilden. Verschlechtert sich in dieser Phase die wirtschaftliche Situation der Familie nen-

---

148 Vgl. Mansel/Hurrelmann, 1994, 13.
149 Vgl. Hurrelmann/Andresen 2007, 33.
150 Vgl. Hölscher, 2003, 134. Dieser Effekt geht v. a. auf die Mädchen in den armen Familien zurück. Aber: Mädchen/Frauen – soviel ist bekannt – sind eher bereit, ihre psychosozialen Belastungen mitzuteilen.
151 Vgl. 10. Kinder- und Jugendbericht, 1998, 93 sowie G. Esser, Ablehnung und Vernachlässigung im Säuglingsalter, in: Kürner, P./Nafroth, R. (Hg.), Die vergessenen Kinder. Vernachlässigung und Armut in Deutschland, Köln 1994, 72 (72–80), zit. n. ebd., 113.
152 Vgl. 11. Kinder- und Jugendbericht, 2002, 223.

nenswert, so wächst die Wahrscheinlichkeit elterlicher physischer und sexueller Gewalt gegen die eigenen Kinder besonders stark an.[153] Es ist zu vermuten, dass hier primär zwei Faktoren eine Rolle spielen. Zum einen machen sich mit diesem Reifungsschritt verstärkte Autonomiebedürfnisse des Kindes geltend, zum anderen ergibt sich durch Kindergarten und Grundschule ein Verlust der monopolartigen Elternkontrolle. Dies kann unter dem sozioökonomischen Stress mit erheblichen Ängsten bei Kind und Eltern verbunden sein und psychische Überforderungszustände herbeiführen. Über die Häufigkeitsverteilung innerfamiliärer Gewalt während der letzten Jahre gibt der *Erste Periodische Sicherheitsbericht* der Bundesregierung (PSB 2001) einen recht differenzierten Überblick.[154] Es wurden dieselben Kinder und Jugendliche 1998 und 2000 zu ihren Gewalterfahrungen bis zu ihrem zwölften Lebensjahr und während der vergangenen zwölf Monate anhand graduell abgestufter elterlicher Gewaltformen befragt. Danach hatten 1998 56,1 % der Befragten vor ihrem zwölften Lebensjahr elterliche Gewalt erfahren (2000: 48,4 %), 26,8 % davon in Form schwerer Züchtigung oder sogar Misshandlung (2000: 21,9 %). Jugendliche gaben 1998 zu 42,6 % an, im letzten Jahr elterliche Gewalt erfahren zu haben (2000: 31,5 %). 15,3 % sind schwer gezüchtigt oder misshandelt worden (2000: 10,6 %). Hervorzuheben ist, dass die Rate jeglicher Gewalterfahrung von 30,3 % auf 42,8 % ansteigt, wenn nur die Kinder und Jugendlichen betrachtet werden, die nahe oder unterhalb der Armutsgrenze lebten.[155] Besonders massiv fiel hier der Anstieg bei den schweren Formen von Gewalt aus (9,5 % auf 17,8 %). Umgekehrt zeigte sich ein signifikant geringerer Sozialstatus der Familien, in denen es zu schweren Formen der Gewalt kommt, im Vergleich zu jenen, die keine Gewalt in ihrer Familie kennen. Fazit: »Von daher ist es zwar richtig, dass in allen sozialen Schichten Eltern zu finden sind, die gegenüber ihren jugendlichen Kindern Gewalt anwenden, zugleich ist aber in den unteren sozioökonomischen Statusgruppen die Misshandlung signifikant häufiger.«[156] Es soll nicht unerwähnt bleiben, dass neben diesem ökonomischen auch ein erheblicher ethnisch-kultureller Effekt wirksam ist. Kinder und Jugendliche aus anderen Kulturen wiesen durchweg höhere Gewaltraten als einheimische Deutsche auf, die sich mit wirtschaftlichen Schwierigkeiten und der Dauer des Aufenthaltes

---

153 Vgl. 10. Kinder- und Jugendbericht, 1998, 113.
154 PSB, 2001.
155 Definiert über die Betroffenheit der Familie durch Arbeitslosigkeit oder Sozialhilfebezug.
156 PSB, 2001, 508. Zu vergleichbaren Ergebnissen für die verschiedenen sozialen Statusgruppen (mit Ausnahme innerfamiliärer sexueller Missbrauchsdelikte) kommen C. Pfeiffer und P. Wetzel, Kinder als Täter und Opfer. Eine Analyse auf der Basis der PKS und einer repräsentativen Opferbefragung, DVJJ-Journal, 4, 1997, 346–366.

3.1 Lebenslagen, Risikolagen und psychosoziale Befindlichkeit

nochmals verstärken.[157] Neben der direkten körperlichen elterlichen Gewalt gegen die Jugendlichen wurde auch nach Gewalt zwischen den Eltern gefragt. Hiervon berichteten 10,3 % der Befragten (12-Monats-Prävalenz). Die Häufigkeit stieg auf 20,9 % signifikant an, wenn wiederum nur Jugendliche der unteren sozialen Statusgruppe analysiert wurden. Als bedeutsam hat sich auch der enge Zusammenhang zwischen dem Vorkommen von Gewalt auf der Elternpaarebene und der Gewalt gegen die Kinder erwiesen.[158]

Das Bild einer höheren Gewaltbelastung von Kindern und Jugendlichen mit niedrigem sozioökonomischen Status wird in der KiGGS-Studie von 2007 erneut bestätigt und in Bezug auf das Verhältnis von Täter- und Opferrolle präzisiert.[159] Dabei stellt die Studie in zweierlei Hinsicht eine gute Ergänzung zum PSB von 2001 dar. Zum einen geht sie über die Altersgruppe der bis Zwölfjährigen hinaus und erfasst (ausschließlich) die Gruppe der 11- bis 17-Jährigen. Zum anderen erfragt sie die *allgemeine* Gewalterfahrung, d.h. sie bezieht sich nicht nur auf jene Gewalt, die innerhalb des familiären Rahmens erlebt wird (12-Monats-Prävalenz). Zu berücksichtigen ist, dass die Studie kein Armutsmilieu spezifiziert, sondern grob zwischen hohem, mittlerem und niedrigem Sozialstatus unterscheidet. Gleichwohl fallen die Ergebnisse hochsignifikant aus. Während 81 % mit hohem Sozialstatus angeben, weder als Opfer noch als Täter Gewalt erlebt zu haben, sind es beim mittleren Sozialstatus 76,4 % und beim niedrigen Status nur noch 68,3 %. Als Opfer erfuhren diese Gewalt immer 4–5 % der drei Gruppen (hoch: 4,4 %; mittel: 4,2 %, niedrig: 4,8 %). Die Täterzahlen kontrastieren dagegen scharf, denn Angehörige der niedrigen Statusgruppe waren mit 19,6 % etwa doppelt so häufig als Täter an Gewaltaktionen beteiligt, als jene der hohen Statusgruppe (10,7 %; mittel: 14 %). Die unter psychosozialen Gesichtspunkten als Hochrisikogruppe geltende Mischform derjenigen, die sowohl als Täter als auch als Opfer Gewalterfahrung hat, ist unter den ökonomisch Benachteiligten mit 7,3 % ebenfalls stark überrepräsentiert (hoch: 3,9 %; mittel: 5,3 %). Es fällt weiter auf, dass Befragte mit niedrigem Status auch wesentlich öfter Gewalt gelegentlich oder generell befürworten, um bestimmte Ziele zu erreichen (gelegentlich: 20,6 %, generell: 11,3 %). Das tun diejenigen mit mittlerem Sozialstatus (12,6 % bzw. 4,8 %) oder hohem Sozial-

---

157 Bei türkischen Familien existiert z. B. ein hohes Grundniveau schwerer körperlicher Gewalt (22,8 %), dass sich mit einer ökonomischen Krise nur wenig erhöht (24,8 %). Ein anderes Extrem bilden Minderjährige aus dem ehemaligen Jugoslawien. Hier erhöht sich die Gewaltrate von 10,2 % auf 27,4 %. Zum Vergleich: Bei den einheimischen Deutschen steigt die Rate von 6,6 % auf 13,7 % an. Vgl. PSB, 2001, 509.
158 Die Rate der Opfer elterlicher Gewalt betrug im Falle gleichzeitig vorliegender Gewalt zwischen den Eltern 25,4 % gegenüber 2,6 %, bei denen es gleichzeitig keine Gewalt auf Paarebene gibt. Vgl. PSB, 2001, 510.
159 KiGGS, 2007, 819ff.

status (8,2 % bzw. 3,7 %) erheblich seltener. Neben dieser gezielten, oft auch geplanten *instrumentellen Gewalt* erhebt die Studie zusätzlich die so genannte *expressive Gewalt*, die eher impulsartigen Charakter hat. Auch hier bleiben die Unterschiede hochsignifikant. 13,8 % mit hohem Status sind in diesem Sinne gelegentlich gewalttätig, 4,1 % generell. In der Gruppe mit niedrigem Status schnellen die Vergleichszahlen auf 17,8 % bzw. 11 % hoch (mittel: 14,6 % bzw. 7,2 %). Es sei angemerkt, dass die Unterschiede ähnlich, wenn auch nicht ganz so drastisch ausfallen, wenn die Kinder und Jugendlichen aus Migrantenfamilien stammen.

In der Gesamtbetrachtung der empirischen Ergebnisse zur familiären und allgemeinen Gewalterfahrung drängt sich die Vermutung auf, dass sozioökonomisch benachteiligte Kinder und Jugendliche dazu neigen, die mit ihrem prekären Sozialstatus verbundenen familiären und sozioemotionalen Belastungen (v. a. die innerfamiliäre Gewalt) im Kontext der Gleichaltrigengruppe zu reproduzieren.

Teil des familiären Unterstützungssystems sind auch die Großeltern. Immer mehr Kinder erleben aufgrund der gestiegenen Lebenserwartung noch viele Jahre ihre Großeltern. Diese können ihre Enkel direkt unterstützen, indem sie Zeit mit ihnen verbringen, ihnen besondere Erfahrungen vermitteln oder ihnen in materieller Hinsicht helfen. Umgekehrt lernen Kinder das Alter kennen und die damit verbundenen Einschränkungen und Hilfsbedürftigkeiten. Indirekt profitieren Kinder, wenn ihre Großeltern ihre Eltern unterstützen. V. a. junge Familien werden durch die Großmütter bei der Betreuung der Kinder entlastet. Im Osten ist es für Mütter noch selbstverständlicher als im Westen, ihr Kind von der Großmutter betreuen zu lassen, um einer Erwerbstätigkeit nachgehen zu können. Auch für Alleinerziehende gilt dies mehr als für Elternpaare. 1991 hatten 81 % der 10- bis 14-Jährigen (im Westen) noch Großeltern, 22 % hatten noch alle vier Großeltern. In 90 % der Fälle lebten die Großeltern nicht mit im Haushalt, waren aber in 80 % der Fälle innerhalb einer Fahrstunde erreichbar. Im Osten stellt sich die Situation – jedenfalls für jüngere Familien – räumlich näher dar. Hier lebten 1991 ca. 60 % der Kinder im selben Haus, in der Nachbarschaft oder im selben Ort wie ihre Großeltern. Die große Mehrzahl der Kinder in Ost und West beschreibt ein gutes Verhältnis zu ihren Großeltern.[160] Wenn Kinder Probleme haben, wenden sie sich u. a. auch an ihre Großeltern, doch nach der Mutter, dem Vater, den Geschwistern und anderen Verwandten rangieren sie erst auf Platz Vier der Vertrauensskala. Dabei werden die Großmütter doppelt so oft als Vertrauensperson genannt wie die Großväter.[161] Es gibt Hinweise,

---

160 Angaben nach dem 10. Kinder- und Jugendbericht 1998, 34.
161 Hölscher, 2003, 131.

dass arme Kinder bei Problemen etwas häufiger den Kontakt zu sonstigen Familienmitgliedern wie Großeltern und andere Verwandte suchen als Kinder aus nicht-armen Familien.[162] Zugleich ist der Anteil der Jugendlichen, die angeben überhaupt keine Vertrauensperson zu haben, bei den armen Jugendlichen doppelt so hoch wie bei nicht-armen Jugendlichen. Ihr Prozentsatz verdreifacht sich sogar, wenn nur die Jugendlichen betrachtet werden, die sich auch subjektiv als arm definieren. Zu bedenken ist dabei, dass das Vorhandensein einer Vertrauensperson eine entscheidende Einflussvariable für die Lebenszufriedenheit und das Kohärenzgefühl von Minderjährigen darstellt.[163]

Das soziale Netzwerk in der Peergroup, der Schule und der Freizeit
Schon im Grundschulalter, erst recht aber ab dem Alter zwischen 10 und 13 Jahren, gewinnt die Freundesgruppe für die Heranwachsenden ein größer werdendes Gewicht. Zwar suchen die Kinder dieser Altersstufe nach wie vor immer zuerst den vertraulichen Rat der Eltern, doch verlagern sich die sozialen Lernfelder und die sozialen Vergleichsprozesse zunehmend aus der Familie heraus, und es entsteht ein von der Familie weitgehend unabhängiges Beziehungsgeflecht mit eigenen Regeln und Zwängen. Studien zeigen, dass die weitaus meisten Grundschulkinder in funktionierende Peergroup-Beziehungen eingebunden sind und diese zumeist geschlechts- und altershomogen zusammengesetzt sind. Eines der erstaunlichen Ergebnisse ist dabei, wie sehr das Selbstbild des Kindes, seine Fähigkeit zur Bewältigung von Entwicklungsaufgaben und neuen Lebensumständen und selbst seine schulischen Leistungen schon in diesem Alter vom Grad seiner Einbindung in die Peergroup abhängen. Der Einfluss scheint sogar höher zu sein als der vom Kindergarten oder dem Elternhaus.[164] Mit zunehmendem Alter differenziert sich das Bild der Peergroup je nach Lebenslage. Stadtkinder und Jungen spielen häufiger in größeren Gruppen als Landkinder und Mädchen. Mehr als 50 % der Kinder wünschen sich mehr gemeinsame Zeit mit den Freunden und Freundinnen.[165] Aber nicht alle Kinder sind sozial gut integriert. Circa 10 % aller Kinder spielen überwiegend allein und ihre Kontakte zu anderen Kindern beschränken sich zumeist auf die Schule. Solche Kinder finden in ihrem Nahraum zu wenig Spielgelegenheiten und werden oft durch

---

162 Ebd, 132.
163 Vgl. Mansel, in: Mansel/Brinkhoff, 1998, 165f. und 169.
164 Es handelt sich um das Projekt »Kinderpanel«, eine empirische Längsschnittstudie über die Lebenslage von 5- bis 13-Jährigen aus soziologischem Datenmaterial unter entwicklungspsychologischen Fragestellungen des Deutschen Jugendinstituts (München). Als unabhängige Variable gilt hier das Wohlbefinden. Es wird laut Autoren maßgeblich durch die drei (verschränkten) Faktoren Geschlecht, ethnische Herkunft und ökonomische Ressourcen der Familie bestimmt. Vgl. C. Alt (Hg.), Kinderleben – Band 3: Start in die Grundschule, Wiesbaden 2007.
165 Vgl. ebd., 35ff.

soziale Konflikte im Wohnumfeld in ihrem Aktionsradius eingeschränkt.[166] Folgt man der Studie von Hock u. a. (2000), dann haben in ihrer Peergroup besonders die Kinder aus einkommensarmen Haushalten eine randständige Position. Es zeigte sich, dass ökonomisch deprivierte Sechsjährige weniger Kontakt zu Gleichaltrigen suchen, weniger am Gruppengeschehen teilnehmen und von anderen Kindern häufiger gemieden werden. Außerdem äußerten sie gegenüber den anderen seltener ihre Wünsche und waren im Kontakt weniger neugierig.[167] In der höheren Altersgruppe der Acht- bis Elfjährigen zeigt sich dasselbe Bild. Je geringer ihr Sozialstatus, desto schlechter ist ihre soziale Integration.[168] Auch einkommensarme Jugendliche geben deutlich seltener als ihre sozial besser gestellten Altersgenossen an einer festen Clique anzugehören oder jemals angehört zu haben.[169] Sie haben häufiger keine Freunde (4 % zu 1 %) und geben öfter, sich immer oder oft einsam zu fühlen (16 % zu 10 %). Hinzu kommt, dass ökonomisch benachteiligte Jugendliche seltener einen »besten Freund« oder eine »beste Freundin« haben, der bzw. die ihren randständigeren Status in der Peergroup kompensieren könnte. Denn das Vorhandensein einer vertrauensvollen Peerbeziehung stärkt nachweislich die Fähigkeit zur Problembewältigung im Alltag. Nicht zuletzt weisen erste sytematische Eindrücke auch aus den sozialen Netzwerken im Internet (*SchuelerVZ, ICQ* u. ä.) darauf hin, dass Jugendliche mit niedrigem sozialen Status in diesem immer mehr an Bedeutung gewinnenden virtuellen sozialen Raum stark unterrepräsentiert sind. Außerdem verlaufen die virtuellen Beziehungen fast ausnahmslos entlang der sozialen Schichtgrenzen, sodass die Jugendlichen entsprechend ihres Sozialstatus praktisch unter sich bleiben.[170] Das Ergebnis unserer Peeranalyse zeigt, dass einkommensarme Jugendliche auch in diesem Aspekt gegenüber nicht-armen Jugendlichen als weniger resilient einzuschätzen sind.[171]

Betrachtet man in einem weiteren Schritt die Schule, so sehen wir, dass sie sich dort in ihrer Klassengemeinschaft seltener von ihren Mitschülern akzeptiert fühlen (69 % zu 77 %).[172] Ihre soziale Integration wird hier durch verschiedene

---

166 Vgl. 10. Kinder- und Jugendbericht 1998, 37.
167 Vgl. Hock u. a., 2000, 52.
168 Vgl. Hurrelmann/Andresen 2007, 25.
169 Vgl. Mansel/Hurrelmann, 1994, 168f. und Elkeles u. a., in: Mansel/Brinkhoff, 1998, 164 und 167. Hölscher gibt bei 10 – 17-Jährigen Vergleichszahlen von 48 % (arm) zu 61 % (nicht-arm) an. Die folgenden Vergleichszahlen ebenfalls nach dem bei Hölscher (2003, 59) zitierten Aufsatz von A. Klocke, Aufwachsen in Armut, in: Zeitschrift für Sozialisationsforschung und Erziehungssoziologie 1996, 390–409.
170 Eine Feldforschungs-Studie von M. Dörpholz u. a. zum *SchuelerVZ* stellte fest, dass Hauptschüler dort kaum vertreten sind und es »relativ geringe Kontakte von Gymnasiasten zu Real- oder Hauptschülern« gibt. Freitag, 14. 03. 2008, 11/13.
171 Vgl. auch Hölscher, 2003, 58.
172 Vgl. zur Schulsituation ebd., 50ff. und 253ff.

Faktoren erschwert. Zum einen bemühen sich viele Schüler ihre soziale Deprivation aus Angst vor Stigmatisierung und Ausgrenzung zu vertuschen. Das führt automatisch zu einem dauernden Balanceakt zwischen sozialer Teilhabe (Klassenfahrten, Ausflüge, informelle Zirkel und Freizeitunternehmungen der Mitschüler) und sozialem Selbstausschluss durch Meidung sozialintegrierender Ereignisse. Zum anderen erfahren Schüler aus niedrigen sozialen Schichten in ihrer Familie weniger Unterstützung für die Schule als Schüler höherer sozialer Herkunft, da die Eltern der unteren Sozialschichten zumeist über geringere Bildungsabschlüsse und weniger kulturelles Kapital verfügen. Auch sind ihre häuslichen Lernbedingungen in der Regel schlechter, weil sie stärker in die häuslichen Arbeiten einbezogen werden (v. a. die Mädchen), häufiger Nebenjobs nachgehen (müssen), beengter wohnen und weniger Zugriff auf moderne Lernmedien haben. Das erklärt u. a., warum sich arme Schüler in der Schule psychosozial stärker belastet fühlen als materiell besser gestellte. Während arme Mädchen v. a. über Leistungsprobleme, Insuffizienzgefühle und Versagensängste berichten, die ihr Wohlbefinden in der Klasse erheblich einschränken, geben arme Jungen keine signifikante Minderung ihres Wohlbefindens an. Dass sie dennoch öfters psychosomatische Symptome benennen, spricht für die Vermutung einer stärkeren Problemverleugnung. Die Mädchen sind aufgrund ihrer sensibleren Selbstwahrnehmung und größeren Mitteilungsbereitschaft daher auch eher als die Jungen in der Lage, Armutsbelastungen durch soziale Kontakte in der Schule (z. B. Schulfreundin) zu kompensieren. Regelmäßig ist aber ein geringerer Integrationsgrad in die Peergroup häufiger bei materiell benachteiligten Kindern und Jugendlichen anzutreffen als bei besser versorgten Minderjährigen (30 % zu 13 %). Von Mobbing und Gewalt sind sie ebenfalls zum größeren Teil betroffen, wobei davon vor allem die Jungen berichten.[173]

Empirisch belegt ist der historische Trend weg von der traditionellen Straßenkindheit zur Verlagerung der Spielaktivitäten in die elterliche Wohnung oder andere geschlossene Räume, die zumeist von Erwachsenen (vor-)strukturiert sind.[174] Diese Entwicklung zur »Verhäuslichung der Kindheit«[175] hat viele Ursachen. Neben der einfachen Tatsache, dass inzwischen in den Wohnungen einfach mehr Platz für Kinder ist (v. a. durch Kinderzimmer), spielt die stärkere

---

[173] 60 % der in der World Vision-Kinderstudie untersuchten Kinder aus der Unterschicht geben an, im letzten Jahr oft oder manchmal gemobbt worden zu sein (Oberschicht: 27 %; vgl. Hurrelmann/Andresen 2007, 160). Dass sie damit auch häufiger Täter sind, stimmt nur bedingt: »Gemobbt und geschlagen wird nicht per se von Kindern aus den unteren Schichten, sondern vor allem dort, wo das Wohnumfeld bedrohlich und gewaltbelastet ist. Kinder mit Migrationshintergrund treten dabei [...] allerdings etwas häufiger in Erscheinung.« Ebd.,162.
[174] Im Weiteren nach Peuckert, 1999, 133ff.
[175] J. Zinnecker, Vom Straßenkind zum verhäuslichten Kind, in: I. Behnken (Hg.), Stadtgesellschaft im Prozeß der Zivilisation, Opladen 1990, 142-162.

Nutzung audiovisueller Medien durch die Kinder in ihrer Freizeit sowie die Zunahme des Straßenverkehrs mit seinen Einschränkungen und Gefahrenpotentialen eine große Rolle. Kinder und Jugendliche aus armen Familien sind von diesem Trend weniger betroffen.[176] Ihnen steht vergleichsweise weniger Platz und Spielfläche in der Wohnung zur Verfügung, und sie dürfen auch seltener in der Wohnung spielen oder Freunde einladen.[177] Neben dem tendenziell schlechteren Familienklima mögen dies weitere Gründe dafür sein, dass sich Jugendliche aus armen Familien in ihrer Wohnung unwohler fühlen als nicht-arme Jugendliche, sodass sie ihre individuellen Freiräume eher außerhalb der elterlichen Wohnung suchen.[178] Darüber hinaus hat sich inzwischen eine institutionalisierte, z. T. kommerzielle Kinder- und Jugendfreizeitkultur herausgebildet, deren Angebote die Notwendigkeit zur selbstentwickelten und spontanen Spielgestaltung im öffentlichen Raum sehr relativiert. Insgesamt gilt, dass Mädchen stärker als Jungen, Stadtkinder mehr als Landkinder und Kinder höherer Sozialschichten stärker als Kinder unterer Sozialschichten in solche institutionalisierten Angebote eingebunden sind. Damit verbunden ist ein höherer Aufwand an Planung, Absprache und Mobilität auf Seiten der Kinder, aber auch ihrer Eltern. Mobilität muss hier allerdings in Anführungsstriche gesetzt werden, denn es spricht viel dafür, dass die Kinder mit zunehmender räumlicher Fragmentierung ihrer Lebensräume motorisch immobiler werden. Unlängst wies eine österreichische Studie nach, dass Kinder, die regelmäßig zu Fuß zur Schule gehen, weniger depressiv und auch weniger aggressiv sind als ihre im Auto gebrachten Mitschüler.[179] Hinzu kommt, dass die Kinder in immer jüngeren Jahren technische Hilfsmittel zur Kommunikation mit ihren Peers nutzen. Anstatt – wie früher üblich – den Freund oder die Freundin persönlich aufzusuchen, um sie zu fragen, ob sie zum Spielen kommen, wird heute meistens

---

176 Vgl. U. Nissen, Verhäuslicht, verinselt, verplant?, in: Jugend & Gesellschaft, Heft 2, April 1993.
177 Vgl. Hock/Holz, 1999, 37.
178 Vgl. Hölscher, 2003, 138, 252.
179 Da der Straßenverkehr für Kinder unsicher und gefährlich ist, gehen immer mehr Eltern (v. a. die »zuständigen« Mütter) dazu über ihre Kinder mit dem Auto zu fahren, wenn diese irgendwo hin wollen. Für diese Chauffeurdienste wenden Eltern z. B. in der Schweiz jährlich 40 bis 60 Mio. Stunden Zeit auf. Das stresst die Mütter und reduziert die Zeit der Kinder im Freien, die für ihre körperliche Aktivität entscheidend ist: »In einer Zürcher Studie spielte die Hälfte von Fünfjährigen, deren Wohnumfeld das selbständige Erreichen von Handlungs- und Spielräume verhinderte, gar nicht draußen und nur gut jedes Zehnte war täglich über zwei Stunden im Freien. Bei ihren Altersgenossen mit kindgerechtem Wohnumfeld hockte kein Kind nur in der Stube und gut die Hälfte tobte täglich über zwei Stunden in frischer Luft. Die notwendige Begleitung der Eltern begrenzt aber auch die Zeit der Kinder mit Gleichaltrigen und hindert sie außerdem, die Welt selbständig zu entdecken. Beides brauchen Kinder jedoch dringend für ihre psycho-soziale Entwicklung.« FR 22.09.04, 221/A1.

erst mit dem Handy telefoniert oder eine SMS geschickt. »Unnötige« Wege bleiben ihnen somit erspart. Die Institutionalisierung der kindlichen Entwicklung, die sich im ausgefüllten Terminkalender ausdrückt, ist jedoch eher in den oberen sozialen Statusgruppen, im Westen und bei Mädchen zu finden. Außerdem steigt die Anzahl der festen Termine mit dem Alter an. Die meisten festen Termine haben Kinder durch eine Vereinsmitgliedschaft. Im Westen gehören 71 % der Kinder (nicht der Jugendlichen) einem Verein an, im Osten sind es dagegen nur 48 %. Eine aktive Vereinsmitgliedschaft besteht bei armen Kindern und Jugendlichen deutlich seltener als bei ihren Altersgenossen.[180] 37 % der 14–24-Jährigen gehen einem ehrenamtlichen, freiwilligen Engagement nach (v. a. Vereine und gesellschaftliche Großorganisationen wie Kirchen, Verbände etc.). Doch auch hier gilt: »Insgesamt sind Personen mit besseren bildungsmäßigen, beruflichen und finanziellen Voraussetzungen und Personen, die sozial stärker integriert sind, eher als andere bereit [...]«.[181] Sozial deprivierte Jugendliche und Heranwachsende weisen ein erheblich geringeres freiwilliges Engagement als ihre besser gestellten Altersgenossen auf.[182] Die traditionelle Straßenkindheit ist daher tendenziell männlich, arm und östlich, denn Jungen spielen häufiger in öffentlichen Räumen als Mädchen, Kinder aus unteren Sozialschichten häufiger als solche aus mittleren und oberen Schichten und Kinder im Osten häufiger als die im Westen.[183]

Der sich abzeichnende Befund, dass geringes ökonomisches Kapital mit geringem sozialem Kapital einher geht, wird durch entsprechende Ergebnisse der Forschung zu sozialen Netzwerken untermauert. Danach verfügen Familien mit niedrigem sozialem Status insgesamt über ein kleineres Netz sozialer Unterstützung. Aufgrund ihres geringeren Einkommens und oft auch ihres geringeren Bildungsniveaus haben sie weniger Quellen informeller Hilfe. So fand z. B. Walper (1991) heraus, dass ökonomisch deprivierte Eltern im Vergleich zu Nicht-Deprivierten weniger Menschen in ihrem sozialen Umfeld nennen, mit denen sie ihre persönlichen Angelegenheiten besprechen, sie nur halb so viele Personen außerhalb der Familie haben, mit denen sie ihre Freizeit verbringen und auch der Partner bzw. die Partnerin eine geringere Rolle für die Freizeitgestaltung spielt.[184] Dieser Rückzug aus außerfamiliären Kontakten, die auch immer Räume

---

180 Vgl. Mansel, in: Mansel/Brinkhoff, 1998, 164 und A. Klocke, Aufwachsen in Armut, in: Zeitschrift für Sozialisationsforschung und Erziehungssoziologie 16 (4), 390–409 (zit. n.: ebd.).
181 Ebd.
182 S. Picot, Freiwilliges Engagement in Deutschland, Ergebnisse der Repräsentativbefragung zu Ehrenamt, Freiwilligenarbeit und bürgerschaftlichem Engagement, Bundsministerium für Familie, Senioren, Frauen, Jugend (Hg.), Schriftenreihe des BMFSFJ, Bd. 194.3, Stuttgart/Berlin/Köln, 2000 (111 – 207), 25, zit. n. 11. Kinder- und Jugendbericht, 2002, 196.
183 Vgl. Peuckert, 1999, 133.
184 S. Walper, in: Bertram, 1991, 373, 376, 379.

sozialer Anerkennung sind, betrifft insbesondere alleinerziehende Frauen.[185] Die Dichte und Multiplexität sozialer Netzwerke steigt erst mit Bildungsgrad und Einkommen an. Zudem können Menschen unterer sozialer Schichten ihre informellen Hilfen weniger gut verwerten und sind mit der Qualität ihrer sozialen Kontakte tendenziell unzufriedener: »Insgesamt betrachtet zeigt sich, dass für Angehörige unterer sozialer Schichten das soziale Netzwerk auch eine wichtige Ressource darstellt, dass sie aber doch auch in Hinsicht auf dieses Vermögen eher benachteiligt sind.«[186]

3.1.3 Das kulturelle Kapital – Schulbildung und Berufseinstieg

Das kulturelle Kapital der Kinder und Jugendlichen wird anhand der Dimension Bildung erfasst. Dazu beschäftige ich mich schwerpunktmäßig mit den Bereichen Schule (Allgemeinbildende Schule, Klasse Eins bis Zehn), Berufsausbildung (Statuspassage I bzw. Elftes Ausbildungsjahr mit ca. 16 Jahren) und Berufseinstieg (Statuspassage II bzw. 13. Ausbildungsjahr mit ca. 18 Jahren).

Seit mehreren Dekaden wird eine Entwicklung zu höheren Bildungszertifikaten und längeren Schul- und Ausbildungszeiten beobachtet. Das lässt sich gut an den nach Schulabschlüssen sortierten Alterskohorten ablesen. Schlossen die heute über 65-Jährigen die Schule nur in 7,9 % aller Fälle mit der Hochschulreife ab, so sind es bei den heute 20–25-Jährigen schon 35,4 %. Umgekehrt verfügen die Älteren zu 65,3 % über einen Hauptschulabschluss, während dieser Anteil bei den Jüngeren heute nur noch 26,2 % beträgt. Zwischen diesen Polen verläuft die Entwicklung kontinuierlich, d. h. es gibt keine Schwankungen.[187] Im Jahr 2002 besuchten 5,4 % der 13-Jährigen (Achte Jahrgangsstufe) eine Sonderschule, 30,5 % die Hauptschule (1998: 30 %), 8,5 % eine Gesamtschule (1998: 9 %), 22,9 % eine Realschule (1998: 27 %) und 30,6 % das Gymnasium (1998: 29 %). Wird untersucht mit welchen Schulabschlüssen die Schüler ihre Schulen schließlich verlassen, so ergibt sich ein nach unten abweichendes Bild, da ein nennenswerter Teil den angestrebten Schulabschluss nicht erreicht. Der Abschlussjahrgang

---

185 Ebd., 379.
186 Röhrle, 1994, 198f. und 201. Einschränkend zum Bildungsgrad: Wenn Menschen mit höherer Bildung sozial abgestiegen sind, ziehen sie sich noch stärker aus außerfamiliären Kontakten zurück, als solche mit geringerem Bildungsstatus, weil sie mehr soziale Scham empfinden (vgl. Walper, 1991, 376).
187 Eine Ausnahme bildet der leichte Rückgang der Abschlüsse mit Hochschulreife von den 25- bis 30-Jährigen mit 35,3 % zu den 20- bis 25-Jährigen mit 34,9 %. Die Zahlen beziehen sich wegen der besseren Vergleichbarkeit der Schulabschlüsse nur auf die alten Bundesländer. Vgl. zu den Zahlen (auch im weiteren, wenn nicht anders angegeben) Bundesministerium für Bildung und Forschung (Hg.), Grund- und Strukturdaten 2003/2004, Bonn/Berlin 2004, 400f.

2002/03 sah 26 % Hauptschulabsolventen (1998: 25 %), 40,5 % Realschulabsolventen (1998: 41,2 %) und 24,7 % Absolventen mit Hochschul- oder Fachhochschulreife (1998: 25,8 %).[188] Teilt man die Schulabgängerkohorten nach soziodemografischen Merkmalen ein, so zeigt sich eine gewisse Polarisierung. Es lässt sich grob sagen, dass die Gewinner der Expansion höherer Bildungsgrade primär Mädchen aus höheren sozialen Schichten sind, während auf der Verliererseite Jungen aus den unteren sozialen Schichten stehen. So sind Jungen in den Haupt- und Sonderschulen überrepräsentiert, während in der Realschule und noch mehr in den Gymnasien die Mädchen überwiegen. Weiteres Indiz für eine Bildungspolarisierung ist auch die – trotz abnehmender Schülerzahlen – ansteigende Zahl der Sonderschüler[189], die durchweg geringere Bildungsbeteiligung der Kinder von Migranten[190] und eine wachsende Gruppe von sogenannten Problemschülern. Das sind Schüler, die extrem schulmüde sind, der Schule öfter oder dauerhaft fernbleiben sowie Schüler, die die Schule ohne Abschluss verlassen (Abbrecher). Die Gruppe der extrem Schulmüden wird inzwischen auf ca. 10–15 % geschätzt, die der Schulverweigerer auf ca. 5–10 %.[191] Laut Berechnungen des EU (2007) liegt Deutschland mit einer Schulabbrecherquote von fast 14 % sogar über dem EU-Durchschnitt.[192] Durch den prozesshaften Verlauf ergeben sich dabei natürlich Kumulationseffekte, weil z. B. der Schulverweigerung in der Regel eine Phase ausgeprägter Schulmüdigkeit vorausgeht und beides oft dazu führt, die Schule ohne Abschluss zu verlassen. Hinzu kommt eine Anzahl von leichteren Risikoschülern, wie sie in PISA 2000 identifiziert wurden.[193] Hierzu zählen zunächst die vom Schulbesuch zurückgestellten Schüler, denn immerhin 12 % der 15-Jährigen wurden nicht zeitgerecht eingeschult, was

---

188 Zahlen für 2002/2003: http://www.destatis.de/basis/d/biwiku/schultab16.php (2003).
189 11. Kinder- und Jugendbericht, 2002, 226.
190 Zwar ist eine leichte Verbesserung ihrer Bildungsabschlüsse zu beobachten, doch ist der Unterschied zu deutschen Schülern nach wie vor eklatant. So verließen 1998/99 41,9 % der ausländischen Schüler die Schule mit einem Hauptschulabschluss (Deutsche: 27,8 %) im Vergleich zu 8,7 % mit dem Abitur (Deutsche: 25 %). Vgl. 11. Kinder- und Jugendbericht, 2002, 206.
191 Zahlen nach Schreiber-Kittl/Schröpfer, 2002, 102ff. Im 11. Kinder- und Jugendbericht wird die absolute Zahl der »Intensivschwänzer« mit bundesweit ca. 200 000 Schüler angegeben (vgl. ebd., 2002, 154). Eine für hessische Schüler der Klassen vier bis sieben repräsentative Befragung gibt den Anteil der »schulfernen« Schüler (jene, die nicht wissen, wozu sie überhaupt lernen sollen), für das Jahr 2006 mit 12 % an (2005: 11 %). Schüler ohne Zugang zum Lernen (»lernunmotiviert«) machten 23 % aus (2005: 33 %), die extrinsisch Motivierten 26 % (2005: 29 %), die intrinsisch Motivierten 40 % (2005: 28 %). Vgl. Hessenstiftung – Familie hat Zukunft (Hg.), Kinderbarometer Hessen 2006, Bensheim 2007, in: FR 13. 08. 2007, 186/27.
192 FR 06. 09. 2007, 207/18.
193 Wenn nicht anders angegeben, im Folgenden nach Schreiber-Kittl/Schröpfer, 2002, 51f.

3 Die Störung des Sozialverhaltens als »social sickness«

im Vergleich zu anderen PISA-Staaten ein relativ hoher Anteil ist.[194] Rund ein Drittel der in PISA 2000 untersuchten Schüler wies zudem ausgeprägte schulische Misserfolgserfahrungen auf (ohne Zurückgestellte) und 24 % aller Schüler mussten während ihrer Schullaufbahn wenigsten einmal eine Klasse wiederholen. 16 % der 15-Jährigen in den Hauptschulen, 9 % in den Realschulen und mindestens 10 % in den Gesamtschulen waren aus höheren Schulformen abgestiegen.[195] Bildungsforscherinnen wie Jutta Allmendinger, Präsidentin des Wissenschaftszentrums für Sozialforschung in Berlin (WZB), stellen daher fest:

> »In Deutschland kommt mehr als jeder fünfte 15-Jährige nicht über die untersten Kompetenzstufen hinaus, damit sind sie funktionale Analphabeten. Sie können zwar lesen, verstehen aber das Gelesene nicht. In anderen Ländern gilt das nur für jeden Zwanzigsten. Die Erklärung: In vielen anderen Ländern werden Kinder besser als in Deutschland gefördert.«[196]

Das ist keine neue Entwicklung. Bereits Ende der 80er Jahre wurde anhand von Überblicksstudien die Prävalenz psychischer Störungen im Bereich Leistung, Wahrnehmung, Emotion und Sozialverhalten bei Grundschulkindern auf 10–12 % geschätzt.[197]

Die Wahrscheinlichkeit für die unterschiedlichen Bildungslaufbahnen und das Risiko für die angeführten schulischen Misserfolgserlebnisse ist sozial ausgesprochen ungleich verteilt. Das beginnt schon mit deutlichen Differenzen bei bildungsrelevanten Entwicklungsaspekten im Vorschulalter. Nach der bereits zitierten Untersuchung von Hock u. a. (2000) zeigten sich doppelt erhöhte Auffälligkeitsraten bei armen Vorschulkindern in ihrem Spiel-, Sprach- und Arbeitsverhalten im Vergleich zu nicht-armen Gleichaltrigen.[198] Die Folge ist, dass sie mit sechs Jahren viel seltener in die Regelschule eingeschult werden als die Vergleichsgruppe (69 % zu 88 %). Dabei stellten die Autoren der Studie zugleich einen interessanten Selektionseffekt fest. Bei gleichem Ausmaß an

---

194 Im 10. Kinder- und Jugendbericht wird für das Schuljahr 1996/97 die Zahl der von der Ersten Klasse zurückgestellten Kinder mit 17 % angegeben. Besonders betroffen sind Jungen, ausländische Kinder (v. a. Türken) und Kinder ohne Kindergarten-Erfahrung. Vgl. ebd., 138.
195 Nach einer auf NRW begrenzten Studie der Bildungsforscherin Gabriele Bellenberg (Bochum), die die Schullaufbahn von Schülern von der 1. Klasse bis zum Abschluss der Sek.1 verfolgte, konnten 87 % der Gymnasiasten den Abschluss ohne Klassenwiederholung oder Schulwechsel erreichen. Bei Gesamtschülern lag der Anteil bei 74 % und bei Hauptschülern nur bei 52 %. Vgl. FR 22. 03. 2005, 68/25.
196 FR 11. 07. 2007, 158/13.
197 K. Hurrelmann, Die Belastungen von Jugendlichen durch Schule, in: Kind-Jugend-Gesellschaft, 36, 1991, (14–18), 14, zit. n. 10. Kinder- und Jugendbericht, 1998, 212.
198 Im Folgenden nach Hock u. a., 2000, 50ff.

einschulungsrelevanten Einschränkungen hat ein armes Kind nur eine Wahrscheinlichkeit von 38 % für den zeitgerechten Regelschuleintritt, während diese für ein nicht-armes Kind noch bei 55 % liegt. Ebenso wurden bei den armen Kindern zwei bis dreimal größere Grundversorgungsmängel (Essen, Hygiene, Kleidung) festgestellt. In diesem Zusammenhang sei erwähnt, dass mehrere US-Studien den Zusammenhang zwischen Armut und dadurch beeinträchtigter Intelligenzentwicklung belegt haben, sodass auch in dieser Beziehung von einer Art naturalisiertem Kulturprivileg für materiell besser Gestellte auszugehen ist, dass in Wahrheit aber dem stummen Zwang der ökonomisch ungleichen Verhältnisse entspringt.[199] Eltern mit hohem Sozialstatus geben ihren Kindern im Alltag nachweislich mehr bildungsrelevante Ressourcen mit auf den Weg in die Schule als arme Eltern (intellektuell und kreativ anspruchsvolle Hobbys, wie z. B. Musizieren).[200] Im Gegensatz zu diesen bringen Kinder aus armen Familien auch kaum erste Lese- und Rechtschreibkenntnisse mit in die Grundschule, da sie weitaus häufiger aus bildungsfernen Elternhäusern kommen und/oder aus Migrantenfamilien, die über wenig Deutschkenntnisse verfügen.[201] Ebenso weisen Kinder mit niedrigem sozialen Status bei der Einschulung dreimal häufiger Sprachstörungen auf, die wiederum oft mit komorbiden Störungen, vor allem mit psychomotorischen Störungen (Wahrnehmungsstörungen, Teilleistungsstörungen) verbunden sind.[202] Außerdem fehlt ihnen das der Schule angepasste Arbeits- und Sozialverhalten, dass ihnen soziale Anerkennung, Akzeptanz und Lernfortschritte erleichtert und von den an bürgerlichen Mittelschichtnormen orientierten Grundschullehrerinnen erwartet wird.[203] Mersmann (1998) fand diesbezüglich erhebliche Abweichungen in einer stadtteilbezogenen Stichprobe

---

199 Lang anhaltende Armut mindert die Intelligenzentwicklung von Kindern um den Faktor 2 (vgl. Duncan, Brooks-Gunn, Klebanov 1994 zit. n. Hölscher, 2003, 51. Weitere Studien s. ebd.). Umgekehrt erbringt eine frühkindliche Bildung in Form öffentlicher Krippenbetreuung deutliche bildungs- und sozioökonomische Kompensationseffekte für Kinder aus sozial benachteiligten Familien. Die Rate derer, die später das Gymnasium besuchen lässt sich im Vergleich zu Nicht-Krippenkindern aus demselben Milieu um zwei Drittel steigern. Vgl. T. Fritschi/T.Oesch, Volkswirtschaftlicher Nutzen von frühkindlicher Bildung in Deutschland. Eine ökonomische Bewertung langfristiger Bildungseffekte bei Krippenkindern, Büro für Arbeits- und Sozialpolitische Studien – BASS AG (Hg.), 2008 (www.bertelsmann-stiftung.de, März 2008).
200 Vgl. P. Büchner/H.-H. Krüger, Schule als Lebensort von Kindern und Jugendlichen. Zur Wechselwirkung von Schule und außerschulischer Lebenswelt, in: Büchner, Fuhs, Krüger (Hg.), 1996, 201–224, zit. n. Hölscher, 2003, 52. Der Kinder- und Elternsurvey 1996 kommt für die untersuchte Altersgruppe der 10- bis 13-Jährigen zu denselben Ergebnissen. Vgl. Zinnecker/Silbereisen, 1998, 65.
201 Laut PISA 2000 gehört Deutschland mit zu den Staaten, in denen die Lesekompetenz zwischen Schülern aus niedrigen und höheren sozialen Schichten die größten Unterschiede aufweist. Dazu muss man wissen, dass die ökonomisch determinierten ungleichen Bildungserfolge primär über die Unterschiede in der Lesekompetenz vermittelt werden. Vgl. Schreiber-Kittl/Schröpfer, 2002, 50.
202 Seifert, 2002, 120.
203 Vgl. hierzu 10. Kinder- und Jugendbericht, 1998, 136 sowie Hölscher, 2003, 54.

von Schuleingangsuntersuchungen in Köln, je nachdem, ob die Sozialhilfequote des Wohnquartiers hoch oder niedrig lag. Kinder aus Quartieren mit hoher Sozialhilfequote wurden von ihren Eltern doppelt so oft als verhaltensauffällig eingeschätzt (leicht ablenkbar, oft ungeschickt, starker Bewegungsdrang) als der Durchschnitt (17 % zu 8,4 %).[204] Eine objektive Erhebung von medizinisch relevanten Befunden bei brandenburgischen Einschülern durch das Landesgesundheitsamt Brandenburg (1999) wies bei abnehmendem Sozialstatus stark zunehmende Beeinträchtigungen in der sozialen und emotionalen Entwicklung nach. Auch in den Bereichen Sehen, Hören, Sprechen, in der geistigen Entwicklung und in der Psychomotorik, bei psychiatrischen Erkrankungen sowie bei zerebralen Bewegungsstörungen und Anfallsleiden zeigten Kinder mit niedrigem Sozialstatus auffälligere Befunde.[205]

Ausgerechnet zum Ende der Grundschule, in der Übergangsphase zur Sekundarstufe Eins machen sich armutsbedingte Beeinträchtigungen der kognitiven Kompetenz bei Kindern am deutlichsten bemerkbar. Werden bei ihnen schon vorher und nachher Nachteile in der kognitiven Kompetenzentwicklung beobachtet, so erreichen diese im Alter von neun Jahren ein signifikantes Niveau im Vergleich zu solchen Schülern, deren Eltern einen sehr hohen sozialen Status inne haben – zu einem Zeitpunkt also, an dem in der Klasse Vier für die meisten von ihnen die Entscheidung zum Übergang in eine höhere Schulform getroffen wird.[206] Angesichts dieser ungleichen Startbedingungen wundert es nicht, wenn schon die Bildungsaspirationen von Grundschülern

---

204 H. Mersmann, Gesundheit von Schulanfängern – Auswirkungen sozialer Benachteiligung, in: Bundeszentrale für gesundheitliche Aufklärung (Hg.), Gesundheit von Kindern. Epidemiologische Grundlagen, Forschung und Praxis der Gesundheitsförderung, Bd.3, Köln 1998, 60–78, zit. n. Seifert, 2002, 121.

205 Ministerium für Arbeit, Gesundheit, Soziales und Frauen des Landes Brandenburg (Hg.), Einschüler in Brandenburg: Soziale Lage und Gesundheit, Potsdam, 1999, 13. Nähere Angaben im Abschnitt zum gesundheitlichen Kapital.

206 Grundmann (2001) untersucht in einer Längsschnittuntersuchung Kinder und Jugendliche zwischen 7 und 15 Jahren anhand einer an Piaget orientierten Skala zur Erfassung der kognitiven Kompetenz, die im Unterschied zur Intelligenzmessung generalisierbarer und kontextunabhängiger sei. Dabei zeigten sich nach Alter gestaffelt keine stabilen Effekte zwischen kognitiver Kompetenz und Sozialstatus, d. h. die Nachteile der armen Kinder zu ihren nicht-armen Altersgenossen waren je nach Alter mal größer und mal kleiner. Mit 7 Jahren sind die Unterschiede am geringsten, mit 9 und 15 Jahren am deutlichsten ausgeprägt. Grundsätzlich »heben sich die Verläufe der Kinder aus der untersten sozialen Lage deutlich von denen der Kinder aus den anderen sozialen Lagen ab. Allerdings sind diese Unterschiede verglichen mit Kindern aus Schicht 6 (höchster Sozialstatus, H. B.) lediglich mit neun Jahren signifikant (b = -.29*). Mit zwölf Jahren holen Kinder aus der untersten, von Armut betroffenen Lage in ihrer kognitiven Entwicklung hingegen deutlich auf, fallen mit 15 Jahren jedoch wieder hinter das Kompetenzniveau der Kinder aus den anderen sozialen Lagen zurück.« M. Grundmann, Milieuspezifische Einflüsse familialer Sozialisation, in: Klocke/Hurrelmann, 2001, (209–229), 221f.

durch ihre unterschiedliche soziale Herkunft geprägt werden. Laut World Vision-Studie (2007) nennen nur 20 % der Unterschichtkinder, die sich im Übergangsalter zwischen Grundschule und weiterführender Schule befinden, das Abitur als gewünschten Schulabschluß im Vergleich zu 81 % der Kinder aus der Oberschicht.[207] Mehr noch als die Entwicklung der kognitiven Kompetenz ist daher die Entwicklung der manifesten schulischen Leistungen (Schulnoten) von der Soziallage abhängig. Werden arme Kinder bereits zum Anfang der Grundschule signifikant schlechter bewertet, so setzt sich dieses – mit leichten Verbesserungen zwischen dem neunten und zwölften Lebensjahr – bis zum Abschluss der Sekundarstufe Eins mit 15 Jahren ungebrochen fort. Dabei weichen sie in ihren Schulnoten im Vergleich mit den höheren Sozialstatusgruppen beim Übergangszeitpunkt in die weiter führenden Bildungssysteme fast wieder so weit nach unten ab, wie zu Beginn der Grundschule. In diesen Ergebnissen zeigt sich ein deutlicher Selektionseffekt durch die Bewertung sozial randständiger Schüler von Seiten der Lehrer. Offensichtlich werden bei ihnen partiell vorhandene kognitive Defizite durch die Schulnoten im Vergleich zu Schülern aus nicht-armen Familien überproportional deutlich zum Ausdruck gebracht.[208] Verfolgt man den Bildungsweg weiter bis in die erste Sekundarstufe, so ergeben sich weitere signifikante Unterschiede. Zehn bis zwölfjährige Kinder aus Armutsmilieus besuchen wesentlich seltener das Gymnasium als der Durchschnitt (14–16 % zu 29 %). Im Gegensatz dazu wechseln 55 % der armen bzw. 53 % der armutsnahen Kinder in die Hauptschule, während es im Durchschnitt 41 % sind.[209] Mehrere Studien zur Durchlässigkeit des dreigliedrigen deutschen Bildungssystems haben nachgewiesen, dass in Abhängigkeit vom Sozialstatus die Aufwärtsmobilität eher die Ausnahme, die Abwärtsmobilität dagegen fast die Regel ist. Hierüber hat sich eine soziale Entmischung der Schultypen ergeben. Fachleute sprechen in diesem Zusammenhang von einem »creaming-out-Effekt«, was bedeutet, dass die Kinder sozial privilegierter Schichten in die höheren Bildungsgänge abwandern, wäh-

---

207 Untere Mittelschicht 32 %, Mittelschicht 36 %, obere Mittelschicht 68 %. Vgl. Hurrelmann/Andresen 2007, 22.
208 Vgl. hierzu auch die von Hölscher (2003, 54) zit. Studie von D. Rössel u. a., Armut und Schule, in: G. Iben (Hg.), Kindheit und Armut. Analysen und Projekte, Münster 1998, 76–100.
209 Die Zahlen beziehen sich auf eine Untersuchung von Lauterbach und Lange (1998), die kumulierte Daten des Sozio-ökonomischen Panels zwischen 1985 und 1995 ausgewertet haben. Dem Armutsmilieu gehören hier Kinder nach der 50 %-Regel der OECD (2. Prozentzahl in der Klammer) an und solche mit 65 % des durchschnittlichen Haushaltsäquivalenzeinkommens (1. Prozentzahl in der Klammer). Vgl. W. Lauterbach/A. Lange, Aufwachsen in materieller Armut und sorgenbelastetem Familienklima. Konsequenzen für den Schulerfolg von Kindern am Beispiel des Übergangs in die Sekundarstufe 1, in: Mansel/Neubauer (Hg.), Armut und soziale Ungleichheit bei Kindern, Opladen 1998, 106–128, zit. n. Hock/Holz, 1999, 23.

rend die Hauptschule eine *Restschule* wird, die überproportional von Kindern besucht wird, deren Eltern einkommensschwach sind, arbeitslos sind oder in anderweitig sozioökonomisch prekären Verhältnissen leben.[210] Das creaming-out lässt sich zunächst in der Übergangsphase zwischen Grundschule und weiterführenden Schulen beobachten. Hier, bei den Acht- bis Elfjährigen, stellt die World Vision-Studie (2007) fest, dass bereits 19 % der Unterschichtkinder eine Förderschule besuchen im Vergleich zu nur 1 % aus der Oberschicht. Zum Gymnasium haben aber schon 18 % aus der Oberschicht gewechselt und nur 1 % aus der Unterschicht.[211] Die letzte IGLU-Studie von 2006 bestätigte diese Entwicklung zum wiederholten Mal und problematisierte in diesem Kontext ausdrücklich die sogenannte Grundschullehrer-Empfehlung. Hier entscheiden sich nach wie vor die meisten Grundschullehrerinnen bei ausreichender Begabung und Leistung eines Schülers gegen eine Gymnasial-Empfehlung, wenn dieser einen niedrigen sozialen Status hat. Bei Kindern aus »besserem Hause« (v. a. Akademiker) fällt die Entscheidung quasi schon automatisch zugunsten des Gymnasiums aus – auch bei mäßigen Leistungen. Im Gegensatz zu den Eltern armer Kinder setzen die Grundschullehrerinnen offenkundig darauf, dass gut situierte Eltern ihre Kinder schon irgendwie durch das Gymnasium werden fördern können (teure Nachhilfe, Zusatzangebote). Den sozial schlechter gestellten Schülern möchten sie die ihnen fremde kulturelle Welt des Gymnasiums gerne ersparen, zumal sie auch deren Eltern nicht für fähig halten ihre Kinder entsprechend zu unterstützen. Sie gehen davon aus, dass die Kinder einfach überfordert wären. Nicht zuletzt wehren sich die Eltern der Unterschicht kaum gegen eine falsche Schullaufbahnempfehlung im Unterschied zu denen aus der Oberschicht, die viel Druck machen können. Fazit: Unterschichtkinder müssen hierzulande schon hochbegabt sein, um eine Gymnasialempfehlung zu erhalten.[212] In der Folge schlägt sich der creaming-out-Effekt sichtbar in der Verteilung der sozialen Statusgruppen auf die drei Schultypen nieder. Während Mitte der 90er Jahre fast 83 % der Kinder aus Familien mit hohem Sozialstatus das Gymnasium besuchte, betrug der Anteil bei den Kindern mit niedrigem Sozialstatus nur 13,7 %. Umgekehrt fanden sich an den Hauptschulen nur zu 2,6 % Schüler mit hohem, aber 40,7 % mit niedrigem Sozialstatus. Real- und Gesamtschulen weisen eine etwas gleichmä-

---

210 Die Studien zur Durchlässigkeit beziehen sich auf die Sek.1. Vgl. 11. Kinder- und Jugendbericht, 2002, 155.
211 Vgl. Hurrelmann/Andresen 2007, 22. Die Autoren ziehen das Fazit: »Kinder aus der Unterschicht werden [...] bereits im Grundschulalter nach unten durchgereicht.« Ebd., 23.
212 Vgl. die entsprechenden Ausführungen des wissenschaftlichen Leiters der IGLU-Studie Prof. Wilfried Bos, nach: Westfalenpost, 29. 11. 2007, Nr. 278, PJO2.

ßigere Verteilung auf.[213] Dieser Selektionseffekt hat sich in den letzten Jahren noch verstärkt. Hatten laut Pisa-Studie des Jahres 2000 Kinder aus den oberen sozialen Schichten im Vergleich zu ihren ärmeren Altersgenossen eine dreimal größere Chance das Gymnasium zu besuchen, so wuchs ihre Chance nach der Pisa-Studie aus dem Jahr 2003 bereits auf das Vierfache an.[214] Auch die letzte Pisa-Studie von 2006 konnte hier keine wesentlichen Veränderungen erkennen.[215]

Doch der soziale Selektionseffekt hängt nicht nur mit den erbrachten manifesten Schulleistungen der Kinder aus den unterschiedlichen sozialen Schichten zusammen, die – wie gezeigt – schon für sich genommen einen sozioökonomischen Index haben. Kinder aus ökonomisch besser situierten und höher gebildeten Elternhäusern werden auch außerhalb des Schulunterrichts stärker gefördert. Sie nehmen öfter an außerunterrichtlichen Schulaktivitäten (z. B. Schulprojekte) und außerschulischen Lernangeboten (z. B. Nachhilfe, Lernkurse) teil. Ihre bereits erwähnte häufigere Vereinszugehörigkeit hat eine zusätzliche bildungsrelevante Wirkung, denn auch in diesem institutionellen Kontext wird kulturelles Kapital angesammelt.[216] Des Weiteren werden die Schullaufbahnentscheidungen in den Elternhäusern je nach Sozialstatus anders getroffen. Während Eltern mit höherem Einkommen und besserer Bildung grundsätzlich und unabhängig von den Schulnoten ihrer Kinder zur Entscheidung für einen gehobenen Bildungsgang tendieren, verhält sich dieses bei sozial unterprivilegierten Eltern genau anders herum. Aufgrund ihrer schlechten ökonomischen Lage entscheiden sie sich vorwiegend für kürzere und damit für die schlechter qualifizierende Bildungslaufbahn. Auf die unterschiedlichen

---

213 Die Zahlen beziehen sich auf Westdeutschland, da im Osten relativ wenig Hauptschulen existieren. Hier sind kombinierte Haupt- und Realschulen verbreiteter. Aber auch dort ist die Tendenz dieselbe, d. h. an Gymnasien finden sich mehrheitlich Schüler mit hohem Sozialstatus, an den Hauptschulen die mit niedrigem Sozialstatus. An den kombinierten Haupt- und Realschulen sinkt mit dem Sozialstatus ebenfalls das Schulniveau. Vgl. Büchner/Fuhs/Krüger, 1996 (Kinder- und Jugendsurvey), zit. n. Hölscher, 2003, 50.
214 Allgemein ist »der Wissensvorsprung von 15-Jährigen aus oberen Schichten gegenüber ihren Altersgenossen aus unteren sozialen Schichten [...] weiter gewachsen, vor allem bei mathematischen Schlüsselkompetenzen, aber auch in den Naturwissenschaften soll der Kenntnisvorsprung [...] bis zu 120 Pisa-Punkte betragen. Das würde einem Lernfortschritt von mehr als zwei Schuljahren entsprechen.« Frankfurter Rundschau, 01. 11. 2005, 254/2.
215 Der deutsche PISA-Koordinator Manfred Prenzel sagte, allein beim Leseverständnis habe sich »die Koppelung von Bildungserfolg und sozialer Herkunft abgeschwächt.« Gleichwohl hat ein Kind aus der Oberschicht in der BRD heute eine 2,2-mal höhere Chance, das Gymnasium zu besuchen, als ein gleich intelligentes Kind eines Facharbeiters (PISA 2000: 2,8). Migrantenkinder liegen in ihren Lernleistungen im Durchschnitt gut zwei Schuljahre hinter Nicht-Migranten (bei den untersuchten 15-Jährigen). Vgl. Herborner Tageblatt 05. 12. 2007, S. 2.
216 Vgl. Zinnecker/Silbereisen 1998, 68f. Zuletzt erneut bestätigt in der World Vision-Kinderstudie (2007). Vgl. Hurrelmann/Andresen, 2007, 27f.

3 Die Störung des Sozialverhaltens als »social sickness«

Schullaufbahnwünsche der Kinder selber in Abhängigkeit von ihrem Sozialstatus wurde bereits hingewiesen. Auch führen Einkommensverluste bei Eltern mit geringerer Bildung eher dazu, dass sie das Kind zum schnellen Schulabschluss und Berufseintritt drängen. Verfügen sie aber mindestens über einen Realschulabschluss, dann verschlechtern die Eltern die Schullaufbahn für ihr Kind nicht.[217] Daher überrascht es nicht, wenn sich am Ende der Ausbildungskarriere im Alter von 21 Jahren das Bildungsniveau ganz erheblich nach dem Sozialstatus unterscheidet. Kinder aus Armutsmilieus erreichen hier mit Abstand das geringste Bildungsniveau.[218] Aktuell errechnet das Deutsche Studentenwerk für Kinder von Akademikern eine Abiturquote von 83 % im Vergleich zu 23 % für die Kinder von Nicht-Akademikern.[219] Generell steigt das Armutsrisiko aber erheblich an, wenn maximal der Hauptschulabschluss und nicht das Abitur oder die FH-Reife erreicht wird. Es verstärkt sich weiter, wenn aufgrund mangelnder Bildungszertifikate später nur eine ungelernte Tätigkeit ausgeübt werden kann.[220] So beziffert die Untersuchung von Mansel/Hurrelmann (1994) den Anteil von Jugendlichen aus dem unteren sozialen Viertel, die ihren Statusübergang aus einer Ausbildungsposition startet, die eine wenig erfolgreiche Berufskarriere erwarten lässt (Arbeitslose, ungelernte Jungarbeiter, Teilnehmer am BVJ usw.), auf ein Viertel. Umgekehrt galt dies nur für ein Zwölftel der Jugendlichen aus dem oberen sozialen Quartil.[221] Dem gegenüber war der Anteil der Heranwachsenden an den Studienanfängern, deren Väter Akademiker sind, schon Ende der neunziger Jahre fünfmal höher als im Durchschnitt der Bevölkerung.[222] Inzwischen haben Kinder der Oberschicht eine 7,4-fach größere Chance auf ein Studium als Kinder aus unteren Schichten.[223]

---

217 Vgl. 11. Kinder- und Jugendbericht, 2002, 155f und Hölscher, 2003, 51f.
218 Vgl. Grundmann, in: Klocke/Hurrelmann, 2001, 225f. Mansel/Hurrelmann (1994) errechneten für ihre weitgehend repräsentative Stichprobe (für NRW) für die nicht mehr schulpflichtige Gruppe von Jugendlichen einen Anteil von 40 % mit Abitur/Fachabitur im oberen sozialen Viertel im Vergleich zu 6,5 % im unteren sozialen Viertel. Vgl. Mansel/Hurrelmann, 1994, 77.
219 Vgl. ver.di publik 06/07, 2007, 19.
220 Walper kommt schon für Ende der achtziger Jahre auf einen Faktor von ungefähr 2 für Männer und 2,5 für Frauen mit HS-Abschluss. Männer in ungelernter Tätigkeit haben ein 8-fach höheres Armutsrisiko im Vergleich zu solchen in der höchsten Dienstleistungsklasse (akademische freie Berufe, Richter, hohe Angestellte, Selbständige mit mind. 10 Angestellten). Frauen haben ein fünffach höheres Risiko. Vgl. Walper, 1991, 358ff.
221 Damit betrug das Verhältnis von Jugendlichen im Gymnasium zu Jugendlichen in Überbrückungsmaßnahmen im oberen Statusviertel 1:12. Im untersten Viertel betrug es 1:1. Vgl. Mansel/Hurrelmann, 1994, 76.
222 Vgl. 11. Kinder- und Jugendbericht, 2002, 155.
223 Dies belegte eine Studie des Deutschen Studentenwerks. Ferner sieht der »Eurostudent Report 2005« (K. Schnitzer, 2005) Deutschland im Vergleich mit sieben anderen europäischen Staaten (Irland, Spanien, Finnland, Niederlande, Polen, Österreich, Frankreich) auf dem letzten

3.1 Lebenslagen, Risikolagen und psychosoziale Befindlichkeit

Kommen wir nach den objektiven Daten nun zur subjektiven Seite des kulturellen Kapitals, bei der die Frage nach dem subjektiven Erleben der Bildungserfahrungen im Vordergrund steht. Stecher untersuchte im Rahmen des Kinder- und Elternsurveys von Zinnecker/Silbereisen (1998) den Schulhabitus von 10- bis 13-jährigen Schülern.[224] Unter Schulhabitus versteht der Autor den Grad der positiven Schuleinstellung gegenüber der Schule (»positive Schuleinstellung«), den Grad der »negativen Lerneinstellung«, die Einschätzung des Gewichts der eigenen Leistung für den schulischen Erfolg (»schulische Selbstwirksamkeit«) sowie die Einschätzung des Schülers darüber, wie er mit Problemen (die nicht nur die Schule betreffen) zurecht kommt (»Problemlösungskompetenz«). Es stellte sich heraus, dass Hauptschüler im Vergleich zu Realschülern und Gymnasiasten den ungünstigsten Schulhabitus zeigen. Insbesondere ihre Lerneinstellung ist wesentlich negativer geprägt. Auch trauen sie sich deutlich weniger zu ihre Probleme selber zu bewältigen und sind weniger davon überzeugt, dass ihr Schulerfolg von ihren Leistungen abhängt und Anstrengung sich lohnt. Insgesamt haben sie eine schlechtere Schuleinstellung als die Schüler der anderen Schulformen. Bei den ostdeutschen ist diese Tendenz sogar noch stärker zu beobachten als bei den westdeutschen Hauptschülern.[225] Leider wurde dieses Ergebnis nicht auf seinen Zusammenhang mit sozialen Statusunterschieden hin untersucht. Lediglich über die Variable der Elternsituation (Kind ohne Vater, Kind mit beiden Eltern in erster Ehe bzw. außerhalb der ersten Ehe) konnte ein indirekter Effekt des sozioökonomischen Status nachgewiesen werden. Hauptschüler und in etwas geringerem Ausmaß auch Realschüler in einer alleinerziehenden »Mutter-Familie« hatten einen negativeren Schulhabitus. Dies auch im Gegensatz zu alleinerziehenden Müttern von Gymnasiasten, deren ökonomische Ausstattung oftmals besser ist. Begründung: »Jene alleinerziehenden Mütter, die über eine gesicherte ökonomische Lebensgrundlage verfügen, können sich darauf konzentrieren, eine neue Identität aufzubauen, jene Mütter mit nur geringen finanziellen Mitteln sind ausschließlich damit beschäftigt, den Lebensunterhalt und die Funktionsfähigkeit ihrer Familie zu sichern.«[226] Die Untersuchung Hölschers (2003) bestätigt die hier angestellten Vermutungen. Arme Jugendliche bewerten ihre Schulsituation deutlich negativer als andere

---

Platz, wenn es um die Frage des Hochschulzugangs für Arbeiterkinder geht. Vgl. Frankfurter Rundschau 09. 07. 2005, 157, 6.

224 L. Stecher, Schulhabitus und soziales Kapital in der Familie, in: Zinnecker/Silbereisen, 1998, 267–289.

225 Vgl. Stecher, in: Zinnecker/Silbereisen, 1998, 275f. Es ist zu vermuten, dass sich die hier dargestellte empirische Wirksamkeit sozialer Selektionsmechanismen und der negative Schulhabitus (v. a. im Bereich der geringeren Selbstwirksamkeit) gegenseitig verstärken.

226 G. Niepel, Alleinerziehende – Abschied von einem Klischee, Opladen 1994, 76, zit. n. Stecher, in: Zinnecker/Silbereisen, 1998, 282.

3 Die Störung des Sozialverhaltens als »social sickness«

Jugendliche. Das trifft ganz besonders für Mädchen zu. Sie glauben weit mehr, dass sie weniger als die Mitschüler leisten, haben häufiger Sorgen vor dem nächsten Schultag und davor, den Schulabschluss nicht zu schaffen. Zudem äußern sie öfter den Eindruck, die Lehrer seien nie mit ihnen zufrieden. Arme Jungen berichten hier weniger Probleme, doch geben sie viel häufiger als andere Jungen psychosomatische Beschwerden vor Klassenarbeiten an, was auf eine Somatisierung ihrer erhöhten Belastungserfahrungen hinweist. Auch die World Vision-Kinderstudie (2007) belegt den Zusammenhang zwischen der Schichtzugehörigkeit und dem Vertrauen in die eigene Leistungsfähigkeit. Während sich Oberschichtkinder zu 74 % als gute oder sehr gute Schüler bezeichnen sind es bei Unterschichtkindern nur 28 %.[227] Die beschriebenen Tendenzen verstärken sich, wenn die Jugendlichen in Ein-Eltern-Familien oder Stieffamilien leben.[228] Auf einen besonders wichtigen Aspekt bei der subjektiven Verarbeitung negativer Lernerfahrungen infolge schulischer Segregation weist die Studie von Schumann (2007) hin. In einer empirischen Untersuchung an Schülern der Förderschule (Lernhilfe-Bereich) stellte sie fest, dass die übergroße Mehrheit von ihnen den zugewiesenen Status (»lernbehindert«) als maßlose Beschämung erlebt und ihre Selbstwahrnehmung und ihr Selbstkonzept nachhaltig beschädigt. Wie schon angedeutet sind die Lern- und Erziehungshilfeschulen in der BRD nach wie vor das Sammelbecken von Kindern und Jugendlichen aus sozioökonomisch deprivierten Milieus sind. Schätzungen gehen von einem Anteil von 90 % aus, sodass diese Förderschule mit Recht als *Armenschule* bezeichnet werden kann.[229]

Ferner ist die Quote der Schulverweigerer und Schulschwänzer in den Hauptschulen regelmäßig am höchsten, gefolgt von den Sonderschulen.[230] Alle vorliegenden Untersuchungen stimmen darin überein, dass die verschiedenen Formen der Schulverweigerung ein Problemverhalten darstellt, dass nicht allein mit endogenen, d. h. schulinternen Gründen (Klassenmilieu, schlechte Noten etc.) erklärt werden kann, sondern viele exogene Einflussfaktoren beteiligt sind, die quasi in die Schule hineingetragen werden. Hier haben sich v. a. familiäre und sozioökonomische Aspekte als relevant erwiesen.[231] Die Studien, die den Zusammenhang mit dem sozioökonomischen Status analysiert haben, fanden hier eine negative Korrelation, d. h. je niedriger der Status war, desto häufiger wurde geschwänzt. So stellen Wetzels u. a. (2000) anhand einer Totalerhebung

---

227 Obere Mittelschicht: 70 %, Mittelschicht: 57 %, untere Mittelschicht: 53 %. Vgl. Hurrelmann/Andresen 2007, 22.
228 Vgl. Hölscher, 2003, 139ff.
229 Vgl. Schumann, 2007, 61ff.
230 Schreiber-Kittl, 2002, 103.
231 »Sowohl die internationalen als auch die deutschen Studien machen deutlich, dass schulbezogene Variablen nur bedingt Schulverweigerung erklären können. Hinzu kommen fast immer sozioökonomische und familiäre Hintergrundmerkmale.« Schreiber-Kittl/Schröpfer, 2002, 105.

von Schüler/innen der Neunten und Zehnten Jahrgangsstufe der allgemeinbildenden Schulen, des Berufsvorbereitungsjahres und der Lernhilfeschulen in Delmenhorst fest, dass Schüler aus sozioökonomisch deprivierten Elternhäusern (Sozialhilfe, Arbeitslosigkeit) häufiger und intensiver schwänzen. In der Gruppe der Intensivschwänzer (mehr als zehn Tage) fanden sich zweimal mehr sozial Deprivierte (15,9 %) als sozial besser Gestellte (7,9 %).[232] Bei Grundschülern bzw. Kindern im Übergang zur Sekundarstufe I sieht es ähnlich aus. In einer bundesweiten Repräsentativbefragung von Acht- bis Elfjährigen gaben durchschnittlich 8 % an bereits ein- oder mehrmals die Schule geschwänzt zu haben. Der Zusammenhang mit dem Sozialstatus erwies sich dabei als sehr signifikant, denn Schüler der Unterschicht waren mit 22 % massiv überrepräsentiert, die der Oberschicht mit nur 2 % kaum vertreten.[233] Interessant ist allerdings, dass diese Zusammenhänge im Bewusstsein der betroffenen Schüler offenbar keine Rolle spielen. Hier stehen das Erleben von »Langeweile«, »Ärger mit Lehrern«, »Ärger mit Mitschülern«, »schlechten Leistungen« und andere schulische Probleme im Vordergrund.[234]

Nimmt man zudem die Gewalterfahrung von Schülern und Schülerinnen als Symptom und Maßstab für die psychosoziale Belastung der verschiedenen Schultypen, so spiegelt sich der soziale Selektionseffekt darin deutlich wider. Der bereits anhand der KiGGS-Studie (2007) nachgewiesene sozioökonomische Statuseffekt in Bezug auf Gewalterfahrungen von Kindern und Jugendlichen legt sich wie eine soziale Replikationsmatrix auf das dreigliedrige deutsche

---

232 Vgl. P. Wetzel u. a., Gewalterfahrungen und Delinquenz Jugendlicher in Delmenhorst, März 2000, zit. n. Schreiber-Kittl/Schröpfer, 2002, 63f. Zu gleichsinnigen Resultaten kam dieselbe Forschergruppe für Rostock (vgl. P. Wetzel u. a., Gewalterfahrungen, Schulschwänzen und delinquentes Verhalten Jugendlicher in Rostock, Mai 2000, zit. n. ebd., 58). Keinen Zusammenhang mit dem Sozialstatus fand eine Studie über Schulverweigerung in Brandenburg. Allerdings wurde der Sozialstatus hier nur über Bildung und Erwerbstatus der Eltern erfasst, das Familieneinkommen spielte keine Rolle (vgl. D. Sturzbecher/P. Dietrich, Schulverweigerung von Jugendlichen im Land Brandenburg, Manuskript, Potsdam 1993, zit. n. ebd., 79).
233 Untere Mittelschicht: 10 %, Mittelschicht: 8 %, obere Mittelschicht: 6 %. Vgl. Hurrelmann/Andresen, 2007, 134.
234 Schreiber-Kittl/Schröpfer, 2002, 164. Diese Reaktion lässt auf eine massive Verleugnung der belastenden Lebensumstände schließen, die mit einer Abspaltung des daraus resultierenden inneren Konflikts verbunden ist und sich im Symptom der Schulverweigerung ausdrückt. Das der subjektiv gemeinte Sinn dieses Symptoms gerade darin liegt, sich selbst vor der offenen Auseinandersetzung mit den überfordernd erlebten familiären Problemkonstellationen zu schützen entspricht auch meiner klinischen Erfahrung mit Schulverweigerern. Die Jugendlichen erleben aber ihre Eltern gegenüber dieser Problematik als hilflos bzw. als den Ursachen des Problems festhaltend. Das führt dazu, dass von Seiten der Eltern die aufrecht erhaltenden Bedingungen für die Schulverweigerung des Kindes bereitgestellt werden. Vgl. hierzu G. Lehmkuhl u. a., Schulverweigerung: Klassifikation, Entwicklungspsychopathologie, Prognose und therapeutische Ansätze, in: Praxis der Kinderpsychologie und Kinderpsychiatrie, 52, 2003, 371–386.

Schulsystem.[235] Hauptschüler berichten von erheblich höherer Gewalterfahrung als Täter (23,8 %), Opfer (5,5 %) oder beidem (7,5 %) denn Realschüler (14,7 %; 4,6 %; 5,3 %) oder Gymnasiasten (9,3 %; 3,3 %; 3,7 %). Dass diese Unterschiede weniger mit dem entwicklungspsychologischen Alterseffekt erklärt werden können, wonach gewalttätiges Handeln mit steigendem Entwicklungsalter abnimmt, sondern eine Folge des *creaming-out* ist, zeigt die eher noch verschärfte Prävalenz bei den (durchschnittlich älteren) Gesamtschülern. Hier übertrifft gerade der Anteil der Hochrisikogruppe der Opfer-Täter mit 8,9 % (nur Opfer: 6,2 %; nur Täter: 15,3 %) noch den in der Hauptschule. Auch die Einstellungen der Schüler und Schülerinnen zur Gewalt reproduzieren sich trennscharf entlang den Grenzen der Schultypen. Je niedriger die Schulform, desto eher werden instrumentelle und expressive Gewaltformen befürwortet.

Fokussiert man abschließend die Gruppe der ökonomisch deprivierten Jugendlichen nach dem Ende der Sekundarstufe Eins, also in ihrer Statusübergangsphase zum Erwachsenenleben (17–21 Jahre) und befragt sie im Vergleich zu nicht deprivierten Schülern nach ihrem subjektiven Schul- bzw. Ausbildungserleben, dann ergeben sich folgende weitere Erkenntnisse. Arme Jugendliche mussten während ihrer Bildungslaufbahn öfter Versagenserlebnisse und schulische Niederlagen hinnehmen. Sie sind insgesamt unzufriedener mit ihrer Laufbahn, z. T. auch mit ihrer Leistung. Es zeigt sich ebenso, dass sich Eltern unterer sozialer Schichten gegenüber ihren Kindern seltener zu deren Bildungslaufbahn-Entscheidung äußern. Wenn sie sich aber äußern, dann tun sie das vergleichsweise kritischer. Daher berichten diese Jugendliche auch gehäuft von Konflikten mit ihren Eltern wegen ihrer schulischen bzw. beruflichen Leistungen oder ihren Bildungszielen. Sie sind bezüglich ihrer Zukunft verunsicherter und fühlen sich schulisch bzw. beruflich stärker belastet. Diese Effekte traten stärker in der Subgruppe derer auf, die eine deprivierte Erwerbsposition hatte (ungelernte Jungarbeiter/Arbeitslose), und noch stärker bei jenen, die sich auch subjektiv als arm wahrnahmen.[236]

Wie gravierend die Wirkungen der engen Verzahnung zwischen ökonomischem und kulturellem Kapital in Deutschland im internationalen Vergleich sind, stellte schon die erste PISA-Studie (2000) fest: »Die Benachteiligung von Kindern aus sozial schwachen Familien liegen in der Bundesrepublik Deutschland drei- bis viermal höher als in anderen OECD-Staaten.«[237] Aber auch andere Bildungsberichte wie die OECD-Studien zum internationalen Vergleich der Effektivität von Bildungssystemen zeigen die sozialen Selektionsmechanismen sowie die damit verhinderten individuellen Entwicklungsmöglichkeiten des

---

235 KiGGS, 2007, 823ff.
236 Mansel/Brinkhoff, 1998, 150ff. sowie Mansel/Hurrelmann, 1994, 115, 142.
237 Schreiber-Kittl/Schröpfer, 2002, 50.

starren, dreigeteilten deutschen Bildungssystems auf. Dem deutschen Bildungssystem wird regelmäßig bescheinigt, es selektiere zu früh, fördere nicht früh genug, sei unterfinanziert und es mache den Bildungserfolg insgesamt von der sozialen Herkunft und nicht von der Begabung abhängig.[238]

3.1.4 Das symbolische Kapital – Lebensstile und Lifestyle

In meinen Eingangsüberlegungen zu diesem Kapitel habe ich mich mit der Abgrenzung zwischen sozialem und symbolischem Kapital befasst. In Anknüpfung daran lässt sich das Ergebnis auf die Kurzformel »*Sozialkapital* = Netzwerk sozialer Unterstützung« und »*symbolisches Kapital* = Transfer der übrigen Kapitalformen in legitime soziale Anerkennung, öffentliche Geltung und soziale Bedeutung« bringen. Mit diesen symbolischen Transfers werde ich mich nun im Folgenden beschäftigen. Dem liegt der Gedanke zugrunde, dass menschliche Gesellschaften neben der Notwenigkeit zur materiell-stofflichen Reproduktion ebenso der Notwendigkeit zur symbolischen Reproduktion unterliegen. Das bedeutet, dass sie ihre Symbolwelt über Worte, Bilder, Geschichten usw. immer wieder neu herstellen müssen. Die einmal gefundenen Bedeutungen der Dinge und Ereignisse sowie die Regeln, die darüber bestimmen, wie sie zu verknüpfen sind – Bourdieu spricht hier von »symbolischer Ordnung« –, sind nicht ein für alle mal festgelegt. Sie werden daher auch nicht wie die biologische Grundausstattung über unsere Gene an die nächste Generation vererbt. Deshalb ist jede Gesellschaft gezwungen, den Prozess zur Herstellung ihres sozialen Sinns immer aufs neue zu wiederholen, damit er im kollektiven Bewusstsein haften bleibt und die Einzelnen mit ihrem individuellen Bewusstsein daran anschließen können. Darüber wird der Prozess für sie prinzipiell verfügbar und auch erst veränderbar. Das wiederum qualifiziert ihn als einen historischen Prozess. Bei der Herstellung symbolischen Kapitals handelt es sich um gesellschaftlich organisierte Prozesse der dauernden Sinn- bzw. Bedeutungsstiftung und Selbstvergewisserung. Und wenn in vormodernen Gesellschaften diese soziale Funktion die Religion übernahm, so geschieht dies in der modernen bürgerlichen Gesellschaft laut Bourdieu über die Hegemonie der elitären bürgerlichen Kultur. Seiner Theorie folgend bilden sich auf der Ebene der konkreten sozialen Praxis der Menschen bei der Reproduktion der symbolischen Ordnung unterscheidbare Umgangsweisen heraus. Da nicht kein Mensch täglich die bewusste Arbeit der Auseinandersetzung mit den Unmengen an überlieferten und neu hergestellten Symbolen, also mit der kompletten Symbolwelt seiner Gesellschaft leisten kann, entlastet

---

238 OECD-Bildungsbericht 2004 (vgl. FR 15.09.2004, Nr. 215/2) und zuletzt wiederum OECD-Bildungsbericht 2007, der besonders die im internationalen Vergleich niedrige Akademikerquote in Deutschland kritisiert (Stand von 2004/2005; vgl. FR 19.09.2007, 218/1ff.).

er sich durch alltägliche Gewohnheiten und Haltungen, die dem individuellen Reproduktionsprozess eine gewisse feste Form und zeitliche Dauer geben und die er mit einer Anzahl anderer teilt. Diese habitualisierte Umgangsweise mit der gesellschaftlichen Symbolproduktion nennt Bourdieu »Habitus«, und sie beinhaltet einen für die betreffende soziale Gruppe spezifischen Ausschnitt aus der symbolischen Ordnung der Gesellschaft.[239] Bourdieu schreibt ihr neben der individuellen Entlastungsfunktion außerdem die Funktion sozialer Herrschaft zu, weil sich in die Symbolordnung hinter dem Rücken der Akteure die soziale Statushierarchie der bürgerlichen Gesellschaft einschreibt. So kommt es dazu, dass mit der Aneignung der herrschenden symbolischen Ordnung der elitären bürgerlichen Kultur in Form ihrer vielen kleinen Gewohnheiten (Körpergestik, Essgewohnheiten, Kleidungsstile, Tonfall, Sprachgebrauch u. a.) und alltäglichen Lebenshaltungen zugleich die Ordnung der Herrschenden inkorporiert wird. Die sozialen Ungleichheitsstrukturen werden auf diese Weise über die kulturelle Praxis der Akteure symbolisch reproduziert und erhalten darüber den »Anschein der Rechtfertigung«[240] selbst dann, wenn dieselben Akteure sie politisch in Frage stellen mögen.

Wie bereits ausgeführt, gehe ich nun davon aus, dass in heutigen, fortgeschrittenen kapitalistischen Gesellschaften die elitäre bürgerliche Kultur keine symbolische Dominanz mehr entfalten kann. Denn unter

> »den Bedingungen der massenförmigen Konsum- und Medienkultur der modernen Marktgesellschaft muß zwangsläufig auch die Aura der bürgerlichen Bildungsreligion entweiht und das Charisma des ›reinen Geschmacks‹ entwertet werden [...] Die Machtchancen des ›kulturellen Kapitals‹ (Bourdieu) reduzieren sich unter diesen Bedingungen auf die Chancen seiner kommerziellen Vermarktung.«[241]

Da also das symbolische Kapital (also das, was öffentliche Geltung und Bedeutung besitzt sowie sozial anerkannt ist) fast ausnahmslos in »der massenförmigen Konsum- und Medienkultur« zirkuliert und über sie sozial verteilt wird, soll analysiert werden, welche Konsum- und Medienstile unter den Jugendlichen existieren und worin soziale Statusunterschiede entdeckt werden können. Auf einen wichtigen historischen Unterschied möchte ich in diesem Zusammenhang noch hinweisen. Während in der bürgerlich-traditionalen Gesellschaft die Transformation von ökonomischem, sozialem und kulturellem Kapital in öffentlich geltendes symbolisches Kapital noch recht komplex und aufwändig verlief –

---

239 Das Konzept des Habitus entwickelt P. Bourdieu hauptsächlich in seinem Werk »Die feinen Unterschiede. Kritik der gesellschaftlichen Urteilskraft«, Frankfurt a. M. 1982.
240 Bourdieu, 1982, 604.
241 Kreamer, 186, in: Kneer u. a., 1994.

Bourdieu spricht hier von den z. T. sehr hohen »Transformationskosten« – wurde dieser Transformationsprozess in der postfordistischen Gesellschaft nach dem Vorbild der industriellen Produktion serialisiert und rationalisiert, um die Transformationskosten zu senken. Die kommerziell hergestellten seriellen Zeichensysteme des symbolischen Kapitals sind jetzt gewissermaßen mit einer vorkonfektionierten öffentlichen Geltung ausgestattet, denn sie wurden durch entsprechende Marktanalysen und -tests vielfach erprobt und das weitere Marketing stellt sicher, dass ihr symbolischer Geltungswert erhalten bleibt. Der Vorteil für die – zumal jungen – sozialen Akteure liegt nun darin, dass sie das bereits sozial anerkannte Kapital nur noch kaufen müssen, um den symbolischen Wert auf sich zu übertragen. Die oft mühsame individuelle Anerkennungsarbeit entfällt weitgehend. Es soll kritisch angemerkt werden, dass die hier diskutierten Aspekte mit der vielfach in Kinder- und Jugendstudien verwendeten Variable »Freizeitaktivitäten« nur ungenügend abgedeckt sind, weil dieser den hier dargestellten symbolischen Gehalt nicht oder kaum berücksichtigt.[242]

Zu den Konsumstilen der Kinder und Jugendlichen
Das Marketing und die sogenannten *Marketer*, als diejenigen, die in der Marktforschung und in den Marketingabteilungen tätig sind, haben Jugendliche als eigenständige Zielgruppe mit Beginn des sogenannten Wirtschaftswunders in den 60er Jahren entdeckt.[243] Die Bedeutung des damaligen »Teenagermarktes« war aber noch gering, und die Jugendlichen wurden fast ausnahmslos als Teil eines Haushaltes und das hieß in den 60ern als Teil ihrer Familie angesprochen. Als »halbunabhängige Untereinheiten des Haushalts ihrer Eltern«[244] wurden ihnen keine autonomen Kaufentscheidungen zugeschrieben. Zu dieser Zeit wurden unter »Teenagern« Heranwachsende im Alter zwischen 15 und 24 Jahren verstanden, schließlich lag die juristisch und politisch definierte Erwachsenenschwelle (Volljährigkeit) noch bei 21 Jahren. Das änderte sich im Gefolge der seit 1967/68 angestoßenen sozialen, politischen und ökonomischen Reformen. Jugendliche und Heranwachsende erhielten in allen Bereichen erweiterte Selbständigkeiten und Rechte, was sie als Konsumenten interessanter machte. So wurden die Heranwachsenden ab 1975 schon mit 18 Jahren volljährig und damit auch voll geschäftsfähig. Die erhöhte Erzie-

---
242 So wird z. B. im Kinder- und Elternsurvey 1996 dieser Aspekt zwar unter dem Stichwort »Sinnwelt Freizeit« (Eckert, Drieseberg, Willems 1990) theoretisch kurz diskutiert, jedoch bleiben die empirischen Ergebnisse hinter den geweckten Erwartungen zurück. Die statistische Diskriminierung von Stilen als Cluster unterschiedlicher Freizeit- und Konsumgewohnheiten findet man nicht. Vgl. Zinnecker/Silbereisen, 1998, 41ff.
243 Ich folge in meiner Darstellung dieses Themas Feil, 2003, 71ff.
244 L. Rosemayr, Jugend, in: R. König (Hg.), Handbuch der empirischen Sozialforschung, Bd. 6, Stuttgart 1976, 217, zit. n. Feil, 2003, 115.

hung zur Selbständigkeit schlug sich auch in wachsender direkter Kaufkraft nieder. Während sich die Ausbildungszeiten einerseits verlängerten und die faktische ökonomische Unabhängigkeit von den Eltern andererseits immer weiter hinaus schob (und schiebt), nahm die Bedeutung des Jugendmarketings stetig zu. Über die weitere Ausdifferenzierung der Generationen in der Familie wurden seit Beginn der 70er-Jahre auch die jüngeren Jugendlichen und die Kinder als eigenständige Zielgruppe erschlossen. Seit dem zeigt sich immer deutlicher, was als Zerdehnung der Autonomieentwicklung von Jugendlichen charakterisiert werden kann. Das psychosoziale Moratorium der Jugendphase zwischen Kindheit und Erwachsenstatus zerfällt zusehends in viele, lebensbereichsspezifische Statuspassagen, die zu verschiedenen Zeiten genommen werden und unterschiedlichen sozialen Mustern folgen: »Während im kulturellen Bereich, etwa beim Medienkonsum, die Ablösung bereits in der frühen Kindheit und frühen Jugendphase einsetzt und sich die räumliche Ablösung deutlich verfrüht hat, zeichnet sich bei der materiell-finanziellen Ablösung eine entgegengesetzte Tendenz ab.«[245] Das bedeutet, dass Kinder und Jugendliche ihre ersten Autonomieerfahrungen, die nicht primär auf die Familie bezogen sind (»Bezugspersonen«), schon in früher Kindheit als Konsumenten machen.[246] Etwa ab dem elften Lebensjahr beginnen Kinder dezidiert einen eigenen Lebensstil zu entwickeln.[247] Dabei verhält sich das

---

245 Ferchhoff/Olk 1988, nach Mansel/Hurrelmann 1994, 15.
246 In Anlehnung an McNeal (1987), Professor für Marketing und Entwickler der »5-Stadien-Theorie« (1992), benennt Feil drei Grundvoraussetzungen für den Konsumentenstatus: 1. Eine Person muss Geld haben, 2. die Person muss den Willen haben, es auszugeben, 3. die Person muss unbefriedigte Wünsche und Bedürfnisse haben. Die meisten Kinder erfüllen seiner Ansicht nach diese Voraussetzungen. Feil paraphrasiert McNeal weiter: »Die Definition des Kindes als Konsument sei – im Unterschied zu den lebenslaufrelevanten Statuspassagen – an keine rituelle Altersmarge gebunden. Sobald das Kind die Verknüpfung von Geld – Wille – Bedürfnis, demnach das Implikat des zivilrechtlichen Kaufaktes verstanden hat, agiert es auf dem Markt als Konsument, sprich: als Käufer.« (Feil, 2003, 84; J. U. McNeal, Children as Consumers. Insights and Implications, Lexington 1987; ders., Kids as Customers. A Handbook of Marketing to Children, New York, 1992). Es lässt sich ergänzen, dass diese Definition des Konsumenten auch im Unterschied zur juristischen Definition der Geschäftsfähigkeit von Kindern steht, die nach BGB bis zum vollendeten 7. Lebensjahr geschäftsunfähig und danach bis zum vollendeten 18. Lebensjahr beschränkt geschäftsfähig sind. Allerdings steht die alltägliche Realität auch im Widerspruch zur Rechtsnorm. Feil kommt zu dem Schluss: »Das Kind als Zielgruppe der Wirtschaft ist ein Moment des Wandels der Kindheit; dass das Recht mit seiner bedingten Anerkennung der Minderjährigen als Wirtschaftssubjekte dafür ein großes Hindernis wäre, kann im Ernst nicht behauptet werden. Probleme auf diesem Gebiet werden den Verbraucher(schutz)verbänden und Medien(schutz)rechtlern überlassen.« (Feil, 2003, 166).
247 »Die Ergebnisse der kommerziellen und akademischen Kinderforschung stimmen darin überein, dass der Einfluss der Gleichaltrigen auf Produktwünsche der Kinder spätestens mit dem Besuch des Kindergartens beginnt.« (Feil, 2003, 104). In entsprechenden Studien zur Wirkung von Werbung auf 4- bis 14-Jährige wurde festgestellt, »dass die Mütter den Spielzeugwünschen ihrer Kinder nachgeben, im pädagogischen Konfliktfall dann aber dazu tendieren, zusätzlich ›wertvolle‹

Kinder- und Jugendmarketing nicht nur als passiver Nutznießer entwicklungspsychologisch ablaufender Reifungsschritte, sondern verstärkt und dehnt den symbolischen Raum der kommerziellen Autonomie zwischen Kindheit und Erwachsenenalter durch ein entsprechend konstruiertes Kindheitsbild im Interesse des eigenen Profits.[248] Hierbei spielt das Fernsehen durch Entwicklung und Einführung entsprechender Formate nicht selten die Rolle des Türöffners in die Lebenswelt der Kinder. Letztes prominentes Beispiel hierfür ist die Sendung *Teletubbies*, die inklusive ihrer Merchandising-Produkte erstmals gezielt die Altersgruppe der Kleinkinder anspricht und entwicklungspsychologisch betrachtet damit fast schon das vorsprachliche Stadium erreicht hat.[249]

Die junge Zielgruppe hat drei Kaufkraftfunktionen
In diesem symbolischen Raum richtet sich das Marketing-Interesse auf die junge Zielgruppe in drei Funktionen: als autonome Konsumenten mit direkter aktueller Kaufkraft, als Mitbestimmende über die Konsumentscheidungen der Eltern (der Familie) mit indirekter aktueller Kaufkraft und schließlich auf ihre Funktion als Nachwuchskunden und zukünftige Konsumenten, die aufgrund des erwarteten Einstiegs ins Erwerbsleben zukünftige Kaufkraft repräsentierten. Im Abschnitt zum ökonomischen Kapital habe ich bereits Umfang und Entwicklung der direkten aktuellen Kaufkraft skizziert, daher komme ich gleich auf die indirekte Kaufkraft.[250] Die Einflussnahme der Kinder auf die Kaufentscheidung ihrer Eltern verläuft über zwei Zugänge.[251] Zum einen über die aktive Beein-

---

Spielsachen zu beschaffen, um der kommerzialisierten Kinderkultur ihr eigenes Erziehungskonzept entgegenzusetzen.« Ab dem 7. Lebensjahr verläuft der Einfluss der Werbung dann neben den Gleichaltrigen auch direkt: »Da Eltern die Quelle der Wünsche ihrer Kinder nicht hinterfragen, finden ›direkt durch Werbung erweckte Wünsche oder Wünsche, die sich aus dem Druck seitens gleichaltriger Freunde ergeben, letztendlich doch [...] den Weg ins Kinderzimmer‹ (ebenda, S. 251). Allerdings werden der Wunscherfüllung durch die finanziellen Ressourcen der Familie Grenzen gesetzt.« (M. Charlton u. a., 1995, zit. n. Feil, 2003, 104).
248 Feil, 2003, 87ff. und 122f.
249 Vgl. hierzu eine Kinderbefragung zum Thema »Teletubbies« unter 3 bis–6-Jährigen. Die Auswahl der Befragungsgruppe macht schon das Dilemma deutlich: Während sich die Sendung durchaus an Jüngere wendet, lassen sich diese aufgrund mangelnder Verbalisierungsfähigkeiten nicht einfach »befragen«. Schon bei den Drei- bis Vierjährigen musste ein Methodenset aus teilnehmender Beobachtung beim Fernsehen, Erzählanreizen und Spielaktionen eingesetzt werden. Vgl. Flimmo 3/99.
250 Dass Kaufkraftberechnungen der Marketer aus den schon genannten Eigennutzgründen kritisch zu sehen sind zeigt Feil. Die von ihr zitierte (kommerzielle) »Kids Verbraucher Analyse« des Egmont Ehapa Verlag (Hg.), Stuttgart 1996–2000) kommt z. B. auf eine aggregierte Kaufkraft der 6- bis 17-Jährigen von 19,18 Mrd. DM für das Jahr 2000. Aufgrund der hohen Sparquote bei Kindern und Jugendlichen (2000: 79 %) steht diese Summe dem aktuellen und direkten Konsum aber nicht zur Verfügung, so dass eigentlich nur 7,43 Mrd. DM übrig bleiben. Vgl. Feil, 2004, 79f.
251 Vgl. zu diesem Aspekt Diekhoff, 1999, 119ff.

flussung der Eltern durch Wunschäußerungen, Betteln, Nörgeln usw. entweder direkt beim Einkauf oder indirekt in dessen Umfeld. Zum anderen findet der Einfluss über die passive Konsumverweigerung bestimmter Güter seinen Weg zum Geldbeutel der Eltern (z. B. will das Kind eine bestimmte Joghurtsorte nicht essen). Die Marketer gehen davon aus, dass das Kind/der Jugendliche sich dabei verschiedener Ressourcen bedient, man könnte salopp auch von Druckmitteln sprechen. Am wirksamsten seien die emotionalen Ressourcen (Liebe, Zuwendung). Besonders in der Adoleszenz beginnen die Jugendlichen sich stärker von den Eltern emotional abzulösen verbunden mit einer Hinwendung zur Gleichaltrigengruppe. Umgekehrt fällt den Eltern diese Ablösung oft schwerer, v. a. wenn sie Alleinerziehende sind oder das Kind ihr einziges ist. Hier verschiebt sich das emotionale Machtverhältnis zugunsten der Jugendlichen. Die Gewährung von Mitsprache bei Konsumentscheidungen, auch die Versorgung des Jugendlichen mit Konsumprodukten selber kann dazu dienen, den Kontakt zu ihm zu erhalten oder auszudehnen. Des Weiteren verfügt das Kind über »Statusressourcen«. Darunter wird zweierlei verstanden. Die Eltern könnten sich den Konsumwünschen des Kindes beugen, um seine Anerkennung und Wertschätzung zu erhalten. Oder sie betrachten das Kind selbst als Statusträger der Familie und legen Wert auf eine entsprechende Erscheinung gegenüber Dritten, um ihr Sozialprestige nach außen zu demonstrieren. Das Kind hat damit die Möglichkeit, die Eltern zu beschämen. In Familien mit zwei berufstätigen Eltern oder bei Alleinerziehenden haben Kinder aufgrund der geringeren Haushaltszeit der Eltern oft eine »Dienstleistungsressource«, weil sie im Haushalt mit helfen und so die Eltern entlasten. Bei den Eltern entstehende Schuldgefühle sorgen für ein größeres Entgegenkommen gegenüber den kindlichen Konsumwünschen oder es wird schlicht Konsummitsprache gegen Mithilfe im Haushalt getauscht. Relativiert wird die Macht der Kinder durch das sogenannte Kaufrisiko. Es bezeichnet das Ausmaß eines Geldverlustes durch einen Fehlkauf. Dies entspringt der Beobachtung, dass Kinder umso eher beim Kauf mitbestimmen können, je geringer die Eltern das Kaufrisiko einschätzen. Die quantitativen Resultate zum Einfluss der Kinder auf die Kaufentscheidungen der Familie stellen sich jedoch uneinheitlich dar. Je nach Betrachtungsweise und statistischer Berechnungsformel schwanken die Angaben erheblich. Dort, wo sie anhand der Summe der direkten Kaufkraft in einer Faustformel ausgedrückt werden, variieren sie zwischen dem 2- und 20-fachen dieses Betrages. Werden bestimmte Produktgruppen, von denen man weiß, dass sie oft von Familien gekauft werden, isoliert und in ein prozentuales Ranking gebracht, dann liegt das Maß der Durchsetzung der Wünsche bei Kindern im Alter von 5- bis 14 Jahren zwischen minimal 24 % (Hobby, Sport, Spiel) und maximal 68 % (Süßwaren). Wird die Gruppe der 12- bis 17-Jährigen untersucht, dann liegen die Beeinflussungsquoten zwischen 15 % und etwas über 80 %,[252] bei den 13- bis 30-Jährigen zwischen 5 % und 95 %.[253] Einig sind sich aber alle Fachleute, dass der Einfluss der Kinder mit ihrem Alter ansteigt. Doch um für das Kinder- und Jugendmarketing zur Zielgruppe zu werden, kommt es auch gar nicht darauf an, wer sich durchsetzt (das wissen die Familien nach der Kaufentscheidung oft selber nicht mehr) oder das Produkt schließlich kauft. Mit Feil bleibt daher festzustellen, dass es eher auf den familialen Stil der Konsumentscheidung ankommt, nämlich »ob die Kinder, die Mütter, die Väter oder alle Familienmitglieder zusammen die treibende Kraft für den Einkauf eines Produktes sind bzw. wer als primärer Ansprechpartner für Marketing- und Werbemaßnahmen in Frage kommt«[254]. Richtungweisend sind hier Untersuchungen wie die von Rosendorfer (2000), die die familiäre Interaktion über Geld und Konsum ins Zentrum rückt. Sie fand heraus, dass ca. zwei Drittel aller Eltern mit ihren Kindern über finanzielle Angelegenheiten sprechen. Bemerkenswerterweise tun dies v. a. jene Eltern, die über wenig finanzielle Mittel verfügen (z. B. eher Alleinerziehende). Über die Ausgaben, die die Familie betreffen (Miete, Lebensmittel u. Ä.) reden über ein Viertel der Eltern mit ihren Kindern, ein Sechstel sagt, sie dürften auch bei größeren Anschaffungen für die Familie mitreden. Geht es um größere Anschaffungen für das Kind, so wird in über zwei Drittel der Familien gemeinsam mit dem Kind darüber gesprochen. Nicht einmal jedes zehnte Kind/Jugendlicher darf aber allein entscheiden, was gekauft wird.[255] US-Studien fanden heraus, dass in Ein-Eltern-Familien und in Doppelverdiener-Familien die Beeinflussungsquoten der Kindern am höchsten sind, weil sich dort ihre Einflussressourcen kumulieren.[256] Die Marktforscher stellen sich auf diese Zusammenhänge ein und entwickeln inzwischen Strategien, die die Kinder gewissermaßen als Agenten für Familienprodukte ansprechen, wie Autos, Fernseher, Computer etc.

---

252 Die Studie wurde 1996 vom deutschen Jugendinstitut durchgeführt. Vgl. Institut für Jugendforschung, Kaufentscheidungen in der Familie – der Dialog zwischen den Generationen. Eine Repräsentativuntersuchung bei Jugendlichen und ihren Müttern, hrsg. Vom Heinrich-Bauer-Verlag (Hamburg), München 1996, nach: Diekhof, 1999,143ff.
253 Diese Studie wurde 1995 von K. M. Ekström an schwedischen Familien durchgeführt. Sie bezog neben Verbrauchsgütern auch Dienstleistungen mit ein (vgl. ders., Children's Influence in Family Decision Making. A Study of Yielding, Consumer Learning and Consumer Socialization, Göteborg, 1995, zit. n. Diekhof, 1999, 148ff.). Zu allen zitierten Untersuchungen sei kritisch angemerkt, dass sie aufgrund unterschiedlicher Anlage und untersuchter Parameter nicht voll vergleichbar sind.
254 Feil, 2003, 103.
255 T. Rosendorfer, Kinder und Geld. Gelderziehung in der Familie, Frankfurt a. M./New York 2000, zit. n. Feil, 2003, 101f.
256 Vgl. Diekhof, 1999, 121.

(»Intergeneratives Marketing«).[257] Wie oben erwähnt entstehen bereits ab dem Kindergartenalter zusätzliche Effekte auf die Konsumentscheidung durch die direkte oder indirekte Beeinflussung durch die Peergroup. Hier geht es noch mehr als in den andern Bereichen um Markenprodukte, die Bedürfnisse nach sozialer Anerkennung, Selbstdarstellung und Distinktion befriedigen. Den Trend zu einer Marke setzt die Clique, wird darin aber durch Werbung und Fernsehen angeregt.

> »So findet sich ein Kreislauf, in dem auf der Suche nach Individualität und eigenem Lebensstil aus medial vermittelten Inhalten eine Auswahl getroffen wird, die dem Lebensgefühl einer bestimmten Altersstufe entgegenkommt; informiert über den aktuellen Trend, sucht sich der einzelne kindliche Rezipient aus dem Fernsehprogramm und der dort vermittelten Werbung aus, was ›in‹ ist, und trägt dies als ›individuellen Beitrag‹ in den Kreis der Freunde zurück.«[258]

Bei der direkten Form suchen beauftragte jugendliche Multiplikatoren die Szene-Orte der Zielgruppe auf und sprechen die Jugendlichen gezielt mit ihrem Produkt an. Eine andere Form ist der Einsatz gleichaltriger *Trendscouts*, die bestimmte Jugend-Szenen sondieren (z. B. in Discos oder bei bestimmten Events), neue Trends aufspüren und diese an ihre Auftraggeber zurück melden, damit diese auf Stilveränderungen frühzeitig reagieren können. Eine geradezu ideale Plattform für Werbezugriffe bieten die verschiedenen sozialen Netzwerke im Internet wie *SchuelerVZ* oder *ICQ*. Hier ist es üblich Persönlichkeitsprofile von sich zu erstellen (Alter, Geschlecht, Beziehungsstatus, Hobbies, Lieblingsfilme usw.), mit denen man wie auf einem Markt für soziale Kontakte als Anbieter auf entsprechende Nachfrage hofft. Es entstehen Freundschaftsnetzwerke (oft zwischen 100 und 300 Nutzer) und thematische Untergruppen (z. B. die *Jogginghosen-Gruppe*). Allein im *SchuelerVZ* wurden zwischen Februar 2007 und 2008 über 4,6 Mio. solcher Profile erstellt. Die jungen Nutzer klicken sich durchschnittlich 38mal im Monat auf die Website.[259] Die Selbstprofilierung und Selbstclusterung

---

257 »Kids haben im familiären Entscheidungsprozeß zunehmend das Sagen: Über ein Drittel beeinflussen maßgeblich den Kauf eines Autos, über die Hälfte den Kauf eines Fernsehers, einer Stereoanlage oder eines Computers. Ferner sind Kinder und Jugendliche Anreger für neue Produkte, ab einem gewissen Alter auch von den Müttern anerkannte Experten, die gern um Rat befragt werden. – *Konsequenzen für die Marke*: Sich an verschiedene Generationen gleichzeitig wenden und den Mythos Marke der nächsten Generation vermitteln.« (Heinrich Bauer Verlag, 1996a, S. 182), zit. n. Feil, 2003, 103 (Hervorheb. im Orig.).
258 M. Charlton u. a., Werbeerfahrung von Kindern im Kontext der Familie, in: dies. (Hg.), Das Werbeangebot in der Bundesrepublik Deutschland und dessen Verarbeitung durch Kinder, Bd. 2, 1995, (75–262) 258f., zit. n. Feil, 2003, 105.
259 Vgl. Freitag, 14. 03. 2008, 11/13.

der Kinder und Jugendlichen bildet nun eine perfekte Matrix für das Marketing. Wie im Schwester-Portal *StudiVZ* seit Anfang 2008 schon realisiert sollen deshalb auch die Nutzer von *SchuelerVZ* zukünftig einer Erklärung zustimmen, wonach sie die Verwendung ihrer Profildaten für Werbezwecke erlauben. Unter Auswertung ihrer persönlichen Angaben und ihres Klickverhaltens sollen sie dann zur Zielscheibe personalisierter Werbeangebote werden. *Targeting* nennt sich diese Marketingstrategie daher bezeichnenderweise.

Beim Zugriff auf die zukünftige Kaufkraft der Kinder und Jugendlichen spielt die sogenannte »Markenbindung« oder »Kundenbindung« die Hauptrolle. Bisherige Untersuchungen zu diesem Thema kommen zu dem Schluss, dass sich ein Markenbewusstsein schwerpunktmäßig in der Jugendphase irgendwo zwischen 10- und 24-Jahren herausbildet und messbare Wirkungen bis in das Erwachsenalter hat. Die emotionale Wirkung der Marke geht dabei so weit, dass sie das Wirklichkeitserleben, den Realitätssinn der Kinder und Jugendlichen beeinflusst, um nicht zu sagen manipuliert. In einem Experiment, veröffentlicht in der US-Fachzeitschrift für Pädiatrie (*Archives of Pediatrics and Adolescent Medicine*), wurden Kindern natürliche Nahrungsmittel (Möhren, Milch, Äpfel) zur Geschmacksbeurteilung angeboten, einmal unverpackt und ein anderes Mal in der Verpackung des Fast-Food-Konzerns *McDonald's*. Als Ergebnis fand man, »dass Kinder den Geschmack von Speisen und Getränke bevorzugen, wenn sie denken, das diese von McDonald's stammen.«[260] Die Bindungskraft einer Marke schwankt jedoch mit der Produktkategorie. Eine Allensbach-Studie (1996) fand z. B. heraus, dass unter »Markenbevorzugern« die Markentreue bei Jeans besonders hoch ist (65 % Markenbevorzuger), bei Strümpfen u. Ä. geringer ausfällt (30 %).[261] Doch sind die Befunde insgesamt noch recht lückenhaft, da die dynamischen Komponenten (Lebensphasen) und die spekulativen Komponenten (Refinanzierung) in der Forschung noch wenig Berücksichtigung finden. Gleichwohl gilt, dass in der Jugendphase

> »umfassende Produktkenntnisse und Erfahrungen erworben, Präferenzstrukturen und Einstellungen ausdifferenziert und Gewohnheiten ausgebildet (werden), auf die

---

260 FR 08. 08. 2007, 182/13. Die Untersucher sehen diesen Effekt als Form klassischer Konditionierung nach Pawlow: »Kinder sehen McDonald's und ihnen läuft das Wasser im Mund zusammen.« (ebd.). Der oben beschriebene »individuelle Beitrag« in der Gleichaltrigengruppe zur Erringung von Anerkennung wäre in der verhaltenstheoretischen Terminologie dann wohl eine operante Konditionierung.
261 Eine bestimmte Marke bevorzugt haben übrigens bei Jeans 43 %, bei Strümpfen 18 % der befragten 14- bis 23-Jährigen. Vgl. Institut für Demoskopie Allenbach, Markenbindung – Markenbildung. Eine Studie des IFD, Allensbach im Auftrag der Verlagsgruppe Jürg Marquard, Allensbach, 1996, zit. n. Diekhof, 1999, 236.

in späteren Kaufentscheidungen zurückgegriffen werden kann und die diese in mehr oder weniger starkem Maße vorstrukturieren [...] Aus unternehmerischer Perspektive ist es deswegen notwendig, nicht erst am Ende dieses Prozesses, wenn schon starke Gewohnheiten und Präferenzen bestehen, sondern bereits zu dessen Beginn, noch bevor sich eine stabile Treue ausgebildet hat, mit einer Präferenzschaffung für die eigene Marke bei den jugendlichen Käufern zu beginnen, um den Übergang zu einem markentreuen Kaufverhalten nicht zu verpassen und im Evoked Set des erwachsenen Kunden bereits verankert zu sein«[262].

Dass Kinder und Jugendliche heute grundsätzlich markenorientierter als Erwachsene sind, zeigt den Erfolg dieser Marketingbemühungen.[263] Dabei scheint es einen geschlechtsspezifischen Unterschied zu geben. Offenbar schätzen Jungen zumindest die Wichtigkeit von Markenkleidung in ihrer Gleichaltrigengruppe höher ein als Mädchen.[264] Nicht vergessen werden soll die wachsende Tendenz zu Werbung an Schulen, bei Vereinsveranstaltungen, bei öffentlich organisierten Jugend-Events (oft als Kooperation von offener Jugendarbeit, Vereinen, Verbänden und Unternehmen) usw. entweder durch direktes Marketing (Logos etc.) oder über Sponsoring. Letzteres erfreut sich in Anbetracht ausgetrockneter öffentlicher Kassen immer größerer Beliebtheit. Und für die Unternehmen macht es keinen Unterschied wo sie werben, da das Profitziel dasselbe ist.[265] Und welche Schule freut sich nicht, wenn eine bekannte Unterhaltungselekronik-Kette die Klassen Fünf bis Sieben mit Computern ausstattet?[266] In ironischer Abwandlung der bekannten Parole der Ökologiebewegung verfahren die Marketingstrategen dabei nach dem Grundsatz »Global denken – lokal handeln«. Denn

---

262 Diekhof, 1999, 241f.
263 So das Ergebnis einer regelmäßigen jährlichen Umfrage des Instituts für Demoskopie Allensbach. Während zwischen 1994 und 2002 die Markentreue bei Erwachsene rückläufig war, heißt es zu den Jugendlichen: »Jüngere achten nach wie vor stärker auf Marken.« Frankfurter Rundschau 12. 07. 2003, 159/32. Und der Trend hält an. Die KidsVerbraucherAnalyse 2007 bestätigt erneut: »Die Kids von heute sind Markenkenner und möchten ihre Individualität schon früh auch über den Besitz eigener Produkte ausdrücken. Die Eltern sind oft bereit, Markenwünschen ihrer Söhne und Töchter nachzukommen und fragen ihre Kinder darum meist selbst, wenn es um konkrete Einkäufe für ihre Sprösslinge geht.« Kleidung, Schulsachen, Handys und Spielwaren sind bei Kindern am häufigsten markengeprägt.
264 In der hier schon mehrfach zitierten (nicht repräsentativen) Studie von Hölscher schätzten zwei Drittel der Jungen Markenkleidung als wichtig in ihrer Klasse ein, die Mädchen nur zu 20 %. Vgl. Hölscher, 2003, 143.
265 »Sponsering unterscheidet sich von der Verkaufsförderung nur in soweit, dass beim Sponsering ein unternehmensfremdes Projekt gefördert wird, während Verkaufsförderungsmaßnahmen vom Unternehmen selbst verantwortet werden. Das absatzsteigernde Ziel ist beiden Instrumenten gemein.« K. Neumann-Braun/J. R. Erichsen, Kommerzialisierte und mediatisierte Kindheit – eine aktuelle Bestandsaufnahme, in: Charlton u. a. (Hg.), 1995, Bd.1, (23–41), 34, zit. n. Feil, 2003, 109.
266 Dieses Phänomen haben S. J. Schmidt und B. Spieß untersucht in: Die Kommerzialisierung der Kommunikation. Fernsehwerbung und sozialer Wandel 1956 – 1989, Frankfurt a. M. 1996.

gleichzeitig gehen die Verantwortlichen davon aus, dass sich bei fortschreitender Globalisierung vor dem Hintergrund der nationalen Kulturen immer ähnlichere Kinder- und Jugendkulturen herausbilden.

»Das Ergebnis ist, dass sie fast alle dasselbe wollen, dass sie im allgemeinen ihre Bedürfnisse in ähnliche Wünsche übersetzen, das führt zu einer übergreifenden Kultur. Deshalb, so scheint es, sind grobstandardisierte multinationale Marketingstrategien für Kinder rund um den Globus möglich.«[267]

Als Ergebnis dieses Abschnitts möchte ich das Resümee von Feil (2003) festhalten, dass trotz anfänglicher pädagogischer Gegenwehr und freiwilliger Selbstverpflichtungen der Wirtschaft in den letzten Jahrzehnten

»das Klima für Werbung, die sich an Kinder richtet, [...] sich in Deutschland erheblich zugunsten der Werbung verändert [hat] [...] Nicht zuletzt hat diese positivere öffentliche Einstellung und pädagogischer Pragmatismus auf dem Gebiet Kinder und Konsum der Kindermarktforschung und dem Kindermarketing den Weg zur öffentlichen Anerkennung geebnet.«[268]

Die direkten werbepsychologischen Zugänge
Wo sind nun die Zugänge des vorkonfektionierten symbolischen Kapitals zum psychischen Apparat der Kinder und Jugendlichen? Die Marketingkonzepte lehnen sich hier eng an die Erkenntnisse der Entwicklungspsychologie sowie der Soziologie an und entwerfen für jeden Entwicklungsschritt den passenden

---

267 J. U. McNeal, 1992, 250, zit. n. Feil, 2003, 112 (orig. engl.). Die Marketingabteilungen arbeiten mit Hochdruck an der Konstruktion einer globalen Kinder- und Jugendkultur, um die Identifikation damit voranzutreiben. Die neue Symbolwelt dieses »grobstandardisierten« kindlichen und jugendlichen Globalhabitus wird primär über die Kommunikationskanäle der internationalen Musiksender wie MTV usw. kommuniziert, wie man heute gerne sagt. Naomi Klein hebt diesen Aspekt hervor und schreibt: »Bevor jedoch die Marken auf der ganzen Welt dieselben Produkte auf dieselbe Weise verkaufen können, müssen sich die Teenager selbst mit ihrer neuen demographischen Gruppe identifizieren. Aus diesem Grund verkaufen die meisten globalen Werbekampagnen heute noch am aggressivsten die *Idee* eines globalen Teenager-Markts – ein Kaleidoskop multiethnischer Gesichter, die ineinander überblendet werden: Rastazöpfe, rosa gefärbte Haare, Henna-Handmalereien, Piercing und Tätowierungen, ein paar Nationalflaggen, vorbeisausende ausländische Straßenschilder, kantonesische und arabische Buchstaben, verstreute englische Wörter, und das alles garniert mit elektronischer Musik [...] um uns zu versichern, dass es ›nie ein „Wir-und-Sie", sondern immer nur ein einziges gigantisches „Wir" gibt‹, wie es Diesel-Präsident Renzo Rosso formulierte.« N. Klein, No Logo! Der Kampf der Global Players um die Marktmacht. Ein Spiel mit vielen Verlierern und wenigen Gewinnern, München 2002, 135 (Hervorheb. im Orig.).
268 Feil, 2004, 121.

Werbezuschnitt.[269] Mit Beginn der sprachlichen Entwicklung im Kleinkindalter können Kinder Markennamen zunächst nur als breites Begriffspektrum wahrnehmen, in dem der Wortlaut unmittelbar mit einer aktuellen Handlung (v. a. durch die Mutter) verknüpft ist. Dies ist die Phase der »Ein-Wort-Sätze« etwa im Alter von 12 bis 18 Monaten, wo »es [...] gerade diese Eingebundenheit der Wörter in den Handlungszusammenhang [ist], die ihre Bedeutung ausmacht«[270]. Über das noch recht undifferenziert arbeitende eidetische Gedächtnis ist es möglich, die Marke grob in eine Produktform (z. B. Creme) einzuordnen bzw. mit einer Farbe, einem Symbol oder einer Verpackungsform zu verknüpfen, was wiederum Voraussetzung für die spätere Markenpositionierung ist.[271] Im Rahmen der Entfaltung des eigenen Willens übt sich das Kleinkind zudem in seiner Durchsetzung gegen die Mutter. Diese sollte sich mit der kindlichen Selbstbehauptung möglichst in einer förderlichen Weise auseinandersetzen, was das Marketing der Mutter (den Eltern) gerne als »Förderung zum *klugen Baby*« verkauft. Ab ca. vier Jahren beginnt sich das abstrakte Denken zu entwickeln und die Kinder sind in der Lage Begriffsklassen zu bilden und einem Begriff unterschiedliche Merkmale zuzuordnen, anfangs noch in dichotomen Bildungen, wie *hell* vs. *dunkel*.[272] So können Markennamen zunehmend erkannt und mit Attributen verknüpft werden, wie z. B. *cremig* vs. *cool* usw. Für das Marketing ist das der Startschuss für die direkte mediale Ansprache der Kinder über das Fernsehen. Innerhalb dieser Phase erfolgt zwischen dem viertem und siebtem Lebensjahr die Entwicklung des relationalen Denkens, in dem schon vergleichendes Attribuieren möglich wird, etwa in der Weise *cremiger als...*, *cooler als...* Hier finden auch die ersten Sozialisationserfahrungen in Gruppen statt (Kindergarten

---

269 Ich orientiere mich im Weiteren zum einen an einer schematischen Darstellung unter dem Titel »Meilensteine der kognitiven Entwicklung und ihre Relevanz bei der Markenführung« (B. Villwock/A. Falser, Markenbewusstsein, Markenbindung – Zur Bedeutung der Marke bei Kindern und Jugendlichen. Überreuther Managerakademie, Frankfurt a. M., 27. und 28. Mai 1998, 8–11, in: Feil, 2003, 88). Zum anderen an der schematischen Darstellung von B. Melzer-Lena und G. Hefler (»Differenzierung junger Zielgruppen nach dem Alter«), die sie in ihrem Aufsatz »Grundregeln für den Umgang mit jungen Zielgruppen im Rahmen des Beziehungsmarketing« veröffentlicht haben (in: C. Zanger/K. M. Griese (Hg.), Beziehungsmarketing mit jungen Zielgruppen, München 2000, 97, zit. n. Feil, 2003, 83). Nach Möglichkeit ergänze ich die sehr schematisch dargestellten Schritte durch basale Erkenntnisse aus der Entwicklungspsychologie.
270 R. Oerter/L. Montada, Entwicklungspsychologie. Ein Lehrbuch, München/Wien/Baltimore 1982, 533.
271 »Im Grunde werden Kinder heute schon in einem Alter von 2–3 Jahren für die Hersteller interessant. [...] Kinder prägen sich mit ihrem eidetischen Gedächtnis Packungen, Symbole, Produktformen und Farben ein und sind dann auch in der Lage, sie wiederzuerkennen. Bereits hier beginnt also der Prozess der Etablierung einer Beziehung, einer Bindung an ein Produkt, an eine Marke.« Melzer-Lena/Helfer, 2000, 96, zit. n. Feil, 2003, 76.
272 Vgl. zum sog. klassifikatorischen Denken oder auch zum Stadium der konkret-operatorischen Strukturen nach Piaget: ebd., 445 und 391ff.

u. Ä.), die mit den Werbebotschaften verknüpft werden müssen. Ab ca. dem siebtem Lebensjahr ist ein Kind dann fähig symbolische Repräsentationen von Funktionsmerkmalen zu bilden (differenzierte Eidetik). Das heißt, es wird zum einen »ein handlungsmäßiger Zusammenhang zwischen den Objekten hergestellt. Zum anderen stellt das Kind einen subjektiven Funktionsbezug zu den Dingen her, indem es sich selbst zum imaginativ handelnden Bezugspunkt macht.«[273] Hier kann die Werbung von statischen zu dynamischen Begriffen übergehen und zunehmend mit hypothetisch-deduktiven Botschaften arbeiten, nach dem Muster *Wenn du das besitzt, dann...* Diese Phase der schnellen Lernfortschritte ist einerseits von psychischen Entwicklungskonflikten noch relativ unbelastet (Latenzphase), andererseits beginnt aufgrund der höher entwickelten kognitiven Fähigkeiten eine kritische Auseinandersetzung mit der Umwelt. Die Werbung nutzt diese ambivalente Phase, indem sie die Konfliktlatenz als Unbeschwertheit und als »heile Kinderwelt« vermarktet, aber zugleich den »fanatischen Realismus« des Kindes bedient, indem sie z. B. mit grobschlächtigen Comic-Charakteren arbeitet (Gut-Böse-Prinzip). Im weiteren Entwicklungsverlauf ab dem zehnten/elften Lebensjahr tritt das Kind in das formal-operatorische Stadium (Piaget) ein. Auf diesem Niveau »klebt das Kind nicht mehr an den gegebenen Informationen. Es abstrahiert aus Beobachtungen und Aussagen mögliche Einflussvariablen, erstellt ein System möglicher Kombinationen solcher Einflussvariablen [...]«[274] usw. Aus Sicht der Marketer dezentriert[275] sich damit das Denken des Kindes, es nähert sich einem ganzheitlichen Denken, und es wird möglich in den Werbebotschaften auf höhere Gedächtnisfunktionen zurückzugreifen, wie Erfahrung, Anmutung, Erinnerung, denn: »Markengestalten und Images erfordern ganzheitliches Denken.«[276] Die junge Zielgruppe hat damit den Status der »Pre-Teens« erreicht, die beginnen, sich an jugendlichen Verhaltensweisen zu orientieren. Für Mädchen wird nun z. B. das Schminken wichtig und sie werden damit umgekehrt für die Kosmetikindustrie interessant. Mit Eintritt in die Jugendphase ab dem 12./13. Lebensjahr beginnt das, was die Entwicklungspsychologie die Phase der »gesteigerten Selbstwahrnehmung« nennt, die aber kein Rückfall in den Egozentrismus des Kindes ist, sondern die Anwendung des formallogischen Denkens auf sich selbst als »Glauben an die Allmacht der Reflexion« (Piaget 1975), mit der er sich und die Welt im

---

273 Ebd., 458.
274 Ebd., 402.
275 In Anknüpfung an Piagets Beobachtung der »Zentrierung« der kindlichen Wahrnehmung. Dabei geht es um die »Zentrierung der Aufmerksamkeit auf ein Merkmal des Gegenstandes und das Außerachtlassen anderer«. Für den Bereich verwandtschaftlicher Beziehungen bedeutet das z. B., dass »es [...] für Kinder eine große Überraschung [ist], zu erfahren, dass der Vater auch ein Sohn ist. Die eigene Perspektive kann nur schwer aufgegeben werden.« Ebd., 385f.
276 Villwock/Falser, 1998, zit. n. Feil, 2003, 88.

Ringen um eine Identität umschaffen will. Damit hängt oft die »Schaffung eines imaginativen Publikums« (Elkind 1967) zusammen, an das sie sich real oder in ihrer Vorstellung wenden und dabei mit verschiedenen Rollen experimentieren. Meistens wird dieses Publikum von der Peergroup gebildet.[277] Für das Jugendmarketing verbindet sich mit der starken Orientierung an der Gruppe und der gesteigerten Fähigkeit zur Übernahme der Perspektive anderer die Bereitschaft zum »expressiven Markenkonsum«, da das zentrale Thema der jungen Zielgruppe nun lautet: »was denkt MAN von mir, wenn ich diese Marke verwende, trage [...]«.[278] Mit Erikson gesprochen befinden sich die Jugendlichen in ihrer Identitätsentwicklung auf der Stufe des Konfliktes zwischen Autonomie vs. Rollendiffusion (13 bis 18 Jahre), in der der frühe Kernkonflikt um Autonomie vs. Scham und Zweifel (zwei bis drei Jahre) nochmals bearbeitet wird. Unter der Perspektive der Selbstkonzept-Forschung spielt sich der Konflikt zwischen dem persönlichen und sozialem Selbst ab, also zwischen dem wofür der Jugendliche sich selbst hält und dem wofür die anderen ihn halten.[279] Diese Akzentuierung des Selbstbildes in dieser Phase ermöglicht dem Marketing den Zugang über das damit verbundene hohe Kohärenzbedürfnis. Die Marke stützt das verunsicherte, rudimentäre Selbstbild und bildet mit dem Ich eine kohärente, klare Ich-Identität über die Verknüpfung »Selbstimage = Produktimage«.[280] Die Marke wird Teil der Identität und des Lebens des Jugendlichen (»become a share of life«) und gibt ihm das Gefühl von Kontinuität, Selbstwirksamkeit und der Herstellung eines »Passungsverhältnisses« zwischen innen und außen (die Marke »passt zu mir«).[281] In der anschließenden Übergangsphase zum jungen Erwachsenenstatus zwischen 15 und 17 Jahren werden die älteren Jugendlichen

---

277 »Viele Jugendliche präsentieren sich diesem Publikum [...] auch, wenn niemand zugegen ist, sie zeigen ihren sehenswerten Körper, wenden sich mit schlagkräftigen Argumenten an die imaginativen Zuhörer und bilden in vielerlei anderer Form fiktiv den Mittelpunkt des Interesses. Sind nun mehrere Jugendliche mit der gleichen Haltung beisammen, so betrachten und benutzen sie sich wechselseitig als Publikum, geben an, spielen sich auf, lassen sich zu außerordentlichen Handlungen hinreißen.« Oerter/Montada, 1982, 268.
278 Villwock/Falser, 1998, zit. n. Feil, 2003, 88 (Hervorh. im Orig.).
279 Vgl. hierzu Oerter/Montada, 1982, 104 und 264ff.
280 Villwock/Falser, 1998, zit. n. Feil, 2003, 88.
281 Der Begriff »Passungsverhältnis« ist der Arbeit von R. Höfer (2000) entnommen, in der sie in beeindruckender Weise die Theorie des Kohärenzgefühls von Antonovsky (1988) auf empirischer Grundlage weiter entwickelt. Dabei geht sie insbesondere der Frage des Zusammenspiels von Kohärenzgefühl, Identität und Gesundheit (im umfassenden Sinne) nach. Der Begriff des Passungsverhältnisses spielt bei der Autorin eine zentrale Rolle, da sie zeigt, »daß Gesundheit in diesem übergreifenden Sinn vor allem als Ergebnis von gelungenen identitätsbezogenen Passungsverhältnissen verstanden werden kann. Je besser und häufiger es Subjekten gelingt, selbstbezogene Erfahrungen in ein für sie stimmiges Balanceverhältnis zu setzen, desto höher wird auch das subjektbezogene Gefühl von Gesundheit sein.« Höfer, 2000, 307.

bereits für die »Erwachsenmarken« aufgeschlossen, um das gewachsene Bedürfnis nach Unabhängigkeit, Eigenständigkeit und Abgrenzung von den Eltern, aber auch von allem Kindlichen werbetechnisch zu nutzen. Insgesamt wird nun viel mit der jugendlichen Neugier und dem Abwechslungsbedürfnis, der großen Offenheit und Probierfreudigkeit in dieser Altersphase gearbeitet.[282] Branchen, die hiervon ausgiebig Gebrauch machen sind z. B. die Zigarettenindustrie und die Getränkeindustrie.

Als Resultat dieses Abschnitts lässt sich formulieren, dass alle Zugänge des Marketings zur jungen Zielgruppe über entwicklungspsychologisch abgestufte Wege in Anpassung an die unterschiedlichen Kognitionsstadien zu den sich entwickelnden Identitätsbedürfnissen der Kinder und Jugendlichen führen. Sie nehmen Einfluss auf deren Selbstkonzept, Selbstwert und Selbstbild. Die sich entwickelnden Identitätsstile der Jugendlichen drücken sich maßgeblich über ihr Konsumverhalten aus und sind daher zugleich Konsumstile. Der Frage, wie sich die soziale Lebenslage im Konsumstil empirisch niederschlägt, wird im Folgenden nachgegangen.

Rationaler, demonstrativer und kompensatorischer Konsumstil
In ihrer Untersuchung zum Konsumverhalten von Jugendlichen in Deutschland identifizieren Lange und Choi (2004) drei unterschiedliche Konsumstile, die sie als rationales, demonstratives und kompensatorisches Konsumverhalten bezeichnen.[283] Bevor ich jedoch auf diese unterschiedlichen Konsumstile eingehe, möchte ich die Aufmerksamkeit auf zwei übergeordnete Perspektiven lenken, unter denen diese Binnendifferenzierung einzuordnen ist. Da ist zunächst die allgemeine Tendenz der Jugendlichen zu einem eher narzisstisch-hedonistisch geprägten Konsumverhalten. Die jüngste Verbraucher-Analyse 2004 weist eine dramatische Veränderung im Konsumverhalten der Jugendlichen in den vergangenen zehn Jahren nach.[284] Insgesamt zeigt sich ein deutlicher Trend weg von Umwelt- und Gesundheitsbewusstsein hin zu *Junk-Food* und Schönheitsbewusstsein im Sinne äußerer Attraktivität. Während 1994 noch 61 % angaben nach Möglichkeit keine Produkte von Firmen zu kaufen, die die Umwelt verschmutzen, waren es 2004 nur noch 39 %. 1994 erklärten noch 55 % sehr auf gesunde Ernährung zu achten, 2004 nur noch 42 %. Der Verbrauch

---
282 Vgl. hierzu Diekhof, 1999, 190ff.
283 Die Erhebung erfolgte auf Basis von mündlichen Interviews mit 1.000 Jugendlichen in Bielefeld und Halle zwischen 15 und 24 Jahren. Darüber hinaus wurden Daten aus Vorläuferstudien von Jugendlichen im Alter zwischen 15 und 20 Jahren aus den Jahren 1990 und 1996 verwendet. Die Stichprobenziehung kann als repräsentativ gelten. Vgl. Lange, 2004.
284 Die »Markt-Mediastudie« ist die größte Verbraucherbefragung in Deutschland und erhebt jährlich das Konsum- und Medienverhalten der deutschsprachigen Bevölkerung ab 14 Jahren. Als »Jugendliche« gelten 14- bis 19-Jährige. Vgl. Herborner Tageblatt, 21.09.2004, 18.

von Süßem und ungesunden Lebensmitteln, wie z. B. Kartoffelchips, ist immens gestiegen. Parallel dazu sank die Zahl derjenigen, die angaben besonders gerne Sport zu treiben von 40 % auf 34 %. Die KidsVerbraucherAnalyse 2007 stellte beim Verzehr von Süßem und sportlicher Betätigung unlängst wieder eine leichte Trendwende fest, bezieht sich aber nur auf Kinder zwischen 6 und 13 Jahren. Dagegen steigt der Konsum von Mode, Accessoires und Kosmetik (v. a. Hairstyling) massiv an. Die Jungen holen hier im Vergleich zu den Mädchen deutlich auf. So hat sich beispielsweise die Zahl der jungen Männer, die häufig Haargel benutzen seit 1994 vervierfacht (von 8 % auf 33 %).[285] Immerhin jeder vierte Jugendliche gibt an nicht auf etwas zu verzichten, nur weil er es sich nicht leisten kann. Lieber würde er auf Raten kaufen, einen Kredit aufnehmen oder jobben.[286]

Der zweite übergeordnete Aspekt ist die Differenzierung der Konsummuster auf dem Kontinuum zwischen Arm und Reich. Grundsätzlich unterscheiden sich Jugendliche nicht nur im Grad ihrer materiellen Versorgung (ökonomisches Kapital), sondern auch umgekehrt nach dem Grad des Verzichts auf bestimmte Konsumgüter. So verzichten arme Jugendliche und ihre Familien im Vergleich zu Nicht-Armen scheinbar in erster Linie auf teure Kleidung. Hölscher (2003) findet hier eine große Differenz selbst zwischen dem Armutsmilieu und dem armutsnahen Milieu.[287] 20,8 % der armen Jugendlichen gaben an, keine teure Kleidung zu kaufen, während dies nur 8 % der armutsnahen Jugendlichen tat (Wohlstand: 6,8 %; Reichtum: 4,2 %). Auch der Verzicht auf Alkohol und Zigaretten wächst mit dem Grad der Armut. 58,8 % der im Reichtum und 69,1 % der im Wohlstand lebenden Jugendlichen kaufen diese Produkte nicht, jedoch 74,5 % der armutsnahen und 79,5 % der armen Jugendlichen. Letztere verzichten auch ungefähr doppel so häufig auf Ausgaben für Hobbys, Sportartikel sowie für Kino/Disco. Armutsnahe Jugendliche haben auffallend seltener CDs und geben noch weniger Geld für Kino und Disco aus als die armen Jugendlichen. Das ergänzt die bereits erwähnte Beobachtung, dass arme und armutsnahe Jugendliche Freizeitaktivitäten eher meiden, die mit Geldausgaben verbunden sind.

---

285 Daneben stellt die Studie die wachsende positive Bewertung von Familie und Partnerschaft bei den Jugendlichen und Heranwachsenden fest. Haben 1999 37 % Familie und Partnerschaft als sehr wichtig für sich eingeschätzt, so sind es 2004 46 %. »Offensichtlich gebe es in unsicheren Zeiten ein zunehmendes Bedürfnis nach Sicherheit und Verlässlichkeit im privaten Umfeld.« (Herborner Tageblatt, 21. 09. 2004, S. 18). Für die Altersgruppe der Kinder zwischen 6 und 13 Jahren bestätigt die KidsVerbraucherAnalyse 2007 den auch hier anhaltenden Trend zu mehr Styling-Produkten.
286 Studie der Universität Oldenburg, zit. n. Protect Our Children, Ratgeber-Reihe zur Förderung des Jugendschutzes, Nr. 5, Konsum und Freizeit – jugendlicher Gruppenzwang, hrsg. v. Protect Our Children e. V. (Verein zur Förderung des Kinder- und Jugendschutzes), 13.
287 Vgl. im Folgenden Hölscher, 2003, 124.

3.1 Lebenslagen, Risikolagen und psychosoziale Befindlichkeit

Doch nun zur Studie von Lang und Choi (2004). Ich beginne in meiner Darstellung mit dem rationalen Konsumstil, darauf folgen der demonstrative und dann der kompensatorische Konsumstil. In allen drei Teilen werde ich zunächst erklären, was die Autoren unter dem jeweiligen Konsumstil verstehen. Dann werden in summarischer Form die sozialen Kontextbedingungen und die individuellen Bedingungen angegeben, von denen er abhängt. Ebenso wird die empirische Häufigkeit des Konsumstils genannt. Zur Illustration und zur Konkretisierung der Resultate verbinde ich diese noch mit relevanten Teilergebnissen der Studie zu den Konsumausgaben für bestimmte, typische Produktgruppen. Am Ende steht eine kritische Einordnung der Aussagen in den Zusammenhang dieses Kapitels. Zunächst also zum rationalen Konsumstil.

Wer rational konsumiert, der achtet in besonderer Weise auf das Preis-Leistungsverhältnis der Güter, die er kauft. Das bedingt einen umfassenden Informationsprozess im Vorfeld der Kaufentscheidung. Dieser verläuft typischerweise über objektive Quellen (v. a. Testergebnisse). Auch der Preis- und Qualitätsvergleich wird nach objektiven Kriterien vorgenommen. Schließlich wird das Ergebnis dieses Vergleichsprozesses der Güter vor dem Hintergrund der eigenen finanziellen Möglichkeiten und dem erwarteten Grenznutzen bewertet (*Worin liegt sein zusätzlicher Nutzen für mich? Brauche ich das Produkt wirklich?*). Am Ende wird das Produkt gekauft, das den optimalen Mix der drei Kriterien Einkommensniveau, Grenznutzen, Preis-Leistungsverhältnis in sich vereint. Die empirische Analyse von Lang und Choi (2004) ergab, dass der rationale Konsumstil durch folgende soziale Kontextbedingungen bestimmt wird:

- Höhere väterliche Berufsposition (soziale Herkunft)[288],
- demokratischer Erziehungsstil (»Verhandlungshaushalt«, Selbständigkeit),
- überbehütender Erziehungsstil (ängstlich-beschützende Fürsorge),
- rationale elterliche Konsumerziehung und entsprechendes Vorbildverhalten,
- eigener Haushalt, Partnerschaft, Kinder,
- Alter und Berufsstatus: Azubi, Studierende oder Berufstätig (kein Schüler),
- männliches Geschlecht,
- Einbindung in gesellschaftliche Organisationen (Vereine, Verbände, Kirche).

Die sozialen Kontextbedingungen zeigen alle keinen direkten Einfluss auf das Konsummuster. Als besonders konstante Bedingungsfaktoren jenseits der

---

[288] Der Zusammenhang ist nur schwach positiv und nicht signifikant. Das heißt, dass sich ein rationaler Konsumstil in allen sozialen Statusgruppen findet, allenfalls tendenziell eher in höheren.

deskriptiven Bedingungen heben die Autoren das Alter (i. S. eines Entwicklungsalters als Ablösung von der Familie), die direkte Konsumerziehung und das Vorbildverhalten der Eltern sowie in geringerem Maße auch das (männliche) Geschlecht hervor. Zusammengefasst bedeutet das, dass die Kontextbedingungen sämtlich indirekt über individuellen Bedingungen auf den rationalen Konsum wirken. Als individuelle Bedingungen haben sich folgende Wirkfaktoren herausgestellt:

- Eigene Einkünfte (v. a. durch Erwerbstätigkeit),
- höhere Schulbildung und bessere Schulnoten,
- positive Beziehungen zu den Eltern,
- keine überdurchschnittlich starken Beziehungen zur Peergroup,
- hohes aktives Engagement in gesellschaftlichen Organisationen,
- Orientierung an Pflichtwerten und an Werten sozialer Akzeptanz (Höflichkeit etc.),
- Orientierung an Selbstentfaltungswerten (Selbstverwirklichung, Eigenständigkeit etc.),
- materialistische wie auch postmaterialistische Wertorientierung,
- starkes gesellschaftspolitisches und umweltpolitisches Engagement,
- intrinsische wie auch extrinsische Berufsorientierung,
- interne Kontrollüberzeugung (Ursache für Erfolge liegt in der Person),
- kaum externe Kontrollüberzeugung (Ursache für Erfolge liegen außerhalb der Person),
- starkes Selbstwertgefühl, hohes Selbstvertrauen und Selbstbewusstsein,
- zweckrationaler Umgang mit Kreditkarten,
- Bevorzugung seriöser Quellen für Produktinformationen,
- wenig Beeinflussung durch Werbung in den Medien,
- zielstrebiger, ehrgeiziger Lebensstil.

Kausalanalytisch betrachtet ergeben sich folgende drei Wirkrichtungen für die genannten Einflüsse. Der stärkste Pfad ist der der praktischen Selbständigkeit. Hier kumulieren die Wirkungen der eigenen Einkünfte (die auch überdurchschnittlich sind), der höheren Unabhängigkeit von den Eltern, das höhere Alter und ein eigener Haushalt. Der zweitstärkste Pfad ist die Wertorientierung der jungen Konsumenten. Hier ergänzen sich Pflicht- und Akzeptanzwerte mit Werten der Selbstverwirklichung in prioritärer Weise. Diese werden zuvörderst durch einen demokratischen Erziehungsstil der Eltern vermittelt, doch auch autoritäre oder behütende Erziehungspraktiken wirken positiv. Der vermeintliche Widerspruch – den auch die Autoren sehen, jedoch nicht aufklären – löst sich vermutlich darüber auf, dass alle Erziehungsstile positiv wirken, wenn sie eindeutig sind. Ein inkonsequenter Erziehungsstil würde wahrscheinlich negative Auswirkungen haben. Dieser wurde aber in der Untersuchung gar nicht erst definiert. Der dritte Pfad ergibt sich über den zweckrationalen Umgang mit Zahlungsmitteln (Geld, Kreditkarte etc.). Die rationalen Konsumenten geben z. B. nicht mit ihrer Kreditkarte an, weil sie glauben, darüber eine höhere soziale Anerkennung zu erreichen. Sie ist einfach nur ein Mittel zur Vereinfachung des Zahlungsverkehrs. Auch hier spielt der Einfluss der Eltern eine positive Rolle, soweit sie ihren Kindern einen solchen zweckrationalen Umgang mit Geld beigebracht und vorgelebt haben. Der vierte und letzte Pfad beschreibt einen ebenso zweckrationalen Umgang mit den Konsumgütern selbst. Man informiert sich vor dem Kauf gründlich und aus seriösen Quellen und bezieht sich wenig auf Werbung. Auch hier spielt eine entsprechende familiäre Sozialisation eine wesentliche Rolle. Rational konsumierende junge Leute geben ihr Geld überdurchschnittlich oft für die eigene Wohnung, Sportartikel, Reisen, Vereinsbeiträge und Theaterbesuche aus. Etwa 2/3 der Befragten zeigen Lang und Choi (2004) zufolge einen rationalen Konsumstil.[289]

Der nun folgende demonstrative Konsumstil wird anhand bekannter werbepsychologischer Effekte beschrieben. Im Zentrum des demonstrativen Konsums stehen soziale Distinktionsgewinne und das Streben nach sozialer Anerkennung. Konkret heißt das, dass für diese junge Konsumentengruppe beim Kauf Produkte Priorität haben, die teuer aussehen oder auch wirklich teuer sind und gegenüber anderen geeignet erscheinen, den Eindruck finanzieller Potenz zu erwecken (*Veblen-Effekt*, nach dem US-amerikanischen Ökonomen T. Vebeln, 1857–1925). Ferner bevorzugt diese Gruppe Konsumgüter, die Exklusivität ausstrahlen, also (noch) selten, originell, brandneu usw. sind oder erscheinen (*Snob-Effekt*).[290] Bei ihnen ist die Marken- und Logo-Orientierung am größten. Ihnen geht es also in erster Linie um den symbolischen und nicht um den

---

[289] Die Höhe des Anteils ergibt sich jeweils aus der Summe derjenigen Jugendlichen, die den Items auf der vierstufigen Intensitätsskala »voll und ganz« und »überwiegend« zugestimmt haben (weitere Ausprägungen: »eher nicht« bzw. »überhaupt nicht«). An dieser Stelle taucht jedoch ein Problem auf. Die Angaben der Autoren schwanken zwischen 61 % und 72 %, je nach dem ob sie den Häufigkeitsanteil auf Basis einer vollständigen oder einer auf vier Items verkürzten (reliablen) Itemliste für das rationale Konsummuster berechnet haben (vgl. S. 116 und S. 176). Aus demselben Grund variiert auch die Angabe für das demonstrative Konsummuster (vgl. S. 128 und 179). Ich habe mich daher entschlossen, meine Angaben im Haupttext in Bruchzahlen zu machen, die in etwa die mittleren Werte der jeweiligen Prozentzahlen wiedergeben und alle Prozentangaben in den Endnoten aufzunehmen. Auf das Problem selber gehe ich im Zusammenhang mit dem kompensatorischen Konsumstil in einer Endnote näher ein.

[290] Den für demonstratives Konsumverhalten ebenso wichtigen »Mitläufer-Effekt«, also der Wunsch, »es jener Gruppe von Leuten gleichzutun, zu der man gezählt werden will« (U.Fehl/P. Oberender, Grundlagen der Mikroökonomie. Eine Einführung in die Produktions-, Nachfrage- und Markttheorie, München, 1976, 186, zit. n. Feil, 2003, 106) erwähnen die Autoren nicht. Dieser Effekt ist aber gerade für Jugendliche von eminenter Bedeutung.

zweckrationalen Nutzen eines Produktes. Bei der Untersuchung der sozialen Kontextbedingungen erweisen sich folgende Faktoren als relevant:
– Häufig Schüler (keine Azubis, Studenten, Berufstätige),
– leben häufig im Haushalt der Eltern,
– Erziehungsstil der Eltern ist eher autoritär bzw. überbehütend,
– Eltern erziehen nicht zum rationalen Konsum, sind kein entsprechendes Vorbild,
– eher niedrige Berufsposition des Vaters.

Auch hier zeigen sich keine direkten Einwirkungen der Kontextvariablen auf den Konsumstil. Die niedrigere Berufsposition des Vaters (Sozialstatus) wirkt positiv auf eine extrinsische Berufsorientierung des Jugendlichen und gleichzeitig negativ auf einen zweckrationalen Umgang mit Geld, Kreditkarte usw. Alle Kontextfaktoren wirken über folgende individuelle Bedingungsfaktoren positiv auf den demonstrativen Konsumstil:
– Niedrige eigene Einkünfte,
– niedrige Schulbildung und unterdurchschnittliche Schulnoten,
– hohe Peergroup-Bindung (inkl. starke Peer-Orientierung in Konsumfragen),
– unterdurchschnittliches aktives Engagement in gesellschaftlichen Organisationen,
– schwache Wertorientierung,
– Zurückweisen intrinsischer Berufsorientierung zugunsten extrinsischer Orientierung,
– externe Kontrollüberzeugung (Erfolg hängt von anderen oder vom Schicksal ab),
– leicht erhöhte Selbstwertschwäche,
– Kreditkarten werden als Zeichen sozialen Ansehens bewertet,
– Werbung wird unkritisch für den Konsum genutzt und als unterhaltsam erlebt,
– Produktinformationen werden in erster Linie den Unterhaltungsmedien entnommen.

Die relativ größte kausale Wirkung in der Erklärung des demonstrativen Konsumstils kommt der hohen Bindung der Jugendlichen an ihre Peergroup zu sowie deren großer Einfluss auf ihre Konsumentscheidungen. Sie sind offenbar bestrebt, ihr soziales Ansehen durch entsprechend wirkende Konsumprodukte (oft Markenartikel) im Kreis der Gruppe zu heben. Auffällig oft finden sich in dieser Gruppe jüngere Mädchen. Der zweite kausale Wirkkomplex besteht in der damit vermutlich eng zusammenhängenden, grundsätzlich dependenten

Tendenz, ausgedrückt in einer externalen Kontrollüberzeugung und der starken extrinsischen Berufsorientierung. Diese Jugendlichen gehen davon aus, dass sie selber wenig Einfluss auf ihre persönliche Entwicklung und ihre Erfolge haben und schreiben ihn größtenteils äußeren Bedingungen zu (andere Menschen, Glück, Zufall). Sie sind sehr abhängig von der Meinung anderer und haben einen geringeren Selbstwert als der Durchschnitt. Daher verhalten sie sich subjektiv konsequent, wenn sie ihre Erfolge durch den Umweg über Dritte suchen und auch Berufstätigkeit vor allem als Mittel sehen, soziale Anerkennung zu erringen, sei es über Einkommen, Aufstieg oder ähnlichen instrumentellen Orientierungen. Arbeit und Beruf als Teil der Selbstverwirklichung i. S. postmaterialistischer Wertorientierung existiert nicht. Diese Haltung wird offenbar durch den zur Unselbständigkeit anhaltenden autoritären oder sehr behütenden Erziehungsstil der Eltern befördert. Hierzu passt der dritte Wirkungspfad, der sich als »Haste was, biste was!«-Haltung charakterisieren lässt und bereits im Zusammenhang der sozialen Kontextbedingungen angedeutet wurde. Darin erscheint ökonomisches Kapital unmittelbar als Maßstab für soziale Anerkennung. Es gibt keine Vermittlung über kulturelles oder soziales Kapital. Daher ist es nicht überraschend, wenn die Studie durch die Analyse ihrer Daten zu dem Resultat kommt, dass »diese Vorstellung [...] in unteren Schichten häufiger anzutreffen [ist] als in mittleren oder oberen Schichten«[291]. Außerdem weisen ihre Daten darauf hin, dass sich die Gruppe der demonstrativ konsumierenden jungen Leute überproportional unter den Käufern von Videos und DVDs, von Computern, von Styling-Produkten, von Alkohol, Zigaretten und Drogen findet sowie etwas gehäufter als Konsumenten außerhäuslicher Freizeitaktivitäten (Gaststätten, Discos, Musikkonzerte u. Ä.) auftreten. Ihren Anteil an allen untersuchten Jugendlichen gibt die Studie mit etwa einem Viertel an.[292]

Nun zum kompensatorischen Konsumstil. Dieser wird von den Autoren in Anlehnung an die Untersuchung von Scherhorn u. a. (1992a) zur Kaufsucht als ein Konsumverhalten definiert, das

> »nicht (vorrangig) den Zwecken dient, denen das gleiche Verhalten normalerweise gewidmet ist, sondern Defizite kompensieren soll, die aus dem Nicht-Lösen ganz anderer Probleme entstanden sind. Kompensatorisches Kaufen kann beispielsweise die Funktion haben, dem Käufer über beruflichen Stress oder private Enttäuschung hinwegzuhelfen. Das Gut wird dann nicht (oder nicht in erster Linie) um seines Gebrauchswertes willen gekauft, sondern um der Befriedigung willen, die der Kaufakt selbst dem Käufer verschafft, und zugleich in der Erwartung, dass diese Befriedigung

---

291 Lange, 2004, 130.
292 28 % mit der unverkürzten Itemliste und 21 % mit der auf vier Items verkürzten Liste. Vgl. Lange, 2004, 128 und 179.

einen Ausgleich für die Frustration bieten möge, die durch das unbewältigte Problem hervorgerufen wurde«.[293]

Das bedeutet, dass der Kaufakt zum Bewältigungsmodus unangenehmer Gefühlszustände und belastender Lebenssituationen wird. Er erfüllt primär die Funktion einer Selbstwertbestätigung und Selbstwertstärkung, der Gebrauchswert des Produkts ist sekundär. Wie beim demonstrativen Konsum besteht das Gefühl mangelnder sozialer Anerkennung, was hier aber im Kaufakt selber (kompensatorisch) befriedigt wird. Im Gegensatz zum demonstrativen Konsum werden die Konsumgüter daher auch nicht nach außen zur Schau gestellt. Kompensatorischer Konsum kann zu Kaufsucht führen. In diesem Extremfall ist der Kaufakt die dominante oder gar einzige Verarbeitungsform von Belastungen oder der Beziehungsgestaltung überhaupt. Das Kaufen ist zudem zur einzigen Quelle des Selbstwertgefühls geworden. Dabei werden die Produkte überhaupt nicht genutzt und nur gehortet. Sie werden nicht nur nicht zur Schau gestellt, sondern aus Angst vor Vorwürfen seitens anderer Personen (Familie) schamhaft verborgen, z. T. sogar weggeworfen. Die sozialen Kontextbedingungen, unter denen ein kompensatorischer Konsumstil gehäuft auftritt, sind:
– Nichtdeutsche Herkunft,
– Tendenz zu jüngeren Altersstufen,
– weibliches Geschlecht,
– autoritärer, v. a. aber überbehütender Erziehungsstil (zu ängstlicher Unselbständigkeit),
– Anerkennung/Zuwendung in der Familie primär über materielle Versorgung,
– Familien, die soziale Anerkennung nur über ökonomisches Kapital definieren,
– irrationale Konsumerziehung durch Eltern und deren Vorbild.

Hier ergibt sich im Unterschied zu den beiden vorigen Konsumstilen ein direkter Effekt auf die Erklärung des Konsumverhaltens über das Merkmal »weibliches Geschlecht«. Alle anderen Kontextvariablen wirken indirekt über die individuellen Faktoren. Als individuelle Bedingungsfaktoren erscheinen:
– Niedrige Schulbildung und unterdurchschnittliche Schulnoten,
– Aversionen gegen die Eltern,
– hohe Peergroup-Bindung (inkl. starke Peer-Orientierung in Konsumfragen),

---

293 G. Scherhorn u. a., Kaufsucht. Bericht über eine empirische Untersuchung, Arbeitspapier 50, Stuttgart 1992 a, 4, zit. n. Lang, 2004, 132.

- unterdurchschnittliches aktives Engagement in gesellschaftlichen Organisationen,
- positive Orientierung an hedonistischen Werten,
- hohes Bedürfnis nach Liebe/Geborgenheit,
- sehr hohe Selbstwertschwäche,
- externe Kontrollorientierung (Erfolg hängt von anderen oder vom Schicksal ab),
- Kreditkarten werden als Zeichen sozialen Ansehens bewertet,
- Werbung wird unkritisch für den Konsum genutzt und als unterhaltsam erlebt,
- Produktinformationen werden in erster Linie den Unterhaltungsmedien entnommen.

Im Modell der Wirkungsfaktoren und Wirkrichtungen zeigt sich ein dominanter Einfluss der hohen Selbstwertschwäche, hervorgerufen durch einen Erziehungsstil, der zu Ängstlichkeit, Unsicherheit und Unselbständigkeit erzieht. Dadurch wird auch die externale Kontrollorientierung befördert, die v. a. bei den Jüngeren anzutreffen ist. Wohl deshalb, weil sich diese noch am wenigsten vom selbstwertschwächenden Einfluss des Elternhauses lösen konnten. Auf einem zweiten Wirkungspfad bewegt sich die hedonistische Wertorientierung, gemeinsam mit dem ausgeprägten Defizit im Bereich Liebe, Geborgenheit und soziale Anerkennung. Der dritte Pfad ergibt sich über die unzureichende Konsumerziehung der Eltern, in der Geld das Synonym für soziale Anerkennung bildet und eine unkritische Haltung gegenüber Werbung vermittelt wird. Auch die Variable »weibliches Geschlecht« steht mit dieser irrationalen Konsumhaltung in positiver Beziehung. Alle Wirkfaktoren zusammen laufen auf einen sehr affektiv und emotional besetzten Konsumstil hinaus, der nach dem Motto »Ich gönne mir was Gutes!« funktioniert. Jugendliche mit kompensatorischem Konsum geben ihr Geld sehr oft für ihr persönliches Aussehen aus, öfters auch für außerhäusliche Freizeitaktivitäten, für Videos und DVDs sowie für Zigaretten, Alkoholika und Drogen. Im Gegensatz zu den beiden anderen Konsumstilen ist der kompensatorische Konsumstil leicht mit mehr Verschuldung und noch etwas stärker mit Überschuldung assoziiert. Der Anteil der kompensatorisch konsumierenden Jugendlichen liegt bei etwa einem Achtel.[294]

Kommen wir nach der Darstellung der wesentlichen Ergebnisse nun zur kritischen Würdigung der Untersuchung. Trotz des theoretisch elaborierten *Rational-choice*-Ansatzes der Untersuchung, der bekanntlich das Grundproblem

---

[294] Vgl. Lange, 2004, 167. Die Prozentangabe der Autoren an anderer Stelle (S. 136) lautet auf 14 %. Darunter seien 6 %, die bereits als kaufsüchtig einzuordnen sind. Merkwürdig ist, dass für das

des Unterschieds zwischen diskreten, nicht direkt beobachtbaren Variablen wie Einstellungen, Intentionen usw. und dem konkreten Verhalten überbrücken will, bleibt festzuhalten, dass die Studie zunächst einmal nur die Selbsteinschätzung der Jugendlichen über ihr Konsumverhalten gemessen hat und nicht ihr tatsächliches Verhalten direkt beobachtet hat. Zwischen beiden Ebenen kann es schon aus diesen methodologischen Gründen Differenzen geben.[295] Dieser grundlegende Unterschied zwischen *Haltung* und *Verhalten* hat in Bezug auf den Konsum überdies eine besondere Bedeutung, denn zwischen ihnen verläuft bewusst der Zugangsweg des Marketings in Form der oben skizzierten »umgekehrten Psychologie«.[296] Wie schon gezeigt, setzt es gezielt auf den Widerspruch beider, um den Raum dazwischen semantisch zu besetzen, zu erweitern und auszunutzen. Das ist nicht vergleichbar mit einem Fragebogen, in dem ein Jugendlicher sich über seinen Konsum quasi selbst beschreibt, also ein Selbstbild von sich entwirft. Hier gehen Selbstidealvorstellungen mit ein, verpönte Selbstanteile werden abgewehrt usw. So liegt es entwicklungspsychologisch auf der Hand, dass sich Jugendliche gerne als die sehen, die nicht beeinflussbar sind und alles im Griff haben. Das ist natürlich auch den Marketern bekannt und sie bedienen dieses Selbstideal, um es geschickt für ihre Zwecke auszunutzen.

> »Lassen es die finanziellen Ressourcen in der Familie zu, tragen die Eltern unter Verdrängung der eigenen Anti-Werbung-Einstellung zur kindlichen Wunscherfüllung bei oder sehen sich nicht veranlasst, die Käufe, die ihre Kinder vom eigenen Taschengeld finanzieren, in Frage zu stellen. Die kindliche Diskrepanz zwischen

---

kompensatorische Konsummuster nur eine Angabe erfolgt, allerdings ohne mitzuteilen, auf welcher Itembasis sie errechnet wurde (S. 136). In der Itemtabelle für dieses Konsummuster im Anhang (Tab. A 13, S. 180), auf welche die Autoren verweisen, finden sich im Unterschied zu den Itemtabellen für die beiden anderen Konsummuster auch keinerlei Angaben zur prozentualen Verteilung. Eine Addition der verschieden Prozentangaben bzw. Angaben in Bruchteilen (Fazit, S. 167) für die einzelnen Konsummuster führt zu uneinheitlichen Ergebnissen, die zwischen 103 % und 107,5 % liegen. In der Folge ergibt sich für das kompensatorische Konsummuster rein rechnerisch eine entsprechende Abweichung (4,5 %), je nach dem ob man auf Basis der langen bzw. der kurzen Itemlisten oder der Bruchwerte rechnet. Kann davon ausgegangen werden, dass die Cluster trennscharf sind, sich also auf höchsten 100 % addieren können, dann fällt die Abweichung noch höher aus (7,5 %). Im Extremfall könnten die 14 % für das kompensatorische Konsummuster also um 7,5 % nach oben oder unten abweichen. Das lässt zwei Schlüsse zu: Entweder die Konsummuster überschneiden sich, sind also nicht ganz trennscharf (das beträfe wohl v. a. den demonstrativen und kompensatorischen Konsum) oder es liegt ein statistischer Fehler vor.
295 Allenfalls hat die Studie das selbstberichtete, vergangene Verhalten der Jugendlichen gemessen. Vgl. zum Rational Choice-Ansatz J. Reinicke, Das individualistische Forschungsprogramm in den Sozialwissenschaften (Rational Choice), in: G. Kneer u. a. (Hg.), 1994, 247–270.
296 Vgl. hierzu P. Brückner/A. Krovoza, Psychologie als Dienstleistungsgewerbe, in: Was heißt Politisierung der Wissenschaft und was kann sie für die Sozialwissenschaften heißen?, Frankfurt a. M., 1972, 73–81 sowie T. W. Adorno, Die Freudsche Theorie und die Struktur der faschistischen Propaganda, in: Kritik. Kleine Schriften zur Gesellschaft. Frankfurt a. M. 1980, (34–66), 63f.

Selbsteinschätzung in bezug auf Unbeeinflussbarkeit findet somit auf doppelte Weise durch die Eltern Verstärkung: zum einen, indem diese das Selbstbild ihres Kindes bekräftigen, zum anderen, indem sie als Modell fungieren.«[297]

Im *Rational-Choice*-Ansatz, der ja von der ökonomischen Nutzentheorie des rational handelnden *homo oeconomicus* abgezogen wurde, gibt es aber keine unbewussten Motive und Prozesse (wie z. B. die Verdrängung eigener Einstellungen), bestenfalls bilden sie noch Randbedingungen. Ich habe aus diesen Gründen auch nicht den Begriff *Konsumverhalten* von den Autoren übernommen, sondern spreche bewusst vorsichtiger vom *Konsumstil*. Er drückt im Sinne Bourdieus die Mischung aus Einstellung und Verhalten, aus sozialem Sinn und sozialer Praxis im Konzept des *Habitus* auf der empirischen Grundlage eines selbstberichteten Verhaltens besser aus und berücksichtigt die eingangs genannten objektiven Einschränkungen auf der Verhaltensebene stärker.[298]

Ein kleineres Manko bildet die Definition der Altersspanne der Untersuchungsgruppe, die mit 15 bis 20 Jahren bzw. sogar 24 Jahren für die Entwicklungsstufe »Jugend« zu hoch gewählt erscheint. Ergebnisse für jüngere Jugendliche und Kinder fehlen daher leider. Dem gegenüber fällt der nächste Kritikpunkt stärker ins Gewicht. Er bezieht sich auf die Erhebung der sozioökonomischen Daten, also Bildung, Berufsposition, Haushaltseinkommen. Sie wurden sämtlich nur aus den subjektiven Angaben der Jugendlichen gewonnen. Dabei machten ausgerechnet zu dem Indikator, der für den soziökonomischen Status von zentraler Bedeutung ist, nur etwa die Hälfte der Jugendlichen überhaupt Angaben.[299] Wie an anderer Stelle bereits unter dem Begriff *subjektive Armut* ausgeführt wurde, unterliegen subjektive Angaben von Jugendlichen über den sozioökonomischen Status ihrer Familie ohnehin bestimmten Verzerrungen. Gerade arme Jugendliche machen aus Scham und/oder Unwissenheit oft gar keine Angaben, und wenn sie welche machen, dann schätzen sie das Familieneinkommen zu hoch ein. Umgekehrt geben Jugendliche aus wohlhabenden oder reichen Familien tendenziell geringere Einkommen an, weil auch sie sich an der Mehrheit der mittleren Einkommen orientieren. Darüber verschwimmen die sozialen Ungleichheiten und die durch sie verursachten rekursiven Effekte fallen eher schwach aus oder verschwinden ganz. Dass die Analyse dieser Effekte

---

297 Charlton u. a. (Hg.), 1995, 260, zit. n. Feil, 2003, 106.
298 Damit sind die zu Anfang des Kapitels beschriebenen Einflüsse des Marketings, die langfristigen Konsumtrends, wie sie die zitierte Markt-Medie-Studie aufzeigt, die erwähnten grundsätzlichen Differenzen in den Konsummuster zwischen Arm und Reich sowie nicht zuletzt die Ergebnisse aus den Analysen der anderen Kapitalsorten gemeint.
299 Vgl. Lange, 2004, 46.

nicht das Hauptinteresse der Untersuchung ausmachte, zeigt sich schließlich darin, dass Angaben zur Häufigkeitsverteilung der einzelnen Konsumstile innerhalb der einzelnen sozialen Schichten fehlen und nur indirekt zu erschließen sind.

Im Bereich der Wirkung der Erziehungsstile fallen, wie schon oben angedeutet, Widersprüche auf, die von den Autoren nicht aufgelöst werden. Ich führe das auf eine unzureichende Anzahl der Variablen zurück, denn es gab nur je eine für einen demokratischen, einen autoritären und einen behüteten Erziehungsstil. Letzterer erschien je nach Kontext mal als »überbehütet« oder schlicht als »behütet«. Das Ergebnis, dass alle Erziehungsstile »irgendwie« einen rationalen Konsumstil fördern, autoritärer und (über)behütender Erziehungsstil aber zugleich deutlich verstärkend auf die beiden irrationalen Konsumstil wirken, deutet darauf hin, dass es eher um eine eindeutige Erziehungshaltung als um die Wertorientierung des Stiles selber geht.[300] Mit anderen Worten: Jede Form eines inkonsequenten Erziehungsverhaltens wirkt in Richtung eines demonstrativen oder kompensatorischen Konsumstils. Eine Variable für einen inkonsequenten Erziehungsstil wurde in der Studie jedoch nicht definiert. Wäre das der Fall gewesen, hätten die Autoren wahrscheinlich auch die gleichermaßen wirksamen Einflüsse des autoritären und des (über)behütenden Erziehungsstils auf den demonstrativen Konsumstil erklären können. Es ist davon auszugehen, dass sie sich in ihren Wirkungen überschneiden und daher gemeinsam inkonsequent wirken. Solche widersprüchlichen Erziehungs-konstellationen sind in den betroffenen Familien oft nach Vater (autoritär) und Mutter (ausgleichend-beschützend) aufgeteilt. Die negative Wirkung inkonsequenter Erziehung ist gerade im Zusammenhang mit der Entstehung eines gestörten Sozialverhaltens hinlänglich belegt.

Außerdem wäre es interessant gewesen, eine weitere Variante des Konsums mit berücksichtigt zu finden, nämlich den Ladendiebstahl, der bei Jugendlichen in den letzten Jahren aus verschiedenen Gründen deutlich zugenommen hat und damit zweifellos eine empirische Form ihres Konsumstils darstellt. Laut dem Ersten Periodische Sicherheitsbericht (2001) haben – je nach Studie – zwischen 18 % und 46 % der männlichen und 12 % bis 38 % der weiblichen Heranwachsenden wenigstens einmal Ladendiebstahl begangen. Der erhebliche Anstieg in der Tatverdächtigenstatistik bei den 8- bis unter 14-jährigen Kindern seit 1988 (verschärft seit 1993) ist zu 70 % auf die Zunahme der (registrierten) Ladendiebstähle zurückzuführen. In der KFN-Schülerbefragung (2000) berichteten 29,5 % der Jungen und 26,3 % der Mädchen, dass sie im Jahr 1999

---

300 Vgl. hierzu Lange, 2004, 125.

Ladendiebstahl begangen haben.[301] Wenn es den Autoren nun darum ging, die Frage zu beantworten, ob »die ›abweichenden‹ Verhaltensmuster wie demonstrativer Konsum, kompensatorischer Konsum und Kaufsucht«[302] ansteigen, dann hätte der Konsum via Ladendiebstahl als abweichendes Verhalten im engeren Sinne unbedingt dazu gehört. Nicht zuletzt auch deshalb, weil sich hier sicherlich erkennbare Zusammenhänge mit dem demonstrativen und dem kompensatorischen Konsum, insbesondere der Kaufsucht ergeben hätten. Darauf deuten jedenfalls verschiedene Indikatoren hin. So zeigt sich auch beim Ladendiebstahl ein Zusammenhang mit niedriger Bildungsstufe, niedrigem Sozialstatus, starker (devianter) Peergroup-Orientierung sowie soziokulturell kombiniert ungünstigen Lebensbedingungen.[303]

Trotz dieser Einwände zeigt die Studie doch wesentliche Tendenzen auf, die im Folgenden näher betrachtet werden sollen. Immerhin ca. 40 % aller Jugendlichen und Heranwachsenden zeigen ganz oder überwiegend einen nichtrationalen Konsumstil. Diesen bezeichnen die Autoren zwar als »irrational« oder »abweichend«, doch kann er im Sinne der oben referierten Marketingstrategien als durchaus systemfunktional gewertet werden. Dabei fällt ins Auge, dass sich der demonstrative und der kompensatorische Konsumstil in ihrem sozialen und individuellen Bedingungsgefüge recht ähnlich sind. Die Gemeinsamkeiten auf der Ebene der sozialen Kontextbedingungen liegen in einem autoritären bzw. (über)behütenden Erziehungsstil mit irrationaler Konsumerziehung und in einem Familienklima, das soziale Anerkennung und emotional Zuwendung primär über materielle Versorgung vermittelt sowie umgekehrt unmittelbar an ökonomischem Kapital misst. Im individuellen Bereich zeigen sich Gemeinsamkeiten in der geringen Bildung, beim defizitären Selbstwert, der hohen Peergroup-Bindung und Peer-Orientierung, einer geringen freiwilligen institutionellen Integration, einer insgesamt außengeleiteten Orientierung sowie einem unkritischen Verhältnis zu medialer Werbung. Die Unterschiede liegen auf der Seite des kompensatorischen Konsumstils in seiner deutlichen Geschlechtspezifität zugunsten der Mädchen, mit eher nicht-deutscher Herkunft, seiner

---

301 Im Jahr 1999 gab es bei den Kindern allerdings wieder einen Rückgang auf das Niveau des Jahres 1996. Bei der KFN-Schülerbefragung handelt es sich um eine 1999 durchgeführte Studie des Kriminologischen Forschungsinstituts Niedersachsen. Vgl. zu diesen Angaben PSB, 2001, 554, 519, 560.
302 Vgl. Lange, 2004, 20.
303 Die Entwicklungsbedingungen wurden als kategorialer Indikator aus dem Bildungsniveau und der Betroffenheit der Familie durch Arbeitslosigkeit/Sozialhilfebezug gebildet. Als ungünstig wurden »die Lebensbedingungen jener eingestuft, die eine Hauptschule besuchen sowie ferner derjenigen Real- und Gesamtschüler, bei denen zugleich die Eltern von Arbeitslosigkeit/Sozialhilfebezug betroffen sind.« (PSB, 2001, 562). Zu den Angaben zu den einzelnen Zusammenhängen vgl. PSB, 2001, 563, 574.

stärkeren Tendenz zum überbehütenden Erziehungsstil sowie bei emotionalem Mangelerleben (Liebe, Geborgenheit), das offenbar zu einer kompensatorischen hedonistischen Wertorientierung führt. Umgekehrt sind beim demonstrativen Konsumstil eher Jugendliche mit geringerem sozioökonomischen Status zu finden. Aus der Armutsforschung ist bekannt, dass Mädchen die Folgen ökonomischer Deprivation eher emotional erleben (und ausdrücken), während Jungen in ihrer Wahrnehmung eher die äußeren sozialen (Status-)Aspekte akzentuieren.[304] Dazu passt, dass arme Jugendliche grundsätzlich ein negativeres Selbstbild als nicht-arme Jugendliche haben und auch ihr eigenes Äußeres kritischer bewerten.[305] Ebenso ist bekannt, dass Jugendliche aus sozioökonomisch niedrigen Schichten im Gegensatz zu Mittelschichts-Jugendlichen ihre Eltern als persönliches Vorbild eher ablehnen, was die hier ebenfalls festgestellten Aversionen, ihre extrinsische Orientierung und die hohe Peergroup-Orientierung mit erklärt.[306] All das lässt erwarten, dass sich deprivierte Jugendliche gehäuft in der Gruppe der demonstrativen oder kompensatorischen Konsumenten finden, wobei das Familienklima – wie bei den anderen Kapitalsorten auch – eine moderierende Rolle spielt.[307]

Unterm Strich lässt sich daher ein Zusammenhang zwischen einer deprivierten Lebenslage, d. h. also (kumulierten) Defiziten beim ökonomischen, sozialen und kulturellen Kapital von Jugendlichen und ihren Konsumstilen erkennen. Dieser Zusammenhang legt die These nahe, dass defizitäre Kapitalausstattungen bei den betroffenen Jugendlichen zu irrationalen Konsumstilen, also demonstrativem oder kompensatorischem Konsum führen. Die strukturelle Nähe der beiden Konsumstile mit ihrem jeweils spezifischen Deprivationsprofil verweist auf die Existenz zweier unterschiedlicher Milieus der Deprivation, in denen

---

304 Vgl. hierzu die Untersuchung von Hölscher zum Erleben von Armut bei Jugendlichen (Hölscher, 2003, 134ff., 248f., 251).

305 Vgl. Hölscher, 2003, 125ff.

306 Vgl. M. L. Hoffmann/H. D. Saltzstein, Parental discipline and the child's moral development, Journal of Personality and Social Psychology, 5, 1967, 45–57, in: Oerter/Montada, 1982, 285. Dass sie dabei trotzdem unbewusst die »irrationalen« Konsumhaltungen der Eltern übernehmen, lässt sich – wie bei allen Eltern-Kind-Beziehungen – mit dem Anteil der nicht-intendierten Erziehung erklären und macht ja gerade den grundlegenden Neurotizismus der bürgerlichen Kernfamilie aus, in der die Beziehungen prinzipiell emotional hochambivalent sind.

307 Gestützt wird diese Annahme auch von der World Vision Kinderstudie, die schon für die Acht- bis Elfjährigen konstatiert: »Auffällig ist allerdings, dass Kinder aus den unteren Herkunftsschichten die Bedeutung von Äußerlichkeiten und materiellen Dingen tendenziell etwas höher bewerten und gutes Aussehen oder schicke Kleidung eher als Charakteristikum dafür, beliebt zu sein, bewerten.« (Hurrelmann/Andresen, 2007, 25). Während 47 % der Kinder der oberen Schichten gutes Aussehen als Beliebtheitskriterium nennen, tun dies 60 % der unteren Schichten (Mittelschicht: 53 %). 40 % aus den unteren Schichten sehen zudem in teurer Kleidung einen Maßstab für Beliebtheit im Vergleich zu 24 % aus den oberen Schichten (Mittelschicht: 32 %.). Ebd., 151.

diese beiden Konsumstile jeweils gehäuft anzutreffen wären. Auch die Untersuchung von Hölscher (2003) weist in diese Richtung.[308] Sie identifiziert zwei Armutsmilieus. Das erste Milieu ist auf Seiten der Jugendlichen und Kinder von mehr Selbständigkeit und Selbstverantwortung (mehr eigenes, vermutlich selbstverdientes Geld) geprägt. Es scheinen deutlichere Generationsgrenzen (eigenes Zimmer) und eine durchschnittliche soziale Integration (Kontakt zu Freunden/Freundinnen) sowie eine traditionellere Rolle der Mutter (weniger berufstätig oder arbeitslos) zu bestehen. Dies ist das typische Milieu der notreifen, emotional selbst versorgenden Jugendlichen mit Helferstatus in der Familie. Umgekehrt scheint die Mutter im zweiten Armutsmilieu wesentlich öfter in der Rolle der Ernährerin der Familie zu sein, und sei es auch nur durch den Bezug von Arbeitslosenunterstützung. Vermutlich finden sich hier viele alleinerziehende Mütter. Die Kinder bzw. Jugendlichen haben kein eigenes Zimmer, sehr wenig eigenes Geld, fast nie einen Computer und scheinen sozial isolierter zu sein. In diesem Cluster finden sich überproportional viele Mädchen. Zur Erinnerung: Auch Lange und Choi fanden bei den »abweichenden« Konsumstilen mehr Mädchen als Jungen, vermehrt aber beim kompensatorischen Konsummuster. Umgekehrt scheint eine gute Ausstattung mit ökonomischem, sozialem und kulturellem Kapital die Ausbildung eines rationalen Konsumstils zu befördern. Vermutlich deshalb, weil hier viele andere Wege offen stehen, eine eigene Identität mit einem ausreichenden Selbstwertgefühl zu entwickeln und auszudrücken, während sich für deprivierte Jugendliche v. a. der Konsum von mit *symbolischem Mehrwert*[309] ausgestatteten Waren als stoffliche Basis ihrer Identitätsarbeit anbietet. Daraus folgen besondere Konsumstile, die die Kapitaldefizite entweder in emotional-introversiver Weise kompensieren (*Aschenputtel-Typus*) oder sie in sozial-extraversiver Weise demonstrieren (*Angeber-Typus*). In jedem Falle bekommt der Konsum eine überwertige, eigenständige und identitätsrelevante Funktion für die Jugendlichen. Eine konsumtive Deprivation kann für sie daher eher zu einem identitätsrelevanten Stressor werden als für Jugendliche mit insgesamt höherer Kapitalausstattung. Diese These wird durch die bereits zitierte Studie von Engel und Hurrelmann (1989) gestützt, wonach deprivierte männliche Jugendliche, die viele Konsumgüter entbehren, aggressiver sind als materiell besser gestellte.[310]

Zu den unterschiedlichen Stilen des Medienkonsums
Kommen wir nun zum zweiten Aspekt des symbolischen Kapitals von Kindern und Jugendlichen – zum Konsum von Medien. Dieser lässt sich nicht auf den bildungsrelevanten Aspekt beschränken, also darauf, wie weit die Nutzung von

---

308 Vgl. Hölscher, 2003, 117ff.
309 Auf diesen Begriff komme ich an späterer Stelle zurück.
310 Vgl. Fend, 2001, 447f.

3 Die Störung des Sozialverhaltens als »social sickness«

Medien dazu dient, formalisiertes kulturelles Kapital zu erwerben. In der Lebenswelt der Jugendlichen steht weit mehr der Konsum von Medienprodukten in Form von TV-Unterhaltung, TV-Werbung, Videofilmen, Bildschirmspiele, MP3-Musik, Internetchats und Spielen etc. im Vordergrund. Daher geht es in diesem Abschnitt nur am Rande um die Ausstattung der Jugendlichen bzw. ihrer Familien mit technischen Geräten, wie Radio, Fernseher, Computer etc. Entscheidender ist die Frage danach, wie und wofür sie diese Medien nutzen, zumal sich die Grenzen zwischen den einzelnen medialen Angeboten sowohl technisch als auch inhaltlich immer mehr verwischen. Diese Tendenz soll hier nur kurz mit den Stichworten *Multimedia* und *Infotainment* angedeutet werden. Bereits bei jedem zweiten Zehnjährigen stehen Fernseher, Computer, Playstation und/oder DVD-Rekorder im eigenen Kinderzimmer, bei jedem dritten Kind im Alter zwischen 6 und 13 Jahren.[311] Hatten 1998 nur acht Prozent der 12- bis 19-Jährigen ein eigenes Handy, so sind es im Jahr 2004 schon 90 %, bei enorm gesteigerten technischen Anwendungsmöglichkeiten.[312] 80 %, oder 3,7 Mio. Kinder, im Alter von 10 bis 13 Jahren haben laut KidsVerbraucherAnalyse 2007 zuhause die Möglichkeit mit Erlaubnis der Eltern einen Computer zu nutzen (sechs bis neun Jahre: 46 %). Elektronische Medien stellen für Kinder und Jugendliche inzwischen die schnellste, einfachste und billigste Bezugsquelle für symbolisches Kapital dar und sind im empirischen Sinne des Wortes ein zentrales Medium für dessen Allokation. Deshalb werden sie auch unter diesem Kapitalbegriff und nicht unter dem des kulturellen Kapitals abgehandelt.

Trotz der neuen Medien wie PC, Internet, Handys usw. hat das Fernsehen am Prozess zur Herstellung der symbolischen Ordnung nach wie vor den größten Anteil. Wenn ich in meiner theoretischen Vorbemerkung zu diesem Kapitel von der gesellschaftlichen Notwendigkeit zur symbolischen Reproduktion sprach, dann vollzieht sich diese in modernen Gesellschaften primär über das Fernsehen, das als Leitmedium der Hauptagent in der Verwaltung der Symbolwelt ist. Es hat dabei wie alle Massenmedien eine Doppelrolle. Einerseits ist es ein selektiver Spiegel der Realität, andererseits ist es eine bewusstseinsbildende Instanz für das Publikum, gerade auch in seinen gezielten Wirkungen auf das Unbewusste seiner Konsumenten. Insofern bildet es eine Art zweite Realität, die die erste Realität überlagert, indem es sie dokumentiert, kommentiert, interpretiert usw. Kurz: das Fernsehen stattet mittels seiner Symbolbildungen die erste Realität mit Bedeu-

---

311 Vgl. P. Mies, Gefangen im Netz, in: Frankfurter Rundschau, 23.04.2005, Nr. 96, S. 3 sowie KidsVerbraucherAnalyse 2007.
312 Vgl. C. J. Tully/C. Zerle, Der ständige Begleiter, in: Frankfurter Rundschau, 20.04.2005, 91/7. Von den 10- bis 13-Jährigen nannten 2007 62 % ein Handy ihr eigen, bei den Sechs- bis Neunjährigen waren es 11 % – mit steigender Tendenz besonders in der erstgenannten Altersgruppe (vgl. KidsVerbraucherAnalyse 2007).

tungen und Sinn aus, die diese für sich selbst genommen nicht mittransportiert. Denn ein – beliebiges – Ereignis oder Thema liefert seinen Sinn nicht aus sich selbst heraus einfach mit, sondern es wird ihm zugewiesen, indem man darüber redet, berichtet, streitet usw. Inzwischen haben die Massenmedien das Monopol der Berichterstattung, des Thematisierens und Deutens. Im Zweifelsfall heißt das, dass ein Ereignis nur dann stattgefunden hat, wenn es in den Medien erscheint. Medienakteure und Medienkonsumenten wissen um diesen Zusammenhang, sodass sich ein besonderes Zusammenspiel zwischen ihnen zum gegenseitigen Nutzen (oder Schaden) herstellt.[313] Die massenmediale Gesellschaft arbeitet also mittels ihrer Medien an einer permanenten Inszenierung oder Konstruktion ihrer sozialer Wirklichkeit. Das schließt den selbstreferentiellen Bezug der Medienproduktionen ein, dass also Ereignisse durch Vielfachberichterstattung in unterschiedlichen Medien und auf vielen Kanälen zu einem großen *Medienereignis* verstärkt werden. Über die Wirklichkeitskonstruktionen finden wir einerseits Zugang zu den Ereignissen, andererseits finden die Ereignisse und Themen darüber auch erst den Zugang zu uns, indem sie sich quasi als medialer Niederschlag im kollektiven Bewusstsein absetzen, damit wir mit unserem individuellen Bewusstsein daran anschließen können.

Das Fernsehen ist das einzige generationsübergreifende, stabile Freizeitelement. Im Gegensatz zu sämtlichen anderen Medien bleibt es auch über alle Altersphasen hinweg gleichermaßen wichtig. So bewertet die Altersgruppe der 14- bis 19-Jährigen das Fernsehen als nahezu genauso wichtig (87 %) wie die Gruppe der 40- bis 69-Jährigen (90 %).[314] 82 % der 6- bis 13-Jährigen bezeichnen Fernsehen als ihre liebste, selbstgewählte Freizeitbeschäftigung. Wichtiger ist ihnen nur noch die Erledigung ihrer Schulaufgaben.[315] Die Hälfte ihrer frei verfügbaren Zeit verbringen Kinder und Jugendliche mit irgendwelchen Medien[316], und wiederum die Hälfte dieser Medienzeit ist Fernsehzeit. Seit Einführung des Privatfernsehens 1985 hat der Fernsehkonsum der 6- bis 13-Jährigen bis 1996 um 11 % zugenommen und jedes zweite Kind zwischen 3 und

---

313 Als Beispiel sei die als »Bundesrat-Eklat« bekannt gewordene Inszenierung der CDU/CSU-Ländervertreter gegen die Annahme des Zuwanderungsgesetzes im April 2002 genannt. Die spontane Empörung darüber, die im intimen Kreis im Hinterzimmer bei ihnen vorhanden gewesen sei, galt den Betroffenen als nicht stattgefunden, weil kein Journalist oder das Fernsehen dabei war. Daher habe man sich entschlossen, das Ganze eben vor laufender Kamera im Bundesrat zu (re)inszenieren, um die Empörung überhaupt erst zu einem Ereignis zu machen, es also im Bewusstsein der Menschen mit Realität auszustatten, so der saarländische Ministerpräsident Müller (CDU) später sinngemäß.
314 Vgl. die Studie »Datenbank-Freizeitaktivitäten 1996« vom Hamburger BAT-Forschungsinstitut, in: Frankfurter Rundschau 11. 01. 1997, S. 14.
315 Joerg M. Diehl, Fernsehwerbung für Süßes. Botschaften und Auswirkungen, in: Verbraucherdienst 43, 4/1998, 425–429. Wenn nicht anders angeben beziehen sich alle folgenden Angaben auf diesen Aufsatz.
316 D. Baacke, Medienpädagogik, Tübingen 1997, 61.

3 Die Störung des Sozialverhaltens als »social sickness«

13 Jahren verbringt täglich eine bis drei Stunden vor dem Fernseher (Stand 1994). Schon 1995 hatte jedes sechste Kind zwischen 6 und 13 Jahren einen eigenen Fernseher, bei den 12-/13-Jährigen war es jedes dritte (1997), bei 14-/15-Jährigen jedes zweite (1997) und bei den 16-/17-Jährigen waren es zwei Drittel (1997).[317] Das bedeutet, dass das Fernsehen in den letzten zwei bis drei Jahrzehnten zu einem gewichtigen Sozialisationsfaktor für Kinder und Jugendliche geworden ist und zunehmend in Konkurrenz zu den traditionellen Institutionen wie Familie, Schule, Peergroup u. a. tritt. Denn für sie haben die

> »Fernsehspuren im Alltagshandeln [...] symbolische Funktion. Kinder verwenden Mediensymbole, -inhalte und -figuren zur Bewältigung von Alltags- und Lebensproblemen und stellen über ihre medienbezogenen Spiele und Gespräche soziale Beziehungen dar. Mediengeschichten unterstützen Kinder also dabei, eigene Gefühle und Wünsche zu ordnen und symbolisch zu bearbeiten«[318].

Doch über die Regeln dieser symbolischen Ordnung bestimmen die Kinder und Jugendlichen kaum mit, und sie lernen über spezifische und z. T. exzessive Gebrauchsmuster im Umgang mit den verfügbaren elektronischen Medien eben auch, dass sie damit »schnell und effektiv Gefühle im Zusammenhang mit Frustrationen, Unsicherheiten und Ängste regulieren bzw. verdrängen können«. Immer mehr rückt die »exzessive Nutzung moderner Medien zu Lasten anderer Verhaltensweisen in den Vordergrund [...]. Somit werden kaum alternative Verhaltensmuster, wie z. B. adäquate Stressverarbeitungsstrategien, für kritische oder als Stress erlebte Lebenssituationen entwickelt oder gelernt«[319]. Kinder und Jugendliche setzen also Medien mehr oder weniger bewusst zur Belastungs- und Befindlichkeitsregulation ein. Daraus entwickelt sich ein spezifischer Nutzungsstil, der wiederum Ausdruck ihrer Form der Lebensbewältigung ist. So entwickeln Kinder mit einem hohen Fernsehkonsum vielfach den so genannten *Sedentary Lifestyle*, d. h. sie ernähren sich schlecht, bewegen sich zu wenig und bekommen Übergewicht.[320] Sie nutzen den Fernseher zum suchtartigen Auffüllen von Leerräumen, zur Flucht aus der vermeintlichen

---

317 Und der weit überwiegende Teil der ›Fernsehlosen‹ wünscht sich einen Fernseher. Vgl. hierzu und zu den Zahlen für 1997 Diekhof, 1999, 91f.

318 N. Neuss, Mediennutzung und –rezeption am Beispiel Fernsehen. Medien, Angst und Gewalt, in: Gesellschaft für Medienpädagogik und Kommunikationskultur – GMK (Hg.), Medienkompetenz in Theorie und Praxis, Bonn 2001, (217–233), 224.

319 Ich zitiere aus dem Forschungsprojekt »Computernutzung bei Kindern und Jugendlichen« des Instituts für medizinische Psychologie an der Berliner Charité. http://www.isfb.org/Praeventi on.html (2005).

320 H. L. Taras et al., Television's Influence on Children's Diet and Physical Activity, Development and Behavioral Pediatrics, Vol. 10, No. 4., 176–180; R. E. Andersen et al., Relationship of Physical Activity and Television Watching with Body Weight and Level Fatness Among Children,

3.1 Lebenslagen, Risikolagen und psychosoziale Befindlichkeit

»Langeweile«[321] und zum Abgleiten in eine passive Haltung, bei der die inneren (v. a. unangenehmen) Bilder durch die Überflutung mit den äußeren Bildern ertränkt werden. Das ist solange nicht pathologisch, wie der Kontakt zur inneren und äußeren Realität erhalten bleibt. Im Extremfall kann aber die exzessive Mediennutzung zum vollständigen Rückzug aus der Realität führen. Ähnlich wie ein kompensatorischer Konsumstil zur Kaufsucht führen kann, kann die exzessive kompensatorische Nutzung von elektronischen Medien zur Mediensucht führen. Die Welt des Fernsehens mit seinen bunten Soaps, Game-Shows, Talk-Shows usw. oder die des Computers mit seinen aufregenden und technisch perfekten PC-Spielen (z. B. *World of Warcraft*), wo jeder sein eigener Super-Held ist, bietet Kindern und Jugendlichen einen virtuellen Fluchtpunkt, in dem sie ganz allein die Kontrolle haben, unangenehme Gefühle verdrängen und sich gezielt und nach Belieben immer neue Erfolgserlebnisse verschaffen können, die Dank des Botenstoffes Dopamin wie »ständige Glücksduschen« durch das Hirn rauschen: »Gegen diesen Dauer-Kick ist die Langsamkeit normalen Lernens so öde wie Fußball ohne Tore.«[322] Zugleich liefern TV und Co. stereotype Idealbilder von sozialer und körperlicher Attraktivität sowie sozialer Erwünschtheit (Fitness, Schönheit, Schlankheit, Gesundheit, Lifestyle, Coolness usw.) mit entsprechend hoher Wirksamkeit auf Lebensgefühl und Identitätsentwicklung von Kindern und Jugendlichen, sodass gerade bei den exzessiven Nutzern das Dissonanzerleben zwischen innerer und äußerer Realität zusätzlich verstärkt wird.[323] Die Folgen der Mediensucht bestehen in Schlafmangel mit einer Verschiebung des Schlaf- und Wachrhythmus, Konzentrationsschwäche,

---

Journal of the American Medical Association, Vol. 279, No. 12, March 1998. Beide zit. auf: http://www.tvturnoff.org/waldorf.htm (2003).
321 Die »lange Weile« ermöglicht es ja gerade erst, sich intensiv auf das eigene innere Erleben oder das des anderen einzulassen, die Dinge genauer anzusehen und auf sich wirken zu lassen, ohne sie sofort als unangenehm wegzuschieben. Diese, für sie seelische Entwicklung wichtigen Prozesse, firmieren in der Psychotherapie und Pädagogik inzwischen unter dem Oberbegriff der »Achtsamkeit«.
322 Mies, in: Frankfurter Rundschau, 23. 04. 2005, 94/3.
323 Vgl. hierzu Sucht. Zeitschrift für Wissenschaft und Praxis, 47. Jg., 2001, Heft 6, 434ff. Der Sozialpsychologe Hans-Dieter König spricht ganz im Sinne der von mir im Abschnitt zu den Konsumstilen dargestellten, am Entwicklungsstand der Minderjährigen adaptierten, werbepsychologischen Anschlussoperationen von der Erzeugung von »Persönlichkeitsschablonen«, die an den »infantilen Symptomschablonen« der Zielgruppe anschließen. So z. B. die Persönlichkeitsschablone des *einsamen Cowboys*, die an die infantile Symptomatik des ängstlich-gehemmten und einsamen Kindes anschließt (H.-D. König, Die Zerstörung der Intimität durch Fernsehen und Werbung. Zur Durchsetzung eines neuen Sozialcharakters in der Konsumgesellschaft, in: M. B. Buchholz, Intimität. Über die Veränderung des Privaten, Weinheim, 1989, 101–127). Passend dazu beschreibt ein Manager der US-Zigarettenindustrie sein Marketingkonzept: »Es ist wichtig, so viel wie möglich über die jugendlichen Muster und Haltungen des Rauchens zu wissen. Der heutige Jugendliche ist der mögliche Dauerkonsument von morgen und die überwältigende Mehrheit der Raucher beginnt

3 Die Störung des Sozialverhaltens als »social sickness«

Dauerstress, Leidensdruck, sozialer Isolation, Schulproblemen, Haltungsschwächen und Ess-Störungen. Während Mädchen eher zur Fernsehabhängigkeit und Übergewicht neigen (durch Beikonsum von Süß- und/oder Salzsnacks) werden Jungen eher von PC-Spielen und Playstation abhängig, »vergessen« ihre Ernährung und vernachlässigen sich insgesamt bis hin zur Verwahrlosung. Die Häufigkeit exzessiven Medienkonsums ist nach neuesten Erhebungen nicht zu unterschätzen. Einer in Berlin erhobenen, allerdings nicht repräsentativen Studie an 11- bis 14-jährigen Schülern zufolge spielen neun Prozent dieser Altergruppe exzessiv am Computer, davon sind ca. drei Viertel der Jungen und ein Viertel der Mädchen.[324] Die zentrale Fragestellung dieser Studie, ob das exzessive Spielverhalten als eine inadäquate Belastungsregulationsstrategie zu werten ist, konnte positiv beantwortet werden. Im Einzelnen war signifikant, dass die exzessiven Computerspieler auch häufiger Filme konsumieren (DVD, Video, TV), häufiger das Internet nutzen (Musik und Software laden, Netzwerkspiele), die Jungen bei Problemen bzw. bei schlechten oder guten Nachrichten seltener mit ihren Mitmenschen reden und ihre Gefühle mitteilen, alle häufiger Konzentrationsprobleme in der Schule angeben und schließlich häufiger Computer spielen oder fernsehen, wenn sie sich ärgern oder traurig sind. Die World Vision-Kinderstudie (2007) rechnet immerhin 26 % aller Kinder zwischen acht und elf

---

das Rauchen in der Jugend [...] es sind die Jugendjahre, in denen die ursprüngliche Markenwahl getroffen wird... Für den Einsteiger ist die erste Zigarette ein symbolischer Akt. Ich bin nicht mehr das Kind meiner Mutter, ich bin stark, ich bin ein Abenteurer, ich bin nicht spießig [...] In dem Maße, in dem die Kraft der psychologischen Symbolik nachlässt übernimmt dies der pharmakologische Effekt, um die Gewohnheit aufrechtzuerhalten.« ASH (1998): Tobaco explained. The truth about tobacco industry in its own words, London: Action on Smoking and Health, zit. n. Sucht, Zeitschrift für Wissenschaft und Praxis, 47. Jg., 2001, Heft 2, 117. Ob das seit September 2007 verschärfte Jugendschutzgesetz, dass nun auch 16- und 17-Jährigen das Rauchen in der Öffentlichkeit untersagt, hier eine große Gegenwirkung entfaltet bleibt abzuwarten. Mir kam es eher auf die Darstellung des Wirkmechanismus an.

324 Vgl. S. M. Grüsser, Exzessive Computernutzung im Kindesalter – Ergebnisse einer psychometrischen Erhebung, in: Wiener Klinische Wochenschrift. Die Studie wird im zitierten Artikel von Mies ohne Autoren genannt und befindet sich in der Veröffentlichung (vgl. http://www.isfb.org/Publikationen.html). Auf Anfrage des Verfassers dieser Arbeit teilten die Autoren der Studie mit, dass sie keine Zusammenhänge zwischen exzessivem Computerspielen und Sozialstatus gefunden haben. Allerdings handele es sich um eine (nicht-repräsentative) »erste explorative Studie, und es nahmen auch nur vier zufällig ausgewählte Schulen teil, die sich freiwillig bereit erklärten«. Die Schulen waren allesamt Berliner Grundschulen, die dort einheitlich bis zur sechsten Klasse reicht. Eine Differenzierung nach Schultypen und Sozialstatus war möglich. Untersucht wurden 323 Schüler/innen der Klasse Sechs im Alter von 11–14 Jahren (Ralf Thalemann in einer E-Mail an den Autor, 26. 04. 2005). Hinzu kommt, dass die Ausstattung mit Computern mit niedrigerem Schultyp und Sozialstatus der Familie abnimmt, wie z. B. eine ebenfalls an Berliner Schulen durchgeführte Studie nachwies (vgl. K. Maaz u. a., Generation N. Kinder und Jugendliche nutzen den Computer und das Internet. Kath. FH Berlin (Eigenverlag) 2000).

3.1 Lebenslagen, Risikolagen und psychosoziale Befindlichkeit

Jahren zum Typus des sogenannten »Medienkonsumenten«, der einen Großteil seiner Freizeit mit TV oder Computerspielen verbringt.[325]

Repräsentative empirische Untersuchungen, die den Zusammenhang zwischen der Mediennutzung und den Lebenslagen der Minderjährigen, insbesondere mit ihrem sozialen Status fokussieren, gab es bis zur KiGGS-Studie von 2007 nicht.[326] Es existierten lediglich wenige verstreute Ergebnisse zu diesem Fragekomplex. Doch auch die KiGGS-Studie erfragt ausschließlich die Nutzungsdauer der elektronischen Medien (Fernsehen/Video, Musik hören, Computer/Internet, Spielkonsole, Mobiltelefon). Der komplexere Nutzungsstil, der auch Aufschluss über psychopathologische Folgewirkungen geben könnte, wurde nicht erfasst.[327] Ein Nachteil der Studie ist außerdem, dass sie die Altersgruppe bis zehn Jahre nicht berücksichtigt.

In Bezug auf das Fernsehen lassen sich aufgrund der verschiedenen Studien an Kindern und Jugendlichen folgende Tendenzen beschreiben.[328] Die tägliche Sehdauer steigt mit dem Alter an (drei Jahre: 1,19 Std., 65 Jahre: 4,47 Std.). Dreijährige sehen schon über eine Stunde am Tag fern. Jedes zweite Kind zwischen 3 und 13 Jahren verbringt täglich eine bis drei Stunden vor dem Fernseher. 20 % der 6- bis 13-Jährigen sehen drei bis fünf Stunden täglich fern und zwischen 6 % und 10 % (je nach Untersuchung) gehören mit mehr als fünf Stunden am Tag zur Gruppe der Vielseher. Die KiGGS-Studie stellt hierzu fest, dass 95,9 % der 11- bis 17-Jährigen täglich TV oder Videos sehen. Jungen und Mädchen unterscheiden sich in der Sehdauer nicht besonders. 22,1 % der Jungen und 23,6 % der Mädchen verbringen mehr als drei Stunden vor dem TV. Ostdeutsche Minderjährige sehen mehr fern als Westdeutsche. Weitere Studien belegen einen regelmäßigen Anstieg des Fernsehkonsums an den Wochenenden. Je länger die Eltern täglich fern sehen, desto intensiver tun dies auch ihre Kinder. Alle jungen Zuschauer interessieren sich primär für Unterhaltung und fiktionale Sendungen. Während Jungen sich aber eher Actionfilme und -trickfilme ansehen, konsumieren Mädchen vorwiegend Daily-Soaps mit Themen wie »Liebe« und »Beziehung«, Spielshows und Sendungen im öffentlich-rechtlichen Kinderpro-

---

325 Die überwiegende Mehrheit sind Jungen. Vgl. Hurrelmann/Andresen, 2007, 30.
326 Vgl. KiGGS, 2007, 643–652.
327 Vgl. hierzu die Feststellung der Suchtforschungsgruppe am Institut für medizinische Psychologie der Berliner Charité: »Bislang ist es unklar, in wieweit moderne Medien von Kindern und Jugendlichen kompetent genutzt werden und in wieweit Faktoren, die mit der Mediennutzung zusammenhängen eine Pathologieentwicklung beeinflussen können. Vor dem Hintergrund der vielfach geforderten protektiv wirksamen Medienkompetenz wurden der kindliche Medienkonsum, die entsprechenden Nutzungsmuster sowie deren evtl. langfristigen positiven wie negativen Folgen kaum untersucht.« http://www.isfb.org./Praevention.html (2005).
328 Zusammengefasst bei Diehl, 1998 und im 10. Kinder- und Jugendbericht, 1998, 69ff. Diese Zahlen repräsentieren den Stand von 1995 bis 1998.

gramm. Daneben zeigen US-Studien einen deutlichen Zusammenhang zwischen Dauer des Fernsehkonsums und der kognitiven Entwicklung. Kinder und Jugendliche, die viel fern sehen, reduzieren ihre aktive Bildproduktion im Gehirn. Ihr passiver Wortschatz steigt zwar, doch ihre Lern- und Lesefähigkeit sinkt (Singer 1992)[329], und die Entwicklung der verbalen Intelligenz wird behindert.[330] Auf den engen Zusammenhang eines hohen Fernsehkonsums mit dem *Sedentary Lifestyle* als eine Variante der Befindlichkeitsregulation über Medien wurde bereits hingewiesen. Er wird durch die KiGGS-Studie (2007) erhärtet. Es gibt darüber hinaus eine Reihe von US-Studien, die einen Zusammenhang zwischen TV-Konsum (v. a. Gewaltfilme) und aggressivem Verhalten sehen.[331] Eine deutsche Untersuchung von Tillmann u. a. (1999) sah zwar keinen Zusammenhang zwischen der längeren Dauer von TV- und Videokonsum bei gewaltausübenden Schülern und ihrem gewalttätigen Verhalten, wohl aber in der Auswahl der Angebote (Nutzungsverhalten) und des familiären Umgangs damit (viele Konflikte und Missachtung von Verboten). Das heißt, das Fernsehen entscheidet nicht allein über die Wirkung seiner Gewaltdarstellungen. Mitentscheidend ist neben individuellen Faktoren (psychische Struktur) und sozialen Faktoren (Clique, Schule etc.) das familiäre Medienklima, also die Erziehung und die Modellfunktion der Eltern, die Vermittlung von Kompetenzen usw. Kommen einige negative Faktoren zusammen (z. B. Gewalt in- oder außerhalb der Familie, Vernachlässigung), dann verstärkt sich die Medienwirkung erheblich. Es kommt also sehr darauf an, wie weit die verschiedenen Formen der virtuellen Kommunikation an die familiäre Kommunikation zurückgebunden und sinnvoll in die Interaktion integriert wird (sog. Folgekommunikation). Dafür sind in erster Linie die Eltern zuständig, was bedeutet, dass sie sich damit beschäftigen, was ihre Kinder in und mit den (neuen) Medien tun. Doch viele Eltern fühlen sich damit überfordert oder es ist ihnen schlicht nicht wichtig genug. Betrachten wir beispielsweise die Gefährdungen durch den *Sedentary Lifestyle* und fragen nach dem Problembewusstsein der Eltern dazu, so erfahren wir, dass bei einer Umfrage immerhin 42 % der befragten Eltern der Aussage zustimmten, es

---

329 D. und J. Singer, Yale Univ., New Haven, 1992, zit. n. Frankfurter Rundschau 01.10.1992.

330 »When viewed for more than 20 hours per week, TV can seriously inhibit the development of verbal-logical, left brain functions [...] Light viewers tend to read more easily than heavy viewers.« Summary of Research on the Effects of television Viewing, The Green Mountain Waldorf School, September 1997, http://www.tvturnoff.org/waldorf.htm (2003).

331 B. S. Centerwall, Television and Violence: The Scale of the Problem and Where To Go From Here, Journal of the American Medical Association, June 10, 1992, Vol. 267, No. 22; N. Robinson et al., Effects of Reducing Children's Television and Video Game Use on Aggressive Behavior, Archives of Pediatrics and Adolescent Medicine, 2001, 155, 17–23; D. Finn et al., Violence Prevention Through Reducing TV Watching, 1995 zit. n. http://www.tvturnoff.org/violence2.htm (2003), J. Johnson et al., Adolescent Violent Behavior and TV-Watching, Colombia Univ., N. Y., 2004.

sei ihnen »relativ gleichgültig, für welche Nahrungs- und Genussmittel in der an Kinder gerichteten TV-Werbung geworben wird«[332]. Dabei sieht ein Viertel aller Kinder zwischen 6 und 13 Jahren bis zu 100 Werbespots täglich im Fernsehen.[333] Der 10. Kinder- und Jugendbericht stellt auf Grundlage der Literatur zur Medienforschung lapidar fest, »dass die elterliche Kompetenz zur Werbeerziehung gering ist«[334].
Vergleichbare Erhebungen zur Computernutzung sind noch ernüchternder. In einer Umfrage aus dem Jahr 2002 gaben 76 % der Eltern an, es interessiere sie nicht, was ihre Kinder am Computer tatsächlich machen. 35 % kannten die PC-Spiele ihrer Kinder nicht und 41 % sahen zwar mal kurz hin, interessierten sich aber nicht wirklich. Umgekehrt sagten nur 23 % der Kinder, sie vertrauen ihren Eltern alles an, aber 63 % geben im Chat private Informationen an Fremde weiter.[335] Jeder vierte 14-jährige Jugendliche hat gar schon einmal seinen Namen, sein Alter und seine Telefonnummer in Chat-Rooms herausgegeben. Jungen geben persönliche Daten dreimal häufiger als Mädchen heraus.[336] Dies ist vor dem Hintergrund einer steigenden Computernutzung durch Kinder und Jugendliche zu sehen. 74 % aller Familienhaushalte verfügte im Jahr 2003 über mindesten einen Computer, 57 % nutzten auch das Internet (2002: 47 %). 70 % der 6- bis 13-Jährigen gaben im Jahr 2003 an, erste PC-Erfahrungen zu haben, 60 % waren bereits im Internet (2002: 53 %) und ein Drittel surfte regelmäßig mindestens einmal die Woche im Netz (2002: 25 %; 2000: 15 %). Mädchen bewegen sich offenbar etwas häufiger als Jungen im Internet (58 % zu 62 %).[337] Der KiGGS-Studie (2007) zufolge nutzen 76 % der 11- bis 17-Jährigen täglich Computer bzw. Internet. Die Jungen gaben hier eine deutlich höhere Nutzungsdauer als die Mädchen an, wobei in der Studie Computer- und Internet-Nutzung nicht getrennt erhoben wurde. Die KidsVerbraucherAnalyse stellt für das Jahr 2007 fest, dass 93 % der Kinder 6- bis 13-Jährigen den Computer in erster Linie zum Spielen nutzen, 64 %

---

332 Diehl, 1998, 429.
333 Vgl. Protect Our Children, Ratgeber-Reihe zur Förderung des Jugendschutzes, Nr. 5, Konsum und Freizeit – jugendlicher Gruppenzwang, hrsg. v. Protect Our Children e. V. (Verein zur Förderung des Kinder- und Jugendschutzes), 11.
334 Ebd., 1998, 76.
335 Ergebnisse zweier Umfragen des Internet-Meinungsforschungsunternehmens »Ears and Eyes«, zit. n. T. Feibel, Damit ich dich besser fressen kann. Ein Essay, in: Frankfurter Rundschau, 02.02.2002. Thomas Feibel ist Leiter des Büros für Kindermedien in Berlin.
336 Studie von TMS Emnid, zit. n. Protect Our Children, Ratgeber-Reihe zur Förderung des Jugendschutzes, Nr. 3, Kinder und neue Medien, hrsg. v. Protect Our Children e. V. (Verein zur Förderung des Kinder- und Jugendschutzes), 16.
337 Studie des Medienpädagogischen Forschungsverbundes Südwest (MpFS) 2003, zit. n. Protect Our Children e. V. (Hg.), ebd., 6.

3 Die Störung des Sozialverhaltens als »social sickness«

um damit ins Internet zu gelangen. 57 % dieser Altergruppe geht regelmäßig in das Internet – meistens, um Informationen für Schule und Freizeit zu sammeln (77 %), über die Hälfte aber auch für Emails, Chats und Online-Spiele.[338]

Die restlichen elektronischen Medien werden von den (älteren) Kindern und Jugendlichen wie folgt genutzt (nach KiGGS 2007). Täglich hören 92,5 % Musik, ebenso täglich nutzen 62 % das Handy und 33,5 % Spielkonsolen. Mädchen nutzen öfter ihr Mobiltelefon, Jungen dafür stärker Computer und Spielkonsole. Insgesamt zählen 34 % der Jungen und 18 % der Mädchen zu den Intensivnutzern elektronischer Medien, da sie täglich mehr als 5 Stunden mit ihnen verbringen.

Im Abschnitt zu den Konsumstilen wurde bereits darauf hingewiesen, dass sozial unterprivilegierte Jugendliche eher zum demonstrativen oder kompensatorischen Konsumstil neigen und dies eine häufigere und bedeutungsvollere Perzeption medial vermittelter Werbung einschließt, weil sie als Unterhaltung und Zerstreuung genutzt wird. Dies muss im Kontext der stärkeren Ausbreitung telematischer Netze bis in die Kinderzimmer gesehen werden (mehrere Fernseher in der Familie, eigener Fernseher im Kinderzimmer, Internet und Handy), wodurch die Werbung erstmalig Kommunikationskanäle in die Hand bekommen hat, die »eine erfolgreiche Kommunikation mit den Kindern ermöglichte« und zwar am »Kommunikationsfilter Eltern« vorbei.[339] Das wirkt sich unmittelbar auf den TV- und Konsumstil der Kinder aus. So ist bekannt, dass Kinder in den unteren sozialen Schichten öfter mit eigenem TV und Video ausgestattet sind und unbetreute Kinder mehr fernsehen als fremd betreute Kinder.[340] Umgekehrt fand eine US-Studie bei Kindern im Alter zwischen acht und neun Jahren heraus, dass mit einer Reduktion des TV-, Video- und Spielkonsol-Konsums deren Wunsch nach mehr Spielzeug zurück ging, weil sie dem Werbedruck weniger ausgesetzt waren. Die Hinweise auf intensiveren TV-Konsum bei sozial unterprivilegierten Minderjährigen wird von vorliegenden Medienstudien bestätigt. Ihr überseinstimmendes Resultat ist: Je niedriger die Sozialschicht, desto mehr Zeit wird vor dem Fernseher verbracht, desto geringer ist die elterliche Kontrolle und desto beliebter sind die privaten Sender wie RTL, SAT1, Pro7 etc. Auch der Kinder- und Elternsurvey (1996) weist nach, dass Kinder mit geringen Bildungs- und Finanzressourcen mehr passiv-

---

338 Vgl. KidsVerbraucherAnalyse 2007.
339 H. Hengst, 1996, 122, zit. n. Feil, 2003, 122.
340 Vgl. 11. Kinder- und Jugendbericht 2002, 235 sowie 10. Kinder- und Jugendbericht, 1998, 68 und 71.

rezeptiven Umgang mit Medien haben als der Durchschnitt.[341] Die Studie des Kriminologischen Forschungsinstituts Niedersachsen bestätigt diesen Zusammenhang. Danach verfügen Hauptschüler und Migrantenkinder häufiger über eigene Medien in ihrem Zimmer, sie nutzen diese intensiver und sehen öfters verbotene Sendungen oder spielen Spiele mit hohem Gewaltanteil. So verbringen Hauptschüler beispielsweise mehr als doppelt so viel Zeit vor dem Fernseher wie Gymnasiasten.[342] Ein weiteres bemerkenswertes Ergebnis dieser Untersuchung besagt, dass der negative Einfluß exzessiven Medienkonsums auf die Schulnoten bei sozial unterprivilegierten Schülern schwächer ausfällt als bei sozial privilegierten. Ergänzungsanalysen zeigten, dass dieser Effekt bei ihnen durch die sozialen Belastungsfaktoren z. T. überlagert wird.[343] Derselbe Risikofaktor hat also je nach Sozialstatus unterschiedliche Folgen und – so die nahe liegende Vermutung – auch eine sozial unterschiedliche Funktion in der Belastungsregulation der Kinder und Jugendlichen. Die KiGGS-Studie (2007) sagt ebenfalls, dass Gesamt- und Hauptschüler das Fernsehen etwas mehr als doppelt so oft wie Gymnasiasten nutzen, Realschüler liegen in der Mitte. Auch hier geben Migranten signifikant häufiger Fernsehkonsum an als Nicht-Migranten. Die Studie vergleicht des Weiteren die Gruppe mit intensiver Mediennutzung (mehr als drei Std./Tag) nach ihrem Sozialstatus und errechnet für solche mit niedrigem Status ein um den Faktor 1,94 erhöhtes Risiko im Vergleich zu jenen mit hohem Status. Auch die World Vision-Kindersudie (2007) weist signifikante Sozialstatus-Effekte beim TV-Konsum nach. Während nur 10 % der Kinder aus oberen Schichten angeben, regelmäßig mehr als zwei Stunden täglich fernzusehen, tun dies 41 % der Kinder aus der untersten sozialen Schicht.[344] Noch extremer ausgeprägt ist das Risiko bei der starken Nutzung von Spielkonsolen. Kinder und Jugendliche mit niedrigem Sozialstatus haben

---

341 Vgl. Zinnecker/Silbereisen, 1998, 65. Der HBSC-Survey der Universität Bielefeld 1998 berechnete ein um den Faktor 1,8 erhöhtes Risiko bei einkommensarmen Jugendlichen zwischen 12 und 16 Jahren, zur Gruppe der »Vielseher« zu gehören (vgl. A. Klocke, Armut bei Kindern und Jugendlichen und die Auswirkungen auf die Gesundheit, Gesundheitsberichterstattung des Bundes Heft 03/01, Robert-Koch-Institut (Hg.), Berlin 2001,10).
342 Die Studie untersuchte 2005 einen repräsentativen Querschnitt von Viertklässlern und Neuntklässlern. Vgl. C. Pfeiffer u. a., Die PISA-Verlierer – Opfer ihres Medienkonsums. Eine Analyse auf Basis verschiedener empirischer Untersuchungen, 2007, www.kfn.uni-hannover.de (März 2008). Der Leiter der Studie Prof. Dr. Christian Pfeiffer bilanziert: »Ein Übermaß an Medienkonsum macht dick, dumm, krank und traurig.« Frankfurter Rundschau, 26. 09. 2005, 224/11.
343 Vgl. ebd., 12.
344 Hinzu kommt, dass Kinder mit niedrigem Sozialstatus im Vergleich zu solchen mit höherem seltener Wissenssendungen und häufiger Actionfilme für Erwachsene anschauen. Nicht zuletzt zählen sie häufiger zum Typus des *Medienkonsumenten*, während sich Kinder aus den oberen Schichten signifikant häufiger in der Gruppe der *vielseitigen Kids* finden. Vgl. Hurrelmann/Andresen, 2007, 29f.

im Vergleich zu ihren Altersgenossen mit hohem Status ein um das 2,73-fache erhöhte Risiko dieser Gruppe der Intensivspieler anzugehören.[345] Es kann daher nicht überraschen, wenn der *Sedentary Lifestyle* überproportional häufig bei Kindern gefunden wird, die aus sozial benachteiligten Familien kommen. Entsprechende regionale Studien wurden 2002 beim Achten bundesdeutschen Jugendmedizin-Kongress in Weimar referiert: »Besonders häufig tritt Übergewicht und Fettleibigkeit [...] in den Familien auf, die arm sind oder deren Strukturen zerbrochen sind«, fasste Schulärztin Christiane Petersen (Leiterin des Präventionszentrums Hamburg) die verschiedenen Studien zusammen. Und:

»Die Jugendlichen würden sich vom Grundschulalter an bis ins Jugendalter hinein ihren ›Frust von der Seele essen‹. Als Folge davon isolierten sie sich zunehmend und mieden jegliche soziale Kontakte in der Schule oder in einem Sportverein. Damit, so Petersen, gerieten sie in einen Teufelskreis, der sich zu Hause mit übermäßigem Essen vor dem Fernseher schließe.«[346]

Besonders betroffen seien Mädchen und unter ihnen vermehrt solche mit Migrationshintergrund. Wie schon erwähnt, findet sich der Zusammenhang zwischen Mediennutzung, Bewegungsmangel und Adipositas in der KiGGS-Studie (2007) bestätigt. Das betrifft auch die Erkenntnis eines höheren Risikos für Mädchen. Die kritische Schwelle für die Nutzungsdauer wird bei den Mädchen ab fünf und bei den Jungen ab sechs Stunden gesehen. Sie konstatiert allerdings nicht für die Mädchen, sondern für die Jungen einen Zusammenhang mit dem Merkmal Migrationshintergrund, da diese im Gegensatz zu den Mädchen signifikant häufiger zu den Intensivnutzern zählen. Andererseits ist es bei Mädchen mit Migrationshintergrund erheblich wahrscheinlicher, dass sie körperlich-sportlich inaktiv sind. Mehr noch ist dies aber bei den Minderjährigen mit niedrigem Sozialstatus der Fall. Jungen dieser Gruppe sind 3,1-mal und Mädchen 4-mal häufiger sportlich inaktiv als die Gleichaltrigen mit hohem Sozialstatus.[347]

Die Untersuchungen zur Nutzung von Handys durch Jugendliche weisen grundsätzlich in eine ähnliche Richtung wie die zu TV und Computern. Tully und Zerle (2004) schließen aus ihren Beobachtungen der Handygeneration, dass die Funktion des Handys für die Jugendlichen zunächst darin besteht, ihnen als »Übergangsobjekt« die Loslösung von den Eltern und Lehrern zu erleichtern. Sie können sich räumlich weit entfernen, sind für die Erwachsenen aber noch

---

345 Beide Ergebnis sind statistisch signifikant. KiGGS, 2007, 647.
346 Armut macht dick. Jugendärzte berichten, in: Frankfurter Rundschau, 12.03.2002, 50/36.
347 KiGGS, 2007, 651 und 639

erreichbar. Die Eltern (v. a. die Mutter) erlauben dem Kind, »zu diesem Objekt eine sozusagen suchthafte Beziehung zu entwickeln.«[348] Die zweite zentrale Funktion entspricht der oben postulierten These der Befindlichkeitsregulation über technische Apparaturen, denn beim Handy

> »steht die Möglichkeit und Hoffnung auf Kommunikation im Zentrum. Die soziale Situation, in der sich die Person befindet (wartend, reisend, arbeitend) lässt sich verändern und somit erträglich machen. Durch Kommunikation mit anderen, mit vertrauten Personen verlässt man die unmittelbare Situation, vollzieht einen Situationstransfer. Ein Switchen zwischen den Orten wird möglich, die Überwindung der unangenehmen Situation bewältigbar.«[349]

Auf dieser Ebene gleicht das *Switchen* mit dem Handy dem *Zappen* mit der TV-Fernbedienung und dem *Clicken* mit der Computermaus. Soziale Situationen und individuelle Befindlichkeitszustände werden technisch und nicht allein sozial oder psychisch veränderbar. Die Auseinandersetzung mit der sozialen Situation, mit dem anderen oder mit sich selbst ist aufgrund der natürlichen, zeiträumlichen Begrenztheit nicht mehr unausweichlich, sondern kann – mindestens kurzfristig – durch *wegswitchen*, *wegzappen* oder *wegclicken* technologisch umgangen werden. Hier tut sich neben den bekannten Dimensionen der Autonomieentwicklung Jugendlicher (räumliche, zeitliche, materielle, kulturelle Autonomie) eine bisher nicht gekannte neue, virtuelle Autonomiedimension auf, deren vielschichtige Implikationen mit diesen kurzen Bemerkungen nur angedeutet werden können.[350] Daneben etabliert sich unter den Jugendlichen durch das Handy ein »Zwang zur Reziprozität«, denn »auf eine Nachricht wird eine unmittelbare Antwort erwartet, wodurch sich ein permanenter, ortsungebundener Kontakt zwischen den Jugendlichen und ihren Peers entwickelt. Erreichbarkeit über das Handy wird nicht nur möglich, sondern auch erwartet [...]«[351]. Aus eigener Anschauung kann ich ergänzen, dass Jugendliche das Ausmaß ihrer sozialen Erwünschtheit und sozialen Akzeptanz (ihr symbolisches Kapital) in der Peergroup vielfach an der Zahl erhaltener Anrufe und der Menge empfangener SMS messen – ähnlich wie sie in den sozialen Netzwerk-Foren des Internets (*Schueler VZ* u. ä.) eine möglichst hohe Freundeszahl (oft 100 bis 300) quasi als Score für soziale Beliebtheit werten.[352] Ihr Griff zum

---

348 C. J. Tully/C. Zerle, Der ständige Begleiter, in: Frankfurter Rundschau, 20. 04. 2005, 91,/7.
349 Ebd.
350 Nicht nur, aber vor allem für Jugendliche, deren Entwicklungsaufgabe nun einmal in der Ablösung und Autonomieentwicklung besteht.
351 Tully/Zerle, ebd.
352 Vgl. die schon zitierte Feldforschungs-Studie von Dörpholz u. a., in: Freitag, 14. 03. 2008, 11/13.

Handy wirkt dabei wie eine neuartige soziale Praxis zur Selbstbestätigung und Selbstvergewisserung (»Bin ich noch da?«). Wenn »kein Schwein mehr anruft«, droht der soziale Tod. Das Handy ist für Jugendliche inzwischen »das zentrale Medium zur Herstellung von sozialer Nähe«[353]. Dadurch droht jedoch auf der anderen Seite eine Erfahrung verloren zu gehen, die wesentlich zur Autonomieentwicklung beiträgt. Es ist die Erfahrung des Getrenntseins, das heißt der zeitweise und nicht durch eigene Aktivität aufhebbare Zustand des Allein-mit-sich-seins, der in angemessener Dosierung die Erprobung von Bindungssicherheit ermöglicht.[354] Dazu muss man sich vergegenwärtigen, dass das Handy beim Durchschnittsjugendlichen gleich nach den Sportschuhen auf Platz 2 der Marken Top-Ten steht und er rund 50 % seines monatlichen Taschengeldes dafür ausgibt. Immerhin 6 % der jugendlichen Handybesitzer geben an, dass sie regelmäßig oder ab und zu Probleme haben ihre Handy-Rechnung zu bezahlen. Allerdings gibt es soziale Unterschiede in der Verfügung über die verschiedenen Kommunikationstechnologien. Während der Zugang zu Computern und Internet erwartungsgemäß eher bei wohlhabenderen Jugendlichen anzutreffen ist, v. a. weil die Kosten relativ hoch sind, kehrt sich dieses Verhältnis beim Besitz von Handys um. 91,4 % der Jugendlichen zwischen 12 und 19 Jahren mit niedrigem sozialen Status besitzen ein Handy im Vergleich zu nur 82,6 % ihrer Altersgenossen mit hohem Sozialstatus.[355] Vor allem männliche arme Jugendliche kompensieren ihr Anerkennungsdefizit in der Peergroup mit dem *Statussymbol Handy*, zumal es nicht zuletzt wie ein Erkennungszeichen unter Jugendlichen wirkt.[356] Ob daher das Handy für

---

353 Protect Our Children, Ratgeber-Reihe zur Förderung des Jugendschutzes, Nr. 5, Konsum und Freizeit – jugendlicher Gruppenzwang, hrsg. v. Protect Our Children e. V. (Verein zur Förderung des Kinder- und Jugendschutzes), 9f.

354 In Philip Roths Roman »Exit Ghost« kehrt der Protagonist Nathan Zuckerman nach zehn Jahren nach New York zurück. Die vielen Passanten, die auf der Straße in ihr Handy hineinsprechen irritieren ihn: »In meinen Augen ließ dies Telefonieren die Straßen komisch und die Menschen lächerlich erscheinen, doch zugleich war es wie eine wirkliche Tragödie. Wenn die Erfahrung des Getrenntseins ausgelöscht wird (durch Dauertelefonieren und Dauererreichbarkeit), muss das dramatische Konsequenzen haben. Worin werden sie bestehen?« (zit. n. FR 15. 02. 2008, 39/35). Könnte eine Antwort auf die Frage von Roth darin bestehen, dass die ubiquitäre Vernetzung zu mehr emotionalen Störungen mit Trennungsängsten bei Kindern führt bzw. diese bis in das Jugendalter persistieren? In meinem klinischem Alltag kann ich Hinweise darauf beobachten: Jugendliche, die wegen einer Bildschirmspielsucht behandelt werden, haben i. d. R. komorbide Trennungsängste, eine soziale Phobie oder andere Ängste.

355 Alle Zahlen nach: Protect Our Children, Ratgeber-Reihe zur Förderung des Jugendschutzes, Nr. 5, Konsum und Freizeit – jugendlicher Gruppenzwang, hrsg. v. Protect Our Children e. V. (Verein zur Förderung des Kinder- und Jugendschutzes), 9f. Der Schichteffekt ist übrigens auch bei den Jüngeren zwischen acht und zehn Jahren zu beobachten. Vgl. hierzu Hurrelmann/Andresen, 2007, 29.

356 Vgl. Hölscher, 2003, 59 und 11. Kinder- und Jugendbericht, 2002, 180.

sozial unterprivilegierte Jugendliche eine größere Bedeutung im oben beschriebenen Sinn als für ihre privilegierteren Peers hat kann nur vermutet werden. Als gesichert kann aber gelten, dass sie ihr Handy täglich länger nutzen als Gleichaltrige mit mittlerem oder hohem Sozialstatus. Bei den Mädchen mit niedrigem Sozialstatus ist dieser Effekt sogar noch stärker messbar als bei den Jungen.[357]

Wird das Nutzungsverhalten nicht auf die rein sachliche Computernutzung begrenzt, sondern werden alle Spielmöglichkeiten einbezogen, dann ergeben sich gleichfalls Hinweise auf ein unterschiedliches Nutzungsverhalten in Abhängigkeit vom Sozialstatus. So nutzen Gymnasiasten einer Studie von Maaz u. a. (2000) zufolge den PC deutlich häufiger als Lernmedium (z. B. Lernsoftware) oder für kreative Zwecke (z. B. Musikprogrammierung) und weniger zum Spielen als Haupt- und Gesamtschüler.[358] Letztere verfügen auch wesentlich seltener über einen Computer. Werden im Weiteren nur jene Jugendlichen berücksichtigt, die einen Computer haben bzw. nutzen, so finden sich auch hier Haupt- und Gesamtschüler gehäuft in der Gruppe derjenigen, die ihn eher wenig nutzen und wenn, dann vornehmlich zum Spielen. Insgesamt steht die Spielintention bei allen Befragten an erster Stelle, wird jedoch bei anderen Nutzergruppen durch weitere Anwendungen ergänzt. Rund die Hälfte gibt an den Computer zu nutzen, weil ihnen langweilig ist. Jugendliche, die den PC vornehmlich zum Spielen nutzen, »nennen als Grund der Computernutzung häufiger Langeweile oder Alleinsein, als jene, die andere Anwendungen bevorzugen«[359]. Sie haben weniger Email- und Internetbekanntschaften. Außerdem wird nachgewiesen, dass sich jene Jugendlichen, die Computer und Internet nicht oder nur marginal nutzen, in ihrer psychosozialen Befindlichkeit erheblich von der entgegengesetzten Gruppe der Intensiv- und Multifunktionsnutzer unterscheiden. Sie sind pessimistischer, geben eine geringere Selbstwirksamkeit an, sind weniger leistungsorientiert, fühlen sich unsicherer, haben weniger Selbstvertrauen und ein höheres Versagensgefühl. Computer und Internet nutzen sie wesentlich häufiger in Jugendfreizeiteinrichtungen oder kommerziellen Internetcafés und

---

357 Bei den Jungen ist dieser Unterschied mit einem Odds ratio von 1,84 nicht signifikant. Bei den Mädchen hingegen schon (1,92). KiGGS, 2007, 647f.
358 Vgl. Maaz u. a., 2000, 33. Die Studie war breit angelegt und bezog in ihrer schulbasierten Stichprobe 903 Berliner Schüler/innen aus allen Schultypen im Alter von 9 bis 18 Jahren ein. Im Folgenden beziehe ich mich weiter auf diese Studie.
359 Umgekehrt nutzen »Jugendliche, die sich mit dem Computer beschäftigen, um sich weiterzubilden, weil er ihre täglichen Arbeiten erleichtert, weil sie ihn als Arbeitsmedium und für das Internet brauchen, [...] stärker kreative Computerprogramme, als die übrigen. Die Jugendlichen, die den Computer stärker als Arbeitsmedium gebrauchen und auch damit lernen, nutzen ihn seltener aus Langeweile oder weil sie allein sind.« Ebd., 39.

Kaufhäusern. Ihr Sozialstatus ist tendenziell deprivierter, weil ihre Eltern doppelt so oft von Arbeitslosigkeit betroffen sind.[360]

Aus diesem Abschnitt über die Konsum- und Medienstile lässt sich das Fazit ziehen, dass es ernstzunehmende empirische Hinweise auf einen Zusammenhang zwischen dem Sozialstatus und dem Konsum- und Medienstil Jugendlicher gibt. Offenbar geht eine Einschränkung ihrer ökonomischen Ausstattung mit einem weniger rationalen und unkritischerem Konsum- und Mediennutzungsverhalten einher, dem eine deutlich kompensatorische und demonstrative Funktion im Sinne einer psychosozialen Belastungsregulation zu kommt. Sie scheinen der Zirkulationssphäre des symbolischen Kapitals eine höhere Bedeutung beizumessen – vermutlich, um ihre objektiven Defizite in den Bereichen der übrigen Kapitalien auszugleichen. Da ihre realen Ziehungsrechte an Waren des symbolischen Kapitals marktökonomisch begrenzt sind, müssen sie zudem einen höheren individuellen Aufwand betreiben, um daran zu partizipieren. Damit öffnen sie sich stärker als ihre privilegierten Peers den konsumindustriell und massenmedial vorkonfektionierten Transferprozessen zur Herstellung legitimer sozialer Anerkennung, öffentlicher Geltung und sozialer Bedeutung. Während privilegierte Minderjährige über rational kontrolliertere, distanziertere und vielseitigere Nutzungskompetenzen verfügen, wirkt die symbolische Kompetenz ihrer ärmeren Altersgenossen unsicherer, unkritischer und insgesamt eindimensional. Da sie auch weniger in der Lage sind, die marktgesteuerte Symbolproduktion kritisch zu filtern, zu ordnen und zu regulieren sind sie der *kommunikativen Penetration* des Marketing auch weitaus stärker ausgeliefert. Das macht sie gegenüber negativen Einflüssen der symbolischen Kapitalproduktion vulnerabler. Dem gegenüber verfügen privilegiertere Jugendliche scheinbar über eine gewisse Resilienz. Es scheint daher so zu sein, dass ärmere Kinder und Jugendliche über das symbolische Kapital ihren inferioren sozialen Status internalisieren und symbolisch reproduzieren.

3.1.5 Das gesundheitliche Kapital – Das körperliche und seelische Wohlbefinden

Mit dem Begriff des gesundheitlichen Kapitals sind hier die psychophysiologischen Aspekte von Gesundheit, also die somatischen, psychosomatischen und psychischen Funktionen sowie deren subjektives Erleben gemeint. Dazu möchte ich bemerken, dass der Begriff des *gesundheitlichen Kapitals* weder bei Bourdieu noch in der einschlägigen Literatur vorkommt. Ich benutze ihn einerseits, um in der gewohnten und konzeptuell begründeten Diktion zu bleiben,

---

360 Vgl. ebd. 54ff.

3.1 Lebenslagen, Risikolagen und psychosoziale Befindlichkeit

andererseits, um den disparaten Daten und Ansätzen in diesem Bereich eine gemeinsame Überschrift zu geben. Bis zum Jahr 2007 existierten nur vereinzelte länderbezogene oder regionale Studien oder Gesundheitsberichte zu Kindern und Jugendlichen, deren Daten zum einen nicht vergleichbar waren und die zum anderen soziologische Indikatoren so gut wie nicht berücksichtigten. Dort wo sie berücksichtigt wurden, wurde zumeist der Zusammenhang mit körperlichen Erkrankungen und weniger mit psychischen Beeinträchtigungen analysiert. Die Literatur zu diesem Thema war bis zu diesem Zeitpunkt so unübersichtlich und uneinheitlich, weil es in Deutschland im Gegensatz zu anderen westlichen Ländern (z. B. USA, Großbritannien, skandinavische Staaten) keine offiziellen und repräsentativen Studien zum Zusammenhang von sozialer Lage und Gesundheit bei Minderjährigen gab.[361] Bis heute fehlt es hierzulande allerdings weiterhin an einer kontinuierlichen Gesundheitsberichterstattung (GBE) auf Bundesebene nach dem Modell der Sozialberichterstattung (SBE) durch die Armuts- und Reichtumsberichte der Bundesregierung. Möglicherweise stellt die 2007 durch das Robert-Koch-Institut in Berlin (RKI) in Zusammenarbeit mit anderen Bundesinstituten vorgelegte umfassende und repräsentative Studie zur Gesundheit von Kindern und Jugendlichen in Deutschland (KiGGS) nun den Startpunkt dazu dar, zumal sie den sozioökonomischen Status überwiegend mitberücksichtigt.[362] Die von den bislang vorliegenden Studien untersuchten Einzelaspekte lassen sich grob in objektiv-physiologische Parameter wie Säuglingssterblichkeitsraten, Prävalenz von Atemwegserkrankungen, Allergien u. Ä. sowie subjektiv-psychologischen Parameter wie Ausmaß der Lebenszufriedenheit, des Selbstwertgefühls, der Depressivität u. Ä. unterscheiden, mit einer dazwischen liegenden Übergangszone, die psychosomatische Aspekte abbildet (v. a. Stresssymptome wie Nervosität, Kopfweh, Bauchweh usw.). Wie in den vorangegangenen Abschnitten auch werde ich ausgehend von der allgemeinen

---

361 »Nach Auffassung des RKI (1998, S. 10; Robert-Koch-Institut, Berlin; H. B.) können mit den vorliegenden Daten der Gesundheitsberichte weder die Gesundheitslage, das Gesundheitsverhalten, die wesentlichen Einflussfaktoren noch die gesundheitliche Versorgung zuverlässig erfasst werden.« H. Hackauf, Gesundheit und soziale Lage von Kindern und Jugendlichen, in: Sachverständigenkommission 11. Kinder- und Jugendbericht (Hg.), Band 4, Gesundheit und Behinderung im Leben von Kindern und Jugendlichen, München, 2002, 40. Hackauf findet zwei (!) Berichte, in denen überhaupt das Thema »Soziale Lage und Gesundheit« untersucht wurde.

362 Erst mit KiGGS wird das vom RKI geforderte (internationale) Niveau erreicht und kann als Meilenstein auf dem Weg zu einer GBE des Bundes gewertet werden. Bereits 1998 erschien ein umfassender »Gesundheitsbericht für Deutschland« (hrsg. v. Statistischen Bundesamt, Stuttgart), der seitdem durch regelmäßige aktuelle »Themenhefte« ergänzt wird. Eines der Themenhefte befasste sich mit dem Zusammenhang von Armut und Gesundheit bei Minderjährigen, war aber sehr kurz (14 Seiten) und ließ viele relevante Aspekte unberührt (vgl. A. Klocke, Armut bei Kindern und Jugendlichen und die Auswirkungen auf die Gesundheit, Gesundheitsberichterstattung des Bundes, Heft 03/01, Robert-Koch-Institut (Hg.), Berlin 2001).

3 Die Störung des Sozialverhaltens als »social sickness«

Kapitalausstattung der Minderjährigen in diesem Bereich zu den Unterschieden nach dem Sozialstatus kommen. Im Wesentlichen beziehe ich mich dabei auf KiGGS (2007) sowie auf Übersichtsarbeiten von Brigitte Seifert (2002) und Horst Hackauf (2002), die beide als Teil des Materialienbandes zum 11. Kinder- und Jugendberichts erschienen sind.[363]

Im internationalen Vergleich und im Vergleich zu den Erwachsenen haben deutsche Kinder und Jugendliche auf den ersten Blick sowohl objektiv als auch subjektiv einen guten Gesundheitsstatus. Die Säuglingssterblichkeitsrate ist niedrig und das Kinder- und Jugendalter zeigt eine geringe Mortalitätsrate.[364] Haupttodesursachen bei Kindern und Jugendlichen sind (Verkehrs-)Unfälle und Suizide. Die Mortalitätsrate bei den 15- bis 24-Jährigen ist in den letzten Jahren leicht rückläufig, da sowohl die Zahl der Verkehrstoten als auch der vollendeten Suizide leicht abgenommen hat. In dieser Altersgruppe liegt die Rate beim weiblichen Geschlecht etwa bei einem Drittel des männliche Geschlechts (männl.: ca. 84 pro 100 000; weibl.: ca. 30 pro 100 000). Das liegt daran, dass junge Frauen zwar häufiger Suizidversuche begehen, aber ihn viel seltener als junge Männer vollenden. Es wird davon ausgegangen, »dass die Herkunftsfamilie einen erheblichen Einfluss auf das Suizidverhalten von Jugendlichen hat«[365], der durch soziale Stressfaktoren (Arbeitslosigkeit, Partnerschaftskrisen etc.) ergänzt wird. Die höhere Mortalität männlicher Jugendlicher und junger Männer ist des Weiteren durch die höhere Zahl tödlicher Straßenverkehrsunfälle bedingt. Hauptursache sind überhöhte Geschwindigkeit und/oder Alkoholfahrten. Junge Fahrer gelten als Hochrisikogruppe im Straßenverkehr, da sie das riskante Fahren »als Kompensation für starke individuelle und soziale Spannungen«[366] nutzen. Insofern hat ihr Risikoverhalten mehr als bei jeder anderen sozialen Gruppe die Funktion einer Belastungsregulation.

Fast alle Kinder und Jugendlichen geben ihren subjektiven Gesundheitszustand mit »sehr gut« oder »gut« an. Bei den Älteren sinkt dieser Anteil zwar, doch auch hier schätzt sich eine Mehrheit als gesund ein. So gaben z.B. in der repräsentativen Studie von Mansel und Hurrelmann (1994) zwei Drittel

---

363 Daher im Folgenden (wenn nicht anders angegeben) nach KiGGS (2007), B. Seifert, Gesundheit und Wohlbefinden von Kindern und Jugendlichen und Auswirkungen sozialer Benachteiligung. Ein Literaturbericht, in: Sachverständigenkommission 11. Kinder- und Jugendbericht (Hg.), Bd. 4, Gesundheit und Behinderung im Leben von Kindern und Jugendlichen, München, 2002, 87–173 und H. Hackauf, Gesundheit und soziale Lage von Kindern und Jugendlichen, in: ebd., 9–86.
364 Nur die sog. Nachsterblichkeitsrate (4. bis unter 52. Lebenswoche) liegt in Deutschland immer noch höher als in vergleichbaren westlichen Ländern. Vgl. 11. Kinder- und Jugendbericht, 2002, 218. Zu den objektiven Beschwerden auch im Folgenden nach ebd., 218ff.
365 Hackauf, 2002, 58.
366 C. J. Tully, Rot, Cool und was unter der Haube. Jugendliche und ihr Verhältnis zu Auto und Umwelt, München 1998, 116 zit. n. Hackauf, 2002, 57.

der befragten 17- bis 21-Jährigen ihren körperlichen Gesundheitsstatus mit »sehr gut« oder »gut« an. Nur 10 % antworteten mit »weniger gut« oder »schlecht«.[367] In der KIGGS-Studie schätzten 92,5 % der Teilnehmer ihren allgemeinen Gesundheitszustand als »sehr gut« bzw. »gut« ein, 6,8 % bewerteten ihn als »mittelmäßig« und nur 0,7 % gaben an, er sei »schlecht« bzw. »sehr schlecht«.[368] Eine nähere Betrachtung fällt allerdings weniger positiv aus. Sichtbar werden konkrete Beeinträchtigungen nämlich erst dann, wenn die Kinder und Jugendlichen nicht pauschal nach ihrem körperlichen oder psychischen Wohlbefinden befragt werden, sondern gezielte Beschwerdeabfragen erfolgen. Hier zeichnet sich seit Jahren ein negativer Trend ab, denn es zeigen sich zunehmende Gesundheitsbeeinträchtigungen durch Stress, chronische Erkrankungen, Suchtmittel (v. a. Nikotin, Cannabis), psychische Störungen und sonstige gesundheitliche Auffälligkeiten (z. B. Adipositas). So haben schätzungsweise 20 % regelmäßig psychosomatische Beschwerden wie Nervosität, Kopf-, Bauch- und Rückenschmerzen.[369] Etwa 10 % leiden an chronischen Erkrankungen, wie Allergien, Bronchitis/Asthma, Neurodermitis, Epilepsie, Herzfehler, Rheuma, Diabetes und Drüsenerkrankungen. Bei 10 %–40 % der Minderjährigen treten regelmäßige körperliche Beschwerden auf. Dies sind in der Rangfolge v. a. Infektionskrankheiten, Zahnschäden, Kopfschmerzen, Übelkeit, Kreislaufbeschwerden, Magen-Darmerkrankungen, Appetitlosigkeit, Gewichtsverlust, Allergien, Hautprobleme sowie Rücken- und Muskelschmerzen. Die 3-Monats-Prävalenz von Schmerzen bei 3- bis 17-Jährigen gibt die KiGGS-Studie mit 71,7 % an (drei bis zehn Jahre: 64,5 %, 11–17 Jahre: 77,6 %). Regelmäßige Schmerzen (mind. einmal pro Woche) gaben für diese Zeit 9,9 % der Drei- bis Zehnjährigen und 24,3 % der 11- bis 17-Jährigen an. KiGGS zufolge lautet bei den Jüngeren die Rangfolge der Schmerzlokalisation Bauch, Kopf, Hals und bei den Älteren Kopf, Bauch, Rücken. Dabei nimmt die Schmerzprävalenz mit dem Alter zu, wobei Mädchen häufiger über Schmerzen berichten. Etwa 40 % der Jugendlichen suchen ein- bis zweimal pro Quartal einen Arzt auf. 36,7 % der jungen und 46,7 % der älteren KiGGS-Teilnehmer mit regelmäßigen Schmerzen gaben Medikamenteneinnahmen an. Stationäre und ambulante Krankenhausbehandlungen sind anderen Quellen zufolge dagegen selten.

---

367 Vgl. Mansel/Hurrelmann, 1994, 200.
368 KiGGS, 2007, 554.
369 Es handelt sich um eine grobe Angabe aufgrund der europaweiten Studie »Health Behavior in School-aged Children« (HBSC-Studie; Currie u. a. 2000) unter 15-jährigen Schülern. In Deutschland schwanken die Prävalenzen für jedes Symptom zwischen 19 % und 33 % bei den Mädchen und zwischen 8 % und 33 % bei den Jungen. Mit 33 % ist der Score für regelmäßige Nervosität bei beiden Geschlechtern am größten. Vgl. Hackauf, 2002, 49f.

3 Die Störung des Sozialverhaltens als »social sickness«

Die Prävalenz von gesundheitlichen Schädigungen durch legalen oder illegalen Suchtmittelkonsum kann nur annäherungsweise wiedergegeben werden. Seit den 70er Jahren werden zwar repräsentative Konsumsurveys unter jungen Menschen durchgeführt. Diese können aufgrund der Komplexität des Zusammenhangs zwischen Suchtmittelkonsum und eventueller gesundheitlicher Schädigung jedoch keine validen Aussagen hierzu machen. Zigaretten und Alkohol sind wie bei den Erwachsenen auch die häufigsten legalen Suchtmittel unter Jugendlichen. Seit Ende der siebziger Jahre wird grundsätzlich ein stetiger Trend zum Absinken der Raucherquote unter den 12- bis 25-Jährigen beobachtet (1979: 44 %; 2004: 35 %).[370] In der Subgruppe der 12- bis 17-Jährigen ergab sich allerdings zwischen 1993 und 1997 ein erheblicher Anstieg von 20 % auf 28 %, der erst im Jahr 2004 auf 23 % zurück ging. Verantwortlich hierfür ist in erster Linie die deutliche Zunahme des Zigarettenkonsums im Osten und bei den Mädchen. Im Jahr 2004 gaben 5 % der 12- bis 15-Jährigen an, ständig zu rauchen, 11 % bezeichneten sich als gelegentliche Raucher (16- bis 19-Jährige: 26 % bzw. 17 %). Als Raucher im eigentlichen Sinne lassen sich in der ersten Altersgruppe 9 % und in der zweiten Altersgruppe 39 % bezeichnen. Täglichen Zigarettenkonsum haben in den genannten Altersgruppen 5 % bzw. 26 %. Immerhin 4 % der Jüngeren und 7 % der Älteren sind sogar starke Raucher, sodass bei mindestens 11 % aller Jugendlichen von einem schädlichen Konsum ausgegangen werden kann. Die aktueller KiGGS-Studie macht auch geschlechtsspezifische Angaben. Danach beträgt die Raucherquote unter den 11- bis 17-jährigen Jungen 20,5 % und unter den Mädchen 20,3 %. Schädlichen Konsum (mehr als 10 bzw. 20 Zig./Tag) betreiben 15,5 % der Jungen und 12,2 % der Mädchen. Die geschlechterübergreifende Prävalenz steigt von unter 2 % bei den 11- bis 12-Jährigen auf über 40 % bei den 17-Jährigen an. Auch beim Alkoholverbrauch zeigte sich in den letzten 30 Jahren ein deutlicher Rückgang bei Jugendlichen. Mit der Markteinführung der Alkopops etwa ab 2001 wurde dieser Trend dann für einige Jahre unterbrochen. Erst durch die massive Erhöhung der Besteuerung dieser alkoholischen Mixgetränke ab 2005 lässt sich wieder ein leichter Rückgang des Alkoholkonsums bei unter 18-Jährigen feststellen.[371] Überschreitet der Gesamtalkoholkonsum 120 Gramm

---

370 Vgl. Bundeszentrale für gesundheitliche Aufklärung – BzGA (Hg.), Die Drogenaffinität Jugendlicher in der Bundesrepublik Deutschland 2004, Teilbände Rauchen, Alkohol und Illegale Drogen, Köln 2004. Wenn nicht anders angegeben erfolgen alle weiteren Angaben zum Thema Suchtmittel nach dieser Untersuchung. Bei der Raucherquote wurde der »demographische Faktor« unterschiedlicher Geburtenjahrgangsstärken der Älteren und Jüngeren herausgerechnet.
371 Vgl. BzGA (Hg.), Entwicklung des Alkoholkonsums bei Jugendlichen – unter besonderer Berücksichtigung der Konsumgewohnheiten von Alkopops (Alkopop-Studie), Köln 2005. Eine Ausnahme bilden männliche Jugendliche, die offenbar in signifikantem Maße von spirituosenhaltigen auf wein- bzw. bierhaltige Alkopops umgestiegen sind. Vgl. ebd., 5 und 13.

reinen Alkohol pro Woche (sog. Q-F-Index > 120), wird dies als Hinweis auf einen intensiven und damit für Jugendliche tendenziell schädlichen Alkoholkonsum gewertet. Von 2001 bis 2004 ist die Häufigkeit des Q-F-Index bei den 12- bis 25-Jährigen von 14 % auf 17 % angestiegen. In der Altersgruppe der 12- bis 15-Jährigen betrug er 2004 5 %, bei den 16- bis 19-Jährigen 24 %. Parallel dazu stieg der Prozentsatz derer, die in den letzten 3 Monaten einen Alkoholrausch hatten von 21 % (2001) auf 23 % (2004). 3 % der 12- bis 15-Jährigen gaben 2004 an, dass sie bereits mindestens sechs Mal in ihrem Leben einen Alkoholrausch hatten (16–19 Jahre: 19 %). Werden die verschiedenen Risikoparameter zusammengefasst, lässt sich der Anteil von Jugendlichen mit einem riskanten Alkoholkonsummuster mit ungefähr einem Fünftel angeben.[372] Die KiGGS-Studie ergänzt, dass schon 6,5 % der 11-jährigen Jungen und 4,4 % der altersgleichen Mädchen regelmäßigen Alkoholkonsum hat (mind. einmal/Woche). Bis zum Alter von 17 Jahren steigt dieser Anteil auf 67,2 % bzw. 39,7 % an. Der Medikamentenkonsum unter Kindern und Jugendlichen wird von derselben Studie mit ca. 51 % angegeben (mind. ein Präparat in den letzten 7 Tagen). Dabei war die Prävalenz in der Altergruppe der Null- bis Zweijährigen am höchsten (74,9 %), und Mädchen konsumierten signifikant mehr Medikamente (53,1 %) als Jungen (48,7 %), was v. a. auf die Einnahme von Kontrazeptiva bei älteren Mädchen zurückzuführen sein dürfte. Immerhin 20 % der Untersuchten nahm mehr als ein Medikament ein. Das wiederum betraf am stärksten die jüngste Altersgruppe der Null- bis Zweijährigen (35 %). Besonders selten war das in der Gruppe der 7- bis 13-Jährigen der Fall. 55 % aller Kinder und Jugendlichen nahm die Medikamente nur kurzfristig ein (unter sieben Tage), doch 13 % länger als ein Jahr. Die häufigsten Indikationen waren (in der Rangfolge) allgemeine prophylaktische Maßnahmen (Vitamin-D-Tabletten, Fluoride für die Zähne und den Knochenaufbau) sowie Schnupfen, Husten, Kopfweh, Ekzeme, Fieber, Asthma bronchiale, Halsweh und Pollenallergien. Andere Studien bieten Anhaltspunkte für einen nennenswerten Effekt auf die Einnahme verschiedener Medikamente durch Stress und Leistungsdruck in Schule und Ausbildung. Die Frankfurter Rundschau berichtete 1998, dass schon 17 % der Grundschulanfänger Psychopharmaka und darüber hinaus 45 % aller Schüler regelmäßig Schmerztabletten einnehmen.[373] Mansel/Hurrelmann (1994),

---

[372] Im Gegensatz zu den anderen Risikoindikatoren wird die Häufigkeit mind. sechsmaliger Alkoholräusche seit 1973 regelmäßig erhoben. Es zeigt sich ein schwankender Verlauf mit einem leichten (aber nicht signifikanten) Trend nach oben (1973: 19 %, 2004: 21 %). Einen deutlichen Anstieg erfuhr die Entwicklung zwischen 1997 und 2004 (von 13 auf 21 %) durch die Verdoppelung der Werte für die jungen Frauen (von 7 auf 14 %), die wahrscheinlich auch im Zusammenhang mit den (gesüßten) Alkopops zu sehen sind. Vgl. BzGA, Teilband Alkohol, Köln, 2004, 29.

[373] Frankfurter Rundschau 20. 08. 1998 zit. n. Hock/Holz, 1999, 39.

die 1990 16- bis 18-jährige Jugendliche untersuchten, stellten bei etwa einem Viertel regelmäßigen Medikamentenkonsum fest.[374] Davon nahmen 12,2 % Medikamente zur Beruhigung, Aufmunterung oder Konzentration. Bei den männlichen Jugendlichen fand sich ein seltenerer Konsum aber die meisten waren Mehrfachkonsumenten. Es stellte sich weiter heraus, dass die Jugendlichen Medikamente auch unabhängig von manifesten Erkrankungen einnehmen und hierfür außerfamiliäre Faktoren, wie eine unbefriedigende Situation in Schule und Ausbildung, die entscheidende Rolle spielen. Viele Jugendliche haben zusätzlich Erfahrung im Konsum illegaler Drogen. 32 % der 12- bis 25-Jährigen gaben 2004 an, wenigstens einmal in ihrem Leben eine illegale Droge zu sich genommen zu haben (12–15 Jahre: 8 %, 16–19 Jahre: 36 %). Die Erfahrungen beschränken sich dabei weit überwiegend auf Cannabis, denn etwa drei Viertel der drogenerfahrenen Jugendlichen und jungen Erwachsenen hatten ausschließlich Cannabiskonsum. 7 % zählen zur Risikogruppe der Mehrfachkonsumenten (v. a. Cannabis, Amphetamine, pflanzliche Drogen), 5 % waren zum Befragungszeitpunkt aktuelle Drogenkonsumenten (12–15 Jahre: 1 %, 16–19 Jahre: 6 %) und 3 % wurden als regelmäßige Konsumenten eingeordnet (12–15 Jahre: 1 %, 16–19 Jahre: 4 %). Seit 1973 stieg die Lebenszeit-Prävalenz bei illegalen Drogen zwar erheblich an (1973: 19 %, 2004: 32 %), doch bewegte sich der Anteil aktueller Konsumenten immer relativ stabil um 5 %.[375] Den jüngeren Zahlen der KiGGS-Studie zufolge beträgt die 12-Monats-Prävalenz für Cannabis-Konsum bei Jungen im Alter zwischen 11 und 17 Jahren 9,2 %, bei Mädchen: 6,2 %. Sie fand ebenso heraus, dass die Prävalenz mit dem Alter ansteigt und bei den 17-Jährigen einen Anteil von 24,7 % (Jungen) bzw. 14,5 % (Mädchen) erreicht. Die Häufigkeit problematischer Konsummuster ist insgesamt schwer abzuschätzen, da alle Angaben auf Selbstbeurteilungen beruhen und gerade im Bereich illegaler Drogen eine massive Verzerrung durch »underreporting« entsteht.[376] Allenfalls die Versechsfachung der Zahl derer, die im Vergleich zwischen 1994 und 2002 wegen regelmäßigen oder

---

374 Mansel/Hurrelmnn, 1994, 209ff.
375 Strukturbereinigt. Ausnahme: von 1982 bis 1986. Vgl. BzGA (Hg.), Teilband Illegale Drogen, 2004, 13f. Ausnahme: 1993 bis 1997 auf dem Höhepunkt der Rave-Kultur mit 7 bzw. 10 %.
376 Stuart und Price (2000) z. B. verglichen Selbstberichte mit haartoxikologischen Werten und fanden Abweichungen um den Faktor 3,6 bei Heroinkonsumenten und um den Faktor 4,8 bei Kokainkonsumenten (vgl. C. Eggers u. a. (Hg.), Psychiatrie und Psychotherapie des Kindes- und Jugendalters, Berlin/Heidelberg 2004, 389). Kendell (1987) kam zum Ergebnis, dass Befragungen mit Selbstangaben zum Alkoholkonsum nur zwischen 40 % und 60 % der Konsummengen offizieller Verbrauchstatistiken erfassen (vgl. L. Kraus, R. Augustin, Konzeption und Methodik des Epidemiologischen Suchtsurveys 2003, in: Sucht, Zeitschrift für Wissenschaft und Praxis, 51 (Sonderheft 1), 2005, 14). Es wird daher davon ausgegangen, dass das »underreporting« mit der Konsummenge zunimmt (vgl. M. Daunderer, Drogenhandbuch für Klinik und Praxis, Kapitel »Repräsentativerhebung 1992« (II – 2.4.2), München 1990).

starken Cannabiskonsums eine Beratungsstelle aufsuchte, könnte als Hinweis auf eine Zunahme schädlichen Konsums bzw. Abhängigkeit gewertet werden.[377]

Kommen wir nach der Suchtmittelproblematik nun zu psychischen Störungen im engeren Sinne. Schätzungsweise 10 %–12 % aller Grundschulkinder in Deutschland leiden an psychischen Störungen im Bereich von Leistung, Wahrnehmung, Emotionen und Sozialverhalten. Bei Jugendlichen wird die Quote auf 15 %–20 % geschätzt, sodass Ältere offenbar belasteter als Jüngere sind.[378] Die neuere KiGGS-Studie zeigt eine ähnliche Dimension der Problematik auf, wenn auch in kleineren Ausschnitten aus dem Gesamtspektrum psychischer Auffälligkeiten. Sie erfasst zunächst allgemeine Auffälligkeiten von Kindern und Jugendlichen im Alter zwischen 3 und 17 Jahren in den Bereichen »Emotionale Probleme«, »Verhaltensauffälligkeiten«, »Hyperaktivitätsprobleme« und »Verhaltensprobleme mit Gleichaltrigen«. In einem daraus aggregierten Gesamtproblemwert erweisen sich 7,2 % als auffällig und 7,5 % als grenzwertig auffällig. Mädchen sind mit 5,3 % bzw. 6,2 % weniger auffällig als Jungen (9 % bzw. 8,8 %). Das Verhältnis zwischen den Jüngeren und den Älteren kehrt sich in dieser Studie allerdings um, denn 14- bis 17-jährige Jugendliche erreichen geringere Auffälligkeitswerte (6,3 bzw. 6,1 %) als Grundschulkinder (9 % bzw. 8,4 %) und ältere Kinder zwischen 11 und 13 Jahren (8,5 % bzw. 8,1 %). Für das Kindergartenalter (drei bis sechs Jahre) ergeben sich Werte von 5,3 % bzw. 8,0 %. Die Autoren der Studie vermuten, dass dieser Effekt durch das Messinstrument selbst verursacht wurde, da ausschließlich die Daten aus der Elternbefragung verarbeitet wurden.[379] Parallel zu dieser KiGGS-Substudie mit ihrer groben Kategorisierung in Auffälligkeitsbereiche wurde eine weitere Teiluntersuchung durchgeführt. Diese so genannte BELLA-Studie erfasst den psychischen Gesundheitsstatus von 7- bis 17-Jährigen differenziert nach vier spezifischen Störungsbildern (Depressionen, Ängste, ADHS und Störungen des Sozialverhaltens). Sie berücksichtigt im Gegensatz zur ersten Teiluntersuchung zusätzlich einschlägige Schutz- und Risikofaktoren sowie neben dem Elternurteil die subjektive Sicht der befragten Kinder und Jugendlichen. Das Selbsturteil wurde allerdings erst ab dem Alter von elf Jahren erhoben. Im Ergebnis werden bei 21,9 % aller Befragten psychische Auffälligkeiten für

---

377 Opioide: Faktor 1,5. Vgl. H. Spegel u. a., Bericht des nationalen Reitox Knotenpunkts Deutschlands an die EBDD. Drogensituation 2002, hrsg. v. der Deutschen Referenzstelle für die Europäische Beobachtungsstelle für Drogen und Drogensucht, 2003, 108.
378 11. Kinder- und Jugendbericht, 2002, 219.
379 »Möglicherweise verliert für diese Altersgruppe das Elternurteil an Gültigkeit und sollte durch Eigenangaben ergänzt oder ersetzt werden. Die Ergebnisse müssen daher mit Vorsicht insbesondere bezüglich der Prävalenzschätzungen interpretiert werden.« KiGGS, 2007, 791.

möglich (12,2 %) oder für wahrscheinlich (9,7 %) gehalten. Jungen sind mit 24 % (möglich: 13,1 %, wahrscheinlich: 10,9 %) stärker betroffen als Mädchen mit 19,6 % (möglich: 11,9 %, wahrscheinlich: 8,4 %). Es bestätigt sich die Vermutung, dass der Anteil der Betroffenen mit dem Alter zunimmt, denn der Prozentanteil wächst von 20,2 % bei den Sieben bis Zehnjährigen über 21,5 % bei den 11- bis 13-Jährigen auf 23,6 % bei den 14- bis 17-Jährigen an. Betrachtet man die einzelnen Störungsbilder ergibt sich folgendes Bild. 5,4 % der Befragten zeigen Anzeichen für eine depressive Störung, 10 % für eine Angststörung, 2,2 % für ADHS und 7,6 % für eine Störung des Sozialverhaltens. Es lassen sich hier jeweils nur unwesentlich höhere Werte für Jungen im Vergleich zu Mädchen beobachten und ein durchgängiger Alterseffekt ergibt sich auch nicht. Als besondere Risikofaktoren konnten Familienkonflikte, Partnerschaftskonflikte, die räumliche Trennung der Elternteile (Ein-Eltern-Haushalt), die psychische Erkrankung von Elternteilen sowie eine unharmonische Kindheit der Bezugspersonen selber identifiziert werden. Zur kumulativen Wirkung von Risikofaktoren bzw. fehlenden Schutzfaktoren an späterer Stelle mehr. Als Indiz für die Zunahme psychischer Belastungen bei Jugendlichen mag eine Studie der Deutschen Angestellten Krankenkasse (2005) dienen. Für die besondere Gruppe erwerbstätiger Jugendlicher und Heranwachsender zwischen 15 und 34 Jahren verzeichnet sie zwischen 1997 und 2003 einen erheblichen Anstieg der durch psychische Erkrankungen bedingten Ausfalltage um rund 70 %.[380]

Bei der Ernährung besteht ein Trend zu mehr Fehl- und Überernährung. Insgesamt sind laut KiGGS 8,7 % aller Kinder zwischen 3 und 17 Jahren übergewichtig (Jungen: 8,8 %, Mädchen: 8,5 %), 6,3 % sind extrem übergewichtig, also adipös (Jungen: 6,3 %, Mädchen: 6,4 %). Sowohl beim Übergewicht als auch bei der Adipositas (Fettleibigkeit) steigen die Prävalenzraten mit zunehmendem Alter dann deutlich an. Sind noch 9 % der Vorschulkinder übergewichtig, so beträgt ihr Anteil unter den Jugendlichen schon 17 %. Bei der Adipositas wächst die Rate entsprechend von fast 3 % auf 8,5 %.[381] Längsschnittdaten

---

[380] Selbst wenn, so die Studie, berücksichtigt werde, dass Hausärzte psychische Erkrankungen inzwischen besser erkennen und die Hemmschwelle gesunken ist, wegen psychischer Probleme zum Arzt zu gehen, bleibe unter dem Strich ein Anstieg der psychischen Erkrankungen bei jungen Menschen im Beruf. Psychische Erkrankungen stellen damit bei allen Versicherten die viertgrößte Gruppe aller Krankheitsarten dar (Anteil am Krankenstand 2003: 8,8 %; 2004: 9,8 %). Betroffen seien v. a. Beschäftigte im Gesundheitswesen, der öff. Verwaltung, Organisationen und Verbände, Bildung, Kultur, Medien, Banken, Versicherungen. Als Ursachen nennt die Studie zunehmenden Leistungsdruck, Zukunftsangst und Überlastung durch häufig wechselnde Anforderungen. Vgl. Frankfurter Rundschau 13. 04. 2005, 85/1.

[381] »Der Anteil der Übergewichtigen steigt von 9 % bei den 3- bis 6-Jährigen über 15 % bei den 7- bis 10-Jährigen bis hin zu 17 % bei den 14- bis 17-Jährigen. Die Verbreitung von Adipositas beträgt bei den 3- bis 6-Jährigen 2,9 % und steigt über 6,4 % bei den 7- bis 10-Jährigen bis auf 8,5 % bei den 14- bis 17-Jährigen.« KiGGS, 2007, 739.

gibt es nur wenige und ihre Zuverlässigkeit scheint nicht ganz gesichert. So gibt Seifert (2002) an, dass Anfang der 90er Jahre 15 % bis 20 % der Kinder ab sechs Jahren übergewichtig waren. Jugendliche über 13 Jahre seien dagegen in den letzten 15 bis 20 Jahren eher dünner geworden.[382] Der Deutsche Apothekerverband publizierte, dass zwischen 1996 und dem Jahr 2000 die Rate der adipösen Jungen von 11 % auf 20 %, die der Mädchen von 6 % auf 13 % gestiegen sei.[383] Erscheinen diese Zahlen auch als zu hoch gegriffen, so kann kein Zweifel daran bestehen, dass in den letzten zwei Jahrzehnten die Zahl der übergewichtigen und adipösen Minderjährigen in Deutschland sehr zugenommen hat.[384] Geradezu erschreckend sind die von KiGGS erhobenen Zahlen zu den Kindern und Jugendlichen zu nennen, die Kernsymptome einer Essstörung (Anorexia, Bulemia nervosa) aufweisen. Bei jedem Fünften (21,9 %) der 11- bis 17-Jährigen besteht danach der Verdacht auf eine Essstörung (Mädchen: 28,9 %, Jungen: 15,2 %). Während bei den Elfjährigen der Anteil der betroffenen Mädchen und Jungen mit jeweils ca. 20 % noch recht ausgeglichen ist, geht die Schere bis zum Alter von 17 Jahren zwischen den Geschlechtern extrem auseinander: bei den Mädchen steigt die Rate auf 30,1 % stark an, bei den Jungen sinkt sie auf 12,8 % ab. Die Belastung mit Umweltgiften scheint im Vergleich zu den 80er Jahren eher gesunken zu sein. Die entsprechende Substudie im KiGGS (2007), der Kinder-Umwelt-Survey 2006 des Umweltbundesamtes, spricht von messbaren Erfolgen verschiedener regulierender Maßnahmen zur Verbesserung von Luft, Wasser, Nahrung und Gebrauchsgüter in der Vergangenheit.[385] Daten zu chronischen Erkrankungen und dauerhaften gesundheitlichen Einschränkungen gleich welcher Art liegen spärlich vor und sind nicht sehr reliabel. So lässt sich aus der KiGGS-Substudie zu Minderjährigen zwischen 0 und 17 Jahren mit einem von den Eltern angegebenen speziellen (medizinischen, therapeutischen) Versorgungsbedarf vage ableiten, dass dieser bei 16 % der Jungen und 11,4 % der Mädchen liegt.[386] Der Anteil manifest körperlich, geistig und/oder psychisch behinderter Kinder und Jugendlicher wird auf rund 5 % geschätzt.

Bezieht man nun den sozialen Status ein, dann ergibt sich in den oben skizzierten Gesundheitsaspekten folgendes Bild. Zwar existiert keine aktuelle

---

382 Seifert, 2002, 137f.
383 Vgl. ein Informations-Faltblatt des Deutschen Apothekerverbandes, ohne Titel, ohne Ort, 2002.
384 Vgl. die von KiGGS zitierten Reihenuntersuchungen des Öffentlichen Gesundheitsdienstes der Bundesländer. KiGGS, 2007, 736.
385 Vgl. Wie Schadstoffe und Lärm die Gesundheit unserer Kinder belasten. Erste Ergebnisse aus dem Kinder-Umwelt-Survey des Umweltbundesamtes, siehe http:/www.uba.de (September 2007).
386 Hier stellt sich das Problem eines soziokulturell, geschlechtsspezifisch und sozialstatusabhängigen Underreporting in besonderer Weise. Vgl. KiGGS, 2007, 750ff.

3 Die Störung des Sozialverhaltens als »social sickness«

und repräsentative Erfassung der Säuglingssterblichkeitsrate in Abhängigkeit vom Sozialstatus für ganz Deutschland, doch weisen einige – von Seifert (2002) zitierte – regionale Studien aus den 60er bis 90er Jahren durchgängig auf eine erhöhte Säuglingsmortalität in unteren sozialen Schichten hin. Mitverantwortlich sind hierfür das in diesen Schichten geringere Geburtsgewicht sowie die seltenere Inanspruchnahme der Früherkennungsuntersuchungen von der U3 bis zur U9.[387] Zudem werden öfter Fehlbildungen festgestellt. Seifert und andere Autoren gehen daher davon aus, dass es eine »Sozial-Risikoschwangerschaft«[388] gibt. Die KiGGS-Studie (2007) weist außerdem eine signifikant geringere Stillhäufigkeit von Müttern mit niedrigem Sozialstatus aus (67,3 %; hoher Status: 90,5 %; mittlerer Status: 80 %).[389] Auch das Bindungsverhalten ist statusabhängig. Kinder aus den unteren sozialen Schichten haben ein doppelt so hohes Risiko ein desorganisiertes Bindungsmuster zu entwickeln. Das Risiko steigt bis auf das Fünffache an, wenn elterliche Misshandlung vorliegt.[390] Zum Zeitpunkt der Einschulung lässt sich erneut die gesundheitliche Deprivation ärmerer Kinder nachweisen. Ein Beleg dafür bildet schon die Brandenburger Einschulungsstudie aus dem Jahr 1999,[391] die medizinisch relevante Befunde nach niedrigem, mittlerem und hohem Sozialstatus erfasste. Sie kam nicht nur zu dem Schluss, dass der Anteil der Einschüler mit niedrigem Sozialstatus zwischen 1994 und 1998 von 19,3 % auf 23,6 % wuchs, sondern konstatierte bei ihnen durchgängig höhere Morbiditätsraten. Die gravierendsten Unterschiede bestanden in der Beeinträchtigung der geistigen Entwicklung (Leistungsdefizite oder

---

387 Ergänzend hierzu KiGGS, 2007: Die vollständige Inanspruchnahme der Früherkennung (U3-U9) bei niedrigem Sozialstatus beträgt 72 % im Vergleich zu 85 % bei hohem Sozialstatus (ebd., 840).

388 Ebd., 108. Auf eine Ausnahme weist KiGGS hin. Schwangere mit hohem sozialen Status berichten etwa 2,5-mal häufiger von Alkoholkonsum als jene mit niedrigem sozialen Status (20,3 % zu 8,5 %). Dagegen rauchen letztere etwa viermal häufiger als die erstgenannten Schwangeren (31,1 % zu 7,8 %). Möglicherweise handelt es sich um einen Alterseffekt, denn Frauen mit hohem Sozialstatus werden häufiger später, im mittleren Alter schwanger und die höchsten Prävalenzraten für Alkoholkonsum bei Frauen ergeben sich für jene mit hohem Sozialstatus im mittleren Alter. KiGGS, 2007, 675.

389 KiGGS, 2007, 626.

390 Eine Metaanalyse von 80 klinischen und nichtklinischen Studien mit 6.282 Eltern-Kind-Dyaden erbrachte 1285 desorganisiert gebundene Kinder (20,5 %). In den nichtklinischen Stichproben zeigten 15 % der Kinder ein desorganisiertes Bindungsmuster, während die Prävalenz bei Kindern mit niedrigem Sozialstatus zwischen 25 % und 34 % schwankte. Bei misshandelten Kindern fanden sich Prävalenzraten zwischen 48 % und 77 %. Vgl. Lyons-Ruth und Block 1996, zit. n. K. H. Brisch, Bindungsstörungen als frühe Marker für emotionale Störungen, in: W. v. Suchodoletz (Hg.), Früherkennung von Entwicklungsstörungen, Göttingen 2005 (23–43), 31.

391 Ministerium für Arbeit, Gesundheit, Soziales und Frauen des Landes Brandenburg (Hg.), Einschüler in Brandenburg: Soziale Lage und Gesundheit, Potsdam 1999. Die weiteren Angaben erfolgen anhand der Originalstudie.

Retardierung). Während bei nur 0,8 % der Einschüler mit hohem Sozialstatus und 2,9 % mit mittlerem Sozialstatus medizinisch relevante Befunde erhoben wurden, galt dies für 11,9 % der Einschüler mit niedrigem Sozialstatus. Ähnlich große Diskrepanzen, wenn auch auf niedrigerem Niveau, zeigten sich bei der Gruppe der emotionalen und sozialen Störungen (hoch: 0,3 %, mittel: 0,8 %, niedrig: 2,0 %), bei den psychomotorischen Störungen (hoch: 1,2 %, mittel: 1,6 %, niedrig: 4,4 %), im Bereich »Einnässen, Einkoten und andere psychiatrische Erkrankungen« (hoch: 1,6 %, mittel: 2,4 %, niedrig: 4,4 %), bei den zerebralen Bewegungsstörungen (hoch: 0,7 %, mittel: 1,1 %, niedrig: 2 %), den Anfallsleiden (hoch: 0,2 %, mittel: 0,6 %, niedrig:0,9 %) sowie bei Sprachstörungen (hoch: 4,5 %, mittel: 8 %, niedrig: 15,8 %). Geringfügigere Abweichungen wurden bei den Einschränkungen im Sehen und Hören, den Störungen des Knochenapparates sowie Fehler und Erkrankungen des Herzens gefunden. Allein bei der Neurodermitis kehrt sich die Verteilung um. 7,3 % der Einschüler mit hohem, 6,1 % mit mittlerem und 4,8 % mit niedrigem Sozialstatus waren hier auffällig. Als empirische Vignette aus einem westlichen Bundesland ließ die bereits erwähnte Kölner Stadtteilstudie von Mersmann (1998) eine gleichsinnige Tendenz erkennen. In den dort untersuchten Schuljahrgängen von 6- bis 14-Jährigen zwischen 1995 bis 1999 wurden umso mehr Schüler als verhaltensauffällig beurteilt, je deprivierter die soziale Struktur ihres Herkunftsstadtteils war. Beispielsweise wurden 1999 7,3 % der sechsjährigen Einschüler aus sozial gehobenen und 7,6 % aus mittleren Stadtteilen als verhaltensauffällig kategorisiert, aber 12,1 % aus den sozial schwach strukturierten Stadtteilen.[392] Weitere signifikante Unterschiede zu Ungunsten des sozial deprivierten Herkunftsmilieus ergaben sich bei der Kategorie »nicht schulbelastungsfähig« sowie (über alle Jahrgänge) bei den grobmotorischen Koordinierungsstörungen und dem Hör- und Sprachvermögen. In der ISS-Studie (Hock u. a. 2000), in der explizit arme und nicht-arme Sechsjährige in ihrem Versorgungsgrad mit (grundlegendem) materiellem, kulturellem und sozialem Kapital miteinander verglichen wurden, häuften sich Grundversorgungsmängel (Defizite in Kleidung, Hygiene, Essen) besonders bei den armen Kindern (40 % der Armen im Vergleich zu 15 % der Nicht-Armen).[393] Auch wird hier die schon erwähnte überproportionale Betroffenheit armer Kinder dieses Alters von Auffälligkeiten im Spiel-, Sprach- und Arbeitsverhalten bestätigt. Diese gesundheitlichen Benachteiligungen setzen sich im weiteren Lebensverlauf fort. Die KiGGS-Studie (2007) belegt für das

---

392 Nach H. Mersmann, Bericht zur gesundheitlichen Lage Kölner Schulanfänger, www.jugendgesundheit.de/aufgaben/seu/seu9599.htm (2005) und nach Mersmann, 1998, in: Seifert, 2002, 120f. Verhaltensauffälligkeit umfasste Störungen im emotionalen und sozialen Bereich sowie hyperkinetische Auffälligkeiten.
393 Hock u. a., 2000, 50.

gesamte Altersspektrum zwischen 0 und 17 Jahren mehr oder weniger deutliche Zusammenhänge zwischen dem Gesundheitszustand und dem sozioökonomischen Status. Eltern von Kindern und Jugendlichen mit niedrigem Sozialstatus bewerten den allgemeinen Gesundheitszustand ihrer Kinder seltener mit »sehr gut« als Eltern mit mittlerem oder hohem Status (niedrig: 32,4 %; mittel: 38,2 %; hoch: 47,6 %).[394] Zudem berichten sie im Vergleich zur obersten Statusgruppe fast dreimal häufiger über allgemeine sozioemotionale Verhaltensauffälligkeiten ihrer Kinder (hoch: 8,1 %; mittel: 13,4 %; niedrig: 23,2 %). Dabei werden Kinder mit niedrigem Status auch häufiger als manifest verhaltensauffällig eingestuft (12,2 %; grenzwertig: 11 %). Bei der mittleren und hohen Statusgruppe ist die Zahl der manifest Auffälligen jeweils signifikant geringer.[395] Die weitere Spezifikation dieses Gesamtproblemwertes nach verschiedenen Problembereichen ergibt folgendes Bild. Kinder und Jugendliche mit niedrigem Sozialstatus zeigen signifikant mehr Hinweise auf grenzwertiges (19,4 %) und manifestes (21,4 %) dissoziales Verhalten (impulsive Wut, mangelnde Folgsamkeit, sich schlagen, lügen, mogeln und stehlen) als ihre Altersgenossen mit mittlerem (15,6 % bzw. 13,7 %) oder hohem Status (13,2 % bzw. 10,1 %).[396] Demzufolge berichten ihre Eltern auch häufiger davon, dass ihre Kinder im Umgang mit Gleichaltrigen Probleme haben (grenzwertig: 13,6 %; manifest: 17,3 %). Bei den Kindern mit mittlerem Status zeigt sich dies deutlich weniger (9,9 % bzw. 9,8 %), bei jenen mit hohem Status noch weniger (7,8 % bzw. 8,1 %). Umgekehrt lassen sich auch auffällige Unterschiede im prosozialen Verhalten erkennen (Hilfsbereitschaft, Rücksichtnahme, Großzügigkeit, Freundlichkeit). Ein niedriger Sozialstatus geht mit mehr Defiziten in diesem Verhaltensbereich einher. Hier sind 7,6 % von ihnen grenzwertig (mittlerer Status: 6,8 %; hoher Status: 6,5 %) und 4,5 % manifest beeinträchtigt (mittlerer Status: 3,3 %; hoher Status: 3,2 %). Zudem sind sie signifikant häufiger grenzwertig (8,7 %) oder manifest (12,6 %) von emotionalen Problemen betroffen (ausgeprägte Ängste und depressive Stimmungen) als die

---

394 27,5 % der Grundgesamtheit haben einen niedrigen Status, 45,4 % einen mittleren und 27,1 % einen hohen Status. Wichtig: Die Autoren der Studie weisen selber ausdrücklich darauf hin, dass es sich dabei um statistische Konstrukte handelt. So sollte z. B. die untere Statusgruppe nicht mit Armut oder Unterschicht gleichgesetzt werden (KiGGS, 2007,584). Hätten die Autoren ähnlich der ISS-Studie eine statistische Armutspopulation gebildet, so wären die dann ermittelten Zusammenhänge zwischen Gesundheitsstatus und Armutsstatus sehr wahrscheinlich noch wesentlich signifikanter geworden.
395 Mittlerer Status: grenzwertig 7 %, manifest 6,4 %. Hoher Status: grenzwertig 4,6 %, manifest: 3,5 %. KiGGS, 2007, 786.
396 Bereits frühere Studien konstatierten häufigere externalisierende Belastungsreaktionen wie erhöhter Ärger, Feindseligkeit, Impulsivität und Aggressivität. Vgl. Seifert, 2002; Klocke 2001, 8; S. Walper, Auswirkungen von Armut auf die Entwicklung von Kindern, in: A. Lepenies u. a., Kindliche Entwicklungspotentiale. Materialien zum 10. Kinder- und Jugendbericht, Band 1, Opladen 1999, 309ff.

3.1 Lebenslagen, Risikolagen und psychosoziale Befindlichkeit

Vergleichsgruppen (mittel: 7,2 % bzw. 8,5 %; hoch: 5,7 % bzw. 6,4 %). Dazu zeigen sie auch wesentlich häufiger grenzwertige (7,6 %) oder manifeste (12,3 %) Hyperaktivitätsprobleme. Das trifft auf die Gleichaltrigen mit mittlerem Status (6,2 % bzw. 7,3 %) oder hohem Status (3,6 % bzw. 4,6 %) deutlich seltener zu. So wird bei ihnen die ausdrückliche Diagnose eines »ADHS« mit 6,4 % auch häufiger gestellt als bei Kindern mit mittlerem (5 %) oder hohem Status (3,2 %). Noch stärker fällt der Unterschied bei den spezifisch erfassten zusätzlichen Verdachtsfällen aus, also solchen Kindern, bei denen zwar klare Symptome für ADHS vorliegen, doch eine offizielle Diagnose bisher nicht gestellt wurde. 8 % der Kinder mit niedrigem Status sind hiervon betroffen im Vergleich zu 4,6 % mit mittlerem und nur 2,9 % mit hohem Status. Daraus folgt, dass sie ein 2- bis 2,8-fach erhöhtes Risiko für ADHS haben. Auch die schon oben zitierte BELLA-Studie zur Prävalenz spezifischer Störungsbilder kommt zu einem eindeutigen Resümee: »Für alle erfassten spezifischen Auffälligkeiten lässt sich ein deutlicher sozialer Gradient feststellen, der sich dahingehend auswirkt, dass Kinder aus Familien mit niedrigem sozio-ökonomischem Status deutlich häufiger betroffen sind.«[397] Im Einzelnen zeigt sich dieser soziale Gradient wie folgt. Unter Depressionen leiden 7,3 % der Minderjährigen mit niedrigem Sozialstatus, bei denen mit mittlerem und hohem Status sind es 5,5 % bzw. 3,8 %. Klinisch relevante Ängste werden bei 12,9 % von ihnen verzeichnet (mittlerer Status: 10,1 %; hoher Status: 8 %), ADHS haben nach dieser engen Definition 3,7 % (mittlerer Status: 2,3 %; hoher Status: 0,9 %). Eine Störung des Sozialverhaltens findet sich bei 11,3 % der unter 18-Jährigen mit niedrigem Sozialstatus (mittlerer Status: 7,1 %; hoher Status: 5,7 %). Nur bei rund zwei Drittel (68,8 %) der Kinder aus der niedrigen Statusgruppe ist es unwahrscheinlich, dass sie von irgendeiner psychischen Auffälligkeit betroffen sind. Diese Einschätzung fällt für die Angehörigen der mittleren und oberen Statusgruppe mit 79,2 % bzw. 83,4 % wesentlich optimistischer aus. Grundsätzlich ist zum Aspekt der psychischen Beeinträchtigung sozial schwächerer Kinder und Jugendlicher anzumerken, dass die Jüngeren von ihnen in der Regel immer etwas stärker

---

[397] KiGGS, 2007, 875. Auch Hackauf (2002) nahm in seiner Auswertung von Daten der Europäischen Kommission aus dem Jahr 2000 diesen Zusammenhang an (vgl. Hackauf, 2002, 53). In US-amerikanischen Studien wurde dieser ebenso vielfach nachgewiesen, insbesondere für vermehrte Depressivität, Impulsivität und antisoziales Problemverhalten. Vgl. ausgewählte Studien sowie eine Kurzdarstellung der umfangreichen Sekundäranalysen von 34 Studien bei M. Fried (1969) und 25 Studien bei B. P. Dohrenwend/B. S. Dohrenwend (1969) in: H. Keupp, Psychische Störungen als abweichendes Verhalten. Zur Soziogenese psychischer Störungen, München/Berlin/Wien 1972, 26ff. Vgl. des Weiteren D. T. Takeuchi et al., Economic Stress in the family and children's emotional and behavioral problems, In: Journal of Marriageand the Family, 1991, 53, 1031 – 1041, zit. n. Walper, 1999, 310f. Und vgl. auch R. Bradley/R. Corwyn, Socioeconomic status and child development, Annual Review Psychology, 2002, 53, 371–399.

als die Älteren betroffen sind. Dies wahrscheinlich deshalb, weil sie dem vielfach belasteten Familienklima ungeschützter, direkter und öfter ausgesetzt sind. Im Übrigen sei erwähnt, dass die hier beschriebenen Zusammenhänge der Tendenz nach auch für minderjährige Migranten gelten.

Am einfachsten lässt sich ein niedriger Sozialstatus inzwischen am schlechteren Zahnstatus der Kinder und Jugendlichen ablesen, da Vernachlässigung der Zahnpflege und Fehlernährungsgewohnheiten bei Armen häufiger anzutreffen sind.[398] Auch weisen Kinder aus ärmeren Schichten häufiger Übergewicht bzw. Adipositas auf, denn sie treiben weniger Sport, was in Kombination mit dem höheren TV-Konsum den im Armutsmilieu häufigeren und bereits erwähnten *Sedentary Lifestyle* erneut bestätigt.[399] Im Jahr 2007 untersuchte das Dortmunder Forschungsinstitut für Kinderernährung (FKE) zudem die Ernährungssituation von Kindern und Jugendlichen, die in ALG II-Haushalten leben. Das Resultat: Für eine ausgewogene Ernährung von Kindern und Jugendlichen reichen die Bedarfssätze nicht aus. Besonders kritisch ist es für die 14- bis 18-Jährigen. Das Hartz IV-Gesetz sieht pro Tag für diese Bedarfsgruppe Nahrung und Getränke im Wert von 3,42 €/Tag vor. Doch selbst wer im Discounter kauft, muss im Schnitt 4,68 €/Tag bezahlen, um eine ausgewogene Kost zu sorgen. Für die Bedarfsgruppe der Vier- bis Sechsjährigen reichen die für sie vorgeschriebenen 2,57 € gerade eben.[400] Da arme Kinder außerdem überwiegend in städtischen Mietwohnungen (ohne eigenen Garten) leben und ihren Weg zur Schule, zum nächsten Spielplatz oder zu Freunden zu Fuß bewältigen, erleiden sie öfter Verkehrsunfälle, die aufgrund geringerer Selbstschutzmaßnahmen (Fahrradhelme, Protektoren beim Skaten) auch noch folgenschwerer verlaufen.[401] Bei der Belastung mit Umweltgiften habe sich unlängst ebenso soziale Unterschiede herausgestellt, doch fallen sie nicht eindeutig zum Nachteil der Gesundheit ärmerer Kinder aus. Vereinfacht lässt sich sagen, dass die Belastung mit Umweltgiften ein Spiegel der unterschiedliche Lebens- und Versorgungslage der Kinder darstellt. So sind ärmere Kinder stärker mit Blei und durch Passivrauchen

---

398 Vgl. Seifert, 2002, 129. Auch die schon zit. HBSC-Studie (1998) wies in der Armutsgruppe 12- bis 16-Jähriger signifikant höhere Wahrscheinlichkeiten für schlechtere Zahnpflege sowie täglichen Konsum von Cola, Süßgetränken, Fastfood und Kaffee bei gleichzeitig weniger Gemüse und Vollkornbrot nach (vgl. Klocke, 2001, 10). Auch nach KiGGS putzen Kinder und Jugendliche mit niedrigem Sozialstatus seltener die Zähne, gehen seltener zum Zahnarzt und betreiben weniger Kariesprophylaxe. Migrantenkinder sind hier jedoch noch nachlässiger. KiGGS, 2007, 653ff.
399 Vgl. auch das »Motorik-Modul« im Rahmen des KiGGS, 2007, 879–887. Die Teiluntersuchung im KiGGS zu den Körpermaßen (0 bis 17 Jahre; vgl. ebd., 659–669) bestätigt zudem einen deutlichen sozialen Gradienten bei Körperfettanteil, Körpergewicht und Hautfaltendicke unabhängig von Alter und Geschlecht.
400 FR 02. 08. 2007, 177/6.
401 Hock/Holz, 1999, 41. Ebenso KiGGS, 2007, 721.

belastet, während sich bei ihren wohlhabenderen Altersgenossen z. B. häufiger Pflanzenschutzmittel nachweisen lassen, weil sie öfter und länger gestillt werden sowie mehr Fruchtsäfte konsumieren.[402]

Rauchen, Alkohol- und Drogenkonsum finden sich gemeinsam überwiegend bei Hauptschülern, am seltensten bei Gymnasiasten. Dabei ist ein höherer Zigarettenkonsum direkt positiv mit sinkendem Einkommen und niedrigem Sozialstatus korreliert, während für Alkohol- und Drogenkonsum solche direkten Korrelationen fehlen.[403] Aus der Tatsache aber, dass der Konsum von Suchtmitteln primär Gesundheitsbewusstsein in der Familie gesteuert wird und dieses in den unteren sozialen Schichten schwächer ausgeprägt ist, lässt sich indirekt der Verdacht auf ein härteres Konsummuster für ökonomisch deprivierte Jugendliche ableiten.[404] Während es für die deutschen Verhältnisse hierfür keine zwingenden Belege gibt, weisen US-amerikanische Untersuchungen bei intensiven Cannabiskonsumenten durchaus einen Zusammenhang zwischen schulischen Leistungsdefiziten/sozialen Anpassungsproblemen und der sozialen Lage nach.[405] Allenfalls lässt sich aus der jährlichen deutschen Suchthilfestatistik entnehmen, dass sich regelmäßig ein erheblicher Anteil der Armutspopulation unter den Klienten bzw. Patienten der ambulanten und der stationären Drogen- und Suchthilfeeinrichtungen wieder findet. 1999 zum Beispiel lebten zwischen 10 % bis 40 % aller Klienten der Drogen- und Suchthilfe von Sozialhilfe (je nach Geschlecht und Versorgungsstatus ambulant/stationär). Hinzu kommen überproportionale Betroffenheit durch Arbeitslosigkeit, Überschuldung, chronische körperliche und psychische Erkrankungen sowie ein geringes Bildungsniveau.[406] Da ärmere Kinder und Jugendliche auch signifikant häufiger über psychosomatische Symptome wie allgemeine Nervosität, Schlafstörungen,

---

402 Kinder-Umwelt-Survey 2006, 4f.
403 Dies belegt auch die KiGGS-Studie (2007, 600ff.). Eine Erklärung für fehlende Zusammenhänge beim Alkohol- und Drogenkonsum könnte darin bestehen, dass die Sozialstatuseffekte durch Alterseffekte überlagert werden, denn Suchtmittelkonsum nimmt bei Minderjährigen generell mit dem Alter zu. So sind z. B. Vergleiche zwischen den durchschnittlich jüngeren Hauptschülern und den durchschnittlich älteren Gymnasiasten a priori mit diesem Altersbias behaftet.
404 Die KiGGS-Studie (2007) unterscheidet bei Alkohol und Drogen nicht nach Konsummustern. Die Drogenaffinitätsstudie 2004 belegte ein durchgängig härteres Konsummuster beim Rauchen von der Hauptschule bis zur Berufsschule im Gegensatz zum weicheren Konsummuster vom Gymnasium bis zum Studium (vgl. BzGA, Teilband Rauchen, 2004, 23f.). Hock/Holz (1999, 40) berichten, dass reichere Jugendliche häufiger regelmäßig Alkohol trinken als ärmere Jugendliche. Klocke stellt dem gegenüber fest, dass tägliches Alkoholtrinken häufiger bei armen Jugendlichen vorkommt, allerdings ohne Signifikanz (Klocke, 2001, 10).
405 Vgl. H. Spegel u. a., 2003, 112.
406 Vgl. Die Drogenbeauftragte der Bundesregierung. Bundesministerium für Gesundheit und Soziale Sicherung (Hg.), Drogen- und Suchtbericht, Berlin 2002, 43ff. Auch hier weist die Suchthilfestatistik wieder keine Zahlen speziell für Minderjährige aus. Es besteht aber wenig Anlass für die Annahme, dass sich die Verhältnisse bei ihnen gänzlich anders darstellen. So wurde beispielsweise

Rücken-, Magen- und Kopfschmerzen berichten und sie zusätzlich ein reduziertes subjektives Wohlbefinden aufweisen, liegt die Vermutung vermehrten Medikamentenkonsums für ärmere Jugendliche nahe. Dafür spricht auch die von Mansel/Hurrelmann (1994) erstellte Bedingungsanalyse für Medikamentenkonsum bei älteren Jugendlichen, wonach insbesondere schulische und berufliche Unzufriedenheit sowie diesbezügliche Misserfolgs- und Versagenserlebnisse den Medikamentenkonsum beeinflussen. Solche Frustrationserlebnisse häufen sich wiederum bei einer deprivierten Soziallage der Herkunftsfamilie.[407] Bislang ist ein direkter Zusammenhang jedoch nur für Angehörige unterer sozialer Schichten allgemein nachgewiesen worden, nicht für Minderjährige.[408] Die Ergebnisse der KiGGS-Studie kehren den vermuteten Zusammenhang sogar um, denn der Medikamentenkonsum steigt mit dem Sozialstatus der Kinder und Jugendlichen signifikant an.[409] Zu berücksichtigen ist wiederum, dass die Studie nur grob nach hohem, mittlerem und niedrigem Sozialstatus und nicht nach Armutskriterien differenziert und vor allem keinen definierten schädlichen Medikamentenkonsum erfasst. Es kann daher vermutet werden, dass vor dem Hintergrund des insgesamt schlechteren Gesundheitsstatus der Kinder aus sozial schwächeren Verhältnissen deren gesundheitliche Versorgung ähnlich wie bei den Früherkennungsuntersuchungen auch allgemein defizitärer ist. Unter Einbezug der Inanspruchnahme ärztlicher Leistungen (Arztbesuche, Operationen) wird das Bild jedoch nicht klarer. Zum einen ergeben sich Hinweise darauf, dass Minderjährige mit niedrigem Sozialstatus seltener bei Fachärzten (einschl. Kinderarzt) und häufiger bei ihren Hausärzten vorgestellt werden, zum anderen werden sie öfter operiert.[410] Bei den ausgewerteten Daten wurde allerdings die Nutzungsintensität (noch) nicht berücksichtigt. So bleibt unterm Strich die Erkenntnis, dass die medizinische Versorgung von sozial deprivierten Minderjährigen noch nicht ausreichend untersucht ist, nicht zuletzt, weil sie in vielfältiger

---

für junge Ecstasy-Konsumenten (14 bis 24 Jahre), die nicht unbedingt die Kriterien für Missbrauch oder Abhängigkeit erfüllten, ebenfalls ein deutlich erhöhtes Risiko für psychische Erkrankungen festgestellt (v. a. depressive Störungen und Angststörungen). Vgl. hierzu Spegel u. a., 2003, 115.
407 Mansel/Hurrelmann, 1994, 205.
408 »Alles in allem zeigt sich ein starker Zusammenhang zwischen problematischem Medikamentenkonsum und der sozialen Schichtzugehörigkeit. Zum einen ist die Einnahme von Medikamenten unter Personen, die den sozial schwächeren Bevölkerungsgruppen zugeordnet werden können, verbreiteter als in den übrigen Bevölkerungsgruppen. Zum anderen liegen die Prävalenzen für eine problematische Medikamenteneinnahme sowie für die Diagnose einer Abhängigkeit in der Unterschicht gegenüber den anderen beiden Schichten mehr als doppelt so hoch.« Die Drogenbeauftragte der Bundesregierung. Bundesministerium für Gesundheit und Soziale Sicherung (Hg.), Drogen- und Suchtbericht, Berlin 2003, 35.
409 KiGGS, 2007, 865.
410 Lebenszeitprävalenz 37,8 % (mittlerer Status: 37,4 %, hoher Status: 33,5 %). Betroffen sind v. a. Elektiveingriffe, wie Tonsillektomie (Mandeln) und Adenotomie (Polypen), KiGGS, 2007, 836ff.

Weise von Drittvariablen wie dem subjektiven Leidensdruck, dem spezifischen Inanspruchnahmeverhalten, den örtlichen Versorgungsstrukturen, alters- und geschlechtsspezifischen und auch soziokulturellen Faktoren beeinflusst werden.[411]

Zusammenfassend bleiben allerdings klare empirische Hinweise für einen insgesamt häufigeren riskanten Suchtmittelkonsum von Jugendlichen aus sozial benachteiligten Schichten, was sich nicht nur mit den schon genannten Fakten zu ihrer vergleichsweise stärkeren manifesten psychischen Beeinträchtigung erklären lässt. Elkeles u. a. (1998) stellen in ihrer Sekundäranalyse der *Biogramm-Studie* (Infratest) bei Jugendlichen und Heranwachsenden (12–24 Jahre) außerdem fest, dass die von Armut Betroffenen ebenso häufiger von negativen Lebensereignissen wie Rechtsstreitigkeiten, Problemen mit Behörden, Fälligkeit von Schulden und sonstigen erhebliche Störungen des alltäglichen Lebens berichten *(daily hazzles)*. Die Autoren fanden ferner einen wesentlich größeren Anteil von armen Jugendlichen, die im Vergleich zu ihren reichen Altersgenossen eine unterdurchschnittliche Lebenszufriedenheit angaben. Nicht zuletzt ergab sich bei ihnen eine signifikant höhere Rate mit einmaligen oder häufigeren Suizidgedanken.[412] Nach Klocke/Hurrelmann (1995) schätzen deprivierte Jugendliche nicht nur ihren allgemeinen Gesundheitszustand und ihr Wohlbefinden schlechter ein. Auch auf den differenzierteren psychodiagnostischen Befindlichkeitsskalen, wie Selbstbewusstsein, Selbstwertgefühl, Hilflosigkeit, Einsamkeit, Gereiztheit, Missgelauntheit und Anomiegefühle erreichen sie negativere Werte als ihre privilegierteren Altersgenossen.[413] In der KiGGS-Studie (2007) wird dieser Zusammenhang für die gesamte Altergruppe zwischen 3 und 17 Jahren mit niedrigem Sozialstatus repliziert. Auf den Dimensionen »Körperliches Wohlbefinden«, »Emotionales Wohlbefinden«, »Selbstwert«, »Wohlbefinden in der Familie«, »Wohlbefinden in Bezug auf Freunde/Gleichaltrige« und »Schulisches Wohlbefinden« erreichen sie geringere Zufriedenheitswerte. Damit schätzen sie ihre subjektive Gesundheit – die Autoren sprechen von der gesundheitsbezogenen Lebensqualität – schlechter ein als ihre sozio-ökonomisch besser gestellten Altersgenossen.[414] Auch Höfer (2000) ermittelt in ihrer umfangreichen Untersuchung an Jugendlichen aus einer deutschen, stationären Jugendhilfepopulation ein durchschnittlich niedrigeres Kohärenzgefühl im Vergleich mit sozial

---

411 So haben türkische Eltern im KiGGS-Fragebogen in keinem Fall angegeben, dass ihre Tochter die Pille nimmt. KiGGS, 2007, 848.

412 Vgl. Elkeles u. a., in: Mansel/Brinkhoff, 1998, 169 und 164f. Datengrundlage ist das Teilprojekt B23 »Zum Risikoverhalten Jugendlicher« (Jugendgesundheitssurvey von Infratest) des Münchener Public-Health-Forschungsverbundes.

413 Vgl. A. Klocke/K. Hurrelmann, Armut und Gesundheit, Inwieweit sind Kinder und Jugendliche betroffen?, in: Zeitschrift für Gesundheitswissenschaft, 2 (Beiheft), 1995, 144.

414 Der Effekt ist jedoch eher klein. Er imponiert gleichwohl angesichts der Tatsache, dass ja keine definierte Armutspopulation untersucht wurde. KiGGS, 2007, 814ff.

nicht benachteiligten Jugendlichen aus anderen Ländern. Verglichen mit einer deutschen Kontrollgruppe zeigten sie ebenso weit höhere Werte in Bezug auf psychischen Stress, auf das Ausmaß ihrer Demoralisierung und bezüglich ihres Risikoverhaltens. Die Analyse der lebensweltlichen Hintergrundfaktoren dieser Jugendlichen führt Höfer zu dem Schluss, dass »die schlechteren familialen und materiellen Bedingungen einen wichtigen Einfluß ausüben, das heißt, dass die soziale Marginalisierung bestimmter Bevölkerungsgruppen ein wichtiger, auf breiter Ebene gesundheitsrelevanter Faktor ist«[415]. Ein Faktor im Übrigen, der für die betroffenen Kinder wenn auch nicht früh fassbar, aber durchaus früh spürbar ist. Bereits im Grundschulalter, so ist neueren Untersuchungen von Alt u. a. (2007) nachzulesen, wirkt die ökonomische Kapitalausstattung einer Familie meßbar auf das seelische Wohlbefinden eines Kindes.[416]

Zusammengenommen verweisen die vorgestellten Gesundheitsdaten nicht nur auf ein in jeder Beziehung höheres Erkrankungsrisiko ökonomisch deprivierter Kinder und Jugendlicher, sondern ebenso auf ihr ungünstigeres Gesundheitsverhalten (*Health Style*), da dieses »geradezu als Verarbeitungsweise einer deprivierten Lebenssituation interpretiert werden [kann]«[417].

3.2 Diskussion

Die Analyse der Ausstattung deutscher Kinder und Jugendlicher mit ökonomischem, sozialem, kulturellem, symbolischem und gesundheitlichem Kapital zeigt

---

[415] Höfer, 2000, 311. Untersucht wurde eine Stichprobe von 12- bis 15-jährigen Jugendlichen und 16- bis 24-jährigen Heranwachsenden, die zwischen 1994 und 1995 in stationären Einrichtungen der Jugendhilfe betreut wurden. Der Vergleich des Kohärenzgefühls wurde aufgrund der Kurzversion der SOC-Scala nach Antonovsky (1993) mit Studien aus den USA und Israel vorgenommen. Antonovsky definiert das Gefühl der Kohärenz auf den Dimensionen Verstehbarkeit, Machbarkeit, Sinnhaftigkeit. Demoralisierung ist definiert als Ausmaß der psychischen Belastung, begleitet von Gefühlen des Versagens, der Sinn- und Hoffnungslosigkeit, der Daueranspannung, des Alleingelassenseins sowie von Zukunftsängsten und Konzentrationsproblemen. Sie wurde anhand der PERI Demoralisierungsskala von Dohrenwendt (1980; Übersetz. v. Rehm u. a. 1988) erfasst. Die psychische Belastung der Jugendhilfe-Jugendlichen wurde mit einer gewichteten Repräsentativstichprobe nicht benachteiligter Jugendlicher verglichen, die wie bei Elkeles (1998) der deutschen Biogramm-Studie von Infratest entstammt. Vgl. ebd., 320f., 106f., 83f., 40f.
[416] Neben dem Faktor Migrationshintergrund und Geschlecht (vgl. Alt 2007).
[417] Seifert, 2002, 156. Auch Höfer (2000) kommt zum Resultat eines höheren Risikoverhaltens benachteiligter Jugendlicher und folgert, »daß der Unterschied sich weniger in einem übergangsspezifischen Experimentierverhalten begründet, sondern Lebensstilfaktoren aber vor allem auch streßbedingte Bewältigungsfunktionen [...] als auslösende Faktoren angenommen werden müssen.« (Höfer, 2000, 311.). Klocke interpretiert seine Ergebnisse ähnlich: »Gerade das Zusammenspiel von einerseits unerwünschten Gesundheitsverhaltensmustern und andererseits schon vorliegenden gesundheitlichen Beeinträchtigungen skizziert eine ungünstige Gesundheitsbiografie dieser Jugendlichen.« (Klocke, 2001,11).

eine deutlich ungleiche Verteilung. Es ist davon auszugehen, dass dieser Trend seit ein bis zwei Jahrzehnten besteht und sich beschleunigt.[418] Eine ökonomische Deprivation löst scheinbar eine Art Dominoeffekt in allen anderen Kapitalsorten aus, weil sich die Einkommensarmut wie ein roter Faden als zusätzliches Defizitrisiko durch diese hindurch zieht.[419] Das Ausmaß der Betroffenheit von diesem multiplen Kapitaldefizit über alle Minderjährigen zu einem bestimmten oder besser noch zu fortgesetzten Zeitpunkten hinweg lässt sich nicht genau beziffern, weil dazu die empirischen Grundlagen fehlen. Die Tatsache einer unzureichenden kontinuierlichen, repräsentativen empirischen Erhebung in Form einer verknüpften Gesundheits- und Sozialberichterstattung bei Kindern und Jugendlichen ist kritisch zu werten, weil eine soziologische Typisierung von Kapitalausstattungen (Kapitalcluster) so nicht möglich ist und damit die Basis notwendiger politischer Entscheidungen fehlt. Einige interessante, unter dem Repräsentativitäts-Aspekt jedoch vorsichtig zu interpretierende empirische Hinweise auf die Verteilung bestimmter Armutstypen nach ihrer Kapitalausstattung erhalten wir durch die ISS-Studie (Hock u. a. 2000).[420] Hier wurden sechsjährige Kinder zunächst in »Arme« und »Nicht-Arme« unterschieden. Diese wurden sodann anhand ihrer Ausstattung im Bereich der Grundversorgung sowie des sozialen, kulturellen und gesundheitlichen Kapitals den drei Lebenslage-Typen »Wohlergehen« (keine Defizite in allen vier Kapitalformen), »Benachteiligt« (einige wenige Defizite in den vier Kapitalformen) und »multiple Deprivation« (mehrere Defizite in den vier Kapitalformen) zugeordnet.[421] Die Ergebnisse stellen sich wie folgt dar. Während 46 % der Nicht-Armen im Wohlergehen leben, trifft dies nur auf 24 % der Armen zu. Jeweils 40 % beider Sozialstatusgruppen

---

418 Vgl. die Trend-Darstellung nach Bradbury und Jantii (1999) in Klocke/Hurrelmann (2001), nach der die Kinderarmut in Deutschland allein zwischen 1984 und 1994 um ca. 4,5 Prozentpunkte zugenommen hat. Vgl. ebd., 154.
419 Vgl. ergänzend die kurze Übersicht im 11. Kinder- und Jugendbericht, 2002, 147.
420 Die Zurückhaltung ergibt sich aus folgenden Einschränkungen: Die Studie untersuchte in ca. 60 AWO-Kindertagesstätten nur Kinder im Alter zwischen 5,5 und 6,5 Jahren. Es handelte sich um Fremdbeurteilungen, weil die Informationen über das Personal der Kitas erhoben wurden. Die Dimensionen umfassten fünf Kapitalarten: 1. das ökonomische Kapital (Fragen zur materiellen Lage der Familien, die anhand der 50 %-Grenze beim Haushalts-Nettoäquivalenzeinkommen in »Arme« und »Nicht-Arme« unterteilt wurden), 2. die Grundversorgung (Essen, Hygiene, Kleidung, Bezahlung von regelmäßigen und unregelmäßigen Versorgungskosten), 3. kulturelles Kapital (Entwicklung und Kompetenzen im Bereich Spiel-, Sprach- und Arbeitsverhalten), 4. soziales Kapital (in der Kita zu beobachtendes Kontakt- und Explorationsverhalten, soziale Aktivität, soziale Ausgrenzung), 5. Gesundheit (körperliche Entwicklung bzw. Einschränkungen). Im Unterschied zu der von mir vorgestellten Kapitaleinteilung gibt es also dort zusätzliche Dimension der Grundversorgung und es fehlt das symbolische Kapital. Ein Repräsentativitäts-Test für alle in Deutschland lebenden 6-Jährigen wurde nicht durchgeführt. Vgl. Hock u. a., 2000, 50ff., 120ff.
421 Für die Gruppe der »Armen« gilt selbstverständlich immer die erhebliche Einschränkung des ökonomischen Kapitals. Vgl. Hock u. a. 2000, 54ff.

befinden sich in einer benachteiligten Lebenslage, weisen also einige wenige Defizite in ihren Kapitalformen auf. Demgegenüber sind 36 % der Armen multipel depriviert im Vergleich zu nur 14 % der Nicht-Armen. Das heißt also, dass es bei einem Drittel der einkommensarmen Kinder zu einem ausgeprägten Dominoeffekt kommt und nur rund ein Viertel davon gänzlich unbetroffen bleibt. Möglicherweise wären diese Ergebnisse noch deutlicher ausgefallen, wenn neben der Gruppe der Armen auch eine Gruppe für eine armutsnahe ökonomische Lebenslage gebildet worden wäre, da man weiß, dass diese sich im Unterversorgungsprofil ähneln. Oft sind hiervon kinderreiche Familien mit einem vollbeschäftigten Elternteil betroffen, der nicht ausreichend verdient.[422] Als stärkster Faktor für die Entstehung von Mängeln in den untersuchten Kapitalformen identifizieren Hock u. a. das Ausmaß an gemeinsamen familiären Aktivitäten, der als Indikator für die Zuwendung zum Kind (Kindzentriertheit) gewertet wurde.[423] Eine geringe Kindzentriertheit der Familie ist daher offenbar mit Kapitaldefiziten assoziiert. Doch schon an zweiter Stelle steht die Armutssituation der Familie an sich. Hier unterscheiden sich kindzentrierte arme Familien nicht von weniger kindzentrierten Familien, denn bei beiden geht die Armutssituation mit erhöhten Kapitaldefiziten einher. Daraus folgt der Schluss, dass ein zugewandtes Familienklima armutsbedingte Kapitaldefizite nur teilweise ausgleichen kann.

Damit ist das Thema der Wechselwirkungen der Kapitalformen untereinander angesprochen. Die Kapitalien können sich offenbar gegenseitig verstärken oder abschwächen. Die ISS-Studie zeigt z. B., dass Defizite im ökonomischen Kapital teilweise durch Stärken im sozialen Kapital kompensiert werden können. Zinnecker/Silbereisen (1998) belegen in ähnlicher Weise die Wirkung des sozialen Kapitals (»Familienklima«) auf das kulturelle Kapital (»Schulerfolg und Schulhabitus des Kindes«), finden aber keinen direkten Zusammenhang mit dem ökonomischen Kapital.[424] Neueste Repräsentativstudien (KiGGS, World Vision Kinderstudie) weisen fast durchgehend signifikante Effekte ökonomi-

---

[422] Vgl. hierzu z. B. die Untersuchungsergebnisse von Hölscher, 203, 117ff.

[423] Zusätzlich relevant waren die Faktoren »keine regelmäßigen Streitigkeiten in der Familie«, »keine beengten Wohnverhältnisse«, »keine Überschuldung« und »Deutschkenntnisse bei mind. einem Elternteil«. Vgl. Hock u. a. 2000, 56.

[424] Kritisch muss angemerkt werden, dass nur 10- bis 13-Jährige untersucht wurden, nicht nach »Arm« und »Nicht-Arm« differenziert wurde, die Einkommensangaben der Eltern recht grob unterteilt wurden, die Messung des Familienklimas nur aufgrund der Angaben der Kinder erfolgte und indirekte Einkommenseffekte nicht untersucht wurden. Gleichzeitig werden Unterschiede im Schulhabitus zwischen Hauptschülern und Gymnasiasten gefunden und mit der Ein-Eltern-Situation der Hauptschüler erklärt, um den naheliegenden ökonomischen Effekt dann - mit Niepel (1994, 76) - in folgender Weise weg zu interpretieren: »Wenn die materielle Situation der Ein-Elternfamilien zufriedenstellend ist, lassen sich kaum Unterschiede im Wohlbefinden von Eltern und Kindern im Vergleich zu Zwei-Elternfamilien finden.« (282). Vgl. Zinnecker/Silbermann, 1998, 243ff., 400ff.

scher Kapitaldefizite auf alle übrigen Kapitalsorten nach. Verstärker- oder Abschwächungseffekte sind auch unter den einzelnen Elementen innerhalb einer Kapitalform selber festzustellen. So sind beim ökonomischen Kapital dynamische Aspekte der Einkommensarmut wie zeitliche Dauer und Ausmaß der Deprivation von großer Bedeutung. Als besonders beeinträchtigend für Familien und deren Kinder haben sich ein abrupter und ein chronischer finanzieller Stress erwiesen.[425] Wie bereits erwähnt, spielt es ebenso eine erhebliche Rolle, wie die objektive Armut von den Kindern und Jugendlichen subjektiv erlebt wird. Mansel (1998) kommt in seiner Vergleichsstudie zwischen objektiv und subjektiv armen Jugendlichen letztlich zu dem Schluss, dass »die subjektiv armen Jugendlichen als diejenige Gruppe identifiziert werden [können], bei denen die Deprivation die gravierendsten Folgen für das Wohlbefinden und die Gesundheit haben«[426]. Wenn also, wie gezeigt, die Hälfte bis zwei Drittel der armen Kinder und Jugendlichen dazu neigt die finanzielle Situation ihrer Familie zu beschönigen, dann dient dies offensichtlich der Belastungsregulation in Form der Reduktion ihres kognitiven und sozialen Dissonanzerlebens. Das scheint ihnen aber nur dann möglich zu sein, wenn das Familienklima entsprechend positiv gestimmt ist, denn die subjektiv armen Jugendlichen zeichnen sich zugleich durch ein negatives Erleben der Familienbeziehungen aus. Fazit: »Offensichtlich verstärkt ein schlechtes Interaktionsklima in der Familie auch Erfahrungen von Mangel im materiellen Bereich.«[427] Für den Zusammenhang zwischen dem sozialen Kapital und dem gesundheitlichen Kapital armer Kinder und Jugendlicher gilt offenbar das gleiche empirische Gesetz. Die international vergleichende HBSC-Studie der WHO (Currie u. a. 2000) zu ökonomisch deprivierten Kindern im Alter zwischen 12 und 16 Jahren stellt eine große Abhängigkeit zwischen der emotionalen Bindung der Kinder an ihre Eltern und deren Gesundheit bzw. Gesundheitsverhalten fest. Ihr zufolge ist eine positive Elternbindung die entscheidende Bewältigungsressource der Kinder für gesundheitlich negative Folgen ihrer ökonomischen Deprivation. Den zweitwichtigsten Faktor stellt ein positives soziales Klima in der Schule dar, das wiederum mit einem Teil des kulturellen Kapitals (gute Schulleistungen) verknüpft ist. Die Beziehungen der Kinder in ihrer außerschulischen Peergroup und in ihrer Nachbarschaft spielen in dieser Armutspopulation dagegen eine untergeordnete Rolle.[428]

---

425 Vgl. Walper, 1999, 316ff.
426 J. Mansel, Zukunftsperspektive und Wohlbefinden von sozial benachteiligten Jugendlichen, in: Mansel/Brinkhoff, 1998, (141–157), 156f.
427 Mansel, 1998, 152.
428 Vgl. C. Currie u. a. (Hg.), Health and Health Behavior among Young People. Health Behavior in School-Aged Children: a WHO Cross-National-Study (HBSC). International Report. World Health Organization (WHO). Regional Office for Europe. Health Policy for Children and Adolescents (HEPCA), Series No. 1, Kopenhagen 2000 sowie A. Klocke, Bewältigungsressourcen

Klocke/Hurrelmann (2001) bestätigen den hier implizierten Zusammenhang zwischen ökonomischem und kulturellem Kapital, lassen aber auch die Grenzen der Kompensation von Bildungsnachteilen durch unterstützende familiale Sozialisationsbedingungen innerhalb deprivierter Milieus erkennen. Sie zeigen, dass »unterstützende Sozialisationsbedingungen vor allem in den oberen sozialen Lagen einen positiven Einfluss auf die kindliche Entwicklung«[429] haben, während gleichartige Bedingungen bei Kindern aus der untersten sozialen Lage hemmend auf die Entwicklung wirken. Sie vermuten deshalb, dass der familiale Sozialisationsstil den alltäglichen Handlungsanforderungen der spezifischen Milieubedingungen angepasst sein muss. Im Klartext bedeutet das, dass Kinder in sozial deprivierten Milieus neben der Unterstützung auch stärkere (schützende) Restriktionen brauchen als Kinder aus privilegierten Milieus, um armutsbedingte Entwicklungsdefizite ausgleichen zu können. Eine bloße Übertragung familialer Sozialisationsbedingungen von »oben« nach »unten« im Sinne eines Top-Down-Effektes funktioniert also nicht, weil dabei die milieuspezifischen Risikolagen der Kinder, wie z. B. deviante Peergroup-Kontakte, übersehen werden. Umgekehrt hat ein kontrollierender Erziehungsstil außerhalb deprivierter Milieus durchaus negative Auswirkungen auf die Schulleistung, wie unlängst festgestellt wurde. Eine sozialwissenschaftliche Studie belegte, dass Kinder, die nicht ständig von ihren Eltern bei den Hausaufgaben überwacht werden, besser lernen als solche, die immer kontrolliert werden. Grund: dauernde Kontrolle stresst die Kinder und führt zum chronischen Streit mit den Eltern, der wiederum das Lernergebnis negativ beeinflusst.[430] Vor dem Hintergrund dieser Erkenntnis muss der im Rahmen der so genannten Individualisierung der Kindheit allenthalben festgestellte und zum Teil auch propagierte historische Übergang vom *Befehlshaushalt* zum *Verhandlungshaushalt* differenzierter gesehen werden. Zwar kommt ein restriktiver Erziehungsstil in den Armutshaushalten weiterhin häufiger vor als im Durchschnitt, doch befindet er sich klar auf dem Rückzug. Problematisch ist nicht die Tatsache an sich, ist doch eine weniger repressiv-autoritäre Erziehung grundsätzlich zu begrüßen. Problematisch sind aber die ungleichzeitigen sozialen Bedingungen unter denen sich dieser kulturelle Einstellungswandel vollzieht. Denn sie schaffen gleichzeitig die gesellschaftlichen Rahmenbedingungen, die definieren, was an seine Stelle tritt. Diesen Gedankengang werde ich beim Thema der Mittelschichts-Normen etwas weiter ausführen. Zu seiner systematischen Vertiefung sei aber auf das nächste Kapitel verwiesen.

Jugendlicher in armen und armutsnahen Familien in Deutschland und USA, in: Zeitschrift für Soziologie der Erziehung und Sozialisation, 20, 4, 2000, 425–440, nach: Seifert, 2002, 155.
429 Klocke/Hurrelmann, 2001, 226.
430 Vgl. Frankfurter Rundschau, 22.6.08.2004.

Des Weiteren hat die empirische Synopse gezeigt, dass die genannten Effekte innerhalb und zwischen den Kapitalformen nicht vollkommen stabil sind, da sie zusätzlich von verschiedenen soziostrukturellen Drittvariablen abhängen. Hierzu zählen besonders die Variable des Geschlechts, des Alters, der ethnischen Herkunft, im Weiteren auch der Familienform. Deprivierte Mädchen kompensieren ihre Kapitaldefizite z. B. besser als Jungen über die Schule. Sie haben dort mehr Schulfreundschaften und fühlen sich – trotz ihres geringeren Vertrauens in die eigene Leistungsfähigkeit – wohler als Jungen. Jungen haben in der Schule hingegen eine randständigere Position und kompensieren negative Armutsfolgen besser als Mädchen über ihre Rolle in der Familie, weil sie sich dort als besonders wichtig erleben.[431] Hierüber bilden sich im weiteren Lebensverlauf geschlechtstypische Bewältigungsmuster von Armut heraus. Während erfolgreiche Mädchen über aktiv-externale Strategien zu »Macherinnen für andere« werden, werden erfolgreiche Jungen über internal-vermeidende Strategien zu »Macher für sich selbst«.[432] Diese Strategien kehren sich bei Problemüberlastungen indes um. Mädchen zeigen nun primär internalisierende Belastungsregulationen (emotionale Anspannung, negative Selbsteinschätzung, psychische und somatische Symptome, Depression, Essstörungen, Medikamentenabhängigkeit, Selbstverletzungen, Suizidversuche), während Jungen mit externalisierenden Belastungsregulationen (Aggression, Gewalt, Risikoverhalten, illegale Drogen, Kriminalität) reagieren.[433] Hölscher (2003) weist in diesem Zusammenhang zusätzlich auf den wichtigen Aspekt geschlechtsspezifischer Unterschiede im Antwortverhalten zu Gesundheits- und Befindlichkeitsfragen hin. Danach nehmen Mädchen Belastungen aus Armut eher wahr und leugnen sie weniger als Jungen, weshalb sie in empirischen Befragungen auch mehr Belastungen berichten.[434] Das erklärt die in manchen Studien festgestellten scheinbar geringeren psychischen Belastungen von deprivierten Jungen bei durchaus vorhandenen (psycho-)somatischen Symptomen, wie Kopfschmerzen u. Ä. Zum Einfluss des Alters sind die Hinweise uneinheitlich. Hackauf (2002) berichtet auf der Basis britischer Studien von einem spezifischen Verlauf des

---

431 Vgl. Hölscher, 2003, 259 und 136. Vermutlich, weil sie häufiger eigenes (Job-)Einkommen haben, mit dem sie die Familie entlasten oder unterstützen und häufiger eine Ersatzpartnerrolle für die Mutter haben (v. a. in Ein-Eltern-Familien).
432 Hock u. a., 2000, 73 und Hölscher, 2003, 74f.
433 Vgl. Hölscher, 2003, 74f.
434 Laut Hölscher weisen überdies viele Studien darauf hin, dass Mädchen eine niedrigere Schwelle als Jungen haben, ab wann sie ein Problem wahrnehmen und als Belastung erleben (vgl. Hölscher, 2003, 76). Ferner ist der Effekt, dass Mädchen und Frauen offener und damit statistisch häufiger über subjektive Beschwerden und Erkrankungen berichten, aus der Forschung zu sozialen Netzwerken bekannt und erweist sich als weitgehend unabhängig von sozialen Statusvariablen. Vgl. Röhrle, 1994, 193f.

sogenannten »sozialen Gradienten« während der Lebensphasen eines Menschen.[435] Der soziale Gradient gibt an, wie hoch die erklärte Varianz durch soziale Statusvariablen bei der Inzidenz bestimmter Erkrankungen und sonstiger Beeinträchtigungen der Gesundheit ist. Bei der Säuglingssterblichkeit beträgt der soziale Gradient z. B. 15 %. Die von ihm zitierten Studien zeigen nun generell einen U-förmigen Verlauf des sozialen Gradienten über alle Lebensphasen. D.h, dass die Wirkung sozialschichtspezifischer Einflüsse während der Kindheit hoch ist, im Jugendalter abnimmt und im Erwachsenenalter wieder ansteigt. Die Abnahme im Jugendalter wird auf die kompensatorische Wirkung des Schul- und Peergroup-Milieus zurückgeführt. Wohlgemerkt, es wird nicht von einem Verschwinden des sozialen Gradienten gesprochen, sondern nur von seiner Abnahme. Auch wird nicht berücksichtigt, wie seine Entwicklung aussieht, wenn der Entlastungsweg über Schule und Peergroup aus verschiedenen Gründen versperrt ist oder über ein negatives Schul- bzw. Peergroup-Klima gar belastend wirkt bzw. ob der soziale Gradient in der Subgruppe der Deprivierten nicht grundsätzlich anders verläuft. Eine weitere Erklärung für den geringeren Einfluss des Sozialstatus auf die Gesundheit im Jugendalter könnte darin bestehen, dass Jugendliche grundsätzlich ein positives Gesundheitskonzept haben (»jung = gesund«), das dazu beiträgt eventuelle objektive Beschwerden umzudeuten oder zu verleugnen, sodass sie erst im Erwachsenenalter ein subjektives Bewusstsein über ihre Beschwerden zulassen können.[436] Seifert (2002) sieht die Bedeutung sozioökonomischer Lebensbedingungen im Jugendalter hingegen anders. Unter Bezug auf verschiedene Studien taxiert sie deren Einfluss auf Gesundheit und Wohlbefinden gerade in der Übergangsphase der Adoleszenz als besonders groß, weil diese durch eine Vielzahl von identitätsrelevanten Anforderungen charakterisiert ist, wie körperliches Wachstum, Geschlechtsreifung, Loslösung von den Eltern, schulisch-berufliche Orientierung.[437] Wenn dann das Ausmaß der notwendigen Anpassungs- und Autonomieleistungen zusätzlich durch einen

---

435 Hackauf, 2002, 28.
436 In diese Richtung weist die Studie von Brinkhoff und Mansel (1998), die folgert, dass Armut erst im Erwachsenenalter über schlechtere Arbeitsbedingungen der Betroffenen, ihren verminderten Selbstwert und die Somatisierungstendenz bei Belastungen eine subjektive Störung der Gesundheit nach sich zieht (vgl. K.-P. Brinkhoff/J. Mansel, Soziale Ungleichheit, Sportengagement und psychosoziales Befinden im Jugendalter, in: Dies. (Hg.), 1998, 173–207). Elkeles u. a. (1998) zufolge greift das positive Gesundheitskonzept Jugendlicher aber nicht mehr dort, wo eine Kombination ungünstiger materieller Bedingungen mit nicht ausreichenden Bewältigungsstrategien vorliegt. Vgl. Elkeles u. a., 1998, 170f.
437 Seifert, 2002, 155. Unterstützung findet sie darin von Höfer (2000), die die pathogene Wirkung eines Stressors an dessen Bedeutung für den Identitätsprozess des Jugendlichen gekoppelt sieht. Je identitätsrelevanter ein Stressor ist, desto eher fallen die Belastungsregulation und die Identitätsarbeit (Selbstwert- und Kohärenzgefühl) ineinander, so dass es umso eher zu identitätsrelevantem, negativem Stress kommt. Vgl. Höfer, 2000, 216ff.

Migrationshintergrund erhöht wird, dann ist ein belastender Kumulationseffekt im Sinne multipler Kapitaldefizite oft schon per se gegeben. Die stärksten Einschränkungen zeigen sich dabei im Bereich des kulturellen Kapitals.[438] In Bezug auf unterschiedliche Familienformen haben sich insbesondere Ein-Eltern- und Stieffamilien-Situationen als wenig belastungsresistent gegen negative Armutsfolgen erwiesen. Stiefkinder fühlen sich in ihrer Familie allgemein unwohler und es sind gerade die Jungen, die hier ein durchgängig höheres Belastungsniveau aufweisen.[439] Das Problem bei der Quantifizierung und Bewertung der Wirkung der hier skizzierten soziostrukturellen Einflüsse ist aber erneut das Fehlen umfassender Studien. Die vorhandenen Studien berücksichtigen diesen Aspekt, wenn überhaupt, nur ausschnittartig.

Nicht zuletzt gilt es bei allen Resultaten zu den psychosozialen, kulturellen und gesundheitlichen Folgen von Einkommensarmut den statistischen Basiseffekt zu bedenken. Erste, grobe epidemiologische Berechnungen, die die Bereiche des kulturellen und des gesundheitlichen Kapitals jedenfalls ansatzweise einbeziehen, zeigen, dass jeweils mehr Haushalte von Unterversorgungslagen in diesen außer-ökonomischen Bereichen betroffen sind als von Einkommensarmut.[440] Von daher kann ökonomische Deprivation nicht alle anderen Kapitaldefizite mit erklären. Zur Veranschaulichung: Rund 2,7 Mio. Haushalte waren 1997 von relativer Einkommensarmut betroffen, davon 52,5 % mit Kindern. Bei elf Mio. Haushalten verzeichneten die Forscher eine Unterversorgungslage im Bereich des Bildungskapitals, davon 23,3 % mit Kindern. Circa 7,5 Mio. Haushalte wiesen eine gravierende Unterversorgung im Bereich der Gesundheit auf, davon 14,2 % mit Kindern. Andererseits zeigt selbst schon diese grobe Berechnung, dass sich jenseits der unterschiedlichen Basisraten für die einzelnen Kapitalformen in der Gruppe der Einkommensarmen erhebliche Kumulationseffekte ergeben. Denn rund 70 % aller einkommensarmen Haushalte mit Kindern in Westdeutschland wiesen mindestens eine weitere

---

438 Die ISS-Studien identifizieren regelmäßig nicht-deutsche Familien und ihre Kinder als besondere Risikogruppe unter den Deprivierten. Vgl. Hock/Holz, 1999, 49, Hock u. a., 2000, 49 und 55. Zusammenfassend und differenziert vgl. T. Borde/M. David (Hg.), Kinder und Jugendliche mit Migrationshintergrund. Lebenswelten, Gesundheit und Krankheit, Stuttgart 2005.
439 Vgl. Hölscher, 2003, 250f.
440 Zu diesem Aspekt beziehe ich mich im Weiteren auf G. E. Zimmermann, Formen von Armut und Unterversorgung im Kindes- und Jugendalter, in: Klocke/Hurrelmann 2001, 55–77. Die Angaben beruhen auf eigenen Berechnungen des Autors auf der Basis des sozioökonomischen Panels (SOEP) 1997. Problem: Das SOEP erfasst nicht alle Kapitalformen (z. B. fehlt das soziale Kapital), die Indikatoren sind recht grob (Unterversorgung im Bereich Gesundheit wurde z. B. nur als »gesundheitlich schwer behindert« erfasst) und die Berechnung erfolgt nicht auf Basis von Einzelpersonen, sondern von Haushalten, so dass der Bezug zu Kindern nur indirekt gegeben ist.

Unterversorgung im Bereich Bildung/Arbeit, Wohnen, Gesundheit auf, im Ostdeutschland sind es gar ca. 90 %.

In Anbetracht der dargestellten vielfachen Wechselwirkungen und der übrigen Einflüsse anderer Art ist als Zwischenfazit festzuhalten, dass sich der Zusammenhang zwischen ökonomischer Deprivation und einem gestörten Sozialverhalten nur zu einem geringen Teil über direkte Effekte bestimmt. Wie bei anderen psychischen Störungsformen auch existiert ein größerer indirekter Wirkungsteil, der sich kaskadenförmig über die verschiedenen Kapitaldefizite vermittelt. In dem Vermittlungsprozess dieser Einflüsse übernehmen hauptsächlich familiäre und subjektive Faktoren eine Art Steuerungsfunktion. Als Regulative bestimmen sie weitgehend, aber nicht ausschließlich, darüber, wo und wie stark sich die einzelnen Wirkungen der Deprivation niederschlagen. Diese Erkenntnis deckt sich mit den Ergebnissen der KiGGS-Studie (2007) zur kumulativen Wirkung von Risikofaktoren hinsichtlich psychischer Verhaltensauffälligkeiten. Neben dem niedrigen Sozialstatus wurden folgende Risikofaktoren herausgefiltert:[441]

– Konfliktbelastete Familie (Faktor 4,94)
– Erziehungspersonen mit belasteter, disharmonischer Kindheit/Jugend (Faktor 2,77)
– Erziehungspersonen mit unglücklicher Partnerschaft (Faktor 2,72)
– Psychische Erkrankung eines oder beider Elternteile (Faktor 2,40)
– Ein-Eltern-Haushalt (Faktor 2,07)

Die weiteren Resultate zeigen, dass bei einer Kumulation von mehr als vier dieser Risikofaktoren mehr als die Hälfte der Kinder eine psychische Auffälligkeit entwickelt, bis maximal vier Belastungen ist bei den meisten von ihnen eine psychische Auffälligkeit noch unwahrscheinlich. Offenkundig haben wir es hier mit einer kritischen Schwelle zu tun, bei der die hierzulande durchschnittlich anzutreffende Resilienz von Kindern und Jugendlichen kippt.

Im Folgenden sollen unter Rückbezug auf die dargelegten empirischen Resultate einige Anknüpfungspunkte für den direkten und indirekten Zusammenhang zwischen multipler deprivierter Lebenslage und gestörtem Sozialverhalten benannt werden. Zu diesem Zweck sollen die bislang bekannten Risikofaktoren der SSV nochmals kurz aufgelistet werden:

– Sozial depriviertes Milieu (Grundversorgungsmängel)
– Medizinisch und psychosozial belastete Schwangerschaft und Geburt (»Risikokind«)

---

441 Vgl. KiGGS 2007, 876. In Klammern ist angegeben, um welchen Faktor sich das Risiko für eine psychische Auffälligkeit im Vergleich zum Durchschnitt erhöht (Odds Ratio).

- Unruhiges, impulsives Temperament mit mangelnder Impulskontrolle und Emotionregulation
- Frühe Entwicklungsstörungen (v. a. sprachlich)
- Feindselig verzerrte Wahrnehmung mit übermäßiger externaler und geringer internaler kognitiven Kontrolle und Entwicklung einer narzisstischen Kernpathologie (Selbstüberschätzung bei Selbstwertdefizit)
- Komplexe familiäre Belastungen durch
  - hohe Geschwisterzahl (Großfamilie)
  - somatische oder psychische Erkrankung eines oder beider Elternteile
  - frühkindliche materielle und/oder emotionale Deprivation
  - Ablehnung/Misshandlung des Kindes
  - Bindungsstörung
  - mangelnde erzieherische Unterstützung der Mutter durch den Vater
  - chronische Eltern- und Paarkonflikte
  - belastende Lebensereignisse wie v. a. maligne Trennung/Scheidung der Eltern
  - mangelnde haltgebende Aufsicht und Zuwendung der Eltern
- Negative Schulerfahrungen, v. a. Leistungsversagen und chronische Konflikte
- Soziale Ablehnung durch Mitschüler und Peergroup
- Kontakte zu und Anschluss an eine deviante Clique
- Multiple psychische Belastung und mangelndes Wohlbefinden

Die Parallelen zwischen dem Risikoprofil für die Störung des Sozialverhaltens und den Kapitaldefiziten, der Lebenslage und dem Lebensstil (multipel) deprivierter Kinder und Jugendlicher sind recht auffällig. Das betrifft insbesondere den in der einschlägigen Literatur immer wieder als ausschlaggebend genannten Faktor der mangelnden sozialen und emotionalen Unterstützung. Wie in dem entsprechenden Abschnitt zum sozialen Kapital belegt, verfügen ökonomisch benachteiligte Kinder in allen relevanten Aspekten des sozialen Kapitals (Familie, Vertrauenspersonen, Schule, Peergroup) über eine geringere objektive und subjektive Unterstützung als der Durchschnitt. Dabei haben sich innerhalb des sozialen Netzwerkes gerade der ökologische Kontext (materielles und soziales Angebot) und das Familienklima als erklärungskräftiger für das Sozialverhalten von Kindern und Jugendlichen erwiesen als außerfamiliäre soziale Netzwerke.[442] Da zudem die ökonomisch deprivierte Lebenslage einer Familie oftmals mit einer sozialen Identitätsbedrohung der Eltern einher geht (z. B. durch Lang-

---

442 K. Schneewind u. a., Eltern und Kinder, Stuttgart 1983, in: Röhrle, 1994, 48.

zeitarbeitslosigkeit), entsteht eine Tendenz zur Vergleichgültigung der Eltern-Kind-Beziehung.[443] Damit fehlt den betroffenen Kindern die entscheidende Bewältigungsressource für die mit der Deprivation einhergehenden Belastungen, denn diese wird primär durch eine positive emotionale Elternbindung und ein entsprechend unterstützendes Familienklima bereit gestellt. Als bisher empirisch abgesicherte Faktoren, die das Familienklima im Einzelnen bestimmen, gelten der Zusammenhalt in der Familie, deren Belastung durch Alltagsstress und durch kritische Lebensereignisse, das Bewältigungsverhalten der Eltern, die Qualität der Paarbeziehung und der Eltern-Kind-Beziehung.[444] Alles Faktoren, die in den Familien mit SSV-Kindern nachweislich kritisch sind. Zur Erinnerung: Negative Bindungsqualität, negative Erziehungspraktiken, mangelnde Unterstützung und Akzeptanz des Kindes, namentlich chronische Mutter-Kind-Konflikte gelten als Hochrisikofaktoren für die Entstehung einer SSV. Mit 47 % Häufigkeit ist der Faktor »Mangel an Wärme« unter diesem, von der WHO als *abnorme Erziehungsbedingungen* klassifizierten, Faktorenbündel der quantitativ stärkste, der bei aggressiven Kindern zu beobachten ist.[445]

In ihrer weiteren Entwicklung machen ökonomisch deprivierte Kinder mit der Einschulung (durch die zunehmende Lernorientierung inzwischen z. T. schon im Kindergarten) eine einschneidende soziale Kontrasterfahrung. Nach Parsons (1968) ist die Schule bekanntlich »die erste Sozialisationsinstanz in der Erfahrung des Kindes, die eine Statusdifferenzierung auf nichtbiologischer Basis institutionalisiert«. Dabei handelt es sich nicht um »einen askriptiven, sondern um einen erworbenen Status, der durch unterschiedliche Erfüllung der vom Lehrer gestellten Aufgaben ›verdient‹ wird«[446]. Die Lehrer setzen nun bei den von ihnen gestellten Aufgaben jene sozialen Normen für ein unterrichtsangepasstes Sozialverhalten voraus, das ihrer eigenen Mittelschicht-Sozialisation entspricht. Diesem können Kinder aus sozial schwachen Familien (v. a. Migrantenfamilien) aber noch nicht entsprechen, sodass sie strukturell benachteiligt sind.[447] Auffälliges Sozialverhalten ist daher ab ovo immer auch sozial zugeschriebenes Verhalten, dass sich verstärkt, weil es zugleich als Bewältigungsstrategie für die erfahrene Diskontinuität der sozialisatorischen Kontinuitätserwartung eingesetzt wird. Auf diese Weise wird eine objektive Störung durch eine subjektive Störung beantwortet. Für den weiteren Schulver-

---

443 Vgl. K. A. Chassé u. a., Meine Familie ist arm. Wie Kinder im Grundschulalter Armut erleben und bewältigen, Opladen, 2003, 321.
444 Vgl. Hölscher, 2003, 68.
445 Vgl. Poustka, 2000, 3.
446 T. Parsons, Sozialstruktur und Persönlichkeit, Frankfurt a. M. 1968, 166f., zit. n. A. Leschinsky/P. M. Roeder, Schule im historischen Prozeß, Frankfurt a. M./Berlin/Wien 1983, 440.
447 Vgl. 10. Kinder- und Jugendbericht, 1998, 136; Hölscher, 2003, 54.

lauf gibt es viele empirische Hinweise, die als eine Folge dieses strukturellen Diskrepanzerlebnisses interpretiert werden können. So korreliert wie schon erwähnt Schulverweigerung/-schwänzen mit auffälligem Sozialverhalten und Delinquenz ebenso wie mit einem inkonsequenten Erziehungsstil der Eltern, Gewalt in der Familie und unvollständigen Familienkonstellationen.[448] Umgekehrt steigt die Wahrscheinlichkeit des Schulschwänzens bei Jugendlichen, wenn auch Ladendiebstähle begangen werden.[449] Dissoziales Verhalten in der Schule (Hänseln, Mobben) wiederum tritt bei Schülern aus »Konfliktfamilien« öfter auf als bei Schülern aus »Empathiefamilien«.[450] Dahinter verbergen sich nicht zuletzt auch »modernisierte« Anforderungen an die Erziehungskompetenz der Eltern (und damit an ihre Kinder) in Richtung des Verhandlungshaushaltes. Mittlerweile besteht eine generalisierte soziale Erwartung zur Ausbildung einer »familialen Verhandlungskultur«, die Erziehungsinhalte umfasst wie die »Versprachlichung von Emotionen«, die Teilnahme der Kinder am Familiengeschehen als »gleichberechtigte Partner«, der Verzicht der Eltern, sich im Konfliktfall mit Strafen durchzusetzen, die Kompromisssuche mit den Kindern sowie die vernünftige Begründung und Rechtfertigung von Auflagen und Erwartungen an sie.[451] Solche Erziehungsziele sind für sich genommen sinnvoll, entsprechen aber durchweg einem mittelschichtsorientierten Erziehungsideal, dass schon dort nicht selten an seine Grenzen stößt. Mit den von Klocke/Hurrelmann (2001) betonten alltäglichen Handlungsanforderungen deprivierter Lebenslagen haben diese sozial erwünschten Erziehungshaltungen nur wenig zu tun, sodass Eltern in deprivierten Milieus eher als andere unter gesellschaftlich divergente Anweisungsstrukturen geraten, die sich in familiären Konflikten und inkonsequentem (da verunsichertem) Erziehungsverhalten ausdrücken können. Diese soziale Divergenzfahrung geht offenbar auch in den Ablöseprozess der Jugendlichen von ihrer Familie ein und verlängert sich bis in ihre Peergroup-Beziehungen. Denn die Cliquen armer Jugendlicher transportieren auch hier die Ferne zu den konformistischen Mittelschichtsnormen stärker als die der nicht-armen Jugendlichen, da sie soziales Risikoverhalten eher prämieren.[452] Bekanntlich ist die adoleszente Peergroup in ihrer Funktion als erste selbst gewählte Sozialisationsinstanz jenseits von Familie und Schule zentral durch

---

448 Vgl. Schreiber-Kittl/Schröpfer, 2002, 60,65,68,72, 86f., 151, 178; Walper, 1999, 292ff.;
449 Laut PSB besteht eine deutliche Korrelation von Ladendiebstahl und Schulschwänzen. Vgl. PSB, 2001, S. 582.
450 Zinnecker/Silbereisen 1996, 320
451 Vgl. hierzu den Abschnitt »Modernisierungstendenzen im Alltag. Neue Anforderungen und Konflikte in der Kindererziehung« in: Peuckert, 1999, 137ff.
452 Laut Hölscher (2003) lehnen die Cliquen armer (männlicher) Jugendlicher dissoziale Verhaltensweisen wie Sachbeschädigung und Stehlen weniger stark ab, als die Cliquen nicht-armer Jugendlicher. Beim »Prügeln« sind die Unterschiede marginal. Vgl. Hölscher, 2003, 150.

die Ambivalenz zwischen der Wiederholung fixierender familiärer Erfahrungen einerseits und der »Zweiten Chance«[453] zu deren Überwindung andererseits bestimmt. Eine Chancengleichheit besteht demnach für arme Jugendliche auch hier nicht. Es überrascht also nicht, wenn auf der anderen Seite ein autoritativer Erziehungsstil, bei dem sich emotionale Stützung und konsequente soziale Anforderungen positiv ergänzen, der Zugehörigkeit zu einer devianten Clique entgegen wirkt.[454]

Viele Untersuchungen weisen darauf hin, dass die Bereitschaft von (v. a. männlichen) Jugendlichen zu deviantem Verhalten mit ökonomischer Deprivation ansteigt, weil sie über weniger Räume sozialer Anerkennung verfügen und daher bei geringer Integration in die Peergroup eher Kontakt zu devianten Jugendlichen suchen – auch, weil sie häufiger selber Gewalt erfahren oder miterleben.[455] Martin Dornes stellt in diesem Kontext fest, dass Armut nicht nur das körperliche Misshandlungsrisiko erhöht, sondern als »soziale Misshandlung« der körperlichen Misshandlung in ihren negativen Folgen gleich zu setzen ist.[456] Diese soziale Misshandlung beeinträchtigt gerade bei (männlichen) Jugendlichen das Selbst- und Kohärenzgefühl nachhaltig und berührt den im ersten Kapitel herausgearbeiteten narzisstischen Kern der Störung.[457] So ist es erklärlich, dass viele hier zitierten empirischen Studien neben dem geringeren sozialen und familiären Halt den Selbstwert als weitere wichtige Vermittlungsvariable zwischen der deprivierten Lebenslage und dem devianten Verhalten hervorheben, wird er doch hauptsächlich über die Zufuhr sozialer Anerkennung entwickelt.[458] Die durchgängig beobachtete höhere Prävalenzrate eines gestörten Sozialverhaltens bei Jungen kann als Hinweis darauf gewertet werden, dass gerade sie in diesem

---

453 Eissler, zit. n. M. Erdheim, Die gesellschaftliche Produktion von Unbewusstheit, Frankfurt a. M., 1982, 276.

454 Zinnecker/Silbereisen 1996, 239, 248.

455 Vgl. zu den genannten Aspekten Walper, 1999, 291ff.; R. K. Silbereisen/S. Walper, Familiäre Konsequenzen ökonomischer Einbußen und ihre Auswirkungen auf die Bereitschaft zu normverletzendem Verhalten bei Jugendlichen, in: Zeitschrift für Entwicklungspsychologie und Pädagogische Psychologie, Band 14 (3), 1987, 228–248; Walper, in: Bertram (1991); Walper, 1995, nach Hölscher, 2003,59; 10. Kinder- und Jugendbericht, 1998, 125ff.; Pfeiffer/Wetzels, 1997; 354ff.; PSB, Berlin, 2001, S. 475ff., 485, 510.

456 M. Dornes, Die frühe Kindheit. Entwicklungspsychologie der ersten Lebensjahre, Frankfurt a. M. 1997, 243, zit. n. 10.Kinder- und Jugendbericht, 1998, 113f.

457 In Anlehnung an Höfer (2000) gehe ich davon aus, dass Selbstgefühl und Kohärenzgefühl ihre gemeinsame Quelle in der Identität einer Person finden. Deren Identitätsgefühl »enthält Bewertungen über die Qualität und Art der Beziehung zu sich selbst (Selbstgefühl) und Bewertungen darüber, wie eine Person die Anforderungen des Alltags bewältigen kann (Kohärenzgefühl).« Höfer, 2000, 306.

458 »Die soziale Lage der Jugendlichen umfasst von daher nicht alleine ökonomische Faktoren. Von großer Bedeutung sind auch die Möglichkeiten, sich als wichtig und in der Gesellschaft anerkannt erleben zu können. Im Hinblick auf die Chance, Anerkennung erhalten zu können, können

Punkt besonders vulnerabel sind. Denn es ist davon auszugehen, dass Jungen in der adoleszenten Entwicklungsphase über weniger Quellen dieser im Grunde ja narzisstischen Zufuhr verfügen als gleichaltrige Mädchen. Letztere müssen ihre weibliche Identität nicht durch die Auflösung der primären Identifikation mit der Mutter konstituieren und können im Gegensatz zu Jungen ihren primären Narzissmus, der die libidinöse Besetzung des eigenen Körpers mit einschließt, aufrecht erhalten.[459] Die geschlechtsspezifische Sozialisation tut ein Übriges, Jungen auf dinglich-sachlich vermittelte Objektwahlen zu orientieren und ihren Selbstwert weniger aus lebendig-spiegelnden, unmittelbar-reziproken Beziehungen zu speisen. Solche Beziehungen sind unter deprivierten Bedingungen jedoch prekärer. Hierzu sei nochmals auf das Untersuchungsergebnis Hölschers (2003) verwiesen, wonach Mädchen ihre Deprivationsbelastungen eher als Jungen über Peerbeziehungen in der Schule und zur »besten Freundin« kompensieren können, während das für Jungen von sekundärer Bedeutung ist und sie zugleich stärker unter Markenkleidungs-Zwängen in der Schule stehen.[460]

Zum Themenkomplex Selbstwert und soziale Anerkennung erlaube ich mir an dieser Stelle eine Nachbemerkung: Soziale Anerkennung gilt als sozialisatorische Basis für die Entwicklung der Identität und der eigenverantwortlichen Handlungsfähigkeit des Individuums, da sich beide, Habermas folgend, nur

---

sich gleichfalls anomische Zustände entwickeln, das heißt Unklarheiten darüber, wie überhaupt soziale Anerkennung erhalten werden kann, das heißt eine zumindest subjektiv erlebte Regellosigkeit oder Undurchschaubarkeit in diesem Punkt.« PSB, 2001, 485.

459 Ich folge hier Eisenberg (2000), der das Grundmuster männlicher Aggression und Gewalt in einer »fragilen, borderlineartig organisierten männlichen Identität« des »nicht-zuende-geborenen« (K. Theweleit, Männerphantasien, Basel/Frankfurt a. M. 1986) und auf die Mutter fixierten Mannes sieht, der dazu neigt, »bei jeder Annäherung an eine Frau von Panik vor symbiotischer Vernichtung und Wiederverschlingung befallen zu werden [...] Frauen und Kinder verkörpern in einer Welt erzwungener (männlich-kapitalistischer) Homogenität das Heterogene, das an Glücksmöglichkeiten erinnert, (der) der Mann unter dem Einfluß gesellschaftlicher Drill- und Abstraktionsprozesse unter Schmerzen und Verzichten begraben musste« (G. Eisenberg, Amok – Kinder der Kälte. Über die Wurzeln von Wut und Haß, Reinbek, 2000, 161f.). Auf die psychoanalytische Grundsatzdiskussion um die Objektlosigkeit oder Nicht-Objektlosigkeit des primären Narzissmus kann ich hier nicht eingehen. Vgl. dazu aber den orientierenden Artikel »Narzissmus, narzisstische Persönlichkeit« von H. Wahl in: Mertens/Waldvogel (Hg.), 2002, 473–478.

460 »Gerade Mädchen erzählen, dass sie in dem Zusammensein mit Freundinnen und dem gemeinsamen Spaß einen Ausgleich zu ihren familialen Schwierigkeiten sehen und zudem von ihrer Clique oder ihrer besten Freundin Unterstützung erfahren. Arme Jungen nehmen dagegen oft eine Randstellung in der Klasse ein. Das Fehlen von Markenkleidung gibt hier besonders häufig Anlass zum Spott.« Zum Vergleich: »Arme Jungen sehen in ihrem besten Freund dagegen seltener einen Gesprächspartner bei Problemen. Zwar ist auch ihnen gegenseitiges Vertrauen und die Möglichkeit, über persönliche Dinge reden zu können, wichtig, doch steht dies nicht im Vordergrund.«. Hölscher, 2003, 259 und 256.

»in Verhältnissen wechselseitiger Anerkennung«[461] bilden können. Über ihre Wechselseitigkeit sind Anerkennungsverhältnisse primär als soziale Verhältnisse bestimmt und daher eng an die herrschenden gesellschaftlichen Bedingungen gebunden. Dieser Aspekt verweist auf die Frage nach der sozialen Entwicklung und Differenzierung sozialer Anerkennungsräume und ihre Bedeutung für das soziale Verhalten von Heranwachsenden. Dieser übergreifenden soziologischen Fragestellung werde ich im nächsten Kapitel weiter nach gehen.

Zurück zur Diskussion. Insgesamt bedeuten die hier gemachten Ausführungen selbstverständlich nicht, dass multiple Deprivationen in den verschiedenen Kapitalformen automatisch eine Störung des Sozialverhaltens induzieren. Allerdings stellen sie aufgrund der starken Übereinstimmung mit dem Risikoprofil der SSV eine deutliche Dispositionen dazu her. Auch hier muss wie bei der ökonomischen Deprivation zwischen objektiver Betroffenheit und subjektiver Wahrnehmung unterschieden werden. Der zentrale psychosoziale Mechanismus scheint diesbezüglich darin zu bestehen, dass bei den betroffenen Kindern und Jugendlichen *schlecht fühlen* unmittelbar in Risikoverhalten (negatives Gesundheitsverhalten) umgesetzt wird, denn deprivierte Kinder und Jugendliche setzen riskantes und gesundheitsschädliches Verhalten vergleichsweise häufiger als direkte Belastungsregulation bzw. Bewältigungsstrategie ein.[462] Umgekehrt »verfügen sie offenbar nicht über die Ressourcen, die Kraft und die Motivation, im Alltag ein gesundheitsförderliches Verhalten (viel Sport, gute Ernährung und geringer oder kein Drogenkonsum) zu realisieren«[463]. Dieser Mechanismus funktioniert wie ein Scharnier zwischen der objektiven *Deprivation* und dem subjektiven Erleben dieser Deprivation, die ich deshalb abgrenzend als *Depravation* bezeichnen will. Soziale Deprivation (wörtl. »Beraubung«) ist ein soziologischer Begriff und meint »die Unterversorgung bestimmter Individuen oder Gruppen einer Gesellschaft mit lebenswichtigen oder für unbedingt notwendig gehaltenen Gütern, Dienstleistungen oder Einkommen,

---

461 »Individualität und eigenverantwortliche Handlungsfähigkeit bilden sich, so Jürgen Habermas (1988: 190f.), ›in Verhältnissen wechselseitiger Anerkennung‹, d. h. durch die Teilnahme an Handlungszusammenhängen, in denen Individuen »die Fähigkeit zu individuell zurechenbaren Entscheidungen« zugetraut und zugemutet wird. Der Begriff Anerkennung steht dabei für solche sozialen Beziehungen, in denen sich einzelne wechselseitig als selbstbestimmungsfähige Subjekte betrachten, die die Berücksichtigung ihrer eigenen Bedürfnisse und Interessen erwarten und erfahren können und die auf kommunikative Verständigung über diese ausgerichtet sind.« J. Habermas, Nachmetaphysisches Denken, Frankfurt, 1988, 190f., zit. n. A. Scherr, Sozialisation, Person, Individuum, in: H. Korte/B. Schäfers (Hg.), Einführung in die Hauptbegriffe der Soziologie, Opladen, 2002, (45–66), 59.
462 Vgl. Hölscher, 2003, 65.
463 Klocke (1996, 404), zit. n. Hölscher, 2003, 65ff.

so daß das soziale Existenzminimum unterschritten wird.«[464] Depravation (wörtl. »Verschlechterung«) bedeutet dagegen soviel wie »Wertminderung« (ursprüngl. von Geld), im medizinischen Sinne auch die Verschlechterung eines Krankheitszustandes. In ihrer Ergänzung scheinen mir beide Begriffe gut auszudrücken, um was es geht. Nämlich um den sozialen Prozess des Überganges von einer objektiven Vorenthaltung von Lebensressourcen zu deren subjektiven Verarbeitungsweise. Auf den Zusammenhang zwischen Deprivation und SSV bezogen bedeutet das, dass deprivierte Jugendliche dissoziales Verhalten häufiger unmittelbar als Bewältigungsstrategie für identitätsrelevante Stressoren (Ausschluss- und Kränkungserfahrungen) einsetzen. Unter dieser Perspektive ist der im ersten Kapitel für die Störung des Sozialverhaltens beschriebene Risikofaktor *Armut* für die gehäufte Prävalenz eines gestörtes Sozialverhaltens bei deprivierten Kindern, ausgewachsen zur Dissozialität und Delinquenz bei deprivierten Jugendlichen, mitverantwortlich. Er ist jedoch im Sinne einer aktiven Bewältigungsstrategie ihrer deprivierten Lebenslage zu interpretieren.[465] Diese Bewältigungsstrategie ist Teil eines Konglomerats weiterer Bewältigungsstrategien, die sich zu einem spezifischen Lebensstil verdichten bzw. aus ihm hervorgehen. So haben Untersuchungen an Kindern und Jugendlichen mit einer SSV beispielsweise gezeigt, dass sie bereits in jungen Jahren länger fern sehen als ihre Altersgenossen und das mit zunehmendem Alter auch immer mehr ausdehnen. Auch sehen Kinder mit einer negativen Bindung an ihre Eltern (wie sie für SSV-Kinder typisch ist) signifikant häufiger Horrorfilme.[466] Das subjektive Erleben von Deprivation ist – im Anschluss an Merton (1968), der hierfür den Begriff der »relativen Deprivation«[467] benutzt – darüber hinaus davon abhängig, mit welcher Bezugsgruppe des gleichen sozialen Kontextes sich eine soziale Gruppe vergleicht. Aus der noch sehr spärlichen Forschungsliteratur dazu liegt ein interessanter Befund vor. Von Ferber u. a. (2005) fanden heraus, dass sich deutsche und nicht-deutsche Hauptschüler in ihrem Belastungsverhalten im Vergleich zu einer gymnasialen Kontrollgruppe deutlich unterscheiden.[468] Während die nicht-deutschen Hauptschüler öfter soziale Probleme und sozialen Rückzug angeben (bei gleichem Ausmaß körperlicher Beschwerden), erreichen

---

464 W. Fuchs u. a. (Hg.), Lexikon zur Soziologie, Opladen 1988, 151. In der Psychologie wird er im Sinne von »Mangel, Verlust, Entzug« (meistens von Zuwendung) in ähnlicher Weise benutzt.
465 Vgl. Hock/Holz, 1998, 80.
466 Vgl. Möller-Nehring u. a., 1998, 45f.
467 Vgl. Merton, Beiträge zur Theorie des Bezugsgruppenverhaltens. Der Begriff der relativen Deprivation, in: ders., 1995, 219ff.
468 Es handelt sich um die Befragung von Hauptschülern und Gymnasiasten der Sekundarstufe I im Alter zwischen 11 und 17 Jahren anhand des »Youth Self-Reports« (Achenbach 1991). Vgl. C. von Ferber u. a., Zur Selbsteinschätzung Jugendlicher deutscher und nichtdeutscher Muttersprache nach dem Youth Self Report, in: T. Borde/M. David, 2005, 89–106.

ihre deutschen Mitschüler deutlich höhere Werte auf den Skalen »Angst/Depressivität« und »Dissoziales Verhalten«. Die Autoren erklären das mit den sozialen Wahrnehmungsunterschieden der beiden Teilgruppen in Bezug auf die Vergleichsgruppe der Gymnasiasten. Die nicht-deutschen Hauptschüler vergleichen sich kaum oder gar nicht mit ihren Altersgenossen des Gymnasiums, da es dort relativ wenige nicht-deutsche Schüler gibt. Ihre Bezugsgruppe ist die eigene mit dem gleichen soziokulturellen Hintergrund, die mehrheitlich die Hauptschule besucht. Für sie ist die Hauptschule daher die Regelschule, sodass die objektive Benachteiligung auf dem Arbeitsmarkt und bei den Berufschancen gegenüber den Gymnasiasten subjektiv kaum relevant wird. Weil die Diskrepanz zwischen Anspruch und Wirklichkeit geringer ausfällt, neigen sie seltener zu Reaktanzverhalten wie Aggressivität und Dissozialität. Umgekehrt vergleichen sich die deutschen Hauptschüler eher mit ihren deutschen Altersgenossen des Gymnasiums. Für sie ist die Hauptschule die viel zitierte Restschule, sodass es bei ihnen zu einem erheblichen Diskrepanzerleben zwischen eigener Lage und vorgegebenem kulturellen Ziel kommt. Damit unterliegen sie einem höheren »Devianzdruck«[469], der sich v. a. in erhöhter Dissozialität und einer höheren Raucherquote (Selbstwert, soziale Anerkennung) niederschlägt. Diese Ergebnisse verweisen auf die Existenz stärker geschlossener Migrantenkulturen mit reduzierten sozialen Aspirationen, ähnlich einer inzwischen historisch gewordenen Armutskultur der autochthonen Bevölkerung.

Aus dem Kapitel lassen sich abschließend drei Schlussfolgerungen ziehen:
1. Bei Kindern und Jugendlichen existiert ein Zusammenhang zwischen einer Deprivation im Bereich des ökonomischen Kapitals (v. a. Einkommensarmut) und Deprivationen ihres sozialen, kulturellen, symbolischen und gesundheitlichen Kapitals, was in einer kumulativ deprivierter Lebenslage mündet.
2. Der genannte Zusammenhang wird über einen spezifischen, depravierten Lebensstil der betroffenen Familien und ihrer Kinder vermittelt, der über ein riskantes Gesundheitsverhalten im engeren Sinne (schlechte Ernährung, wenig Bewegung, vermehrter Suchtmittelkonsum usw.) hinausgeht. Analog zum eingeschränkten gesundheitlichen Kapital mischen sich ge-

---

469 Merton, 1995, 140. Der PSB (2001) stellt in der strukturfunktionalistischen Tradition Mertons die soziologische Verbindung zwischen sozialem Ausschluss und Devianz her: »Ist die – zumeist ja über Personen vermittelte – Bindung an die Gesellschaft und ihr Normen- und Wertesystem wenig entwickelt, dann steigt auch die Wahrscheinlichkeit der Verschärfung anomischer Zustände; dann kommt es auch eher dazu, dass sich Ziel-Mittel-Diskrepanzen in devianten Verarbeitungsmustern und Verhaltensweisen niederschlagen. Insoweit sind die Entwicklung sozialer Gegensätze und ein daraus folgender Anomiedruck einerseits und Prozesse sozialer Desintegration andererseits zwei sich wechselseitig verstärkende Vorgänge, die als delinquenzbegünstigend zu bezeichnen sind.« PSB, 2001, 485f.

nerell zwei Effekte ökonomischer Deprivation. Zum Ersten der Effekt unmittelbar induzierter, höherer Lebensrisiken (v. a. durch schlechtere Versorgung). Zum Zweiten der mittelbare, reaktive Effekt durch das deprivationsbezogene Belastungs- und Bewältigungsverhalten der Betroffenen als Ausdruck eines depravierten Lebensstiles, der überdurchschnittlich viele Elemente einer riskanten Lebensführung mit sich bringt. In Erweiterung der zitierten Aussage von Seifert (2002) lässt sich formulieren, dass ein *depravierter Lebensstil* somit geradezu als Verarbeitungsweise einer *deprivierten Lebenslage* interpretiert werden kann.

3. Deprivierte Lebenslage und depravierter Lebensstil führen zu einer nachhaltigen Restriktion des gesundheitlichen Kapitals, weil Bewältigungshandeln und Risikohandeln aus der Balance geraten, da die darin enthaltenen protektiven Anteile mit überproportional riskanten Anteilen erkauft werden (z. B. legale und illegale Drogen, deviante Peergroup-Orientierung).[470] Das Resultat besteht in einem eingeschränkten Handlungsrepertoire, der in den »Teufelskreis Armut«[471] führt und vorhandene Defizite potenziert (z. B. zu einer dissozialen Karriere mit Devianz, Delinquenz, Kriminalisierung, sozialem Abstieg, Sucht und weiteren Komorbiditäten).[472]

---

470 Formal lässt sich dieser Prozess als ungleicher Tausch beschreiben. Geht man davon aus, dass in jeder gesundheitsrelevanten Verhaltensweise immer Schutzfaktoren und Risikofaktoren zugleich enthalten sind, dann kommt es darauf an, die subjektiv richtige Mischung mit einem Plus an Schutzfaktoren zu finden, die am Ende zu einem möglichst resilienten Lebensstil führt. Das zwingt dazu, Verhaltensweisen auf ein angemessenes Tauschverhältnis zwischen Schutz- und Risikofaktoren hin zu überprüfen. Die Balance wird gestört, wenn vorzugsweise Verhaltensweisen gewählt werden, die zu wenige, zu schwache oder nur kurzfristig wirksame Schutzfaktoren enthalten, während damit gleichzeitig zu viele, zu hohe sowie mittel- und langfristig wirksame Gefährdungen verbunden sind (z. B. Rauchen). Die Benachteiligungen ökonomisch deprivierter Kinder und Jugendlicher bei der Verteilung der verschiedenen Kapitalsorten sind Beleg für solche ungleichen Tauschprozesse. Zugleich schränkt die defizitäre ökonomische, soziale, kulturelle und symbolische Kapitalausstattung ihre Wahlmöglichkeiten objektiv (Zugangschancen) und subjektiv (Auswahlkompetenzen) ein.

471 Andreas Mielck, 1998, nach: Hock/Holz, 1999, 41f.. Mielck bringt damit sein Konvergenzmodell zwischen der »Drifthypothese« (individuelle Insuffizienzen führen zum Abstieg in die Armut) und der »Stress-and-Strain-Hypothese« (Armut führt zu größerer psychosozialer Belastung) auf den Begriff.

472 So stellt z. B. Ullrich (1988) fest: »Entscheidend sind Wechselwirkungen und kumulative Wirkungen verschiedener Stressoren. Ein Risikofaktor allein erhöht noch nicht die Wahrscheinlichkeit des Auftretens von Entwicklungsstörungen, während bereits zwei Risikofaktoren die Wahrscheinlichkeit um das Vierfache erhöhen.« M. Ullrich, Risiko- und Schutzfaktoren in der Entwicklung von Kindern und Jugendlichen. Entwicklungspsychologie, Pädagogik, Psychologie 20, 1988, 146–166, zit. n. D. Stolle, Dissoziale Jugendliche zwischen Straße, Hilfe und Justiz, Salzhausen 2003, 163.

3.3 Konsequenzen für die sozialpädagogische Praxis in der Kinder- und Jugendpsychiatrie

In dem nun folgenden Abschnitt möchte ich mich kurz mit der Relevanz der bisherigen Darlegungen für die praktische sozialpädagogische Arbeit in der Kinder- und Jugendpsychiatrie befassen. Die bereits in der Diskussion des Fallbeispieles genannten konkreten Forderungen werden in verallgemeinerter Form fortgeführt, sind also entsprechend mitzudenken. Die Überlegungen beginnen beim Krankheitsbild und beim Patienten selbst, werden in Richtung der beteiligten Gruppen und Institutionen weiterentwickelt und mit allgemeinen Anmerkungen zu strukturellen und politischen Aspekten abgeschlossen.

Die Ausführungen im Kapitel zur Störung des Sozialverhaltens als psychiatrische Diagnose verdeutlichten zunächst, dass wir bei einer vorliegenden stationären Behandlungsindikation weit weniger als bei anderen Krankheitsbildern von einer eigenen Behandlungsmotivation und Behandlungsfähigkeit des Patienten ausgehen können. Bei Aufnahme ist grundsätzlich von einer Reinszenierung der Störung im Rahmen der Station nach dem Muster des *Coercion-Modells* auszugehen. Stärker als bei sonstigen psychiatrischen Erkrankungen ist der SSV und ihrer Behandlung daher apriori eine hohe Ambivalenz zwischen Autonomie und Fürsorglichkeit mit einer fast ausschließlich externalisierenden Komponente eingeschrieben. Das führt notwendig zum chronischen Konflikt zwischen Freiwilligkeit und Zwang, den Behandler und Patient alltäglich miteinander »auskämpfen« müssen. Etwas überpointiert könnte man sagen, dass nicht das Behandlungsbündnis die Voraussetzung der Behandlung mit dem Ziel der Verbesserung der Symptomatik darstellt, sondern dass im Falle der SSV das Behandlungsbündnis bereits das Ziel selber ist, um das immer wieder gerungen werden muss. Dieses Ringen, das für eine erfolgreiche Behandlung der SSV konstitutiv ist, bleibt auf Seiten des Behandlungsteams immer gefährdet in die vom Patienten hergestellte Zwangs- und Gewaltspirale (Agieren) abzurutschen. Verantwortlich hierfür sind die negativen Übertragungs- und Gegenübertragungs-Reaktionen des Teams oder einzelner Teammitarbeiter (Spaltung des Teams). Um einem schädlichen Gegenagieren des Teams entgegen zu wirken, sollten neben einem institutionalisierten Ort und ausreichend Zeit zur Bewusstmachung und Kontrolle dieser Prozesse (Supervision etc.) orientierende ethische Grundregeln im Umgang mit solchen Patienten im Team verankert sein. Dazu böte sich z. B. das Vier-Prinzipien-Modell von Beauchamp und Childress (1989) an. Es beinhaltet das Prinzip der Nichtschädigung (Schadensvermeidung), der Autonomie (Aufklärung, Information, Schweigepflicht, Zustimmung), der Fürsorge

(Hilfe leisten) und der Gleichheit (gleichgerechte Behandlung).[473] Dem Ziel der Herstellung eines funktionierenden Arbeitsbündnisses – von einem echten »informed consent« (informierte Zustimmung) lässt sich m. E. bei Kindern mit einer SSV nicht sprechen – dient ebenso die frühzeitige Einbeziehung des Patienten, möglichst schon vor der Aufnahme auf der Station, sodass eine entsprechende Vorbereitung und Absprache aller Beteiligten erfolgen kann. Die Absprachen sollten zeitlich wie inhaltlich klar und präzise sein, um dem Patienten einen zugleich verlässlichen und strukturierten Rahmen zu geben. Die Behandlungsdauer sollte in der Regel vier bis sechs Wochen nicht überschreiten (Abbruchgefahr) und die Ziele nicht zu hochgesteckt werden (Gefahr erneuter Misserfolgserlebnisse). Eher sollte eine zweite Behandlungsepisode angedacht werden als eine Ausdehnung der Behandlungszeit. Es empfiehlt sich den Fokus der Behandlung bei sozialpädagogischen und indikativen soziotherapeutischen Angeboten (z. B. geschlechtsspezifische Gruppen, Konflikttraining, Sport/Bewegung) zu bilden, die aber milieutherapeutisch eingebettet sein müssen, um den Transfer zwischen Therapieraum und Realraum innerhalb der Klinik sicher zu stellen. In vielen Fällen haben sich (einfache) Verhaltens- und Belohnerpläne bewährt. Meist empfiehlt es sich, vor oder im Verlauf der Behandlung klare Vorgehensweisen bei Problemverhalten des Patienten (Weglaufen, Fremdaggression usw.) mit diesem selber festzulegen. Das kann z. B. in Form eines Notfallplanes geschehen, in den ggf. auch eine Bedarfsmedikation zu Beruhigung oder eine Time-Out-Massnahme aufgenommen werden kann. In besonderen Fällen kann schon vor Aufnahme eine Regelmedikation verabredet werden. Im Prinzip treffen all diese Überlegungen auch für den ultima-ratio-Fall einer zwangsweisen Unterbringung zu. Selbst die genannten Vorbereitungsmaßnahmen können unter diesen besonderen Umständen getroffen werden, wenn auch nicht immer mit dem Patienten, so doch wenigstens mit seinen Bezugspersonen und den beteiligten Institutionen (Jugendamt, Familienrichter, ambulante Behandler). Ausnahme bildet die Notfallaufnahme, bei der sich die Möglichkeit der Vorbereitung naturgemäß in Grenzen hält, aber auch hier, soweit es geht, realisiert werden sollte. In der Praxis ist das die Aufgabe des zuständigen Arztes/Ärztin vom Dienst in Kooperation mit Ordnungsbehörden und Bezugspersonen. In Ergänzung der genannten Behandlungsmaßnahmen ist bei geschlossener Unterbringung an einen zeit- und inhaltlich klar definierten Stufenplan zur Lockerung der freiheitsentziehenden Maßnahmen zwecks Erprobung von Absprache- und Beziehungsfähigkeit zu denken. Die Behandlung im Zwangskontext sollte polarisierende Gegensätze vermeiden (motiviert/nicht-

---

473 Vgl. hierzu ausführlicher G. Lehmkuhl, U. Lehmkuhl, Aggressive und dissoziale Störungen im Kindes- und Jugendalter: Ethische Aspekte für Therapieindikation, -prozess und -ziele, in: R. Frank (Hg.), Ethische Fragen in der Kinder- und Jugendpsychiatrie, Stuttgart, 2002, 87–101.

motiviert), um sie zu »Verbündete in Veränderungsprozessen zu machen«.[474] Es empfiehlt sich eher ein Denken in Push- und Pullfaktoren, denn deren Analyse »bietet reelle Chancen, konkrete Anknüpfungspunkte für Änderungen zu entdecken. Neben anderen Vorteilen eröffnet eine derartige Betrachtungsweise die Chance, innerhalb vorgegebener, nicht verhandelbarer Rahmenbedingungen Wahlmöglichkeiten zu eröffnen und gemeinsame Grundlagen für Veränderungsprozesse zu entdecken.«[475] Eine grundsätzlich entscheidende Bedeutung kommt in allen Fällen die möglichst frühzeitige Klärung der nachklinischen Perspektive zu (berufliche/medizinische Reha, ambulante/stationäre Jugendhilfe, schulische Hilfen etc.). Insbesondere muss der Entlassungsort feststehen. Die Sicherheit der Perspektive beschädigt das bei SSV-Patienten strukturell labile Sicherheitsgefühl nicht noch zusätzlich und bietet dem Behandlungsteam einen größeren Behandlungsspielraum, z. B. in Form von kurzzeitigen Belastungserprobungen am (zukünftigen) Lebensort, durch Probeentlassungen oder Abstandsbeurlaubungen. Auch in diese Arbeit an der eigenen Entlassungsperspektive ist der Patient unbedingt miteinzubeziehen. Weiterhin ist es wünschenswert, geeignete Bedingungen für einen stärkeren Transfer der Behandlungsfortschritte in das Alltagsmilieu des Patienten zu schaffen. So z. B. in die Schule durch Probebeschulungen an der Stammschule unter enger Kooperation von Klinikschule, Klassenlehrer, Jugendamt (falls schulische Hilfen nötig sind) und Sozialpädagoge/in der Station oder in die Familie durch begleitende Belastungserprobungen, eine abschließende tagesklinische Adaptionsphase und nachfolgende aufsuchende ambulante Arbeit durch stationäre Mitarbeiter. Gerade in der gemeinsamen Perspektiventwicklung und im Alltagstransfer sehe ich einen eminenten Beitrag sozialpädagogischer Arbeit in der Behandlung von SSV-Patienten, weil sie als zielgerichtetes Lehr-Lern-Verhältnis offen für sämtliche didaktischen und methodischen Instrumente der Sozialpädagogik sind. Diese Arbeit sollte die relevanten Bezugspersonen einbeziehen, etwa in Form von Elternberatung, Elterngruppen, gezielter Elterntrainings (z. B. Video-Home-Training). Im Falle von Jugendlichen aus Jugendhilfeeinrichtungen wären gemeinsame Supervisionen, Fallkonferenzen oder Übergaben von zuständigen Stationsmitarbeitern mit den Mitarbeitern der betreffenden Einrichtung hilfreich. Bei Dauer-Wegläufern, die sich selbst oder andere gefährden, bräuchte es zusätzlich eine kontinuierliche und vertrauensvolle Zusammenarbeit mit den Ordnungsbehörden.

Grundsätzlich sollte es außerdem die primäre Aufgabe der sozialpädagogischen und sozialarbeiterischen Mitarbeiter in der Kinder- und Jugendpsychiatrie

---

474 H. Kähler, Soziale Arbeit in Zwangskontexten. Wie unerwünschte Hilfe erfolgreich sein kann, München 2005, 85.
475 Vgl. Wagner/Russinger 2002, 141f, zit. n. Kähler, 2005, 88.

sein, die im Kapitel zu den armutsbedingten Kapitaldefiziten beschriebenen spezifisch deprivierten Lebenslagen von SSV-Patienten in das Behandlungskonzept zu integrieren und im Bewusstsein der Station zu halten. Neben der rein medizinisch-psychotherapeutischen und pädagogisch-milieutherapeutischen Arbeit besteht erwiesenermaßen ein weites Aufgabenfeld, das einer besonderen Bearbeitung mit dem Ziel einer umfassenden Stärkung der Resilienz des Patienten und seines näheren Umfeldes bedarf. Diese Aufgabe umfasst erstens die Analyse der einzelnen Kapitaldefizite und -ressourcen (ökonomisch, sozial, kulturell, gesundheitlich, symbolisch) und die Erstellung eines individuellen Profils des Patienten auf den verschiedenen Dimensionen. Zweitens muss dieses Profil in die Behandlungsplanung eingehen, indem entsprechende Maßnahmen zum Aufbau defizitärer Ressourcen und Weiterentwicklung vorhandener Ressourcen eingeleitet und mit den übrigen i. e. S. therapeutischen Interventionen abgestimmt werden. Drittens ist eine – bereits angedeutete – Vernetzung entsprechender klinischer und außerklinischer, stationärer und ambulanter sowie nachsorgender Hilfen notwendig, die Teil einer (beim sozialpädagogischen Kollegen/in des Jugendamtes oft schon laufenden) individuell zugeschnittenen Hilfeplanung sein muss.

Dazu ein kleines Beispiel aus meiner beruflichen Praxis: Immer öfter erleben wir, dass Eltern (z. T. auch Jugendhilfeeinrichtungen und Jugendämter) die finanziellen und organisatorischen Mittel für kurzzeitige Belastungserprobungen des Patienten an seinem Lebensort (Fahrtkosten, Abholen und Zurückbringen) oder auch für gemeinsame Gespräche in der Klinik nicht aufwenden können, obwohl ein grundsätzlicher Konsens besteht, dass diese dem Behandlungsfortschritt und der Reintegration dienlich sind. Hier handelt es sich um ein klares ökonomisches Defizit, dass entsprechend negative Folgen auf den notwendigen Alltagstransfer mit sich führt und im Extrem einen Behandlungsfortschritt verhindern oder zerstören kann. Hinzu kommt, dass sich dieses strukturelle Defizit erst dann heraus stellt, wenn es zum akuten Problem kommt. Das heißt, die Eltern rufen an und teilen mit, sie können ihr Kind nicht abholen, weil ihnen dazu die Mittel fehlen. Nebenbei: Manche Eltern(-teile) verschweigen in den Vorgesprächen aus Scham ihre schwierige finanzielle Situation. Eine klare und gegenüber den Eltern begründete Analyse hätte das Problem vorher kenntlich gemacht, es hätten Alternativen (Fahrdienst) gefunden oder finanzielle Hilfen organisiert werden können. Wenn die Familie überschuldet wäre, hätte ein Kontakt mit einer Schuldnerberatung hergestellt werden können. Einschränkend sei angemerkt, dass viele der notwendigen Maßnahmen nicht in der Klinik selber umgesetzt werden können. Dazu reicht zum einen oft die Zeit nicht aus, zum anderen ist sie nicht immer der richtige Ort. Doch es geht zunächst um das gemeinsame Erkennen der Problemlage, um einen ersten Einstieg in dessen Lösung (was mit Gesprächen darüber beginnt) sowie um die konsensuelle Entwicklung problemlösender Strategien, die weit über die Zeit des Klinikaufenthaltes hinaus reichen (von denen die Klinik aber auch zukünftig einen Teil bilden kann). Hierzu bedarf es natürlich einer engen Zusammenarbeit mit den entsprechenden komplementären Diensten, wie Jugendamt, Sozialamt etc.

All diese notwendig zu ziehenden Konsequenzen laufen auf ein anderes Modell einer sozialen Kinder- und Jugendpsychiatrie hinaus, in der familiale, jugendhilferechtliche, psychiatrische, schulische und spezifische komplementäre Dienste sowohl auf ambulanter als auch stationärer Basis miteinander kooperieren können. Dem stehen, wie das Fallbeispiel zeigte, vielfältige strukturelle, rechtliche und finanzielle Barrieren entgegen.[476] Vor allem die unterschiedlichen Kostenträgerschaften von Krankenkassen, Jugendämtern, Arbeitsämtern (berufl. Reha) und Rentenversicherung (med. Reha) bei ein und demselben Patienten erweisen sich als großer Hemmschuh für eine effiziente Hilfe- und Behandlungsplanung. Vielfach führt dies zu Kompetenz-Konkurrenzen, Zuständigkeitskonflikten, Finanzierungsstreitigkeiten, unnötigem Zeitdruck auf verschiedenen Seiten oder einfach auch nur zu Nachlässigkeiten, die der Unübersichtlichkeit geschuldet sind. Mehr noch: Es ist zu beobachten, dass diese Abgrenzungskonflikte unter dem Druck von Mittelkürzungen auf allen Ebenen psychosozialer und medizinischer Versorgung deutlich zunehmen und im Falle der Psychiatrie eine neuerliche Entwicklung zur medizinalisierten Akutpsychiatrie droht – mit allen bekannten Negativerscheinungen wie dem Drehtüreffekt, der Verwahrpsychiatrie, der Medikalisierung psychischen Leidens usw. Im besonderen Falle des Störungsbildes der SSV leisten diese Konfliktlinien unter Umständen sogar einen unheilvollen Beitrag zur Aggravation der Symptomatik.

Dem ist nur durch weitere Konsequenzen auf struktureller und politischer Ebene zu begegnen. Dazu zählt an erster Stelle die Schaffung eines gemeinsamen Finanzierungspools durch Kranken- und Rentenversicherungsträger, Jugend- und Sozialhilfeträger und anderer Kostenträger um eine integrierte

---

476 Das gilt auch auf Seiten der Hilfesuchenden. Um eine wichtige Barriere zu nennen: Diese hoch integrierten Arbeitsformen erfordern einen umfangreichen und weitgehend ungehinderten Informationsaustausch zwischen den beteiligten Stellen. Damit stoßen sie auch an rechtliche Grenzen, namentlich an die für viele Eltern und Patienten oftmals schwer zu überspringende Schwelle der Schweigepflicht (§203 StGB). Für diesen Zielkonflikt zwischen vertraulichem Schutz der Privatsphäre und effizienter Hilfe, der ja grundsätzlich auch schon jetzt besteht, müssen angepasste (juristische) Lösungen gefunden werden, deren ethisches Leitprinzip in der Transparenz der Arbeit bestehen sollte. Denn: »Bei Unklarheiten in der Rechtsbeziehung ergeben sich vielfältige Möglichkeiten des Agierens von Patienten und Angehörigen, die eine ordnungsgemäße Psychotherapie gefährden können.« M. Schwarz, Ethische und juristische Spezifika bei Psychotherapien von Kindern und Jugendlichen, in: Psychotherapeutenjournal, 1/2004, (20–23), 23.

3.3 Konsequenzen für die sozialpädagogische Praxis

Hilfe für die jungen Patienten und ihre Familien sicher zu stellen.[477] An zweiter Stelle steht die verpflichtende Kooperation der genannten Institutionen gemäß KJHG §§35a, 36 und 37 (Eingliederungshilfe für seelisch behinderte Kinder, Mitwirkung, Hilfeplan und Zusammenarbeit). Freiwillige Kooperationsverträge reichen nicht aus. Es müssen fallübergreifende, fortlaufende Kooperationsgremien geschaffen werden, die lokal bzw. regional organisiert und demokratisch legitimiert sind sowie Exekutivrechte haben. Zu denken wäre etwa an die Zusammenführung von Jugendhilfeausschüssen und den Psychosozialen Arbeitsgemeinschaften nach §78 KJHG in erweiterter Form. Eine ihrer Aufgaben wäre die fortschreibende Erstellung einer verknüpften Sozial- und Gesundheitsberichterstattung für Kinder und Jugendliche auf kommunaler Ebene, um eine zuverlässige Grundlage für politische Entscheidungen bereit zu stellen. Sodann muss eine bürgernahe, regionale Zuständigkeit mit einer Anlaufstelle für die Erstzuständigkeit geschaffen werden. Ferner wäre die Schaffung von multiprofessionellen Teams in Jugendhilfe, Jugendhilfeeinrichtungen, Kliniken und ambulanten Einrichtungen nötig, um gegenseitige Vorbehalte und Vorurteile der Berufsgruppen abzubauen und eine integrierte und kompetente Hilfe von Anfang an leisten zu können. Das schließt gemeinsame Fort- und Weiterbildungen, gegenseitige Hospitationen und informationellen Austausch ein. Als Einstieg empfiehlt sich die Schaffung von multiprofessionellen Interventionsteams, die nach schwedischem Vorbild in akuten Krisen aufsuchende Ersthilfe leisten und Clearingfunktion haben.[478] Jenseits akuter Krisen sollten multiprofessionelle Teams zur Verfügung stehen, um neben der üblichen sozialarbeiterischen und sozialpädagogischen Hilfe für betroffene Familien (SPFH) eine aufsuchende, ambulante familien- und sozialtherapeutische Arbeit zu leisten. In Österreich hat man hiermit bei der Begleitung von Multiproblemfamilien bereits gute Erfahrungen ge-

---

477 Im Folgenden beziehe ich mich auch auf Vorschläge von C. Köttgen, Integration statt Konkurrenz. Möglichkeiten der Kooperation zwischen Kinder- und Jugendpsychiatrie, in: dies. (Hg.), 1998, 233–247.

478 In Schweden wird seit einiger Zeit erfolgreich ein »Psychose-Ersterkrankung-Projekt« durchgeführt. In diesem Modellversuch unter dem Namen »Fallschirmprojekt« mit Zentrum in Malmö arbeitet ein multiprofessionelles Team aus psychiatrischen Pflegekräften und ärztlichem Personal zusammen, um bei psychotischen Erstmanifestationen Hilfe zu organisieren. Sie sehen ihre Hauptaufgabe zunächst darin, das soziale Netzwerk des Patienten, also sein soziales Kapital (v. a. die Familie), zur Unterstützung zu aktivieren, um möglichst eine stationäre Einweisung zu verhindern. Dazu bieten sie auch Kurzzeit-Wohngruppen an. Eine Adaption des Modells bei akuten Krisen von SSV-Patienten ist vorstellbar. Vgl. J. Cullberg, H. Strömqvist, M. Öhlander, Psychotische Ersterkrankung: Die Umsetzung einer landesweiten Studie (»Fallschirmprojekt«) in der klinischen Praxis. Vortrag (Cullberg) und Workshop (Strömqvist/Öhlander) auf der 4. Arbeitstagung des Bundesverbandes Psychoanalytische Paar- und Familientherapie (BvPPF), 04.-06. 06. 2004 in Frankfurt a. M.

macht.[479] Die Einrichtung flexibler Interventionsteams zwischen stationärer und ambulanter Versorgung würde zudem für die Aufhebung der kontraproduktiven Trennung von Komm- und Geh-Strukturen sorgen. Klinische und jugendhilferechtliche ambulante oder teilstationäre Gruppenangebote (z. B. Tagesklinik und Tagesgruppen; indikativ-ambulante therapeutische Gruppenangebote der Klinikambulanzen mit Angeboten der sozialen Gruppenarbeit nach §29 KJHG) sollten lokal ausgebaut und miteinander verknüpft werden. Insgesamt würden diese Vorschläge darauf hinauslaufen, die kinder- und jugendpsychiatrische Versorgung stärker zu integrieren, allerdings so, dass diese Integration primär fachlichen und nicht ökonomischen Vorgaben folgt. Damit verbunden wäre eine partielle Entklinifizierung, was u. a. bedeutet, die Personalausstattung etwas mehr vom medizinisch-pflegerischen Personal hin zum erzieherischen, pädagogischen und psychotherapeutischen Personal zu verschieben. Hierzu bedürfte es wiederum entsprechender Fachqualifikationen, wie sie im medizinisch-pflegerischen Bereich bereits üblich sind, also z. B. einer Fachausbildung zum kinder- und jugendpsychiatrischen Facherzieher/in bzw. Fachsozialpädagogen/in mit entsprechender psychotherapeutischen Qualifikation bei adäquater Bezahlung. Nicht zuletzt erscheint die Krankenhaushierarchie selbst reformbedürftig, einschließlich ihrer fragwürdigen Teilung in Pflegeleitung und ärztliche Leitung. Die internen Reibungsverluste durch paternalistische hierarchische Strukturen, Berufsgruppendünkel und -konkurrenzen sowie durch die überbordenden Dokumentationspflichten für die Kostenträger und für das sogenannte *Qualitätsmanagement* senken die Arbeitszufriedenheit, verschwenden wertvolle Arbeitsressourcen und behindern eine bessere Arbeit zugunsten der Patienten. Wichtiger als antiquierte Besitzstandshierarchien und neo-technokratische Überbürokratisierung sind weitgehend selbstständig arbeitende Teams mit hohem Aus- und Weiterbildungsstandard unter der fachkundigen Supervision erfahrener und hoch qualifizierter leitender Kräfte. Es ist überflüssig zu erwähnen, dass solche integrierten, kooperativen, flexiblen und gemeindenahen Arbeitsformen nicht in das individualisierende und budgetierte Krankheitskonzept diagnosebezogener Fallpauschalen (DRGs) passt. Vor dem Hintergrund der hier gelieferten Analyse würden diese nicht nur resilienz-, sondern auch effizienzvernichtend wirken.

Abschließend sei erwähnt, dass auch dieser übergeordnete, strukturelle und politische Aspekt relevante Auswirkungen auf die Arbeit von Sozialpädago-

---

479 Vgl. A. Frühmann, TAF – Therapeutische ambulante Familienbetreuung. Ein psychoanalytisch orientiertes Modell zur nachgehenden Arbeit mit Multiproblemfamilien. Vortrag auf der 4. Arbeitstagung des Bundesverbandes Psychoanalytische Paar- und Familientherapie (BvPPF), 04.-06. 06. 2004 in Frankfurt a. M.

gen/innen in der Kinder- und Jugendpsychiatrie hat, denn sie haben die Aufgabe, bei all diesen Prozessen mitzuwirken. Als »Profis zur Herstellung sozialer Passungsverhältnisse« sehe ich sie dabei sogar in einer zentralen Position. Schließlich geht es bei der Herstellung und Aufrechterhaltung dieser integrativen und kooperativen Arbeitsstrukturen um soziale Beziehungsarbeit, also um eine genuine berufliche Aufgabe und Kompetenz der Klinischen Sozialarbeit.[480] Hierzu bieten die neuen Modelle zur Integrierten Versorgung neuerdings interessante, aber bedauerlicherweise bislang kaum genutzte Ansätze.[481]

3.4 Seelische Krankheit und Gesellschaft – soziologische Überlegungen zum psychiatrischen Diskurs

In diesem Kapitel werden die zuvor aufgeworfenen Fragen aufgegriffen und es wird der Versuch einer Antwort unternommen. Nach einer zivilisationstheoretischen Vorbemerkung wird ausgehend vom kulturellen Einstellungswandel des Erziehungsverhaltens zum Leitbild des Verhandlungshaushaltes Kurs auf die sozialhistorischen Prozessen genommen, die zu einer grundlegenden Veränderung der wechselseitigen sozialen Anerkennungsverhältnisse in einer »fluiden Gesellschaft«[482] geführt haben.

Zunächst also zur Vorbemerkung. Will man historische Veränderungen im Sozialverhalten der Menschen einer Gesellschaft theoretisch weitreichend fassen, bietet sich Norbert Elias folgend die Betrachtung ihrer »Formalitäts-Informalitäts-Spanne«[483] an. Damit ist der mehr oder weniger formelle Umgang der Menschen im sozialen Verkehr untereinander gemeint. Es lassen sich immer Lebensbereiche erkennen, wo es formeller (z. B. anlässlich einer Einladung bei Bekannten) oder informeller zugeht (z. B. in der eigenen Familie). Das Gefälle zwischen Formalität und Informalität einer Gesellschaft zu einer bestimmten Zeit bezeichnet er als synchronisches Gefälle von Formalität und Informalität. Wird die sukzessive historische Entwicklung dieser Spanne in Bezug auf eine Gesellschaft untersucht, so spricht Elias vom diachronischen Informalisierungsgefälle. Ein Ansatz mit so großer theoretischer Reichweite wird im Rahmen

---

480 Vgl. dazu B. Geißler-Pilz, A. Mühlum, H. Pauls, Klinische Sozialarbeit, München/Basel 2005.
481 Soweit es nicht nur um reine »Sparmodelle« geht. Vgl. M.Greuèl, H. Mennemann, Soziale Arbeit in der Integrierten Versorgung, München 2006.
482 H. Barz u. a., Neue Werte, neue Wünsche. Future Values, Düsseldorf/Berlin, 2001.
483 N. Elias, Studien über die Deutschen. Machtkämpfe und Habitusentwicklung im 19. und 20. Jahrhundert, Frankfurt a. M., 1989, 41.

3 Die Störung des Sozialverhaltens als »social sickness«

dieser Arbeit jedoch nicht verfolgt. Der Hinweis auf Elias soll indes dazu dienen, die folgende, kürzer reichende soziologische Analyse historisch einzuordnen. Ihm zufolge zeichnet sich nämlich die Entstehung und Entwicklung moderner westlicher Gesellschaften – und nur diese hat Elias untersucht – durch zwei langfristige historische Trends des sozialen Verhaltens aus. Der erste besteht in einer zunehmenden Verwandlung von sozialen Fremdzwängen in individuelle Selbstzwänge. Noch für die mittelalterlich-agrarische Gesellschaften galten ein wesentlich höherer Affektstandard und viel niedrigere Scham- und Peinlichkeitsschwellen als für unsere heutigen Gesellschaften. Diese Gesellschaften schlossen

> »die Grausamkeitsentladung nicht vom gesellschaftlichen Verkehr aus. Sie war nicht gesellschaftlich verfemt. Die Freude am Quälen und Töten anderer war groß, und es war eine gesellschaftlich erlaubt Freude. Bis zu einem gewissen Grade drängte sogar der gesellschaftliche Aufbau in diese Richtung und machte es notwendig, ließ es als zweckmäßig erscheinen, sich so zu verhalten [...] Ähnlich verhielt es sich mit der Zerstörung der Felder, mit dem Verschütten von Brunnen und dem Abhauen der Bäume. In einer vorwiegend agrarischen Gesellschaft, in der das unbewegliche Eigentum den wesentlichen Teil des Besitzes darstellt, diente auch das der Schwächung des Gegners. Die stärkere Affektivität des Verhaltens war bis zu einem gewissen Grade gesellschaftlich notwendig [...] Und hier, wie dort, sind die Vergnügungen, die die Gesellschaft sich verschafft, Inkarnationen eines gesellschaftlichen Affektstandards, in dessen Rahmen sich alle individuellen Affektmodellierungen halten, so verschiedenartig sie sein mögen; wer aus dem Rahmen des gesellschaftlichen Triebstandards heraustritt, gilt jeweils als ›anormal‹.«[484]

Erst mit dem Umbau zur höfischen Gesellschaft und der Errichtung des staatlichen Gewaltmonopols im 17./18. Jahrhundert beginnt die körperliche Gewalt aus dem Verkehr der Menschen herauszutreten und der Affekt-

---

484 N. Elias, Über den Prozeß der Zivilisation, Frankfurt a. M., 1976, 268f. und 282. Elias schreibt weiter: »Vieles von dem, was uns als Gegensatz erscheint, die Intensität ihrer Frömmigkeit, die Gewalt ihrer Höllenangst, ihrer Schuldgefühle, ihrer Buße, die immensen Ausbrüche von Freude und Lustigkeit, das plötzliche Aufflackern und die unbezähmbare Kraft ihres Hasses und ihrer Angriffslust, alles das, ebenso wie der relativ rasche Umschlag von einer Stimmung zur anderen, sind in Wahrheit Symptome ein und derselben Gestaltung des emotionalen Lebens [...] Nur uns, bei denen alles gedämpfter, gemäßigter, berechneter ist und bei denen die gesellschaftlichen Tabus weit mehr als Selbstzwänge in den Triebhaushalt selbst eingebaut sind, erscheint die unverhüllte Stärke dieser Frömmigkeit und die Stärke dieser Angriffslust oder dieser Grausamkeit als ein Gegensatz... Wo immer man die Urkunden dieser Zeit aufschlägt, findet man ähnliches: Ein Leben von einer anderen Affektgeladenheit, als das unsere, ein Dasein ohne Sicherheit, ohne allzu lange Berechnung für die Zukunft.« (ebd., 276f.).

3.4 Seelische Krankheit und Gesellschaft

haushalt der Einzelnen baut sich um.[485] Über Bestrafungsprozeduren und andere Fremdzwänge sowie nicht zuletzt durch die Entwicklung systematischer pädagogischer Interventionen wurde die Regulierung der Affekte nach innen verlegt, wo sie als Selbstzwänge weiter existieren.[486] Der Modus dieses Transfers ist der der Verwandlung äußerer unmittelbarer Ängste (durch Angriffe etc.) in äußeren Zwang und dann in Selbstzwang als Angst vor dem äußeren gesellschaftlichen Zwang.[487] Dieser Modus gilt nicht nur phylogenetisch, sondern auch ontogenetisch, d. h. er muss in der Sozialisation jedes einzelnen Mitglieds der Gesellschaft wiederholt werden, damit es sein soziales Verhalten entsprechend den gesellschaftlichen Erfordernissen regulieren kann.[488] Das bedeutet, dass die Empfindlichkeit der sich nach westlichem Modus modernisierenden Gesellschaften gegenüber impulsiven und aggressiven Akten im Verlaufe ihrer Modernisierung angestiegen ist, da sie

---

485 »Dort wächst die Reihe der Handlungen und die Zahl der Menschen, von denen der Einzelne und seine Handlungen beständig abhängen, hier die Gewohnheit zur Sicht über längere Ketten hin. Und wie sich so Verhalten und Seelenhaushalt des Einzelnen verändern, ändert sich in entsprechender Weise auch die Art, in der ein Mensch den anderen betrachtet; das Bild das der Mensch vom Menschen hat, wird reicher an Schattierungen, es wird freier von momentanen Emotionen: es ›psychologisiert‹ sich.« (Elias, 1976, 372). Außerhalb des Hofes »ist es weder nötig noch möglich, sich sehr eingehend mit der Frage abzugeben, wie der persönliche Bewußtseins- und Affektaufbau eines Anderen beschaffen ist, und welche verborgenen Motive, welche Berechnungen dessen Verhalten zugrunde liegen.« Ebd., 373.

486 »Nun wird ein ganzer Teil der Spannungen, die ehemals unmittelbar im Kampf zwischen Mensch und Mensch zum Austrag kamen, als innere Spannung im Kampf des Einzelnen mit sich selbst bewältigt. Der gesellschaftlich-gesellige Verkehr hört auf, dadurch eine Gefahrenzone zu sein, dass Mahl, Tanz und lärmende Freude rasch und häufig in Wut, Prügelei und Mord umschlagen, und er wird dadurch zur Gefahrenzone, dass der Einzelne sich selbst nicht genug zurückhält, dass er an die empfindlichen Stellen, an die eigene Schamgrenze oder Peinlichkeitsschwelle der Anderen rührt. Die Gefahrenzone geht jetzt gewissermaßen quer durch die Seele aller Individuen hin. Eben darum werden Menschen jetzt auch in dieser Sphäre für Unterschiede empfindlich, die zuvor kaum ins Bewußtsein drangen... Wenn der Gebrauch der Waffe mehr und mehr eingeschränkt wird, wenn Fremd- und Selbstzwänge zugleich den Einzelnen die Äußerung von Erregung und Wut durch einen körperlichen Angriff immer schwerer machen, werden die Menschen allmählich empfindlicher gegen alles, was an Angriff erinnert. Schon die Geste des Angriffs rührt an die Gefahrenzone; es wird schon peinlich zu sehen, wie ein Mensch dem anderen das Messer reicht, so dass die Spitze auf ihn gerichtet ist.« Elias, 1976, 407.

487 »Hier, wie überall aber ist der Aufbau der Ängste nichts anderes als der psychische Widerpart der Zwänge, die die Menschen kraft ihrer gesellschaftlichen Verflechtung aufeinander ausüben. Die Ängste bilden einen der Verbindungswege – einen der wichtigsten – über den hin sich die Struktur der Gesellschaft auf die individuellen psychischen Funktionen überträgt.« Elias, 1976, 445f.

488 »Durch Ängste wird die bildsame Seele des Kindes so bearbeitet, dass der Heranwachsen allmählich selbst im Sinne der jeweiligen Standards zu verhalten vermag, ob sie nun durch direkte körperliche Gewalt hervorgerufen werden oder durch Versagungen, durch Beschränkung von Nahrung und Lust.« (Elias, 1976, 447). »Und nur eines darf man bei alledem nicht übersehen: Daß heute, wie ehemals alle Formen der inneren Ängste eines Erwachsenen mit Ängsten des Kindes in Beziehung zu Anderen, mit Ängsten vor äußeren Mächten zusammenhängen.« Ebd., 409.

zunehmend als sozial unangemessen, unpassend und verletzend erlebt wurden. Damit ist ihr eine Tendenz zur Ausweitung des »Symptompools« für dissoziale oder antisoziale Symptome strukturell eingeschrieben. Der Begriff »Symptompool« stammt von Edward Shorter. Er versteht darunter das Phänomen, dass sich das diffuse Leiden von Menschen bestimmter Symptome bedient, um ihrem Leiden einen manifesten Ausdruck zu verschaffen. Jede Gesellschaft und historische Epoche verfügt je nach den in ihr herrschenden Krankheitskonzepten über einen bestimmten Pool von Symptomen, der die Auswahl für die Patienten begrenzt, indem er wie eine Sprache das Sagbare von dem Unsagbaren trennt und damit quasi den Wortschatz für die Symptomsprache bildet.[489] Über die von Elias beschriebene Verwandlung von Fremd- in Selbstzwänge wird nun der symbolische Raum verpönter Triebäußerungen permanent vergrößert, mit der Folge, dass der Symptompool wächst.

Parallel zu diesem ersten langfristigen Trend des sozialen Verhaltens lässt sich ein zweiter historischer Trend beobachten, der nur scheinbar im Widerspruch dazu steht. Dieser Trend äußert sich durch jüngere Entwicklungen hin zu einer stärkeren Informalisierung des gesellschaftlichen Verkehrs. Elias weist darauf hin, dass es ein Missverständnis seiner Zivilisationstheorie bedeuten würde, hierin eine zivilisatorische Rückentwicklung im Sinne einer Rebarbarisierung zu sehen. Denn diese Erscheinungen beruhen auf einem langfristigen Trend moderner Gesellschaften hin zur Reduktion der Spanne zwischen Formalität und Informalität im sozialen Verhalten. Kurz gesagt können bestimmte Lebensbereiche moderner Gesellschaften nur deshalb informeller gestaltet werden (z. B. das Verhältnis zwischen Männern und Frauen), weil sich die Selbstzwangapparatur der Einzelnen im Prozess der Individualisierung verstärkt und differenziert hat, sodass ein Mehr an Selbststeuerungsfähigkeiten vorhanden ist.[490] Dieser Trend lässt sich ebenso für die Bereiche des Aufwachsens von Kindern und Jugendlichen beobachten. Hier sehen wir zum einen, dass die Formalität des Verhaltens in bestimmten Sozialisiationsbereichen, wie v. a. dem der unmittel-

---

[489] Dabei muss man diesen Gedanken nicht wie Shorter auf den körperlichen Ausdruck seelischen Leidens i. S. psychosomatischer Syndrome begrenzen. Vgl. E. Shorter, Moderne Leiden. Zur Geschichte der psychosomatischen Krankheiten, Reinbek bei Hamburg, 1994, 23–31.
[490] Am Beispiel des modernen Geschlechterverhältnisses beschreibt Elias diesen Vorgang: »Werbung und Paarbildung sind, mit anderen Worten, in höherem Maße individualisiert. Es mag vielleicht auf den ersten Blick paradox erscheinen, aber dieser Prozeß der Informalisierung, also die Emanzipation vom Fremdzwang eines vorgeschriebenen Rituals, stellt höhere Ansprüche an die Selbstzwangapparatur der einzelnen Beteiligten. Er verlangt, daß die Partner einander und sich selbst im Verkehr miteinander erproben, und sie können sich dabei auf nichts und niemanden verlassen als auf sich selbst, auf ihr eigenes Urteil und ihr eigenes Gefühl.« Elias, 1989, 53.

baren Aggression und Gewalt ansteigt[491], während sie in anderen Bereichen abnimmt (Kleidung, Geschlechterverhältnis). Grundsätzlich bedeutet dieser zweite Trend zur Reduktion der Formalitäts/Informalitätsschwelle, dass sich die beiden Bereiche in modernen Gesellschaften tendenziell aufeinander zu bewegen und der Grad zwischen ihnen schmaler wird. Das stellt neben die von Elias hervorgehobene größere Fähigkeit zur Selbststeuerung zugleich einen höheren Anspruch an die Fähigkeit des Einzelnen, diese Bereiche weiterhin voneinander unterscheiden zu können – was zunehmend nur noch situativ möglich ist – sowie diese situativen Formalitäts- und Informalitätserfordernisse im sozialen Verkehr interindividuell, also miteinander auszubalancieren. Aus diesem zweiten historischen Trend entsteht deshalb eine zivilisationsgeschichtlich begründete allgemeine Tendenz moderner Gesellschaften zur differenzierten Ausbildung sozialer Kompetenzen, im Sinne eines verfeinerten und auf Dauer gestellten sozioemotionalen Attunements. Der Begriff Attunement kommt aus der Säuglingsforschung und wurde maßgeblich von ihrem Pionier Daniel N. Stern geprägt. Er bezieht sich ursprünglich auf die Affektabstimmung (Attunement) zwischen Mutter und Säugling und meint auf der Ebene allgemeiner zwischenmenschlicher Kontakte die (notwendige) kontinuierliche Abstimmung der vitalen Affekte:

>»Indem wir uns mit Hilfe der Vitalitätsaffekte aneinander orientieren und aufeinander abstimmen, können wir mit einem anderen Menschen ›zusammensein‹, das heißt eine Basis entwickeln, auf der wir innerliche Erfahrungen nahezu kontinuierlich miteinander teilen. Auf diese Weise entsteht das Gefühl der Verbundenheit, das Gefühl, aufeinander abgestimmt zu sein, das uns wie eine ununterbrochene Linie erscheint.«[492]

Ökonomische Deprivation unter ungleichzeitigen sozialen Bedingungen
Nach dieser historischen Einordnung nun zurück zu den aktuellen, themenbezogenen Entwicklungen. Vorausgeschickt wurde bereits, dass viele ökonomisch deprivierte Familien bezüglich des Erziehungsleitbildes inzwischen unter divergente Anweisungsstrukturen geraten sind. Einerseits neigen sie traditionell überwiegend einer restriktiv-autoritären Erziehungslinie zu, andererseits wird der öffentliche Diskurs (in Kindergärten, Schulen, Erziehungshilfesystemen, Pädagogik, Medien usw.) vom Leitbild des partnerschaftlichen Umgangs mit dem Kind geprägt, der den Sozialisationsnormen der Mittelschicht entspricht.

---

491 Angefangen von der Tatsache, dass das Gesetz Eltern seit einiger Zeit verbietet, ihre Kinder zu schlagen über die Tatsache von Kameras auf Schulhöfen gegen gewalttätiges Verhalten unter den Schülern bis hin zur »Null-Toleranz«-Politik mancher Schulen, die u. a. das Spucken auf den Boden bestraft.
492 D. N. Stern, Die Lebenserfahrung des Säuglings, Stuttgart 1994, 224.

Diesem »disharmonischen Normenkanon«[493] unterliegen natürlich auch nichtarme Eltern, die ebenfalls traditionell-autoritär erziehen und demzufolge derselben »Psychoklasse«[494] zuzurechnen sind. Der Unterschied besteht jedoch darin, dass sie über die größeren Kapitalressourcen verfügen und die daraus erwachsenden internen Spannungen durch Kompromissbildungen latent halten können, während in sozial deprivierten Familien sich die erzieherische Verunsicherung der Eltern (mit ihrer inhomogenen und oft inkonsequenten Erziehungspraxis) häufiger in offenen Konflikten manifestiert. Ich erinnere daran, dass arme Eltern häufiger über Konflikte mit ihren Kindern berichten und sie ebenso häufiger familienersetzende Erziehungshilfen des Jugendamtes in Anspruch nehmen. Überspitzt könnte man formulieren, dass die autoritäre Psychoklasse den modernisierten gesellschaftlichen Anforderungen zur Erziehung eines sozial erwünschten (nicht-rigiden, *flexiblen*) Sozialisationstyps zwar insgesamt nicht mehr entspricht, die psychosozialen Folgekosten dafür im Gesellschaftssegment der ökonomisch Deprivierten aber am höchsten ausfallen. Wie lässt sich die Herstellung dieser soziohistorischen Ungleichzeitigkeit zwischen Sozialisation und sozialen Verhältnissen erklären?

Zum einen lösen sich im Prozess der so genannten Individualisierung nun auch die Reste traditionaler sozialer Lebenswelten auf. Mit ihnen verschwinden zunehmend Halt gebende soziale Strukturen der gegenseitigen sozialen Unterstützung und sozialen Kontrolle. Gerade in den unteren sozialen Schichten waren diese Lebenswelten familien-, nachbarschafts-, stadtteil- und klassenbezogen.[495] Die Auflösung dieser geschlossenen, teilsubsistenten Lebenswelten vollzog sich in der fordistischen Phase zunächst über das Medium des technokratisch-administrativen Versorgungsstaates. Mit seinem Rückbau und der Privatisierung der sozialstaatlichen Daseinsvorsorge in der jetzigen nachfordistischen Phase wird die materielle wie auch symbolische Reproduktion der Lebenswelten weitgehend an den Markt gekoppelt, auf dem sich nur noch vereinzelte Einzelne (Marx) begegnen. Die andere Seite der Individualisierung führt daher verschiedene »Pathologien der Lebenswelt« mit sich, deren gemeinsamer Nenner in der Vereinzelung der (Markt-)Subjekte gegeneinander

---

493 Elias, 1989, 207.
494 Der Begriff »Psychoklasse« wurde von Lloyd deMause eingeführt. Eine Psychoklasse definiert er als Gruppe von Menschen mit dem selben Sozialisationsmuster und entsprechend ähnlicher psychischer Struktur (Abwehr, Anpassung, Wahrnehmung etc.). Vgl. L. deMause, Grundlagen der Psychohistorie, Frankfurt a. M., 1989, 95f.
495 Das Proletariat mit seiner Arbeiterkultur war Resultat der Seßhaftmachung der pauperisierten Bevölkerung im Prozess der ursprünglichen Akkumulation im Deutschland des 19. Jahrhunderts, die erhebliche (Binnen-) Migrationsströme erzeugte. Vgl. dazu P. Brückner, Wie entsteht Bevölkerung?, in: Psychologie und Geschichte, Berlin, 1982, 155–257.

besteht.[496] Armut existiert gleichwohl weiter – mit dem Abbau des Sozialstaates und der durch ihn garantierten Transfereinkommen sogar verschärft. Wie gezeigt, gilt das insbesondere für Minderjährige. Doch Armut existiert nun ohne die Chance für die betroffenen Familien und deren Kinder auf traditionale Elemente oder funktionale Äquivalente lebensweltlicher Infrastruktur zurückgreifen zu können, weil eine tradierte »Kultur der Armut«[497] nicht mehr existiert. Die beschriebenen Restriktionen ihres sozialen, kulturellen und gesundheitlichen Kapitals lassen sich deshalb als empirischer Niederschlag der erwähnten Pathologie ihrer Lebenswelt interpretieren. Während in den traditionalen Strukturen der Satz »*Armut verbindet*« galt, muss es heute – einige Modernisierungsschübe später – eher »*Armut trennt*« heißen. Und zwar nicht im Sinne einer schon immer vollzogenen sozialen Ausgrenzung unterprivilegierter Bevölkerungsteile, sondern im Sinne einer sozialen Atomisierung der Einzelnen. Denn mit den gesamtgesellschaftlichen Verhältnissen individualisieren und pluralisieren sich auch die Armutsformen. Stärker als Erwachsene leiden deprivierte Kinder und Jugendliche daher unter dem damit verbundenen Schwund ihrer traditionalen »sozialen Anerkennungsräume«.[498] Was ist damit gemeint?

Für die Heranwachsenden früherer Generationen ging es um die möglichst konforme Aneignung eines sozial präformierten Identitätsprojektes innerhalb eines durch Besitzverhältnisse und Habitus begrenzten sozialen Raumes. Dadurch blieben die Menge der Projekte, die Orte und die Kriterien der sozialen Anerkennung zugleich überschaubar. Durch die Freisetzung der Einzelnen aus ihren habituellen Begrenzungen unter grundsätzlicher Beibehaltung der herrschenden Besitzverhältnisse entstanden modernisierte Verhaltensanforderungen an die dergestalt individualisierten Menschen. Diese neuen Anforderungen setzten sich in einem ersten Schub zunächst in der Konsumtionssphäre durch (zeitlich beginnend mit dem sogenannten *Wirtschaftswunder*), wo im Wege der »re-

---

496 Im Anschluss an Habermasens Überlegungen zur »Kolonisierung der Lebenswelt« in seiner Theorie des kommunikativen Handelns formuliert André Gorz: »Die Steuerung durch das »Medium« Geld ist – ebenso wie die administrative Steuerung – eine Fremdsteuerung, die die »kommunikative Infrastruktur« zersetzt, in der die »symbolische Reproduktion der Lebenswelt« wurzelt. Anders gesagt: alle Tätigkeiten, die kulturelles Erbe übermitteln oder reproduzieren – Erkenntnisse, Geschmack, Bildung, Sitten, Sprache, Gebräuche (usw.) –, kraft derer wir uns in der Welt selbstverständlicher Gewißheiten, Sicherheiten, Wertmuster und sozialer Normen orientieren, all diese Tätigkeiten können nur zum Preis von »Pathologien der Lebenswelt« über das Geld oder durch den Staat gesteuert werden; d. h. zum Preise ihres Zerfalls.« A. Gorz, Kritik der ökonomischen Vernunft, Berlin, 1989, 243.
497 Beck, 1986, 146.
498 Höfer, 2000, 298.

pressiven Entsublimierung«[499] aus sparsamen, disziplinierten und genügsamen Tante-Emma-Kunden hedonistisch orientierte und wählerische Supermarkt-Konsumenten geformt wurden. In einem zweiten Schub ab Mitte/Ende der 80er Jahre wurde auch die Produktionssphäre nach den Regeln der *New Economy* auf dem Boden mikroelektronischer (Kommunikations-)Technologien entsprechend verändert, indem die bisherigen Arbeitnehmer durch neue Arbeitsorganisations-Konzepte, neue Arbeitszeitmodelle, das Primat des lebenslangen Lernens und die Entwertung alter sowie die Entstehung neuer Qualifikationen (v. a. Dienstleistungen) mit neuartigen Arbeitsvertragsformen (Subunternehmer, Ich-AG etc.) zu »Arbeitskraftunternehmern« verändert werden.[500] Die Gesamtgestalt des solchermaßen verflüssigten und beschleunigten Subjekts bildet der von Sennett beschriebene »flexible Mensch«[501] mit einer nomadenhaften zeiträumlichen Mobilität bei psychosozialen Identitäts- und Bindungsschwierigkeiten. Dementsprechend verändern sich die sozialisatorischen Anforderungen an Kinder und Jugendliche. Welche Veränderungen diese Entwicklungen für sie im Bereich der Konsumtion mit sich bringen, wurde weitgehend im Abschnitt zum symbolischen Kapital abgehandelt. Aber auch die Umwälzungen in der Produktionssphäre führen strukturelle, ja strukturierende Einflüsse auf die Sozialisation von Kindern und Jugendlichen mit sich, die an dieser Stelle kurz beschrieben werden, bevor der soziologische Zusammenhang beider Aspekte zum Sozialverhalten und dessen möglicher Störung herausgearbeitet wird.

Die kurz skizzierten Veränderungen in den Produktionsprozessen ziehen – so analysierte es schon der Soziologe Emile Durkheim während des Überganges zur fordistischen Produktionsweise – eine massive Umwälzung der

---

499 H. Marcuse, Triebstruktur und Gesellschaft, Frankfurt a. M. 1965 (bes. Kap. 10); fort geführt in: Der eindimensionale Mensch. Studien zur Ideologie der fortgeschrittenen Industriegesellschaft, Frankfurt a. M. 1989, 92ff.

500 Dieser neue Arbeitnehmertypus versteht sich bei gleichwohl abhängigem Beschäftigungsverhältnis gewissermaßen als Unternehmer seiner eigenen Arbeitskraft. Daher wird er Arbeitskraftunternehmer genannt (Andrea Braukowitz/Andreas Boes, Ein neuer Arbeitskrafttyp entsteht, FR 02.03.2000). Typisch für die berufliche Identität ist heute daher eine Art Doppelstruktur: »Einerseits auf der Basis eines verbesserten Expertenstatus eine erweiterte Bereitschaft, sich die Unternehmenszielsetzung voll zu eigen zu machen, die Außenkonkurrenz zu bewältigen, andererseits das fortbestehende Bewusstsein eines nach wie vor restringierenden Betriebsstatus.« (Baethge, zit. n. O. Negt, Arbeit und menschliche Würde, Göttingen, 2002, 565). Als ein zentrales Element dieses Prozesses, der tief in die Lebens- und Identitätsstrukturen der Beschäftigten eingreift, sei die Entwicklung des sog. Qualitätsmanagements genannt, das in Abwandlung eines Gedankens von Herbert Marcuse als Arbeitsorganisationskonzept der repressiven Partizipation begriffen werden kann, welches die »totale Mobilmachung im Zeichen der Qualität verlangt.« (U. Bröckling, Totale Mobilmachung. Menschenführung in Qualitäts- und Selbstmanagement, 140, in: U. Bröckling/S. Krasmann/T. Lemke (Hg.), Gouvernementalität der Gegenwart. Studien zur Ökonomisierung des Sozialen, Frankfurt a. M., 2000, 131-167).

501 P. Sennett, Der flexible Mensch. Die Kultur des neuen Kapitalismus, Berlin, 2000.

gesellschaftlichen Arbeitsteilung nach sich, die die Form einer ökonomischen Krise annimmt.[502] Dadurch entsteht laut Durkheim ein strukturelles anomisches und demoralisierendes Potential, welches sich kritisch auf die normativen Regulationsprozesse und die sozialen Bindungsstrukturen der Gesellschaft auswirkt. Die Krise erzeugt schnelle und starke soziale Verwerfungen, die ganze Gruppen der Gesellschaft in Mitleidenschaft zieht. Das führt bei den Individuen zum Verlust der sozialen Orientierung (Anomie) und schwächt ihren Lebenswillen (Demoralisierung), was entsprechend des heutigen Forschungsstandes auch mit Kohärenz- und Selbstgefühl übersetzt werden kann.[503] Die krisenhafte Zuspitzung der gesellschaftlichen Organisation der Arbeits- und Produktionsprozesse vermittelt sich über den Arbeitsmarkt in die Bereiche von Bildung und Ausbildung. Die daraus erwachsende sekundäre Krise des Erziehungs-, Bildungs- und Ausbildungssystems wird an den aktuellen Strukturproblemen in Betreuung und Schule erkennbar, wie beispielsweise dem Problem der Vereinbarkeit von Berufstätigkeit und Kindererziehung, der Verschulung des Kindergartens, dem Unterrichtsausfall und Lehrermangel, den PISA-Ergebnissen, der steigenden Zahl der *Risikoschüler* etc. Im Weiteren sehen wir eine Krise der dualen Ausbildung durch Lehrstellenmangel, der überproportionalen Arbeitslosigkeit junger Menschen und dem Verschwinden einfacher Tätigkeiten. Das führt dazu, dass Erziehung und Bildung immer stärker unter dem Gesichtspunkt der Qualifikation, d. h. der zukünftigen Arbeitsfähigkeit betrachtet werden, die damit einen immer größer werdenden Raum in der Erfahrungswelt von Kindern und Jugendlichen einnimmt. Was ist nun die zentrale inhaltliche Neuerung dieser Qualifikationsanforderungen und wie hängt sie mit dem Sozialverhalten zusammen?

Die neue Ökonomie des Wissens lebt von der »Verhaltenskomponente« der Menschen
Der Beantwortung dieser Frage möchte ich drei Zitate prominenter Spitzenkräfte in Sachen Unternehmensführung und Management voranstellen. Das erste Zitat stammt von Norbert Bensel, als Personalchef von Daimler-Chrysler. Danach lasse Wolfgang Bernhard als VW-Markenchef zu Wort kommen, gefolgt

---

502 Vgl. hierzu E. Durkheim, Über soziale Arbeitsteilung, Frankfurt a. M., 1999; ders., Der Selbstmord, Frankfurt a. M., 1983.
503 Frank (1973) entwickelte eine Skala als Maß für Demoralisierung. Demoralisierung äußert sich in Versagensgefühlen, Sinn- und Hoffnungslosigkeit, Angespanntheit, Verlassenheitsgefühlen, Zukunftsangst und Konzentrationsproblemen. Ursache ist ihm zufolge »das subjektiv erfahrene Ungleichgewicht zwischen Bewältigungsmöglichkeiten des Individuums und den Anforderungen aus der Umwelt, das dann zu dem Gefühl führt, alltägliche Probleme nicht beziehungsweise nicht ausreichend lösen zu können.« (Höfer, 2000, 40). Höfer sieht einen engen Zusammenhang zwischen Demoralisierung und Kohärenzgefühl. Vgl. Höfer, 2000, 39ff.

3 Die Störung des Sozialverhaltens als »social sickness«

von Bernd Pischetsrieder als VW-Vorstandschef. Doch zunächst Norbert Bensel, er sagt:

»Die Mitarbeiter gehören zum Kapital des Unternehmens [...] Ihre Motivation und ihr Know how, ihre Flexibilität, Innovationsfähigkeit und ihre Kundenorientierung bilden den Rohstoff für innovative Dienstleistungsprodukte[...] Die Leistung der Einzelnen wird zunehmend nicht mehr an der Anwesenheit im Unternehmen, sondern an den erreichten Zielen und der Qualität der Ergebnisse gemessen [...] Da auch die *Verhaltenskomponente* bei der Erbringung von Dienstleistungen eine wichtige Rolle spielt, wird zunehmend auch die soziale und emotionale Kompetenz des Mitarbeiters bei entsprechenden Bewertungen berücksichtigt.«[504]

Die oben erwähnte Fähigkeit zum sozioemotionalen Attunement konkretisiert Wolfgang Bernhard als eine Art blindes Verstehen zwischen den Teammitarbeitern. Auf die sinngemäße Frage, wie ein idealer Mitarbeiter heute auszusehen habe, antwortet er:

»Teamfähig muss er sein. Die Zusammenarbeit muss Spaß machen, die Dinge müssen laufen. Alles muss auf Vertrauen basieren, es muss mit dem gesprochenen Wort funktionieren. Wir haben keine Zeit, für jeden Vorgang Briefe zu schreiben. Vor allem aber muss der Mitarbeiter fachlich kompetent sein. Überflieger funktionieren nicht. Nur wer sein Geschäft versteht, kann schnelle Entscheidungen treffen. Sie oder er muss persönlich initiativ sein, Dampf haben, Gas geben, unternehmerisch denken.« [505]

Das betriebswirtschaftliche Motiv der Sache berührt Bernd Pischetsrieder bei seiner Entgegnung auf die Frage, ob nicht das VW-Motto *Die Mitarbeiter stehen im Mittelpunkt* wie eine leere Phrase klinge:

»Das ist alles andere als eine leere Phrase, sondern hat auch schlicht betriebswirtschaftliche Gründe [...] Die weltweite Autoindustrie ist eine Art Oligopol, denn es gibt nur zehn oder elf Hersteller. Alle haben im Prinzip Geld, um ein neues Auto zu entwickeln und verfügen über dieselben Zugänge zu den nötigen Informationen, was die Kunden wünschen [...] Der einzige Faktor, mit dem sich ein Hersteller A vom Hersteller B wirklich dauerhaft und nachhaltig unterscheiden kann, ist

---

504 N. Bensel, Arbeitszeit, Weiterbildung Lebenszeit. Neue Konzepte, Beitrag zum Internationalen Kongress ›Gut zu Wissen. Links zur Wissensgesellschaft‹, Berlin, 4. bis 6. Mai 2001. Die Beiträge des Kongresses wurden von der Heinrich-Böll-Stiftung (Berlin), die den Kongress organisierte, in dem gleichnamigen Band beim Verlag Westfälisches Dampfboot, Münster 2002 veröffentlicht. Zit. n. A. Gorz, Wissen, Wert und Kapital. Zur Kritik der Wissensökonomie, Zürich, 2004, 17 (Hervorh. von H. B.).
505 Interview auto-motor-und-sport, Heft 20, 14.09.2005, 50.

die Zusammenarbeit der Menschen und die Qualifikation der Beschäftigten. Und deswegen ist der Satz ›Die Mitarbeiter stehen im Mittelpunkt‹ kein Sozialklimbim, sondern ein entscheidender Wettbewerbsfaktor.«[506]

Solchen Aussagen ließen sich viele weitere mit ähnlichem Grundtenor aus berufenem Munde hinzufügen. Insbesondere im wachsenden Dienstleistungsbereich, in dem Schätzungen zufolge im Jahr 2010 hier zu Lande ca. 70 % aller Arbeitskräfte beschäftigt sein werden,[507] werden *soziale Kompetenz* und *emotionale Kompetenz* zu entscheidenden *Schlüsselqualifikationen* erklärt. Wozu braucht ein modernes Unternehmen aber diese Schlüsselqualifikationen? Hierüber gibt folgendes Zitat aus der neueren Managementliteratur Aufschluss:

»Schlüsselqualifikationen wollen mehr erreichen als einen verbesserten Funktionsablauf in den Routineaufgaben des Arbeitsalltags. Sie sollen Menschen dazu befähigen, nicht nur das Gelernte situationsspezifisch und flexibel anzuwenden, sondern nach ihren Bedürfnissen zu verändern, auftretende Probleme zu lösen, neue Handlungsalternativen in ihre Arbeitsabläufe zu integrieren, zwischen Alternativen auszuwählen, ihre Fähigkeiten mit den Fähigkeiten anderer zu verknüpfen und ihr (Ver)handlungsrepertoire aus eigener Kompetenz und Synergie zu erweitern. ›Schlüsselqualifikation‹ wird somit zu einem entscheidenden Lernschritt in der eigenen Persönlichkeitsentwicklung. Dieser Prozeß verlangt die Bereitschaft, offen für neue Beobachtungen, Erfahrungen und Anregungen zu sein sowie Neues dazu – und Altes umzulernen.«[508]

Als zentrale Aspekte im Teilbereich der sozialen Kompetenz werden dabei Stangl (2001) zufolge

»Kommunikations- und Kooperationsfähigkeit inklusive Problem- und Konfliktbewältigung, Handlungskompetenz und lebenslange Lernfähigkeit genannt. Darunter werden auch die Fähigkeiten zur Motivation, Information, Moderation bzw. Verhandlungsführung und Beratung sowie rhetorische und kritische Kenntnisse subsumiert. Ergänzt werden diese Eigenschaften durch den Anspruch nach Flexibilität, Dynamik, Kreativität, Innovationsfähigkeit und Entscheidungsfreudigkeit.«[509]

---

506 FR-Interview, 02. 04. 2005, 76/11.
507 P. Schnurr, Dienstleistungsgesellschaft auf industriellem Nährboden (IAB-Kurzbericht Nr. 9), Nürnberg (BfA), 1999, zit. in: G. Mohr/K. Otto, Schöne neue Arbeitswelt: Risiken und Nebenwirkungen, reportpsychologie, 30, 6/2005, (260–267), 261.
508 C. Scheitler, Schlüsselqualifikation Soziale Kompetenz – ein strategischer Erfolgsfaktor. htpp://www.wzk.de/p_sozko1.htm (98-07-07), zit. n. Stangl, 2001, 10f.
509 Stangl, 2001, 19.

3 Die Störung des Sozialverhaltens als »social sickness«

Der andere Teil der neuen Schlüsselqualifikation, die emotionale Kompetenz, ergibt sich gleichfalls aus dem Charakteristikum der Dienstleistungsarbeit, die Beziehung zu anderen Menschen zum Gegenstand der Wertschöpfung zu machen. Die sich zuvor im Material vergegenständlichende Arbeit wird nun zur Beziehungsarbeit. In der hierfür zuständigen Fachwissenschaft der Arbeits-, Betriebs- und Organisiationspsychologie (ABO) wird sie daher auch *Emotionsarbeit* genannt. Emotionsarbeit bezeichnet

> »die Anforderung, beim Gegenüber bestimmte Gefühle zu erzeugen. Zu betonen ist, dass dies ein Bestandteil der Arbeitsanforderung ist und nicht lediglich eine Frage des persönlichen Arbeitsstils. So gilt es z. B., Wohlbefinden beim Patienten, ein Gefühl der Sicherheit bei den Fluggästen, Zufriedenheit beim Kunden, Freude bei den Gästen einer Kabarettvorstellung oder Optimismus in der Psychotherapie zu erzeugen. Eine besondere Anforderung in den Dienstleistungsberufen ist darin zu sehen, dass gegenüber dem Kunden auch dann positive Gefühle gezeigt werden müssen, wenn einem selbst nicht danach zumute ist. Eine Stewardess, die vor Angst zittert, wird wohl kaum ihren Fluggästen Sicherheit vermitteln können.«[510]

Wie unscharf und schillernd die Begriffe der sozialen und der emotionalen Kompetenz durch ihre Ökonomisierung werden und dass sie sich nur über den herrschenden sozialen Kontext sinnvoll bestimmen lassen, wurde bereits dargelegt.[511] Für das Interesse an ihrer ökonomischen Verwertung ist das allerdings eine nebensächliche, ja eher störende Fragestellung. Für den hier diskutierten Zusammenhang ist es zunächst wichtiger festzustellen, dass sich aus den veränderten Produktionsbedingungen der neuen Ökonomie neuartige Anforderungen an die Menschen ergeben, die sich unmittelbar an ihr soziales Verhalten richten. Je nach Dienstleistungsferne oder -nähe wirken diese in ihrer Nachdrücklichkeit zwar graduell abgestuft, doch sind sie weder »Sozialklimbim« noch »eine Frage des persönlichen Stils«, sondern spiegeln eine ökonomische Notwendigkeit mit hegemonialem Durchsetzungsanspruch, dem sich der Einzelne nur unter erheblichen persönlichen Kosten und Nachteilen entziehen kann. Denn auch in den übrigen Bereichen zeigt sich der deutliche Trend zur Verdienstleistung darin, dass über entsprechende Arbeitsorganisations-Konzepte zunehmend Dienstleistungskomponenten in traditionelle Arbeitsabläufe implan-

---

510 Mohr/Otto, 2005, 261.
511 Ich verweise auf meinen an Stangl (2001) orientierten Exkurs zur »Sozialen Kompetenz« im ersten Kapitel. Im Übrigen ist Stangl zuzustimmen, wenn er kritisiert, dass solche Merkmalskombinationen einer »eierlegenden Wollmilchsau« ähneln und soziale Kompetenz sich so »nur noch gegen die Nekrophilie« abgrenzen lässt. Stangl, 2001, 19.

tiert werden.⁵¹² Deshalb achten Unternehmen bei Einstellungen immer stärker auf diese so genannten *soft-skills* bzw. bilden ihre Mitarbeiter entsprechend fort. Gerne werden z. B. Anwärter mit dem »Bewerbungsjoker soziales Ehrenamt« (FR 04. 06. 05) eingestellt. Bertelsmann-Pressesprecher Oliver Fahlbusch sagt dazu:

> »Ein solches Engagement macht einfach neugierig auf den Bewerber. Wir setzen auf einen Typus Mensch, der schnell Verantwortung übernimmt. Wenn jemand schon bewiesen hat, dass er eine Führungsfunktion ausüben kann, indem er Schulsprecher war, als Student einen Kongress organisiert hat oder eine verschlafene Jugendorganisation einer Partei wiederbelebt hat, dann spricht das klar für seine Sozialkompetenz.«⁵¹³

Auch diese Äußerung macht wiederum kenntlich, dass es nicht um eine sekundäre Charaktereigenschaft geht (die man haben kann oder nicht), sondern um die ökonomische Fokussierung eines *sozialen Typus* mit einer spezifischen »Basisidentität«⁵¹⁴. Und noch eines wird deutlich. Die soziale Kompetenz wird als universell nutzbare Kompetenz ohne jeglichen Rückbezug auf etwaige Inhalte, Kontexte oder übergeordnete normativ-moralische Aspekte aufgefasst. Es ist offenkundig zweitrangig, ob z. B. die erwähnte Parteijugend-Organisation, die der Bewerber wiederbelebt hat, etwa zur SPD oder zur NPD gehörte. Inzwischen gibt es auch etliche Agenturen, die sich auf die Vermittlung von Mitarbeitern aus Industrie, Gewerbe, Dienstleistung usw. in soziale Einrichtungen spezialisiert haben, wo sie in Form eines Praktikums soziale Kompetenz erlernen sollen. So organisiert die kirchlich-diakonische Agentur *mehrwert* soziale Lernprojekte für Schüler, Auszubildende, Studierende und Führungskräfte. Die Teilnehmer arbei-

---

512 Die unterschiedlichen sog. Qualitätsmanagement-Systeme (QM) basieren alle auf der Grundregel, die internen Arbeitsabläufe nach dem Prinzip der Dienstleister-Kunden-Beziehung zu reorganisieren. Das heißt, jeder Arbeitnehmer tritt gegenüber seinen Kollegen als Anbieter von »Dienstleistung« auf, die diese als seine »Kunden« nachfragen. Die »Kunden« sind umgekehrt gegenüber ihrem Kollegen in derselben Rolle des Dienstleisters, so das jeder Beschäftigte immer Dienstleister und Kunde zugleich ist. So wird jeder zu einem kleinen Unternehmen für sich innerhalb eines großen Unternehmens, und es entsteht ein unternehmensinterner Markt. Damit ist die zentrale Voraussetzung für sämtliche marktgesetzlichen Anschlussoperationen bei jedem einzelnen Beschäftigten geschaffen (Benchmarking, Bezahlung nach »Kundenzufriedenheit« etc.).
513 Nicht nur eine Frage der Ehre. Unternehmen schätzen die soziale Kompetenz freiwilliger Helfer/Teils bessere Aufstiegschancen, in: Frankfurter Rundschau, 04. 06. 2005, Nr. 127, FR-Karriere.
514 Die Basisidentität bildet »gleichsam unter der Position und der Rolle einen Komplex von generellen und sozialen Identitäten, die das Rollenhandeln beeinflussen und begrenzen«. Sie bezeichnet »Eigenschaften einer Person, die für eine Rolle als Bezugspunkte für Positionszuschreibungen oder als beeinflussende (begrenzende, behindernde...) Faktoren relevant sind; sie sind keine positionsforderungs-spezifischen Mittel oder Bestandteile der Rolle.« Siegfried Reck, Identität, Rationalität und Verantwortung, Frankfurt a. M., 1981, 81 und 87.

ten innerhalb von drei Monaten für 40 Stunden in einer sozialen Einrichtung mit. Zitat: »Erfolg im Berufsleben hängt nicht nur von guten Schulnoten oder einem Uni-Abschluss ab. Soziale Kompetenz ist gefragt.«[515] Umgekehrt stellte z. B. der Ludwigshafener Chemiekonzern BASF im Jahr 2004 500 Mitarbeiter für ehrenamtliches Engagement frei.[516] 50 Auszubildende machen 2005 unter dem Motto »Lernen in fremden Lebenswelten« Praktika in einer Behindertenwerkstatt, einer Kindertagesstätte, einer Bahnhofsmission u. a. sozialen Einrichtungen. Klar ist auch, dass die geforderte Schlüsselqualifikation *soziale Kompetenz* nicht mehr zu einer traditionellen, patriarchalischen Personalführung passt. Denn mit ihr rücken immer mehr Tugenden ins Zentrum des postfordistischen Qualifikationsprofils, die vormals als weiblich etikettiert wurden (Beziehungsfähigkeit, soziale Empathie, ausgleichende Toleranz, Kommunikationsfähigkeit, Denken in vernetzten komplexen Systemen usw.). Es macht daher durchaus Sinn, wenn das Bundesministerium für Wirtschaft und Arbeit seine Kampagne zur Propagierung der so genannten *Ich-AG* unter dem Titel *TeamArbeit für Deutschland* seinerzeit mit einer jungen Mutter castete, über deren Entwicklung als Arbeitskraftunternehmerin die Werbetexter ein Blog in Ich-Form führten. Denn was eine *Ich-AG* können muss, sei das, »was Mütter immer schon können müssen: Koordination widersprüchlicher Anforderungen in kürzester Zeit (Zeitmanagement), Zuverlässigkeit und fürsorgliche Zuwendung (Kundenorientierung), pädagogisches Geschick (Mitarbeiter-führung), Auskommen mit dem Haushaltsgeld (Finanzplanung und Controlling).«[517]

Wie lassen sich diese neuen Anforderungen an das Sozialverhalten der Individuen erklären?

Meyer-Dohm (1993) geht davon aus, dass das neue Anforderungsprofil das »Resultat eines Paradigmenwechsels in den Unternehmen und der veränderten Rahmenbedingungen, unter denen die Unternehmen sich am Markt behaupten müssen« ist. Dieses ergibt sich aus folgenden neuen Unternehmensstrukturen:
– Flache Hierarchien ohne die Sicherheit fester Arbeitsbereiche,
– flexible Produktion in Gruppenarbeit mit hohem Automatisierungs- und Technisierungsgrad,
– geringe Produktionstiefe,
– intensiver Kontakt mit Kunden und Zulieferern sowie mit der sozialen, politischen und ökologischen Umwelt,

---

515 Vgl. chrismon, 05/2005, 6.
516 250 davon in der Politik: »Was ja den nicht unerwünschten Nebeneffekt für das Unternehmen hat, dass es in den Gemeinderäten der Region stark repräsentiert ist.« (Frankfurter Rundschau, 04.06. 2005, Nr. 127, FR-Karriere).
517 Fankfurter Rundschau 19. 02. 2004, Nr. 42, S 27. Die junge Frau verkauft in ihrem »Senfsalon« selbstaromatisierte Senfsorten. Siehe auch http://www.teamarbeit-fuer-deutschland.de.

- vernetztes unternehmerisches Denken und Handeln,
- Notwendigkeit integrierten, systemorientierten Managements.[518]

André Gorz (2004) erklärt diese Veränderungen mit dem Übergang von der fordistischen zu einer nachfordistischen Produktionsweise.[519] Da der Autohersteller Toyota in den 80er/90er Jahren als erster Weltkonzern auf das von Meyer-Dohm beschriebene *lean management* (flache Hierarchien), die *lean production* (geringe Fertigungstiefe), die *just-in-time-production* (Verschiebung der Lagerhaltung auf die Logistik), das *outsourcing* (Auslagerung peripherer Leistungen an nominell selbstständige Subunternehmer) inklusive einem kontinuierlichen Qualitätsentwicklungsprozess umgestellt hat, werde ich diese nachfordistische Produktionsweise *Toyotismus* nennen.[520] Gorz postuliert, dass damit der Übergang von der industriellen Ökonomie zu einer Ökonomie des Wissens verbunden ist. In der Wissensökonomie ist die Hauptproduktivkraft nicht mehr die verausgabte, quantifizierbare Arbeit, sondern das Wissen. Das Wissen existiert ihm zufolge in den beiden Formen des formalen und des informellen Wissens. Das formale Wissen entspricht spezialisiertem Fachwissen (gebunden an Bildungszertifikate, also dem i. e. S. kulturellem Kapital), das informelle Wissen entspricht dem lebendigem Wissen, dass der sozialen Praxis und Lebenserfahrung der Gesellschaft entnommen wird, also dem sozialem Kapital. Als praktisch angewandtes soziales Kapital bezeichnet es damit das oben beschriebene Konstrukt der sozialen Kompetenz, dem es daher auch seine begriffliche Unschärfe verdankt.[521] Beide, formales und informelles Wissen, fließen in der Aneignung durch das Unternehmen zu einer Kapitalform zusammen, die Gorz »immaterielles Kapital«[522] nennt und dem traditionellen

---

518 P. Meyer-Dohm, Welche Art Bildung erwarten die Großunternehmen von Absolventen der Universitäten? In: Wozu Universitäten – Universitäten wohin? Stifterverband für die Deutsche Wirtschaft, Essen, 1993, 32, zit. n. Stangl, 2001, 19.
519 Im Weiteren nach Gorz, 2004.
520 Vgl. R. Kurz, Der Kollaps der Modernisierung. Vom Zusammenbruch des Kasernensozialismus zur Krise der Weltökonomie, Frankfurt a. M., 1991.
521 Gorz bezeichnet es nach folgendem Zitat von Christian Marazzi auch als neues Fixkapital: »Das neue Fixkapital besteht mit anderen Worten aus der Gesamtheit der Gesellschafts- und Lebensbeziehungen, aus den Weisen, wie Informationen produziert und aufgenommen werden, die sich zunächst in Arbeitskraft sedimentiert haben müssen, um anschließend entlang des Produktionsverfahrens aktiviert werden zu können.« Christian Marazzi, Der Stammplatz der Socken. Die linguistische Wende der Ökonomie und ihre Auswirkungen in der Politik, Zürich, 1998, 78, zit. n. Gorz, 2004, 36f.
522 Gorz, 2004, 42ff. Der Börsenwert des immateriellen Kapitals übertrifft bei vielen Unternehmen inzwischen ihren Börsenwert an materiellem Kapital. Nach einer schwedischen Studie liegt er oft fünf- bis sechzehnmal höher. Im Jahr 1999 machte das materielle Kapital der gesamten US-Industrie nur ein Drittel ihres Börsenwertes aus. Vgl. Gorz, 2004, 44.

materiellen Kapital (Sach- und Finanzwerte) gegenüber stellt. Wie der zitierte Bernd Pischetsrieder betont, ist das immaterielle Kapital für die Unternehmen inzwischen zu einem entscheidenden Wettbewerbsfaktor geworden. Es ist als solcher die letzte Form und Quelle der Wertschöpfung. In Paraphrase zu Gorz und in Ergänzung meiner Ausführungen zum Begriff der sozialen Kompetenz sei hinzugefügt, dass formales Wissen informelles Wissen nicht einfach ersetzen kann. Wie schon im Zitat des VW-Markenchefs Wolfgang Bernhard angeklungen und im Begriff der *Basisidentität* pointiert bestimmt sich ihr Verhältnis eher nach dem Modell der »notwendigen und hinreichenden Bedingung«. Das informelle Wissen (die soziale Kompetenz) ist die notwendige, aber nicht hinreichende Bedingung für die Übernahme einer beruflichen Position. Die fachliche Qualifikation muss in jedem Fall hinzu kommen, doch reicht sie alleine nicht mehr hin. Denn: »Nicht der Fachmensch, der ganze Mensch soll sich in seiner Arbeit einsetzen. Von diesem Einsatz hängt die Qualität der Arbeitsleistungen ab.«[523] So wie die Schule ein unterrichtsangepasstes Sozialverhalten voraussetzt, so setzt der Toyotismus – oder der »kognitive Kapitalismus«[524], wie Gorz die neue Ökonomie auch nennt – ein dienstleistungs- und kundenangepasstes Sozialverhalten voraus. Das ist die Basis dessen, was die Personalchefs heute *Employability* nennen. Diese Beschäftigungsfähigkeit, die in weiterer Übersetzung auch *Anwendbarkeit* und *Brauchbarkeit* bedeutet, hat die gesamte Lebensführung eines Menschen zum Gegenstand, mit dem Ziel der Herstellung »einer sicheren und gesunden Lebensführung der Mitarbeiter« durch die Minimierung von riskanten Lebensstil-Komponenten. Doch: »Auch noch so eindringliche und sorgfältige Vermittlung von Wissen über Sicherheitsstandards, gesunde Ernährung, Bewegung etc. führt nicht zu anhaltender Verhaltensveränderung. Das setzt vielmehr die Förderung eigenkompetenten Verhaltens voraus«, so ein aktueller Forschungsbericht der Bundesanstalt für Arbeitsschutz und Arbeitsmedizin unter dem Titel »Kompetenz für eine nachhaltige Beschäftigungsfähigkeit«.[525] Der Begriff der Nachhaltigkeit soll dabei zum Ausdruck bringen, dass

---

523 Gorz, 2004, 9f. Dementsprechend heißt es in dem schon mehrfach zitierten *FR-Karriere*-Artikel: »Soziale Fähigkeiten – Stichwort Teamwork – werden nicht nur von Betriebswirten, sondern auch von Ingenieuren gefordert. Fachliche Schwächen – da sind sich die Unternehmen einig – können durch anderweitige Aktivitäten allerdings nicht ausgeglichen werden und ein dadurch längeres Studium wird nur in begründeten Fällen akzeptiert.« (Frankfurter Rundschau, 04. 06. 2005, Nr. 127, FR-Karriere). Im Sinne Durkheims ließe sich die Basisidentität der sozialen Kompetenz daher als nicht-vertragliches Element des (Arbeits-)Vertrags auffassen. Vgl. Durkheim, 1999, 263ff.
524 Gorz, 2004, 48.
525 B. Kriegesmann u. a., Kompetenz für eine nachhaltige Beschäftigungsfähigkeit, Dortmund/Berlin/Dresden, 2005, 5.

»nur wer langfristig gesund ist, [...] auch seine ›fachliche‹ Beschäftigungsfähigkeit zur Entfaltung bringen [kann]. Die stattfindenden Umbrüche fordern (Erwerbs-)Personen verstärkt heraus, ihre Karriere *und* ihre Gesundheit flexibel zu steuern und zu sichern. In diesem Zusammenhang erlangt die persönliche ›Gestaltung von Arbeit und Freizeit als Dimensionen der Lebensführung‹ einen erheblichen Einfluss auf die Lebensqualität und bildet auf individueller Ebene den Rahmen für Gesundheit, emotionales Wohlbefinden und Employability. Lebenslang zu lernen, mit seinen eigenen Ressourcen hauszuhalten, gewinnt als Gestaltungs- und Bewältigungsstrategie für nachhaltige Employability insofern stark an Bedeutung [...] Eigenkompetentes Verhalten basiert auf Wissen, Erfahrung und Bereitschaft [...] Basis für den Aufbau dieser Employability ist die Kompetenz des Einzelnen.« [526]

Zusammengefasst lässt sich also sagen, dass das flexible Unternehmen nicht nur den aus Stellenausschreibungen hinlänglich bekannten »flexiblen Mitarbeiter« braucht, sondern einen im eigentlichen Wortsinne *reflexiblen* Mit-Arbeiter. Dieser Mitarbeitertypus muss nicht nur beweglich (flexibel) sein. Er muss vielmehr in der Lage sein, die übergeordneten Unternehmensziele- und abläufe in seine alltägliche Arbeitsroutine reflexhaft einzubedenken, indem er sich fortlaufend auf sie rückbezieht und wie man so schön sagt *für den Betrieb mitdenkt*. Einschränkend ist freilich zu ergänzen, dass ein reflexiver Mitarbeiter kein *reflektierender* Mitarbeiter ist.

Die Selbstproduktion: Von der Desozialisierung zur Dissozialität
Das bedeutet, dass in der Produktionssphäre dasselbe Gesetz wie in der Konsumtionssphäre, in der das symbolische Kapital zirkuliert, gilt. Für diese wurde bereits beschrieben, wie die Aneignung des Produkts durch den Konsumenten über die Identitäts- und Sinnangebote der Marken als ein Akt des Selbstausdrucks, der Selbstdefinition, letztlich der »Selbstproduktion« konstruiert wird.[527] Das Gesetz des *Selbst-* gilt in gleicher Weise für die

---

526 Kriegesmann u. a., 2005, 11, 20/21 (Kursiv im Orig.). Zu Gorz ergibt sich dabei eine aufschlussreiche Parallele. Ähnlich wie er formales und informelles Wissen unterscheidet, grenzen Kriegesmann u. a. »explizites Wissen« (lässt sich in Zahlen und Worten ausdrücken; ist frei konvertierbar) gegen »implizites Wissen« (an die Lebenserfahrung der Person gebunden) ab. Vgl. ebd, 23.
527 »Das symbolische Kapital der Firma als Instrument, mit dem die Ware ihre Konsumenten produzieren soll, wird durch diese selbst verwertet. Sie leisten die *unsichtbare Arbeit* der Selbstproduktion, die ›dem Objekt ein Subjekt liefert‹, das heißt die in jedem Einzelnen die Wünsche, Lüste und Selbstbilder produziert, deren angemessener Ausdruck die Ware vermeintlich ist. Mit einem Wort, die Markenwerbung induziert beim Verbraucher die Selbstproduktion, die die Markenprodukte als Embleme der Selbstverwertung des Verbrauchers verwertet.« (Gorz, 2004, 56, Kursiv im Orig.). Werbung und Marketing stellen damit jene technisch reproduzierbaren Kunstwerke her, die dazu dienen, die Menschen »zu ihrem *Ausdruck* (beileibe nicht zu ihrem *Recht*) kommen zu lassen«, wie Benjamin schon früh erkannte (Walter Benjamin, Das Kunstwerk im Zeitalter seiner technischen Reproduzierbarkeit, Frankfurt a. M., 2003, 42, Hervorheb. H. B.).

Produktionssphäre und ist mit seinen zahllosen Varianten (Selbststeuerung, Selbstorganisation, Selbstverantwortung, Selbstmanagement, Selbstintegration, Selbstökonomisierung usw.) das Credo der Arbeitskraft als *Ich-AG*.[528] In beiden Sphären »ist das Sich-selbst-Bearbeiten und Sich-selbst-Produzieren der Schlüssel, der den Zugang zur Gesellschaft öffnet«[529]. Die Selbstproduktion wird zur verbindlichen sozialen Praxis und stellt die Identitätsentwicklung unter das Primat beruflicher Anforderungen, die sich entlang neuartiger ökonomischer Verwertungsbedürfnisse definieren.[530] Identität und Arbeit verschmelzen zur *Identitätsarbeit*, in instrumenteller Lesart auch *Selbstmanagement* genannt.[531] Im affirmativen Sprachgebrauch ihrer Protagonisten erscheint die Selbstproduktion daher auch als Mixtum compositum aus Eigenschaft und Fähigkeit eines Subjekts zugleich: *Selfness*. Selfness bezeichnet kurzerhand die »Kompetenz, das eigene Leben in den Griff zu bekommen«[532]. Aus diesen toyotistischen Verhaltensimperativen lassen sich die

528 Die Ich-AGs und Arbeitskraftunternehmer sind alle »ununterbrochen damit beschäftigt mit allem *business* zu machen: Sexualität, Ehe, Zeugung, Gesundheit, Schönheit, Identität, Kenntnisse, Beziehungen, Ideen [...] Wir wissen nicht mehr genau, wann wir arbeiten und wann nicht. Ständig sind wir damit beschäftigt, alle Arten von *business* zu machen [...] Selbst die Lohnabhängigen werden zu individuellen Unternehmern, die ihre Karriere führen wie einen kleinen Betrieb [...], allzeit bereit sich den neuen Trends anzupassen. Der Mensch wird ein Betrieb [...] Weder die Familie noch die Nation können dieser Entwicklung standhalten.« Pierre Lévy, World Philosophie, Paris 2000, 84–86, zit. n. Gorz, 2004, 27.
529 Gorz, 2004, 57.
530 Neben der lebenslangen Lernfähigkeit haben Beschäftigte heutzutage zur Sicherstellung ihrer *Employability* die Aufgabe, »das Gefühl der Kontrolle über die eigene Lebenssituation und das Empfinden von Selbstwirksamkeit nicht zu verlieren, auch dann nicht, wenn sie sich im Zuge der neuen Patchwork-Biografien mit Phasen ohne bezahlte Erwerbsarbeit auseinandersetzen müssen und die nächste Erwerbsarbeit nicht in Sicht ist. Dies wird nur möglich sein mit einer hohen Unsicherheitstoleranz, einem geringen Angstniveau, einem guten Kohärenzsinn.« Mohr/Otto, 2005, 266.
531 »Rollenidentitäten und Laufbahnen liefern nicht mehr ›automatisch‹ die für Gesundheit relevanten Bestimmungen, wie Sinn, Verhaltenssicherheit und Bedeutung. Diese müssen erst vom Subjekt ›erarbeitet‹ und hergestellt werden. Es ist die Leistung des Subjekts, inwieweit es ihm gelingt, mit seinen Identitätsentwürfen Sinn, Bedeutung und Verhaltenssicherheit mit den anderen auszuhandeln und für sich ein Gefühl von Identität herzustellen.« Höfer, 2000, 154.
532 So der Soziologe und sog. Trendforscher Matthias Horx laut Zeitschrift Brigitte (18/2005, 189). Die Verfasserin erklärt Selfness so: »Konkret heißt das: Wir kümmern uns um unsere Gesundheit, indem wir bewusst auf Lebensstil und Gesundheit achten. Wir probieren verschiedene Teilzeit-Modelle aus, um Job und Familie vereinbaren zu können. Wir bauen Netzwerke auf, planen Freunde, Großeltern, Oma-Hilfsdienste ein, um die Betreuung unserer Kinder optimal hinzukriegen – am liebsten so, dass für uns dabei ein Stück freie Zeit herausspringt [...] In der Zukunft behauptet sich derjenige am besten, der für sich selbst sorgen kann. Der weiß, wie er sich im Urlaub gut erholt, wann er welche Versicherung abschließen muss, in welchem Job er gern und effektiv arbeitet. Das alles kostet Energie. Selfness ist Chance und Verpflichtung zugleich [...] Mit Engpässen leben können, sich von der Illusion verabschieden, Lebensläufe müssten gleichförmig und stringent sein – auch das ist Teil der Selbstverantwortung [...] Patchwork-Biografien im Arbeitsleben. Patchwork

neuen Entwicklungsaufgaben für Kinder und Jugendliche unmittelbar ableiten. Wenn die Professionals des neuen Arbeitsmarktes beispielsweise feststellen:

»Niemand kann heute mehr sicher sein, dass sein berufliches Leben auch morgen und übermorgen noch seinen bislang gewohnten Gang nimmt. Wer klug ist, trägt dem Rechnung und stellt sich darauf ein. Der überlegte Umgang mit dem Geld gehört dazu ebenso wie eine gesundheitsbewusste Lebensweise und die Pflege von Kontakten. Die wichtigste Anpassung an die sich rapide verändernden beruflichen Lebensumstände, darin sind sich alle Fachleute einig, ist, die gewohnte, sich leider aber immer mehr verflüchtigende äußere Stabilität durch eine fester gefügte innere Stabilität zu kompensieren. Das heißt, sich um mehr geistig-seelische Stärke und Widerstandskraft bemühen.«[533]

Dann bestätigt die neuere sozialpsychologische Theoriebildung die daraus folgenden Kompetenzanforderungen an Heranwachsende. So Höfer (2001):

»In einer Gesellschaft, die für die individuelle Entwicklung nicht ausreichende Sicherheiten zur Verfügung stellt, die Ambivalenz zu einer umfassenden Erfahrung macht, erweist sich das Kohärenzgefühl offensichtlich als wesentliche Kompetenz. Das Kohärenzgefühl unterstützt... die Selbstorganisationsprozesse, es befähigt Jugendliche, für sich selbst ›Sicherheit‹ herzustellen und Ambivalenzen können somit nicht nur als Problem, sondern auch als Herausforderung verstanden werden. Diese funktionale Bestimmung der personalen Ressource Kohärenzgefühl dient dann dem eigentlichen Sinn der Salutogenese, der Selbstorganisation und Selbsterneuerung des gesunden Systems Individuum.«[534]

Das neue Paradigma der Selbstproduktion setzt dabei stillschweigend voraus, dass jede in einem System erbrachte Leistung letztlich individuell zurechenbar ist. Auch dann, wenn es sich um das im Prinzip frei zirkulierende und für jedermann zugängliche informelle Wissen handelt. Unterschlagen wird freilich, dass jede individuelle informelle Wissensleistung immer nur auf der Basis einer bereits vorher geleisteten kollektiven Arbeit aus dem Bereich des sozialen Kapitals

---

als Familienform. Der Alltag ist vielseitiger, buntscheckiger geworden, jeder Tag muss neu ausgehandelt werden. Kreativität im Stand-by-Modus ist gefragt. Aber auch die Fähigkeit der bewussten Reizabwehr.« Ebd., 189f.

533 Hartmut Volk, Über die Macht des Denkens. Berufliche Standfestigkeit beginnt im Kopf. Tipps für eine bewusste Selbststeuerung, in: Frankfurter Rundschau 24.07.04, 170/24.

534 Höfer, 2000, 143.

zustande kommen kann.[535] Daher negiert die Idee der Selbstproduktion das Prinzip der sozialen Reziprozität, dass auch – oder gerade – für das Verhältnis von Gesundheit und Krankheit gilt.[536] Klaus Dörner (2003) beschreibt zudem eindrücklich, wie der Zwang zur Selbstherstellung von Gesundheit mit der Notwendigkeit zur Selbstentlastung von der sozialen Verantwortung für andere einhergeht. Ähnlich wie die motorische Entlastung der Menschen im Laufe der Modernisierung die »Zivilisationskrankheit« des Bewegungsmangels (Muskelatrophie) hervorbrachte, bringt die Entlastung von sensorischer und sozialer Beanspruchung eine »sozial-moralische Atrophie« hervor.[537] Soziale Verantwortung nach Dörner heißt nicht vermeintlich vermeidbare soziale Lasten solange an professionalisierte Institutionen zu delegieren, bis am Ende nur noch die Sorge um und für sich selbst übrig bleibt. Er betrachtet die soziale Be- und Entlastung vielmehr als eine Art anthropologisch angelegte Dialektik zweier vitaler menschlicher Grundbedürfnisse, »einerseits dem

---

[535] Gorz beschreibt, wie die Unternehmen, die das informelle Wissen zu ihrem neuen Fixkapital machen, durch Lizensierungsverfahren (Patentierungen, Franchising, Leasing etc.) »symbolische Monopole« schaffen, um für sich den symbolischen Mehrwert abschöpfen zu können. So wird aus dem öffentlichen Gut des informellen Wissens privater Gewinn (vgl. Gorz, 2004, 49ff.). Auch beginnen Unternehmen, diesen Prozess bewusst in Regie zu nehmen. Bestimmte Arbeiten (häufig Ideenentwicklungen, kreative Problemlösungen) werden gewissermaßen als Denksportaufgaben an Freizeitarbeiter abgegeben, die diese mit ausschließlich intrinsischer Motivation umsonst erledigen und das Resultat an das Unternehmen zurückgeben. Hierfür hat sich der Begriff »crowdsourcing« etabliert (vgl. Katrin Schuster, in: Freitag, 22. 02. 2008, 8/15). Innerhalb der Unternehmen selber wird die Desozialisierung des sozialen Kapitals durch die Übertragung der betriebswirtschaftlichen Kosten- und Leistungsrechnung auf die Mitarbeiter vorangetrieben. Jeder Mitarbeiter erscheint darin wie ein Teil des Anlagevermögens in seiner Doppelfunktion als Kostenstelle und als Leistungsstelle, so dass alle im Unternehmen entstandenen Kosten und Leistungen letztlich individuell zurechenbar werden. Die bereits in manchen Krankenhäusern eingeführten »Profitcenter« scheinen ein Schritt in diese Richtung zu sein. Hierbei werden bestimmten Leistungseinheiten (OP, Labor, Stationen etc.) feste Budgets für Personal- und Sachkosten zugeteilt, mit denen sie dann vordefinierte Leistungen zu erbringen haben.

[536] Höfer kommt in ihrer Resilienzstudie an benachteiligten Jugendlichen zu dem zentralen Ergebnis, »daß auch bei sehr hohen Lebensbelastungen der Grad der gesundheitlichen Beschwerden wesentlich niedriger war, wenn die Jugendlichen (neben dem Kohärenzgefühl) über ein hohes Maß an sozialer Unterstützung verfügten.« Doch auch das Kohärenzgefühl selber – so ein weiteres Untersuchungsresultat – wird stark vom sozialen Kapital bestimmt. Höfer: »Die vorhandenen Daten betonen jedoch den besonderen Einfluß der sozialen Ressourcen für das Kohärenzgefühl. Durchgehend zeigt sich, daß Jugendliche, die sich anerkannt fühlen, die gute Beziehungen zu anderen haben, insbesondere auch zur Familie, und die sich von anderen sozial unterstützt fühlen, höhere Kohärenzwerte haben.« Höfer, 2000, 309, 312f.

[537] K. Dörner, Die Gesundheitsfalle, München, 2003, 137. Dörner erinnert daran, »dass im 19. Jahrhundert, im Laufe der Modernisierung, keine Institution so gnadenlos ihrer Funktionen beraubt wurde wie der Haushalt, der dadurch zur Familie wurde. Jetzt können wir besser sagen: Der Haushalt wurde von Lasten entlastet. Und zwar von körperlichen Lasten (als Ort des produzierenden Arbeitens und der Pflege von Pflegebedürftigen) und von sozialen Lasten (als Ort der Sorge für Sorgebedürftige, der Erziehung und der Bildung).« Ebd., 130.

egologischen Grundbedürfnis nach Selbsterhaltung, Selbstbestimmung und Selbstgenuss und andererseits das alterologische Bedürfnis nach sozialer Bedeutung für Andere, für andere notwendig zu sein, mithin seinem Leben mit einer konkreten Last auch konkretes Gewicht und damit Bedeutung zu geben«[538]. Dem gegenüber führt die Herauslösung des Einzelnen aus dem komplexen Beziehungsgeflecht konkreter sozialer Tätigkeiten nicht nur zum Abschmelzen der alterologischen Gelegenheiten soziale Bedeutung für andere zu erlangen (Anerkennungsräume), sondern auch zu einer Entkoppelung der körperlichen, sozialen Lasten von den sie begleitenden Gefühlen. Dem Einzelnen, wie auch der Kernfamilie als restringierte soziale Institution, bleibt primär nur noch die Funktion der »Kultivierung von Gefühlsintimität«[539]. In dem Maße, in dem die vormals kollektiv erarbeiteten Bestimmungen von Sinn, Verhaltenssicherheit und Bedeutung (soziale Kohärenz) zur individuellen Arbeit des Einzelnen gemacht werden, wächst die Bedeutung der Herausbildung eines zu einem Gefühl individualisierten Kohärenzsinnes (Kohärenzgefühl). Auch hier drängt sich wiederum eine Parallele zur Sphäre der Ökonomie auf. Ähnlich wie im Bereich der öffentlichen Güter (Gesundheit, ÖPNV, Energieversorgung, Kommunikation usw.) findet im Bereich der symbolischen Güter (Sinn, Bedeutung, Verhaltenssicherheit, Moral) eine Privatisierung und ein Outsourcing größten Ausmaßes statt, dessen Adressat in beiden Fällen derselbe ist: der als selbstverantwortlich vorgestellte Einzelne, dessen Freiheit darin besteht,

---

538 Dörner, 2003, 138. Dabei macht er sich hinsichtlich der Freiwilligkeit des Helfens keine Illusionen, denn Helfen steht in einer unaufhebbaren Antinomie zum egologischen Selbstbestimmungbedürfnis. Doch: »Wir helfen aber trotzdem, weil dies unserem anderen vitalen Grundbedürfnis entspricht, soziale Bedeutung für andere haben zu wollen. Wir sorgen also nicht aus uns heraus, sondern aus dem anderen heraus, dienen gleichwohl unserem Gesundsein. Weil also kein Mensch aus freien Stücken gut ist, gilt: Sorgen können wir nur gegen unseren egologischen Willen wollen, also wider-willig wollen, so aber können wir es wollen.« Ebd., 139.

539 Dörner, 2003, 130. Dörner bezeichnet Gefühle (überwiegend) sehr treffend als »Begleitmusik« körperlicher, sozialer und kognitiver Tätigkeiten (ebd.). Sind sie von diesen abgelöst, so »wissen sie gewissermaßen nicht mehr wohin, richten sich gegen sich selbst und kommen nur noch im Leiden an ihnen, in diversen Psychosyndromen zum Ausdruck. So ist nicht nur die seitherige Labilität der Familie mit ihrer hohen Scheidungsquote erklärlich, sondern auch der Umstand, dass sich jetzt für diese isolierten, frei flottierenden Gefühle eigene Psychowissenschaften bilden konnten, mitsamt der sich daraus entwickelnden Techniken für schon vorhandene oder aus diesem Prozess erst konstruierte psychische Störungszustände. Neuerdings expandiert diese Entwicklung auch erfolgreich in den Arbeitsmarkt hinein. Denn was früher als zwar bedauerliche, jedoch unvermeidliche Folge des Wettbewerbs in Betrieben galt, hat jetzt etwa als ›burn-out‹ oder als ›mobbing‹ entpolitisierte Krankheitswürde, verwandelt Individuen in (entschädigungsberechtigte) Opfer.« (ebd.). Dem wären nur noch die beiden hier beschriebenen Aspekte der Bewirtschaftung der frei flottierenden Gefühle durch das symbolische Kapital sowie die salutogene Wende in der Arbeitsorganisation durch das Konzept der *Employability* als andere Seiten derselben Medaille hinzu zu fügen. Vgl. zur Intimisierung des öffentlichen Raumes auch R. Sennett, Verfall und Ende des öffentlichen Lebens. Die Tyrannei der Intimität, Frankfurt a. M., 1986.

von sozialen Anforderungen und sozialer Verantwortung – damit auch von sozialer Bedeutung für andere – entlastet und mit Selbstverantwortung und Eigenvorsorge belastet zu werden. Gerne wird dieser Prozess den Betroffenen gegenüber mit Argumentationsfiguren nach dem Muster »Die Zeiten des Wohlstandes sind vorbei« begründet, obwohl die wirklichen Motive woanders zu suchen sind.[540] Denn tatsächlich gilt der Logik der *Lean-Production* zuletzt jede vermittelnde soziale Institution zwischen Individuum und Gesellschaft als überflüssiger Ballast, weil sie aufgrund ihrer eigensinnigen, oft umständlichen Logik unnötige betriebswirtschaftliche Reibungsverluste verursacht und ihre Eliminierung Wettbewerbsvorteile durch Kostensenkungen verspricht. Eberhardt von Kuenheim, der ehemalige BMW-Chef, adressiert die ausschließlich betriebswirtschaftlichen Motive für diesen Paradigmenwechsel eindeutig, wenn er offen eingesteht: »Wir sind gezwungen, unsere betriebswirtschaftlichen Probleme zu Lasten der Volkswirtschaft zu lösen.«[541] Oskar Negt hebt dem gegenüber die existenzielle gesellschaftliche Bedeutung von »mittleren Gefäßen«[542] hervor, da sie es sind, die durch das Ausbalancieren von Nähe und Distanz, Individuellem und Gesellschaftlichem, Konkretem und Abstraktem »lebbare Einheiten«[543] des Gemeinwesens bereit stellen. Unter »mittleren Gefäßen« versteht Negt soziale Bindungen und verlässliche Beziehungen, die nur an konkreten Orten der sozialen Praxis, also in menschlichen Näheverhältnissen wachsen können. Sie bilden einen Schutz »für gesicherte Zonen der Intimität, der individuellen Selbstbestimmung, der vielfältigen Tätigkeiten im Kleinen.«[544] Dort aber, wo sich wirtschaftliches Handeln aus den kollektiven Bindungen, den sozialen und kulturellen Lebensverhältnissen ablöst, werden die »Zeitmaße der gesellschaftlichen und menschlichen Probleme auf formale Kriterien des Zeitablaufs und der Zeitökonomie reduziert«, sodass »[...] gerade jene Eigenzeit von Entwicklungen in arbeitsteilig ausdifferenzierten modernen Gesellschaften verloren [geht], ohne die demokratische Ordnungen nicht existieren können« und »die all das, was aus Um- und Abwegen der Lebenszeit besteht, also alle

---

540 Als Beispiel sei der Soziologe Meinhard Miegel genannt. Er verspricht in seinem Aufsatz »Der Mensch als Unternehmer« darüber hinaus die Lösung des Problems der Massenarbeitslosigkeit durch die Beseitigung der öffentlichen und kollektiven Daseinsvorsorge: »Vier Jahrzehnte wirtschaftlicher Fortentwicklung nach 1945 brachten den Deutschen behaglichen Wohlstand. Doch mit dem Ende der fetten Jahre muss sich der Staat auf die Befriedigung der basic needs zurückziehen. Alles andere müssen die Beteiligten selbst tun.« In: Wirtschaft und Wissenschaft, 1/98, zit. n. O. Negt, Faulbett, Frankfurter Rundschau, 06. 08. 2005, Nr. 181, S. 11.
541 Zit. n. Negt, 2002, 359.
542 O. Negt, zit. n. Eisenberg, 2000, 45. Vgl. auch O. Negt/A. Kluge, Maßverhältnisse des Politischen, Frankfurt a. M., 1993, 31.
543 Negt, 2002, 134.
544 Ebd.

organischen Bestandteile der Zeitdifferenzierung, zum Verschwinden bringt«[545]. Damit, so könnte man formulieren, verschwindet auch die *soziale Resilienz* einer Gesellschaft, also deren Räume für soziale Anerkennung und Bedeutung mit ihren eigensinnigen Verarbeitungsstrukturen, durch die sie Krisen und Störungen erfolgreich bewältigen kann. Um so mehr ist sie daher gezwungen, auf die subjektiven Verarbeitungsstrukturen der Einzelnen zu setzen, d. h. auf deren individuelle Resilienz. So sollen inzwischen Beschäftigte in »Resilienz-Workshops« lernen, mit Krisen und Veränderungen umzugehen.[546] Resilienz ist jedoch notwendigerweise prekär. Denn nicht zuletzt bilden die mittleren sozialen Gefäße die »Basis für eine gelungene Subjektausstattung«[547], sind also Orte der sozialen Anerkennung, der Sozialisation, Identitätsbildung und des Lernens. Und was »Rousseau einmal über die Erziehung der Kinder gesagt hat, nämlich dass es dabei nicht darauf ankomme, Zeit zu gewinnen, sondern Zeit zu verlieren, trifft im Grunde auf alle menschlichen Lebensvollzüge zu. Sie bedürfen qualitativer, organischer Zeitmaße«[548]. Denn soziale Verantwortung braucht Näheverhältnisse und »Nähe *ist* Verantwortung«, so Zygmunt Bauman (1993).[549] Durch den Verlust vermittelnder sozialer Gefäße können die Subjekte die objektiven ökonomischen Zwänge nur noch reproduzieren, anstatt sie (auch öffentlich) zu reflektieren. Je perfekter sie das tun, desto funktionaler sind sie, als desto sozialkompetenter gelten sie. Das führt zu bemerkenswerten Widersprüchen in der Identitätsbildung von Jugendlichen. Während Erwerbsarbeit in ihren Lebensentwürfen einerseits weiterhin eine sehr hohe persönliche Bedeutung einnimmt, messen sie ihr kaum noch einen wichtigen Anteil an der Ausbildung ihrer sozialen (oder gar politischen) Identität im Sinne der »Zugehörigkeit zur symbolischen Realität einer Gruppe« bei.[550] Martin Baethge stellt in seiner Studie »Arbeit und Identität bei Jugendlichen« fest: »In den persönlichen Identitätsentwürfen hat die Erwerbsarbeit für die Mehrheit der Jugendlichen einen hohen Stellenwert, gleichzeitig scheint sie aber für immer weniger Jugendliche den Kristallisationspunkt für kollektive Erfahrungen und die Basis für soziale und politische Identitätsbildung abzugeben.«[551] Nur scheinbar paradox lässt sich auch ein gegenläufiger Trend zur

---

545 Negt/Kluge, 1993, 307.
546 Vgl. hierzu eine Artikelserie in *FR-Karriere* der Frankfurter Rundschau (26.11., 03.12. und 17.12.2005).
547 Negt, 2002, 135.
548 Negt/Kluge, 1993, 307.
549 Z. Bauman, Wir sind wie Landstreicher. Die Moral im Zeitalter der Beliebigkeit, in: Süddeutsche Zeitung, 16./17. 11. 1993, zit. n. Gerhard, 2003, 206.
550 Habermas, zit. n. Negt, 2002, 565.
551 M. Baethge, Arbeit und Identität bei Jugendlichen, psychosozial, 1990, 3, 77, zit. n. Negt, 2002, 564.

Aufwertung des Sozialen erkennen. Und zwar in folgender Weise: Der Beruf wird mehr und mehr zur persönlichen »Karriere« und Teil der Identitätsentwicklung (insbesondere unter jungen Menschen, für die er die Lücke durch Entfall traditionaler außerberuflicher Identitätsangebote füllt, aber auch durch gestiegene Qualifikationserfordernisse erzwingt), die entsprechende soziale Kompetenzen voraussetzt. Diese sind aber im Sinne einer *Corporate Identity* auf das Unternehmen beschränkt, so dass Erwerbsarbeit gewissermaßen für die persönliche Identitätsbildung instrumentalisiert wird. Umgekehrt instrumentalisiert das Unternehmen dieses erhöhte Identifikationsbedürfnis der abhängig Arbeitenden für die eigenen Verwertungszwecke. Insider, wie z. B. Dr. Cornelia Edding (Trainerin für Gruppendynamik und Beraterin für Organisationsentwicklung), sehen dieses Problematik immerhin und befürchten, dass die neuen Arbeitsformen »nicht ohne Folgen für das Identitäts- und Zugehörigkeitsgefühl des einzelnen Mitarbeiters bleiben: eine digitalisierte Zusammenarbeit ohne ›Face-to-Face-Kommunikation‹, die gleichzeitige Zuordnung zu mehreren Projektgruppen, der rasche Wechsel von Arbeitszusammenhängen, die häufige Reorganisation – all das könne zu einer unverbindlicheren ›gelockerten Zugehörigkeit‹ zur Arbeitsgruppe und zum Unternehmen führen.« Dagegen sollen dann sogenannte »Beheimatungskonzepte« für die vollflexiblen Mitarbeiter helfen.[552]

Immer abstraktere soziale Verhältnisse erzwingen eine immer stärkere Abstraktifizierung des Subjekts. Mithin eine Tendenz, die Theodor W. Adorno schon früh mit dem Begriff der *radikalen Objektivation* der Subjekte zum Ausdruck brachte. In seinem Aphorismus *Novissimum Organum* heißt es dazu:

> »Längst handelt es sich nicht mehr um den bloßen Verkauf des Lebendigen. Unterm Apriori der Verkäuflichkeit hat das Lebendige als Lebendiges sich selber zum Ding gemacht, zur Equipierung. Das Ich nimmt den ganzen Menschen als seine Apparatur bewusst in den Dienst. Bei dieser Umorganisation gibt das Ich als Betriebleiter so viel von sich an das Ich als Betriebsmittel ab, dass es ganz abstrakt, bloßer Bezugspunkt wird: Selbsterhaltung verliert ihr Selbst. Die Eigenschaften, von der echten Freundlichkeit bis zum hysterischen Wutanfall, werden bedienbar, bis sie schließlich ganz in ihrem situationsgerechten Einsatz aufgehen.«[553]

Dem entspricht der bei Kindern und Jugendlichen wachsende Verlust sozialer Anerkennungsverhältnisse, in denen sich das Selbst als notwendig und bedeutsam für andere erfahren kann. Heiner Keupp beschreibt diesen Vorgang als

---

552 Deutsch. Ärzteblatt, PP, Heft 2, Feb. 2004, 73.
553 Theodor W. Adorno, Novissimum Organum, in: Minima Moralia. Reflexionen aus dem beschädigten Leben, Frankfurt a. M., 1986, 309.

radikale Individualisierung (Keupp u. a., 1999) und meint damit, dass das Selbst gleichsam sein Gegenüber verliert und damit auch die gegenseitigen Identifizierungen als Basis jeglicher Anerkennungsverhältnisse schwinden. Sie tragen damit »kaum noch zur Bestimmung des Orts im sozialen Gefüge bei, sie vermitteln keine kollektiven Verbindlichkeiten mehr und bleiben inhaltlich leer«, so Keupp weiter.[554] Gerhard (2003) ergänzt:

> »Frustrierte Bedürfnisse nach Anerkennung und Zugehörigkeit, Impulse auch für probeweise Aufbrüche und Neues richten sich um so mehr auf andere Kontexte, insbesondere den Freizeitbereich. Hier fehlen aber oft klare Rituale, Regeln etc. und damit der Vermittlungsrahmen für gegenseitige Anerkennungsprozesse. So sind die Jugendlichen ›weit mehr auf ihr Netzwerk und damit auch auf einzelne auszuhandelnde Beziehungen mit jeweils unterschiedlichen Anerkennungskulturen angewiesen‹.«[555]

Dementsprechend haben auch die Formen der Identitätssuche Jugendlicher ihren historischen Index. So galten Suchtmittel in den siebziger Jahren als Symbolhandlung gegen eine repressive starre Gesellschaft und wurden mit dem Bedürfnis nach Selbstverwirklichung und Bewusstseinserweiterung begründet. Unter den Bedingungen der toyotistischen Gesellschaft mit ihrem Erlebnis- und Eventcharakter verwandeln suchtmittelgestützte Identitätsbildungsprozesse ihre Bedeutung zum *Be Yourself* »der situationsangepassten, technizistischen Selbstmanipulation, sowie zu dem Versuch, individuellen Selbstausdruck mit der Verwirklichung des Bedürfnisses nach sozialer Einbindung und Gruppenzugehörigkeit zu kombinieren«[556]. Massenevents wie seinerzeit die *Loveparade* sind daher weniger wie ehedem vom Interesse der Massen getragen zu ihrem Recht zu gelangen, als allein davon die Massen »zu ihrem Ausdruck kommen zu lassen«, um eine frühe Beobachtung Walter Benjamins zu variieren.[557] Das neue proteische Selbst ist aber alles andere als voluntaristisch zu verstehen. Die ästhetisch stilisierte Selbstbehauptung ohne Selbst erscheint ihnen schlicht als der letzte noch gestaltbare lebensweltliche Ort, der noch nicht von der seriellen und zugleich serialisierenden Kapitallogik kolonisiert wurde. Ein Irrtum, wie das neue Dispositiv der *Employability* bereits anzeigt, denn

---

554 H. Keupp u. a., Identitätskonstruktionen. Das Patchwork der Identitäten in der Spätmoderne, Reinbek bei Hamburg, 1999, 258, zit. n. Gerhard, 2003, 206.
555 Gerhard, 2003, 206. Gerhard zitiert hier Keupp u. a. 1999, 260.
556 Gerhard, 2003, 202.
557 So wusste Benjamin auch, dass der ästhetisierten »massenweisen Reproduktion [...] die Reproduktion von Massen besonders entgegen [kommt]« und »jeder heutige Mensch [...] einen Anspruch vorbringen [kann], gefilmt zu werden.« W. Benjamin, Das Kunstwerk im Zeitalter seiner technischen Reproduzierbarkeit, Frankfurt a. M. 2003, 42 und 29.

»zugleich *muß* er gestaltet werden, weil andernfalls erhebliche Nachteile drohen. Der Einzelne ist verpflichtet, so die immannte Logik der Wellness-Gesellschaft, für das Management der eigenen Befindlichkeit Sorge zu tragen. Wer nicht selbst freiwillig mehr Verantwortung für seinen Körper und seine Gesundheit übernimmt, so wird suggeriert, der ist am Ende selber schuld und muß auch die Zeche dafür zahlen. Der reduktionistische Gesundheitsbegriff der *Wellness-Gesellschaft* propagiert Gesundheit als umfassenden Lebensstil und *wellness* als Lebensziel, er fetischisiert Jugendlichkeit und (körperliche und mentale) Fitneß. Das Leitbild einer derart verstandenen Gesundheit, die als Synonym gilt für Glück und Erfolg, tilgt die Schattenseiten des Lebens. Leiden, Krankheit und Gebrechen werden zu Angelegenheiten des Einzelnen, die bei einer entsprechenden Lebensführung im Prinzip zu verhüten seien. Als ultima ratio der Verpflichtung des Einzelnen zum weitreichenden Selbstmanagement imponiert eine ›quasi hygienisch motivierte Kontrolle‹ (Gronemeyer).«[558]

Die Proto-Scham des globalen Teenagers
Hier schließt sich unmittelbar ein zweiter Aspekt an. Im »Zeitalter des Narzissmus«[559] hat sich gerade für Jugendliche eine ausgefeilte Kultur narzisstischer Selbstinszenierungszwänge entwickelt. Wie schon im Abschnitt über das symbolische Kapital beschrieben, geschieht das in Form einer unablässigen Flut von *Ins* und *Outs* immer wieder neuer (Lifestyle)Produkte, die auf dem Markt für symbolisches Kapital gehandelt und mit massivem Marketing-Aufwand in die Erfahrungswelten und Köpfe der Kinder und Jugendlichen hineingedrückt werden. Die Produkte, namentlich die Markenprodukte, verstehen sich dabei nicht als ein Konsumgüterangebot unter vielen anderen, sondern inszenieren sich bewusst als Beziehungsangebot und als Medium der normativen Sinnstiftung.[560]

---

558 R. Gronemeyer, Die 10 Gebote des 21. Jahrhunderts. Moral und Ethik für ein neues Zeitalter, München/Düsseldorf, 1999, zit. n. Gerhard, 2003, 203f. (Hervorheb.im Original).
559 Christopher Lasch, Das Zeitalter des Narzissmus, München 1980.
560 Hier spielen das *Synergieprinzip* und das *Branding* eine zentrale Rolle. Synergie bedeutet eine »wechselseitig verkaufsfördernde Verbindung zwischen geliebten Konsumgütern (seien es nun Spielwaren, Fernsehsendungen oder Turnschuhe)« zu schaffen. »Das beständige Verlangen, eins zu werden mit den Produkten der bevorzugten Popkultur, versuchen die Supermarken – von Nike über Viacom und Gap bis zu Martha Stewart – ausnahmslos zu nutzen und Kapital daraus zu schlagen. Das Synergieprinzip von Walt Disney wird von der Kinderkultur auf jeden Aspekt der jugendlichen und erwachsenen Massenkultur übertragen... Wenn es bei Marken um ›Sinn‹ anstelle von Produkteigenschaften geht, dann erreicht das Branding in dem Moment seine Vollendung, wenn Unternehmen ihren Kunden die Möglichkeit bieten, nicht nur zu kaufen, sondern den Sinn der Marke zu erfahren... Bei Synergie und Branding geht es jedes Mal darum, wechselseitig verkaufsfördernde, auf Marken basierende Erfahrungen zu schaffen, bei denen der Einkauf mit Elementen aus den Bereichen Medien, Unterhaltung und Profisport verbunden wird und eine Markenspirale entsteht.« Klein, 2002, 159f.

3.4 Seelische Krankheit und Gesellschaft

Das bedeutet, dass sie einen *globalen Teenager*[561] konstruieren, der als Maßstab für die elementaren, identitäts-relevanten Fragen und Entwicklungsbedürfnisse von Heranwachsenden fungiert: »Wie sehe ich aus? Wie kleide ich mich? Wie gebe ich mich? Was denke ich? Was fühle ich?« Darüber gelingt ihnen der symbolische Anschluss an die Identitätsarbeit und das Identitätsgefühl der Jugendlichen. Es werden neben den äußeren Räumen (die Medien, die Städte, die Schulen usw.) auch die inneren Räume besetzt, sodass der Raumverlust »im Inneren des Individuums statt [findet], und es wird kein realer, sondern ein mentaler Raum kolonisiert«[562]. Es entsteht das chronische Grundgefühl einer angstgetriebenen »Proto-Scham«[563], das die basale Schnittstelle für eine beliebige Zahl weiterer beschämender und entwertender Anschlussoperationen bildet. Immer dort, wo der globale Teenager sich als unattraktiv, verletzlich, schwach, abhängig, hilfsbedürftig, unselbstständig, erfolglos, unmündig, unterlegen usw. zeigt, kurz wo er das marktradikale Ideal der Selbstproduktion verfehlt, tut sich ein neuartiger symbolischer Raum öffentlich inszenierter Scham auf. Mit der radikalen Individualisierung radikalisieren sich automatisch die gesellschaftlich lizensierten Individualisierungserwartungen an die Heranwachsenden und damit die objektiven Möglichkeiten des Individualisierungsversagens sowie der symbolische Raum der Proto-Scham, den man auch als *Scham-Pool* bezeichnen könnte. Diese besondere narzisstische Beschämbarkeit spüren gerade Jugendliche aufgrund ihrer entwicklungspsychologisch bedingten höheren narzisstischen Empfindlichkeit stärker als Kinder und Erwachsene. Sie kompensieren sie über allerlei narzisstische Größenfantasien, die wiederum professionell vermarktet und gewinnbringend diversifiziert, d. h. gesteigert werden. Das System funktioniert dabei recht einfach: Zunächst werden die Jugendlichen medial narzisstisch depraviert, d. h. sie werden beschämt und entwertet (über ihre Kleidung, ihren Körper, ihr Verhalten). Wo die Medienbilder zu Selbstbildern werden, wird

---

561 Klein, 2002, 133. »Bevor jedoch die Marken auf der ganzen Welt dieselben Produkte auf dieselbe Weise verkaufen können, müssen sich die Teenager selbst mit ihrer neuen demographischen Gruppe identifizieren. Aus diesem Grund verkaufen die meisten globalen Werbekampagnen heute noch am aggressivsten die Idee eines globalen Teenager-Markts [...]«. Ebd., 135.
562 Klein, 2002, 82. Die analytische Kinder- und Jugendlichenpsychotherapeutin Annegret Wittenberger berichtet in ihrer Falldarstellung eines 15-jährigen anorektischen Mädchens von diesem Phänomen. Die Patientin erzählte von einer berühmten 19-jährigen Sängerin, die eine wunderschöne Figur gehabt habe und nun auch magersüchtig geworden sei: »Als Melanie ein Foto von ihr sah, mußte sie weinen. Sie bekam plötzlich ›Angst, daß man nur so leben darf.‹« A. Wittenberger, Von Goldgräbern und Geisterjägern. Drei Kinderanalysen, Tübingen, 1994, 172.
563 Schüttauf, Specht und Wachenhausen (2003) sprechen von Proto-Scham, »wenn das Subjekt, zumeist natürlich als Kind, mit erster Ablehnung, mit einem »Schäm dich!« konfrontiert wird, das es noch gar nicht verstehen kann, weil es die Norm noch nicht kennt, aufgrund derer es ›verworfen‹ wird.« (K. Schüttauf u. a., Das Drama der Scham. Ursprung und Entfaltung eines Gefühls, Göttingen 2003, 115).

ihnen gewissermaßen eine narzisstische Wunde geschlagen, die ich Proto-Scham genannt habe. Sodann werden ihnen die dazu passenden narzisstischen Prothesen in Form von Lifestyle-Waren verkauft. Das Geniale daran ist, dass diese narzisstische Wunde nie verheilt, denn über die »kommunikative Penetration« der Jugendlichen durch das Marketing (Aussage eines Sport-Marketing-Managers) wird sie kontinuierlich offen gehalten, sodass die Bedürftigkeit (die Nachfrage) nach Linderung nie versiegt. Nicht unzufällig sind (bzw. waren) es Produktionen von Privatsendern wie RTL (»Big Brother«) und SAT1 (»Hilfe, ich bin ein Star. Holt mich hier raus!«), aber auch extremere japanische Shows, die diese neuen Schamformen massenmedial umsetzen und zugleich mit dem Vollzug der Strafe in Form der narzisstischen Beschämung eine Art Generalprävention exekutieren.[564] Diese Castingshows, in denen es im Grunde um die psychische Entblößung ihrer Laiendarsteller geht, werden durch eine Welle weiterer Shows ergänzt, die die physische Entblößung bezwecken, indem sie auf die Oberfläche des Körpers zielen (»I Want a Famous Face«, »Made«; »The Swan – endlich schön« u. a.). Hier unterziehen sich Heranwachsende vor laufender Kamera schmerzhaften und teuren Schönheits-Operationen, um sich z. B. das Gesicht oder die Brüste einer x-beliebigen Popdiva anoperieren zu lassen. Das Münchener Institut für Kommunikationswissenschaft untersuchte im Jahr 2003 die Wirkung dieser Shows. Es kam zu dem Ergebnis, dass je mehr ein Zuschauer solche Sendungen sieht, desto positiver war die Einstellung zu kosmetischen Operationen und desto höher war auch die Bereitschaft, sich selber operieren zu lassen. Der Ärztepräsident Jörg-Dietrich Hoppe stellte dem zu Folge eine wachsende Nachfrage nach Schönheitsoperationen unter Jugendlichen fest. Jeder Zehnte der Operationswilligen sei bereits unter 20 Jahren.[565] Stellvertretend und modellhaft markieren diese TV-Sendungen in normativer Weise die Grenze zwischen Verbotenem und Erlaubtem (Was darf gezeigt werden?). Sie wird stetig erweitert. In diskursiver Weise definieren sie die kollektive Signifikanz der

---

564 Wolfgang Bergmann, publizistisch tätiger Kinder- und Jugendlichenpsychotherapeut in Hannover, kennt diese psychische Deformationsarbeit des globalen Marketings an den desozialisierten Jugendlichen aus seiner Praxis ebenfalls: »Wo Nachbarschaft und sogar Freundschaften wenig gelten, da schließen sich die Selbstbilder vor allem der Jugendlichen an die Medienbilder an, die per Satellit und Internet in fortlaufenden Transformationen um den Erdball kreisen – Glücksversprechen enthalten sie und einen extremen Perfektionsanspruch. So schön, so clever, so erfolgreich, so fix! Wo solche Medienbilder den sozialen Alltag durchdringen, da bleibt das kindlich-jugendliche Selbst hoffnungslos zurück. In diesem Sozialkanon kann es sich nicht spiegeln, in ihm kann es sich nicht realistisch zur Geltung bringen, es macht kaum noch Sinn, an sich zu arbeiten und zu reifen – die Jugendlichen starren auf diese Perfektion und sinken zurück in Resignation.« chrismon, 08. 2007, 25.
565 Der prominente Schönheitschirurg Werner Mang sagt dazu: »Es gibt Mädchen oder Jungen, die eine riesige Hakennase, ein fliehendes Kinn haben, die gehänselt werden und deswegen nicht in die Disco gehen. Für die gibt es wunderbare Operationen, die fühlen sich danach privat und beruflich besser. Es gibt Mädchen, die trauen sich nicht ins Schwimmbad, weil sie einen riesigen Hintern

Beschämbarkeit (*Sieh' her, so wie diesem kann es auch Dir ergehen!*) und den Scham-Pool (Was gilt als beschämend?). Darin ähneln diese massenmedialen Produkte in ihrer gesellschaftlichen Funktion den mittelalterlichen Schandpfählen und Prangern. Der Unterschied ist, dass der Zielpunkt der Beschämungsprozedur nicht mehr die Beherrschung der libidinösen Triebe durch die Manipulation des Schuldgefühls, sondern die Bewirtschaftung der narzisstischen Triebe durch die Manipulation des Schamgefühls ist. Insofern ist auch die anthropologisch gern vertretene Auffassung, die in christlich-abendländischer Tradition lebenden Gesellschaften verkörperten eine Schuldkultur im Gegensatz zur Schamkultur moslemischer oder asiatischer Gesellschaften nicht mehr zeitgemäß. In den Jugendlichen der westlichen Zivilisation können wir die Entstehung einer neuen, säkularen Schamkultur beobachten, denn sie scheinen weit eher schamfähig als schuldfähig zu sein. Mit Erikson gesprochen läge ihre psychosoziale Fixierung nicht mehr auf dem Reifungskonflikt von *Initiative versus Schuldgefühl*, also etwa im Alter zwischen vier und fünf Jahren (lokomotorisch-genitales Entwicklungsstadium; nach Freud phallische Phase), sondern auf dem von *Autonomie versus Scham*, der mit dem Alter von zwei oder drei Jahren weit früher lokalisiert ist (muskulär-anales Entwicklungsstadium, nach Freud anale Phase).

Scham fungiert unter den beschriebenen radikalisierten marktgesellschaftlichen Bedingungen deshalb als Vehikel zur »symbolischen Reproduktion sozialer Ungleichheit«[566], denn sie veranlasst die Beschämten ihre objektive soziale Inferiorität in Form von Selbstabwertungen und Schamgefühlen in das eigene Identitäts- und Selbstgefühl einzupassen. Mehr als ihre privilegierteren Altersgenossen sind deprivierte Jugendliche deshalb auf die marktförmig präformierten Anerkennungsangebote des symbolischen Kapitals angewiesen, um ihre multiplen Defizite in den verschiedenen Kapitalformen zu kompensieren. Wie schon erwähnt, kommt dem Markt für symbolisches Kapital in der toyotistischen Gesellschaft quasi die Funktion einer warenförmigen Gesamtlebenswelt zu. Es bietet sich ihnen also die Möglichkeit des Äquivalententausches auf dem Markt für symbolisches Kapital. Der subjektive Nutzen dieser Kompensationsangebote besteht für sie in erster Linie im Umgehen der aufwändigen Transformationsarbeit von z. B. kulturellem in (legitimiertes) symbolisches Kapital und der damit verbundenen Transformationskosten. Weil sie dafür ökonomisch aber schlecht

---

haben, sie sind unförmig und können das auch durch Sport nicht wegbekommen. Warum soll man da nicht absaugen? Wenn einen Mängel wirklich belasten, dann ist auch die Psychologie heute der Meinung, dass man sie beheben sollte.« Frankfurter Rundschau, Magazin, 23.07.2005, 3. Vgl. zu den Ausführungen »Fernsehland in Chirurgen-Hand«, in: Frankfurter Rundschau, 02.05.2005, 101, 2 sowie Frankfurter Rundschau 26.08.2003, 198, 29.

566 S. Neckel, Status und Scham. Zur symbolischen Reproduktion sozialer Ungleichheit, Frankfurt a. M./New York 1991.

gerüstet sind, führt dies z. B. zu der beobachteten höheren Anfälligkeit sozial deprivierter Jugendlicher für »irrationale« Konsum- und Medienstile und – werden die vorgestellten empirischen Resultate berücksichtigt – im Weiteren generell zu einem riskanten, belasteten Lebensstil. Fehlen ihnen zudem sozial »einbettende Kulturen«[567], dann bekommen die auf dem Markt für symbolisches Kapital gehandelten Identitätsangebote für deprivierte Jugendliche eine überwertige Bedeutung im Sinne eines narzisstischen Selbstheilungsversuches, was sich empirisch in einer Tendenz zum demonstrativen und kompensatorischen Konsum- und Medienverhalten zeigt. Sie greifen auf kurzfristig wirksames symbolisches Kapital zurück, um identitätsrelevante, narzisstische Stressoren (Ausschluss- und Kränkungserfahrungen) zu kompensieren. Das Problem besteht darin, dass mit der größeren Angewiesenheit der deprivierten Jugendlichen auf den symbolischen Ausgleich ihrer defizitären Kohärenz- und Selbstgefühle das symbolische Kapital für sie mehr als für andere den Stoff ihrer Identitätsarbeit bildet und darüber ihr Identitätsgefühl maßgeblich bestimmt wird. Durch die wenig ausgeprägte Kompetenz zur aktiven Gestaltung von Identitätsräumen – man könnte hier auch von symbolbildender oder plakativer von *symbolischer Kompetenz* sprechen (Fähigkeit zur Sinngebung, Bedeutungszuschreibung) – kommt es aber zu einer eher schädigenden Form der Nutzung des symbolischen Kapitals, sodass ihr Identitätsgefühl geschwächt anstatt gestärkt wird. Dadurch erhält es die Bedeutung eines »identitätsrelevanten Stressors«, der sich unmittelbar in der »Teilidentität Gesundheit« und folglich in ihrem Gesundheitsverhalten niederschlägt.[568] Diese These entspricht der erwähnten grundlegenden Erkenntnis aus der Armutsforschung, dass schädliches Risikoverhalten (»negativer« Lifestyle) geradezu als Verarbeitungsweise einer deprivierten Lebenslage zu sehen ist. Hinzu kommt, dass jene, die sich die angebotenen narzisstischen Palliative nicht leisten können, ein drittes Mal beschämt werden, weil sie ihre narzisstische Wunde nicht einmal verdecken können. Sie ist für jedermann sichtbar, insbesondere für die in dieser Phase bedeutungsvollen Peers. Das erzeugt narzisstische

---

567 R. Kegan, Die Entwicklungsstufen des Selbst, München, 1986, zit. n. Höfer, 2000.
568 Höfer geht davon aus, »daß es sich bei Belastungs-Bewältigungsprozessen und bei Identitätsprozessen um zwei eigenständige Prozeßschleifen handelt, die eine gemeinsame Schnittstelle haben und je nach Identitätsrelevanz eines Stressors mehr oder weniger ineinandergreifen.« (Höfer, 2000, 217). Je identitätsrelevanter ein Stressor ist, desto mehr fallen also Belastungs-Bewältigungsprozess und Identitätsprozess ineinander und desto eher kommt es zu identitätsrelevantem Stress, der sich unmittelbar gesundheitlich negativ ausdrückt. Die »Teilidentität Gesundheit« begreift sie als eine subjektive Konstruktion des Individuums, die im Gegensatz zur reaktiven Stressbewältigung ein aktiver Prozess der Gesunderhaltung ist. Sie steuert »das konkrete Gesundheitsverhalten als ›gesundheitsbezogener‹ Teil der alltäglichen Lebensführung. Konkrete Verhaltensweisen (auch Risikoverhaltensweisen) finden so gesehen eine Erklärung, wenn sie als symbolische Formen der Verarbeitung von Hoffnungen und Ängsten betrachtet werden, die mit der Suche nach Identität verbunden ist.«(ebd., 219).

Wut, also eine ungestillte Rachsucht, die nach einem Objekt sucht, an dem sich ihre gestörte Identitätsentwicklung in pure Zerstörung entäußern kann, um der akuten Gefahr innerer Desintegration zu entgehen. Denn Zerstörung ist, wie Erich Fromm einmal treffend pointierte, »die Kreativität des Hoffnungslosen und Verkrüppelten, sie ist die Rache, die das ungelebte Leben an sich selbst nimmt«[569].

Wie angemessen die Chancen und Risiken der fluiden Gesellschaft mit ihren Flexibilisierungszumutungen durch Kinder und Jugendliche ausbalanciert werden können, ist nicht mehr eine Frage ihrer »Bereitschaft zur Übernahme vorgefertigter Identitätspakete«, sondern hängt von ihrer individuellen Passungs- und Identitätsarbeit ab. Dafür brauchen sie »in ihrer Lebenswelt ›Freiräume‹, um sich selbst zu entwerfen und gestaltend auf ihren Alltag einwirken zu können. Das Gelingen dieser Identitätsarbeit bemisst sich für das Subjekt von Innen an dem Kriterium der Authentizität und von Außen am Kriterium der Anerkennung.«[570] Daraus entwickelt sich ein mehr oder weniger starkes Selbst- und Kohärenzgefühl, also die positive oder negative Bewertung der Beziehung zu sich selbst sowie die innere Überzeugung des Heranwachsenden, seine Umwelt zu verstehen, die Entwicklungsaufgaben bewältigen zu können und seinem Leben einen Sinn abzugewinnen. Höfer (2000) zufolge gehen Jugendliche mit einem hohen Kohärenzgefühl

---

[569] E. Fromm, Rache des ungelebten Lebens, in: Der Spiegel 9/1975, 122, zit. n. Hopf, 1998, 20. Denkbar ist auch eine andere pathologische Lösung des modernen Autonomie/Schamkonflikts. Nämlich nicht zur Seite der dissozialen (Pseudo-)Autonomie hin, sondern zur Seite der sozialen Scham-Angst hin, in Form der sozialen Phobie (ICD-10, F 40.1). Die bereits im ersten Kapitel erwähnte, bei Kindern schwierige differentialdiagnostische Abgrenzung der SSV zur Sozialphobie mit ihrer gemeinsamen Symptomschnittmenge (Leistungsangst, Rückzug, Unruhe, oppositionell-aggressives Verhalten, Schulverweigerung) findet ihren Grund dafür offenbar in derselben Quelle. Die psychologischen Leiterinnen der erwähnten Therapiestudie »Soziale Ängste bei Kindern« an der Universität Frankfurt a. M., Martina Kühnemund und Siebke Stieler-Melfsen (s. Fußnote 157 auf Seite 93) beziehen sich den 12. Kinder- und Jugendbericht, der die Zunahme einer »unzureichenden Bewältigung von psychischen Beanspruchungen und sozialen Anforderungen« als »neue Kinderkrankheit« bezeichnet. Auch nach den Erkenntnissen der Psychologinnen hängt das Anwachsen von sozialen Ängsten bei Kindern »mit gestiegenen Leistungsängsten zusammen, wie sie die Erwachsenenwelt charakterisiert: teils von den Kindern für sich selbst wahrgenommen, teils über Eltern aus der Gesellschaft hinübergetragen. Ansprüche würden gestellt, denen ein Kind schlicht nicht gewachsen sei«. Das Gegenteil einer überforderten Autonomieentwicklung wäre demnach die gehemmte Autonomieentwicklung, denn, so die Psychologinnen weiter, zwischen »dem siebten und zwölften Lebensjahr soll und muss sich ein Kind seine Autonomie erarbeiten.« (Frankfurter Rundschau, 20. 09. 2005, 219/27).

[570] Beide Zitate aus: H. Keupp, Sozialpsychologische und gesellschaftliche Aspekte zu den Themen Gegenwart und Zukunft für die heranwachsende Generation. Vortrag beim 9. Herborner Arbeits- und Begegnungsforum »Gegenwart und Zukunft von Kinder- und Jugendpsychiatrie im sozialen System« am 03.09.2003 an der Klinik für Psychiatrie und Psychotherapie des Kindes- und Jugendalters in Herborn, unveröff. Manuskript, 15.

»flexibel mit den Bedeutungen um, die sie bestimmten Lebensbereichen zubilligen [...] Insgesamt unterscheiden sich Jugendliche mit einem höheren Kohärenzgefühl darin, daß sie für sich aktiv ›Identitätsräume‹ gestalten, in und mit denen es ihnen gelingt, ihre Identitätsziele mehrheitlich zu erreichen, in denen sie sich ›sicher‹ fühlen und die ihnen helfen, mit den anstehenden (Handlungs-)Aufgaben umzugehen beziehungsweise sie auch anzugehen. Ihnen gelingt es auf unterschiedliche Weise, ein Passungsverhältnis herzustellen zwischen ihren vergangenen Erfahrungen, ihren Zukunftsentwürfen und ihrer gegenwärtigen Identitätsarbeit.«[571]

Individuelle Passungs- und Identitätsarbeit setzt heute allerdings die »Fähigkeit zur Selbstorganisation, zum ›Selbsttätig-werden‹ oder zur ›Selbsteinbettung‹« voraus.[572] Sie ist dem gesellschaftlichen Umstand geschuldet, dass unter den Bedingungen der radikalen Objektivation und (radikalen) Individualisierung wesentliche Lebens- und Entwicklungsbereiche gewissermaßen entgesellschaftet werden. Das damit verbundene Abschmelzen traditioneller Anerkennungsräume »verweist das Subjekt auf eigene selbstreferentielle Anerkennungskriterien.«[573] Kollektive Aufgaben und Probleme werden bevorzugt mit individuellen Lösungserwartungen verbunden. Sozialisation findet so im eigentlichen Sinne nicht mehr statt, da sie sich zu Anteilen mit Prozessen der Entgesellschaftung amalgamiert. Gorz (2004) bezeichnet diese Entwicklung als »antisoziale Sozialisierung«[574], da die Heranwachsenden (wie alle anderen auch), dazu aufgerufen werden, die gesellschaftliche Dimension ihrer Existenz zu verleugnen.[575] Unter solchen paradoxen gesellschaftlichen Zuständen verwandelt sich die Sozialisation von Kindern und Jugendlichen ganz im Sinne der propagierten Selbstproduktion zu einer von ihnen selbstständig zu leistenden Entwicklungsaufgabe: sie wird zur *Selbstsozialisation*. Sie findet im Wesentlichen über die Medien, Peergroup-Szenen, Konsummuster, Lifestyle etc. statt. Daher verabschieden sich viele Eltern bewusst oder unbewusst, mit oder ohne Not, mehr oder weniger hilflos aus der Erziehung ihrer Kinder oder aus bestimmten Segmenten davon. Sie überfordern sie mit individueller Verantwortung für eigentlich erwachsene Entscheidungen nach dem Motto »Es ist dein Leben. Das musst du selber wissen.«, während sie sie gleichzeitig mit sozialer Verantwortung

---

571 Höfer, 2000, 270.
572 Keupp, 2003, 15.
573 Höfer, 2000, 299.
574 Gorz, 2004, 55.
575 Laut einer eines Bundesinstituts für Berufsbildung im Herbst 2005 unter Berufsbildungsexperten fehlt heutigen Jugendlichen zunehmend die Ausbildungsreife: »Tugenden wie Zuverlässigkeit, Verantwortungsbewusstsein, Durchhaltevermögen sowie Lern- und Leistungsbereitschaft, die zur Ausbildungsreife gehören, werden im Elternhaus nur mehr unzureichend eingeübt.« Fazit: »Die Jugendlichen sollen stärker als bisher Verantwortung für das eigene Leben übernehmen.« (Frankfurter Rundschau, 10.12.2005, 288/A 25).

unterfordern. Umgekehrt verabschieden sich natürlich auch die Kinder von ihren Eltern, denn was sollen diese ihnen für ihre Zukunft noch mitzuteilen haben? Daher meine häufige Beobachtung von Familien, in denen sich Eltern und Kinder nichts mehr zu sagen haben, sich emotional nicht mehr erreichen und ein Zustand der sprachlosen Unverständnisses persistiert. Doch im Gegensatz zu den Implikationen Höfers existieren die Anerkennungskriterien ihrer Identitätsarbeit nicht im Inneren der Subjekte selbst (*selbst*referentiell) oder in einem gesellschaftlichen Niemandsland, sondern sind durch die konkret herrschenden gesellschaftlichen Verhältnisse bestimmt. Ihre eigene Untersuchung an deprivierten Jugendlichen belegt eindrücklich, dass sich die resilienzstärkenden inneren Identitätsräume in erster Linie über Netzwerke sozialer Unterstützung und über soziale Anerkennungsverhältnisse konstituieren. Wobei das Erste eher das Kohärenzgefühl und das Zweite eher das Selbstgefühl zu stärken scheint. Selbstwert und Kohärenz als maßgebliche Bestimmungsgrößen von Resilienz entstehen demzufolge nicht im luftleeren Raum oder werden genetisch vererbt, sondern sind von vielfältigen Kapitalressourcen abhängig über die ein Kind verfügt und die es für sich organisieren kann. Die hier gelieferte Untersuchung zur Kapitalausstattung von Kindern und Jugendlichen erbrachte das Ergebnis eines sehr ungleichen Zugangs zu den unterschiedlichen Kapitalformen in Abhängigkeit von ihrer ökonomischen Ausstattung. Mit Keupp (2003) ist festzustellen, dass die »zentralen Probleme von Heranwachsenden [...] mit ungleichen Zugängen zu basalen Ressourcen verknüpft [sind]«[576], die über die Möglichkeiten zur Aneignung der geforderten *Schlüsselqualifikationen* entscheiden und damit die Zukunftschancen der Jugendlichen bestimmen. Daher gilt die Feststellung von Gerhard (2003), der zu Folge »Identität und Anerkennung [...] einer gleichsinnigen sozialen Differenzierung [unterliegen]: Während die einen auf der Klaviatur der Identitätsmöglichkeiten zu spielen verstehen, leiden die anderen unter fehlender Anerkennung und bringen keine ›Bereicherung des Ichs durch kommunikative Verflüssigung des Innenlebens‹ (Honneth 2000:1093) zustande.«[577] Der Erfolg der Selbstsozialisation wird deshalb primär von der jeweiligen Lebenslage, dem Kapital und den Lebensrisiken des Heranwachsenden determiniert. Ihr Prozess organisiert sich dabei nach den herrschenden Gesetzen des Marktes und erscheint in der Form von Sozialisations*angeboten*, die – soweit

---

576 »Zugang zu materiellem Kapital reproduziert sich in symbolischem, psychischem, kulturellem und sozialem Kapital.« Keupp, 2003, 12.
577 Gerhard weiter: »Da ihnen die individuellen und sozialen Ressourcen für die aktive und kreative Leistung individueller Identitätsentwicklung fehlen, tendieren sie dazu, sich auf die eigenen kulturellen Elemente zu verlegen und sich surrogathaft, teils auch in fundamentalistischer Manier, unter den schützenden Mantel kollektiver Identitäten wie Nation, Rasse etc. zu flüchten – oder aber das aufkeimende Gefühl von Ohnmacht und Hilflosigkeit pharmakologisch zu betäuben.« Gerhard, 2003, 208.

wäre Höfer (2000) zu folgen – in spezifischen gesellschaftlichen Diskursen (kollektive Vorstellungen und Bilder, soziokulturelle Identitätskonfigurationen) zirkulieren. An diese Diskurse schließen die Kinder und Jugendlichen mit ihren lebenslagespezifischen »Identitätsperspektiven«[578] an, um daraus den symbolischen Rohstoff für ihre individuelle Identitätsarbeit zu gewinnen. Beispielsweise schließt die Identitätsperspektive zur eigenen Körperidentität an den *Body Styling*-Diskurs von Fitness, Leistungsfähigkeit und Diät an. Nach Maßgabe ihrer unterschiedlichen Kapitalausstattungen, ihrer Konsumkompetenz, ihren Identifikationsbedürfnissen und ihrer situativen Kaufstimmung »wählen« sich die Heranwachsenden nach dem Modell des Kunden gewissermaßen jene Sozialisationsangebote aus, die ihnen als die passenden erscheinen. Das bedeutet folgerichtig, dass Kapitaldefizite die Auswahl der Identitätsperspektiven der Einzelnen limitieren. Sie führen bei ökonomisch deprivierten Jugendlichen zu einer ebenso limitierten Identitätsarbeit und einem limitierten Identitätsgefühl (Selbst- und Kohärenzgefühl) als wesentliche Bestimmungsgröße ihrer Resilienz. Doch ein Weiteres ist zu bemerken. Zwar ist, wie Höfer zu Recht bemerkt, die *Auswahl* der Identitätsperspektiven durch die Erosion traditionaler soziokultureller Milieus unabhängig von schicht-, klassen-, geschlechts- usw. -spezifischen Differenzierungen geworden, doch nur um den Preis ihrer Aufhebung zum totalisierenden Identitätsprinzip des Marktes. Nicht erst ihre Auswahl, sondern die Identitätsperspektiven selber sind bereits Teil des Marktzusammenhanges, da die individuellen Ressourcen darin a priori als (ökonomisches, soziales, kulturelles usw.) Kapital bestimmt sind. Von ihnen hängt schließlich ab »in welchem Umfang Optionsräume zur Verfügung stehen und mit welchen Chancen und Risiken sie benutzt werden können«[579]. Insofern messen sich die von Höfer akzentuierten »gelungenen identitätsbezogenen Passungsverhältnisse«[580] am Habitusprofil des »Markt-Individuums«.[581]

---

578 »Identitätsperspektiven fokussieren die eigene Person unter bestimmten Rollen (»Ich als Studentin«; »Ich als Sportlerin«), unter lebensphasischen Perspektiven (»Ich als Mutter«; »Ich als Alleinerziehende«; »Ich als Jugendliche(r)«) und unter rollen- und lebensphasenübergreifenden Perspektiven (»Ich als gesunde Frau/Mann«, »Ich als emanzipierte Frau«, »Ich als sozial benachteiligte Frau«).« Höfer, 2000, 186.
579 Höfer, 2000, 307.
580 Ebd.
581 »Die Bezugseinheit, in die der Blitz (der Arbeitslosigkeit und Armut) einschlägt, ist nicht mehr die Gruppe, die Klasse, die Schicht, sondern das Markt-Individuum in seinen besonderen Umständen.« »Daher gilt: ›Individualisierung bedeutet Marktabhängigkeit in allen Dimensionen der Lebensführung.‹« (U. Beck, Risikogesellschaft. Auf dem Weg in eine andere Moderne, Frankfurt a. M., 1986, 144, 212). Das heißt, dass der Einzelne abstraktifiziert wird, weil er zum bloßen Schnittpunkt abstrakter Geld- und Marktbeziehungen wird. Zur Illustration dazu der Rat eines Management- und Karriereberaters an Job- Bewerber: »Lernen Sie, sich selbst als ›Produkt‹ zu beschreiben. Ja, als Produkt – mit all seinen Vorzügen und Leistungen. Nur wenn Sie als Bewerber oder Bewerberin Klarheit

Die Selbstproduktion braucht ein Selbstobjekt
Die konstatierten Unterschiede im Lebensstil der Jugendlichen (identifiziert anhand der verschiedenen Konsum- und Medienstile) reflektieren damit keine eigentlichen Habitus-Unterschiede mehr, sondern nur noch unterschiedlich erfolgreiche Realisierungen ein und desselben Idealtypus des globalen Teenagers. Dieser Habitus ist klassenindifferent in Bezug auf die traditionalen bürgerlichen Klassen, differenziert aber zwischen solchen Menschen, die dem »habitualisierten Leistungsprofil«[582] des flexiblen Menschen unter den neuen Bedingungen der Wissensökonomie entsprechen können und solchen, die es nicht können. Die neue soziale Differenzierung verläuft somit nicht (mehr) zwischen den Beck'schen ungleichen Konsumstilen. Ihm zufolge sollten ja an die Stelle des traditionalen, d. h. durch Klassen- und Familiensituation bestimmten Habitus »ungleiche Konsumstile«[583] treten. Da sich aber der von ihm postulierte soziologische »Fahrstuhl-Effekt«[584] (mehr Wohlstand für alle bei unveränderten sozialen Ungleichheiten) nicht eingestellt hat, zugleich Konsum und Produktion im Dispositiv der Selbstproduktion verschmelzen, stellen wir fest, dass beides eingetreten ist: klassen- und familienbestimmte Verhaltensstile ergänzen sich mit ungleichen Konsumstilen, d. h. Reichtumsverteilung und Risikoverteilung gehen eine schwer unterscheidbare Melange ein und kumulieren sich schließlich ganz unten zu multiplen Armutslagen. Die neuen Sozialisationsunterschiede werden immer mehr zwischen dem *Humankapital mit soft-skills* auf der einen und den Individualisierungsversagern mit sozialer Inkompetenz und kognitiver Unbeweglichkeit auf der anderen Seite gezogen. Kurz: zwischen jenen, die sich die zitierte Verhaltenskomponente, das marktfähige Sozialverhalten, aneignen können und denen, die es nicht oder nicht ausreichend können. Im schlechtesten Falle werden die Sozialisationsangebote an das Kind maßgeblich durch den Einfluss technischer Geräte, v. a. der elektronischen Medien, mitbestimmt. In einer solchen »Geräte-Familie«[585] werden die lebendigen Interaktionsprozesse

---

über Ihre ›einzigartigen Verkaufsargumente‹ haben, wenn Sie Ihre Stärken einem potentiellen Arbeitgeber erklären können, kann er erkennen, welchen Nutzen es hat, gerade Sie einzustellen.« Jeder Arbeitslose solle sich selber Fragen stellen wie »Bin ich wirklich bereit, Privilegien (Einkommen) und Bequemlichkeit (Reisezeiten) aufzugeben, um eine neue Arbeit zu finden? Nutze ich meine Flexibilität wirklich aus, um in der benachbarten Stadt den neuen Job anzutreten? Setze ich wirklich meine Kreativität ein, gehe über die gewohnten, engen Grenzen hinaus, um für mich zu werben? Pflege ich mein Selbstbewusstein (durch gewissenhafte Vorbereitung) und mein seelisches Gleichgewicht (durch Üben mit einem Freund), um mich im Bewerbungsgespräch gut zu präsentieren?« Laurenz Andrzejewski: »Ich habe manch gestandenen Mann weinen sehen«, in: FR 11.09.2004, 212/A 26.
582 Kreamer, in: Kneer u. a., 1994,187.
583 Beck, 1986, 125.
584 Beck, 1986, 124.
585 G. Eisenberg, Gewalt, die aus der Kälte kommt. Amok – Pogrom – Populismus, Gießen, 2002, 86.

3 Die Störung des Sozialverhaltens als »social sickness«

zwischen real anwesenden Menschen weitgehend durch virtuelle Einwegkommunikation substituiert. Die entscheidenden elterlichen Haltefunktionen vom mütterlichen *containment* (der überschießenden kindlichen Affekte) bis hin zum *social referencing* (des Kindes zur Mutter beim autonomen Probehandeln) entfallen. Dadurch stellt sich der Zustand einer frühen sozioemotionalen Deprivation her:

> »Affekte und Triebimpulse gehen durch keinen wirklichen menschlichen Aneignungsprozeß hindurch, der ihnen Dauer und Form gibt und bleiben oder werden auf diese Weise roh. Unterhalb der Ebene der technischen Einflußnahme, die flache Anpassungsmechanismen produziert, die sich in den Subjekten nicht wirklich ablagern und verankern, hält sich so eine unsozialisierte, ja a-soziale Psyche durch.«[586]

Diese nicht gelungene Variante der Selbstsozialisation, die Eisenberg (2002) als »Geräte-Sozialisation« charakterisiert, wird künftig sicherlich verstärkt unter der Sammelkategorie »Störung des Sozialverhaltens« verzeichnet werden. Sie wird dadurch ihrerseits als Produkt der Desozialisierung von Anerkennungs- und Zugehörigkeitsräumen kenntlich, die zu antisozialen Sozialisationsbedingungen führt, unter denen den Einzelnen wiederum nichts anderes bleibt, als sich selbst zu möglichst erfolgreichen Marktindividuen zu sozialisieren. Die Störung des Sozialverhaltens ist daher wie keine andere psychiatrische Diagnose in besonderer Weise eine *soziale Diagnose*[587], da sie sozioökonomischen Gesetzmäßigkeiten weit eher gehorcht als psychologischen. Nicht etwa weil es sich hier um eine überlegene Erklärungskraft der Soziologie gegenüber der Psychologie handeln würde. Die disziplinären Konkurrenzen bürgerlicher Wissenschaft sind hieran gänzlich unbeteiligt. Es handelt sich vielmehr um eine dramatische Veränderung der Erkenntnisgegenstände beider Wissenschaften selber, nämlich Individuum und Gesellschaft, die laut Pier Paolo Pasolini (1984) einer geradezu »anthropologischen Mutation« gleich kommt.[588] Die vollständige Substitution eigensinniger Nähe- und Zugehörigkeitsverhältnisse durch abstrakte Marktbeziehungen erzeugt eine *soziale* Erkrankung: eben »social sickness«.[589] Im Kern geht es dabei

---

586 Eisenberg, 2002, 87f.
587 Vgl. Alice Salomon, Soziale Diagnose, Berlin 1927.
588 P. P. Pasolini, Freibeuterschriften. Die Zerstörung der Kultur des Einzelnen durch die Konsumgesellschaft, Berlin, 1984, 34.
589 Denn es »fehlt das Koordinatensystem sozialen Verhaltens. Das Gefühl selbstverständlicher Zugehörigkeit zu anderen ist schon im Kindesalter durch bloße Konformität ersetzt. Scott und Lynton weisen in einer im Auftrage der Unesco durchgeführten Untersuchung darauf hin, dass eine seelisch gesunde Gesellschaft im wesentlichen dadurch gekennzeichnet sei, dass jeder Mensch sich einer Gemeinschaft zugehörig fühle, dass alle wichtigen Gruppen klein seien und dass die Veränderungen in dieser Gesellschaft so langsam verliefen, dass sie nicht auffielen. Das Gefühl für Stabilität des Lebens bliebe damit erhalten. Seien diese Merkmale nicht gegeben, dann entstehe

um die Verwandlung von inkommensurablen Subjekt-Subjekt-Beziehungen zu kommensurablen Subjekt-Objekt-Beziehungen. Letztere etablieren eine neue Ordnung der symbolischen Austauschprozesse einer Gesellschaft, in der sich die Subjekte in gleichberechtigter Weise auf die Objektwelt der technischen Apparaturen beziehen wie auf (andere) Subjekte. Die psychohistorische Identifikation eines von seinen Lebensumständen spezifisch geprägten Sozialcharakters würde besser ersetzt durch die Frage nach seiner technischen Generation, wie es etwa schon in der gängigen Rede von der *Generation Golf* zum Ausdruck kommt.[590] Das Verschwimmen der Grenze zwischen Subjekt und Objekt zu Ungunsten des Subjekts bedingt zugleich die Objektivation der Subjekte selber. Das bedeutet, die Subjekte verhalten sich zu anderen Subjekten (und zu sich selbst), wie zu einem Objekt. Die christlich-abendländische Bestimmung eines Subjektes als Selbstzweck weicht seiner *posthumanen* Bestimmung als Mittel. Vor allem dadurch, dass die Subjekte andere Subjekte (und sich selber) als Kapital im Sinne einer Ressource begreifen, das es für die eigenen Zwecke optimal zu nutzen gilt. Die bei sich selbst oder beim Anderen zu subjektivem Wissen geronnene Lebenserfahrung wird zur bloßen Information verdinglicht und »erscheint als eine Substanz, die man aus Gehirnen extrahieren, in eine Apparatur überführen, mit deren Hilfe man sie manipulieren, transportieren, konservieren‹ und in einen verwertbaren, patentierten Produktionsfaktor verwandeln kann.«[591] Der Transferprozess von kulturellem, sozialem usw. Kapital in verwertbares und marktgängiges symbolisches Kapital – so wurde bereits mit Bourdieu gezeigt – wird dabei tunlichst unsichtbar gemacht, um das Produkt als individuelle Leistung erscheinen zu lassen und damit auch einen individuellen Anspruch auf den erzielten symbolischen Mehrwert zu begründen. Das solche Tendenzen nicht auf die Beziehungen der Menschen innerhalb der Produktionssphäre beschränkt bleiben, die als ohnehin verdinglicht gelten könnten, sondern ihre Ausläufer sich bereits bis ins private Refugium ihrer intimen Beziehungen vorgearbeitet haben, zeigt der Wandel der modernen Paarbeziehung. Auch hier wird – wie Durkheim für die gesamtgesellschaftliche Dimension weit früher formulierte – ein »Widerspruch zwischen Steigerung der Individualisierung einerseits und

---

»social sickness«. H. W. Löwnau, Seelische Fehlentwicklung und Gesellschaftsstruktur aus kinder- und jugendpsychiatrischer Sicht, in: G. Nissen/P. Strunk (Hg.), Seelische Fehlentwicklung im Kindesalter und Gesellschaftsstruktur, Neuwied/Berlin 1974, (23–42), 26f.
  590 Ludger Lütkehaus bemerkt, die Psychoanalyse müsste dementsprechend ihre analytische Kategorie der »Objektbeziehungen« wortwörtlich nehmen und etwa zur Anamnese die Frage an den Patienten richten: »Mit welchem Computerprogramm sind sie aufgewachsen?« Eisenberg, 2002, 96.
  591 R. Fischbach, Die Phantome der Wissensgesellschaft, in: Widerspruch, Nr. 45, Zürich, 2003, zit. n. Gorz, 2004, 87.

dem großen Bedürfnis nach einer Paarbeziehung andererseits«[592] konstatiert. Dieser widersprüchliche Prozess

> »lässt einen neuen Typus von Paarbeziehungen entstehen. Die Bindung an den Partner wird nicht nur bei der Eheschließung, sondern während der ganzen Dauer der Beziehung ›freiwillig‹ erbracht und ist weniger von einem Gefühl der Verpflichtung oder von äußerem Zwang bestimmt. Dieser neue Typus der Partnerbindung ist auch weniger von einem moralisch aufgeladenen Ehepathos geprägt, sondern folgt eher dem Prinzip, dass das freiwillige Engagement in der Partnerschaft zugleich der Sorge um das eigene Wohl und die eigenen Bedürfnisse mit einschließt.«[593]

In psychoanalytischen Kategorien gesprochen sehen wir uns einer Metamorphose traditionaler Beziehungsmuster nach dem Schema der Selbstobjektübertragung gegenüber, die den anderen als Selbstobjekt konstruiert. Mitzudenken ist dabei allerdings, dass der andere im Sinne des oben Gesagten immer auch ein dingliches Objekt sein kann. Die Selbstpsychologie, die beginnend mit Kohut den Mechanismus der Selbstobjektübertragung entwickelte, fasst diese allerdings noch als Kennzeichen eines pathologischen Zustandes des Selbst auf, nämlich als eine Art Notlaufprogramm gegen die Erschütterung der Selbstkohärenz.[594] Unter den Bedingungen toyotistischer Selbstproduktion wird die Bedrohung des Selbst- und Kohärenzgefühls dagegen zum Normalzustand. Dem zu Folge bedarf das sich selbst produzierende Selbst ununterbrochen einer oder mehrerer Selbstobjekte, die es zwar als Menschen wahrnimmt, aber quasi als Verlängerung des eigenen Selbst nutzt, um seinen prekären Zustand dauerhaft zu stabilisieren.[595] Dörners These von der sozialen Bedeutung *für* andere, wird so zur sozialen Bedeutung *durch* andere. Anders ausgedrückt: das Marktsubjekt braucht immer auch ein Selbstobjekt, um sich darin spiegeln zu können. Das ist ein weiterer Grund für die oben dargelegte strukturelle

---

592 H.J. Wirth, Individualisierung und Paarbeziehung. Das Paar im Spiegel sozialwissenschaftlicher Studien, Psychoanalytische Familientherapie, Nr. 8, H. 1, 2004, (15–34), 23.
593 Ebd.
594 Nach der Theorie der Selbstpsychologie kommt es nur in Zuständen verminderter Selbstkohärenz oder »in pathologischen Manifestationen eines fragmentierenden Selbst (z. B. narzisstische Wut)« zu Selbstobjektübertragungen. W. Milch/H.-P. Hartmann, Selbstpsychologie, in: Mertens/Waldvogel (Hg.), 2002, 659.
595 Oskar Negt entdeckte erste offene Worte dazu im *Handelsblatt*. Er schreibt: »Sogar Kants ›kategorischer Imperativ‹ hat Eingang ins Handelsblatt gefunden. Die Anforderung, den Menschen nie bloß als Mittel, sondern immer zugleich als Zweck zu behandeln, übersetzt der Autor so ins Wirtschaftsdeutsch: ›Nutze den Anderen ruhig aus, aber behandle ihn dennoch stets als Menschen. Reduziere ihn nicht auf seine Funktion [...]Wer sich ernst genommen fühlt, arbeitet besser.‹« (Frank Wiebe, Von Kant lernen, Handelsblatt, 09. 05. 2005, zit. n. Oskar Negt, Faulbett, Frankfurter Rundschau, 06. 08. 2005, Nr. 181, S. 11).

narzisstische Kränkbarkeit des sich selbst produzierenden Individuums, die ich als Proto-Scham bezeichnet habe und die ein wesentliches Symptom dissozialer Persönlichkeiten darstellt. Sie reagieren mit narzisstischer Wut, wenn sich das Selbstobjekt zu entziehen droht.[596] Der beherrschende psychische Regulationsmodus dabei ist die *projektive Identifizierung*.[597] Schon der »falsche Blick« des anderen vermag eine innere Katastrophe auszulösen, weil er als provokant empfunden wird und das mühsam hergestellte Äquilibrium zwischen innen und außen, Nähe und Distanz, guten und bösen inneren Objekten kippt. Die Begegnung mit dem anderen wird unmittelbar als feindselige Konfrontation erlebt, die die dünnen Ich-Grenzen gewaltsam durchschlägt. Es setzt ein Prozess projektiver Identifikationen und feindseliger Zuschreibungen ein, für den in den USA bereits der Begriff *Mugging* gefunden wurde.[598] Nur noch das für Dissoziale charakteristische narzisstische Agieren kann als Spannungsregulator

---

[596] »In einer Situation, die Scham auslöst, wird das einfachste Mittel gewählt: Dem anderen wird jene narzisstische Kränkung zugefügt, die man selbst am meisten zu erleiden fürchtet. Dies ist ein bei dissozialen Persönlichkeiten häufig zu erkennender Prozess (vgl. auch Rauchfleisch 1981, 1982).«Narzisstische Wut kommt also auf, wenn die Kontrolle über das spiegelnde Selbst-Objekt verloren geht oder wenn es nicht verfügbar ist.« Hopf, 1998, 24.

[597] Der Begriff der projektiven Identifizierung (p. I.) wurde von der Psychoanalytikerin Melanie Klein (1946) eingeführt und gilt als ein entwicklungspsychologisch sehr früher seelischer Regulationsmechanismus. Er bezeichnet einen Vorgang, »bei dem Anteile einer abgewehrten Beziehung zwischen Selbst- und Objektrepräsentanzen in eine äußere Objektbeziehung hinein verlagert werden. Dies geschieht in der Regel durch subtiles oder offenes manipulatives Verhalten. Hierdurch wird das Gegenüber dazu gebracht, den Projektionen gemäß zu erleben und sich zu verhalten. Es wird mit diesen ›identifiziert‹ und gleichzeitig kontrolliert. Dieser Vorgang kann dazu dienen, die Trennung von einem Objekt zu vermeiden, mit diesem zu verschmelzen, die Kontrolle über schlechte, verfolgende Objekte zu gewinnen oder gute Objektanteile zu bewahren.« (G. Reich, Projektive Identifizierung, in: Mertens/Waldvogel (Hg.), 2002, 573). Die p. I. wird immer durch den Regulationsmechanismus der *Spaltung* begleitet, denn die »Abspaltung eines ›nur bösen‹ Bereichs in sich selbst und anderen ermöglicht es, einen ›nur guten‹ Bereich in sich und anderen zu bewahren, der aufgrund der Spaltung scheinbar nicht vom ›bösen‹ kontaminiert werden kann.« M. Lohmer, Abwehrmechanismen und Objektbeziehungsgestaltung bei Borderline-Patienten – eine psychoanalytische Perspektive, in: O. F. Kernberg u. a., Handbuch der Borderline-Störungen, Stuttgart/New York, 2001, (75–86) 77.

[598] Eisenberg, 2002, 90. Eisenberg hält das »Riskantwerden der Blickverhältnisse« für ein Signet des modernen städtischen Verkehrs: »Projektive Identifizierungen bahnen sich im komplexen städtischen Verkehr über das Medium der wechselseitigen Blicke an. Diese Blickverhältnisse bilden für Menschen, deren Ich-Grenzen brüchig sind, eine ständige Bedrohung. Das Auge ist die Körperöffnung, durch die die Welt ins Innere eindringt... Auf dieser Basis kann der ›Blick des Anderen‹ unvermittelt zum ›bösen Blick‹ werden, der zu vernichten droht [...]« (Eisenberg, 2000, 84f.). Als Illustration mag folgende Kurzmeldung aus einer Tageszeitung dienen: »Eine 16 Jahre alte Schülerin hat sich nach einer Messerattacke seit gestern wegen versuchten Totschlags vor dem Landgericht Frankfurt zu verantworten. Die Staatsanwaltschaft legt dem Mädchen zur Last, im Juli dieses Jahres eine 18-Jährige auf einem U-Bahnsteig in Frankfurt-Bonames mit einem Messerstich fast getötet zu haben. Am ersten Verhandlungstag gab die Angeklagte an, das Opfer habe ihr einen »bösen Blick« zugewandt, woraufhin es zu einer verbalen Auseinandersetzung gekommen sei. Nachdem einige ordinäre Schimpfworte gefallen seien, habe sie sich von ihrer Kontrahentin bedroht gefühlt und

die Seele vor der Angst schützen, der Konflikt könne sich im eigenen Innern austoben und das Ich spalten. Er wird nach außen projiziert und liegt nun

> »ausschließlich zwischen dem Ich und der Außenwelt. Andererseits schützt das Agieren, das im Dienste des Ich, der Ich-Synthese oder der zeitlichen, historischen Ich-Kontinuität steht, den psychischen Organismus vor der Angst, die die Folge einer defekten psychischen Struktur ist: der Angst vor Desintegration. Die ›strukturelle Angst‹ (›structural anxiety‹) geht Hand in Hand mit dem Bestehen eines lacunären Ich oder, anders gesagt, sie kommt daher, dass der Realitätssinn Gefahr läuft, während der Adoleszenz zusammenzubrechen.«[599]

Wenn nun die Herstellung von *Selbst-Sicherheit* unter den neuen Bedingungen der Wissensökonomie von einer originär sozialen Aufgabe zu einer individuellen Entwicklungs- und Handlungsaufgabe im Sinne eines ausschließlich selbst organisierten Zusammenhaltes des Subjekts wird, dann wird sie zu einem neuen Dispositiv gemacht. Das heißt, sie wird zu einer Leitformel des gesellschaftlichen Diskurses, an der der Einzelne seine individuellen Problembeschreibungen ausrichtet. Dazu passt die schleichende Umformulierung des staatlichen Erziehungszieles der *Erziehung zur Persönlichkeit* in die *Erziehung zur sozialen Kompetenz*. Sozial kompetent ist das fluide Subjekt, das für sich selber sorgen kann und andere wie sich selbst dafür als soziale Ressource nutzt.[600]

Die soziale Sprache des neuen Marktes
Wie lässt sich unter den Bedingungen von Desozialisierung und antisozialer Sozialisation noch sinnvoll von einer *Störung des Sozialverhaltens* sprechen? Stellen wir uns zur Beantwortung dieser Frage das Sozialverhalten als eine Art Sprache vor. Jede Sprache wird entsprechend der Peirce'schen Semiotik aus drei Elementen konstruiert: 1. aus dem Bezeichneten, 2. dem Zeichen (Code) und 3. dem Prozess der Übertragung (des Zeichens auf das Bezeichnete). Auch das lässt sich besser verstehen, wenn man sich diesen Konstruktionsprozess bildlich als Landschaft vorstellt, durch die ein Reisender mit einer Landkarte zieht.[601] Die Landschaft stellt das Bezeichnete dar, die Landkarte mit ihren verschiedenen Symbolen für Flüsse, Wege, Wälder, Berge usw. die Zeichen. Der Weg des

---

zugestochen. Keinesfalls aber habe sie die 18-Jährige töten wollen, sagte die Angeklagte. Die Frau war bei der Messerattacke an der Brust, am Kopf und am Arm lebensgefährlich verletzt worden. Nur durch eine Notoperation konnte sie gerettet werden.« Herborner Tageblatt 05. 12. 2007, S. 3.
599 Blos, 1996, 126.
600 Wie ja übrigens Höfer über die primäre empirische Abhängigkeit des »sense of coherence« (SOC) von dem Faktor »soziale Anerkennung und Unterstützung« selbst gezeigt hat. Vgl. Höfer, 2000, 130ff.
601 Ich orientiere mich bei dieser Illustration an B. Giesen, Die Intellektuellen und die Nation. Eine deutsche Achsenzeit, Frankfurt a. M., 1993, 37.

Reisenden durch die Landschaft wäre nun der Prozess der Übertragung der Zeichen (Landkarte) auf das Bezeichnete (Landschaft). Der Prozess selber wäre die tatsächliche Reiseroute. Die Übertragung der Zeichen auf das Bezeichnete folgt dabei bestimmten Regeln. Im Falle der Sprache den Regeln der Grammatik. Das Sozialverhalten ließe sich entsprechend als »Sprache der sozialen Lebenswelt«[602] verstehen, deren Grammatik durch die sozialen Umgangsregeln gebildet wird. Um eine Sprache zu lernen, gibt es grundsätzlich zwei Wege. Den ersten Weg könnte man den natürlichen Weg der nicht-intentionalen Erziehung nennen, bei dem ein Mensch in das entsprechende Sprachmilieu hineingeboren wird. Er lernt dessen Sprache allein über die soziale Praxis der sozialen Austauschbeziehungen, beginnend mit der Beziehung zwischen Mutter und Kind als erste aller sozialen Beziehungen. Die der Sprache innewohnenden grammatikalischen Regeln werden bei dieser *Muttersprache* wie nebenbei mitgelernt, ohne jemals explizit angeeignet zu werden. Die Kenntnis der Regeln ist daher nur als implizites Wissen vorhanden, denn man spricht diese Sprache, ohne ihre Regeln nennen zu können. Es ist ungefähr so, als würde der Reisende von einem Einheimischen, einem heimatkundigen Reiseführer solange durch die Landschaft geführt, bis er sich schließlich selber zurecht findet. Der zweite Weg zum Erlernen einer Sprache führt über die Aneignung der impliziten Grammatikregeln und ihre Anwendung auf die jeweilige Sprechsituation. In diesem Falle würde der Reisende sich vor seiner Reise mit der Landschaft vertraut machen, indem er intensiv die Landkarte studiert und sich dann während seiner Reise anhand seines expliziten Wissens unter Zuhilfenahme der Landkarte in der Landschaft orientiert. Überflüssig zu erwähnen, dass der erste, muttersprachliche Weg leichter und kürzer ist als der zweite Weg des intentionalen, expliziten Wissenserwerbs.

Übertragen wir jetzt unser Modell auf die oben beschriebene soziale Landschaft der neuen toyotistischen Marktgesellschaft. Die Sprache, die hier zu lernen ist, ist die der Wissensökonomie (Bezeichnetes). Das Individuum muss sich den sozialen Code (Zeichen) und die symbolische Ordnung der totalisierten Marktgesellschaft, also ihre sozialen Umgangsregeln (Grammatik), aneignen. Die Fähigkeit, die Zeichen der Wissensökonomie (Code) entsprechend ihrer Regeln korrekt anzuwenden (Übertragungsprozess), führt zu einem erfolgreichen, marktkonformen Verhalten. Sind im Einzelfall Milieu und Verhalten miteinander verschmolzen, so konvergieren marktkonforme soziale Praxis und symbolische Ordnung des Marktes zum Markthabitus des flexiblen Menschen (Sennett). Aufgrund seines informellen Wissens über die sozialen Umgangsregeln des neuen Marktes verfügt das Marktindividuum über die Voraussetzung, diesen Prozess selbständig und beliebig oft zu wiederholen. Doch der Weg zur Aneig-

---

602 Gorz, 2004, 90f.

nung der Sprache der sozialen Lebenswelt des Marktes kann für die einzelnen ungleich weit und beschwerlich sein. Insbesondere Kinder und Jugendliche marktferner Milieus, wie sie (multiple) Armutslagen in Marktgesellschaften darstellen, haben nicht den kurzen, sondern den umgekehrten, langen Weg zu gehen. So müssen sie sich im Gegensatz zu jenen, die die Sprache des neuen Marktes beiläufig im Familien- und Sozialmilieu lernen, erst einmal mühsam seine Grammatikregeln aneignen, um dann langsam in den Begriffen des Marktes sprechen zu lernen. Das heißt, sie müssen sich über eine Art Nachsozialisation das Wissen über ein marktkonformes Sozialverhalten in explizierter Form aneignen und auch lernen, dieses als die sozial erwünschte *Verhaltenskomponente* am Markt zu verkaufen.[603] Die Sprache des Marktes lernen sie auf dem langen Weg formalisierten Wissens fast schon wie eine Fremdsprache und nicht auf dem kurzen informellen Weg der Muttersprache. Doch unser »informelles Wissen ist gewissermaßen der Stoff unseres Bewusstseins, die Basis, auf welcher sich die Entwicklung der Person vollzieht – oder mangels welcher sie sich nicht vollziehen kann.«, gibt Gorz (2004) zu Bedenken.[604] Das mangelhafte Erlernen der Sprache des Marktes behindert die Entwicklung dieser Heranwachsenden zu Marktindividuen, denn sie sind ab ovo in ihrer Fähigkeit zur adäquaten Symbolproduktion eingeschränkt und gegenüber dem Durchschnitt benachteiligt. Die Einschränkung bezieht sich gleichermaßen auf die Aneignung und Verarbeitung äußerer sozialer Symbole wie auf die innerpsychische Symbolisierungsarbeit, die zusammen genommen zwei ineinander greifende Prozesse der Symbolproduktion darstellen.[605] Beide wirken gemessen an den Maßstäben des Markthabitus roh und ungekonnt, denn ihre Selbstproduktion ist strukturell behindert. Diese strukturelle Behinderung basiert auf der Störung der Struktur der Konstruktionsprozesse der Symbolproduktion, was sich in geringem Selbstwert, Selbst- und Kohärenzgefühl, Selbstwirksamkeit und Selbstverständnis, kurz dem Identitätsgefühl niederschlägt. Ihr Identitätsgefühl entspricht in seinen Äußerungsformen, also dem symbolischen Kapital (Lebensstil), daher auch eher der Karikatur des sich selbst produzierenden Marktindividuums.[606] Doch wie

---

603 Hieraus erschließt sich auch der latente Sinn all der vorberuflichen Warteschleifen wie Bewerbungstrainings, Praktika etc. für jene schwer vermittelbaren Jugendlichen, die zu der 15 % – 20 % umfassenden »Risikogruppe« jedes Ausbildungsjahrganges gehören.
604 Gorz, 2004, 91.
605 Ich verweise hierzu auf die in der Fußnote 120 auf Seite 55 zitierte Untersuchung von Trempler (1998) zu gestörten Symbolbildungsprozessen bei dissozialen Kindern und Jugendlichen.
606 Der symbolische soziale Ort dieser Marktkarikaturen findet sich bevorzugt in den Real-Soaps (»Big Brother«), Vormittag-Talks (»Vera am Mittag«), Gerichtshows usw. des sog. »Unterschichten-Fernsehens« (Harald Schmidt), deren Formate sich allesamt durch einen primitiven sozialdarwinistischen Zuschnitt gepaart mit einer quotentreibenden histrionischen »Verhaltenskomponente« auszeichnen.

3.4 Seelische Krankheit und Gesellschaft

bei jeder Karikatur handelt es sich dabei um die ins Lächerliche übertriebene Zuspitzung eines wahren Sachverhaltes. In diesem Falle bringt sie zum Ausdruck, dass es keinen anderen Habitus als den des Markthabitus mehr gibt, sondern nur noch individuell unterschiedliche Grade seiner erfolgreichen Realisierung.

Insofern kommt alles auf die möglichst erfolgreiche Aneignung »der ungeschriebenen Gesetze der gesellschaftlichen Handlungen und der zwischenmenschlichen Beziehungen«[607] der Marktgesellschaft an, denn aus ihnen allein fließt noch das Mehrwert schaffende lebendige Wissen der Wissensökonomie. Nur aus diesem »neuen Fixkapital«, so Gorz, entsteht die neue, symbolische Form des Mehrwerts, die er deshalb auch »symbolischen Mehrwert« nennt.[608] An diesem Punkt schließt sich der Kreis zwischen Marktgesellschaft und Marktindividuum, da unter den Bedingungen der Wissensökonomie jedes Individuum gezwungen ist, sich selbst als Unternehmen wahrzunehmen, zu definieren und zu verhalten. Über seinen Erfolg und seine soziale Anerkennung in der Marktgesellschaft entscheidet wie bei einem Unternehmen letztlich seine Fähigkeit, sein ökonomisches, soziales, kulturelles und gesundheitliches Kapital in symbolisches Kapital zu verwandeln, um daraus möglichst einen symbolischen Mehrwert zu schlagen. Es sei in diesem Kontext daran erinnert, dass Bourdieu das symbolische Kapital als »Vertrauenskredit« oder als »Kredit an Ehrbarkeit« definiert – so wie auch das Marketing das in der Marke symbolisierte »gläubige Vertrauen« als »Synonym für öffentlicher Kredit« versteht. Ebenfalls weist Bourdieu auf die Transformationsarbeit und die damit verbundenen Kosten hin, die anfallen, um die einzelnen Grundkapitalien in symbolisches Kapital zu transferieren. Im Bereich der Unternehmen ist hierfür das Marketing als eine Art Technologie der Symbolisierung zuständig. Schon heute wird in vielen Branchen mehr ökonomisches Kapital für das Marketing als für die Produktion der eigentlichen Waren aufgewendet.[609] Auf der Ebene des Individuums braucht es zur Selbstproduktion ähnliche Techniken der Transferarbeit, die man mit

---

607 Gorz, 2004, 35.
608 Er zitiert dazu Christian Marazzi: »Das neue Fixkapital besteht mit anderen Worten aus der Gesamtheit der Gesellschafts- und Lebensbeziehungen, aus den Weisen, wie Informationen produziert und aufgenommen werden, die sich zunächst in Arbeitskraft sedimentiert haben müssen, um anschließend entlang des Produktionsverfahrens aktiviert werden zu können.« (C. Marazzi, Der Stammplatz der Socken. Die linguistische Wende der Ökonomie und ihre Auswirkungen in der Politik, Zürich, 1998, 78, zit. n. Gorz, 2004, 36). Das neue, immaterielle Fixkapital der Unternehmen »besteht hauptsächlich in der durch ihren Markennamen symbolisierten Monopolmacht und in der Höhe der Rente, die diese Macht ihnen sichert. Die Marke ist als sich schon insofern ein Kapital, als ihr Renommee ihren Produkten einen symbolischen Mehrwert verleiht [...] Es musste mittels hoher Marketinginvestitionen und in häufigen Werbekampagnen aufgebaut werden.« (Gorz, 2004, 50f.). Aus unterschiedlichen Richtungen kommen Gorz und Bourdieu damit auf den selben Begriff.
609 Vgl. hierzu z. B. die Zahlen von Klein, 2002, 36ff. Bekannt ist auch, dass das Marketingbudget der Pharmaindustrie bei weiten seine Produktionskosten übersteigt.

3 Die Störung des Sozialverhaltens als »social sickness«

Foucault »Technologien des Selbst« nennen kann, im Unterschied zu den von den Unternehmen primär gebrauchten Technologien der (Waren-) Produktion, der Symbolisierung und der Macht.[610] Die Fähigkeit des Einzelnen, sich marktkompatible Selbsttechniken anzueignen und sie anzuwenden sind wichtig, um ein stetiges Surplus an sozialer Anerkennung und Legitimität, also einen symbolischen Mehrwert zu produzieren, ohne den eine individuelle Entwicklung zu einer sozial erfolgreichen Identität nicht möglich ist. Die Technologien des Selbst sind, um im oben benutzten Bild der sozialen Sprache als Reise zu bleiben, so etwas wie Techniken zur Übertragung der abstrakten Zeichen auf die konkrete Landschaft.

Die Verhältnisse der gesellschaftlichen Produktion, ihre Technologien hängen auf das Engste mit ihrer sozialen Sprache, ihren sozialen Normen und Regeln zusammen. Eine Veränderung der ökonomischen Bedingungen zieht eine Veränderung ihres sozialen Verkehrs nach sich. Dieser innere Zusammenhang zwischen den Anforderungen der ökonomischen Struktur einer Gesellschaft und ihrer normativen Regulation sowie ihrer sozialen Bindungsmodi wurde durch Emile Durkheim differenziert beschrieben.[611] Doch ebenso sind die über die Sprache vermittelten symbolischen Grenzziehungen zwischen *normal* und *abweichend*, *gesund* und *krank/gestört* durch die Produktions- und Reproduktionserfordernisse einer Gesellschaft vermittelt.[612] So betrachtet, ist die Störung des sozialen Verhaltens nicht als der *gestörte* oder *kranke* Habitus zu

---

610 Foucault unterscheidet vier Typen von Technologien, mit denen die Menschen Wissen über sich erwerben: »1. Technologien der Produktion, die es uns ermöglichen, Dinge zu produzieren, zu verändern oder auf sonstige Weise zu manipulieren; 2. Technologien von Zeichensystemen, die es uns gestatten, mit Zeichen, Bedeutungen, Symbolen oder Sinn umzugehen; 3. Technologien der Macht, die das Verhalten von Individuen prägen und sie bestimmten Zwecken oder einer Herrschaft unterwerfen, die das Subjekt zum Objekt machen; 4. Technologien des Selbst, die es dem Einzelnen ermöglichen, aus eigener Kraft oder mit Hilfe anderer eine Reihe von Operationen an seinem Körper oder seiner Seele, seinem Denken, seinem Verhalten und seiner Existenzweise vorzunehmen, mit dem Ziel, sich zu verändern, dass er einen gewissen Zustand des Glücks, der Reinheit, der Weisheit, der Vollkommenheit oder der Unsterblichkeit erlangt.« (M. Foucault, Technologien des Selbst, in: L. H. Martin u. a. (Hg.), Technologien des Selbst, Frankfurt a. M., 1993, (24–62), 26). Foucault postuliert, dass in der Moderne die auf christlichen Fundamenten ruhende Selbsttechnik der verbalisierenden Enthüllung des Selbst durch die Sozialwissenschaften in den säkularen Kontext transformiert wurde, »wo sie instrumentell der Herausbildung eines neuen Selbst dienstbar gemacht werden.« (ebd., 62). In der dekontextualisierten Anwendung dieser Selbsttechnik erkennt er einen historischen Bruch, weil damit »die ursprünglich mit ihnen verknüpfte Verzichtsleistung« (ebd.) auf das Selbst (im Sinne der alterologischen Tradition des Christentums) entfällt. Die dialektische Folge dieses Prozesses hat Klaus Dörner als Verlust der sozialen Bedeutung für den Anderen meiner Auffassung nach zutreffend beschrieben.
611 Vgl. hierzu Durkheim, 1999.
612 »Die Erfahrung des Normierens in einer bestimmten Epoche lässt sich – wenigstens der Intention nach – nicht aufspalten. Guiraud hat dies an der Grammatik sehr gut beobachtet, wenn er schreibt: Die Gründung der *Académie Francaise* durch Richelieu im Jahre 1635 gehört in den

verstehen, als welcher er behandelt wird, mithin als ahistorische Pathologie ohne gesellschaftlichen Index. Unter totalisierten Marktbedingungen mit ihren ökonomischen Zwängen zu *sozialer Kompetenz* und *soft skills* stellt sie sich vielmehr zunehmend als der nicht gelernte, nicht gekonnte oder unfertige Markthabitus dar. Junge Menschen mit gestörtem Sozialverhalten sind daher Menschen mit gestörtem Markthabitus. Sie beherrschen die soziale Grammatik des neuen Marktes nicht, können sich in seine symbolische Ordnung nicht einfügen und sprechen nicht seine Sprache. Sie sind in der herrschenden Sprache seiner sozialen Lebenswelt gestört, haben gewissermaßen eine soziale Sprachstörung. Das unterdurchschnittliche ökonomische, soziale, kulturelle und gesundheitliche Kapital, über das sie verfügen, können sie schlechter als ihre sozial kompetenten Konkurrenten in marktfähiges symbolisches Kapital transferieren, weil ihnen dazu die notwendigen Selbsttechniken fehlen. Unterhalb der Grenze zur offenen Dissozialität greifen sie bestenfalls auf provisorische »Immunitätstechniken«[613] oder »ideosynkratische Haltevorrichtungen«[614] zurück, die gleichwohl sozial völlig inkompetent wirken. Im globalen Transformationsprozess von Arbeitsleistung in Dienstleistung finden sie sich auf der Verliererseite wieder.[615] Und in dem Maße, wie die einfache Arbeit verschwindet (durch Automation, Verlagerung

---

Zusammenhang einer allgemeinen Zentralisierungspolitik, deren Erben Revolution, Kaiserreich und Republik sind. [...] Man kann durchaus sagen, daß die Bourgeoisie die Sprache zur selben Zeit annektierte, als sie sich die Produktionsinstrumente aneignete.« P. J. Guiraud, La grammaire, Paris (P. U. F.) 1958, Coll. »Que sais-je«, Nr. 788, 109, zit. n. G. Canguilhem, Das Normale und das Pathologische, 1977, 169.

613 »Die neuen Immunitätstechniken empfehlen sich als Existenzial-Strategien für Gesellschaften aus Einzelnen, bei denen der lange Marsch in die Flexibilisierung, die Schwächung der ›Objektbeziehungen‹ und die generelle Lizensierung von untreuen oder reversiblen Verhältnissen zwischen Menschen und Orten sein logisches Ende erreicht hat.« P. Sloterdijk, Der gesprengte Behälter, in: Der Spiegel Spezial 6/99, 29, zit. n. Eisenberg, 2002, 93.

614 Eisenberg versteht darunter Techniken, »sich durch skurrile und bizarre Inszenierungen vor dem rabiaten Einbruch des Unvertrauten ins Reich des Vertrauten zu schützen. Nach privatem, von niemand geteiltem und deswegen verrückt erscheinendem Schema sollen ein Stück Kontrolle über die eigenen Daseinsbedingungen zurückgewonnen und Haltevorrichtungen im Alltag eingezogen werden [...] Wenn einer [...] allabendlich auf den Balkon heraustritt und dort, einem bestimmten Ritual folgend, fein säuberlich eine Tomate zerschneidet, sollten wir darin gewissermaßen privatsprachliche Inszenierungen sehen, die ihn vor äußeren und inneren Gefahren abschirmen sollen.« Eisenberg, 2002, 92.

615 Das wird auch ganz offen so ausgesprochen, wie am Beispiel der Diskussion um die EU-Dienstleistungsrichtlinie erkennbar wird. Björn Frank vom (unternehmerfreundlichen) Deutschen Institut für Wirtschaftsforschung (DIW) bringt dies auf den Punkt: »Über das Ziel der Richtlinie, den Dienstleistungsmarkt zu liberalisieren, sind sich die Regierungen nach wie vor einig. Dabei ist es für den Volkswirt Frank klar, dass es Gewinner und Verlierer geben wird. Bei einem freien Markt könnten etwa deutsche Architekten und Ingenieure ihre Dienstleistung einfacher im Ausland anbieten. Umgekehrt müsste man in Kauf nehmen, dass vor allem gering Qualifizierte ihren Job verlieren, weil Osteuropäer preiswerter und genauso gut Waschmaschinen reparieren.« Frankfurter Rundschau, 26. 03. 05, 71/11.

in Billiglohnländer), wächst die Zahl derer, die nicht mehr in den Produktions- und Konsumtionsmarkt integriert werden.[616] Sowohl als Arbeitskraft wie als Kaufkraft sind sie daher nicht *fluide* genug, nicht so unendlich verfügbar und verwertbar wie die Wissensökonomie sie braucht. Als Produzenten und als Konsumenten sind sie dagegen mehr als *fluide*, nämlich *über-flüssig*. Als »strukturell Überflüssige« werden sie zunehmend sozial ausgeschlossen, die Gesellschaft desintegriert und polarisiert sich weiter.[617]

Die »Risikogruppe« – eine neue gefährliche Klasse?
Ähnlich wie bei der Störung des Sozialverhaltens zeigt sich hierbei allerdings ein geschlechtsspezifischer Effekt. Es sind insbesondere bildungsarme Jungen aus der autoritären Psychoklasse (Loyd de Mausse), die sich der oben benannten Effeminationstendenz der Marktgesellschaft nicht anpassen können und hier an objektive Integrationsgrenzen stoßen. Sie bilden in der hohen Zahl der arbeitslosen Jugendlichen jenen harten Kern von schwer oder nicht Vermittelbaren, die nicht nur mangels Ausbildungsplatzangebote ohne Ausbildung bleiben. Vor einiger Zeit startete z. B. die Frankfurter Arbeitsagentur mit den dortigen Kammern eine Initiative für wenig qualifizierte Schulabgänger. Vier Bildungsträger sollten im ersten Ausbildungsjahr die Unternehmen bei der Organisation unterstützen und die Jugendlichen pädagogisch betreuen. Es wurden mehr als 200 zusätzliche Ausbildungsplätze akquiriert und den 400 schwer Vermittelbaren direkt angeboten. Doch es kamen nur 46 Ausbil-

---

616 Zum Beispiel war früher für Kinder aus »einfachen Verhältnissen« die Hauptschule der Zugang zur Berufsbildung im handwerklich-hauswirtschaftlichen Bereich. Sie war daher »zeitgemäß, ›als wir eine andere Form der industriellen Produktion hatten, als Kopf- und Handarbeit noch sehr stark getrennt waren‹. Damals gab es die Volksschulen für die Handarbeiter, für einfache Verwaltungstätigkeiten die Realschulen und die Gymnasien für Führungskräfte. Aber heute, sagt Kouli, müsse ein Handwerksmeister in der Lage sein, alle drei Bereiche abzudecken, er müsse zupacken, wenn es sein muss, Büro- und Verwaltungstätigkeiten erledigen und viele Vorschriften zur Kenntnis nehmen und umsetzen. Und er muss natürlich auch führen können.«. (Ekatarina Kouli, Bildungsreferentin des Handwerkstages Baden-Württemberg und Urheberin eines an Skandinavien orientierten Integrationsmodells, in: Frankfurter Rundschau, 22.03.2005, 68,/25).

617 Der Grad der Marktkonformität eines Marktindividuums bestimmt sich aus seinem Wert als Produzent und Konsument, d.h. inwieweit es als Anbieter von Arbeitskraft oder Repräsentant von Kaufkraft für den Markt interessant ist. Der Wert seiner »Kaufarbeitskraft« leitet sich aus der Höhe seiner Kapitalkraft in den verschiedenen Grundformen des Kapitals ab (ökonomisches, soziales, kulturelles usw. Kapital). Beides bedingt sich zu einem gewissen Maße, muss aber nicht immer übereinstimmen. Der Grad der Marktkonformität erlaubt nun den stärkeren oder schwächeren Anschluss an die auf dem Markt gehandelten (d.h. herrschenden) Diskursen. Entsprechend der sozial ungleichen Verteilung der Kapitalsorten sind die Grade der Marktkonformität in beiden Dimensionen (Arbeitskraft, Kaufkraft) ebenso sozial ungleich verteilt. Am meisten benachteiligt sind jene, die in beiden Dimensionen für den Markt uninteressant geworden sind, also sowohl als Arbeitskraft als auch als Kaufkraft. Zur strukturellen Überflüssigkeit vgl. U. Beck, Was ist Globalisierung? Irrtümer des Globalismus, Antworten auf Globalisierung, Frankfurt a. M. 1997.

dungsverhältnisse zustande, weil die Jugendlichen zu schlecht qualifiziert, zu wenig motiviert und zu unflexibel seien. Insgesamt waren seinerzeit im Arbeitsagenturbezirk Frankfurt 15 % der Schulabgänger zu einer Ausbildung nicht fähig oder willig.[618] Für diese *Risikoschüler* wurden inzwischen eine Reihe von – zumeist zweijährigen – Einfach-Berufsausbildungen erfunden, wie die *Dienstleistungsfachkraft in Sonnenstudios, Speiseeishersteller* (Eisverkäufer), *Änderungsschneiderin, Fachkraft für Kurier-, Express- und Postdienstleistungen, Servicefahrer* sowie unlängst als Kooperationsergebnis von IHK, Agentur für Arbeit und der Fuldaer Beschäftigungsgesellschaft »Grümel« die *Fachkraft für Verkaufsvorbereitung* (Regaleinräumer, Autowäscher u. Ä.).[619] Zur zwiespältigen Bewertung solcher Notlösungen sagte der Berufsforscher Michael Friedrich (Bundsinstitut für Berufsausbildung):

»In Zukunft werden mehr gut Ausgebildete gebraucht und die Zahl einfacher Arbeitsplätze wird weiter sinken. Die Reduzierung der Ausbildungszeit bedeute dagegen eindeutig eine qualitative Verschlechterung der Berufsvorbereitung, weil nur Teilqualifikationen vermittelt würden. Zugleich weist Friedrich darauf hin, dass inzwischen etwa 15 % der jungen Leute völlig ohne Ausbildung in den Arbeitsmarkt starten. Da sei eine zweijährige Ausbildung immer noch besser – vorausgesetzt, die Azubis hätten anschließend die Chance auf Fortbildung.«[620]

Gerade diese 15 % der Jugendlichen mit Schulproblemen, Grenzbegabung, Leistungs- und Versagensängsten, lückenhafter Ich-Struktur, sozialen Inkompetenzen, kurz: solche, die alles andere als flexible Arbeitskräfte sind, bilden die Risikogruppe für die Diagnose der SSV. Ob mit Schmalspurausbildung oder ganz ohne Ausbildung sind sie allenfalls für den so genannten Niedriglohn-

---

618 Vgl. Frankfurter Rundschau 27. 02. 2004, 49/24. Der sog. Ausbildungspakt zwischen Unternehmen und Bundesregierung zeigte zu dieser Zeit kaum Wirkung. Zwar wurden bis Ende 2004 mit 532 322 Stellen 20 000 mehr Ausbildungsplätze als im Vorjahr angeboten, doch zugleich stieg die Zahl der Bewerber. Dafür gab es zwei Gründe. Seit 2002 stieg die Zahl der Schulabgänger (2004: plus 14 550) und es kamen immer mehr Altbewerber aus dem letzten Ausbildungsjahr hinzu. Ihr Anteil lag 2004/05 schon bei fast 50 % aller Ausbildungssuchenden. Im Juli 2005 waren 12,8 % der unter 25-Jährigen arbeitslos gemeldet. Das entsprach bereits der allgemeinen Arbeitslosenquote. Nicht eingerechnet waren dabei ca. 40 000 junge Leute, die in relativ perspektivlosen 1-Euro-Jobs beschäftigt wurden. Die Bundesagentur für Arbeit erklärte den wachsenden Anteil der nicht und schwer vermittelbaren Jugendlichen – wie könnte es anders sein – auch mit fehlender »Marktreife«: »Viele Jugendliche müssen erst fit gemacht werden; sie sind noch nicht angebotsreif«, sagte seinerzeit Angelika Müller von der Bundesarbeitsagentur (ver.di publik, August, 2005, 6). Erst mit dem Sinken der Zahl der Schulabgänger durch die demografische Degression ab 2007/08 beginnt die Jugendarbeitslosigkeit wieder leicht zurückzugehen. Die Effekte auf die »Marktunreifen« lassen aber auf sich warten.
619 Vgl. ver.di publik, Juni/Juli 2005, S. 14 und Frankfurter Rundschau 28.07.05, Nr. 173, S. 20.
620 ver.di publik, Juni/Juli 2005, S. 14.

sektor prädestiniert und mehren damit die Zahl der Geringverdiener.[621] Und deren Zahl nimmt stetig zu. Betrug ihr Anteil an allen sozialversicherungspflichtigen Vollzeitbeschäftigten 1996 noch 15,8 %, so lag er 2001 schon bei 17,4 %. Im Jahr 2007 arbeiteten schließlich über sieben Millionen Menschen im Niedriglohnsektor.[622] Nicht mitgezählt sind die wachsende Zahl der Scheinselbständigen. Doch damit nicht genug. Die Einkommensschere zwischen Gering- und Großverdienern öffnet sich immer weiter. Eine wirtschaftswissenschaftliche Analyse zur Entwicklung der Reallöhne (Bruttolöhne minus Inflationsrate) kommt zu dem Schluss, dass die Geringverdiener in Westdeutschland zwischen 1991 bis 2001 ein Minus von bis zu 12 % hinnehmen mussten, während die Besserverdienenden ein Plus von über 10 % verzeichnen konnten. Die Fachleute erwarten eine Fortsetzung dieses Trends (Dustmann u. a. 2007).[623] Zugleich wird mit der ökonomischen Polarisierung eine abnehmende Aufwärtsmobilität in unserer Gesellschaft beobachtet. Konnte zwischen 1986 bis 1991 noch mehr als die Hälfte der Geringverdiener die Niedriglohnschwelle überschreiten, gelang dies zwischen 1996 und 2001 nur noch ein Drittel. Im EU-Vergleich rutschte Deutschland damit vom Mittelfeld auf den letzten Platz.[624] Grundsätzlich Ähnliches gilt auch für die Aufstiegschancen aus einer Armutslage und/oder Sozialhilfe-Bezug.[625] Parallel zur Einkommensschere sinkt der Anteil der Löhne am gesamten Volkseinkommen (Lohnquote) im Vergleich zu den Gewinnen und Vermögenseinkommen seit über einem Jahrzehnt stetig ab: prozentual von 72,9 % 1993 auf nur 64,6 % im Jahr 2007 und zwischen 1996 und 2007

---

621 Geringverdiener ist, wer weniger als 2/3 des Durchschnittslohns eines Vollzeitbeschäftigten bekommt und mind. 15 Std./Woche arbeitet. Im Jahr 2001 lag die Niedriglohngrenze z. B. bei 1630 Euro Brutto.
622 Fünf Mio. dieser Geringverdiener arbeitete in Minijobs, drei Mio. hatten wenigstens zeitweise Anspruch auf ALG II, doch nur 1,3 Mio. nutzten das. Eine halbe Mio. dieser sog. Aufstocker arbeitete in Vollzeitjobs. Vgl. Freitag, 21.03.2008, 12/10.
623 C. Dustmann, J. Ludsteck, U. Schönberg, Revisiting the German Wage Structure, Forschungsinstitut zur Zukunft der Arbeit, IZA DP. No.2685, March 2007. Die Autoren konstatieren darüber hinaus einen kontinuierlichen Effekt zunehmender Lohnspreizung zwischen der oberen (85. Perzentil) und unteren (15. Perzentil) Einkommensgruppe bereits seit 1975 mit Ausnahme der Rezession um 1980 und der Jahre um den Beitritt der östlichen Bundesländer 1990 (vgl. ebd., S. 9).
624 Vgl. Studie des Instituts für Arbeitsmarkt und Berufsforschung, in: Frankfurter Rundschau, 15.03.05, 62/9.
625 »Analysen auf der Grundlage des Sozio-ökonomischen Panels haben gezeigt, dass materielle Aufstiege oft nur in benachbarte Einkommensklassen führen und Betroffene nach dem Ende einer Armutsperiode häufig im armutsnahen Bereich verbleiben (vgl. Bernsten & Rendtel, 1991; Sopp, 1994; Hübinger, 1996).« (P. Buhr, Dauer und Folgen von Armut bei Kindern, in: Klocke/Hurrelmann, 2001, (78–92), 86). Repräsentative Daten darüber, ob die Sozialhilfebezugs-Dauer in den letzten Jahren bei Kindern zugenommen hat existieren in der BRD nicht. Generell gilt jedoch, dass gerade Familien und Kinder länger als der Durchschnitt im Sozialhilfebezug verbleiben (vgl. ebd.).

sogar absolut von 802 Mrd. Euro auf 790 Mrd. Euro.[626] Wir befinden uns offensichtlich in der Entwicklung zu einer Verfestigung deprivierter sozialer Milieus, in denen die ubiquitäre Erfahrung von Chancenlosigkeit zu massenhafter individueller Perspektivlosigkeit, Hoffnungslosigkeit, Demoralisierung und Anomiedruck führt. Abweichendes soziales Verhalten ist dabei gerade unter Jugendlichen eine soziologisch erwartbare wie individuell sinnvolle Anpassungsreaktion an desintegrierte gesellschaftliche Zustände.[627] Das zeigt sich insbesondere in den nicht-deutschen kulturellen Milieus, wo die Delinquenzrate mit dem Grad sozialer Integration deutlich negativ korreliert ist.[628] Folglich stellen Pfeiffer/Wetzel (1997) fest, dass jugendliche Delinquenz nicht mehr nur als individuelles und entwicklungspsychologisches Durchgangsstadium im Sinne einer episodenhaften, provokanten Distanzierung von den Normen der Erwachsenwelt zu betrachten ist, sondern mit der Verschärfung sozialer Gegensätze eine eigene Qualität gewinnt. Sie postulieren: »Für eine wachsende Zahl von Kindern und Jugendlichen ist die Begehung von Straftaten dagegen als Ausdruck dauerhafter sozialer Ausgrenzung zu interpretieren.«[629] Jugendliche Dissozialität bekommt unter den Bedingungen einer sich zusehends in Oben und Unten polarisierenden Gesellschaft eine eigene gesellschaftliche Dimension, in der sich ökonomisch prekäre Lebenslagen mit mangelndem sozialen, kulturellen, gesundheitlichen und symbolischen Kapital, mit kumulierten Risiken und risikobelasteten Lebensstilen sowie schädigenden Belastungsregulationen gegenseitig verstärken und verfestigen. Es mehren sich zugleich die Anzeichen für eine wachsende Bereitschaft in dieser Gesellschaft, diese soziale Gefährdung junger Menschen mittels modernisierter kriminalbiologischer Konstrukte aus dem 19. Jahrhundert zu einer ursachenlosen *Gefährlichkeit* zu anthropologisieren und um sie herum null-tolerante innere Sicherheitszäune zu errichten, hinter denen sie als neue *gefährliche Klasse* des 21. Jahrhunderts sich selbst überlassen werden.[630]

---

626 Alle Angaben inflationsbereinigt. Vgl. Freitag, 21.03.2008, 12/10.
627 Vgl. Merton, Sozialstruktur und Anomie, in: ders., 1995, 127–185.
628 Vgl. 11. Kinder- und Jugendbericht, Berlin, 2002, 234.
629 Vgl. 11. Kinder- und Jugendbericht, Berlin, 2002, 232 und zit. n. ebd., 355.
630 Die *No-Go-Areas* US-amerikanischer Großstädte finden sich inzwischen längst auch in den Vorstädten europäische Großstädte, wie die Jugendkrawalle in den französischen Banlieues im November 2005 zeigten. Vgl. zur Renaissance der Kriminalbiologie G. Eisenberg, Lombrosos Auferstehung. Die Biologisierung und ›Vermonsterung‹ des Verbrechens, in: ders., 2002, 143–158.

4 Resümee

Die vorliegende Arbeit erbrachte zunächst die Erkenntnis, dass es sich bei der Störung des Sozialverhaltens in all ihren Facetten um ein hochkomplexes Störungsbild handelt. Bei kritischer Betrachtung unterscheidet es sich von anderen kinder- und jugendpsychiatrischen Störungsbildern maßgeblich in der schwer abzugrenzenden Symptomatik, deren Einzelsymptomen immer etwas Willkürliches anhaftet. Nicht zuletzt konnte gezeigt werden, dass es sich kaum um eine reine Störung des Verhaltens nur aufgrund ihres externalisierten Ausdrucks handelt. Die psychodynamische, beziehungsanalytische Betrachtungsweise ließ im Gegenteil mannigfaltige emotionale Anteile erkennen, die nicht nur mitbeteiligt, sondern mitbestimmend sind. Namentlich handelt es sich um früh gestörte Bindungsprozesse und traumagleiche affektive Überforderungszustände, die die Basis für eine fortwirkende strukturelle Ängstlichkeit (*structural anxiety*) und narzisstische Vulnerabilität legt. Gleichwohl erklärt ein individualistisches Krankheitskonzept – verstehe es sich auch als *bio-psycho-soziales* Konzept – nicht die paradoxe Sozialität des Dissozialen, der seine antisoziale Tendenz nur in sozialen Beziehungen entfalten kann und daher dringend auf sie angewiesen ist. Nur einem interaktionistischen Perspektivwechsel gelingt es daher wirklich, unter der Oberfläche der Notwendigkeit sozialer Zerstörung auch die Not einer Störung so zu rekonstruieren, dass sie zugleich als Reaktualisierung einer sozial induzierten frühen Störung (*Agieren*) und als Reinszenierung eines (internalisierten) misslungenen Interaktionsmusters (*coercion*) kenntlich wird. Über diese Brücke gelangt man zur Erweiterung des Verständnishorizontes in Richtung einer interaktionellen, beziehungsanalytisch orientierten Sichtweise. Sie macht deutlich, dass zum individuell gestörten Sozialverhalten sozial gestörte Interaktionsweisen des sozialen Mikrosystems gehören. Diese sind nicht nur als *aufrechterhaltende Bedingungen* im Sinne der kognitiven Verhaltenstheorie reaktiv beteiligt, sondern wirken unbewusst, aber aktiv an der Konstruktion der Symptomträger-Rolle des Indexpatienten mit, weil das Bezugssystem hierin eine Entlastungsfunktion für eigene Störungen findet. Aufgrund der angegebenen spezifischen Psychodynamik eignet sich die Störung des Sozialverhaltens offenkundig in besonderer Weise, Störungen des sozialen Bezugssystems in individuell zurechenbares soziales Störverhalten zu übersetzen. Das eingeführte Fallbeispiel illustrierte eindrücklich dieses komplexe Zusammenspiel von wechselseitiger individueller Belastung und systemischer Entlastung, die Dynamik von Übertragung und Gegenübertragung sowie des Agierens und Mitagierens bis in das Helfersystem hinein. Die Konklusion besteht in der Einsicht, dass die dissozial agierende und mitagierende Dynamik unausweichlich ist, weil sie zum Störungsbild gehört. Doch gerade sie ist es auch, die die Chance zur Veränderung bereit hält, wenn es gelingt über kollektive Prozesse der Bewusstwerdung bloße re-pathologisierende Wiederholungen zu vermeiden. Stattdessen könnten einbettende soziale Bedingungen geschaffen werden, die im Stande sind, die dissozialisierten Anteile des Indexpatienten zu re-sozialisieren. Die in einem solchen interaktionistischen Störungsmodell enthaltenden Implikationen für ein sehr weit gefasstes und hochkooperatives Behandlungsbündnis wurden diskutiert. Sie verweisen einerseits auf hohe Anforderungen an den Patienten, seine Bezugspersonen und die professionellen Helfer, die hier abschließend als kritisch bewertet werden müssen. Und zwar darum, weil sie andererseits auf die Frage der hierfür vorhandenen Ressourcen und allgemeinen sozialen Lebensbedingungen verweisen, die ja die spezifischen Sozialisationsbedingungen für die Betroffenen bilden. Die gewissermaßen soziologische Inversion der psychologischen Bestimmung eines individuumzentrierten Risiko- und Schutzprofiles bei der SSV brachte nämlich auffällige Parallelen zwischen den individuellen Risikofaktoren und einer sozial deprivierten Lebenslage zu Tage, sodass generell mit wenig Ressourcen in den betroffenen Bezugssystemen gerechnet werden kann. Mehr noch: Durch die Kombination unterschiedlicher soziologischer bzw. sozialpsychologischer Untersuchungsansätze wie dem Lebenslagenkonzept, der Kapital- und Habitustheorie Bourdieus sowie der salutogenetischen Resilienzforschung, erwiesen sich SSV-typische Risikoverhaltensweisen geradezu als Verarbeitungsweise einer sozial deprivierten Lebenslage. Diese ist allerdings nicht auf reine Einkommensarmut zu reduzieren, sondern wirkt von der ökonomischen Kapitalausstattung kaskadenartig in die verschiedenen anderen Kapitalformen (soziales, kulturelles, gesundheitliches und symbolisches Kapital) hinein. Dabei ergeben sich verstärkende und abschwächende Rückkoppelungseffekte, die in ihrer spezifischen Wirkung empirisch schwer zu fassen sind. Gleichwohl zeigten sich unter dem Strich beeindruckende kumulative Effekte im Sinne multipler Deprivationen, die das *Erkrankungsrisiko Armut* gerade in Bezug auf ein gestörtes Sozialverhalten nachdrücklich vor Augen führen.

Die Verbindung des Lebenslagen- und Kapitalmodells mit dem Resilienzansatz erwies sich meines Erachtens dabei nicht nur als umfassender, sondern auch als erklärungskräftiger für die dissoziale Störung als das bio-psycho-soziale Modell, das primär auf eine Verhaltensprävention zielt. Nicht zuletzt ist es aufgrund des expliziten Einbezugs sozioökonomischer Aspekte kritischer und ihm deshalb als Erklärungsmodell insgesamt vorzuziehen. Dies gilt gerade auch unter präventiven Gesichtspunkten. Denn mit dem 11. Kinder- und

4 Resümee

Jugendbericht ist festzustellen, dass die herrschende Politik der Gesundheitsförderung

»in erster Linie unter der Zielsetzung [steht], das Gesundheitsverhalten der Individuen zu verändern. Im Hinblick auf die bestehende soziale und gesundheitliche Ungleichheit erscheint es fragwürdig, warum nicht mehr Anstrengungen unternommen werden, Präventionsbemühungen, die sich im Sinne einer Verhältnisprävention auch auf die Modifizierung sozialer Verhältnisse konzentrieren (vgl. BzGA 1996), umzusetzen.«[1]

Dementsprechend ist auch Mielck (2000) zuzustimmen, wenn er in dieser einseitigen Ausrichtung auf Verhaltensprävention eine strukturelle soziale Ungerechtigkeit entdeckt. Er schreibt:

»Beim Thema ›gesundheitliche Ungleichheit‹ ist die einseitige Betonung der Verhaltensprävention besonders brisant. Zum einen wird bei diesem Präventionsansatz unterstellt, dass das individuelle Gesundheitsverhalten weitgehend frei gewählt werden kann. Es spricht jedoch vieles dafür, dass eine bessere Bildung, ein höherer beruflicher Status und ein höheres Einkommen mit einem objektiv größerem Handlungsspielraum verbunden sind. Es wäre demnach ›unfair‹ bei Personen aus der unteren sozialen Schicht die gleiche Flexibilität im Verhalten vorauszusetzen, wie bei Personen aus höheren sozialen Schichten. Zum anderen besteht die Gefahr, dass durch die Fokussierung auf das individuelle Verhalten ›das Opfer zum Schuldigen wird‹ (ebd., S. 382).«[2]

Die Ergebnisse der hier vorgelegten Arbeit unterstreichen Mielcks Kritik nachhaltig. Eine ihrer wesentlichen Schlussfolgerungen kann daher nur lauten, dass erst eine engagierte Verhältnisprävention die notwendigen sozialen Bedingungen für eine effiziente Verhaltensprävention schafft. Daraus folgen, neben den schon genannten Konsequenzen für die praktische sozialpädagogische Arbeit, weitergreifende, stringente politische Weichenstellungen wie die Verknüpfung einer regelmäßigen Sozial- und Gesundheitsberichterstattung und die Umsetzung der daraus abgeleiteten notwendigen Maßnahmen. Ebenso muss das *Erkrankungsrisiko Armut* speziell bei der SSV stärker in Forschung und Lehre Berücksichtigung finden. Eine reformierte kinder- und jugendpsychiatrische Praxis muss als integrierte Präventionsarbeit für gleichberechtigte Zukunftschancen gesundheitlich benachteiligter Kinder und Jugendlicher mehr gesellschaftliche Wertschätzung erfahren, ernst genommen werden und als solche auch bezahlt werden. Dabei ist zu beachten, dass Gesundheit immer

---

1 11. Kinder- und Jugendbericht, Berlin, 2002, 227.
2 Ebd.

nur die andere Seite von Krankheit und Leiden bedeutet und dass darüber hinaus beide zusammen genommen relationale Begriffe sind, die stets einen sozialhistorischen Index haben. Nicht zuletzt unterliegt das Verhältnis von Gesundheit und Krankheit einer komplexen Dialektik, die sich im Verhältnis von Patient und Behandler wieder finden muss. Klaus Dörner (2003) drückte dieses dialektische Verhältnis sinngemäß so aus, dass man die darin liegende Objekt (Patient)-Subjekt (Behandler)-Dimension nicht leugnen sollte, indem so getan wird, als würde es sich um ein symmetrisches Verhältnis von Gleichen in der Art einer bürgerlichen Vertragsbeziehung handeln (Subjekt-Subjekt). Vielmehr liegt erst in der Anerkennung der grundlegenden Asymmetrie zwischen Helfer und Hilfesuchendem die Chance des Helfers, eine »Haltung vom Anspruch des anderen her« zu entwickeln, die es ihm erlaubt, sich bedingungslos in den Dienst des Patienten nehmen zu lassen. Erst unter der wechselseitigen Anerkennung von Behandler und Patient, dass sie immer Objekt und Subjekt zugleich sind, also ihr Verhältnis eine Subjekt-Objekt-Dimension (Patient ist Objekt des Behandlers) und eine Objekt-Subjekt-Dimension (Behandler ist Objekt des Patienten) beinhaltet, kann ein gelingendes Arbeitsbündnis (Subjekt-Subjekt-Dimension) zustande kommen.[3] Die Akzeptanz dieser Dialektik basiert auf der Erkenntnis Gadamers (1996), dass Gesundheit zwar ein öffentliches Gut ist, es aber nur im Verborgenen wachsen kann.[4] Daher verbieten sich alle Versuche einer zweckrationalen Inanspruchnahme (*Employability*) ebenso wie ihre Unterwerfung unter eine produktivistische, betriebswirtschaftliche Logik (*Qualitätsmanagement*)[5] bis

---

3 Vgl. hierzu ausführlicher K. Dörner, Der gute Arzt, Lehrbuch der ärztlichen Grundhaltung, Stuttgart, 2001 und 2003, 68ff.

4 H.-G. Gadamer, Über die Verborgenheit von Gesundheit, Frankfurt a. M., 1996, zit. n. Dörner, 2001 und 2003, 90.

5 Dörner ist zuzustimmen, wenn er sagt: »Die betriebswirtschaftliche Perspektive honoriert die schnelle Leistung und bestraft langfristiges Engagement (für chronisch Kranke, für Prävention, für Krankenhausinvestitionen), wie sehr auch immer als Qualitätsmanagement oder als DMP (Disease Management Programm, H. B.) bemäntelt. Die Arzt-Patient-Angehörigen-Beziehung, vom zeitraubenden Prozeß der Vertrauensbildung getragen, droht, sich zum kommerziellen Kaufvertrag zu verkürzen, wo die kaufkräftige Nachfrage und die kurzfristige Zufriedenheit zählen – zum Schaden aller –; denn die zu Kunden degenerierten Patienten bekommen eher nur noch, was sie wünschen, weniger, was sie brauchen.«(174). Deshalb müssen wir »die fehlerhaft von der Autoindustrie auf medizinische, aber auch soziale und pädagogische Institutionen übertragene Qualitätssicherungsoffensive als wachstumsfördernden und kostentreibenden Selbstbetrug erkennen. Bisher bestanden ärztliche wie andere sozial-professionelle Beziehungen zwischen Menschen stets aus meß- und bezahlbaren quantitativen und aus nicht meßbaren und unbezahlbaren qualitativen Zeit- und Wirksamkeitsanteilen. Im Zuge der falschen, weil restlosen Ökonomisierung des Sozialen zählt Qualität nur noch, wenn sie sicherbar, kontrollierbar, messbar, also in Quantität umgewandelt, somit positiv oder negativ bewertbar und daher bei Bedarf wegrationalisierbar ist. Nicht-meßbare, d. h. eigentliche Qualität existiert dann einfach nicht und entfällt als unersetzbarer Wirksamkeitsanteil ärztlicher,

hin zu flächendeckenden Privatisierungen öffentlicher psychiatrischer Kliniken.[6]
Doch es ist nicht nur so, dass Verhaltensprävention notwendig der Verhältnisprävention entspringt. Eine kritische Betrachtung zum Diskurs des gestörten Sozialverhaltens machte überdies deutlich, dass auch soziales Verhalten eo ipso sozialen Verhältnissen entspringt und eine Störung des sozialen Verhaltens sich entlang der symbolischen Grenzen zum gesellschaftlich erwünschten Sozialverhalten definiert. Diese sind nicht anthropologisch fixiert, sondern historisch veränderbar, was ein kurzer Blick durch das Prisma der Zivilisationstheorie von Norbert Elias belegte. Veränderte gesellschaftliche Sozialisationsanforderungen an die junge Generation kondensieren sich zunächst in einer Änderung des Erziehungsleitbildes, dass inzwischen Aspekte wie Partnerschaftlichkeit im Umgang, Fähigkeiten der Selbstregulation nach innen und der *sozialen Kompetenz* nach außen in das Zentrum erzieherischer Bemühungen stellt. Im Weiteren wurde gezeigt, dass sich der Kern dieser neuen Erziehungsziele unmittelbar aus den Erfordernissen einer neuen Wissensökonomie ableiten lässt, in der das sozial kompetente Verhalten über den Hebel des Transfers in informelles Wissen immer mehr zur Quelle ökonomischer Wertschöpfung wird. In einer Gesellschaft, in der folglich soziale Integration, Partizipation und Anerkennung primär über den Markt reguliert werden, also soziale Beziehungen das Resultat von Marktbeziehungen sind, gilt als sozial kompetentes Verhalten das, was der Verhaltenskomponente des Marktindividuums entspricht. Demgegenüber wird jenes soziale Verhalten als sozial inkompetent bzw. als sozial gestört etikettiert, was dem erwünschten Markthabitus nicht entspricht. Das Marktindividuum muss ebenso über Techniken der *Selbstproduktion* verfügen, die das Verschwinden mittlerer sozialer Gefäße, also gewachsene, eigensinnige soziale Anerkennungsräume und Näheverhältnisse, kompensieren soll und die auf dem Markt als *Employability* gehandelt werden. Kinder und Jugendliche werden unter solchen Bedingungen einer *radikalen Individualisierung* tendenziell

---

pflegender (bzw. sozialer) Beziehung und Handlung.« (Dörner, 2001 und 2003, 224). Dass es zudem beim durch die Krankenkassen und anderen Kostenträgern aufgenötigten Zertifizierungszwang (nach ISO 9001, EFQM, TQM etc.) letztlich nur um den Aufbau Potemkinscher Dörfer zwecks »Marktbereinigung« des Gesundheitsmarktes geht, zeigte 2007 die vom Medizinischen Dienst der Spitzenverbände der Krankenkassen (MDS) groß angelegte Studie über die Einrichtungen der ambulanten und stationären Altenpflege. Zitat: »Die MDS-Studie belegt, [...] dass sogenannte zertifizierte Pflegebetriebe keine bessere Versorgung anbieten als jene ohne ein Siegel.« (FR 01.09.2007, 203/2). So viel zur »Evidenzbasiertheit« des so genannten Qualitätsmanagements.
  6 In Niedersachsen betreibt die CDU-Landesregierung, initiiert durch die ehem. Landessozialministerin und neue Bundesfamilienministerin von der Leyen, die Privatisierung der zehn Landeskrankenhäuser. In den neuen Bundesländern ist dieser Prozess schon weitgehend abgeschlossen. Vgl. Frankfurter Rundschau, 19.09.2005, 218/5.

zur *Selbstsozialisation* angehalten. Der selbstproduzierende Sozialisationstypus verfügt allerdings nur über lacunäre Ich-Strukturen und braucht zur Aufrechterhaltung seiner stets gefährdeten Identitätsgrenzen und inneren Kohärenz *Selbstobjekte*, auf die er sich – salopp ausgedrückt – symbiotisch-parasitär beziehen kann. Das radikal objektivierte Verhältnis zu anderen überträgt er gleichzeitig auf sich selbst, weil er sich auf sich wie auf eine äußere Ressource, auf ein Objekt bezieht (*radikale Objektivation*). Der Preis der Selbstproduktion besteht in einer strukturellen Ängstlichkeit und narzisstischen Wut. Beides quittiert die strukturelle Vulnerabilität seiner *antisozialen Sozialisation*, die das pathogene Echo desozialisierter Verhältnisse darstellt und welche die individuell zugeschriebene Diagnose der Störung des Sozialverhaltens als in diese gesellschaftlichen Verhältnisse eingeschriebene soziale Erkrankung (*social sickness*) kenntlich machen. Das totalisierte Marktprinzip sorgt indes dafür, dass nur mehr unterschiedlich erfolgreiche Realisierungen ein und desselben Sozialisationstypus existieren. Vor allem multiple deprivierte Jugendliche haben wenig Chancen die *soziale Sprache des Marktes* erfolgreich zu erlernen, weil sie dazu den langen Weg des formalen Lernens gehen müssen (wenn man sie überhaupt lässt) im Gegensatz zu jenen, die in der Sprache des Marktes aufwachsen und über das notwendige ökonomische, soziale, kulturelle usw. Kapital verfügen. Die sich beschleunigende, globale Marktgesellschaft stellt immer höhere, ausgefeiltere und ganzheitliche Qualifikationsanforderungen an die Marktindividuen. Wie wir sahen, gilt das insbesondere für das formale und informelle Wissen. Dieses ist wiederum dem von jeher wirksamen Prozess der Verwissenschaftlichung der kapitalistischen Produktionsweise zuzuschreiben, der menschliche Arbeitskraft fortwährend durch Kapital ersetzt. Und genau so wie die organische Zusammensetzung des Kapitals (die Kapitalintensität) außen ansteigt, steigt sie auch in den Subjekten selbst an. Den Maßstab der Konkurrenzfähigkeit bildet dabei allein das Gesetz der Rentabilität, »das besagt, dass nur diejenige Warenproduktion gültig und somit marktfähig ist, die dem Weltniveau der Produktivität entspricht.«[7] Um in seiner individuellen Produktivität gewissermaßen auf Weltmarktniveau konkurrenzfähig sein zu können, braucht es wie auf der Ebene der Warenproduktion auch immer mehr Vorauskosten (soziales, kulturelles etc. Kapital) für die innere Infrastruktur (*Employability*), um das Niveau der Weltmarktrentabilität überhaupt erst zu erreichen, um dieses Vorauskapital in marktgültiges *symbolisches Kapital* transformieren zu können. Den deprivierten und multiple deprivierten Kindern und Jugendlichen geht es darin letztlich wie den armen Staaten der so genannten 3. und 4. Welt, die im internationalen Wettbewerb auf den globalen Märkten keine Chance haben diesen *take-off-*

---

7 Kurz, 1991, 196.

point zu erreichen.⁸ In der Konkurrenz mit den reichen Staaten des Nordens und Westens befinden sie sich unter den herrschenden Bedingungen in einem aussichtslosen Wettlauf zwischen Hase und Igel.⁹ In dem Maße wie sich die Konkurrenzfähigkeit der Marktindividuen in der Wissensökonomie aus deren informeller Verhaltenskomponente herleitet, wird die Störung dieser sozialen Verhaltenskomponente zur Funktion ungleich verteilter, primär ökonomischer Kapitalressourcen und entscheidet über soziale Integration oder Desintegration. Wer als Kind und Jugendlicher über eine Halt gebende Kapitalausstattung verfügt, kann sich die vom Markt geforderte Unwägbarkeit und Risikobereitschaft in seinem persönlichen Lebensentwurf leisten. Die Benachteiligten sind dagegen auf ein Mindestmaß an strategischer Berechenbarkeit der sozialen Landschaft angewiesen – sie brauchen einen »lesbaren sozialen Plan«, wie Sennett sagt.¹⁰ Ist das nicht der Fall, dann wirken bei materiell privilegierten Jugendlichen die ökonomischen Bedingungen als Schutzfaktoren gegenüber einer SSV, während sie bei Deprivierten Risikofaktoren darstellen.

Zur Erinnerung: Aggressivität als das hervorstechendste Merkmal der SSV hat nach Winnicott eine wichtige entwicklungspsychologische Funktion. Sie

---

8 »Je höher das Weltniveau der Produktivität, desto höher die Kapitalintensität der Produktion, desto höher und für die meisten armen Länder unerschwinglicher der Investitionskosten, die oft schon in demselben Moment entwertet sind, in dem sie marktfähige Produktionen induzieren sollen. Und je höher die Meßlatte der Verwissenschaftlichung, Technisierung und Automatisierung gelegt wird, desto größer wird auch über die unmittelbare Produktion hinaus der Bedarf an gewaltigen Investitionen in das System gesamtgesellschaftlicher Logistik und Infrastruktur, in Wissenschaft und Ausbildung, Verwaltung und Dienstleistungen, dem die rückständigen Länder erst recht nicht mehr folgen können.« Kurz, 1991, 198.

9 »Die Basis des gewaltigen westlichen Kapitalstocks, von der aus die weiteren Steigerungen erfolgen, kann innerhalb der Warenlogik in den anderen Weltteilen insgesamt nie mehr erreicht werden. Jeder Schritt der Entwicklung und Produktivitätssteigerung in den rückständigen Ländern wird durch zwei, drei und mehr Schritte in den fortgeschrittensten Regionen auf immer höherer Stufenleiter negativ überkompensiert. Es ist der Wettlauf zwischen dem Hasen und dem Igel, der nur mit dem Tod des Hasen enden kann.« Kurz, 1991, 198.

10 »Ein Kind aus privilegierten Schichten kann sich die Konfusion in seinen persönlichen Strategien leisten, ein Kind aus den Massen dagegen nicht. Wer aus einer privilegierten Schicht stammt, hat wegen seines familiären Hintergrunds und wegen der Netzwerke im Bildungswesen gute Chancen. Die privilegierte Stellung verringert die Notwendigkeit strategischen Denkens. Starke, ausgedehnte Netzwerke ermöglichen es den Mitgliedern der oberen Schichten, sich auf die Gegenwart zu konzentrieren. Die Netzwerke spannen ein Sicherheitsnetz, das die Notwendigkeit langfristiger strategischer Planung verringert [...] Dichte Netzwerke sorgen für Kontakte und ein Zugehörigkeitsgefühl, ganz gleich, in welcher Firma oder Organisation man arbeitet. Die Menschen aus den übrigen Schichten verfügen dagegen über ein dünneres Netz, so dass sie in höherem Maße auf Institutionen angewiesen sind [...] Ganz allgemein gilt: Je niedriger die Stellung innerhalb der Organisation und je dünner das eigene Netzwerk, desto größer die Notwendigkeit, das eigene Überleben durch strategisches Denken zu sichern. Und strategisches Denken erfordert einen lesbaren sozialen Plan.« R. Sennett, Die Kultur des neuen Kapitalismus, Berlin, 2005, 64f.

befähigt zur Exploration der Umwelt und zur Grenzziehung zwischen Subjekt/
Objekt und dient damit der basalen Identitätsfindung. Doch wo »das Individuum seine aggressiven Impulse nicht im Widerstand einer äußeren Realität
unterbringen kann, kann es sich nicht als real erleben«[11]. Dabei muss es die Erfahrung machen, dass die äußeren Objekte den Angriff überleben. Arme Kinder
leben wie gezeigt in multipel deprivierten Lebenslagen, die ihre Erfahrungswelt
nicht nur objektiv begrenzen, sondern auch ihre »subjektiven Nutzungs- und
Handlungskompetenzen« massiv einschränken.[12] Das beginnt schon damit, dass
depriviert lebende Eltern aufgrund ihrer eigenen Belastungen (und schädlichen
Belastungsregulationen) weniger in der Lage sind, die aggressiven Impulse
ihrer Kinder psychisch »zu überleben«, indem sie diese sicher ertragen. Die
Entwicklungsaufgabe, ihre Aggression, die wie bei jedem anderen Säugling
zu Beginn »erbarmungslos«[13] ist, durch vielfältige Beziehungserfahrungen zu
differenzieren und mit anderen Emotionen zu legieren, um sie konstruktiv
pro-sozial zu kultivieren (Elias), ist unter solchen Umständen schwerer zu
erfüllen. Ihre Kinder machen ferner die Erfahrung, dass sie ihre Aggressionen
einerseits als Belastungsregulations-Instrument und als Überlebensstrategie im
deprivierten Milieu zur Bewältigung ihrer deprivierten Situation benötigen. Andererseits winken ihnen bei Verzicht darauf kaum noch soziale Gratifikationen
in Form eines sozialen Aufstiegs, sozialer Anerkennung und sozialer Integration.
Der Kernkonflikt der Dissozialen (Autonomie/Einsamkeit vs. Abhängigkeit/
Zugehörigkeit) bekommt zudem auf Seiten der Autonomie/Einsamkeit Unterstützung durch eine neue soziale Realität, die ihr pseudoautonomes inneres
Erleben einseitig stützt. Durch die individualisierende, vereinzelnde gesellschaftliche Entwicklung wird diese Fantasie sowohl im Aspekt der Autonomie als auch
in dem der Einsamkeit objektiv gestützt. Sie sind nicht mehr nur in ihrer Fantasie
gar nicht oder kaum auf einen Dritten, auf soziale Zugehörigkeit angewiesen. In
diesem Überhang des Objektiven (Adorno) liegt das Novum. Vorher konnte
die hypertrophe Autonomiefantasie, die sich wie gezeigt, letztlich ja auf den
Wunsch nach vollkommener Unverwundbarkeit zurückführt, nie zur Gänze
in der Realität aufgehen. Es gab genügend soziale Bindungsfaktoren (*mittlere
Gefäße*), die diese Fantasie – auch unter sozialem Druck – extern integrierten,
wenn gleich sie auch intern nicht integriert wurden. Die externe Integration hielt
aber die Chance der internen Integration in vielen Fällen ein Leben lang aufrecht. So wurden Dissoziale immer jedenfalls ein kleines Stück »mitsozialisiert«.
Das entfällt heute zunehmend, sodass ihre individuellen Konflikte unmittelbar

---

11 G. E. Schäfer, Sinnliche Erfahrung bei Kindern, in: Lepenies u. a. (Hg.), Materialien zum
10. Kinder- und Jugendbericht, Opladen, 1999, (153–290), 245.
12 Weisser, 1956, zit. n. Zimmermann, 2001, 58, in: Klocke/Hurrelmann 2001.
13 Schäfer, in: Lepenies u. a. (Hg.), 1999, 246.

gesellschaftlich werden. Unter anderen gesellschaftlichen Bedingungen wäre also auch ein anderer Umgang mit gestörtem Sozialverhalten möglich.

Im Ergebnis dieser Arbeit erwies sich die Störung des Sozialverhaltens als Kehrseite neuartiger Verhaltensanforderungen an die Subjekte, die sich aus den ökonomischen Notwendigkeiten des Überganges zur Wissensökonomie des Toyotismus ergeben. Der Toyotismus stellt insofern die Radikalisierung der beiden von Elias beschriebenen langfristigen Trends in der modernen Gesellschaft dar und verbindet sie. Er radikalisiert das Verhältnis Individuum-Gesellschaft zur Seite des Individuums hin, und er radikalisiert das Verhältnis Subjekt-Objekt zur Seite des Objektes hin. Das heißt, wir sehen die radikalisierte Verinnerlichung von Fremdzwang zu Selbstzwang und die radikale Reduktion des Formalitäts-Informalitäts-Gefälles (*radikale Individualisierung*). Das konzertierte Ergebnis besteht in einer Selbstinstrumentalisierung der Subjekte für heteronome Zwecke (*radikale Objektivation*). Dieses Resultat spricht meines Erachtens auch dagegen, in der tendenziellen Kongruenz von *sozialer Kompetenz* (im Sinne einer auf Dauer gestellten Fähigkeit zum sozio-emotionalen Attunement, wie es im Zitat von VW-Chef Wolfgang Bernhard anklingt) und Markthabitus in der fortgeschrittenen Marktgesellschaft etwa eine modernisierte Variante der *Doux-Commerce-These* (Versittlichung und soziale Bindung durch den Markt) zu lesen, wie es viele Protagonisten der Marktgesellschaft ohne es zu ahnen sinngemäß tun.[14] Vielmehr erscheint in der Störung dieser Prozesse, individualisiert zur Störung des Sozialverhaltens, der Ausdruck einer übergreifenden Krise der Sozialisation in der toyotistischen Moderne überhaupt, in der Kinder und Jugendliche unter antisozialen Bedingungen zunehmend selbstsozialisierende Ressourcen entwickeln müssen. Als Re-Externalisierung von gesellschaftlichem Zwang ist die Störung des Sozialverhaltens als krisenhafter Reflex auf diese Entwicklung zu begreifen. Vor dem Hintergrund des – nicht nur von Dörner (2003) – diagnostizierten Schwunds alterologischer Gelegenheiten, kann sie als die entglittene, pervertierte Form des existenziellen Bedürfnisses des Einzelnen nach einer sozialen Bedeutung für andere gelten. Sie verweist ebenso auf den Umstand, dass sich der bürgerliche Moralvorrat mit seinen selbstverständlichen Regeln für ziviles Verhalten zu erschöpfen beginnt und es zu einer Art Verinselung der Moral in Form von Submoralen für bestimmte Zeiten, Orte, Situationen, Berufe, Unternehmen usw. kommt. Moralische Wertungen und soziale Normen müssen künftig situativ und zweckorientiert hergestellt werden, um für die flexibilisierten *Netzwerkkinder* überhaupt noch

---

14 Vgl. zu dieser Diskussion A. O. Hirschmann, Entwicklung, Markt und Moral. Abweichende Betrachtungen, Frankfurt a. M. 1993, 198, 207; ders. Leidenschaften und Interessen. Politische Begründungen des Kapitalismus vor seinem Sieg, Frankfurt a. M. 1980, 143.

den Rest einer Verhaltensvorhersage und -sicherheit herstellen zu können.[15] Das Endstadium dieser Entwicklung im Sinne einer Marxschen Realabstraktion wäre erreicht, wenn versucht wird das Sozialverhalten von Kindern vollständig über die abstrakten Geldkreisläufe des Marktes unter Umgehung konkreter sozialer Näheverhältnisse herzustellen und zu steuern.[16]

Angesichts ihres überwältigenden gesellschaftlichen Störungsanteils wäre es daher angemessener bei den Störungen des Sozialverhaltens von »Soziosen« (Hans Kilian) zu sprechen, weil es sich bei ihnen um psychisch vermittelte soziogene Erkrankungen handelt, »die unmittelbar die Pathologie des gesellschaftlichen Ganzen widerspiegeln, und weniger Ausdruck einer familiär vermittelten Störung der psycho-sexuellen Kindheitsentwicklung sind«[17]. Unter den beschriebenen gesellschaftlich-diskursiven Bedingungen droht sich sozialer Status bzw. Lebenslage schnell in eine psychiatrische Diagnose zu verwandeln, wenn Soziales psychologisiert wird und Soziologie sich in Psychologie (oder zuletzt in Psychiatrie) auflöst. Es ist zu erwarten, dass Kinder und Jugendliche mit einer sozialen Sprachstörung vermehrt der Kinder- und Jugendpsychiatrie überantwortet werden, weil die übrigen gesellschaftlichen Haltesysteme nicht mehr funktionieren. Die jungen Patienten mit einer Störung des Sozialverhaltens sind quasi die Hauptschüler der Psychiatrie. Sie bilden die Restkategorie jener, bei denen es für eine »ordentliche« psychiatrische Diagnose nicht gereicht hat, weil ihr gesellschaftlicher, habituell vermittelter Symptomanteil dafür zu hoch ist. Im klinischen System sind sie gleichermaßen unbeliebt wie im Jugendhilfesystem und in den Schulen. Doch dieser Rest scheint unablässig zu wachsen. Das Diktat einer einzig gültigen kommerziellen Leitkultur und das Fehlen einer Kultur der Armut mit ihren eigensinnigen Räumen sozialer Anerkennung sorgt zudem dafür, dass aus Solidarisierung Vereinzelung wird. Die immer schon vorhandene Segregation der Armen aus dem offiziellen gesellschaftlichen Verkehr wird so zum sozialen Ausschluss multipel deprivierter Einzelner. Die besonders in die sozioökonomisch deprivierten gesellschaftlichen Schichten hinein wirkende radikale Individualisierung stellt so die diskursiven Voraussetzungen für die Zu-

---

15 Wobei die Notdürftigkeit und der soziale Widerspruch dieser Konstruktion schon daran erkennbar wird, dass die zweckorientierte Herstellung von Moral dem Wesensgehalt von Moral überhaupt widerspricht, da Moral nur als zweckfreie Veranstaltung funktioniert.

16 Dieser Gedanke ist alles andere als weit hergeholt. Die Regierung Großbritaniens will ab 2008 eine so genannte »Opportunity Card« einführen. Diese aus Steuermitteln finanzierte Geldkarte im Wert von 18,00 € monatlich soll an alle 13- bis 19-jährigen Jugendlichen verteilt werden. Wer erwünschtes Sozialverhalten zeigt (regelmäßiger Schulbesuch, soziales Engagement u. Ä.) bekommt mehr, wer unerwünschtes Sozialverhalten zeigt (Schulschwänzen, Prügeleien, Vandalismus u. Ä.) bekommt weniger Geld oder gar nichts. Einzulösen ist der Wert in ausgesuchten Einrichtungen wie Schwimmbädern, Sportcentern etc. Vgl. chrismon, 10/2005, 9.

17 Eisenberg, 2002, 97. Der Begriff der Soziose von H. Kilian wurde nach ebd. zitiert.

weisung einer individuellen sozialen Diagnose her (*Störung des Sozialverhaltens*). Freuds hellsichtige Definition der Neurose als die individuelle Verarbeitung sozial hergestellten Leids[18] wird genau in dem historischen Moment vom Kopf auf die Füße gestellt, wo die abpuffernden mittleren Gefäße der bürgerlichen Gesellschaft erodieren. Zugespitzt formuliert stürzen die Kinder von heute »unmittelbar aus dem Mutterleib in die Gesellschaft des entfesselten Marktes, ihr Selbstgefühl kann sich an der Geld- und Warensubjektivität ihrer Eltern und Umgebung nicht erwärmen«[19]. Mangels der mittleren sozialen Gefäße, die durch ihre einbettenden Beziehungen jene reifen Abwehrmechanismen vermitteln, die eine soziale Anpassung und den Balanceakt der Identitätsarbeit erst ermöglichen, kann eine neurotische Verarbeitung des sozialen Leids nicht mehr stattfinden. Der *Ökonomisierung des Sozialen* entspricht die gesellschaftlich erwünschte Selbstproduktion der Individuen, die Kinder und Jugendliche letztlich zu einer Selbstsozialisation nötigt.[20] Sie führt bei den Deprivierten zu einer strukturell prekären Identitätsbildung, bei der grundsätzlich auch kleinste Irritationen zu identitätsrelevanten Stressoren im Sinne Höfers (2000) werden können. Auf diese Weise wird das sozial hergestellte Leid nur noch individuell *zugeschrieben*, von den Adressaten allerdings unverarbeitet retourniert und im Störungsverhältnis eins zu eins ausagiert. In ihrer aus funktionalistischer Sicht misslungenen Anpassung verweisen dissoziale Jugendliche gleichwohl auf das Entstehen einer neuen symbolischen Ordnung, die auch die Grenzen zwischen Normalität und Pathologie entlang der Marktfähigkeit von Subjekten neu definiert. Sie sind Marktindividuen ohne Kapital. Entdeckt man daher mit Ernst Topitsch in ihrer individuellen Pathologie die Möglichkeit einer antizipierten Anpassungsleistung an zukünftige Gesellschaftszustände, so bekommt die Störung des Sozialverhaltens nachgerade die düstere Aura einer sozialen Dystopie.[21] In der

---

18 Neurosen führen sich nach Freud »in letzter Auflösung darauf zurück, daß sie asoziale Bildungen sind; sie suchen mit privaten Mitteln zu leisten, was in der Gesellschaft durch kollektive Arbeit entstand.« S. Freud, zit. n. O. Paz, Verbindungen, Trennungen, Frankfurt a. M., 1984, 142.
19 Eisenberg, 2002, 98.
20 Zur Ökonomisierung des Sozialen vgl. Bröckling/Krasmann/Lemke (Hg.), 2000.
21 »Krank sein heißt in der Perspektivierung einiger Vertreter der funktionalistischen Gesellschaftstheorie: schädlich, unerwünscht, sozial unangepasst sein. Bei Vorliegen dessen, was man demokratische Ideologie in der Sozialforschung nennen kann, laufen Minderheiten Gefahr, als krank in dem angeführten Sinne zu erscheinen, während die numerisch dominanten Bewußtseinshaltungen zugleich sozial-mentale Gesundheit repräsentieren. Die Gefahr, die mit derartigen Auffassungen verknüpft ist, besteht im Übersehen der Möglichkeit, daß die als deviant empfundenen Elemente des Systems vielleicht sogar eine erhöhte Sensitivität oder Antizipationsfähigkeit dahingehend verraten, dass sie bereits Anpassungsleistungen an latent vorhandene Krisen darstellen, während – bildlich gesprochen – die Mehrheit noch ihre Gesundheit von vorgestern bespiegelt, was unter geänderten Umständen zu einer Dysfunktion des sozialen Organismus führen kann.« Ernst Topitsch, Logik der Sozialwissenschaften, Königstein/Ts., 1984, 181.

Vermassung des von ihm so genannten »psychotischen Charakters« sah bereits Adorno den Preis für die Verlegung der kapitalistischen Arbeitsteilung nach innen, der zitierten radikalen Objektivation des Subjekts. Seine Prognose der Zunahme innerer Desintegration und des Verlustes integrierender Ich-Leistungen, an erster Stelle der Fähigkeit zur Realitätsprüfung sowie der Kritik- und Urteilsfähigkeit, scheint sich als direkte Folge der Desozialisierung inzwischen zu bewahrheiten.[22] Fest steht, dass Kinder und Jugendliche heute eher eine verdinglichte soziale Sprache lernen müssen, die mit ihren Begriffen in der Lage ist, wie ein Netz die Bedeutungen der neuen Subjekt-Ding-Verhältnisse einzufangen (*Objekt*-Beziehungen). Eine Sprache, die davon unbeeindruckt weiterhin ausschließlich auf Subjekt-Subjekt-Beziehungen rekurrierte, erschiene bald dysfunktional. Schließlich wird es darauf ankommen, mit Apparaten und Subjekten gleichberechtigt kommunizieren zu können und zu lernen, das psychisch Innere auf den verschiedenen Märkten in symbolisches Kapital zu veräußern. An diesem Erfordernis wird nicht zuletzt die Unzulänglichkeit, um nicht zu sagen die Antiquiertheit der Gegenwartspsychologie kenntlich, die nicht in der Lage ist, diese verdinglichten sozialen Beziehungen begrifflich abzubilden. Daher schließe ich dieses Buch mit einem provozierend beunruhigendem Gedanken von Günther Anders ab, der bereits in den fünfziger Jahren vorschlug, diesem Umstand Rechnung zu tragen und eine *Dingpsychologie* an Stelle der alten Subjektpsychologie zu entwickeln.[23]

---

22 Die Eigenschaften des Subjekts »sind nicht mehr Subjekt, sondern das Subjekt richtet sich auf sie als sein inwendiges Objekt. In ihrer grenzenlosen Gefügigkeit gegens Ich sind sie diesem zugleich entfremdet: als ganz passive nähren sie es nicht länger. Das ist die gesellschaftliche Pathogenese der Schizophrenie. Die Trennung der Eigenschaften vom Triebgrund sowohl wie vom Selbst, das sie kommandiert, wo es vormals nur zusammenhielt, läßt den Menschen für seine anwachsende innere Organisation mit anwachsender Desintegration bezahlen. Die im Individuum vollendete Arbeitsteilung, seine radikale Objektivation, kommt auf seine kranke Aufspaltung hinaus. Daher der ›psychotische Charakter‹, die anthropologische Voraussetzung aller totalitären Massenbewegungen.« Adorno, 1986, 309f.

23 »Die Alltagswelt«, so fasst Eisenberg den Gedankengang von Anders zusammen, »sei in erster Linie eine Ding- und Apparatewelt, in der es auch Mitmenschen gebe, nicht länger umgekehrt. Ein Großteil der emotionalen Energien beziehe sich auf Apparate, zu deren Bedienern die Menschen mehr und mehr verkämen.« G. Anders, Die Antiquiertheit des Menschen, Bd. 2, München, 1980, nach Eisenberg, 2002, 97.

Literatur

Adorno, T. W.: Kritik. Kleine Schriften zur Gesellschaft, Frankfurt a. M., 1980.
Adorno, T. W.: Novissimum Organum, in: Minima Moralia. Reflexionen aus dem beschädigten Leben, Frankfurt a. M., 1986.
Alt, C. (Hg.): Kinderleben – Band 3: Start in die Grundschule, Wiesbaden, 2007.
American Psychiatric Association: Diagnostic and Statistical Manual of Mental Disorders, Fourth Edition, Hg. American Psychiatric Association, Washington, DC, 1994.
Andersen, R. E. et al.: Relationship of Physical Activity and Television Watching with Body Weight and Level Fatness Among Children, Journal of the American Medical Association, Vol. 279, No. 12, March 1998.
Asghar, S.: Der Zusammenhang zwischen individuellen Unterschieden in der Lese- und Rechtschreibentwicklung und der Entwicklung des Sozialverhaltens bei Kindern – Eine Längsschnittuntersuchung von der Vorschulzeit bis zum Ende der 1. Klasse Volksschule, Diss. Uni Wien, 2001.
Baacke, D.: Medienpädagogik, Tübingen, 1997.
Barz, H./Kampik, W./Singer, T./Teuber, S.: Neue Werte, neue Wünsche. Future Values. Wie sich Konsummotive auf Produktentwicklung und Marketing auswirken, Düsseldorf/Berlin, 2001.
Beck, U.: Risikogesellschaft. Auf dem Weg in eine andere Moderne, Frankfurt a. M., 1986.
Beck, U.: Was ist Globalisierung? Irrtümer des Globalismus, Antworten auf Globalisierung, Frankfurt a. M., 1997.
Bender, D.: Psychische Widerstandsfähigkeit im Jugendalter: Eine Längsschnittstudie im Multiproblem-Milieu, Diss. Uni Erlangen-Nürnberg, 1995.
Benjamin, W.: Das Kunstwerk im Zeitalter seiner technischen Reproduzierbarkeit, Frankfurt a. M., 2003.
Bertram, H.: Die Familie in Westdeutschland, Opladen, 1991.
Bohleber, W. (Hg.): Adoleszenz und Identität, Stuttgart, 1996.
Borde, T./David, M. (Hg.): Kinder und Jugendliche mit Migrationshintergrund. Lebenswelten, Gesundheit und Krankheit, Stuttgart, 2005.
Bourdieu, P.: Die feinen Unterschiede. Kritik der gesellschaftlichen Urteilskraft, Frankfurt a. M., 1982.

Bourdieu, P.: Die verborgenen Mechanismen der Macht, Hamburg, 1992a.
Bourdieu, P.: Sozialer Raum und symbolische Macht, in: Rede und Antwort, Frankfurt a. M., 1992b.
Bourdieu, P.: Sozialer Sinn. Kritik der theoretischen Vernunft, Frankfurt a. M., 1993.
Branik, E.: Störungen des Sozialverhaltens – Therapeutische Möglichkeiten und Grenzen in der stationären Kinder- und Jugendpsychiatrie, in: Praxis der Kinderpsychologie und Kinderpsychiatrie, 7/2002.
Braukowitz, A./Boes, A.: Ein neuer Arbeitskrafttyp entsteht, in: Frankfurter Rundschau 02.03.2000.
Bröckling, U./Krasmann, S./Lemke, T. (Hg.): Gouvernementalität der Gegenwart. Studien zur Ökonomisierung des Sozialen, Frankfurt a. M., 2000.
Brückner, P./Krovoza, A.: Was heißt Politisierung der Wissenschaft und was kann sie für die Sozialwissenschaften heißen?, Frankfurt a. M., 1972.
Brückner, P.: Psychologie und Geschichte, Berlin, 1982.
Buchholz, M. B. (Hg.): Intimität. Über die Veränderung des Privaten, Weinheim, 1989.
Buitelaar, J. K.: Biologische Grundlage und medikamentöse Behandlung von Aggressivität bei Jugendlichen, Vortrag ISAP-Kongress »Adoleszenz – Bindung – Destruktivität«, 14.–16. Juni 2003, Göttingen, http://www.antigoneneu.de (2003).
Buitelaar, J. K.: Biologische Grundlagen und medizinische Behandlung bei aggressiven Jugendlichen, http://www.antigoneneu.de/Abstracthtmlword/ISAPabstractbuitelaar-revweb.htm (2003).
Bundesgesundheitsblatt: KiGGS-Studie zur Gesundheit von Kindern und Jugendlichen. Ergebnisse des Kinder- und Jugendsurveys, Band 50, Heft 5/6, Mai/Juni 2007.
Bundesministerium für Bildung und Forschung (Hg.): Grund- und Strukturdaten 2003/2004, Bonn/Berlin, 2004 (2002/2003: http://www.destatis.de/basis/d/biwiku/schultab16.php).
Bundesministerium für Familie, Senioren, Frauen und Jugend (Hg.): 9. Jugendbericht, Bonn, 1994.
Bundesministerium für Familie, Senioren, Frauen und Jugend (Hg.): 10. Kinder- und Jugendbericht, Berlin, 1998.
Bundesministerium für Familie, Senioren, Frauen, Jugend (Hg.): 11. Kinder- und Jugendbericht, Berlin, 2002.
Bundesministerium des Innern (Hg.): Erster periodischer Sicherheitsbericht (PSB), Berlin, 2001.
Bundesregierung: Lebenslagen in Deutschland. Daten und Fakten. Materialband zum 1. Armuts- und Reichtumsbericht, Berlin, o. J.

Bundesregierung: Lebenslagen in Deutschland. Der 2. Armuts- und Reichtumsbericht der Bundesregierung. Berlin, o. J.
Bundeszentrale für gesundheitliche Aufklärung – BzGA (Hg.): Die Drogenaffinität Jugendlicher in der Bundesrepublik Deutschland 2004, Teilbände Rauchen, Alkohol und Illegale Drogen, Köln, 2004.
Bundeszentrale für gesundheitliche Aufklärung – BzGA (Hg.): Entwicklung des Alkoholkonsums bei Jugendlichen – unter besonderer Berücksichtigung der Konsumgewohnheiten von Alkopops (Alkopop-Studie), Köln, 2005.
Canguilhem, G.: Das Normale und das Pathologische, Frankfurt a. M./Berlin/Wien, 1977.
Charité Berlin. Institut für medizinische Psychologie, Computernutzung bei Kindern und Jugendlichen, http://www.isfb.org./Praevention.html (2005).
Chassé, K. A. et al.: Meine Familie ist arm. Wie Kinder im Grundschulalter Armut erleben und bewältigen, Opladen, 2003.
Cullberg, J./Strömqvist, H./Öhlander, M.: Psychotische Ersterkrankung: Die Umsetzung einer landesweiten Studie (»Fallschirmprojekt«) in der klinischen Praxis. Vortrag (Cullberg) und Workshop (Strömqvist/Öhlander) auf der 4. Arbeitstagung des Bundesverbandes Psychoanalytische Paar- und Familientherapie (BvPPF), 04.–06. 06. 2004 in Frankfurt a. M.
Daunderer, M.: Drogenhandbuch für Klinik und Praxis, Kapitel »Repräsentativerhebung 1992« (II – 2.4.2), München, 1990.
deMause, L.: Grundlagen der Psychohistorie, Frankfurt a. M., 1989.
Deutsche Gesellschaft für Kinder- und Jugendpsychiatrie und Psychotherapie, Bundesarbeitsgemeinschaft leitender Klinikärzte für Kinder- und Jugendpsychiatrie und Psychotherapie und Berufsverband der Ärzte für Kinder- und Jugendpsychiatrie und Psychotherapie (Hg.): Leitlinien zu Diagnostik und Therapie von psychischen Störungen im Säuglings-, Kindes- und Jugendalter, Köln, 2000.
Deutscher Apothekerverband (Hg.): Informations-Faltblatt zu Adipositas bei Kindern, 2002.
Die Drogenbeauftragte der Bundesregierung. Bundesministerium für Gesundheit und Soziale Sicherung (Hg.): Drogen- und Suchtbericht, Berlin, 2002.
Die Drogenbeauftragte der Bundesregierung. Bundesministerium für Gesundheit und Soziale Sicherung (Hg.): Drogen- und Suchtbericht, Berlin, 2003.
Diehl, J. M.: Fernsehwerbung für Süßes. Botschaften und Auswirkungen, in: Verbraucherdienst 43, 4/1998, 425–429.
Diekhof, A.: Jugendliche als Zielgruppe. Bedeutung jugendlicher Kunden für das Marketing, Wiesbaden, 1999.
Dilling, H. et al. (Hg.): Internationale Klassifikation psychischer Störun-

gen der World Health Organization (WHO), ICD-10, Kapitel V (F), Bern/Göttingen/Toronto, 1991.
Dinklage, M.: Die Später-Vielleicht-Männer, in: Brigitte, 7/2005.
Dörner, K.: Der gute Arzt. Lehrbuch der ärztlichen Grundhaltung, Stuttgart, 2001 und 2003.
Dörner, K.: Die Gesundheitsfalle, München, 2003.
Durkheim, E.: Der Selbstmord, Frankfurt a. M., 1983.
Durkheim, E.: Über soziale Arbeitsteilung, Frankfurt a. M., 1999.
Dustmann, C., Ludsteck, J., Schönberg, U.: Revisiting the German Wage Structure, Forschungsinstitut zur Zukunft der Arbeit, IZA DP. No.2685, March 2007.
Eggers, C. et al. (Hg.): Psychiatrie und Psychotherapie des Kindes- und Jugendalters, Berlin/Heidelberg, 2004.
Egmont Ehapa-Verlag (Hg.): KidsVerbraucherAnalyse2007, Berlin.
Eickhoff, C./Zinnecker, J.: Schutz oder Risiko? Familienumwelten im Spiegel der Kommunikation zwischen Kindern und ihren Eltern, Bundeszentrale für gesundheitliche Aufklärung (Hg.), Reihe Forschung und Praxis der Gesundheitsförderung, Bd.11, 2000.
Eisenberg, G.: Amok – Kinder der Kälte. Über die Wurzeln von Wut und Haß, Reinbek bei Hamburg, 2000.
Eisenberg, G.: Gewalt, die aus der Kälte kommt. Amok – Pogrom – Populismus, Gießen, 2002.
Elias, N.: Über den Prozeß der Zivilisation, Frankfurt a. M., 1976.
Elias, N.: Studien über die Deutschen. Machtkämpfe und Habitusentwicklung im 19. und 20. Jahrhundert, Frankfurt a. M., 1989.
Engstler, H./Menning, S.: Die Familie im Spiegel der amtlichen Statistik. Erstellt im Auftrag des BmFSFJ (Hg.) in Zusammenarbeit mit dem Statistischen Bundesamt, Berlin, 2003.
Evangelischer Erziehungsverband e.V. (EREV/Bundesverband evangelische Behindertenhilfe (Hg.): Integrativ denken – kooperativ handeln. Jugendhilfe – Sozialpsychiatrie – Kinder- und Jugendpsychiatrie – Eingliederungshilfe, Tagungsdokumentation und Fazit der verbandsübergreifenden Projektgruppe des BeB und EREV, Schriftenreihe 48. Jg., 2/2007.
Feil, C.: Kinder, Geld, Konsum. Die Kommerzialisierung der Kindheit, Weinheim/München, 2003.
Fend, H.: Entwicklungspsychologie des Jugendalters, Opladen, 2001.
Fiedler, P.: Ressourcenorientierte Psychotherapie bei Persönlichkeitsstörungen, Psychotherapeutenjournal, 1/2004, 4–8.
Flimmo. Programmberatung für Eltern e.V., c/o Bayrische Landeszentrale für neue Medien (BLM) (Hg.), München, Ausgabe 3/99.

Foucault, M.: Die Ordnung des Diskurses, Frankfurt a. M./Berlin/Wien, 1977.
Frank, R. (Hg.): Ethische Fragen in der Kinder- und Jugendpsychiatrie, Stuttgart, 2002.
Frühmann, A.: TAF – Therapeutische ambulante Familienbetreuung. Ein psychoanalytisch orientiertes Modell zur nachgehenden Arbeit mit Multiproblemfamilien. Vortrag auf der 4. Arbeitstagung des Bundesverbandes Psychoanalytische Paar- und Familientherapie (BvPPF), 04.-06.06.2004 in Frankfurt a. M.
Fuchs, W. u. a. (Hg.): Lexikon zur Soziologie, Opladen, 1988.
Geißler-Pilz, B., Mühlum, A., Pauls, H.: Klinische Sozialarbeit, München/Basel 2005.
Gerhard, H.: Zwischen Lifestyle und Sucht. Drogengebrauch und Identitätsentwicklung in der Spätmoderne, Gießen, 2003.
Gesellschaft für Medienpädagogik und Kommunikationskultur – GMK (Hg.): Mediennutzung und -rezeption am Beispiel Fernsehen. Medien, Angst und Gewalt, Medienkompetenz in Theorie und Praxis, Bonn 2001, 217–233.
Giesen, B.: Die Intellektuellen und die Nation. Eine deutsche Achsenzeit, Frankfurt a. M., 1993.
Glueck, S./Glueck, E.: Unraveling juvenile delinquency, Cambridge (Massachusetts), 1957.
Gorz, A.: Kritik der ökonomischen Vernunft, Berlin, 1989.
Gorz, A.: Wissen, Wert und Kapital. Zur Kritik der Wissensökonomie, Zürich, 2004.
Greuèl, M./Mennemann, H.: Soziale Arbeit in der Integrierten Versorgung, München 2006.
Grüsser, S. M.: Exzessive Computernutzung im Kindesalter – Ergebnisse einer psychometrischen Erhebung, in: Wiener Klinische Wochenschrift, http://www.isfb.org/Publikationen.html (2003).
Hartmann, K. Lebenswege nach Heimerziehung, Freiburg, 1996.
Hartmann, K.: Nachuntersuchungen zur »Berliner Studie über dissoziales Verhalten bei Jugendlichen« (1998), http:/www.agsp.de/UBVeroffentlichungen/Aufsatze/Aufsatz 22/hauptteil aufsatz, (2003).
Herbert, M.: Kinder, die sich schlecht benehmen: Was Eltern dagegen tun können, Bern, 1999.
Hirschberg, H.: Stationäre Sozialtherapie bei Jugendlichen mit Störung des Sozialverhaltens, in: Praxis für Kinderpsychol. und Kinderpsychiat. 1996, H. 45, 374–382.
Hirschberg, W.: Kognitive Charakteristika von Kindern und Jugendlichen mit Störungen des Sozialverhaltens – eine Übersicht, Prax. Kinderpsychol. Kinderpsychiat., Bd. 43, H. 2, 1994, 36–45.

Hirschberg, W.: Sozialtherapie bei Jugendlichen mit Störungen des Sozialverhalten – Ergebnisse und Katamnesen, in: Praxis der Kinderpsychologie und Kinderpsychiatrie, 4, 1999.

Hock, B./Holz, G.: Arm dran?! Lebenslagen und Lebenschancen von Kindern und Jugendlichen. Erste Ergebnisse einer Studie im Auftrag des Bundesverbandes der Arbeiterwohlfahrt, Frankfurt a. M., 1998.

Hock, B. u. a.: Gute Kindheit – Schlechte Kindheit? Armut und Zukunftschancen von Kindern und Jugendlichen in Deutschland. Abschlussbericht zur Studie im Auftrag des Bundesverbandes der Arbeiterwohlfahrt, Frankfurt a. M., 2000.

Höfer, R.: Jugend, Gesundheit und Identität. Studien zum Kohärenzgefühl, Opladen, 2000.

Höger, C.: Wer geht in Behandlung? Einflussgrößen auf das Inanspruchnahmeverhalten bei psychischen Problemen von Kindern und Jugendlichen, in: Praxis Kinderpsychol. und Kinderpsychiat., H. 44, 1995, 4.

Hölscher, P.: »Immer musst Du hingehen und praktisch betteln«. Wie Jugendliche Armut erleben, Frankfurt a. M., 2003.

Hopf, H.: Aggressionen in der analytischen Therapie mit Kindern und Jugendlichen, Göttingen, 1998.

Hummel, P. u. a.: Die Unterbringung mit Freiheitsentziehung von Minderjährigen in Kliniken für Kinder- und Jugendpsychiatrie – Ärztliche Entscheidungen ohne Berücksichtigung psychodynamischer Folgen?, in: Praxis der Kinderpsychologie und Kinderpsychiatrie, 52, 2003, 719–735.

Hurrelmann, K.: Die Rolle der Schule im sozialen Unterstützungsnetzwerk Jugendlicher, in: Die deutsche Schule, 1990, H. 4, 426–437.

Kähler, H.: Soziale Arbeit in Zwangskontexten. Wie unerwünschte Hilfe erfolgreich sein kann, München 2005.

Kernberg, O. F.: Borderline-Störungen und pathologischer Narzißmus, Frankfurt a. M., 1979.

Kernberg, O. F. u. a.: Handbuch der Borderline-Störungen, Stuttgart/New York, 2001.

Keupp, K.:: Psychische Störungen als abweichendes Verhalten. Zur Soziogenese psychischer Störungen, München/Berlin/Wien, 1972.

Keupp, K. (Hg.): Fortschritte der klinischen Psychologie. Normalität und Abweichung, München, 1979.

Keupp, K.: Sozialpsychologische und gesellschaftliche Aspekte zu den Themen Gegenwart und Zukunft für die heranwachsende Generation. Vortrag beim 9. Herborner Arbeits- und Begegnungsforum »Gegenwart und Zukunft von Kinder- und Jugendpsychiatrie im sozialen System am

03.09.2003 an der Klinik für Psychiatrie und Psychotherapie des Kindes- und Jugendalters in Herborn, unveröff. Manuskript.

Klein, N.: No Logo! Der Kampf der Global Players um die Marktmacht. Ein Spiel mit vielen Verlierern und wenigen Gewinnern, München, 2002.

Klicpera, C./Gasteiger Klicpera, B.: Der Zusammenhang zwischen Schulleistungen, dem sozialen Status in der Klasse und dem Sozialverhalten, in: Heilpädagogische Forschung, 1, 2001, 722–737.

Klocke, A.: Armut bei Kindern und Jugendlichen und die Auswirkungen auf die Gesundheit, in: Gesundheitsberichterstattung des Bundes Heft 03/01, Robert-Koch-Institut (Hg.), Berlin, 2001.

Klocke, A./Hurrelmann, K.: Kinder und Jugendliche in Armut, Wiesbaden, 2001.

Kneer, G. u. a. (Hg.): Soziologie. Zugänge zur Gesellschaft, Münster/Hamburg, 1994.

Knopp, M.-L./Napp, K. (Hg.): Wenn die Seele überläuft. Kinder und Jugendliche erleben die Psychiatrie, Bonn 2000.

Köttgen, C.: Wenn alle Stricke reißen. Kinder und Jugendliche zwischen Erziehung, Therapie und Strafe, Bonn, 1998.

Korte, H./Schäfers, B. (Hg.): Einführung in die Hauptbegriffe der Soziologie, Opladen, 2002.

Kraus, L./Augustin, R.: Konzeption und Methodik des Epidemiologischen Suchtsurveys 2003, in: Sucht, Zeitschrift für Wissenschaft und Praxis, 51 (Sonderheft 1), 2005.

Kriegesmann, B. u. a.: Kompetenz für eine nachhaltige Beschäftigungsfähigkeit, Dortmund/Berlin/Dresden, 2005.

Kröber, H.-L./Dahle, K.-P. (Hg.): Sexualstraftaten und Gewaltdelinquenz. Verlauf-Behandlung-Opferschutz, Heidelberg, 1998.

Krone, S./Muth, J.: Wissenschaftliche Begleitung des Förderprogramms »Bekämpfung der Jugendarbeitslosigkeit« der Alfried Krupp von Bohlen und Halbach-Stiftung, Projektbericht des Instituts für Arbeit und Technik, 2004.

Krowatschek, D.: Gewaltprävention in der Schule, in: Konturen – Fachzeitschrift zu Sucht und sozialen Fragen, 1999, H. 3, 6–8.

Kurz, R.: Der Kollaps der Modernisierung. Vom Zusammenbruch des Kasernensozialismus zur Krise der Weltökonomie, Frankfurt a. M., 1991.

Lamnek, S.: Theorien abweichenden Verhaltens, München, 1999.

Lange, E.: Jugendkonsum im 21.Jahrhundert. Eine Untersuchung der Einkommens-, Konsum- und Verschuldungsmuster der Jugendlichen in Deutschland, Wiesbaden, 2004.

Langscheidt, K.: Informationen für Schulpsychologinnen und Schulpsychologen des Landesinstitut für Schule und Weiterbildung, Soest, 44/1998.
Lash, C.: Das Zeitalter des Narzißmus, München, 1980.
Laucht, M. u. a.: Mannheimer Risikokinderstudie, http://www.uni-potsdam.de.
Lehmkuhl, G. u. a.: Schulverweigerung: Klassifikation, Entwicklungspsychopathologie, Prognose und therapeutische Ansätze, in: Praxis der Kinderpsychologie und Kinderpsychiatrie, 52, 2003, 371–386.
Lepenies, A. u. a.: Kindliche Entwicklungspotentiale. Materialien zum 10. Kinder- und Jugendbericht, Band 1, Opladen, 1999.
Leschinsky, A./Roeder, P. M.: Schule im historischen Prozeß, Frankfurt a. M./Berlin/Wien, 1983.
Maaz, K. u. a.: Generation N. Kinder und Jugendliche nutzen den Computer und das Internet. Kath. FH Berlin (Eigenverlag), 2000.
Mansel, J./Hurrelmann, K.: Alltagsstreß bei Jugendlichen, Weinheim/München, 1994.
Mansel, J./Brinkhoff, K.-P. (Hg.): Armut im Jugendalter, Weinheim/München, 1998.
Mersmann, H.: Bericht zur gesundheitlichen Lage Kölner Schulanfänger, www.jugendgesundheit.de/aufgaben/seu/"seu9599.htm (2003).
Marcuse, H.: Triebstruktur und Gesellschaft, Frankfurt a. M., 1965.
Marcuse, H.: Der eindimensionale Mensch. Studien zur Ideologie der fortgeschrittenen Industriegesellschaft, Frankfurt a. M., 1989.
Martin, L. H. u. a. (Hg.): Technologien des Selbst, Frankfurt a. M., 1993.
Mertens, W./Waldvogel, B. (Hg.): Handbuch psychoanalytischer Grundbegriffe, Stuttgart, 2002.
Merton, R. K.: Soziologische Theorie und soziale Struktur, Berlin/New York, 1995.
Mies, P.: Gefangen im Netz, in: Frankfurter Rundschau, 23.04.2005, Nr. 96, S. 3.
Ministerium für Arbeit, Gesundheit, Soziales und Frauen des Landes Brandenburg (Hg.) Einschüler in Brandenburg: Soziale Lage und Gesundheit, Potsdam, 1999.
Möller-Nehring, E.: Zum Bedingungsgefüge der Störung des Sozialverhaltens bei Kindern und Jugendlichen einer Inanspruchnahmepopulation, in: Praxis Kinderpsychol.Kinderpsychiat., 47, 1998, 36–47.
Mohr, G./Otto, K.: Schöne neue Arbeitswelt: Risiken und Nebenwirkungen, reportpsychologie, 30, 6/2005, 260–267.
Moser, T.: Jugendkriminalität und Gesellschaftsstruktur, Frankfurt a. M., 1987.
Negt, O./Kluge, A.: Maßverhältnisse des Politischen, Frankfurt a. M., 1993.
Negt, O.: Arbeit und menschliche Würde, Göttingen, 2002.

Neukäter, H.: Verhaltensstörungen, 2003, http://www.aaonline.dkf.de/bb/p395.htm.
Neuss, N.: Mediennutzung und -rezeption am Beispiel Fernsehen. Medien, Angst und Gewalt, in: Gesellschaft für Medienpädagogik und Kommunikationskultur – GMK (Hg.), Medienkompetenz in Theorie und Praxis, Bonn 2001.
Nissen, G./Strunk, P. (Hg.): Seelische Fehlentwicklung im Kindesalter und Gesellschaftsstruktur, Neuwied, 1974.
Oerter, R./Montada, L.: Entwicklungspsychologie. Ein Lehrbuch, München/Wien/Baltimore, 1982.
Paritätischer Wohlfahrtsverband – Gesamtverband e.V. (Hg.): «Zu wenig für zu viele». Kinder und Hartz IV: Eine erste Bilanz der Auswirkungen des SGB II (Grundsicherung für Arbeitssuchende), Berlin, 2005.
Pasolini, P. P.: Freibeuterschriften. Die Zerstörung der Kultur des Einzelnen durch die Konsumgesellschaft, Berlin, 1984.
Paz, O.: Verbindungen, Trennungen, Frankfurt a. M., 1984.
Pfeiffer, C./Wetzel, P.: Kinder als Täter und Opfer. Eine Analyse auf der Basis der PKS und einer repräsentativen Opferbefragung, in: DVJJ-Journal, 4, 1997, 346–366.
Petermann, F./Döpfner, M./Lehmkuhl, G./Schmidt, M. H.: Aggressiv-dissoziale Störungen, Göttingen/Bern/Toronto/Seattle, 2001.
Petermann, F. u. a.: Komorbidität, Risikofaktoren und Verlauf aggressiven Verhaltens: Ergebnisse der Bremer Jugendstudie, in: Kindheit und Entwicklung, 8 (1), 1999, 49–58.
Petsch, H.-J./Tietgens, H.: Allgemeinbildung und Computer, Bad Heilbrunn, 1989.
Peuckert, R.: Familienformen im sozialen Wandel, Opladen, 1999.
Plomin, R. u. a.: Gene, Umwelt und Verhalten. Einführung in die Verhaltensgenetik, Bern, 1999.
Poeck, K.: Neurologie, Berlin/Heidelberg/New York, 1996.
Polowczyk, M. u. a.: Auffällige Mutter-Kind-Interaktion im Vorschulalter bei Kindern mit hyperkinetischen und Sozialverhaltensauffälligkeiten, in: Zeitschr. für Klinische Psychologie und Psychotherapie, 2000/4.
Poustka, F.: Impulsive Gewalt- und Aggressionsbereitschaft bei Kindern und Jugendlichen, http://www.jugend-psychiatrie.de, 2/2000.
Protect Our Children e.V. (Hg.): Verein zur Förderung des Kinder- und Jugendschutzes, Protect Our Children, Ratgeber-Reihe zur Förderung des Jugendschutzes, Nr. 3, Kinder und neue Medien.
Protect Our Children e.V. (Hg.): Verein zur Förderung des Kinder- und Jugendschutzes, Protect Our Children, Ratgeber-Reihe zur Förderung des

Jugendschutzes, Nr. 5, Konsum und Freizeit – jugendlicher Gruppenzwang.

Rautenberg, M.: Zusammenhänge zwischen Devianzbereitschaft, kriminellem Verhalten und Drogenmissbrauch, Schriftenreihe des Bundesministeriums für Gesundheit, Bd.103, Baden-Baden, 1998.

Reck, S.: Identität, Rationalität und Verantwortung, Frankfurt a. M., 1981.

Remschmidt, H. (Hg.): Kinder- und Jugendpsychiatrie. Eine praktische Einführung. Stuttgart, 2000.

Remschmidt, H. u. a. (Hg.): Multiaxiales Klassifikationsschema für psychische Störungen des Kindes- und Jugendalters nach ICD-10 der WHO, Bern, 2001.

Remschmidt, H.: Alkoholabhängigkeit bei jungen Menschen, Dtsch Ärztebl 2002; 99: A 787–792 (Heft 12).

Remschmidt, H./Walter, R. (Hg.), Psychische Auffälligkeiten bei Schulkindern. Eine epidemiologische Untersuchung, Stuttgart, 1990.

Röhrle, B.: Sozialer Netzwerke und soziale Unterstützung, Weinheim, 1994.

Roth, R.: Zur Senkung der Regelsätze für Schulkinder mit Einführung von Harzt IV, http://www.tacheles-sozialhilfe.de (01.09.2007).

Rügemer, W.: Mehr Armut, mehr Reichtum, in: ver.di publik, Febr. 2005, 13.

Sachverständigenkommission 11. Kinder- und Jugendbericht (Hg.): Gesundheit und Behinderung im Leben von Kindern und Jugendlichen, Bd.4, München, 2002.

Salomon, A.: Soziale Diagnose, Berlin, 1927.

Schmidt, S. J./Spieß, B.: Die Kommerzialisierung der Kommunikation. Fernsehwerbung und sozialer Wandel 1956–1989, Frankfurt a. M., 1996.

Schmidtchen, S.: Allgemeine Psychotherapie für Kinder, Jugendliche und Familien. Ein Lehrbuch, Stuttgart, 2001.

Schreiber-Kittl, M./Schröpfer, H.: Abgeschrieben? Ergebnisse einer empirischen Untersuchung über Schulverweigerer, Opladen, 2002.

Schumann, B.: »Ich schäme mich ja so!« Die Sonderschule für Lernbehinderte als »Schonraumfalle«, Bad Heilbrunn 2007.

Schülein, J. A.: Die Geburt der Eltern. Über die Entstehung der modernen Elternposition und den Prozeß ihrer Aneignung und Vermittlung, Opladen, 1990.

Schüttauf, K. u. a.: Das Drama der Scham. Ursprung und Entfaltung eines Gefühls, Göttingen, 2003.

Schwarz, M.: Ethische und juristische Spezifika bei Psychotherapien von Kindern und Jugendlichen, in: Psychotherapeutenjournal, 1/2004, 20–23.

Sennett, P.: Verfall und Ende des öffentlichen Lebens. Die Tyrannei der Intimität, Frankfurt a. M., 1986.

Sennett, P.: Der flexible Mensch. Die Kultur des neuen Kapitalismus, Berlin, 2000.
Sennett, P.: Die Kultur des neuen Kapitalismus, Berlin, 2005.
Shorter, E.: Moderne Leiden. Zur Geschichte der psychosomatischen Krankheiten, Reinbek bei Hamburg, 1994.
Silbereisen, R. K./Walper, S.: Familiäre Konsequenzen ökonomischer Einbußen und ihre Auswirkungen auf die Bereitschaft zu normverletzendem Verhalten bei Jugendlichen, in: Zeitschrift für Entwicklungspsychologie und Pädagogische Psychologie, Band 14 (3), 1987, 228–248.
Sparenborg, P.: Just a game!? The influence of video games on children and teenager, Final year project (Sek. II, English), Marburg, 2003.
Spegel, H. u. a.: Bericht des nationalen Reitox Knotenpunkts Deutschlands an die EBDD. Drogensituation 2002, Deutsche Referenzstelle für die Europäische Beobachtungsstelle für Drogen und Drogensucht (Hg.), 2003.
Suess, G. J. u. a. (Hg.): Bindungstheorie und Familiendynamik, Gießen, 2001.
Suess, G. J./Pfeifer, W.-K. P. (Hg.): Frühe Hilfen, Gießen, 2003.
Stangl, W.: Der Begriff der sozialen Kompetenz in der psychologischen Literatur, http://paedpsych.jk.uni-linz.ac.at/PAEDPSYCH/SOZIALE-KOMPETENZ/ (2003).
Statistisches Bundesamt (Hg.): Krankenhausdiagnosestatistik 1993–2000.
Steinhausen, H.-C.: Psychische Störungen bei Kindern und Jugendlichen, München/Jena, 2002.
Stern, Daniel N.: Die Lebenserfahrung des Säuglings, Stuttgart 1994.
Stolle, D.: Dissoziale Jugendliche zwischen Straße, Hilfe und Justiz, Salzhausen, 2003.
Stoller, R. J.: Perversion. Die erotische Form von Haß, Gießen, 1998.
Streeck-Fischer, A. (Hg.): Adoleszenz, Bindung, Destruktivität, Stuttgart, 2004.
Strunz, V.: Erstellung und Überprüfung einer systematischen Verhaltensbeobachtung zur Diagnose »Störung des Sozialverhaltens«, Diss. Uni Wien, 2002, http:/www.arcs.ac.at/dissdb/rn037160.
von Suchodoletz, W. (Hg.): Früherkennung von Entwicklungsstörungen, Göttingen 2005.
Taras, H. L. et al.: Television's Influence on Children's Diet and Physical Activity, Development and Behavioral Pediatrics, Vol. 10, No. 4., 176–180.
Theweleit, K.: Männerphantasien, Basel/Frankfurt a. M., 1986.
Trempler, V.: Zur Wechselwirkung von Rahmen und Inhalt bei der Behandlung dissozialer Kinder und Jugendlicher. Eine psychoanalytische Untersuchung gestörter Symbolbildungsprozesse, in: Praxis Kinderpsychol. Kinderpsychiat., 1998, H. 47, 387–405.
Topitsch, E.: Logik der Sozialwissenschaften, Königstein/Ts., 1984.

Tully, C.J./Zerle, C.: Der ständige Begleiter, in: Frankfurter Rundschau, 20. 04. 2005, 91/7.

Varbelow, D.: Aggressionen im Kindes- und Jugendalter, Marburg, 2000.

Verhulst, F. C.: Die 14-Jahres-Vorhersage dissozialen Verhaltens. Eine prospektive Längsschnittstudie, http://www.antigoneneu.de (2003).

Vloet, T. D. und Herpertz-Dahlmann, B.: Langzeitverlauf kinder- und jugendpsychiatrischer Erkrankungen – Risiko der Entwicklung von Persönlichkeitsstörungen, in: psychosozial, 30. Jg., 2007, Heft II, Nr. 108, 61–72.

Volk, H.: Über die Macht des Denkens. Berufliche Standfestigkeit beginnt im Kopf. Tipps für eine bewusste Selbststeuerung, in: Frankfurter Rundschau 24. 07. 04, 170/24.

Wagner, A. u. a.: Wie effektiv sind Interventionen bei Kindern mit Störungen des Sozialverhaltens? – eine Inanspruchnahmestudie, Zeitschrift für Kinder- und Jugendpsychiatrie, 1, 2004, 5–16.

Werning, R.: Sozial auffälliges Verhalten von Kindern und Jugendlichen, Vierteljahreszeitschrift für Heilpädagogik und ihre Nachbargebiete, Bd. 65, 1996, H. 1.

Wirth, H.J.: Individualisierung und Paarbeziehung. Das Paar im Spiegel sozialwissenschaftlicher Studien, Psychoanalytische Familientherapie, Nr. 8, H. 1, 2004, 15–34.

Winnicott, D. W.: Aggression, Versagen der Umwelt und antisoziale Tendenz, Stuttgart, 2003.

Winterhoff, P. D./Reindl, M.: Der Knigge für die junge Generation, München, 2002.

Wittenberger, A.: Von Goldgräbern und Geisterjägern. Drei Kinderanalysen, Tübingen, 1994.

World Vision Deutschland e.V. (Hg.): Kinder in Deutschland 2007. 1. World Vision Kinderstudie, Konzeption und Koordination: Hurrelmann, K./Andresen, S./TNS Infratest Sozialforschung, Frankfurt a. M., 2007.

Zernisch, P.: Markenglauben managen. Eine Markenstrategie für Unternehmer, Weinheim, 2003.

Zinnecker, J./Silbereisen, R. K.: Kindheit in Deutschland. Aktueller Survey über Kinder und ihre Eltern, Weinheim/München, 1998.

Internetseiten:

http://www.aaonline.dkf.de/bb/p395.htm (2003)
http://www.arcs.ac.at/dissdb/rn037160 (2003)
http://www.agsp.de (2003)

http://www.antigoneneu.de/Abstracthtmlword/ISAPabstractbuitelaar-
   revweb.htm (2003)
http://www.bertelsmann-stiftung.de (2008)
http://www.destatis.de/basis/d/biwiku/schultab16.php (2003)
http://www.destatis.de/basis/d/solei/soleiq33.htm (2004)
http://www.destatis.de/presse/deutsch/pm2000 (bis pm2003)
http://www.dstgb.de (2007)
http://www.focus.de (2007)
http://www.genesis.destatis.de/genesis/online/html (2004)
http://www.hks-ads.de (2003)
http://www.isfb.org./Praevention.html (2005)
http://www.iume.tc.colombia.edu/choices/briefs/choices03.html (2003)
http://www.jugendgesundheit.de/aufgaben/seu/seu9599.htm (2005)
http://www.kfn.de (2008)
http://paedpsych.jk.uni-linz.ac.at/PAEDPSYCH/SOZIALEKOMPETENZ/
   (2003)
http://www.tacheles-sozialhilfe.de (2007)
http://www.teamarbeit-fuer-deutschland.de (2004)
http://www.tvturnoff.org (2003)
http://www.uba.de (2007)
http://www.uni-potsdam.de (2003)

Tageszeitungen/Zeitschriften:
Auto, Motor und Sport, Stuttgart.
Brigitte, Hamburg.
chrismon, Das evangelische Magazin, Hamburg.
Deutsches Ärzteblatt (PP) für Psychologische Psychotherapeuten und Kinder-
   und Jugendlichenpsychotherapeuten, Köln.
Die Deutsche Schule (DDS), Wissenschaftliche Vierteljahreszeitschrift, Wein-
   heim und München.
DVJJ-Journal, Deutsche Vereinigung für Jugendgerichte und Jugendgerichts-
   hilfen e.V. (Hg.), Hannover.
EREV-Schriftenreihe, Evangelischer Erziehungsverband e.V. (Hg.), Hannover.
Frankfurter Rundschau (FR), Unabhängige Tageszeitung, Frankfurt am Main.
Freitag. Die Ost-West-Wochenzeitung, Berlin.
Herborner Tageblatt, Unabhängige Tageszeitung, Herborn.
Heilpädagogische Forschung, Zeitschrift für Pädagogik und Psychologie bei
   Behinderungen, Schönwalde.

Jugend & Gesellschaft, Katholische Sozialethische Arbeitsstelle e.V. (Hg.), Hamm.
Kindheit und Entwicklung, Zeitschrift für klinische Kinderpsychologie, Göttingen.
KomDat Jugendhilfe, Informationsdienst der Dortmunder Arbeitsstelle Kinder- und Jugendhilfestatistik (AKJ), Dortmund.
Konturen – Fachzeitschrift zu Sucht und sozialen Fragen. Berlin.
Praxis der Kinderpsychologie und Kinderpsychiatrie, Ergebnisse aus Psychotherapie, Beratung und Psychiatrie, Göttingen und Zürich.
Psychoanalytische Familientherapie. Zeitschrift für Paar-, Familien- und Sozialtherapie, Gießen.
psychosozial, Gießen.
Schriftenreihe des Bundesministeriums für Gesundheit, Baden-Baden.
Sucht. Zeitschrift für Wissenschaft und Praxis. Geesthacht.
verdi.publik, Monatszeitung der Dienstleistungsgewerkschaft ver.di, Berlin.
Vierteljahreszeitschrift für Heilpädagogik und ihre Nachbargebiete, Fach- und Mitteilungsorgan der Vereinigung für Absolventinnen und Absolventen des Heilpädagogischen Institutes der Universität Freiburg/Schweiz (VAF), München.
Zeitschrift für Kinder- und Jugendpsychiatrie und Psychotherapie, Göttingen.
Zeitschrift für Klinische Psychologie und Psychotherapie, Organ der Deutschen Gesellschaft für Psychologie (DGPs), Göttingen.

Christian Warrlich,
Ellen Reinke (Hg.)

Auf Der Suche

Psychoanalytische
Betrachtungen zum AD(H)S

2007 · 260 Seiten · Broschur
ISBN 978-3-89806-568-9

Kaum ein Krankheitsbild wie das des ADHS hat in den letzten Jahren solch kontroverse Diskussionen provoziert. Es treffen nicht nur heftige Affekte, sondern Weltanschauungen aufeinander, diametral unterschiedliche Auffassungen von Krankheit, des Verhältnisses von Körper und Geist, Kausalität, Determinismus und Finalität, Individuum und Gesellschaft.

Dem vorherrschenden Krankheitsverständnis des ADHS als einer monokausalen, körperlich genetischen Erkrankung soll hier ein beziehungs- und sozialorientiertes, sinnverstehendes und psychoanalytisches zur Seite gestellt werden. Die Zusammenschau ermöglicht einen Zugang zum komplexen Bedingungs- und Entstehungsgefüge des ADHS – verstanden als eine psycho-sozio-somatische Einheit und ein Sinnbild der Moderne, eine Erscheinung unserer Zeit.

Wolfgang Melzer (Hg.)

Gewalt an Schulen

Analyse und Prävention

2006 · 192 Seiten · Broschur
ISBN 978-3-89806-938-0

Wolfgang Melzer bietet in diesem Buch einen Überblick über Forschungsergebnisse zu »Gewalt in der Schule«, die in quantitativen und qualitativen Studien gewonnen wurden. Es enthält Analysen zur Täter-Opfer-Typologie, zur Bedeutung des Selbstkonzepts für das Gewalthandeln von Schülern und zu geschlechtsspezifischen Aspekten schulischer Gewalt sowie Beiträge zu einem Tabu-Thema, dem Gewalthandeln von Lehrern. Zwei praxisbezogene Beiträge, die für die Prävention und Intervention wichtig sind, runden das Thema ab.

Wie notwendig und zugleich aktuell dieses Buch ist, welches auf einer Ausgabe der Zeitschrift »psychosozial« aus dem Jahr 2000 basiert, lässt sich an den gegenwärtigen Debatten über Gewaltvorkommnisse in Niedersachsen und Berlin (Rütli Schule) ablesen, die häufig Sachverstand vermissen lassen.

P🗐V
Psychosozial-Verlag

Goethestr. 29 · 35390 Gießen · Tel. 06 41/ 9716903 · Fax 77742
bestellung@psychosozial-verlag.de
www.psychosozial-verlag.de

2003 · 360 Seiten · Broschur
ISBN 978-3-89806-188-9

2007 · 250 Seiten · Broschur
ISBN 978-3-89806-820-8

Ein Buch über die Geschichte der Eltern-Kind-Beziehungen und gegenwärtige Formen der »Geburt der Eltern«: der Übergang von der Paarbeziehung zum Leben mit Kind, von der Dyade zur Triade, von der Partnerschaft zur Elternschaft – zum Leben mit und für ein Baby – biografisch eines der dramatischsten, folgenreichsten und dauerhaftesten Übergänge im Leben eines Erwachsenen.

Horst-Eberhard Richter gibt eine grundlegende und umfassende Darstellung der Familientherapie basierend auf der Psychoanalyse. Anhand authentischer Krankengeschichten und Behandlungsbeispielen illustriert er die Chancen und Schwierigkeiten dieses Heilverfahrens.

Der Klassiker von Horst-Eberhard Richter, einem der bedeutensten Psychoanalytiker und Sozialphilosophen unserer Zeit, präsentiert die ersten umfassenden Überlegungen zur Familientherapie, die bis heute aktuell geblieben sind.

Psychosozial-Verlag

Goethestr. 29 · 35390 Gießen · Tel. 0641/9716903 · Fax 77742
bestellung@psychosozial-verlag.de
www.psychosozial-verlag.de

www.ingramcontent.com/pod-product-compliance
Ingram Content Group UK Ltd.
Pitfield, Milton Keynes, MK11 3LW, UK
UKHW041946230426
12048UKWH00008B/172